司法部全国法学教材与法学优秀科研成果奖

21世纪中国高校法学系列教材

刑法（分论）（第三版）

主　编　陈忠林

副主编　李　洁

撰稿人（以撰写章节先后为序）

陈忠林　冯亚东　林亚刚　何泽宏　曾粤兴

吴大华　李　建　李永升　李　洁　王学沛

中国人民大学出版社

·北京·

第三版修订说明

承蒙各位读者的厚爱，本教材第三版面世了。本版的内容，根据到 2011 年 4 月底为止的刑法规范和司法解释作了相应的修改，同时也纠正了一些我们已经发现的文字表述方面的错误，并对个别观点作了修正。衷心希望使用者继续提出各种批评和建议，帮助我们将工作做得更好。

肖洪博士在本版编辑过程中做了大量协调和文字校对工作，谨致谢意！

陈忠林

2011 年 4 月

序　言

经过各位参编者的努力，21世纪高等院校法学系列基础教材中的《刑法》（分论）终于付印。按照本系列教材的编写要求，主编应该有一篇致使用者的“序言”，谈谈本教材的使用问题。本人没有当过什么主编，也没有正经八百地写过什么“序言”。苦思良久，委实不知从何着手。只好借这个机会，就本教材谈谈一些自己的感触。

“世界观即方法论”，关于刑法理论的基本立场可以说也就是学习刑法的基本方法。作为本教材的主编，首先得申明的恐怕是：以“通说”为标准，是本教材编写的原则，不论是理论体系的安排，还是基本观点的论述，都概莫能外。因此，本教材的内容不一定都是编撰者们，特别是我个人学术观点的反映。要说明本人刑法理论的基本立场，这里当然不是地方。但是，本人认为：即使仅就说明本教材的使用方法而言，也绝对有必要提醒本教材的使用者注意以下几个基本事实。

1. 刑法是以刑罚为主要调整手段的部门法，是否以刑罚为制裁措施是从形式上区别刑法与其他部门法的唯一标志，也是正确认识刑法的基本属性、建立科学的刑法理论体系的唯一可以进行实证考察的出发点。因此，正确地认识刑罚的内容及所代表的社会关系，是正确理解刑法所有基本范畴的前提。

即使仅仅从表面上考察一下，人们都不难发现这样两点基本的事实：(1) 刑罚权是国家和平时期最具有强制性的权力，刑罚的运用是国家动员了和平时期所有强制性力量（包括立法、司法、行政权中最具有强制性的措施，甚至动用了作为军队的武装警察部队）的结果；(2) 刑罚以剥夺或限制作为公民的生命、自由、财产、政治权利等最基本的权益为主要内容。刑罚的这两个特点说明，刑罚这一刑法特有的制裁措施所体现的社会关系，是国家的刑罚权与公民的生命、自由等最基本权利的关系，是作为社会代表的国家权力与作为社会成员的公民个人最基本人权的关系。因此，国家在什么情况下可以限制或剥夺公民的包括生命在内的最基本权利的问题，是整个刑法制度和刑法理论的基础。不论是国家刑罚权的根据还是国家刑罚权的限度，也不论是刑法特有的调整范围还是认定犯罪的根本标准，都只能从这个问题的回答中来寻求应有的答案。离开了这一点，不论是刑法总论中的刑法任务、功能、基本原则、犯罪的本质与犯罪成立条件、刑罚的根据与运用的方式，还是刑法分论中具体罪刑规范内容的确定，都不可能得到正确的理解。

2. 从国家权力限度的角度考察，用刑罚来剥夺或限制公民个人最基本的权利，对以维护和发展每一个社会成员的福祉为根本目的的国家来说，只能是一种“迫不得已”的选择。

从刑法和其他部门法的关系的角度来考察，国家运用刑罚这一措施意味着：(1) 刑法所调整的行为，必须是违反其他部门法的规范要求，但其他部门法的制裁措施已经不能有效地制止的行为。例如，刑罚所处罚的盗窃罪，就是违反民法中有关财产取得规范，但仅用民法中的恢复原状、赔偿损失等制裁手段不可能有效地制止的行为。（2）对上述违反其他部门法规范的行为，如果不运用刑法特有的制裁手段——刑罚——进行调整，相应的法律制度就将从根本上受到威胁。我国刑法规定盗窃公私财产必须数额较大才构成犯罪，其根本原因在于：在我国目前的情况下，数额较小的小偷小摸行为，还不会对普通民众的财产所有权构成根本的威胁；但是，如果不将盗窃数额较大的行为作为犯罪来处罚，国家的所有权制度就将荡然无存。

犯罪是应受刑罚处罚的行为，这一特点说明：保护从整体上代表全体社会成员福祉的国家法律制度，维护这种法律制度的有效运行，是国家被迫限制或剥夺公民包括生命在内的最基本权利的唯一根据；国家的法律制度及其维护的社会价值与公民的最基本人权之间的关系，是刑法特有的调整对象；对国家法律制度及其维护的社会价值的危害，是犯罪最根本的社会属性；保护国家法律制度及其维护的社会价值免受犯罪的侵害，既是刑法的根本任务，也是刑法的根本功能，既是国家刑罚权的唯一根据，也是刑罚最根本的目的。

3．犯罪行为，同其他任何人类的行为一样，只能是行为人主观能动性的存在与表现形式，是行为人的意志和意识状态转化为客观现实的结果。所谓“犯罪的社会危害性”，或者说“犯罪行为对刑法保护利益的现实危险”，只能是行为人主观罪过中包含的敌视、蔑视、漠视国家法律制度及其维护的社会价值的态度转化为客观现实的现实可能性。从行为人的角度考察，这既是犯罪的本质，也是行为人承担刑事责任的唯一根据。

犯罪行为是行为人在主观罪过支配下实施的行为，犯罪行为的客观方面只能是主观罪过的内容在现实中的展开：是否是主观罪过中所包含的行为人的意志和意识状态在现实中的展开，是何种主观罪过中所包含的行为人的意志和意识状态在现实中的展开，以及行为人主观罪过中所包含的特定内容在现实中展开到何种程度，是认定一个行为是否构成犯罪，构成何种犯罪，构成犯罪的何种形态的唯一根据。“从前的一切唯物主义——包括费尔巴哈的唯物主义——的主要缺点是：对事物、现实、感性，只是从客观的或者直观的形式去理解，而不是把它们当作人的感性活动，当作实践去理解，不是从主观方面去理解。”① 马克思这段对旧唯物主义的评价，也可以说是对传统刑法理论根本缺陷的精辟剖析。

除上述几点为传统刑法理论所忽视的事实外，也许还有必要在这里重复一些老生常谈的问题。

刑法学是法学，刑法学与法学基本理论是特殊与一般的关系。刑法学的发展绝不能离开法学基本理论的指导，刑法学的成果当然也应该不断丰富和深化法学基本理论的内容。刑法学中与法学基本理论相悖的地方不少，当大家发现本教材的内容与法学基本理论不相吻合的时候，希望大家一定要动脑筋认真想一想：这些内容究竟是刑法学特殊性的体现和对法学基本理论的丰富发展，还是偏离了法学基础，需要根据法学基本理论来加以纠正。

① 《马克思恩格斯全集》，第3卷，3页，北京，人民出版社，1960。

刑法是其他部门法的“保障法”，刑法所调整的行为，在绝大多数情况下都首先是违反其他部门法的行为。因此，正确地理解刑法与其他部门法的关系，真正地把握作为刑法前提的其他部门法的具体内容，是真正掌握刑法理论，特别是刑法分则理论的前提和基础。没有这个基础的刑法理论，不仅是无根之木，无源之水，更是中看不中用的“银样镴枪头”。如果运用于实践，肯定会出问题。

尽管可能存在不同的看法，但本人始终认为，学习刑法应该坚持“总论为体，分论为用”的方法。刑法总论是全部刑法理论的基础和核心，刑法分论则应是运用刑法总论的理论分析刑法分则规定的罪刑规范的结果。刑法总论当然需要分则中相应的规定来具体化，但是没有认真掌握好刑法总论的内容，不仅可能犯“白马非马”的错误，将完全属于刑法规定的犯罪排除出犯罪的范畴；[①] 也可能陷入“指鹿为马”的泥潭，将那些仅仅在形式上符合刑法分则规定的行为统统作为犯罪来处理。[②]

最后，不能不谈一下本教材的特点。拿到本教材，大家可能都注意到了本教材每章正文前有【提要】和【重点问题】，正文后有【法律应用】和【课后复习】。这种体例的特点在于：在每章的正文学习之前，能够让使用者事先明确需要掌握的主要内容和重点问题；在每章正文之后的【法律应用】和【课后复习】又给了使用者一个复习掌握各章重点难点的机会。我衷心希望，这种体例能够更有助于初学者逐步进入刑法的殿堂。

本书撰稿人简介及分工如下：

陈忠林，法学博士、重庆大学教授、博士生导师。现为重庆大学法学院院长、第十一届全国人大代表，中国刑法学会、中国犯罪学会、中国青少年犯罪研究会副会长。有《刑法散得集》、《意大利刑法纲要》、《意大利刑法学原理》、《刑法学》等专著、译著十余部，在《中国社会科学》、《International Journal of Offender Therapy and Comparative Criminology》等中外杂志上发表论文三十余篇。十余项科研教学成果获省部级一、二、三等奖。撰写本教材第一章，并担任全书的主编。

冯亚东，西南财经大学法学院刑法学教授、博士生导师、中国刑法学会理事、四川省刑法学会副会长、四川省人民检察院专家咨询委员会委员。主要著作有《理性主义与刑法模式》、《平等、自由与中西文明》等，先后在《中国社会科学》、《法学研究》、《法学评论》、《中华文化论坛》等刊物发表法学及文化研究论文数十篇。撰写本教材第二章。

林亚刚，武汉大学法学院教授、法学博士、博士研究生导师。中国刑法学研究会理事，中国犯罪学研究会常务理事。主要著作有《犯罪过失研究》、《危害公共安全罪新论》等专著、教材十余部，在国内核心刊物以及国外学术刊物上发表论文八十余篇。

① 例如，《刑法》第 17 条第 2 款规定：已满 14 周岁不满 16 周岁的人，犯故意杀人、故意伤害致人重伤或者死亡、强奸、抢劫、贩卖毒品、放火、爆炸、投毒罪的，应当负刑事责任。在 1997 年《刑法》刚实施时，人们曾普遍将其中的“故意杀人、故意伤害致人重伤或者死亡、强奸、抢劫、贩卖毒品、放火、爆炸、投毒罪”，机械地理解为《刑法》分则所规定的“故意杀人”等 8 种罪名，而不是理解为具有“故意杀人、故意伤害致人重伤或者死亡……”等 8 种性质的行为，以致误导实践，造成打人一拳（致人重伤）要负刑事责任，而实施许多比故意杀人还要严重得多的行为（如绑架中杀人）反而不负刑事责任的极端不合理的情况。

② 例如，《刑法》第 170 条并没有明文规定伪造货币罪的数额要求，但如果将该条规定理解为：“所有伪造货币的行为，即使伪造 1 分钱也不例外，起码都应处 3 年以上有期徒刑”，显然就是一个错误。

撰写本教材第三章。

何泽宏，西南政法大学兼职教授、硕士生导师，最高人民法院刑五庭审判员。出版专著、教材十部，发表论文二十余篇，五项教学科研成果获重庆市人民政府颁布的教授成果一等奖等奖励。撰写本教材第四章。

曾粤兴，云南理工大学法学院院长、教授，中国人民大学法学院刑法学专业博士生。现任《云南大学学报（法学版）》主编。2002年获中国杰出青年法学家评选提名，先后主编或参编刑法学书籍十余部。在《现代法学》、《法律科学》、《法商研究》、《法学家》等杂志发表论文四十余篇。撰写本教材第五章。

吴大华，教授、法学博士、博士生导师。现任贵州省社会科学院院长，中国法学会常务理事、教育部高等学校法学学科教学指导委员会委员、中国世界民族学会副会长、中国民族法学研究会常务副会长、中国犯罪学研究会常务理事、中国刑法学研究会理事，国务院特殊津贴专家，第三届全国十大杰出中青年法学家、教育部第四届“高校优秀青年教师奖”、“新世纪百千万人才工程”国家级人选。有《知易行难——法治演讲录》等11部、合著20部。已在《中国法学》等刊物上发表论文300余篇。多项教学科研成果获省部级一、二、三等奖。撰写本教材第二、三章。

李建，西南政法大学兼职教授、刑法硕士生导师、最高人民法院刑五庭审判员、挪威奥斯陆大学访问学者、重庆市律师协会刑事业务专业委员会委员。主要著作有《刑法学》（副主编）、《经济刑法学》（副主编）、《新编刑法学》（副主编）等十余部，在《法制日报》、《现代法学》等刊物发表论文近二十篇。撰写本教材第七章。

李永升，西南政法大学教授、博士研究生导师。现任西南政法大学刑法教研室主任，中国犯罪学研究会理事、重庆市法学会理事。霍英东教育基金会第六届全国高等院校青年教师奖获得者。主要著作有：《刑法学的基本范畴研究》（专著）、《中国特别刑法通论》（主编）、《国家公务员犯罪及其防治》（副主编）等，在《中国法学》、《法学研究》等杂志发表学术论文百余篇。撰写本教材第八章、第十一章。

李洁，吉林大学法学院教授、法学博士、博士生导师。现任中国刑法学会、中国犯罪学会、中国比较法学会副会长，主要著作有《犯罪结果论》、《犯罪既遂形态论》、《犯罪对象论》等个人专著、教材十余部，先后在《法学研究》、《中国法学》、《法学论丛》（日本）等中外学术杂志公开发表学术论文四十余篇。撰写本教材第九章，并担任全书的副主编。

王学沛，广东商学院教授、刑法学硕士，荷兰莱顿大学法学院访问学者。现任广东商学院法学院院长、广东省法学会刑法学研究会副总干事。主要著作有：《自首制度论》、《中国刑法通论》；主要论文有：《我国刑罚的作用初探》、《论自首的本质与构成条件》、《现代刑法观的重塑》、《关于犯罪对象若干观点的质疑》。撰写本教材第十章。

陈忠林

2003年8月

目　录

第一章
刑法分论概说

提要

刑法分论是以刑法分则以及各种单行刑事法律、附属刑法中具体的罪刑规范为研究对象的理论体系，以分析各种具体犯罪的成立条件与刑事责任为主要内容。刑法分则的体系是刑法价值取向的反映，是刑法分论体系建立的基础。通过分析具体罪刑规范中各种犯罪的罪状和法定刑来确定各种具体犯罪的罪名、定义、犯罪构成和处罚方法，是刑法分论最主要的任务。刑法总论与分论的研究对象是普遍原理与具体运用、一般规定与特殊规定的关系；刑法分论中的各种具体犯罪的构成和刑事责任，都必须遵循总则的有关规定和刑法基本原理来理解、确定、补充；除法律有明文规定的以外，不能对刑法分则的内容作出与刑法总则规定和刑法基本原理相抵触的理解。

重点问题

1. 刑法分论与总论的关系。
2. 具体罪状内容的确定。

3. 法定刑与宣告刑、执行刑的关系。

第一节 刑法分论的体系

一、刑法分论的研究对象

刑法分论，是刑法学体系重要的组成部分，亦称“罪刑分论”或“罪刑各论”。与以犯罪成立与运用刑罚的一般条件为研究对象的刑法总论相比，刑法分论以刑法分则以及各种单行刑事法律和附属刑法中具体的罪刑规范为研究对象，以分析具体犯罪的成立条件与刑事责任为主要内容。

这里的“刑法分则”，是指较为集中、系统地规定了各种具体犯罪的构成及刑事责任的刑法典的分则部分。刑法分则与总则规定之间存在一种一般规定与特殊规定、适用与被适用的关系。刑法分则规定的各种具体犯罪的构成要件和刑事责任，必须遵循总则的有关规定来理解、确定、补充，除非分则条文本身有明文规定，否则就不能对刑法分则的内容作出与刑法总则规定相抵触的理解。①

这里的“单行刑事法律”，是指除刑法典以外的那些以规定具体犯罪及其刑事责任为主要内容的单行法律；“附属刑法”，则是指非专门刑事法律中的犯罪与刑罚规范。除“法律有特别规定的”以外，这些刑法规范的内容也应根据刑法总则的规定来理解、确定、补充。但是，这些刑法规范与刑法分则规定之间应是特别法与普通法的关系；在二者发生冲突的情况下，通常应该适用特别法优于普通法原则。

二、我国刑法分论的体系

（一）刑法分论及划分标准

刑法分论的体系，是指以刑法分则的体系为基础，结合犯罪的社会危害及其程度等特征而对具体犯罪进行的逻辑划分。

刑法分则的体系是刑法价值取向的反映，国家在确定刑法分则的体系时，一般以犯罪所侵犯的社会关系的性质为标准，按犯罪所侵犯的社会关系的重要性进行分则各章体系的排列。在第二次世界大战以前，在强调公民对国家的忠诚义务的国家实证主义观念的指导下，不论采用将犯罪分为侵害国家利益的犯罪、侵犯公共利益的犯罪和侵犯个人法益的犯罪三大类的三分法的主张，还是采用将犯罪分为侵犯社会利益和侵犯个人法益两类犯罪的两分法的观点，国外刑法分则规定和刑法理论一般都将国家法益视为最重要的利益，将侵犯国家整体利益的国事犯罪视为最严重的刑事犯罪而列为分则各章之首。第二次世界大战后，吸取了德国、意大利、西班牙法西斯政权利用法治践踏人类最基本尊严的历史教训，现代刑法的价值基础逐渐开始由“法律神圣不可侵犯”或“公民对国家的义务神圣不可侵犯”，转向了“公民基本人权神圣不可侵犯”。在这个刑法基本价值的转移过程中，不仅越来越多的刑法学者开始将侵犯公民基本权

① 《刑法》第101条规定：本法总则适用于其他有刑罚规定的法律，但是其他法律有特别规定的除外。

利的犯罪视为最严重的犯罪而将其列在刑法分论体系之首，一些国家（如法国、俄罗斯）也开始将侵犯公民基本权利的犯罪列为刑法分则的第一章。

除犯罪所侵犯的社会关系外，犯罪主体的范围、犯罪的行为方式与对象特征等同样可能是立法者或刑法理论决定刑法分论体系的辅助性标准。

（二）我国刑法分则体系的特点

我国 1979 年刑法分则共 8 章，根据犯罪所侵犯同类客体的社会性质将所有的犯罪分为 8 类。按社会危害性程度这 8 类罪在分则中的排序为：反革命罪，危害公共安全罪，破坏社会主义经济秩序罪，侵犯公民人身权利、民主权利罪，侵犯财产罪，妨害婚姻家庭罪，渎职罪。现行刑法典基本上仍按这一标准将分则规定的具体犯罪分为 10 类，每类罪为一章。在刑法分则中，这 10 类罪的排列顺序为：危害国家安全罪，危害公共安全罪，破坏社会主义市场经济秩序罪，侵犯公民人身权利、民主权利罪，侵犯财产罪，妨害社会管理秩序罪，危害国防利益罪，贪污贿赂罪，渎职罪，军人违反职责罪。考虑到破坏社会主义市场经济秩序罪和妨害社会管理秩序罪包含的范围很广，立法者还以犯罪侵犯的客体为主，结合犯罪对象和手段的特征将这两章分为了若干节。具体来讲，我国刑法分则的体系有以下特点：

1. 在刑法分则各章及其具体范围的划分问题上，一般以犯罪侵犯的社会关系为划分犯罪侵犯的同类客体的标准，并以犯罪侵犯的同类客体作为决定分则各章应包含哪些具体犯罪的根据。这种方法能较好地反映犯罪危害的性质及程度，有利于司法机关更准确地认定犯罪和确定行为人的刑事责任；同时，也不排除根据实际情况，以行为客观方面的特征或者侵犯客体的相似性作为确定分则某章具体犯罪范围的标准。例如，刑法分则第八章规定的贪污贿赂罪，就主要是以行为的客观特征作为决定该章犯罪范围的根据；刑法分则第四章中那些妨害婚姻家庭的犯罪，就是为体系安排的方便和侵犯客体的相似性而被纳入了侵犯公民人身权利、民主权利罪这一章中。对于侵犯两个或以上同类客体（复杂客体）的犯罪，立法者则根据自己的价值判断，将其归入一般情况下该罪侵犯的主要客体所属的类罪之中。例如，把同时侵犯财产权利与公民人身权利的抢劫罪，规定在分则第五章侵犯财产罪中；将同时侵犯社会主义经济秩序和财产所有权的合同诈骗罪，纳入分则第三章规定的破坏社会主义市场经济秩序罪的范围等。

2. 在刑法分则各章顺序问题上，一般以各类犯罪侵害的同类客体的重要性及社会危害性程度为排列基础。立法者认为某类犯罪侵犯的同类客体越重要，某类犯罪的社会危害性越大，其在分则体系中就居于越靠前的位置。这种排序方式反映了立法者对刑法保护的社会价值的认识和态度，有助于我们理解国家运用刑法重点保护的利益所在。

3. 在刑法分则各章内部具体犯罪的排序问题上，立法者一般以社会危害性大小作为首先考虑的因素。因此，列于刑法分则各章之首的犯罪，一般都是该章中法定刑最高的犯罪。同时，各章个罪之间在犯罪对象、行为特征、罪过内容等方面的内在联系，通常也是立法者决定各章个罪排列顺序时考虑的因素。例如，刑法分则第二章将故意与过失“放火、决水、爆炸以及投放毒害性、放射性、传染病病原体等物质或者以其他危险方法致人重伤、死亡或者使公私财产遭受重大损失的”同规定在一条中，就是出于这些犯罪具有相同客观要件的考虑；分则第五章将抢劫、盗窃、诈骗、抢夺等罪按顺序排列，就是因为这些犯罪都具有非法占有公私财产的主观目的。

4. 在刑法分则条文的内部结构问题上，刑法分则的条文，一般包含某种犯罪行为的特征和该犯罪的法律后果两部分内容。前者被称为“罪状”，实际上是对某种具体犯罪构成要件的描述；后者被称为“法定刑”，实际上是刑法为该种犯罪规定的刑罚。例如，《刑法》第232条前半段规定“故意杀人的，处死刑、无期徒刑或者十年以上有期徒刑”，该规定中的“故意杀人的”，就是罪状；“处死刑、无期徒刑或者十年以上有期徒刑”，则是故意杀人罪的法定刑。

三、研究刑法分论的意义

由于刑法分论以各种犯罪的成立条件及刑事责任为研究对象，因而系统地把握刑法分论，对于帮助司法机关准确地适用有关刑法规范的内容，完善我国的刑事立法和促进刑法理论的发展都具有十分重要的意义。

从司法实践的角度来看，研究刑法分论的重要意义首先在于：刑法分则的规定是在具体案件中区分罪与非罪的标准，只有准确地理解了刑法分则规定的犯罪构成要件，司法机关才可能在处理具体案件时正确地把握罪与非罪的界限。《刑法》第3条规定，只有“法律明文规定为犯罪行为的”，才能“依照法律定罪处刑”，“法律没有明文规定为犯罪行为的，不得定罪处刑”；《刑法》第13条也规定，犯罪是“依照法律应受刑罚处罚”的行为。就具体的案件而言，这里所说的“法律明文规定为犯罪行为”，首先就是指该案件所涉及的行为被刑法分则条文明文规定为犯罪；所谓“依照法律应受刑罚处罚”，也首先是指依照刑法分则的规定应受刑罚处罚。在罪刑法定原则的前提下，任何具体的行为，只要没有被刑法分则的条文明文规定为犯罪，就不能被当做犯罪处理。

刑法规定的各种具体犯罪的构成要件是刑法分论重要的研究内容之一。我国刑法分则规定了数百种不同的犯罪，某一犯罪特有的犯罪构成要件是区别该罪与其他犯罪的唯一标准。只有在正确把握了各种具体犯罪构成要件之间的联系和区别之后，人们才可能准确地区分此罪与他罪的界限。因此，研究刑法分论可以为司法机关区分此罪与他罪提供科学的指导。

“用刑罚同一切犯罪行为作斗争”是我国刑法的根本任务，“刑罚的轻重，应当与犯罪分子所犯罪行和承担的刑事责任相适应”是我国刑法的基本原则，正确地依照法律的规定对已被确定为犯罪的行为量刑是司法机关审判活动的重要职责。各种具体犯罪的法定刑是刑法分则规范内容的重要组成部分，也是司法机关对被确定为犯罪的行为量刑的基本标准。只有以刑法分则所规定的各种犯罪的法定刑及其幅度为基础，以刑法总则有关量刑的规定为指导，准确理解刑法分则规定的具体法定刑的理由、适用各个量刑幅度的基本条件、各种犯罪情节对量刑的影响，我们才可能为具体犯罪确定正确的刑罚，坚持罪刑相适应原则，保证“用刑罚同一切犯罪行为作斗争”这一刑法根本任务的实现。

研究刑法分论的内容，不仅能为司法机关正确地理解刑法分则规定的内容、准确地定罪量刑提供科学的指导，同时也是促进刑事立法适应社会发展的需要而日益科学完善必不可少的条件。在深入研究刑法分则规定的各种具体犯罪的构成要件和法定刑的过程中，人们总会不断发现现行刑法规定的不当与疏漏，提出各种补救和完善的方案，促使立法机关对现行刑法进行补充和修改，保证刑事立法与社会需要的协调发展。1997年刑法颁布后，立法机关对刑法规定有过多次修改、补充和解释。这些修改、补充和解释在内容上主要涉及刑法分论所研究的范畴，而那些涉及刑法总则条文的补充和说明，也多是刑法分论研究成果的体现。

第二节 罪状与罪名

一、罪状

（一）罪状及罪状的内容

罪状，是刑法分则规范对各种犯罪具体特征的描述，是刑法规定的各种具体犯罪的构成要件，是司法实践认定犯罪的标准。正确地理解某一具体刑法分则规范中的内容，是正确适用该规范的基本条件。

刑法分则和特别刑法规范中规定的罪状，一般可以从罪状描述的内容和罪状描述的方式两个不同的角度进行分类。

根据描述的内容，刑法分则规定的罪状一般可以分为描述具体犯罪既遂形态构成要件的罪状、描述具体犯罪未完成形态（犯罪预备、未遂、中止）构成要件的罪状和描述具体犯罪加重、减轻情节构成要件的罪状三类。

由于刑法总则与刑法分则规范之间存在一般和特殊的关系，总则中所有关于犯罪成立的一般条件（如一般主体、罪过基本内容、行为基本性质）和各种犯罪形态（如犯罪预备、未遂、中止、共同犯罪）成立的一般条件的规定，都是每一刑法分则规定的罪状应当包含的内容；一切刑法分则规定的罪状都必须根据相应的刑法总则规定进行补充和修正后，才可能正确地理解某一犯罪具体罪状应包含的全部形态的内容。例如，《刑法》第232条规定的“故意杀人”这一罪状的基本内容，结合总则的有关规定就应该理解为：在不是出于正当防卫、紧急避险等正当原因的情况下，年满14周岁且精神正常的人在明知自己的行为会导致他人死亡，并且希望或者放任这种结果发生的心理支配下实施的导致他人死亡的行为。如果行为符合正当防卫、紧急避险等正当行为的条件，或行为人未满14周岁，或行为人主观上不具有明知自己的行为会导致他人死亡的结果，不具有希望或者放任他人死亡结果的意志内容，则行为就不符合刑法关于“故意杀人”这一罪状的描述。如果因行为人意志以外的原因，故意杀人行为尚未造成致人死亡的结果，则行为符合的就是故意杀人罪未遂形态的罪状。如果故意杀人行为尚停留在为了杀人制造工具、准备条件的阶段，则行为就符合故意杀人罪预备形态的罪状。

（二）罪状的表述方式

根据刑法分则条文对罪状的描述方式，我国刑法理论一般将罪状分为“简单罪状”、“叙明罪状”、“引证罪状”、“空白罪状”四种情况。

简单罪状，是指只描述犯罪最基本特征，不对任何一个构成要件的内容进行进一步说明的罪状。例如，《刑法》第 232 条中的“故意杀人”，《刑法》第 240 条中的“拐卖妇女儿童”等，都是简单罪状。这种罪状描述方式具有文字简练的优点，多适用于描述那些犯罪特征众所周知，犯罪构成要件内容主要根据总则规定补充的传统犯罪。

叙明罪状，是指对某一或某些犯罪构成要件的内容有较为详细说明的罪状。例如，《刑法》第 158 条中关于“申请公司登记使用虚假证明文件或者采取其他欺诈手段虚报注册资本，欺骗公司登记主管部门，取得公司登记，虚报注册资本数额巨大、后果严重或者有其他严重情节”的描述，就属于叙明罪状。这种描述方式具有内容清楚的特点，有利于人们理解和掌握有关犯罪构成要件的准确含义，多适用于那些犯罪成立条件特殊，并容易与相似的非犯罪行为相混的犯罪。

引证罪状，是指引证刑法分则规定的其他犯罪罪状来描述某一犯罪特征的罪状。例如，《刑法》第 115 条第 2 款规定的过失放火、决水、爆炸以及投放危险物质和其他危险方法危害公共安全罪的罪状仅仅为“过失犯前款罪的”，其具体内容就只能引证该条第 1 款中关于“放火、决水、爆炸以及投放毒害性、放射性、传染病病原体等物质或者以其他危险方法致人重伤、死亡或者使公私财产遭受重大损失的”来说明。运用引证罪状可以避免重复，达到精练条文的结果，一般只适用于那些犯罪特征在刑法其他条款中已有规定的犯罪。

空白罪状，亦称“参见罪状”，是指在刑法条文中仅规定某一犯罪以违反某种法律、法规或规章制度为构成要件，不具体描述该犯罪构成要件特征的罪状。例如，《刑法》第 132 条规定：“铁路职工违反规章制度，致使发生铁路运营安全事故，造成严重后果的，处三年以下有期徒刑或者拘役；造成特别严重后果的，处三年以上七年以下有期徒刑。”该条中关于铁路运营事故罪罪状的规定就属于空白罪状。这种罪状具有必须依据其他法律、法规或规章制度才能确定具体构成要件的特点，适用于以违反其他法律、法规或规章制度为前提的犯罪。

在研究刑法分则和特别刑法中的罪状时，应当注意：刑法分则和特别刑法在规定罪状时，一般是采用一罪规定一罪状的模式，但也有几种犯罪共有一个罪状或一种犯罪具有几个罪状的情况。如《刑法》第 115 条第 1 款中的“致人重伤、死亡或者使公私财产遭受重大损失”，就是放火罪、决水罪、爆炸罪、投放危险物质罪和以其他危险方法危害公共安全罪的共同罪状；而出于掩饰、隐瞒毒品犯罪、黑社会性质的组织犯罪、恐怖活动犯罪、走私犯罪的违法所得及其产生收益的来源和性质的目的，“提供资金账户”、“协助将财产转换为现金或者金融票据”、“通过转账或者其他结算方式协助资金转移”、“协助将资金汇往境外”、“以其他方法掩饰、隐瞒犯罪的违法所得及其收益的来源和性质”等五种行为，都是《刑法》第 191 条规定的洗钱罪的罪状。

二、罪名

（一）罪名的概念及确定

罪名，即刑法分则规定的某种具体犯罪的名称。科学的罪名，是以某罪罪状内容为基础，从具体犯罪本质属性的角度，对该罪罪状内容进行高度概括的结果。

为刑法分则规定的每一种具体的犯罪确定正确反映其本质特征的罪名，不仅是发挥刑法教育引导功能、价值评价功能的需要，具有帮助司法实践准确定罪、促进刑法理论发展的作用，更是罪刑法定原则的要求。

在各国的刑事立法和司法实践中，人们通常通过两种途径来确定具体犯罪的罪名：一是由立法者在刑法分则或特别刑法相应条款中明确规定，如意大利刑法典、日本刑法典采用的模式；二是由司法机关或刑法理论根据刑法分则规定的具体罪状确定，我国1979年刑法、1997年修订的刑法中的罪名都是通过这种方式确定的。

在刑法分则没有明确规定的情况下，确定具体犯罪的罪名必须以刑法分则规定的该种犯罪的罪状为基础，必须准确地反映相应犯罪的本质特征，必须具有简明精练的特点。

所谓确定具体罪名"必须以刑法分则规定的该种犯罪的罪状为基础"，有两层意思：(1) 一种具体犯罪的罪名只能以刑法分则规定的罪状（包括根据刑法总则相关规定、引证罪状被引的刑法规定、空白罪状参见的法律法规和规章制度补全的罪状）为抽象概括的对象，不能在罪名中任意添加罪状中没有的因素（如将故意杀人罪定名为"恶意杀人罪"），或在罪名中减少罪状中应有的因素（如将盗窃罪定名为"盗窃私人财产罪"）。(2) 如果相应的规定中已包含对罪状的概括性表述，一般应以该概括性表述作为罪名，不宜在罪状中已有的表述外另定罪名。例如，《刑法》第198条第1款描述了"投保人故意虚构保险标的，骗取保险金"；"投保人、被保险人或者受益人对发生的保险事故编造虚假的原因或者夸大损失的程度，骗取保险金"；"投保人、被保险人或者受益人编造未曾发生的保险事故，骗取保险金"；"投保人、被保险人故意造成财产损失的保险事故，骗取保险金"；"投保人、受益人故意造成被保险人死亡、伤残或者疾病，骗取保险金"等五种具体的罪状。但是，由于该款规定中已有涵盖以上五种罪状的"保险诈骗"这一表述，以上犯罪的罪名就应该根据这一表述直接定名为"保险诈骗罪"，而不宜另行将其概括为"保险诈欺罪"、"保险欺诈罪"，或者将该条列举的罪状分别定名为"虚假投保罪"、"虚报保险事故罪"等。

所谓罪名"必须准确地反映相应犯罪的本质特征"，是指某一具体犯罪的罪名必须准确地反映该罪的共性与特点，既能适用于该种犯罪在现实中的种种表现形式，又能说明该罪与其他犯罪的区别。简言之，作为刑法分则规定的某种具体犯罪本质特征的反映，罪名必须具有界定该罪行为存在范围、概括该种犯罪共同特点、说明该罪与其他犯罪的根本区别的功能。

所谓罪名"必须具有简明精练的特点"，首先是指罪名用语的含义要明确，不能使用含义模糊的表述方式。同时，作为某种具体犯罪的名称，罪名的用语必须尽量精练，避免冗长。例如，"盗窃"一词，通常含义就是"盗窃公私财物"；因此，将《刑法》第264条规定的"盗窃公私财物"的行为，定名为"盗窃罪"就足以明确揭示该罪的本质特征，若将其定名为"盗窃公私财物罪"，就难免有重复累赘之嫌。

（二）罪名的种类

刑法中的罪名可以从不同角度进行分类。

1. 类罪名与具体罪名

根据罪名所概括的犯罪的范围，可以将刑法中的罪名分为以分则中的章为概括对象的“类罪名”（如刑法分则第一章规定的“危害国家安全罪”），以分则各章中的节为概括对象的“亚类罪名”（如刑法分则第三章第一节规定的“生产、销售伪劣商品罪”等），以具体犯罪为概括对象的“个罪名”或“具体罪名”（如刑法分则第五章规定的抢劫罪、盗窃罪、诈骗罪等）。

上述罪名种类中的“类罪名”和“亚类罪名”是刑法分则体系建立的基础，正确地理解“类罪名”和“亚类罪名”有助于理解该类罪名所概括的各种具体罪名的共同特征。但是这些罪名都是刑法分则各章或各节所规定的所有具体犯罪共同特征的概括，不能说明具体犯罪行为的特征及社会危害性程度，刑法也没有为其规定具体的罪状与法定刑。所以，在取消类推制度后，司法机关只能以具体罪名，而不能以“类罪名”或“亚类罪名”对具体的犯罪行为定罪。

2. 具体罪名的分类

根据罪名在同一刑法分则条款中的存在形式，具体罪名可以分为单一罪名、选择罪名、并列罪名、概括罪名等。

单一罪名，是指一个刑法分则条款只规定了一种具体犯罪的罪状，只可能抽象出一个罪名的情况。例如，《刑法》第232条规定的故意杀人罪。刑法分则中的大多数罪名都属于这种情况。

选择罪名，是指同一刑法分则条款规定的具体罪状中包含了行为方式与行为对象的多种结合方式，而这些结合方式都可以独立为单独罪名的情况。例如，《刑法》第125条第1款规定的“非法制造、买卖、运输、邮寄、储存枪支、弹药、爆炸物”这一罪状中，任何一种或多种行为方式与任何一种或多种犯罪对象的结合都可以是一个单独的罪名，如：非法制造枪支罪，非法制造爆炸物罪，非法制造枪支、爆炸物罪，非法制造、运输枪支、弹药、爆炸物罪等数百种可根据行为方式与对象结合的情况而具体确定的罪名。在认定选择罪名的犯罪时应注意：行为人同时实施的任何行为方式与对象的结合都只是一个单独的犯罪，即使同时针对多个行为对象实施了多种行为方式（例如，一个人即使同时实施了非法制造、买卖、运输、邮寄、储存枪支、弹药、爆炸物），仍然只能构成一罪，不能按数罪并罚处理。

并列罪名，是指同一刑法分则条款的规定中同时包含了对两种以上相对独立的具体犯罪罪状的描述，但两种犯罪共有一个法定刑规范的情况。例如，根据《刑法》第246条中关于“以暴力或者其他方法公然侮辱他人或者捏造事实诽谤他人，情节严重的”的规定，就可以推出侮辱罪和诽谤罪两个相对独立的罪名。

概括罪名，是指刑法分则规定的某一种具体犯罪的罪状中包含多种可以独立构成犯罪的行为，但因各种行为之间的内在联系又不便于分解为独立的犯罪而共用同一罪名的情况。例如，根据《刑法》第196条的规定，“使用伪造的信用卡”、“使用作废的信用卡”、“冒用他人信用卡”、“使用信用卡恶意透支”四种行为，行为人实施其中的任何一种行为都应该定“信用卡诈骗罪”，而不分别根据其具体的行为方式选择相应的罪名（例如，不因为行为人“冒用他人信用卡”而定“冒用信用卡罪”）。即使行为人同时实施了其中的几种行为，我国刑法理论的通说也认为应按一罪处理，不适用数罪并罚。

第三节 法定刑与宣告刑和执行刑

一、法定刑

（一）法定刑的概念

法定刑，是指刑法分则及其他刑法规范中针对具体犯罪的罪状而规定的刑种和刑度（刑罚的幅度）。

法定刑中的刑度，一般以不同的刑种或同一刑种中不同的刑量（刑罚的期限或数额）为表现形式。在刑法理论中，某一具体法定刑规范中最重刑种的最大刑量被称为“法定最高刑”，最轻刑种的最小刑量则为“法定最低刑”。

根据《刑法》总则第 32 条至第 35 条的规定，可适用于各种犯罪的刑罚为管制、拘役、有期徒刑、无期徒刑、死刑五种主刑和罚金、剥夺政治权利、没收财产以及对犯罪的外国人适用的驱逐出境四种附加刑。尽管《刑法》第 34 条、第 35 条规定，附加刑中的“没收财产”和“对于犯罪的外国人适用的驱逐出境”，“也可以独立适用”，但是，由于这两种附加刑要么只适用于严重犯罪，要么只适用于外国人，在逻辑上很难成为某种犯罪的最低法定刑，我国刑法分则和特别刑法中都没有将它们规定为可以单处的法定最低刑。

具体犯罪的社会危害性及程度和刑法总则规定的刑种和处刑原则，是国家立法机关确定各种具体犯罪法定刑的事实和法律依据。任何法定刑的刑种和刑度都必须与相应罪状描述的犯罪行为的社会危害性的性质和情节相适应。

在刑法中为具体犯罪规定适当的法定刑，不仅是在刑事立法中坚持罪刑法定原则、刑法面前人人平等原则、罪刑相适应原则的体现，也是充分发挥刑法的教育引导功能、威慑警诫功能的基本条件，还是完成刑法“运用刑罚同一切犯罪行为作斗争”这一根本任务的保证。

（二）法定刑的种类

对于法定刑，可以从不同的角度进行分类。例如，按刑度是否相对固定，可分为确定的法定刑与浮动的法定刑；按法定刑中（主刑）刑种的多寡，可以分为选择性法定刑和单一性法定刑；可单处或并处附加刑的法定刑与不可单处或并处附加刑的法定刑等。我国刑法理论一般根据刑种和刑度是否确定而将法定刑分为“绝对确定的法定刑”、“绝对不确定的法定刑”和“相对确定的法定刑”三大类。

1. 绝对确定的法定刑

绝对确定的法定刑，是指以单一刑种的固定刑量为表现形式的法定刑。例如，《刑法》第 121 条规定：“以暴力、胁迫或者其他方法劫持航空器”，“致人重伤、死亡或者使航空器遭受严重破坏的，处死刑”。这种法定刑过于机械，没给司法机关根据案件具体情况选择适当刑罚的余地，不利于充分发挥刑罚应有的功能。所以，我国 1979 年刑法曾经完全摒弃了这种法定刑模式。现行刑法中采用这种法定刑模式的，也只有第 121 条和第 239 条两个条文。

除上述两个刑法条文外，我国刑法分则中还有一些条文针对某些犯罪“情节特别严重”的情况，规定了“处无期徒刑”或者“处死刑”这样没有选择余地的法定刑。《刑法》第383条第1款第2项中关于“个人贪污数额在五万元以上不满十万元……情节特别严重的，处无期徒刑，并处没收财产”的规定，就是一例。但是，由于“情节特别严重”应该包括犯罪人的危险性，犯罪动机、手段的卑劣性，犯罪结果的严重性等因素，这种罪状的认定实际上是给了司法机关根据案件具体情况决定是否选择该法定刑的余地，在逻辑上与刑法总则中关于“死刑适用于罪行极其严重的犯罪分子”并不矛盾。所以，不宜将适用于这种罪状的法定刑称为“绝对确定的法定刑”。

关于我国刑法中的绝对确定的法定刑，还有一点必须说明：我国刑法分则中两个条文规定的绝对确定的法定刑都是死刑，但是由于我国有死刑缓期执行的制度，这种刑罚的内容实际上就不是完全绝对确定的。因为，根据《刑法》第48条、第50条规定，“对于应当判处死刑的犯罪分子，如果不是必须立即执行的，可以判处死刑同时宣告缓期二年执行”，“判处死刑缓期执行的，在死刑缓期执行期间，如果没有故意犯罪，二年期满以后，减为无期徒刑；如果确有重大立功表现，二年期满以后，减为二十五年有期徒刑”。

2. 绝对不确定的法定刑

绝对不确定的法定刑，是指不以具体的刑种、刑度或刑幅为表现形式的“法定刑”。这种法定刑通常以“依法制裁”、“依法追究刑事责任”、“从重或加重处罚”等作为犯罪制裁规范的内容。这种“法定刑”规范，实际上没有规定具体的处刑标准，将刑罚的裁量完全交由司法机关自行决定，不利于罪刑相适应原则的贯彻和维护社会主义法制的统一。所以，我国刑法没有采用这种法定刑形式。

3. 相对确定的法定刑

相对确定的法定刑，是指以不同刑种或具有一定处刑幅度的同一刑种为内容的法定刑。这里的“确定”，是指针对符合某一具体罪状的犯罪，刑法规定了最高刑和最低刑，如果没有法律规定的其他情节，司法机关只能在法律规定的刑种和刑度的范围内适用刑罚；所谓的“相对”，则是指在针对符合特定罪状的犯罪量刑的时候，司法机关可以根据案件具体情况，在法定的最高刑和最低刑的范围内酌情决定最适合的刑罚。这种形式的法定刑是坚持原则性与灵活性相结合的体现，有利于罪刑法定原则与罪刑相适应原则的有机结合，有利于在维护法制统一的前提下，贯彻区别对待的政策。目前我国刑法中绝大部分法定刑表现为这一形式。

我国刑法分则中相对确定的法定刑的表述方式可以分为以下几种情况：

(1) 明确规定法定最高刑的刑量和法定最低刑的刑种，但不具体规定法定最低刑的刑量。

在我国刑法分则中，这类法定刑的共同特点是：均以不高于5年的有期徒刑为法定最高刑；均具体规定了法定最低刑的刑种；均没有明确法定最低刑的具体刑量（具体刑期或数额）；法定最低刑的具体刑量均可以根据刑法总则的相关规定来确定；均以法定刑中最轻刑种的最下限为法定最低刑的具体刑量。

这种法定刑中最低刑的刑种，可以是与法定最高刑相同的有期徒刑，也可以是与法定最高刑不同的拘役①，或者分则条文中明文规定可以单处的罚金②或剥夺政治权利。③

当这种法定刑只包含有期徒刑一种主刑，并且没有可以单处附加刑的规定时，实际上是以法定期限的有期徒刑为最高刑，以有期徒刑的最低限为法定最低刑。例如，《刑法》第434条前半段规定："战时自伤身体，逃避军事义务的，处三年以下有期徒刑"。尽管这里只规定了符合该罪状的犯罪行为的最高可处3年有期徒刑，没有明确规定最低法定刑的期限，但是，由于该法定刑没有包含其他刑种，根据《刑法》第45条的规定，有期徒刑的最低期限为6个月。该法定刑的刑度实际为6个月以上、3年以下的有期徒刑。

如果这种法定刑的最低刑是有期徒刑以外的其他刑种，同样应该根据刑法总则的相关规定来确定其最低期限或数额。这种法定刑的最低刑如果是管制，其最低刑期应是3个月（《刑法》第38条）；如果是拘役，其最低刑期应是1个月（《刑法》第42条）；如果是剥夺政治权利，其最低刑期应是1年（《刑法》第55条）；如果是罚金，则"应当根据犯罪情节决定罚金数额"（《刑法》第52条）。

（2）明确规定法定最低刑的刑量和法定最高刑的刑种，法定最高刑的刑量根据刑法总则确定。这种法定刑实际上是以一定期限的有期徒刑为法定最低刑，以法定刑中最重刑种的最高限为法定最高刑的法定刑形式。在我国刑法分则中，这种法定刑中最重刑种如果为死刑或者无期徒刑，其法定最高刑就是死刑或无期徒刑；如果是有期徒刑，就是15年的有期徒刑。例如，《刑法》第151条规定："走私武器、弹药、核材料或者伪造的货币的，处七年以上有期徒刑，并处罚金或者没收财产"。尽管这里没有明确规定符合该罪状的犯罪行为可处刑罚的最高限，但是由于该法定刑中没有可选处的其他主刑，而在非数罪并罚的情况下，有期徒刑的期限最高是15年，所以，该法定刑的内容实际上应是"处七年以上十五年以下有期徒刑，并处罚金或者没收财产"。

（3）明确规定法定最高刑和最低刑的具体刑量。在我国刑法分则中，这种法定刑均以一定期限的有期徒刑为法定最高刑，法定最低刑也通常表现为一定期限的有期徒刑，但也有表现为一定罚金数额的情况。《刑法》第153条第1款第2项关于"走私货物、物品偷逃应缴税额在十五万元以上不满五十万元的，处三年以上十年以下有期徒刑"的规定，就是法定最高刑和最低刑均表现为一定期限的有期徒刑的例子。《刑法》第161条关于"依法负有信息披露义务的公司、企业向股东和社会公众提供虚假的或者隐瞒重要事实的财务会计报告，或者对依法应当披露的其他重要信息不按照规定披露，严重损害股东或者其他人利益，或者有其他严重情节的，对其直接负责的主管人员和其他直接责任人员，处三年以下有期徒刑或者拘役，并处或者单处二万元以上二十万元以下罚金"的规定，就是以一定数额的罚金为法定最低刑的例子。

① 如《刑法》第253条关于"邮政工作人员私自开拆或者隐匿、毁弃邮件、电报的，处二年以下有期徒刑或者拘役"的规定。

② 如《刑法》第151条第3款关于"走私国家禁止进出口的珍稀植物及其制品的，处五年以下有期徒刑，并处或者单处罚金"的规定。

③ 如《刑法》第104条关于"其他参加""武装叛乱或者武装暴乱的"，"处三年以下有期徒刑、拘役、管制或者剥夺政治权利"的规定。

二、宣告刑

宣告刑，是司法机关根据犯罪的事实、犯罪的性质、情节和对社会的危害程度，依法对犯罪分子判处的具体刑罚。刑法分则规定的法定刑是司法机关决定宣告刑最基本的法律依据，宣告刑是司法机关根据案件的具体情况依法对犯罪分子适用法定刑的结果。宣告刑与法定刑区别在于：

（1）就二者决定的根据而言，宣告刑是司法机关以包括刑法总则规定的所有量刑情节在内的具体的案件事实为根据依法决定的具体刑罚；法定刑是立法者针对符合某一罪状的犯罪的一般性质而规定的抽象的处刑标准。

（2）就二者具体的内容而言，我国刑法制度中，宣告刑中最多只能有一种主刑，其中的有期徒刑、拘役、管制、剥夺政治权利等主刑或附加刑都必须体现为具体的期限，罚金则必须体现为具体的数量；而法定刑则可能包含多种可选择的主刑，即使包含一定刑幅的主刑和附加刑也不一定表现为具体的刑量。

（3）就具体的结果而言，宣告刑必须以法定刑为基础，在一般情况下只能在法定刑的范围决定；但是，如果具备刑法总则规定的减轻处罚的条件①，司法机关决定的宣告刑就可能突破法定刑的下限，对犯罪分子处以分则规定的法定刑以外的刑罚。

三、执行刑

执行刑，是犯罪分子实际被执行的刑罚，是刑罚执行机关对犯罪人实际执行宣告刑的结果。由于犯罪分子在刑罚执行过程中的悔改或立功等表现，执行刑可能因减刑等原因而轻于宣告刑。例如，一个被判处有期徒刑 5 年的犯罪分子，因有立功表现而减刑 2 年，这样实际执行的刑罚就只是有期徒刑 3 年，少于宣告刑的 5 年。

执行刑与法定刑的关系为：执行刑必须以宣告刑为前提，宣告刑必须以法定刑为基础。宣告刑可能因减轻处罚等情节而轻于最低法定刑，执行刑也可能因减刑等原因而实际刑量少于宣告刑。

法律应用

1.《刑法》第 13 条规定：在一般情况下，依照法律应受刑罚处罚的危害社会的行为都是犯罪，“但是情节显著轻微危害不大的，不认为是犯罪”。在认定刑法分则规定的任何一种犯罪时，首先考虑是否存在适用《刑法》第 13 条“但书”的可能，这是每一司法工作人员保证我国刑法“保护人民”这一根本价值目标实现的基本义务。

2. 在对刑法分则规定的每一种犯罪的犯罪分子决定刑罚的时候，都应该根据《刑法》第 61 条、第 63 条、第 37 条的规定，首先考虑是否存在对犯罪分子从轻、减轻或

① 《刑法》第 63 条规定：“犯罪分子具有本法规定的减轻处罚情节的，应当在法定刑以下判处刑罚。犯罪分子虽然不具有本法规定的减轻处罚情节，但是根据案件的特殊情况，经最高人民法院核准，也可以在法定刑以下判处刑罚。”

者免除处罚的可能。

3.《刑法》第48条规定，“死刑只适用于罪行极其严重的犯罪分子。对于应当判处死刑的犯罪分子，如果不是必须立即执行的，可以判处死刑同时宣告缓期二年执行”。由于罪行的严重程度是行为的客观危害、行为人的主观恶性和社会危险性的综合反映，因而《刑法》第48条中的“罪行极其严重”，意味着犯罪行为的客观危害、行为人主观恶性和社会危险性都达到了极其严重的程度。无论在犯罪的客观危害、犯罪人的主观恶性或社会危险性等方面具有任何值得宽恕的理由，都不应该适用死刑，至少不应该适用判处死刑，立即执行。结合《刑法》第49条、第62条、第63条第2款的规定，可以说我国刑法分则中不存在任何绝对必须适用死刑的规定。

课后复习

1. 怎样正确认识刑法分则中的罪状与犯罪规范的关系？
2. 怎样正确认识决定“法定刑”、“宣告刑”、“执行刑”的因素及其差别的原因？

第二章
危害国家安全罪

第一节　危害国家安全罪概述

一、危害国家安全罪的概念和特征

二、危害国家安全罪的种类

三、危害国家安全罪的处罚

第二节　危害国家、颠覆政权的犯罪

一、背叛国家罪

二、分裂国家罪

三、煽动分裂国家罪

四、武装叛乱、暴乱罪

五、颠覆国家政权罪

六、煽动颠覆国家政权罪

七、资助危害国家安全犯罪活动罪

第三节　叛变、叛逃的犯罪

一、投敌叛变罪

二、叛逃罪

第四节　间谍、资敌的犯罪

一、间谍罪

二、为境外窃取、刺探、收买、非法提供国家秘密、情报罪

三、资敌罪

提　要

危害国家安全罪，是1997年修订刑法取代原刑法“反革命罪”的提法而规定的新的类罪名。这类犯罪都是针对我国的主权、领土完整、国家政权和社会主义制度的安全而实施的故意犯罪，具有极其严重的社会危害性。运用刑法同这类犯罪作斗争，事关国家、民族的生存大计。因此，对这类犯罪中的各种具体犯罪必须有清楚的认识，掌握每一种犯罪的构成特征，分清此类犯罪同其他犯罪的界限，并了解对每一种犯罪

的处罚规定。

重点问题

1. 危害国家安全罪的概念及构成要件。
2. 分裂国家罪的基本特征。
3. 武装叛乱、暴乱罪的概念及构成。
4. 间谍罪的几种行为方式。

第一节　危害国家安全罪概述

一、危害国家安全罪的概念和特征

危害国家安全罪，是1997年修订的刑法取代原刑法“反革命罪”的提法而规定的新的类罪名。这类犯罪均系直接针对我国的主权、领土、政权及基本制度的安全而实施的犯罪，具有极其严重的社会危害性。运用刑法同这类犯罪作斗争，事关国家和民族的生存大计。危害国家安全罪，是指故意危害中华人民共和国国家主权、领土完整、国家政权和社会主义制度安全的行为。这是我国刑法中性质最严重、危害最大的一类犯罪，故置于分则各章之首。危害国家安全罪作为一类犯罪的类罪名，为1997年修订的刑法分则第一章所规定，用它取代了1979年刑法中的反革命罪，修订时对其中的个罪种类作了适当调整，基本内容并无太大变化。

（一）所侵犯的客体是中华人民共和国的国家安全

所谓国家安全，不是泛指一切属于国家的利益，而是指国家独立、领土完整、人民民主专政政权以及作为我国根本制度的社会主义制度的安全。只有保持国家的独立和领土的完整，中华民族才具备生存的前提；只有保障人民民主专政政权和社会主义制度的稳固，民族和国家才能获得进一步发展的条件。多年来，国内外敌对势力不断寻找时机，采取公开或隐蔽的方式，或者企图分裂我国领土，或者企图颠覆我国的国家政权和推翻社会主义制度，或者企图以各种手段动摇和消减中华人民共和国的国际地位，从而构成对我国国家安全的严重威胁。危害国家安全罪不同于其他各类犯罪的最突出特点，就是它不是危害某一方面、某一部门或某一些人的利益，而是直接危及国家、政权和基本制度的存续问题。这类犯罪的严重性质和极大危害性，集中表现在对国家安全的客体侵犯上。

（二）犯罪的客观方面表现为实施危害国家安全的行为

具体包括《刑法》第102条至第112条规定的各种行为。如背叛国家、分裂国家、武装叛乱或暴乱、颠覆国家政权、投敌叛变等。这类犯罪都属于行为犯，即只要实施上述行为，无论是否造成严重后果，都成立犯罪既遂。甚至在一般犯罪中属于犯罪预备的行为，如为分裂国家而实施的制造条件的行为，在这里也成为构成犯罪的基本行为，有该行为即可符合分裂国家罪的全部要件，以犯罪既遂论处。有些犯罪在方法上作了专门限制，如武装叛乱、暴乱罪在方法上必须是采取“武装”手段，而煽动颠覆国家政权罪只能是采用非暴力的煽动性方法。

须特别注意的是：认定行为属于危害国家安全的行为，应严格以刑法规定的具体犯罪构成为标准，决不允许以一时的需要而任意扩大行为的范围。仅有政治上的某种不同看法甚至完全属于偏见，而没有实施刑法所规定的危害国家安全的行为，绝不构成本章犯罪。

（三）犯罪的主体必须是达到刑事责任年龄具有刑事责任能力的自然人

根据刑法总则的原则性规定，构成本章犯罪其主体必须已满16周岁，且具有刑事责任能力。无论是中国公民还是外国人（包括无国籍人），均可成为危害国家安全罪的主体。个别犯罪如背叛国家罪的主体只能是中国公民。

根据《刑法》第107条的规定，单位虽然可以构成资助危害国家安全犯罪活动罪，但在具体处理时采单位犯罪中的“单罚制”，只对直接责任人员即自然人定罪量刑。

（四）犯罪的主观方面在罪过上只能是故意

由于本章犯罪是刑法中最严重犯罪，从条文罪状叙述及法定刑配置看，在主观罪过上均只能是故意，并且希望或者放任这种结果的发生。至于行为人出于什么动机实施行为，是为金钱、女色、出境，还是纯粹的政治追求，均不影响本罪之构成。

二、危害国家安全罪的种类

《刑法》第102条至第112条规定有12个具体罪名，按照它们在犯罪构成上的相似性，可分为以下三种类型：

1. 危害国家、颠覆政权的犯罪。即背叛国家罪，分裂国家罪，煽动分裂国家罪，武装叛乱、暴乱罪，颠覆国家政权罪，煽动颠覆国家政权罪，资助危害国家安全犯罪活动罪。

2. 叛变、叛逃的犯罪。即投敌叛变罪，叛逃罪。

3. 间谍、资敌的犯罪。即间谍罪，为境外窃取、刺探、收买、非法提供国家秘密、情报罪，资敌罪。

三、危害国家安全罪的处罚

危害国家安全罪是社会危害性最为严重的一类犯罪。对此，刑法规定了极为严厉的刑罚。

1. 根据《刑法》第113条第1款的规定，对背叛国家罪、分裂国家罪等7种犯罪，在犯罪对国家和人民危害特别严重、情节特别恶劣的情况下，可以判处死刑。

2. 根据《刑法》第113条第2款的规定，犯本章之所有犯罪，均可以并处没收财产。

3. 根据《刑法》总则第56条第1款的规定，犯本章之所有犯罪，在选择判处主刑的前提下，均应当附加剥夺政治权利。

第二节　危害国家、颠覆政权的犯罪

一、背叛国家罪

（一）背叛国家罪的概念和特征

背叛国家罪，是指勾结外国或与境外机构、组织、个人相勾结，危害中华人民共和国的主权、领土完整和安全的行为。本罪具有下列特征：

1. 侵犯的客体是国家的主权、领土完整和安全。国家主权是国家独立的主要标志，是指国家自主处理本国事务的权力，包括立法权、行政权、司法权、外交权等。领土完整，是指属于本国的领土不容分割或侵占。这里所称的“安全”，是指除国家主权、领土完整以外的关系到中华人民共和国的整体存在与稳定发展的因素。维护国家的主权、领土完整和安全，是保持我国的独立、尊严以及进行现代化建设的根本条件。因此，背叛国家罪侵犯的直接客体决定了它是一种最严重的危害国家安全的犯罪。

2. 犯罪客观方面主要表现为勾结外国，危害国家主权、领土完整和安全的行为。首先，构成本罪必须有勾结外国的情节。所谓勾结外国，既可以是通过各种方式与外国政府及其所属的任何机构秘密联络，也可以是与外国的政党、政治团体或者其他组织相联络。其次，勾结外国实施了或者是密谋策划实施危害我国主权、领土完整和安全的行为。例如，与外国相勾结，挑起争端，使外国政府对我国发动侵略战争，侵占我国领土；与外国政府签订出卖我国利益的条约；勾结外国，迫使我国政府同意外国在我国领土上建立军事基地、行使治外法权，以及进行其他危害国家安全的活动。

除以上外，《刑法》第 102 条第 2 款还规定：“与境外机构、组织、个人相勾结，犯前款罪的，依照前款的规定处罚。”与本条第 1 款相对应，这里所谓的“与境外机构、组织、个人相勾结”，显然是指与中国大陆以外的任何非国家性的机构、组织或个人进行秘密联络，包括我国的台湾、香港和澳门地区。目前，在法律上台湾、香港和澳门地区均视为“境外”。与非主权国家的任何机构、组织或者个人相勾结，实施上述第 1 款规定的行为，也应以背叛国家罪论处。

3. 犯罪主体是一般主体。由于本罪的关键是“背叛”国家，故只有具有中国国籍的公民才存在对自己国籍归属国的背叛问题，外国人在单独犯罪的前提下不可能成为本罪主体。

在通常情况下，能够实施本罪行为的人，主要是窃据党政军大权的领导人或者具有较高社会地位和重大影响的人。只有这类人勾结外国，才能够完成本罪客观方面之行为。

4. 犯罪的主观方面只能是故意。本罪只能由直接故意构成，并且行为人具有危害国家安全的犯罪目的。

（二）背叛国家罪的认定

根据《刑法》第 102 条的规定，本罪属于行为犯，即只要行为人有与外国或境外机构、组织、个人相勾结，密谋危害我国国家主权、领土完整和安全的行为，就构成本罪，且为既遂形态。

（三）背叛国家罪的处罚

依照《刑法》第 102 条、第 113 条的规定，犯本罪的，处无期徒刑或者 10 年以上有期徒刑；对国家和人民危害特别严重、情节特别恶劣的，可以判处死刑，可以并处没收财产。

二、分裂国家罪

分裂国家罪，是指组织、策划、实施分裂我国领土、破坏国家统一的行为。

本罪的主要特征是：犯罪客观方面表现为组织、策划、实施分裂国家、破坏国家统一的行为。所谓分裂国家、破坏国家统一，主要表现为将我国领土进行分裂，实行武装割据，在所控制的区域内建立非法政权或自立新“国家”，与中央政府公开对抗；在民族地区破坏民族团结，挑起民族冲突，制造民族分裂等。

所谓组织行为，是指为首发起或纠合他人一起进行活动；所谓策划行为，是指共同密谋，制定实施犯罪的计划、步骤、方法和策略。所谓实施，是指将犯罪计划付诸实行行为。只要是为分裂国家、破坏国家统一实施上述行为之一，即构成本罪既遂。

犯本罪的，依照《刑法》第 103 条第 1 款和第 113 条的规定，对首要分子或者罪行重大的，处无期徒刑或者 10 年以上有期徒刑；对积极参加的，处 3 年以上 10 年以下有期徒刑；对其他参加的，处 3 年以下有期徒刑、拘役、管制或者剥夺政治权利；对国家和人民危害特别严重、情节特别恶劣的，可以判处死刑。

三、煽动分裂国家罪

煽动分裂国家罪，是指以煽动方式唆使他人从事分裂国家、破坏国家统一的行为。

本罪的主要特征是：犯罪客观方面表现为以口头、文字、图像等方式唆使他人从事分裂国家、破坏国家统一的行为。实践中煽动的表现形式主要有：当众发表演说，书写、张贴标语，制作、散发传单及非法出版物，利用电子网络传播信息，等等。至于被煽动人是否接受煽动，接受煽动后是否实施了具体的分裂国家的行为，均不影响本罪的成立。

本罪同分裂国家罪的区别在于：前者是唆使他人去实施分裂国家的行为，而后者是本人直接实施。本罪所煽动唆使的对象，一般是社会不特定的任何人；若针对特定的个别人进行唆使，教唆其实施分裂国家的行为，应按照分裂国家罪的共同犯罪处理。

犯本罪的，依照《刑法》第 103 条第 2 款的规定，处 5 年以下有期徒刑、拘役、管制或者剥夺政治权利；首要分子或者罪行重大的，处 5 年以上有期徒刑。

四、武装叛乱、暴乱罪

（一）武装叛乱、暴乱罪的概念和特征

武装叛乱、暴乱罪，是指组织、策划、实施武装叛乱或者武装暴乱的行为。

本罪具有下列特征：犯罪客观方面表现为组织、策划、实施武装叛乱或者武装暴乱的行为。这里的所谓“武装”，是指动用枪械等军事武器或其他具有较大杀伤性和破坏力的武器。武装叛乱，是指与外国或者境外敌对势力相勾结，由境外势力提供经济、军事等支持，纠集多人利用武装进行暴力破坏活动。武装暴乱，是指纠集多人，利用武装进行暴力破坏活动。叛乱和暴乱的具体方式多种多样，包括杀人，放火，砸抢或占领国家机关、企事业单位，抢劫物资，破坏道路、桥梁，等等。

根据刑法规定，只要有组织、策划、实施武装叛乱或武装暴乱行为之一，即构成本罪既遂。上述犯罪活动是否造成了严重后果，不影响本罪既遂之成立。

（二）武装叛乱、暴乱罪的认定

1. 区分武装叛乱、暴乱中的犯罪行为与群众聚众闹事的界限。武装叛乱、暴乱只能是聚众性的犯罪，多为国内外敌对分子为危害我国国家安全而裹胁多人实施。实践中有时由于部分群众对国家某项政策不理解，或者由于某些部门严重的官僚主义，致使矛盾激化酿成大规模骚乱，发生冲击国家机关、殴打工作人员、毁坏公共设施等暴力行为。这些行为在形式上与本罪相似，但实质上其参与人员并无危害国家安全的目的，客观上也并不具备“武装”的形式。对于聚众闹事中的一般群众应当以说服教育为主，对于其中的首要分子和积极参加者，根据具体情节分别按《刑法》第 290 条、第 291 条规定的犯罪处理。

2. 区分一罪与数罪的界限。武装叛乱、暴乱罪属于严重的暴力犯罪，在犯罪过程中往往同时伴有杀人、放火、抢劫或毁坏公私财物等行为，又触犯故意杀人罪、放火罪、抢劫罪等罪名。但是，由于上述行为是武装叛乱和武装暴乱的具体行为方式，因此只能按本罪一罪处理，不应实行数罪并罚。

（三）武装叛乱、暴乱罪的处罚

依照刑法的规定，犯本罪的，对首要分子或者罪行重大的，处无期徒刑或者 10 年以上有期徒刑；对积极参加的，处 3 年以上 10 年以下有期徒刑；对其他参加的，处 3 年以下有期徒刑、拘役、管制或者剥夺政治权利；对国家和人民危害特别严重、情节特别恶劣的，可以判处死刑。

策动、胁迫、勾引、收买国家机关工作人员、武装部队人员、人民警察、民兵进行武装叛乱或者武装暴乱的，或者与境外机构、组织、个人相勾结犯本罪的，依照上述规定从重处罚。

五、颠覆国家政权罪

颠覆国家政权罪，是指组织、策划、实施颠覆国家政权、推翻社会主义制度的行为。

本罪的主要特征是：（1）犯罪客观方面表现为组织、策划、实施颠覆国家政权、推翻社会主义制度的行为。这里所称的国家政权，一般是指中央人民政府，个别情况下也可以包括省一级地方人民政府。所谓颠覆国家政权，在通常意义上也就是发动政变，另立新政府，同时必然存在推翻现行的基本制度即社会主义制度的问题。行为的基本方式为两种：一是调集军事力量，公开发动武装政变夺取政权；二是利用阴谋手段，非经正当宪法程序而导致国家政权更替。但构成本罪并不要求产生上述后果，而是只要为颠覆国家政权而存在组织、策划、实施行为之一，即构成本罪既遂。（2）犯罪主观方面只能是直接故意，行为人并且具有颠覆国家政权、推翻社会主义制度的目的。

依照《刑法》第105条第1款的规定，犯本罪的，对首要分子或者罪行重大的，处无期徒刑或者10年以上有期徒刑；对积极参加的，处3年以上10年以下有期徒刑；对其他参加的，处3年以下有期徒刑、拘役、管制或者剥夺政治权利。

六、煽动颠覆国家政权罪

煽动颠覆国家政权罪，是指以煽动方式唆使他人从事颠覆国家政权、推翻社会主义制度的行为。

本罪的主要特征是：犯罪客观方面表现为以口头、文字、图像等方式唆使他人从事颠覆国家政权、推翻社会主义制度的行为。实践中煽动的表现形式主要有：当众发表演说，书写、张贴标语，制作、散发传单及非法出版物，利用电子网络传播信息，等等。至于被煽动人是否接受煽动，接受煽动后是否实施了具体的颠覆国家政权行为，均不影响本罪的成立。

犯本罪的，依照《刑法》第105条第2款的规定，处5年以下有期徒刑、拘役、管制或者剥夺政治权利；首要分子或者罪行重大的，处5年以上有期徒刑。

七、资助危害国家安全犯罪活动罪

资助危害国家安全犯罪活动罪，是指境内外机构、组织或者个人资助实施背叛国家，分裂国家，煽动分裂国家，武装叛乱、暴乱，颠覆国家政权，煽动颠覆国家政权等犯罪的行为。

本罪的主要特征是：(1) 犯罪客观方面表现为以提供物质的方式帮助实施上述几种危害国家安全的犯罪的行为。本罪只处理单纯的资助行为，如果既资助又直接参与危害国家安全的犯罪，应作为有关犯罪的共同犯罪处理。资助的内容包括提供金钱或其他物质性利益，如提供机票、提供活动场所。如果行为人只是提供精神或舆论方面的帮助，不构成本罪。(2) 犯罪主体为境内外机构、组织或者个人。由于任何机构或组织的行为均须通过自然人完成，故本罪最终构成犯罪承担刑事责任的主体为自然人。(3) 犯罪主观方面为故意，即明知境内的组织或个人实施的行为属于上述危害国家安全的犯罪，而仍然为其提供资助。

依照《刑法》第107条的规定，犯本罪的，对直接责任人员处5年以下有期徒刑、拘役、管制或者剥夺政治权利；情节严重的，处5年以上有期徒刑。按第113条的规定，犯本罪的，可以并处没收财产。

第三节　叛变、叛逃的犯罪

一、投敌叛变罪

投敌叛变罪，是指中国公民背叛组织，投奔敌方或者在被捕、被俘后投降敌人，危害国家安全的行为。

本罪的主要特征是：(1) 犯罪主体只能是中国公民。首先，只有中国公民才存在“叛变”问题；其次，从实际情况分析，只有中国公民中的国家工作人员，其“叛变”才会产生危害国家安全的意义。(2) 犯罪客观方面表现为背叛组织，投奔敌国或者国内敌对营垒，或者在被捕、被俘后投降敌方，出卖国家利益的变节行为。如投敌后向敌方提供我国的情报，或者表示效忠敌方，愿为敌方进行危害国家安全的活动。(3) 犯罪主观方面是故意，即明知所投靠的一方为敌方而有意为之。

犯本罪的，依照《刑法》第108条和第113条的规定，处3年以上10年以下有期徒刑；情节严重或者带领武装部队人员、人民警察、民兵投敌叛变的，处10年以上有期徒刑或者无期徒刑；对国家和人民危害特别严重、情节特别恶劣的，可以判处死刑。

二、叛逃罪

(一) 叛逃罪的概念和特征

叛逃罪是指国家机关工作人员以及掌握国家秘密的其他国家工作人员，在履行公务期间，擅离岗位叛逃境外，或者在境外叛逃，危害国家安全的行为。本罪具有下列特征：

1. 犯罪客观方面表现为在履行公务期间，擅离岗位叛逃境外，或者在境外叛逃，危害国家安全的行为。所谓“履行公务期间”，是指国家工作人员其职务处于现职状态，没有被免除或停止，随时都可以执行其职务。如在公休日、因病休息期间叛逃，均可以构成本罪。所谓“擅离岗位”，是指违反规定私自离开其职务所设定的岗位。所谓“叛逃”，是指与境外的机构或组织进行联络而予以投靠。具体包括两种情况：一是在境内履行公务期间，叛逃境外；二是在境外履行公务期间，直接投靠境外机构或组织。行为人的叛逃行为，必须是达到危害国家安全的程度，才构成本罪。在本罪中危害国家安全的表现，一般是指为境外机构、组织效力，从事危害我国国家安全的活动，或者公开发表诋毁国家和政权的政治言论。

2. 犯罪主体是国家机关工作人员，以及掌握国家秘密的其他国家工作人员。国有企事业单位、人民团体中的工作人员未掌握国家秘密的，不能成为本罪的主体。

(二) 叛逃罪的认定

1. 区分罪与非罪的界限。叛逃行为之所以构成犯罪，不仅在于行为人投奔境外，而且更主要的是在其叛逃之后，为境外的机构、组织效力，危害我国国家安全。故此，有的国家机关工作人员在履行公务期间擅离岗位，投奔境外，其目的只是求职、求学或探亲靠友，并无危害国家安全的意图和行为，不能构成本罪。

2. 区分本罪与背叛国家罪的界限。叛逃罪在本质上也属背叛国家的行为，其与背叛国家罪的区别是：(1) 犯罪主体不同，前者是特殊主体，后者是一般主体。(2) 客观方面行为不同。前者只能是在履行公务期间进行叛逃，进行某种危害国家安全的活动，而后者无此职务限制。并且，后者表现为勾结外国，危害我国主权、领土完整和安全，具有更加严重的危害性。在两罪有所交叉都符合的情况下，应以背叛国家罪论处。

3. 区分本罪与投敌叛变罪的界限。二者的主要区别是：(1) 犯罪主体不同，前者只能是国家机关工作人员和掌握国家秘密的国家工作人员，后者无此限制；（2）前者投靠的对象没有限制性规定，而后者投靠的必须是敌国或敌对营垒；（3）前者限于在履行公务期间叛逃，后者无此限制；（4）前者是主动投靠境外机构或组织，而后者可以是在被捕、被俘以后变节。由于投敌叛变罪的“敌”在实践中不易掌握，在两罪有所交叉都符合的情况下，以本罪论处为宜。

（三）叛逃罪的处罚

犯本罪的，依照《刑法》第109条的规定，处5年以下有期徒刑、拘役、管制或剥夺政治权利；情节严重的，处5年以上10年以下有期徒刑。掌握国家秘密的国家工作人员犯本罪的，依照上述规定从重处罚。

第四节　间谍、资敌的犯罪

一、间谍罪

（一）间谍罪的概念和特征

间谍罪，是指参加间谍组织或者接受间谍组织及其代理人的任务，或者为敌人指示轰击目标的行为。本罪的特征是：

1. 犯罪客观方面表现为参加间谍组织，或者虽未参加间谍组织但接受间谍组织及其代理人的任务，或者为敌人指示轰击目标的行为。所谓间谍组织，相对于我国刑法而言，通常是指外国政府或敌对势力设立的、以收集我国情报为主并进行其他危害国家安全活动的组织。参加间谍组织，是指履行一定手续而成为该组织的从事间谍活动的正式人员。接受间谍组织及其代理人的任务，是指虽然没有参加间谍组织，但是接受间谍组织或其代理人的指示，为其进行危害我国家安全的间谍活动。为敌人指示轰击目标，是指采取各种方式为敌人指明所要轰炸或者攻击的我方目标的位置、特征等。

2. 犯罪主观方面是直接故意，即明知是间谍组织而参加或接受其任务，或者明知是敌人而故意为其指示轰击目标。

（二）间谍罪的认定

1. 区分罪与非罪的界限。构成间谍罪的行为，必须是故意为间谍组织或敌人效力、危害国家安全的行为。因此，在间谍组织中只是从事勤杂、医护等服务，而未进行间谍活动的人员，或者因受蒙蔽不明真相，误入间谍组织的人员，不应以间谍罪论处。

2. 区分本罪与叛逃罪的界限。两罪的主要区别是：（1）前者犯罪主体为一般主体，后者为特殊主体；（2）后者限于在履行公务期间实施，前者无此限制；（3）后者必须是逃往境外，进而危害国家安全，前者无此限制。司法实践中行为人叛逃境外可能参加间谍组织，或接受间谍组织任务从事间谍活动。对此，由于在犯罪构成上存在典型的数行为，故原则上应当以叛逃罪和间谍罪实行数罪并罚。

（三）间谍罪的处罚

犯本罪的，依照《刑法》第110条和第113条的规定，处10年以上有期徒刑或者无期徒刑；情节较轻的，处3年以上10年以下有期徒刑；对国家和人民危害特别严重、情节特别恶劣的，可以判处死刑。

二、为境外窃取、刺探、收买、非法提供国家秘密、情报罪

为境外窃取、刺探、收买、非法提供国家秘密、情报罪，是指为境外的机构、组织、人员窃取、刺探、收买、非法提供国家秘密或者情报的行为。

本罪的主要特征是：犯罪客观方面表现为为境外的机构、组织、人员窃取、刺探、收买、非法提供国家秘密或情报的行为。所谓“境外”，是指我国边境以外的国家或地区，包括我国的台湾、香港和澳门地区。所谓“机构、组织、人员”，包括任何官方的和非官方的机构、组织和个人，但不包括间谍组织及其代理人。所谓“国家秘密”，是指《中华人民共和国保守秘密法》所规定的、关系国家安全和利益、在一定的时间内只限一定范围人员知悉的各种事项。所谓“情报”，是指国家秘密以外的、关系国家安全和利益、尚未公开，或者依照有关规定不应公开的事项。本罪是选择性罪名，其行为方式包括“窃取、刺探、收买、非法提供”四种；行为对象涉及国家秘密和情报两种，即行为人只要为境外机构、组织、人员实施上述行为之一，或者涉及对象之一，即构成本罪。具体罪名应视案件情节而定。

犯本罪的，依照《刑法》第 111 条和第 113 条的规定，处 5 年以上 10 年以下有期徒刑；情节较轻的，处 5 年以下有期徒刑、拘役、管制或者剥夺政治权利；情节特别严重的，处 10 年以上有期徒刑或者无期徒刑；对国家和人民危害特别严重、情节特别恶劣的，可以判处死刑。

三、资敌罪

资敌罪，是指战时供给敌人武器装备、军用物资的行为。

本罪的主要特征是：(1) 犯罪客观方面表现为在战时供给敌人武器装备、军用物资的行为。在非战争状态下实施上述行为，或者在战时为敌人提供的不是上述物资，不构成本罪。(2) 犯罪主观方面是故意犯罪，即在战时明知是敌人而故意向其提供上述物资。

犯本罪的，依照《刑法》第 112 条和第 113 条的规定，处 10 年以上有期徒刑或者无期徒刑；情节较轻的，处 3 年以上 10 年以下有期徒刑；对国家和人民危害特别严重的、情节特别恶劣的，可以判处死刑。

法律应用

1. 本章个罪在侵犯的客体方面为危害国家安全，在个案的处理上应首先看这一特征是否具备定性。这一点将本章犯罪同其他普通刑事犯罪区别开来。

2. 分裂国家罪与颠覆国家政权罪的区别：前者为分裂领土，另立“国家”；后者为发动政变，另立“新政府”。

3. 对叛逃罪与间谍罪前后相承的处理：对国家机关工作人员叛逃境外并参加间谍组织，或接受间谍组织任务从事间谍活动的，由于在犯罪构成上存在典型的数行为，

故原则上应当数罪并罚。

4. 为境外窃取、刺探、收买、非法提供国家秘密、情报罪与刑法中其他侵犯国家秘密的犯罪的区别：前者是“为境外”的机构、组织或人员提供国家秘密，从而危及国家安全；而后者是并非“为境外”而非法涉密，只是属于违反国家保密规定的问题。

学习卡

本章涉及的相关法律条文和司法解释有：

1.《刑法》总则第56条、第66条。

2.《刑法》第102条至第113条。

3. 最高人民法院《关于审理非法出版物刑事案件具体应用法律若干问题的解释》（1998年12月17日）第1条。

4. 最高人民法院、最高人民检察院《关于办理组织和利用邪教组织犯罪具体应用法律若干问题的解释》（1999年10月20日）第7条。

5. 最高人民法院、最高人民检察院《关于办理妨碍预防、控制突发传染病疫情等灾害的刑事案件具体应用法律若干问题的解释》（2003年5月14日）第10条第2款。

6. 最高人民法院《关于审理为境外窃取、刺探、收买、非法提供国家秘密、情报案件具体应用法律若干问题的解释》（2001年1月17日）全文。

在本章的理论研究中，涉及对武装叛乱与武装暴乱的区别等问题的理解，这些问题的探究对于深化刑法理论和指导司法实践有着重要的意义。对此可以参考下列参考文献：

1. 于志刚主编：《危害国家安全罪》，北京，中国人民公安大学出版社，1999；

2. 于志刚主编：《危害国家安全罪》，北京，中国人民公安大学出版社，2003；

3. 赵秉志主编：《中国刑法案例与学理研究（危害国家安全罪、危害公共安全罪、危害国防利益罪、军人违反职责罪）》，北京，法律出版社，2005；

4. 高铭暄、马克昌主编：《中国刑法解释》，北京，中国社会科学出版社，2005。

课后复习

1. 危害国家安全罪与其他普通刑事犯罪的区别是什么？

2. 分裂国家罪的实质是什么？

3. 武装叛乱与武装暴乱的区别是什么？

4. 间谍罪的构成特征是什么？

5. 颠覆国家政权罪的基本特征是什么？

第三章

危害公共安全罪

第一节　危害公共安全罪概述

一、危害公共安全罪的概念和构成

二、危害公共安全罪的种类

第二节　危害公共安全罪司法适用

一、放火罪

二、决水罪

三、爆炸罪

四、投放危险物质罪

五、以危险方法危害公共安全罪

六、失火罪

七、过失决水罪

八、过失爆炸罪

九、过失投放危险物质罪

十、过失以危险方法危害公共安全罪

十一、破坏交通工具罪

十二、破坏交通设施罪

十三、破坏电力设备罪

十四、破坏易燃易爆设备罪

十五、过失损坏交通工具罪

十六、过失损坏交通设施罪

十七、过失损坏电力设备罪

十八、过失损坏易燃易爆设备罪

十九、组织、领导、参加恐怖组织罪

二十、资助恐怖活动罪

二十一、劫持航空器罪

二十二、劫持船只、汽车罪

二十三、暴力危及飞行安全罪

二十四、破坏广播电视设施、公共电信设施罪

二十五、过失损坏广播电视设施、公共电信设施罪

二十六、非法制造、买卖、运输、邮寄、储存枪支、弹药、爆炸物罪

二十七、非法制造、买卖、运输、储存危险物质罪
二十八、违规制造、销售枪支罪
二十九、盗窃、抢夺枪支、弹药、爆炸物、危险物质罪
三十、抢劫枪支、弹药、爆炸物、危险物质罪
三十一、非法持有、私藏枪支、弹药罪
三十二、非法出租、出借枪支罪
三十三、丢失枪支不报罪
三十四、非法携带枪支、弹药、管制刀具、危险物品危及公共安全罪
三十五、重大飞行事故罪
三十六、铁路运营安全事故罪
三十七、交通肇事罪
三十八、危险驾驶罪
三十九、重大责任事故罪
四十、强令违章冒险作业罪
四十一、重大劳动安全事故罪
四十二、大型群众性活动重大安全事故罪
四十三、危险物品肇事罪
四十四、工程重大安全事故罪
四十五、教育设施重大安全事故罪
四十六、消防责任事故罪
四十七、不报、谎报安全事故罪

提　要

危害公共安全罪是普通刑事犯罪中危害性比较大的一类犯罪，之所以如此说，是因为该类犯罪所具有危害社会公共安全的性质所决定的。刑法这一章规定的犯罪，既包括故意犯罪，也包括过失犯罪，而且，有的过失犯罪必须是由于行为人违反了法律规定的特别的注意义务，而有的违反的属于普通的注意义务。此外，这一类犯罪行为所危害到的对象，虽然也涉及“人”与“财产”，但与其他以“人”和“财产”为对象的犯罪的区别在于其可能涉及的范围往往是难以预料和控制的，或者其对象本身关系到公共安全，因此，属于刑法予以特别保护的对象。准确理解本章犯罪行为所危害的对象的性质，是正确把握行为危害公共安全性质的关键条件。

重点问题

1. 危害公共安全罪的本质特征。
2. 放火等以危险方法危害公共安全罪的特征及与相近犯罪的区别。

3. 破坏公用工具、设施特定对象危害公共安全犯罪的概念和特征。

4. 违反枪支、弹药、爆炸物管理的犯罪的种类及与相近犯罪的区别。

5. 交通肇事罪、重大责任事故罪的概念和特征与其他责任事故犯罪的区别。

第一节　危害公共安全罪概述

一、危害公共安全罪的概念和构成

危害公共安全罪，是指故意或者过失地实施危及不特定或多数人的生命、健康或者重大公私财产安全的行为。

危害公共安全罪具有如下构成要件：

1. 这类犯罪的客体，是社会的公共安全，即不特定或多数人的生命、健康和重大公私财产的安全。所谓"不特定"，是相对其他罪危害的范围的"特定"而言。侵犯人身权利罪和财产罪也会造成多人、多物的损害，但其是以某个、某几个特定的人或者某项、某几项特定具体的财产为侵犯对象的，其可能造成的危害范围是有一定局限性的（即"特定"），是可以预料和控制的。但危害公共安全犯罪，侵害的对象往往具有不特定性或虽然对象特定但是实际被害为多数的特点，即造成的危害，不是限定于特定的个人或财产。而且绝大多数的犯罪往往在行为前无法确定其侵害的对象的范围，也无法预料和控制可能造成的后果及其程度，所造成的实际危害后果，常常超出了行为人能力所能够控制的范围。所以，犯罪行为一经实施，不论行为人主观上是否愿意，都能够在一定条件下造成众多人员的伤亡或公私财产的广泛损失，或者构成对公众生命财产安全的严重威胁。如一把火能烧毁多少财产，一颗炸弹将炸死、炸伤多少人，都是在行为前无法预料、行为实施时无法控制的。少数犯罪行为，即使指向特定的对象，但同时也构成对公共安全巨大的威胁，如盗窃、抢夺、抢劫枪支、弹药、爆炸物，虽然是以枪支、弹药、爆炸物为对象，但枪支、弹药、爆炸物一旦流散在社会上，就对公共安全构成威胁，也即构成侵犯不特定多数人的生命、健康和重大公私财产的安全。因此，如果犯罪行为只是指向特定的人身或财产，而并不同时危害不特定多数人的生命、健康和重大公私财产的安全，就不构成危害公共安全罪，应根据其侵犯的客体，分别构成侵犯人身权利或者侵犯财产的犯罪。

需要指出的是，"不特定"并不是说危害公共安全犯罪的行为人没有特定侵犯对象或目标。实施危害公共安全罪的犯罪人，有的在主观上也有侵犯的特定对象，同时也会对损害的可能范围有估计和认识，只不过其行为所造成或可能造成的实际后果则是行为人能力难以控制的。因此，不能将"不特定"理解为行为人没有特定侵犯对象或目标。

2. 这类犯罪的客观方面，表现为实施危及公共安全、已经造成严重后果或者足以造成严重后果的行为。危害公共安全的行为可以以作为的方式实施，也可以以不作为方式实施。危害公共安全的行为，包括已经造成实际损害结果的行为，也包括虽未造成实际损害结果，但足以造成严重后果，危害不特定多人的生命、健康和重大公私财产安全的行为。之所以说本章犯罪具有巨大的危险性，往往是由其客观特征所决定的。

有些是其行为本身具有巨大的危险性，如放火、爆炸、投放危险物质；有些是因侵害的对象，如火车、汽车、电车、船只、航空器、枪支、弹药、爆炸物；有些是因在特定的场合、时间、地点实施的行为，如交通肇事、重大责任事故、非法携带枪支、弹药、管制刀具、危险物品，进入公共场所或者公共交通工具等。因此，除了法律明文规定的过失危害公共安全的行为，必须以造成严重后果为犯罪成立的必要要件以外，故意的行为即使尚未造成严重后果，但只要造成足以危害公共安全的危险状态，就构成犯罪。

3. 这类犯罪的主体，既有一般主体，又有特殊主体。大多数犯罪，如放火罪、劫持航空器罪等，由一般主体构成；少数犯罪要求由从事特定业务或具有特定职务的人员构成，如非法出租、出借枪支罪的主体，为依法配备、配置枪支的人员；重大飞行事故罪的主体为民用航空活动的空勤人员和地面人员。有些罪可以由单位构成，有些只能由单位构成。前者，如非法制造、买卖、运输、储存危险物质罪；后者，如工程重大安全事故罪。根据《刑法》第 17 条的规定，已满 14 周岁不满 16 周岁的人，对放火、爆炸、投放危险物质罪，应当负刑事责任。

4. 这类犯罪的主观方面，既有故意，也有过失。具体而言，一是只能由故意构成的犯罪。出于故意的犯罪，有些只能是直接故意，如组织、领导、参加恐怖活动组织罪，抢劫枪支、弹药、爆炸物罪等；有些直接故意和间接故意都可以构成，如放火、爆炸、投放危险物质罪等。二是只能由过失构成的犯罪，如丢失枪支不报罪、交通肇事罪等。

二、危害公共安全罪的种类

根据《刑法》分则第二章及《刑法修正案（三）》、《刑法修正案（六）》、《刑法修正案（八）》的规定，这类犯罪共 30 个条文，47 个罪名，具体可以分为：

1. 用危险方法危害公共安全的犯罪。包括放火罪、决水罪、爆炸罪、投放危险物质罪、以危险方法危害公共安全罪、失火罪、过失决水罪、过失爆炸罪、过失投放危险物质罪、过失以危险方法危害公共安全罪。

2. 破坏公共设备、设施危害公共安全的犯罪。包括破坏交通工具罪、破坏交通设施罪、破坏电力设备罪、破坏易燃易爆设备罪、过失损坏交通工具罪、过失损坏交通设施罪、过失损坏电力设备罪、过失损坏易燃易爆设备罪，破坏广播电视设施、公用电信设施罪，过失损坏广播电视设施、公用电信设施罪。

3. 实施恐怖活动危害公共安全的犯罪。包括：组织、领导、参加恐怖活动组织罪，资助恐怖活动罪，劫持航空器罪，劫持船只、汽车罪，暴力危及飞行安全罪。

4. 违反枪支、弹药、爆炸物及核材料管理的犯罪。包括非法制造、买卖、运输、邮寄、储存枪支、弹药、爆炸物罪，非法制造、买卖、运输、储存危险物质罪，违规制造、销售枪支罪，盗窃、抢夺枪支、弹药、爆炸物、危险物质罪，抢劫枪支、弹药、爆炸物、危险物质罪，非法持有、私藏枪支、弹药罪，非法出租、出借枪支罪，丢失枪支不报罪，非法携带枪支、弹药、管制刀具、危险品危及公共安全罪。

5. 重大责任事故的犯罪。包括重大飞行事故罪、强令违章冒险作业罪、铁路运营安全事故罪、交通肇事罪、危险驾驶罪、重大责任事故罪、重大劳动安全事故罪、大型群众性活动重大安全事故罪、危险物品肇事罪、工程重大安全事故罪、教育设施重大安全事故罪、消防责任事故罪，不报、谎报安全事故罪。

第二节　危害公共安全罪司法适用

一、放火罪

（一）放火罪的概念和构成

放火罪，是指故意放火焚烧公私财物，危害公共安全的行为。

本罪的构成要件是：

1. 本罪的客体，是公共安全。放火的对象，通说是指公私财物。2001 年 12 月 29 日通过的《刑法修正案（三）》删除了具体对象的规定。

放火烧毁自己或家庭所有的房屋或其他财物，是否构成犯罪有不同认识，通说认为，如引起火灾危及公共安全，应以放火罪论处。放火烧毁自己或家庭所有的房屋或其他财物，足以引起火灾、危及公共安全的，应以放火罪论处。

2. 本罪的客观方面，表现为实施放火焚烧公私财物的行为。所谓放火，是指使用各种引火物，点燃目的物，引起公私财物的燃烧，制造火灾的行为。放火既可以用作为的方式实行，如用引燃物将焚烧目的物点燃；也可以用不作为的方式实行，但以不作为方式构成放火罪，必须以行为人负有防止火灾发生的特定作为义务为前提。放火的后果，既可以是造成财产的损失，也可以是造成人身和财产的损失。

3. 本罪的主体，为一般主体。根据《刑法》第 17 条第 2 款规定，已满 14 周岁不满 16 周岁的人犯本罪应当负刑事责任。

4. 本罪的主观方面，是故意，既可是直接故意，也可是间接故意。只要明知自己的行为会引起公私财物的燃烧，造成火灾，危及公共安全，并且希望或者放任这种结果发生，即为放火的故意。至于动机如何不影响本罪的成立。

（二）放火罪的认定

1. 放火罪既遂与未遂的界限。理论上关于放火罪的既遂和未遂有各种学说。我国通说采"独立燃烧说"。即只要放火的行为将目的物点燃后，已经达到脱离引燃媒介也能够独立燃烧的程度，即使没有造成实际的危害结果，也应视为放火罪既遂。反之，为未遂。如放火行为尚未实行完毕（正要点火时被捉获），或者虽然当时已经点燃，但过后即熄灭，则应视为放火罪未遂。

2. 放火罪与失火罪的界限。区别的关键是行为人主观上对可能发生火灾后果的心理态度。如果行为人明知自己的行为会引起火灾，而希望或放任发生，就应定放火罪。反之，应当预见却没有预见到可能发生火灾，或者已经预见到可能发生而轻信能够避免以致引起火灾，就应当定失火罪。但是如由于过失而引起火灾的危险能够及时扑灭，但故意不扑灭任其燃烧，造成火灾的，失火行为就转化为放火行为。

3. 放火罪与以放火方法实施其他犯罪的界限。在司法实践中，有些行为人常常用放火的方法达到其他犯罪目的，如为杀人而对他人住宅放火；为破坏生产经营而放火等。对此，区分是放火罪还是其他犯罪，关键是看放火行为是否足以危害到公共安全。如为其他目的的实现而实施的放火行为足以危及到公共安全，行为人对此也明知，应认定为放火罪；反之，如果放火行为不足以危及公共安全，则应按相应的犯罪处理。至于是否足以危害公共安全，则应综合考查犯罪行为所危害的对象的性质、特点、作案的时间、地点等具体情况。

（三）放火罪的刑事责任

根据《刑法》第114条、第115条规定，犯本罪尚未造成严重后果的，处3年以上10年以下有期徒刑；犯本罪致人重伤、死亡或者使公私财产遭受重大损失的，处10年以上有期徒刑、无期徒刑或者死刑。

二、决水罪

决水罪，是指故意破坏水利设施，制造水患，危害公共安全的行为。客观方面表现为，实施危害公共安全的决水行为。所谓“决水”，是指一切足以使水流横溢、泛滥成灾的行为。决水既可以为积极的作为，如破坏水闸、堵塞水道、决溃堤坝，也可以表现为不作为，如不开放泄洪闸，不关闭防水堤的水门等。决水行为必须足以危害到公共安全，如决水行为不足以危害公共安全，则不构成本罪。主体为一般主体。主观方面是故意，可以是直接故意，也可以是间接故意。根据《刑法》第114条、第115条的规定，犯本罪尚未造成严重后果的，处3年以上10年以下有期徒刑；致人重伤、死亡或者使公私财产遭受重大损失的，处10年以上有期徒刑、无期徒刑或者死刑。

三、爆炸罪

爆炸罪，是指故意引发爆炸物，危害公共安全的行为。本罪对象包括：工厂、矿场、油田、港口、仓库、住宅、农场、谷场、牧场、重要管道、公共建筑物或者其他公私财产。客观方面表现为引发爆炸物危害公共安全的行为，即对公私财物或者人身实施爆炸，危害公共安全。引发爆炸物可以是作为，也可以是不作为。从司法实践看，使用的爆炸物品，除了炸弹、手榴弹、地雷外，多为炸药（包括黄色炸药、黑色炸药和化学炸药）、雷管、导火索等起爆器材和各种自制的爆炸装置（如炸药包、炸药瓶等）。使用何种爆炸物、以何种方法引发爆炸物，不影响本罪的成立。实施爆炸的地点，主要是在人群集中或者财产集中的公共场所、交通路线、财物堆放处等处实施爆炸，如将爆炸物放在船只、飞机、汽车、火车上定时爆炸；在商场、车站、影剧院、街道、群众集会的地方制造爆炸。主体为一般主体。根据《刑法》第17条的规定，已满14周岁不满16周岁的人犯本罪应当负刑事责任。只要故意进行爆炸，足以危害公共安全，即构成本罪。主观方面是故意，可以是直接故意也可以是间接故意。动机不影响本罪成立。根据《刑法》第114条、第115条的规定，犯本罪尚未造成严重后果的，处3年以上10年以下有期徒刑；致人重伤、死亡或者使公私财产遭受重大损失的，处10年以上有期徒刑、无期徒刑或者死刑。

四、投放危险物质罪

（一）投放危险物质罪的概念和构成

投放危险物质罪，是指故意投放毒物，危害公共安全的行为。本罪名原为投毒罪，

2002年3月15日最高人民法院、最高人民检察院的《关于执行〈中华人民共和国刑法〉确定罪名的补充规定》将罪名改定为“投放危险物质罪”。

本罪的构成要件是：

1. 本罪的客体，是公共安全。

2. 本罪的客观方面，表现为投放毒物，危害公共安全的行为。所谓投放毒物，表现为向公共饮用的水源、食品中投放能够致人死亡的，或者严重危害人体健康的毒性药物，危害公共安全的行为。投放毒物多发生在公用饮食的场所，如投放到公用水井、水池、出售的食品、饮料或牲畜、禽类的饮水池或饲料中等。毒物，一般是指含有对生物体有害物质的有机物或无机物。如砒霜、氰化钾、剧毒农药等有毒的物质。不论使用何种毒物，也不论投放危险物质行为的具体表现是作为还是不作为，只要投放危险物质行为足以危害公共安全的，就可以构成本罪。是否已经造成多人的人身、牲畜及其他财产的严重损失，不影响犯罪的成立。

3. 本罪的主体，是一般主体。根据《刑法》第17条的规定，已满14周岁不满16周岁的人犯本罪应当负刑事责任。

4. 本罪的主观方面是故意，可以是直接故意，也可以是间接故意。只要明知自己的行为会引起不特定的多人中毒，或使公私财产遭受重大损害，并且希望或放任这种结果发生，即可成立本罪的故意。动机可能是多种多样的，但动机如何不影响本罪的成立。

（二）投放危险物质罪的认定

1. 投放危险物质罪与以投放危险物质方法实施的故意杀人罪及故意毁坏财物罪、破坏生产经营罪的界限。从构成特征上说，投放危险物质罪与故意杀人罪、故意毁坏财物罪、破坏生产经营罪的界限是清楚的，但因法律对故意杀人等罪的行为手段并没有任何限制，当行为人以投放危险物质的方法实施杀人或故意毁坏财物、破坏生产经营的行为时，理论上有不同看法。区分的关键是看投放危险物质行为是否危及公共安全。如果用投放危险物质的方法杀害特定的个人或毒害特定单位或者个人的少量牲畜、家禽，不危及公共安全的，属于故意杀人罪或故意毁坏财物罪或者破坏生产经营罪；如果同时危及公共安全的，则属于想象竞合犯，应以投放危险物质罪论处。

2. 投放危险物质罪与重大环境污染事故罪的界限。对实践中一些单位和个人违反《中华人民共和国环境保护法》的规定，任意向土地、水体、大气排放、倾倒或者处置有放射性的废物、含传染病原体的废物、有毒物质或者其他危险废物等超过国家规定标准的有害物质，严重污染环境，危及公民的生命、健康和公私财产的安全，危害后果往往与投放危险物质罪相同。从构成特征上说，两罪的区别是：（1）主体范围不同。投放危险物质罪是以自然人为主体的犯罪；而重大环境污染的主体是单位和个人。（2）客观方面不同。投放危险物质罪是将有毒物质投放到用于食用或饮用的特定物品中的行为，而且只要足以危害公共安全，就构成犯罪既遂；而重大环境污染事故罪，是违反国家规定，有意排放超过国家规定标准的有害物质，严重污染环境的行为，而且，污染环境没有造成严重后果的，不构成犯罪。（3）主观方面不同。投放危险物质罪主观上是故意；而重大环境污染事故罪，虽然是有意排放超过国家规定标准的有害物质，但对造成重大环境污染事故，致使公私财产遭受重大损失或者人身伤亡的严重后果，则是过失。如果行为人是故意以这种科技方法投放有毒物质，危害公共安全的，可以构成投放危险物质罪，或者以危险方法危害公共安全罪。反之，应以重大环境污染事故罪论处。

（三）投放危险物质罪的刑事责任

根据《刑法》第 114 条、第 115 条的规定，犯本罪尚未造成严重后果的，处 3 年以上 10 年以下有期徒刑；致人重伤、死亡或者使公私财产遭受重大损失的，处 10 年以上有期徒刑、无期徒刑或者死刑。

五、以危险方法危害公共安全罪

以危险方法危害公共安全罪，是指使用与放火、决水、爆炸、投放危险物质等危险性相当的其他危险方法，危害公共安全的行为。客观方面表现为，以其他危险方法危害公共安全的行为。所谓“其他危险方法”是指使用与放火、决水、爆炸、投放危险物质的危险性相当的危险方法，如私设电网、驾车冲撞人群、使用放射性物质、扩散病毒等危险方法危害公共安全的行为，只要足以危害公共安全的，即可以构成本罪。由于实践中实施危害公共安全的犯罪形式、手段很多，刑法不可能也无必要将所有的犯罪形式、手段都列举出来，因而以“其他危险方法”作概括性的规定。主体是一般主体。主观方面为故意，可以是直接故意，也可以是间接故意。根据《刑法》第 114 条、第 115 条的规定，以其他危险方法故意危害公共安全，尚未造成严重后果的，处 3 年以上 10 年以下有期徒刑；致人重伤、死亡或者使公私财产遭受重大损失的，处 10 年以上有期徒刑、无期徒刑或者死刑。

六、失火罪

失火罪，是指因过失引起火灾，造成严重后果，危害公共安全的行为。客观方面表现为，引起火灾，并且已造成致人重伤、死亡或者公私财产重大损失的严重后果。如仅有失火行为，没有造成严重后果的，不构成犯罪。主体是一般主体，为年满 16 周岁具有刑事责任能力的自然人。主观方面是过失，可以是疏忽大意，也可是过于自信。这里的过失，是针对造成致人重伤、死亡或者公私财产重大损失的严重后果而言，非指行为是有意还是无意。根据《刑法》第 115 条第 2 款的规定，犯本罪的，处 3 年以上 7 年以下有期徒刑；情节较轻的，处 3 年以下有期徒刑或者拘役。

七、过失决水罪

过失决水罪，是指过失损坏水利设施，引起水灾，致人重伤、死亡或者使公私财产遭受重大损失的行为。客观方面表现为，引起决水已经造成致人重伤、死亡或者使公私财产遭受重大损失的危害公共安全的后果。行为虽然引起决水，但未造成严重危害后果的，不构成犯罪。主体为一般主体，为年满 16 周岁具有刑事责任能力的自然人。主观方面是过失，可以是疏忽大意，也可以是过于自信。根据《刑法》第 115 条第 2 款的规定，犯本罪的，处 3 年以上 7 年以下有期徒刑；情节较轻的，处 3 年以下有期徒刑或者拘役。

八、过失爆炸罪

过失爆炸罪，是指过失引发爆炸物，致人重伤、死亡或者使公私财产遭受重大损失的行为。客观方面表现为，引起爆炸，已经造成致人重伤、死亡或者使公私财产遭受重大损失的危害公共安全的后果。行为虽然引起爆炸，但未造成严重危害后果的，不构成犯罪。主体为一般主体，为年满 16 周岁具有刑事责任能力的自然人。主观方面是过失，可以是疏忽大意，也可以是过于自信。根据《刑法》第 115 条第 2 款的规定，犯本罪的，处 3 年以上 7 年以下有期徒刑；情节较轻的，处 3 年以下有期徒刑或者拘役。

九、过失投放危险物质罪

过失投放危险物质罪，是指过失引起中毒，致人重伤、死亡或者使公私财产遭受重大损失的行为。客观方面表现为，引起中毒，已经造成致人重伤、死亡或者使公私财产遭受重大损失的危害公共安全的后果。行为虽然引起中毒，但未造成严重危害后果的，不构成犯罪。主体为一般主体，为年满 16 周岁具有刑事责任能力的自然人。主观方面是过失，可以是疏忽大意，也可以是过于自信。根据《刑法》第 115 条第 2 款的规定，犯本罪的，处 3 年以上 7 年以下有期徒刑；情节较轻的，处 3 年以下有期徒刑或者拘役。

十、过失以危险方法危害公共安全罪

过失以危险方法危害公共安全罪，是指行为人过失地以与放火、决水、爆炸、投放危险物质等危害性相当的其他危险方法，导致重伤、死亡或公私财产的重大损失，危害公共安全的行为。客观方面表现为，以与放火、决水、爆炸、投放危险物质等危害性相当的行为，造成危害公共安全的严重后果。主体为一般主体，为年满 16 周岁具有刑事责任能力的自然人。主观方面是过失。根据《刑法》第 115 条第 2 款的规定，犯本罪的，处 3 年以上 7 年以下有期徒刑；情节较轻的，处 3 年以下有期徒刑或者拘役。

十一、破坏交通工具罪

（一）破坏交通工具罪的概念和构成

破坏交通工具罪，是指破坏火车、汽车、电车、船只、航空器，足以使火车、汽车、电车、船只、航空器发生倾覆、毁坏危险，尚未造成严重后果或者已经造成严重后果的行为。

本罪的构成要件是：

1. 本罪的客体，是交通运输安全。犯罪行为所危害的对象只限于法定的正在使用中的火车、汽车、电车、船只和航空器。破坏简单的陆用交通工具，如马车、自行车、三轮车、手推车、农用拖拉机等，一般不会造成危害公共安全的严重后果，不构成本罪。但如果破坏的对象是用作交通运输的大型拖拉机，足以危害公共安全的，应以本罪论处。

2. 本罪的客观方面，表现为破坏交通工具，已经或者足以使交通工具发生倾覆或毁坏危险的行为。所谓倾覆，是指车辆倾倒、颠覆，船只翻沉，航空器坠毁；所谓毁坏，是指烧毁、炸毁、坠毁等完全报废或受到严重破坏的情况。所谓“足以”，是指构成本罪并不要求实际上已经发生倾覆、毁坏的结果，只要对交通工具的破坏达到足以使其发生倾覆、毁坏的危险状态，即使尚未造成严重的后果，也构成本罪的既遂。判断是否足以发生倾覆、毁坏的危险，主要从两个方面入手：一是看交通工具是否正在使用期间。只有破坏正在使用中的交通工具才可能危害到公共安全，“正在使用”的交通工具，既包括正在行使或航运中的交通工具，也包括停放在车库、码头、机场上的车辆、船只和飞机等已经交付使用，随时都可开动执行运输任务的交通工具。如果破坏的是尚未检验出厂或待修、待售之中的交通工具不构成本罪。二是看破坏的方法和部位。破坏交通工具的方法多种多样，如果以放火、爆炸的危险方法实施破坏，则为想象竞合犯，应以放火、爆炸罪或者以本罪论处，不实行并罚。如果以拆卸、打砸的破坏方法，则应看破坏的部位，破坏部位的不同，造成的后果也可能各不相同，但一般说来，只有那些对交通工具的重要装置或部件进行破坏时，才能构成本罪。如果破坏的只是交通工具的一般性辅助设施，不影响行驶安全，不构成本罪。

3. 本罪的主体，是一般主体。

4. 本罪的主观方面是故意，可以是直接故意，也可是间接故意。成立本罪的故意，必须明知破坏足以使交通工具发生倾覆、毁坏的危险。动机是各种各样的，如泄愤报复、嫁祸于人、贪财图利等，但动机不影响本罪的成立。

（二）破坏交通工具罪的认定

破坏交通工具罪与盗窃罪、故意毁坏财物罪的界限。当侵犯的对象均是交通工具时，易发生混淆。区别的关键是：破坏交通工具罪要求被破坏的对象，必须是正在使用中的交通工具，而盗窃、故意毁坏财物罪则无此限制，所以，破坏交通工具罪的客体是交通运输安全，而盗窃罪、故意毁坏财物罪的客体是公私财产的所有权。当交通工具未处于使用期间，即使盗窃交通工具上的设备或者破坏交通工具的设备，也不足以危害交通安全，应以盗窃罪或故意毁坏财物罪论处。如果交通工具是正在使用期间的，但只是盗窃交通工具上的一般设备或附属设备或者破坏交通工具的辅助设施（如门窗、坐椅、卧具等），不足以危害交通安全的，应以盗窃罪或故意毁坏财物罪论处。反之，应构成本罪。

（三）破坏交通工具罪的刑事责任

根据《刑法》第 116 条、第 119 条的规定，犯本罪，足以使交通工具发生倾覆、毁坏危险，尚未造成严重后果的，处 3 年以上 10 年以下有期徒刑；造成严重后果的，处 10 年以上有期徒刑、无期徒刑或者死刑。

十二、破坏交通设施罪

破坏交通设施罪，是指故意破坏轨道、桥梁、隧道、公路、机场、航道、灯塔、标志或者进行其他破坏活动，足以使火车、汽车、电车、船只、航空器发生倾覆、毁坏危险，或已经造成严重后果的行为。客体是交通运输安全。对象是轨道、桥梁、隧道、公路、机场、航道、灯塔、标志以及与交通运输安全有关的、正在使用中的交通设施。客观方面表现为，实施了破坏交通设施的行为。无论采用何种方法破坏，只要足以使交通工具发生倾覆、毁坏危险，就构成本罪既遂。所谓“其他破坏活动”，是指那些虽没有直接破坏交通设施，但其行为本身足以使交通工具发生倾覆、毁坏危险的破坏活动，如乱发指示信号，故意提供错误的天气预报等。主体为一般主体。主观方面是故意，即明知破坏交通设施会造成交通工具倾覆、毁坏，并希望或放任这种结果发生。根据《刑法》第 117 条、第 119 条的规定，犯本罪，尚未造成严重后果的，处 3 年以上 10 年以下有期徒刑；造成严重后果的，处 10 年以上有期徒刑、无期徒刑或者死刑。

十三、破坏电力设备罪

破坏电力设备罪，是指故意破坏电力设备，足以造成或已经造成严重后果，危害公共安全的行为。客体是公共供电中的公共安全。对象为正在使用的电力设备。所谓“电力设备”，是指水力发电设备、火力发电设备、风力发电设备、核能发电设备等供电设备和输变电设备，包括上述设备必需的建筑物。如水力发电的水轮机、压力水管、水泵、水井、水坝、水量水流观测设备以及其他水力设备；火力发电的热力设备如燃气机、锅炉；供电系统的供电设备如发电机、变波机、变压器、变压线路、调相机等。客观方面表现为，破坏电力设备，足以造成或已经造成严重后果，危害公共安全的行为。破坏方法一般不影响认定，但使用放火、爆炸等方法破坏电力设备危害公共安全的，属于想象竞合犯，因放火、爆炸的性质严重。所以应考虑以放火、爆炸罪论处。主观方面为故意。动机不影响本罪的成立。根据《刑法》第 118 条、第 119 条的规定，犯本罪，尚未造成严重后果的，处 3 年以上 10 年以下有期徒刑；造成严重后果的，处 10 年以上有期徒刑、无期徒刑或者死刑。

十四、破坏易燃易爆设备罪

破坏易燃易爆设备罪，是指故意破坏燃气或者其他易燃易爆设备，已经造成或足以造成严重后果，危害公共安全的行为。客体是公共供给燃气、易燃易爆物品的公共安全。对象为正在使用中的燃气设备或者其他易燃易爆设备。客观方面表现为，破坏燃气设备或其他易燃易爆设备，已经造成或足以造成严重后果，危害公共安全的行为。可以是作为，也可以是不作为。只要破坏行为足以危害公共安全，即使尚未造成严重后果，也成立犯罪既遂。主体为一般主体。主观方面是故意，可以是直接故意，也可以是间接故意。动机不影响本罪的成立。根据《刑法》第 118 条、第 119 条规定，犯本罪，尚未造成严重后果的，处 3 年以上 10 年以下有期徒刑；已经造成严重后果的，处 10 年以上有期徒刑、无期徒刑或者死刑。

十五、过失损坏交通工具罪

过失损坏交通工具罪，是指过失损坏火车、汽车、电车、船只、航空器，已经造成严重后果，危害公共安全的行为。客体是交通运输安全。客观方面表现为，损坏交通工具，已经造成严重后果，危害公共安全的行为。“已经造成严重后果”，是指已实际造成交通工具倾覆、毁坏的重大公私财产的损失或者多人伤亡的后果。虽有损坏交通工具的行为，但未造成严重后果的，不构成犯罪。主体为一般主体。主观方面是过失，可以是疏忽大意，也可以是过于自信。过失是针对造成的严重后果而言。根据《刑法》第119条第2款的规定，犯本罪的，处3年以上7年以下有期徒刑；情节较轻的，处3年以下有期徒刑或者拘役。

十六、过失损坏交通设施罪

过失损坏交通设施罪，是指过失损坏轨道、桥梁、隧道、公路、机场、航道、灯塔、标志等交通设施，已经造成严重后果，危害公共安全的行为。客体是交通运输安全。客观方面表现为，损坏交通设施，已经造成严重后果，危害公共安全的行为。“已经造成严重后果”，是指已实际造成交通工具倾覆、毁坏的重大公私财产的损失或者多人伤亡的后果。虽有损坏交通设施的行为，但未造成严重后果的，不构成犯罪。主体为一般主体。主观方面是过失，可以是疏忽大意，也可以是过于自信。过失是针对造成的严重后果而言。根据《刑法》第119条第2款的规定，犯本罪的，处3年以上7年以下有期徒刑；情节较轻的，处3年以下有期徒刑或者拘役。

十七、过失损坏电力设备罪

过失损坏电力设备罪，是指过失损坏电力设备，已经造成严重后果，危害公共安全的行为。客体是公共供电中的公共安全。客观方面表现为，损坏电力设备，已经造成严重后果，危害公共安全的行为。“已经造成严重后果”，是指已实际造成重大公私财产的损失或者多人伤亡的后果。虽有损坏电力设备的行为，但未造成严重后果的，不构成犯罪。主体为一般主体。主观方面是过失，可以是疏忽大意，也可以是过于自信。过失是针对造成的严重后果而言。根据《刑法》第119条第2款的规定，犯本罪的，处3年以上7年以下有期徒刑；情节较轻的，处3年以下有期徒刑或者拘役。

十八、过失损坏易燃易爆设备罪

过失损坏易燃易爆设备罪，是指过失损坏燃气或者其他易燃易爆设备，已经造成严重后果，危害公共安全的行为。客体是公共供给燃气、易燃易爆物品的公共安全。客观方面表现为，损坏易燃易爆设备，已经造成严重后果，危害公共安全的行为。“已经造成严重后果”，是指已实际造成多人伤亡或者重大公私财产的损失。虽有损坏易燃易爆设备的行为，但未造成严重后果的，不构成犯罪。主体为一般主体。主观方面是过失，可以是疏忽大意，也可以是过于自信。过失是针对造成的严重后果而言。根据《刑法》第119条第2款的规定，犯本罪的，处3年以上7年以下有期徒刑；情节较轻的，处3年以下有期徒刑或者拘役。

十九、组织、领导、参加恐怖组织罪

（一）组织、领导、参加恐怖组织罪的概念和构成

根据《刑法修正案（三）》，组织、领导、参加恐怖组织罪，是指组织、领导、积

极参加或者参加恐怖活动组织的行为。本罪为选择性罪名。

本罪的构成要件是：

1. 本罪的客体，为社会的公共安全。由于组织、领导和参加恐怖活动组织是以实施恐怖犯罪活动为目的，因此，是直接威胁到不特定或多人的生命、健康及财产安全，即社会的公共安全。

2. 本罪的客观方面，表现为组织、领导、积极参加恐怖活动组织的行为。

所谓恐怖活动，是指以为引起社会、民众的恐惧，专以从事杀人、伤害、投放危险物质、绑架等有组织的犯罪活动。所谓恐怖组织，是指 3 人以上，以实施恐怖活动为目的，为长期有计划地进行恐怖活动而建立的，严重危害社会安全的犯罪组织。

首先，组织、领导、参加的必须是恐怖组织。如果组织、领导、参加的是恐怖组织以外的其他犯罪组织，则不构成本罪，应根据相应的犯罪处罚。即只实施组织、领导、积极参加其他犯罪集团行为的，除刑法另有规定的以外，应以该种犯罪的预备论处。其次，必须实施组织、领导、积极参加的行为。所谓“组织”，是指召集多人为首发起或者实施招募、雇佣、拉拢、鼓动多人成立恐怖组织的行为；所谓“领导”，是指对恐怖组织的成立以及恐怖活动实施策划、指挥和布置的行为；所谓“积极参加”，是指明知恐怖组织的性质，仍积极加入的行为。“其他参加的”是指明知是恐怖组织的性质仍然加入的行为。这里的积极参加与其他参加应指其参加的态度。只要行为人实施组织、领导、积极参加行为之一，即可构成本罪；先后或者同时实施两种或两种以上行为的，仍只构成一罪。

3. 本罪的主体是一般主体。为年满 16 周岁，具有刑事责任能力的自然人。

4. 本罪的主观方面是故意，应具有恐怖活动的目的，即明知是恐怖活动组织仍组织、领导、积极参加。动机是多种多样的，但动机如何不影响本罪的成立。

（二）组织、领导、参加恐怖组织罪的认定

恐怖活动组织与一般犯罪组织（集团）的界限。“恐怖活动组织”，是指 3 人以上为长期共同实施杀人、爆炸、投放危险物质、绑架等恐怖性犯罪而成立的犯罪组织。由于恐怖性犯罪活动具有极大的社会危害性，所以刑法规定，只要有组织、领导和积极参加恐怖组织的行为即构成犯罪。而其他犯罪组织（犯罪集团），虽然也具有为长期实施犯罪活动而组织、领导、参加的目的和行为，但并不以造成社会的恐怖为实施犯罪的目的，因此，相比较而言，其他犯罪组织的社会危害性较恐怖组织要轻。区别两者，关键在于有无恐怖活动的目的。根据刑法规定，组织、领导和参加非恐怖性犯罪组织不构成独立的犯罪，而只能依据犯罪集团实施的具体犯罪确定罪名。

（三）组织、领导、参加恐怖组织罪的刑事责任

根据《刑法修正案（三）》第 2 条规定，组织、领导恐怖活动组织的，处 10 年以上有期徒刑或者无期徒刑；积极参加的，处 3 年以上 10 年以下有期徒刑；其他参加的，处 3 年以下有期徒刑、拘役、管制或者剥夺政治权利。依照刑法第 120 条第 2 款规定，犯组织、领导和参加恐怖组织罪并实施杀人、爆炸、绑架等犯罪的，依照数罪并罚的规定处罚。

二十、资助恐怖活动罪

资助恐怖活动罪是《刑法修正案（三）》第 4 条对刑法补充规定的犯罪，作为《刑法》第 120 条之一。资助恐怖活动罪是指以金钱或物资资助恐怖活动组织或者实施恐怖活动的个人的行为。客体是社会的公共安全。客观上表现为以金钱或物资资助恐怖活动组织或者实施恐怖活动的个人的行为。主体为一般主体，单位可以构成本罪。主观上只能出于直接故意。只要实施资助行为即构成既遂，恐怖活动组织或者实施恐怖活动的个人是否使用其资助的金钱或物资实施恐怖活动，不影响认定。根据《刑法修正案（三）》的规定，犯本罪的，处 5 年以下有期徒刑、拘役、管制或者剥夺政治权利，并处罚金；情节严重的，处 5 年以上有期徒刑，并处罚金或者没收财产。单位犯本罪的，对单位判处罚金，并对其直接负责的主管人员和其他直接责任人员，依照前款的规定处罚。

二十一、劫持航空器罪

（一）劫持航空器罪的概念和构成

劫持航空器罪，是指以暴力、胁迫或者其他方法劫持航空器，危害航空运输安全的行为。

本罪的构成要件是：

1. 本罪的客体，为不特定或多数乘客的生命、财产及航空器的安全，即航空运输的公共安全。对象为正在使用中的航空器。航空器，主要是指飞机，同时，所指的航空器是专指民用航空器。根据《国际民用航空公约》（亦称《芝加哥公约》）的规定，航空器分为民用航空器和国家航空器，凡用于军事、海关或警察部门的航空器，是国家航空器，国家航空器以外的航空器是民用航空器。下述 3 个国际公约规定的劫持航空器的犯罪仅指对民用航空器的劫持，不包括国家航空器，即《东京公约》第 1 条、《海牙公约》第 3 条以及《蒙特利尔公约》第 4 条均规定：“本公约不适用于供军事、海关或警用的航空器。”因此，这里的航空器是专指民用航空器。劫持国家航空器的，虽然同样具有严重的危害性，但不能构成为劫持航空器罪。目前，我国刑法只有第 430 条第 2 款规定有军人驾驶航空器叛逃的规定，而非军人劫持非民用航空器应按何种罪定罪处罚，刑法中尚未有明文规定，有待立法的进一步完善。

所谓“正在使用中”的航空器，“使用中”，根据《蒙特利尔公约》第 2 条（2）款规定，是指：“航空器从地面人员或机组人员为某一次飞行而进行航空器飞行前准备时起，到任何降落后二十四小时止。”而且，“使用期在任何情况下都应延长到本条（甲）款所定义的航空器在飞行中的整个期间。”本条（甲）款规定：“航空器从装载完毕，机舱外部各门均已关闭时起，到打开任何一扇机舱门以卸载时止，均应被认为在飞行中。航空器被迫降落时，在主管当局接管该航空器及机上人员与财产责任以前，均应被视为仍在飞行中。”我国是上述公约的参加国，对“使用中”含义的解释，应参照公约上述规定的标准。依此，航空器从地面人员或机组人员为某一次飞行进行准备时起，到降落后 24 小时之内都属于使用中的航空器，航空器被迫降落时，在主管当局接管该航空器及机上人员与财产责任以前，应视为“使用中的航空器”。劫持非使用中的航空器不会危及航空运输安全，不能构成本罪。

2. 本罪的客观方面，表现为以暴力、胁迫或者其他方法劫持航空器，危害航空运输安全的行为。所谓“劫持”，则是指强迫航空器驾驶、操作人员按自己的意志，并控制航空器的行为。其手段行为即使用“暴力、胁迫或者其他方法”。所谓“暴力”，是指采用对驾驶、操作人员或机上其他人员实施袭击或其他身体强制，如杀伤、殴打、捆绑、禁闭等强制手段使其不能反抗，被迫服从其指挥，或者由其亲自驾驶、控制航空器的行为。所谓“胁迫”，是指犯罪分子以毁坏飞机、杀害人质等武力威胁手段要挟和进行精神恐吓，使驾驶、操作人员或机上其他人员不敢反抗的行为。所谓“其他方法”，是指使用暴力、威胁方法以外的手段使驾驶、操作人员不能反抗、不知反抗的行为。如使用麻醉药物使机组人员不能抗拒或不知抗拒等。

3. 本罪的主体为一般主体。为已满 16 周岁，具有刑事责任能力的自然人。也有学者认为，本罪的主体应为已满 14 周岁的人。根据现行刑法的规定，这种认识是不恰当的，因为刑法第 14 条第 2 款对该年龄阶段人应负刑事责任范围中，已经明确规定的犯罪并不包括劫持航空器罪。[①]

4. 本罪的主观方面是故意。动机是多种多样的，如逃避法律制裁、追求境外生活方式等。但动机不影响本罪的成立。

（二）劫持航空器罪的认定

劫持航空器罪与破坏交通工具罪的界限。交通工具中包括航空器，当行为对象均为航空器，并使航空器遭到破坏时，区分两罪主要看两个方面：一是犯罪目的。本罪的犯罪目的是按照自己的意志，强行控制航空器；而破坏交通工具罪的犯罪目的是要将航空器本身加以毁坏。二是行为的表现。本罪是使用暴力、胁迫或其他方法劫持航空器；而破坏交通工具罪则是用一定的方法将航空器毁坏。因此，在劫持航空器过程中使航空器遭到破坏，即使具有使航空器倾覆、毁坏危险的，也只能以本罪论处，不能实行并罚。

（三）劫持航空器罪的刑事责任

根据《刑法》第 121 条的规定，犯本罪的，处 10 年以上有期徒刑或者无期徒刑；致人重伤、死亡或者使航空器遭受严重破坏的，处死刑。

二十二、劫持船只、汽车罪

劫持船只、汽车罪，是指以暴力、胁迫或者其他方法劫持船只、汽车，危害公共安全的行为。客体是社会的公共安全。对象只限于正在使用中的船只和汽车，劫持船只、汽车以外的其他交通工具，如火车、航空器等，不构成本罪。客观方面表现为，以暴力、胁迫或其他方法劫持船只、汽车的行为。只要实施了劫持船只、汽车的行为，就构成犯罪既遂，不要求造成严重后果。主体为一般主体。主观方面为故意。动机不影响本罪的成立。根据《刑法》第 122 条的规定，犯本罪的，处 5 年以上 10 年以下有期徒刑；造成严重后果的，处 10 年以上有期徒刑或者无期徒刑。

---

① 参见邓又天主编：《中华人民共和国刑法释义与司法适用》，166 页，北京，中国人民公安大学出版社，1997。

二十三、暴力危及飞行安全罪

暴力危及飞行安全罪，是指对飞行中的航空器上的人员使用暴力，危及飞行安全，尚未造成严重后果或已经造成严重后果的行为。客体是航空器的飞行安全。对象是飞行中的航空器上的人员，并不是航空器本身。而这里的“人员”，既包括航空器的机组人员，也包括其他人员。客观方面表现为，对飞行中的航空器上的人员使用暴力，危及飞行安全的行为。认定本罪须注意：（1）本罪属于危险犯，实施的暴力行为只要危及飞行安全，即使没有造成严重后果，也构成本罪的既遂。（2）行为的地点必须是在飞行中的航空器上，才能构成本罪。（3）行为的具体方式只限于使用暴力，不包括使用其他方法。本罪的主体为一般主体。任何在飞行中的航空器上的人员都可以构成本罪。主观方面为故意，即明知自己的行为会危及飞行安全，希望或放任这种结果发生。动机不影响本罪的成立。根据《刑法》第123条的规定，犯本罪，尚未造成严重后果的，处5年以下有期徒刑或者拘役；造成严重后果的，处5年以上有期徒刑。

二十四、破坏广播电视设施、公共电信设施罪

破坏广播电视设施、公共电信设施罪，是指故意破坏正在使用中的广播电视设施、公共电信设施，危害公共安全的行为。本罪侵害的客体是公共通信、传播的公共安全。对象是正在使用中的广播电视设施和公用电信设施。广播电视设施，主要是指发射无线电广播信号的发射台站，传播新闻信息的电视发射台、转播台等。公用电信设施，主要是指无线电发报设施、设备、电话交换局、台、站及无线电通信网络，用于航海、航空的无线电通信、导航设备、设施等。客观方面表现为，破坏广播电视设施、公用电信设施，危害公共安全的行为。破坏行为既可能是直接对有关设施进行毁损，也可能是采用如截断线路等方法使有关设施无法正常工作。破坏行为只要足以危害公共安全即构成本罪既遂。主体是一般主体。主观方面是故意，可以是直接故意，也可以是间接故意。动机不影响本罪的成立。根据《刑法》第124条第1款的规定，犯本罪的，处3年以上7年以下有期徒刑；造成严重后果的，处7年以上有期徒刑。

二十五、过失损坏广播电视设施、公共电信设施罪

过失损坏广播电视设施、公共电信设施罪，是指因过失毁坏广播电视设施、公用电信设施，已经造成严重后果，危害公共安全的行为。客体是社会的公共安全。客观方面表现为损坏广播电视设施、公用电信设施，造成严重后果，危害公共安全的行为。主体为一般主体。主观方面是过失，可以是疏忽大意，也可以是过于自信。根据《刑法》第124条第2款的规定，犯本罪的，处3年以上7年以下有期徒刑；情节较轻的，处3年以下有期徒刑或者拘役。

二十六、非法制造、买卖、运输、邮寄、储存枪支、弹药、爆炸物罪

（一）非法制造、买卖、运输、邮寄、储存枪支、弹药、爆炸物罪的概念和构成

非法制造、买卖、运输、邮寄、储存枪支、弹药、爆炸物罪，是指违反法律规定，

非法制造、买卖、运输、邮寄、储存枪支、弹药、爆炸物的行为。本罪为选择性罪名。本罪的构成要件是：

1. 本罪的客体，是社会的公共安全和国家对枪支、弹药、爆炸物的管理制度。对象必须是枪支、弹药、爆炸物。枪支，通常指《枪支管理办法》中规定的以火药或者压缩气体等为动力，利用管状器具发射金属弹丸或者其他物质，足以致人伤亡或者丧失知觉的各种枪支。包括军用的手枪、步枪、冲锋枪和机枪，射击运动用的各种枪支，狩猎用的有膛线枪、霰弹枪、火药枪，麻醉动物用的注射枪、电击枪，以及能发射金属弹丸的气枪等。弹药，是指上述枪支所用的弹药。爆炸物，是指《民用爆炸物品管理条例》中规定的各类炸药、雷管、导火索、导爆索、非电导爆系统、起爆药、爆破剂等。

目前关于本罪对象的具体范围，还有不同的认识。主要有广义说和狭义说两种观点。广义说认为，凡是《枪支管理办法》和《民用爆炸物物品管理条例》中规定的各种枪支、弹药及爆炸物品，都是该种犯罪的对象。除上述所说的枪支、爆炸物的范围以外，枪支被认为还包括气枪，爆炸物还包括烟花爆竹。狭义说认为，本罪对象应指军用的枪支、弹药，不包括民用猎枪、火药枪等，更不能包括烟花爆竹等在内。本书认为，根据刑法规定和有关的司法解释及司法实践经验来看，本罪的对象应当是《枪支管理办法》中规定的各种枪支及其弹药，包括土枪、火药枪、钢珠枪等以火药或者压缩气体等为动力，利用管状器具发射金属弹丸或者其他物质，足以致人伤亡或者丧失知觉的各种枪支。对气枪虽然学界不主张视为枪支，但相关司法解释已有明确规定。

爆炸物包括《民用爆炸物品安全管理条例》中所规定的各类炸药以及爆炸物品，是否包括烟花爆竹，学界也有不同认识。非法制造、买卖、运输、储存烟花爆竹，通常在没有发生事故时，可作为行政违法处置，造成严重后果，则以《刑法》第136条危险物品肇事罪处罚，也可以罚当其罪，不宜按本罪论处。

2. 本罪的客观方面，表现为非法制造、买卖、运输、邮寄、储存枪支、弹药、爆炸物的行为。所谓"非法制造"，是指未经国家有关部门批准，私自制造枪支、弹药和爆炸物的行为。其中既包括用机器成批生产，也包括用手工制作。只要实际进行了制造行为，包括制作、组装、修理、改装和拼装上述物品，不论是否制造成功，也不论是为了自用或非法出售，均可构成本罪。所谓"非法买卖"，是指未经国家有关部门批准，以金钱或实物作价，私自购买或者销售枪支、弹药、爆炸物的行为。所谓"非法运输"，是指未经国家有关部门批准，非法转送枪支、弹药、爆炸物的行为。其形式可以是陆运、水运、空运，也可随身携带，但运输的空间范围只应限于国内。所谓"非法邮寄"，是指违反国家邮电部门的规定，以包裹邮件形式邮运枪支、弹药、爆炸物的行为。所谓"非法储存"，是指未经国家有关部门批准，私自储藏存放保留枪支、弹药、爆炸物的行为。

行为人只要实施了非法制造、买卖、运输、邮寄、储存枪支、弹药、爆炸物的行为之一，即可构成本罪；如果行为人同时实施了其中两种以上的行为，也只构成一罪，不适用数罪并罚。

3. 本罪的主体为一般主体。为已年满16周岁、具有刑事责任能力的自然人；单位也可以成为本罪的主体。

4. 本罪的主观方面是故意，即明知是枪支、弹药和爆炸物而非法制造、买卖、运输、邮寄或储存。如果被蒙骗、利用，不知是枪支、弹药、爆炸物而实施了上述行为，不能构成本罪。

（二）非法制造、买卖、运输、邮寄、储存枪支、弹药、爆炸物罪的认定

主要是非法储存枪支、弹药、爆炸物罪与非法持有、私藏枪支、弹药罪的界限。当行为对象均为枪支、弹药（广义上弹药可包括爆炸物）时，两罪易混淆。区分二者，关键在于：非法持有、私藏的枪支、弹药应是证据表明不是因非法制造、买卖、运输枪支、弹药等犯罪活动（包括盗窃、抢夺、抢劫枪支、弹药的犯罪活动）而持有、私藏枪支、弹药。如果是因非法制造、买卖、运输等犯罪活动而持有、私藏枪支、弹药的，则应当构成本罪，不构成非法持有、私藏枪支、弹药罪。

（三）非法制造、买卖、运输、邮寄、储存枪支、弹药、爆炸物罪的刑事责任

根据《刑法》第125条的规定，犯本罪的，处3年以上10年以下有期徒刑；情节严重的，处10年以上有期徒刑、无期徒刑或者死刑。“情节严重”，主要是指非法制造、买卖、运输、邮寄、储存枪支、弹药、爆炸物数量大；为实施杀人、抢劫等犯罪活动而非法制造、买卖、运输、邮寄、储存的枪支、弹药、爆炸物；将非法制造、买卖、运输、邮寄、储存的枪支、弹药、爆炸物提供给犯罪分子用于犯罪活动，造成严重后果等情况。单位犯本罪的，对单位判处罚金，并对直接负责的主管人员和其他直接责任人员，依照上述规定处罚。

二十七、非法制造、买卖、运输、储存危险物质罪

该罪名原为“非法买卖、运输核材料罪”，2001年12月29日《刑法修正案（三）》第5条将原刑法第125条第2款修改为“非法制造、买卖、运输、储存毒害性、放射性、传染病病原体等物质，危害公共安全的，依照前款的规定处罚”。2002年3月15日最高人民法院、最高人民检察院《关于执行〈中华人民共和国刑法〉确定罪名的补充规定》，配合《刑法修正案（三）》的规定，将罪名修改为“非法制造、买卖、运输、储存危险物质罪”。

非法制造、买卖、运输、储存危险物质罪，是指违反法律规定，非法制造、买卖、运输、储存危险物质的行为。客体是社会的公共安全。对象是具有毒害性、放射性、传染病病原体等物质，即对人类及其他生物体生存具有严重影响的危险物质。这里所说的危险物质，不包括法律另有规定的其他危险物质，如爆炸物等。客观方面表现为，违反法律规定，非法制造、买卖、运输、储存危险物质的行为。本罪为选择性罪名，只要具有非法制造、买卖、运输、储存危险物质行为之一，就构成犯罪，本罪的主体是一般主体，单位也可以构成本罪。主观方面是故意，即明知是危险物质而制造、买卖、运输、储存。如果行为人确实不知道是危险物质而实施了上述行为的，不构成本罪。根据《刑法修正案（三）》之规定，犯本罪的，处3年以上10年以下有期徒刑；情节严重的，处10年以上有期徒刑、无期徒刑或者死刑。单位犯本罪的，对单位判处罚金，并对其直接负责的主管人员和其他直接责任人员，依照上述规定处罚。

二十八、违规制造、销售枪支罪

违规制造、销售枪支罪，是指依法被指定、确定的枪支制造企业、销售企业，违反枪支管理规定，以非法销售为目的，超过限额或者不按照规定的品种制造、配售枪支，或者制造无号、重号、假号的枪支，或者非法销售枪支或者在境内销售为出口制造的枪支的行为。本罪为选择性罪名。客体是社会的公共安全。对象是违规制造、销售的枪支。客观方面表现为，违反枪支管理规定，制造、销售枪支的行为。违规制造、销售枪支的行为主要有：(1) 超过限额或者不按照规定的品种制造、配售枪支；(2) 制造无号、重号、假号的枪支；(3) 非法销售枪支或者在境内销售为出口制造的枪支。具有上述行为之一，即构成本罪。主体只能是单位，即依法被指定、确定的枪支制造、销售企业，如果是个人或者非被指定的企业制造、销售枪支，构成第125条规定的非法制造、买卖、储存枪支、弹药罪，不构成本罪。主观方面为直接故意，并具有非法销售的目的。根据《刑法》第126条的规定，犯本罪的，对单位判处罚金，并对其直接负责的主管人员和其他直接责任人员处5年以下有期徒刑；情节严重的，处5年以上10年以下有期徒刑；情节特别严重的，处10年以上有期徒刑或者无期徒刑。所谓“情节严重”，指违规制造、销售枪支数量较大或者其违规制造、销售的枪支被犯罪分子用于犯罪活动等情况；所谓“情节特别严重”，指违规制造、销售枪支数量巨大，出售枪支给犯罪集团，非法制造、销售的枪支被犯罪分子用来进行犯罪活动，造成人员伤亡或者造成极恶劣的社会影响等。

二十九、盗窃、抢夺枪支、弹药、爆炸物、危险物质罪

原罪名为“盗窃、抢夺枪支、弹药、爆炸物罪”，2001年12月29日《刑法修正案(三)》第6条将原刑法第127条修改为：“盗窃、抢夺枪支、弹药、爆炸物的，或者盗窃、抢夺毒害性、放射性、传染病病原体等物质，危害公共安全的，处三年以上十年以下有期徒刑；情节严重的，处十年以上有期徒刑、无期徒刑或者死刑。”2002年3月15日最高人民法院、最高人民检察院《关于执行〈中华人民共和国刑法〉确定罪名的补充规定》，配合《刑法修正案(三)》的规定，将罪名修改为“盗窃、抢夺枪支、弹药、爆炸物、危险物质罪”。

盗窃、抢夺枪支、弹药、爆炸物、危险物质罪，是指以非法占有为目的，秘密窃取或者公然夺取盗窃、抢夺枪支、弹药、爆炸物、危险物质的行为。本罪为选择性罪名。客体是社会的公共安全。对象是盗窃、抢夺枪支、弹药、爆炸物、危险物质罪。客观方面表现为，秘密窃取或公然夺取盗窃、抢夺枪支、弹药、爆炸物、危险物质的行为。“盗窃”是指采用自认为不被发觉的方法，窃取盗窃、抢夺枪支、弹药、爆炸物、危险物质。“抢夺”是指趁人不备，公然盗窃、抢夺枪支、弹药、爆炸物、危险物质。主体为一般主体。主观方面为直接故意，并具有非法占有的目的，并明知是枪支、弹药、爆炸物、危险物质，而进行盗窃或抢夺，意图占为己有。如果不明知是枪支、弹药、爆炸物、危险物质而进行盗窃或抢夺，构成盗窃罪或者抢夺罪，不构成本罪。根据《刑法修正案(三)》第6条的规定，犯本罪的，处3年以上10年以下有期徒刑；

情节严重的，处10年以上有期徒刑、无期徒刑或者死刑。第2款后半段规定，盗窃、抢夺国家机关、军警人员、民兵的枪支、弹药、爆炸物的，处10年以上有期徒刑、无期徒刑或者死刑。

三十、抢劫枪支、弹药、爆炸物、危险物质罪

原罪名为“抢劫枪支、弹药、爆炸物罪”，2001年12月29日《刑法修正案（三）》第6条将原刑法第127条第2款修改为：“抢劫枪支、弹药、爆炸物的，或者抢劫毒害性、放射性、传染病病原体等物质，危害公共安全的……处十年以上有期徒刑、无期徒刑或者死刑。”2002年3月15日最高人民法院、最高人民检察院《关于执行〈中华人民共和国刑法〉确定罪名的补充规定》，配合《刑法修正案（三）》的规定，将罪名修改为“抢劫枪支、弹药、爆炸物、危险物质罪”。

抢劫枪支、弹药、爆炸物、危险物质罪，是指以非法占有为目的，当场使用暴力、胁迫或者其他方法，强行劫夺、抢劫枪支、弹药、爆炸物、危险物质的行为。客体是社会的公共安全。对象是枪支、弹药、爆炸物、危险物。客观方面表现为，当场使用暴力、胁迫或其他方法，强行劫夺枪支、弹药、爆炸物、危险物质的行为。所谓“暴力”，是指殴打、伤害、捆绑等对人身的袭击或强制。“胁迫”是指对人实施精神上的强制；“其他方法”是指暴力、胁迫以外的使人不能反抗、不知反抗的行为。主体为一般主体。主观方面为直接故意，并具有非法占有的目的。根据《刑法修正案（三）》第6条的规定，犯本罪的，处10年以上有期徒刑、无期徒刑或者死刑。

三十一、非法持有、私藏枪支、弹药罪

非法持有、私藏枪支、弹药罪，是指违反枪支管理规定，非法持有、私藏枪支、弹药的行为。客体是社会的公共安全和国家对枪支、弹药的管理制度。对象是枪支、弹药，包括各种公务用枪、民用枪支及其弹药。客观方面表现为违反枪支管理规定，非法持有、私藏枪支、弹药的行为，所谓“非法持有”，是指根据国家关于枪支、弹药管理方面的规定，不具备配枪资格而持有枪支、弹药。所谓“私藏”，是指不具备配枪、用枪资格而私自藏匿枪支、弹药。只要实施两种行为之一的，即可构成本罪。主体为一般主体。主观方面是直接故意。认定本罪的“非法持有”和“私藏”，应根据证据尚不能认定为是非法制造、买卖、运输、盗窃、抢夺、抢劫的枪支、弹药而“持有”和“私藏”，否则，应以相应的犯罪论处，不构成本罪。根据《刑法》第128条第1款的规定，犯本罪的，处3年以下有期徒刑、拘役或者管制；情节严重的，处3年以上7年以下有期徒刑。

三十二、非法出租、出借枪支罪

非法出租、出借枪支罪，是指依法配备或配置公务用枪的人员或者其单位，违反枪支管理规定，非法出租、出借枪支，造成严重后果的行为。本罪为选择性罪名。客体是社会的公共安全和国家对枪支的管理制度。对象是枪支，包括公务用枪和民用枪支。客观方面表现为，违反枪支管理规定，非法出租、出借枪支的行为。所谓“出

租”，是指以非法牟利为目的，将自己或者单位配备的公务用枪、自己或者单位配置的枪支租给他人的行为。“出借”是指无偿地将自己或者单位配备的公务用枪、自己或者单位配置的枪支借给他人的行为。从本罪的成立而言，依法配备公务用枪的人员或者其单位，只要具有违反枪支管理规定，非法出租、出借枪支的行为即构成犯罪。而依法配置枪支的人员或者其单位，违反枪支管理规定，非法出租、出借配置枪支的，以造成严重后果为犯罪成立的条件。主体是特殊主体，为依法配备公务用枪的人员或者单位和依法配置枪支的人员或者单位。既可以是自然人，也可以是单位。前者，“包括公安机关、国家安全机关，监狱、劳动教养机关及其人民警察；人民检察院、人民检察院内的司法警察和担负侦查任务的检察人员；人民法院及其司法警察；海关缉私人员；国家重要的军工、金融、仓储、科研等单位的专职守护、押运人员”。后者，“包括经省级人民政府体育行政主管部门批准可以配置射击运动枪支的专门从事射击竞技体育运动的单位；经省级人民政府公安机关批准可以配置射击运动枪支的营业性射击场；经省级以上人民政府林业行政主管部门批准可以配置猎枪的狩猎场，等等”①。主观方面是直接故意。具体来说，非法出租枪支，主观上具有以此牟利的目的，但实际上是否牟到利益，不影响本罪的成立。非法出借枪支的，则无论出于什么目的，都不影响本罪的成立。根据《刑法》第 128 条的规定，犯本罪的，处 3 年以下有期徒刑、拘役或者管制；情节严重的，处 3 年以上 7 年以下有期徒刑；单位本罪的，对单位判处罚金，并对其直接负责的主管人员和其他直接责任人员，按上述规定处罚。

三十三、丢失枪支不报罪

丢失枪支不报罪，是指依法配备公务用枪的人员，丢失枪支不及时报告，造成严重后果的行为。客体是社会的公共安全。对象是配备的公务所用枪支。客观方面表现为依法配备公务用枪的人员，丢失枪支不及时报告，造成严重后果的行为。所谓“丢失”枪支，是指因为疏于管理使枪支被盗或者遗失，或者因被抢、被骗而失去对枪支控制的情况。所谓“未及时报告”，是指行为人发现丢失枪支后不及时向本单位或者有关部门报告。如果行为人发现后及时、如实报告自己丢失枪支的情况，则不构成本罪。所谓“造成严重后果”主要是指所丢失的枪支被犯罪分子作为犯罪工具。主体是特殊主体，即依法配备公务用枪的人员。主观方面表现为过失，这里的过失是针对所造成的严重后果而言。至于未及时报告的行为，可以是因为疏忽或者有意隐瞒。根据《刑法》第 129 条的规定，犯本罪的，处 3 年以下有期徒刑或者拘役。

三十四、非法携带枪支、弹药、管制刀具、危险物品危及公共安全罪

非法携带枪支、弹药、管制刀具、危险物品危及公共安全罪，是指违反有关规定，非法携带枪支、弹药、管制刀具或者爆炸性、易燃性、放射性、毒害性、腐蚀性物品，进入公共场所或者公共交通工具，危及公共安全，情节严重的行为。本罪为选择性罪名。客体是社会的公共安全。对象是枪支、弹药、管制刀具或者法律规定的危险物品。

① 赵秉志主编：《新刑法教程》，460 页，北京，中国人民大学出版社，1997。

客观方面表现为非法携带枪支、弹药、管制刀具或者法律规定的危险物品，进入公共场所或者公共交通工具的行为。所谓“公共场所”是指机场、火车站、汽车站、广场、公园、影剧院、学校等公众活动和出入的场所。所谓“公共交通工具”是指航空器、火车、公共汽车、电车和轮船等用于公共交通运输的交通工具。所谓“情节严重”主要是指经常携带屡教不改的、携带危险物品数量大的、在公众活动高峰期携带的等。所携带的危险品可以是上述物品中的任何一种或多种，只要是行为足以危及公共安全，达到情节严重的程度，就可以构成本罪。主体为一般主体。主观方面为故意。动机不影响本罪的成立。但应根据证据尚不能认定为是为劫持航空器、船只、汽车、抢劫、绑架等犯罪活动而非法携带，否则，应以相应的犯罪论处，不构成本罪。根据《刑法》第130条的规定，犯本罪的，处3年以下有期徒刑、拘役或者管制。

三十五、重大飞行事故罪

重大飞行事故罪，是指航空人员违反规章制度，致使发生重大飞行事故，造成严重后果的行为。客体是航空运输的安全。客观方面表现为，违反规章制度，致使发生重大飞行事故，造成严重后果的行为。所谓“违反规章制度”是指违反保障航空运输安全管理的各种规章制度。“重大飞行事故”，从本罪而言，是指航空器在飞行过程中因人为的原因发生的事故。“造成严重后果”，一般是指使航空器或者其他航空设施受到严重损坏，航空器上人员受重伤，公私财产受到严重损失等。即违章行为必须与严重后果之间具有因果关系。主体为特殊主体，即航空人员。“航空人员”是指从事民用航空活动的空勤人员和地面人员。主观方面为过失。至于违反规章制度，则可以表现为有意的。根据《刑法》第131条的规定，犯本罪的，处3年以下有期徒刑或者拘役；造成飞机坠毁或者人员死亡的，处3年以上7年以下有期徒刑。

三十六、铁路运营安全事故罪

铁路运营安全事故罪，是指铁路职工违反规章制度，致使发生铁路运营安全事故，造成严重后果的行为。客体是铁路运输的安全。客观方面表现为，违反规章制度，致使发生重大铁路运营事故，造成严重后果的行为。“违反规章制度”，是指违反保障铁路运输安全管理的各种规章制度。“铁路运营事故”，从本罪而言，是指在铁路运输过程中因人为的原因发生的严重事故。“造成严重后果”，一般是指使火车倾覆、出轨、撞车、爆炸等造成机车毁坏以及人员伤亡或公私财产遭受重大损失等结果。违章行为必须与严重后果之间具有因果关系。主体是特殊主体，为铁路职工，“铁路职工”指具体从事铁路运营业务、与保障列车运营安全有直接关系的人员。主观方面为过失。至于违反规章制度，则可以表现为有意的。根据《刑法》第132条的规定，犯本罪的，处3年以下有期徒刑或者拘役；造成特别严重后果的，处3年以上7年以下有期徒刑。

三十七、交通肇事罪

（一）交通肇事罪的概念和构成

交通肇事罪，是指违反交通运输管理法规，因而发生重大事故，致人重伤、死亡或者使公私财产遭受重大损失的行为。

本罪的构成要件是：

1. 本罪的客体，是交通运输安全。这里的“交通运输”是指航空、铁路运输以外的公路交通运输和水路交通运输。对航空运输和铁路运营中发生重大事故构成犯罪的，应按刑法有关的条款定罪。

2. 本罪的客观方面，表现为违反交通运输管理法规，因而发生重大事故，致人重伤、死亡或者使公私财产遭受重大损失的行为。首先，必须在交通运输过程中有违反交通运输管理法规的行为，这是导致交通肇事的原因，也是构成本罪的前提条件。所谓交通运输管理法规，是指国家交通运输主管部门为了保障交通运输的安全而作出的各种行政规定，包括交通规则、操作规程、劳动纪律等。如《城市交通规则》、《机动车管理办法》、《内河避碰规则》、《渡口守则》、《道路交通管理条例》等。违反规章制度的行为可以表现为作为，也可表现为不作为。作为的方式如超速、超宽、超载行车、强行超车、酒后开车、错发信号等，不作为的方式如通过交叉道口不鸣笛示警、夜间航行不开照明灯、岔路口不减速等。其次，违反交通运输管理法规的行为还必须造成重大事故，导致重伤、死亡或者公私财产重大损失的严重后果。即违章行为必须与严重后果之间具有因果关系。虽有违章行为，但未造成上述严重后果的，或虽有违反交通运输管理法规的行为，但没造成任何后果，或虽发生了严重后果，但不是由违章行为引起的，均不构成本罪。

3. 本罪的主体为一般主体。在司法实践中，主要是从事交通运输的人员。所谓交通运输人员，是指具体从事交通运输业务，同保障交通安全有直接关系的人员。包括具体操纵交通运输工具的驾驶人员、交通设备的操纵人员、交通运输活动的直接领导和指挥人员（如调度员、领航员、船长、机长）和交通运输安全的管理人员（如交通警察）等。非交通运输人员也可成为本罪的主体。

关于非交通运输人员的范围，尚有不同看法：一种观点认为非交通运输人员是指交通运输人员以外的一切人员。另一种观点认为，非交通运输人员仅指虽无合法证件、职务但从事正当交通运输的人员。在现行刑法的规定中，对“交通运输人员”和“非交通运输人员”并没有加以划分，因此，本书认为，本罪的主体为一般主体。无论是否为交通运输人员，只要在交通运输过程中违反交通运输管理法规，造成重大事故，导致重伤、死亡或者公私财产重大损失严重后果的，均可构成本罪。

4. 本罪的主观方面是过失，可以是疏忽大意，也可以是过于自信，即行为人对自己违反交通运输管理法规的行为导致的严重后果应当预见，由于疏忽大意而未预见，或者虽然预见，但轻信能够避免。这里过失是指行为人对所造成的严重后果的心理态度而言，至于对违反交通运输管理法规本身，则可能是明知故犯。

（二）交通肇事罪的认定

1. 交通肇事罪与非罪的界限。（1）交通肇事罪与一般交通事故的界限。两者区别的关键在于发生的事故是否重大，本罪以发生重大事故为构成要件，因此对于有违章行为但未造成重大事故的，不以本罪论处。参照最高人民法院、最高人民检察院 1987 年 8 月 21 日发布的《关于严格依法处理道路交通肇事案件的通知》的规定，所谓“重大事故”具体是指死亡 1 人以上或者重伤 3 人以上的，或者重伤 3 人以上情节恶劣，后果严重的，或者造成直接经济损失起点在3万元至6万元以上的。（2）交通肇事罪同交通事故中意外事件的界限。区别两者的关键在于查明行为人对所造成的重大事故在主观上是否有过失，本罪在主观方面表现为过失，如果不是由于行为人的过失，而是由于不能预见的原因造成重大事故的，不构成本罪。

2. 交通肇事罪与重大飞行事故罪、铁路运营安全事故罪的界限。交通肇事罪与重大飞行事故罪、铁路运营安全事故罪同属重大交通肇事的犯罪。客体均为交通运输安全，主观上也都出于过失，客观上也都以违反保障交通运输安全管理的规章制度并造成严重后果为要件。其区别主要在于发生的场合和主体不同。本罪发生在公路、水路交通运输过程中，其主体为一般主体。而重大飞行事故罪、铁路运营安全事故罪，分别发生在航空运输与铁路运输过程中，其主体为特殊主体，即分别为航空人员与铁路职工。

3. 交通肇事罪与以危险方法危害公共安全罪的界限。交通肇事罪往往造成人身伤亡的结果，与以驾车撞人的危险方法构成的危害公共安全罪，从结果上看是相同的。主要区别在于发生的场合及主观心理态度不同，本罪致人重伤与死亡发生在交通运输过程中，主观上是过失。而以驾车撞人的危险方法构成的危害公共安全罪，并非为从事交通运输，并且主观上是希望或放任死伤结果的发生。如果行为人利用驾驶的交通工具，在公路或者其他公共场所冲撞人群，造成或可能造成众多人重伤、死亡或者使公私财产遭受重大损失的，则应以危险方法危害公共安全罪论处。但如果行为人只是利用交通工具杀伤了特定的人，则侵害的是他人的生命或健康权利，不足以危害公共安全的，应以故意杀人罪或故意伤害罪论处。

（三）交通肇事罪的刑事责任

根据《刑法》第133条的规定，对交通肇事罪规定了三个罪刑幅度：

1. 犯本罪情节一般的，处3年以下有期徒刑或者拘役。在新的司法解释出台之前，参照1987年8月21日最高人民法院、最高人民检察院发布的《关于严格依法处理道路交通肇事案件的通知》的规定，所谓情节一般，通常指：造成死亡1人或重伤3人以上的；重伤3人以上，情节恶劣、后果严重的；造成公私财产直接损失的数额，起点在3万元至6万元之间的。

2. 交通肇事后逃逸或者有其他特别恶劣情节的，处3年以上7年以下有期徒刑。所谓“交通肇事后逃逸”，是指行为人明知自己的行为已经造成了重大交通事故，为逃避法律追究逃离事故现场的行为，这是情节特别恶劣的首要标志。所谓“其他特别恶劣情节”，是指致使2人以上死亡，或者使公私财产遭受直接损失数额巨大（起点在6万元至10万元之间）的，或者符合“重大事故”标准并具有下列情形之一的：（1）事故发生以后有意破坏，伪造现场、毁灭证据或者隐瞒事实真相，嫁祸于人的；（2）酒后驾车的；（3）非司机驾驶车辆的；（4）驾驶无牌照车辆的；（5）明知机动车关键部件失灵仍然驾驶的；（6）具有其他特别恶劣情节的。如在社会上造成特别恶劣影响等情况。

3. 因逃逸致人死亡的，处7年以上有期徒刑。对于“因逃逸致人死亡”的规定，目前仍有不同的认识。一种观点认为，“是指在发生交通事故后，肇事者不及时抢救被害人，而是逃离现场，致使被害人因抢救不及时而死亡”①。第二种观点认为，应具体

① 赵秉志主编：《新刑法教程》，447页，北京，中国人民大学出版社，1997。

分析行为人的心理状态，“肇事后，畏罪驾车逃跑，以致延误抢救时机，引起被害人死亡，或者在仓皇潜逃中又撞死、撞伤他人的”，仍应定交通肇事罪。“但是，肇事后，为了逃避罪责，毁灭罪证，故意将被害人移至丛林、沟壑、涵洞等难以发现的地方，使其失去被抢救的机会，引起死亡，或者在驾车夺路逃跑时，故意撞、压他人致死的，则应定故意杀人罪。”[①] 第三种观点认为，“‘因逃逸致人死亡’，应限于过失致人死亡的，即事实上发生了两次交通运输事故：已经发生交通事故后，行为人在逃逸过程中又发生交通事故，显然刑法将同种数罪规定了一个法定刑。如果在逃逸过程中对致人死亡持故意，则成立另一个独立的犯罪，不能适用上述规定以一罪论处，而应实行数罪并罚”[②]。多数学者认为，这里的“致人死亡”从理论和实践上说，理解为因过失比较恰当，即是指行为人发生重大事故以后，因惊慌、害怕等原因置受伤人于不顾，逃离现场，使其未得到及时救助而死亡。如果明知将伤者弃置不管可能会死亡，将伤者移弃于荒野而仍然逃逸，致使被害人因抢救不及时而造成其死亡的，则应以故意杀人罪论处，也不是在肇事后畏罪驶车逃跑的第二事故致人死亡。

三十八、危险驾驶罪

《刑法修正案（八）》规定，在第 133 条后增加一条，作为第 133 条之一：“在道路上驾驶机动车追逐竞驶，情节恶劣的，或者在道路上醉酒驾驶机动车的，处拘役，并处罚金。”

“有前款行为，同时构成其他犯罪的，依照处罚较重的规定定罪处罚。”

（一）危险驾驶罪的概念和构成

危险驾驶罪，是指在道路上驾驶机动车追逐竞驶，或者醉酒驾驶机动车的行为。

本罪的构成要件是：

1. 本罪的客体，是公路交通运输安全及行人人身及其他公共设施的安全。

2. 本罪客观方面，表现为在道路上实施追逐竞驶行为，或者醉酒后驾驶机动车的行为。

（1）道路的含义，是指《道路交通安全法》所调整规定的区域。该法第 119 条第 1 项规定：“道路”，是指公路、城市道路和虽在单位管辖范围但允许社会机动车通行的地方，包括广场、公共停车场等用于公众通行的场所。如在非公共道路的旷野追逐竞驶的，则不能以本罪论处。

同条第 3 项规定，“机动车”是指以动力装置驱动或者牵引，上道路行驶的供人员乘用或者用于运送物品以及进行工程专项作业的轮式车辆。

（2）追逐竞驶，俗语即“飙车”，亦作“飚车”，在汉语中是指“御风而行的神车”，汉《西王母传》记：“所居宫阙……其山之下，弱水九重，洪涛万丈，非飙车羽轮不可到也。”

现代社会中，除车辆的竞技比赛之外，“飚车”是指以行驶速度标识“胆识”和技术的另类体现的危险行为。是自我价值的变相体现，以（自身和他人）生命为代价的

---

① 邓又天主编：《中华人民共和国刑法释义与司法适用》，197 页，北京，中国人民公安大学出版社，1997。

② 参见张明楷：《刑法学》（下册），586 页，北京，法律出版社，1997。

危险行为。

追逐竞驶，是否以两车以上竞相追逐为标准，有不同理解。从立法规定看，“追逐竞驶”，有相互展示速度、技能之意，如只是一车，在行进中高速行驶，则谈不到“追逐”，而只能是“竞驶”。所以，从入罪的意义上看，“追逐竞驶”是指在道路上，以同行的其他车辆为竞争目标，追逐行驶。可以包括在道路上进行汽车驾驶“计时赛”，或者若干车辆在同时行进中互相追赶，进行竞技或者竞驶的行为。例如，通过相互追逐、穿插车道等进行竞技或比赛。追逐竞驶，既包括超过限定时速的追逐竞驶，也包括未超过限定时速的追逐竞驶。

根据本条规定，在道路上追逐竞驶，情节恶劣的才构成犯罪，判断是否“情节恶劣”，应从追逐竞驶造成的危害程度以及危害后果等方面进行认定。

在道路上醉酒驾驶机动车的行为。俗称“醉驾”。何为“醉驾”，各国标准不尽一致。在我国，根据国家质量监督检验检疫总局2004年5月31日发布的《车辆驾驶人员血液、呼气酒精含量阈值与检验》（GB 19522—2004）的规定，驾车者血液酒精浓度在每百毫升20毫克至80毫克属酒后驾驶行为，每百毫升酒精浓度大于或者等于80mg为醉酒驾驶行为。

醉酒驾驶行为入罪的标准，是客观标准，即使个体饮酒达到“醉酒”程度各有不同，但实务中不应以个体在驾驶中是否处于醉酒状态为标准。

醉酒驾驶机动车入罪，与酒后驾驶机动车肇事的不同，前者是在大量饮酒后处于泥醉状态，是在法律认定已经丧失了驾驶能力的情况下驾驶机动车，对可能危及公共安全在驾驶前是明知的，对造成的严重后果持放任的心理态度，所以是故意犯罪；后者是在饮酒后驾驶机动车发生交通事故，并不意味着已经处于醉酒状态，如果系违章肇事，仍然可能只构成交通肇事罪，在认定中应该区别两者。

3. 本罪主体，为一般主体。

4. 本罪主观方面，对危及公共安全持放任的心理态度。从入罪的意义上说，追逐竞驶和“醉驾”都可能有争强好胜，追求刺激、快乐、兴奋的感觉；表现英雄气概；借此交友获得认同；发泄怒气或挫折感；表达自己的叛逆及不屈于公权力；借此谋求异性青睐；进行赌博活动；等等。具体是何种动机，不影响行为性质。

（二）危险驾驶罪的认定

1. 罪与非罪的界限

追逐竞驶可以是一种超速驾驶行为，但是是否两车以上相互超越的超速驾驶行为都应当认定为是入罪的“追逐竞驶”？“超速驾驶”是相对于最高限速而言的，即应该有一定的限度。《道路交通安全法实施条例》规定，普通公路的最高车速是30公里～70公里，高速公路的最高车速不超过120公里；同时《道路交通安全法》以是否超过规定时速的50%为区别标准，分别规定了不同的行政处罚措施。至于应达到超过最高限速多少为入罪的标准，还值得立法或者最高司法机关明确。

至于“醉驾”，现已有明确标准，不及“醉驾”标准的，作为行政违法处置。

2. 危险驾驶罪与交通肇事罪的界限

交通肇事罪发生的领域广于危险驾驶罪，前者可以发生在所有交通运输领域，而后者只限于在公路交通领域内；前者是过失犯罪；而后者是故意犯罪，前者是以发生严重后果为入罪的必要条件；后者为（抽象）危险犯。在追逐竞驶或者醉酒驾驶机动车发生严重事故的情况下，可以构成交通肇事罪（不排除构成以危险方法危害公共安全罪）。

（三）危险驾驶罪的刑事责任

根据《刑法修正案（八）》，犯本罪的，处拘役，并处罚金（依据这一规定，我国刑罚法定刑的幅度已为十格）。

有前款行为，同时构成其他犯罪的，依照处罚较重的规定定罪处罚。

这主要是指，实施追逐竞驶或者醉酒驾驶机动车发生重大事故，致人伤亡或者重大财产损失，构成交通肇事罪或者危险方法危害公共安全罪，应按照相应犯罪论处。

三十九、重大责任事故罪

（一）重大责任事故罪的概念和构成

2006年6月29日《刑法修正案（六）》第1条第1款对《刑法》第134条作了修订。根据修订的规定，重大责任事故罪，是指在生产、作业中违反有关安全管理的规定，因而发生重大伤亡事故或者造成其他严重后果的行为。本罪具有以下构成要件：

1. 本罪的客体是生产、作业的安全。这里所谓的“生产、作业的安全”，同样包含着从事生产、作业的不特定或多数人的生命、健康的安全和重大公私财产的安全。

2. 本罪的客观方面，表现为在生产、作业中违反有关安全管理的规定，因而发生重大伤亡事故或者造成其他严重后果。

所谓“违反有关安全管理的规定”，可以表现为不服从生产、作业管理人员的管理，或者不服从对安全生产、作业所作的要求和安排，违反作为保障生产、作业安全管理的各种规章制度规定的注意义务。所谓“有关安全管理的规定”是指国家颁布的各种与安全生产、作业有关的法律、法规和企业、事业单位及其上级管理机关制定的反映安全生产规律，保障生产、作业安全管理有关的规章制度。该种行为可以是作为，也可以是不作为。

客观行为必须导致重大伤亡事故或者造成其他严重后果的发生。所谓“重大伤亡事故”是指致人重伤或死亡。根据1989年11月3日最高人民检察院制定的立案标准，“重大伤亡”是指死亡1人以上或者重伤3人以上；所谓“其他严重后果”是指造成直接经济损失数额巨大或者使生产、作业受到重大损失等。直接经济损失是指在5万元以上，或者经济损失不足这一数额，但情节严重，使生产、工作受到重大损害的也应当立案查处。所谓的“直接经济损失”通常是指因事故而造成的建筑、设备、产品等的毁坏、损失以及因人身伤亡而支付的医疗费、丧葬费、死亡补偿费、抚恤费、误工费、住院伙食补助费、护理费、残疾者生活补助费、残疾用具费、被抚养人生活费、交通费、住宿费等。客观行为与发生的重大伤亡事故或者造成其他严重后果之间必须具有刑法意义上的因果关系，具体来说，即不服管理、违反规章制度，必须是导致重大人身伤亡或者造成其他严重后果发生的原因。如果发生重大事故，不是因客观上违章行为所造成的，或者虽违章并造成一定的后果，但损失尚未达到“重大伤亡事故或其他严重后果”的程度，则不能以犯罪论处。

3. 本罪的主体是特殊主体，即从事生产、作业的人。详言之，指工矿、企业或者事业单位从事生产、作业的职工。所谓“工矿、企业或者事业单位”，与所有制性质无关。所谓“职工”，既包括直接从事生产、作业的人员，也包括生产、作业的指挥人员和技术人员。此外，根据1987年7月10日最高人民检察院关于《关于无证开采的小煤矿矿主是否构成重大责任事故犯罪主体的请示》、1988年3月16日最高人民检察院《关于无照施工经营者能否构成重大责任事故罪主体的批复》和1989年4月3日最高人民检察院《关于在押罪犯能否构成重大责任事故罪主体的批复》，分别针对无证开采的小煤矿矿主、无照施工经营者和在押犯，在施工过程中，不服管理、违反规章制度，也可构成本罪。

4. 本罪的主观方面是过失，可以是疏忽大意或者是过于自信。即应当预见自己的违章导致重大人身伤亡事故或者造成其他严重后果发生的可能性，因疏忽大意而没有预见，或者已经预见自己的违章导致重大人身伤亡事故或者造成其他严重后果发生的可能性，但过于自信没有防止其发生的心理态度。所谓的过失是指行为人对所造成的严重后果的心理态度而言。对注意义务的违反，也可能存在“明知故犯”心态的情形，但不能因此而认为是故意犯罪。

（二）重大责任事故罪的认定

1. 重大责任事故罪与非罪的界限。本罪与非罪的界限，具体是指本罪与自然事故、技术事故及技术革新和科学试验失败等一般责任事故的界限。所谓自然事故，是指由于不能预见和不能抗拒的自然条件所引起的事故。所谓技术事故，是指由于技术条件或设备条件的限制而发生的无法避免的事故。而技术革新和科学试验本身就包含着失败的可能。区分本罪与这三种情况的关键是看行为人主观上是否存在过失以及是否有违反规章制度规定的行为。如果事故的发生是由于违章所引起，行为人主观上具有过失，则可成立本罪，否则为自然事故、技术事故或革新、科研工作的失败，不构成犯罪。如有违章的行为，造成了一定的损害后果，但不属于造成重大伤亡事故或者其他严重后果的，为一般责任事故，不构成本罪。

2. 重大责任事故罪与失火罪、过失爆炸罪、过失投放危险物质罪的界限。本罪的重大损失的后果，也可以表现为火灾、爆炸、中毒事故，而且，与后三种犯罪的共同点是主观方面也是过失。区别是，主体与行为发生的场合不同。本罪为特殊主体，行为是在生产、作业活动中，违反规章制度而发生重大伤亡事故或其他严重后果；而后者的行为，是在日常生活中由于违反通常意义上的注意义务，忽视他人生命、健康、财产安全，缺乏必要的慎重而发生火灾、爆炸、中毒事故。

（三）生产、作业重大责任事故罪的处罚

根据《刑法修正案（六）》第1条第1款的规定，犯本罪的，处3年以下有期徒刑或者拘役；情节特别恶劣的，处3年以上7年以下有期徒刑。

四十、强令违章冒险作业罪

2006年6月29日《刑法修正案（六）》第1条第2款对《刑法》第134条作了修改。根据修订规定，强令违章冒险作业罪，是指在生产、作业中违反有关安全管理的规定，强令他人违章冒险作业，因而发生重大伤亡事故或者造成其他严重后果的行为。所谓“强令他人违章冒险作业”，是以“违反有关安全管理的规定”为前提的，是指负责管理生产、作业、施工等的指挥人员、管理人员，知道所作的决定是违反有关安全管理的规定的，却强行命令生产、作业人员违反安全管理规定冒险生产、作业。这种行为，只能是作为而不能是不作为。如果决定完全符合安全生产、作业的规定，即使有危险且强行命令，也不能认为是强令违章冒险作业。本罪的主体，是特殊主体，即必须从事生产、作业的管理人员。

根据《刑法修正案（六）》第1条第2款的规定，犯本罪的，处3年以下有期徒刑或者拘役；情节特别恶劣的，处3年以上7年以下有期徒刑。

四十一、重大劳动安全事故罪

2006年6月29日《刑法修正案（六）》第2条对《刑法》第135条作了修订。根据修订，重大劳动安全事故罪是指单位的安全生产设施或者安全生产条件不符合国家规定，因而发生重大伤亡事故或者造成其他严重后果的行为。本罪的主体为特殊主体，即直接负责的主管人员和其他直接责任人员。直接责任人员，既包括主管生产、作业安全的领导人员，也包括在生产、作业中负责安全生产、作业的技术人员，如安全员、安全监察员等。所谓"安全生产设施"是指保障劳动者人身安全的各种设备。所谓"安全生产条件"，是指保障劳动者生产、作业除人身安全生产设施外的其他条件。所谓"不符合国家规定"，是指劳动安全设施不符合国家制定的保障劳动者人身安全的法律、法规所规定的标准。所谓"重大伤亡事故"，一般是指造成3人以上重伤或1人以上死亡的事故。"其他严重后果"，主要是指造成重大经济损失以及恶劣的社会影响。

根据《刑法修正案（六）》第2条的规定，犯本罪的，对直接负责的主管人员和其他直接责任人员，处3年以下有期徒刑或者拘役；情节特别恶劣的，处3年以上7年以下有期徒刑。

四十二、大型群众性活动重大安全事故罪

2006年6月29日《刑法修正案（六）》第3条规定：在刑法第135条后增加一条，作为第135条之一。根据修订的规定，大型群众性活动重大安全事故罪，是指在举办大型群众性活动违反安全管理规定，因而发生重大伤亡事故或者造成其他严重后果的行为。本罪的主体是一般主体，为直接负责的主管人员和其他直接责任人员。直接责任人员，既包括主管举办大型群众性活动的组织、领导人员，也包括在举办大型群众性活动中负责群众安全的技术人员，如安全疏导员、安全监察员等。所谓"举办"无论是有偿的还是无偿的，民间组织的还是官方组织的。所谓"大型群众性活动"是指在一定人的组织下不特定人为某种特定事项而聚集在一起的活动。所谓"违反安全管理规定"，是指组织者在举办时，违反保障群众安全管理的有关规定。所谓"重大伤亡事故"一般是指造成3人以上重伤或1人以上死亡的事故。"其他严重后果"，主要是指造成重大经济损失以及恶劣的社会影响。

根据《刑法修正案（六）》第3条的规定，犯本罪的，对直接负责的主管人员和其他直接责任人员，处3年以下有期徒刑或者拘役；情节特别恶劣的，处3年以上7年以下有期徒刑。

四十三、危险物品肇事罪

危险物品肇事罪，是指违反爆炸性、易燃性、放射性、毒害性、腐蚀性物品的管理规定，在生产、储存、运输、使用中发生重大事故，造成严重后果的行为。客体是危险物品在生产、储存、运输、使用中的安全，即公共安全。客观方面表现为，违反危险物品的管理规定，在生产、储存、运输、使用中发生重大事故，造成严重后果的行为。违章行为必须与严重后果之间具有因果关系。主体主要是从事生产、保管、运输和使用危险物品的职工，但其他人也可以构成本罪。主观方面是过失。所谓过失是针对所造成的重大事故后果的心理态度而言，至于违反规章制度，往往是明知故犯。根据《刑法》第 136 条的规定，犯本罪的，处 3 年以下有期徒刑或者拘役；后果特别严重的，处 3 年以上 7 年以下有期徒刑。

四十四、工程重大安全事故罪

工程重大安全事故罪，是指建设单位、设计单位、施工单位、工程监理单位违反国家规定，降低工程质量标准，造成重大安全事故的行为。客体是建筑工程质量标准的规定以及公众的生命、健康和重大公私财产的安全，即公共安全。客观方面表现为，违反国家规定，降低工程质量标准，造成重大安全事故的行为。所谓“违反国家规定”，是指违反国家关于建筑工程质量监督管理的法律、法规。降低工程质量标准的行为可能有许多表现，如提供、使用不合格的建筑材料、建筑配件和设备，施工中偷工减料、不按建筑工程质量标准进行设计或施工，降低标准进行监理等。所谓“重大安全事故”，则是指建筑工程在建设中或者交付使用后，由于达不到质量标准，导致楼房倒塌、桥梁断裂、铁路塌陷，造成人员伤亡或重大经济损失等。违反国家规定，降低工程质量标准的行为必须与严重后果之间具有因果关系。主体是建设单位、建筑设计单位、施工单位以及工程监理单位中对建筑工程质量安全负有直接责任的人员。主观方面是过失。根据《刑法》第 137 条的规定，犯本罪的，对直接责任人员，处 5 年以下有期徒刑或者拘役，并处罚金；后果特别严重的，处 5 年以上 10 年以下有期徒刑，并处罚金。

四十五、教育设施重大安全事故罪

教育设施重大安全事故罪，是指学校及其他教育机构的直接责任人员，明知校舍或者教育教学设施有危险，而不采取措施或不及时报告，致使发生重大伤亡事故的行为。客体是学校及其他教育机构教育环境以及公众的生命、健康的安全，即公共安全。客观方面表现为，对校舍或教育教学设施存在的危险不采取措施或者不及时报告，致使发生重大伤亡事故的行为。“重大伤亡事故”，是构成本罪的必要条件。不采取措施或不及时报告的行为必须与重大伤亡事故之间具有因果关系。只是造成重大财产损失而没有人员伤亡的，不构成本罪。主体为特殊主体，即对校舍、教育教学设施的安全负有直接责任的人员。主观方面是过失，但应明知校舍和教育教学设施存在危险、隐患。根据《刑法》第 138 条的规定，犯本罪的，对直接责任人员，处 3 年以下有期徒刑或者拘役；后果特别严重的，处3年以上7年以下有期徒刑。

四十六、消防责任事故罪

消防责任事故罪，是指违反消防管理法规，经消防监督机构通知采取改正措施而拒绝执行，造成严重后果的行为。客体是公共安全和国家消防监督管理制度。客观方面表现为，违反消防管理法规，经消防监督机构通知采取改正措施而拒绝执行，造成严重后果发生的行为。认定本罪须注意：（1）必须违反消防管理法规。所谓“消防管理法规”，是指国家有关消防安全管理的法律、法规以及有关主管部门为保障消防安全所作的有关规定。如《中华人民共和国消防条例》及其实施细则；《城市燃气安全管理规定》等。违反的行为多种多样，既可以是作为，也可以是不作为。（2）必须是经消防监督机构通知采取改正措施而拒绝执行。（3）必须造成严重后果。“严重后果”，即是指发生火灾，造成人员伤亡或者使公私财产遭受严重损失。（4）严重后果必须发生在消防监督机构监督管理的过程中。拒绝执行的行为必须与严重后果之间具有因果关系。如果是在消防监督机构执行消防监督职责前发生火灾事故的，不能以本罪论处。主体为负有防火安全职责的直接责任人员。主观方面是过失，过失是针对造成的火灾事故后果的心理态度而言，而对自己不采取改正措施、拒绝执行的行为则是明知的。根据《刑法》第139条的规定，犯本罪的，对直接责任人员，处3年以下有期徒刑或者拘役；后果特别严重的，处3年以上7年以下有期徒刑。

四十七、不报、谎报安全事故罪

2006年6月29日《刑法修正案（六）》第4条规定：在《刑法》第139条后增加一条，作为第139条之一。根据修订规定，不报、谎报安全事故罪，是指在安全事故发生后，负有报告职责的人员不报或者谎报事故情况，贻误事故抢救，情节严重的行为。本罪为特殊主体，即在事故发生后负有报告职责的人员。所谓“负有报告职责的人员”，一般应当是安全事故发生单位或者组织社会相关活动的主要负责的人员，也可以包括非安全事故发生单位但批准组织活动的上一级的单位“负有报告职责的人员”。所谓“安全事故”，应当是指社会生产、生活领域内所发生的所有涉及安全的事故，与事故发生是否违反有关安全规章无关。所谓“不报或者谎报事故情况”，是指将安全事故隐瞒不报告给有关的机关、机构或者虽然报告但隐瞒事故的性质、程度。如将特大、重大事故谎报为一般事故；事故后果仍在扩大谎报已经控制等。所谓“贻误事故抢救”，是指由于其不报或者谎报事故情况，造成对事故抢救丧失最好的时机。贻误事故抢救应当是本罪的结果。所谓“情节严重”既包括不报或者谎报事故情况的行为情节严重，也包括不报、谎报的动机、手段恶劣，如造成群体性事件等。“不报或者谎报事故情况”与“贻误事故抢救”之间必须具有刑法上的因果关系。本罪主观方面是故意。

根据《刑法修正案（六）》第4条的规定，犯本罪的，处3年以下有期徒刑或者拘役；情节特别严重的，处3年以上7年以下有期徒刑。

法律应用

投放危险物质罪与以投放危险物质方法实施的故意杀人罪及故意毁坏财物罪、破坏生产经营罪的界限。从构成特征上说，投放危险物质罪与故意杀人罪、故意毁坏财物罪、破坏生产经营罪的界限是清楚的，但因法律对故意杀人等罪的行为手段并没有任何限制，当行为人以投放危险物质的方法实施杀人或故意毁坏财物、破坏生产经营的行为时，理论上有不同看法。区分的关键是看投放危险物质行为是否危及公共安全。如果用投放危险物质的方法杀害特定的个人或毒害特定单位或者个人的少量牲畜、家禽，不危及公共安全的，属于故意杀人罪或故意毁坏财物罪或者破坏生产经营罪；如果同时危及公共安全的，则属于想象竞合犯，应以投放危险物质罪论处。

课后复习

1. 如何正确认识危害公共安全犯罪的本质特征？

2. 如何把握以危险方法危害公共安全犯罪与其他犯罪区别的特点？

3. 对侵害特定对象危害公共安全的犯罪，如何认识其危害公共安全的性质？

4. 如何正确认识涉及枪支、弹药等危险物质危害公共安全犯罪的危害性？

5. 违反特定注意义务构成过失危害公共安全的犯罪与违反一般注意义务的过失犯罪应当如何区别？

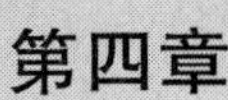

第四章 破坏社会主义市场经济秩序罪

第一节　破坏社会主义市场经济秩序罪概述

一、破坏社会主义市场经济秩序罪的概念

二、破坏社会主义市场经济秩序罪的共同特征

三、破坏社会主义市场经济秩序罪的种类

第二节　生产、销售伪劣商品罪

一、生产、销售伪劣产品罪

二、生产、销售假药罪

三、生产、销售劣药罪

四、生产、销售不符合安全标准的食品罪

五、生产、销售有毒、有害食品罪

六、生产、销售不符合标准的医用器材罪

七、生产、销售不符合安全标准的产品罪

八、生产、销售伪劣农药、兽药、化肥、种子罪

九、生产、销售不符合卫生标准的化妆品罪

第三节　走私罪

一、走私武器、弹药罪

二、走私核材料罪

三、走私假币罪

四、走私文物罪

五、走私贵重金属罪

六、走私珍贵动物、珍贵动物制品罪

七、走私国家禁止进出口的货物、物品罪

八、走私淫秽物品罪

九、走私普通货物、物品罪

十、走私废物罪

第四节　妨害对公司、企业的管理秩序罪

一、虚报注册资本罪

二、虚假出资、抽逃出资罪

三、欺诈发行股票、债券罪
四、违规披露、不披露重要信息罪
五、妨害清算罪
六、隐匿、故意销毁会计凭证、会计账簿、财务会计报告罪
七、虚假破产罪
八、非国家工作人员受贿罪
九、对非国家工作人员行贿罪
十、对外国公职人员、国际公共组织官员行贿罪
十一、非法经营同类营业罪
十二、为亲友非法牟利罪
十三、签订、履行合同失职被骗罪
十四、国有公司、企业、事业单位人员失职罪
十五、国有公司、企业、事业单位人员滥用职权罪
十六、徇私舞弊低价折股、出售国有资产罪
十七、背信损害上市公司利益罪

第五节　破坏金融管理秩序罪

一、伪造货币罪
二、出售、购买、运输假币罪
三、金融工作人员购买假币、以假币换取货币罪
四、持有、使用假币罪
五、变造货币罪
六、擅自设立金融机构罪
七、伪造、变造、转让金融机构经营许可证、批准文件罪
八、高利转贷罪
九、骗取贷款、票据承兑、金融票证罪
十、非法吸收公众存款罪
十一、伪造、变造金融票证罪
十二、妨害信用卡管理罪
十三、窃取、收买、非法提供信用卡信息罪
十四、伪造、变造国家有价证券罪
十五、伪造、变造股票、公司、企业债券罪
十六、擅自发行股票、公司、企业债券罪
十七、内幕交易、泄漏内幕信息罪
十八、利用未公开信息交易罪
十九、编造并传播证券、期货交易虚假信息罪
二十、诱骗投资者买卖证券、期货合约罪
二十一、操纵证券、期货市场罪
二十二、背信运用受托财产罪

二十三、违法运用资金罪

二十四、违法发放贷款罪

二十五、吸收客户资金不入账罪

二十六、违规出具金融票证罪

二十七、对违法票据承兑、付款、保证罪

二十八、逃汇罪

二十九、骗购外汇罪

三十、洗钱罪

第六节　金融诈骗罪

一、集资诈骗罪

二、贷款诈骗罪

三、票据诈骗罪

四、金融凭证诈骗罪

五、信用证诈骗罪

六、信用卡诈骗罪

七、有价证券诈骗罪

八、保险诈骗罪

第七节　危害税收征管罪

一、逃税罪

二、抗税罪

三、逃避追缴欠税罪

四、骗取出口退税罪

五、虚开增值税专用发票、用于骗取出口退税、抵扣税款发票罪

六、虚开发票罪

七、伪造、出售伪造的增值税专用发票罪

八、非法出售增值税专用发票罪

九、非法购买增值税专用发票、购买伪造的增值税专用发票罪

十、非法制造、出售非法制造的用于骗取出口退税、抵扣税款发票罪

十一、非法制造、出售非法制造的发票罪

十二、非法出售用于骗取出口退税、抵扣税款发票罪

十三、非法出售发票罪

十四、持有伪造的发票罪

第八节　侵犯知识产权罪

一、假冒注册商标罪

二、销售假冒注册商标的商品罪

三、非法制造、销售非法制造的注册商标标识罪

四、假冒专利罪
五、侵犯著作权罪
六、销售侵权复制品罪
七、侵犯商业秘密罪

第九节　扰乱市场秩序罪

一、损害商业信誉、商品声誉罪
二、虚假广告罪
三、串通投标罪
四、合同诈骗罪
五、组织、领导传销活动罪
六、非法经营罪
七、强迫交易罪
八、伪造、倒卖伪造的有价票证罪
九、倒卖车票、船票罪
十、非法转让、倒卖土地使用权罪
十一、提供虚假证明文件罪
十二、出具证明文件重大失实罪
十三、逃避商检罪

提　要

破坏社会主义市场经济秩序罪，是指违反经济管理法律、法规，在经济领域从事各种非法活动，扰乱社会主义市场经济秩序，情节严重的行为。本章犯罪在方法、对象、后果等方面与分则其他各章规定的犯罪多有竞合之处。从事经济活动的主体及其成员在经济活动中违反经济管理法律、法规且情节严重，通常是构成本章犯罪的基本要件。行为人是不是从事经济活动的主体及其成员，是否违反经济管理法律、法规，是否达到情节严重的程度，往往既是认定本章犯罪是否成立的条件，也是本章犯罪与分则其他各章犯罪的区别所在。因此，正确理解和适用本章法律规定，必须以正确理解相关经济管理法律、法规为基础。

重点问题

1. 破坏社会主义市场经济秩序罪的概念和共同特征。
2. 各种生产、销售伪劣产品罪的认定标准及法律适用原则。
3. 认定走私罪应当注意的共同问题。
4. 伪造货币罪与出售、购买、运输假币罪及持有、使用假币罪的概念、特征及认定。

5. 内幕交易、泄露内幕信息罪，利用未公开信息交易罪和洗钱罪的概念、特征及认定。

6. 集资诈骗罪、贷款诈骗罪、保险诈骗罪的概念、特征及认定。

7. 逃税罪的概念、特征及认定。

8. 假冒注册商标罪、侵犯著作权罪、侵犯商业秘密罪的概念、特征及认定。

9. 合同诈骗罪、非法经营罪的概念、特征及认定。

10. 全国人大常委会《关于惩治骗购外汇、逃汇和非法买卖外汇犯罪的决定》、《刑法修正案》、《刑法修正案（四）》、《刑法修正案（五）》、《刑法修正案（六）》、《刑法修正案（七）》、《刑法修正案（八）》对本章所作的补充、修改。

第一节 破坏社会主义市场经济秩序罪概述

一、破坏社会主义市场经济秩序罪的概念

破坏社会主义市场经济秩序罪，是指违反国家经济管理法律、法规，在经济领域从事各种非法活动，扰乱社会主义市场经济秩序，情节严重的行为。

1979年《刑法》分则第三章“破坏社会主义经济秩序罪”中只规定了走私罪、投机倒把罪等13个罪名。1982年到1995年间，全国人大常委会制定了9个关于惩治破坏经济秩序的犯罪的“决定”、“补充规定”，增设了若干新罪名。1997年《刑法》将本章更名为“破坏社会主义市场经济秩序罪”，并对其内容作了大量增删和调整，使之扩大到了8节92条，共94个罪名。

1998年12月29日，第九届全国人大常委会第6次会议通过了《关于惩治骗购外汇、逃汇和非法买卖外汇犯罪的决定》（本章以下简称《决定》），增设了“骗购外汇罪”。1999年12月25日，第九届全国人大常委会第13次会议通过了《中华人民共和国刑法修正案》（以下简称《刑法修正案》），在本章增设了“隐匿、故意销毁会计凭证、会计账簿、财务会计报告罪”、“国有公司、企业、事业单位人员失职罪”和“国有公司、企业、事业单位人员滥用职权罪”，取消了“徇私舞弊造成破产、亏损罪”。2002年12月28日，第九届全国人大常委会第31次会议通过的《中华人民共和国刑法修正案（四）》（以下简称《刑法修正案（四）》）对本章部分条文进行了修正，引起了某些犯罪的构成要件和罪名的变化，但没有导致罪名个数的增减。2005年2月28日，第十届全国人大常委会第14次会议通过的《中华人民共和国刑法修正案（五）》在本章增设了“妨害信用卡管理罪”和“窃取、收买、非法提供信用卡信息资料罪”。2006年6月29日，第十届全国人大常委会第22次会议通过的《中华人民共和国刑法修正案（六）》在本章增设了“虚假破产罪”等5个罪名，并对本章中原有的“提供虚假财会报告罪”等7个罪的构成要件作了修正，有些罪名也需作相应修改。2009年2月28日，第十一届全国人大常委会第7次会议通过的《中华人民共和国刑法修正案（七）》在本章增设了“利用未公开信息交易罪”等2个罪名，修改了本章中“走私珍稀植物、

珍稀植物制品罪”等3个罪的构成要件，其中有两个罪名需作相应变更。2011年2月25日，第十一届全国人大常委会第19次会议通过的《中华人民共和国刑法修正案（八）》在本章增设了“对外国公职人员、国际公共组织官员行贿罪”等3个罪名，修改了本章中“生产、销售假药罪”等4个罪的构成要件，其中除1个罪名须作相应修正外，其余各罪无须变更罪名。此外，《刑法修正案（八）》取消了本章中“走私文物罪”等9种犯罪的死刑规定。

二、破坏社会主义市场经济秩序罪的共同特征

（一）破坏社会主义市场经济秩序罪的客体

本类犯罪所侵犯的同类客体是社会主义市场经济秩序。经济秩序是国家通过对国民经济的生产、流通、分配、消费等各个领域的有效管理所形成的一种有序状态。本类犯罪对社会的危害性就表现在它总会从各种不同的角度破坏国家对国民经济的管理活动，从而扰乱这种有序状态。这种危害可以分为物质性危害和非物质性危害两个方面：物质性危害主要表现为社会财富的巨大损失；非物质性危害主要表现为对经济道德和经济秩序所造成的破坏。

（二）破坏社会主义市场经济秩序罪的客观要件

本类犯罪在客观方面表现为违反国家经济管理法律、法规，在经济领域从事各种非法活动，情节严重的行为。本类犯罪作为法定犯，必须以违反某种经济管理法律、法规为前提。在经济领域从事的非法活动，简称非法经济活动，是指在生产、销售、外贸、公司（企业）管理、金融、税收、知识产权保护以及市场管理等经济领域中，以谋取某种经济利益为目的而为之作为与不作为。“情节严重”是本类犯罪的程度要件，也是其与一般经济违法行为区别的关键。“情节严重”的具体标准，有的在立法中有明文规定，有的已有相关司法解释，有的则需司法人员根据立法精神和司法实践经验酌情掌握。

（三）破坏社会主义市场经济秩序罪的主体

本类犯罪的主体既包括自然人和单位。在自然人主体中，既有一般主体，又有特殊主体；在单位主体中，也是既有单位一般主体，又有单位特殊主体。有些犯罪只能是自然人，属于纯正自然人犯罪；有些犯罪的主体只能是单位，属于纯正单位犯罪；多数犯罪的主体既可以是自然人，又可以是单位。

（四）破坏社会主义市场经济秩序罪的主观要件

本类犯罪中的绝大多数犯罪为故意犯罪，个别的为过失犯罪。

三、破坏社会主义市场经济秩序罪的种类

本章共有108个具体罪名，可分为8类：

1. 生产、销售伪劣商品罪，是指违反产品质量管理法律、法规，在产品生产、销售过程中掺杂、掺假，以假充真，以次充好，或者以不合格产品冒充合格产品，情节严重的行为。包括生产、销售伪劣产品罪等9个具体罪名。

2. 走私罪，是指违反海关法律、法规，逃避海关监管，运输、携带、邮寄国家禁

止、限制进出口的货物、物品进出境，或者变相从事上述活动，情节严重的行为。包括走私武器、弹药罪等 10 个具体罪名。

3. 妨害对公司、企业的管理秩序罪，是指违反公司、企业管理法律、法规，在公司、企业的设立、经营、管理、清算等环节从事各种非法活动，情节严重的行为。包括虚报注册资本罪等 17 个具体罪名。

4. 破坏金融管理秩序罪，是指违反金融管理法律、法规，在金融领域从事各种非法活动，情节严重的行为。包括伪造货币罪等 30 个具体罪名。

5. 金融诈骗罪，是指以非法占有为目的，在金融领域采用虚构事实、隐瞒真相等欺诈手段，骗取数额较大的公私财物的行为。包括集资诈骗罪等 8 个具体罪名。

6. 危害税收征管罪，是指违反税收管理法律、法规，危害税收征管活动，情节严重的行为。包括逃税罪等 14 个具体罪名。

7. 侵犯知识产权罪，是指违反知识产权保护、管理法律、法规，侵犯他人的知识产权，情节严重的行为。包括假冒注册商标罪等 7 个具体罪名。

8. 扰乱市场秩序罪，是指违反市场管理法律、法规，在市场交易及相关领域从事各种非法活动，情节严重的行为。包括损害商业信誉、商品声誉罪等 13 个具体罪名。

第二节 生产、销售伪劣商品罪

生产、销售伪劣商品罪，是指违反产品质量管理法律、法规，在产品生产、销售过程中掺杂、掺假，以假充真，以次充好，或者以不合格产品冒充合格产品，情节严重的行为。

所谓“掺杂、掺假”，是指在产品中掺入杂质或者异物，致使产品质量不符合国家法律、法规或者产品明示质量标准规定的质量要求，降低、失去应有使用性能的行为。“以假充真”，是指以不具有某种使用性能的产品冒充具有该种使用性能的产品的行为。“以次充好”，是指以低等级、低档次产品冒充高等级、高档次产品，或者以残次、废旧零配件组合、拼装后冒充正品或者新产品的行为。“不合格产品”，是指不符合产品质量法律、法规规定的质量要求的产品。“情节严重”是本类犯罪的程度要件，其具体标准应当依照《刑法》第 140 条至第 148 条以及最高人民法院、最高人民检察院 2001 年 4 月 9 日公布的《关于办理生产、销售伪劣商品刑事案件具体应用法律若干问题的解释》（本节以下简称《解释》）中的有关规定执行。

根据《刑法》分则第三章第一节之规定，本类犯罪包括以下 9 个具体罪名：

一、生产、销售伪劣产品罪

（一）生产、销售伪劣产品罪的概念和特征

生产、销售伪劣产品罪，是指违反产品质量管理法律、法规，在产品生产、销售过程中掺杂、掺假，以假充真，以次充好，或者以不合格产品冒充合格产品，销售金额较大的行为。本罪具有以下特征：

1. 本罪客体是复杂客体，主要是产品质量管理秩序，同时还必然侵犯消费者的合

法权益。

2. 本罪在客观方面表现为违反产品质量管理法律、法规，在生产、销售产品过程中掺杂、掺假，以假充真，以次充好，或者以不合格产品冒充合格产品，销售金额较大的行为（其行为表现如前所述）。根据《刑法》第140条之规定，生产、销售伪劣产品销售金额在5万元以上即应追究刑事责任。根据《解释》第2条之规定，伪劣产品尚未销售，货值金额达到上述法定标准的3倍（即15万元）以上的，以本罪（未遂）定罪处罚；多次生产、销售伪劣产品未经处理的，其销售金额或货值金额累计计算。

3. 本罪主体既可以是个人，也可以是单位。

4. 本罪主观方面只能由故意构成。

（二）生产、销售伪劣产品罪的处罚

《刑法》第140条规定，个人犯本罪，销售金额5万元以上不满20万元的，处2年以下有期徒刑或者拘役，并处或者单处销售金额50%以上2倍以下罚金；销售金额20万元以上不满50万元的，处2年以上7年以下有期徒刑，并处销售金额50%以上2倍以下罚金；销售金额50万元以上不满200万元的，处7年以上有期徒刑，并处销售金额50%以上2倍以下罚金；销售金额200万元以上的，处15年有期徒刑或者无期徒刑，并处销售金额50%以上2倍以下罚金或者没收财产。《刑法》第150条规定，单位犯本罪的，对单位判处罚金，并对其直接负责的主管人员和其他直接责任人员依照个人犯本罪的规定处罚。

二、生产、销售假药罪

（一）生产、销售假药罪的概念和特征

生产、销售假药罪，是指违反药品管理法律、法规，生产、销售假药的行为。本罪具有以下特征：

1. 本罪的客体是复杂客体，主要客体是药品管理秩序，次要客体是患者的健康权、生命权等合法权益。

2. 本罪客观方面表现为违反药品管理法律、法规，生产、销售假药的行为。

假药是指具有下列情形之一的人用药品、非药品：（1）药品所含成分的名称与国家药品标准或者省、自治区、直辖市药品标准规定不符合的；（2）以非药品冒充药品的；（3）以他种药品冒充此种药品的；（4）国务院卫生行政部门规定禁止使用的；（5）未获得批准文号生产的；（6）变质不能药用的；（7）被污染不能药用的。

3. 本罪主体只能是生产、销售药品的自然人或者单位，其是否具有生产、销售药品的合法资格并不影响本罪的成立。

4. 本罪主观方面为故意。

（二）生产、销售假药罪的认定

1. 罪与非罪的界限。一是从主观上区分，只有明知是假药而故意生产、销售者，才能构成本罪。

2. 此罪与彼罪的界限。主要应当注意区分本罪与生产、销售伪劣产品罪的界限。从广义上讲，假药也是伪劣产品，因此，生产、销售假药也是生产、销售伪劣产品。但是，由于立法上已经对生产、销售假药的犯罪行为进行了特别立法，从而使其成为了一个独立于生产、销售伪劣产品罪之外的新罪名。二者区别的关键首先是犯罪对象不同。本罪的犯罪对象是特殊对象，即假药；而生产、销售伪劣产品罪的犯罪对象是一般对象，即一切伪劣产品。其次，二者构成犯罪的程度标准不同。本罪只需足以严重危害人体健康即可构成犯罪，至于实际是否严重危害人体健康，以及销售金额的大小，均不影响本罪的成立；而生产、销售伪劣产品罪则必须销售金额达到 5 万元以上才能构成犯罪。

（三）生产、销售假药罪的处罚

经《刑法修正案（八）》修正后的《刑法》第 141 条规定，个人犯本罪的，处 3 年以下有期徒刑或者拘役，并处罚金；对人体健康造成严重危害或者有其他严重情节的，处 3 年以上 10 年以下有期徒刑，并处罚金；致人死亡或者有其他特别严重情节的，处 10 年以上有期徒刑、无期徒刑或者死刑，并处罚金或者没收财产。根据《解释》第 3 条之规定，“对人体健康造成严重危害”，是指造成轻伤、重伤或者其他严重危害后果的。参照《解释》第 3 条之规定，有其他特别严重情节，应当是指致人严重残疾、3 人以上重伤、10 人以上轻伤，或者具有其他特别严重的情节。《刑法》第 150 条规定，单位犯本罪的，对单位判处罚金，并对其直接负责的主管人员和其他直接责任人员依照个人犯本罪的规定处罚。

三、生产、销售劣药罪

生产、销售劣药罪，是指违反药品管理法律、法规，生产、销售劣药，对人体健康造成严重危害的行为。

所谓劣药，是指具有下列情形之一的人用药品：（1）药品成分的含量与国家药品标准或者省、自治区、直辖市药品标准规定不符合的；（2）超过有效期的；（3）其他不符合药品标准规定的。“对人体健康造成严重危害”，是指该劣药中的有害成分直接造成了严重危害患者身体健康的后果，或者该劣药中的有效成分含量不足而不能发挥应有的药用价值，因而贻误了对疾病的抢救或治疗，间接造成了严重危害患者身体健康的后果。

在认定本罪时应当注意区分其与生产、销售假药罪的界限。此二罪的区别主要有两点：一是犯罪对象不同。本罪的对象为劣药；后者的对象为假药。二是构成犯罪的程度标准不同。本罪是结果犯，必须对人体造成严重危害才能构成犯罪，后者是行为犯，只要有生产、销售假药行为即可构成犯罪。

认定本罪时，还应当注意区分其与生产、销售伪劣产品罪的界限。区别的关键首先是犯罪对象不同：本罪的犯罪对象是劣药；而生产、销售伪劣产品罪的犯罪对象是一切伪劣产品。其次，二者构成犯罪的程度标准不同：本罪必须对人体健康造成严重危害才可构成犯罪；而生产、销售伪劣产品罪则必须销售金额达到 5 万元以上才能构成犯罪。根据《刑法》第 149 条之规定，生产、销售劣药虽未对人体健康造成严重危害，但若销售金额在 5 万元以上，则应以生产、销售伪劣产品罪定罪判刑；如果已经对人体健康造成严重危害，销售金额又在 5 万元以上，则应根据案件的实际情况，以处刑较重的罪定罪判刑。本节下列各罪，除生产、销售有毒、有害食品罪属于行为犯，不存在上述界限问题外，其余各罪与生产、销售伪劣产品罪之间都存在同样的问题，区别的关键和处理的规定也都一样，故不再一一赘述。

《刑法》第142条规定，个人犯本罪的，处3年以上10年以下有期徒刑，并处销售金额50%以上2倍以下罚金；后果特别严重的，处10年以上有期徒刑或者无期徒刑，并处销售金额50%以上2倍以下罚金或者没收财产。参照《解释》第3条之规定，“后果特别严重”，应当是指致人严重残疾、3人以上重伤、10人以上轻伤或者造成其他特别严重后果的情形。单位犯本罪的，对单位判处罚金，并对其直接负责的主管人员和其他直接责任人员依照个人犯本罪的规定处罚。

四、生产、销售不符合安全标准的食品罪

生产、销售不符合安全标准的食品罪，是指违反食品安全质量管理法律、法规，生产、销售不符合安全标准的食品，足以造成严重食物中毒事故或者其他严重食源性疾患的行为。

不符合安全标准的食品，是指具有下列情形之一的食品：（1）腐败变质、油脂酸败、霉变生虫、污秽不洁、混有异物或者其他感官性状异常，可能对人体健康有害的；（2）含有毒、有害物质或者被有毒、有害物质污染，可能对人体健康有害的；（3）含有致病性寄生虫、微生物的，或者微生物毒素含量超过国家限定标准的；（4）未经兽医卫生检验或者检验不合格的肉类及其制品；（5）病死、毒死或者死因不明的禽、畜、兽、水产动物等及其制品；（6）容器包装污秽不洁、严重破损或者运输工具不洁造成污染的；（7）掺假、掺杂、伪造，影响营养、卫生的；（8）用非食品原料加工的，加入非食品用化学物质的或者将非食品当做食品的；（9）超过保质期限的；（10）为防病等特殊需要，国务院卫生行政部门或者省、自治区、直辖市人民政府专门规定禁止出售的；（11）含有未经国务院卫生行政部门批准使用的添加剂的或者农药残留超过国家规定容许量的；（12）其他不符合食品卫生标准和卫生要求的。严重食物中毒事故，是指人们因食用了含有细菌性、化学性、真菌性毒素或者有毒动植物的食品而引起暴发性中毒，并造成严重后果的事件。严重食源性疾患，是指人们因食用了不符合安全标准的食品而引起的痢疾、肠炎、肝炎等流行性疾病。所谓足以造成严重食物中毒事故或者其他严重食源性疾患，是指虽然还没有实际造成严重食物中毒事故或者其他严重食源性疾患，但是如果人们食用了该种不符合卫生标准的食品，就完全有可能造成严重食物中毒事故或者其他严重食源性疾患等严重后果。根据《解释》第4条之规定，经省级以上卫生行政部门确定的机构鉴定，食品中含有可能导致严重食物中毒事故或者其他严重食源性疾患的超标准的有害细菌或者其他污染物的，应当认定为“足以造成严重食物中毒事故或者其他严重食源性疾患”。本罪主体只能由食品生产、销售者（指一切从事食品生产、经营的单位或者个人，包括职工食堂、食品摊贩等）构成，但该主体本身是否具有生产、经营食品的合法资格并不影响本罪的成立。

经《刑法修正案（八）》修正后的《刑法》第143条规定，个人犯本罪的，处3年以下有期徒刑或者拘役，并处罚金；对人体健康造成严重危害或者有其他严重情节的，处3年以上7年以下有期徒刑，并处罚金；后果特别严重的，处7年以上有期徒刑或者无期徒刑，并处罚金或者没收财产。根据《解释》第4条第2款、第3款之规定，“对人体健康造成严重危害”，是指造成致人轻伤、重伤或者其他严重后果的；“后果特别

严重”，是指致人死亡、严重残疾、3 人以上重伤、10 人以上轻伤或者造成其他特别严重后果的。《刑法》第 150 条规定，单位犯本罪的，对单位判处罚金，并对其直接负责的主管人员和其他直接责任人员依照个人犯本罪的规定处罚。

五、生产、销售有毒、有害食品罪

（一）生产、销售有毒、有害食品罪的概念和特征

生产、销售有毒、有害食品罪，是指违反食品卫生法律、法规，在生产、销售的食品中掺入有毒、有害的非食品原料，或者明知是掺有有毒、有害的非食品原料的食品而予以销售的行为。本罪具有以下特征：

1. 本罪客体为复杂客体，主要是食品卫生管理秩序，同时还会侵犯消费者的健康权、生命权等合法权益。

2. 本罪客观方面包括 3 种行为：一是在生产食品时往食品中掺入有毒、有害的非食品原料的行为；二是在销售食品时往食品中掺入有毒、有害的非食品原料的行为；三是明知是掺有有毒、有害的非食品原料的食品而予以销售的行为。非食品原料是相对于食品原料而言的。食品原料是指粮食、食用油、肉类、蛋类、糖类、奶类、蔬菜、水果、水产品等可以用来加工食品的基本材料。所谓非食品原料，是指食品原料以外的其他物质。非食品原料又可分为可以作为食品添加剂的非食品原料和不能作为食品添加剂的非食品原料。所谓食品添加剂，是指为改善食品品质和色、香、味，以及为防腐和加工工艺的需要而加入食品中的化学合成或者天然物质。包括食盐、味精、胡椒粉、花椒粉等普通佐料，也包括食用香精、食用色素、膨化剂、乳化剂、防腐剂等无毒、无害的非食品原料，还包括葡萄糖、维生素、传统药膳中的药物等为增强营养成分而加入食品中的天然的或者人工合成的属于天然营养素范围的营养强化剂。所谓有毒、有害的非食品原料，是指不但不能作为食品添加剂，而且对人体具有毒害作用的非食品原料。需要特别指出的是，立法上并未规定本罪须以足以严重危害人体健康为必要，原则上只要实施了上述 3 种行为之一即可构成犯罪。

3. 本罪主体只能由从事食品生产、经营的个人或者单位构成，但该主体本身是否具有生产、经营食品的合法资格并不影响本罪的成立。

4. 本罪主观方面为故意。

（二）生产、销售有毒、有害食品罪的认定

1. 罪与非罪的界限。一是应当鉴定食品中是否确实掺有有毒、有害的非食品原料；二是应当查明行为人在主观上是否具有明知是有毒、有害的非食品原料而向食品中掺加，或者明知是掺有有毒、有害的非食品原料的食品而进行销售的故意。

2. 此罪与彼罪的界限。一是应当注意区分本罪与生产、销售不符合卫生标准的食品罪的界限。二者的主要区别是：（1）犯罪对象不完全相同。本罪对象为有毒、有害食品；后者的对象是不符合卫生标准的食品。（2）行为特点不完全相同。当所涉及的对象都是有毒、有害食品的时候（从广义上讲，有毒、有害食品也是不符合卫生标准的食品），本罪表现为故意往生产、销售的食品中掺入有毒、有害的非食品原料，或者明知是掺有有毒、有害的非食品原料的食品而予以销售的行为；后者仅限于明知是非因人为掺入而含有毒、有害物质或者被有毒、有害物质污染的食品而仍然进行生产、

销售的行为。(3) 构成犯罪的标准不同。本罪不论是否足以严重危害人体健康均可构成犯罪；后者必须足以严重危害人体健康才能构成犯罪。二是应当注意区分本罪与投放危险物质罪的界限。广义上讲，故意往食品中掺入有毒、有害的非食品原料，其性质无异于投放危险物质，因而涉及是否应当以投放危险物质罪定罪处罚的问题。本书认为，如果行为人是为了使自己生产、销售的食品增色、增味或便于长期存放，以利销售之目的，则应以生产、销售有毒、有害食品罪定罪处罚；如果行为人是基于毒害他人、报复领导、嫁祸于人等个人目的，则应当以投放危险物质罪定罪处罚。

（三）生产、销售有毒、有害食品罪的处罚

经《刑法修正案（八）》修正后的《刑法》第 144 条规定，个人犯本罪的，处 5 年以下有期徒刑，并处罚金；对人体健康造成严重危害或者有其他严重情节的，处 5 年以上 10 年以下有期徒刑，并处罚金；致人死亡或者有其他特别严重情节的，依照《刑法》第 141 条的规定，处 10 年以上有期徒刑、无期徒刑或者死刑，并处罚金或者没收财产。根据《解释》第 5 条之规定，"对人体健康造成严重危害"，是指造成致人轻伤、重伤或者其他严重后果的。参照《解释》第 5 条之规定，有其他特别严重情节，应当是指致人严重残疾、3 人以上重伤、10 人以上轻伤，或者具有其他特别严重情节。《刑法》第 150 条规定，单位犯本罪的，对单位判处罚金，并对其直接负责的主管人员和其他直接责任人员依照个人犯本罪的规定处罚。

六、生产、销售不符合标准的医用器材罪

生产、销售不符合标准的医用器材罪，是指违反医用器材质量管理法律、法规，生产不符合保障人体健康的国家标准、行业标准的医疗器械、医用卫生材料，或者销售明知是不符合保障人体健康的国家标准、行业标准的医疗器械、医用卫生材料，足以严重危害人体健康的行为。

根据《解释》第 6 条之规定，医疗机构或者个人知道或者应当知道是不符合保障人体健康的国家标准、行业标准的医疗器械、医用卫生材料而购买、使用，对人体健康造成严重危害的，以销售不符合标准的医用器材罪定罪处罚；没有国家标准、行业标准的医疗器械，注册产品标准可视为"保障人体健康的行业标准"。《刑法修正案（四）》第 1 条已将《刑法》第 145 条中关于"对人体健康造成严重危害"才能构成本罪之规定，修改为"足以严重危害人体健康"即可构成本罪。

经《刑法修正案（四）》第 1 条修正后的《刑法》第 145 条、第 150 条规定，个人犯本罪的，处 3 年以下有期徒刑或者拘役，并处销售金额 50%以上 2 倍以下罚金；对人体健康造成严重危害的，处 3 年以上 10 年以下有期徒刑，并处销售金额 50%以上 2 倍以下罚金；后果特别严重的，处 10 年以上有期徒刑或者无期徒刑，并处销售金额 50%以上 2 倍以下罚金或者没收财产。由于《解释》第 6 条关于"对人体健康造成严重危害"、"后果特别严重"、"情节特别恶劣"的解释是针对修正前的《刑法》第 145 条之规定所作的解释，已不适应修正后的实际情况。因此，本书认为，关于本罪中"对人体健康造成严重危害"、"后果特别严重"的标准应当参照《解释》第 4 条的规定执行。单位犯本罪的，对单位判处罚金，并对其直接负责的主管人员和其他直接责任人员依照个人犯本罪的规定处罚。

七、生产、销售不符合安全标准的产品罪

生产、销售不符合安全标准的产品罪，是指违反产品质量管理法律、法规，生产不符合保障人身、财产安全的国家标准、行业标准的电器、压力容器、易燃易爆产品或者其他不符合保障人身、财产安全的国家标准、行业标准的产品，或者销售明知是以上不符合保障人身、财产安全的国家标准、行业标准的产品，造成严重后果的行为。

《刑法》第 146 条规定，个人犯本罪的，处 5 年以下有期徒刑，并处销售金额 50%以上 2 倍以下罚金；后果特别严重的，处 5 年以上有期徒刑，并处销售金额 50%以上 2 倍以下罚金。《刑法》第 150 条规定，单位犯本罪的，对单位判处罚金，并对其直接负责的主管人员和其他直接责任人员依照个人犯本罪的规定处罚。

八、生产、销售伪劣农药、兽药、化肥、种子罪

生产、销售伪劣农药、兽药、化肥、种子罪，是指违反农业生产资料质量管理法律、法规，生产假农药、假兽药、假化肥、假种子，销售明知是假的或者失去使用效能的农药、兽药、化肥、种子，或者生产者、销售者以不合格的农药、兽药、化肥、种子冒充合格的农药、兽药、化肥、种子，使生产遭受较大损失的行为。

假农药、假兽药、假化肥，是指以非农药、非兽药、非化肥冒充的，或者其所含成分的种类、名称与国家标准、专业标准或地方标准不相符合的农药、兽药、化肥。假种子，是指以非种子冒充的种子，或者以普通种子冒充的优良种子。失去使用效能的农药、兽药、化肥、种子，是指原本合格、有效，但由于保管不善、超过有效期限等原因而使其丧失了使用效能的农药、兽药、化肥、种子。不合格的农药、兽药、化肥、种子，是指未经检验或者经检验不符合规定标准的农药、兽药、化肥、种子。根据《解释》第 7 条之规定，“使生产遭受较大损失”一般以 2 万元为起点。

《刑法》第 147 条规定，个人犯本罪的，处 3 年以下有期徒刑或者拘役，并处或者单处销售金额 50%以上 2 倍以下罚金；使生产遭受重大损失的，处 3 年以上 7 年以下有期徒刑，并处销售金额 50%以上 2 倍以下罚金；使生产遭受特别重大损失的，处 7 年以上有期徒刑或者无期徒刑，并处销售金额 50%以上 2 倍以下罚金或者没收财产。根据《解释》第 7 条之规定，“重大损失”一般以 10 万元为起点；“特别重大损失”一般以 50 万元为起点。单位犯本罪的，对单位判处罚金，并对其直接负责的主管人员和其他直接责任人员依照个人犯本罪的规定处罚。

九、生产、销售不符合卫生标准的化妆品罪

生产、销售不符合卫生标准的化妆品罪，是指违反化妆品卫生质量管理法律、法规，生产不符合卫生标准的化妆品，或者销售明知是不符合卫生标准的化妆品，造成严重后果的行为。

不符合卫生标准的化妆品，是指具有下列情形之一的化妆品：（1）未取得“化妆品生产企业卫生许可证”的企业所生产的化妆品；（2）无质量合格标记的化妆品；

(3) 标签、小包装或者说明书不符合《化妆品卫生监督条例》第 12 条规定的化妆品；(4) 未取得批准文号的特殊用途化妆品；(5) 超过使用期限的化妆品。“造成严重后果”，是指已经造成致人面部感染、毛发脱落、皮肤灼伤、容貌毁损、中毒事故等严重后果。

《刑法》第 148 条规定，个人犯本罪的，处 3 年以下有期徒刑或者拘役，并处或者单处销售金额 50%以上 2 倍以下罚金。《刑法》第 150 条规定，单位犯本罪的，对单位判处罚金，并对其直接负责的主管人员和其他直接责任人员依照个人犯本罪的规定处罚。

第三节　走私罪

走私罪，是指违反海关法律、法规，逃避海关监管，运输、携带、邮寄国家禁止、限制进出口的货物、物品或未依法如实申报纳税的普通货物、物品进出境，或者变相从事上述活动，情节严重的行为。

逃避海关监管的途径主要有两种：一种是采取欺骗、隐瞒、夹带、贿赂等方式运输、携带、邮寄国家禁止、限制进出口的货物、物品或者依法应当如实申报纳税而未如实申报纳税的普通货物、物品蒙混过关，俗称“通关走私”；另一种是运输、携带国家禁止、限制进出口的货物、物品或者依法应当如实申报纳税而未如实申报纳税的普通货物、物品从没有设立海关的地方（包括陆上和海上）偷越国（边）境，俗称“绕关走私”。变相从事上述活动，是指从事在性质上类似于上述走私行为的其他活动，包括《刑法》第 154 条和第 155 条规定的应当以走私罪定罪处罚或者以走私罪论处的四种情况。此外，《刑法》第 156 条规定：“与走私罪犯通谋，为其提供贷款、资金、账号、发票、证明，或者为其提供运输、保管、邮寄或者其他方便的，以走私罪的共犯论处。”“情节严重”是构成本类犯罪的程度要件，其具体标准应当依照《刑法》第 153 条以及最高人民法院 2000 年 9 月 26 日公布的《关于审理走私刑事案件具体应用法律若干问题的解释》（本节以下简称《解释》）中的有关规定执行。

根据《刑法》分则第三章第二节之规定，本类犯罪包括以下 10 个具体罪名：

一、走私武器、弹药罪

走私武器、弹药罪，是指违反海关法律、法规，逃避海关监管，运输、携带、邮寄武器、弹药进出境，或者直接向走私人非法收购以及在内海、领海、界河、界湖运输、收购、贩卖武器、弹药的行为。（注：界河、界湖系根据《刑法修正案（四）》第 3 条的规定增加，本节以下各罪皆然，恕不再作说明。）

本罪的走私对象是武器、弹药。根据《解释》第 1 条之规定，“武器、弹药”的种类参照《中华人民共和国海关进口税则》及《中华人民共和国禁止进出境物品表》的有关规定确定，包括军用和非军用枪支、子弹以及其他武器、弹药，不包括仿真枪支及管制刀具；走私成套枪支散件的，以走私相应数量的枪支计；走私非成套枪支散件的，以每 30 件为 1 套枪支散件计。走私军用枪支 1 支以上、军用子弹 10 发以上、非军用枪支 2 支以上、非军用子弹 100 发以上或者相当于上述数量标准以上的其他武器、弹药，或者虽然未达到上述数量标准，但具有走私的武器、弹药被用于实施其他犯罪等恶劣情节的，应当以本罪追究刑事责任。

《刑法》第151条第1款、第4款、第5款规定，个人犯本罪的，处7年以上有期徒刑，并处罚金或者没收财产；情节特别严重的，处无期徒刑或者死刑，并处没收财产。根据《解释》第1条第1款之规定，走私军用子弹10发以上不满50发、非军用枪支2支以上不满5支、非军用子弹100发以上不满500发，以及相当于上述数量标准的其他武器、弹药，或者虽然未达到上述数量标准，但具有走私的武器、弹药被用于实施其他犯罪等恶劣情节的，属于"情节较轻"。根据该条第2款之规定，走私军用枪支1支、军用子弹50发以上不满100发、非军用枪支5支以上不满10支、非军用子弹500发以上不满1 000发，以及相当于上述数量标准的其他武器、弹药，或者虽然未达到上述数量标准，但已达到第1款规定的数量标准并具有其他恶劣情节的，属于一般情形。根据该条第3款之规定，走私军用枪支2支以上、军用子弹100发以上、非军用枪支10支以上、非军用子弹1 000发以上，以及相当于上述数量标准的其他武器、弹药，或者虽然未达到上述数量标准，但已达到第2款规定的数量标准并系犯罪集团的首要分子，或系使用特种车辆走私，或者具有其他恶劣情节的，属于"情节特别严重"。单位犯本罪的，对单位判处罚金，并对其直接负责的主管人员和其他直接责任人员依照个人犯本罪的规定处罚。

二、走私核材料罪

走私核材料罪，是指违反海关法律、法规，逃避海关监管，运输、携带、邮寄核材料进出境，或者直接向走私人非法收购以及在内海、领海、界河、界湖运输、收购、贩卖核材料的行为。

本罪的走私对象是核材料。根据国务院于1987年6月15日发布的《中华人民共和国核材料管理条例》第2条第1款第1项至第6项之规定，我国政府管制的核材料包括：(1) 铀—235及含铀—235的材料和制品；(2) 铀—233及含铀—233的材料和制品；(3) 钚—239及含钚—239的材料和制品；(4) 氚及含氚的材料和制品；(5) 锂—6及含锂—6的材料和制品；(6) 其他需要管制的核材料。

经《刑法修正案（八）》修正后《刑法》第151条第1款、第4款规定，个人犯本罪的，处7年以上有期徒刑，并处罚金或者没收财产；情节较轻的，处3年以上7年以下有期徒刑，并处罚金；情节特别严重的，处无期徒刑或者死刑，并处没收财产。单位犯本罪的，对单位判处罚金，并对其直接负责的主管人员和其他直接责任人员依照个人犯本罪的规定处罚。

三、走私假币罪

走私假币罪，是指违反海关法律、法规，逃避海关监管，运输、携带、邮寄假币进出境，或者直接向走私人非法收购以及在内海、领海、界河、界湖运输、收购、贩卖假币的行为。

本罪的走私对象是假币，即仿照真实货币的图案、色彩、式样等，采用各种方法非法制造的假货币。根据《解释》第 2 条之规定，本罪所涉货币，是指可以在国内市场流通或者兑换的人民币或境外货币。货币面额以人民币计。走私伪造的境外货币，其面值以案发时国家外汇管理机关公布的外汇牌价折合人民币计算。

走私假币的总面额（折合人民币，下同）在 2 000 元以上或者币量在 200 张（枚）以上的，应当以本罪追究刑事责任。

经《刑法修正案（八）》修正后的《刑法》第 151 条第 1 款、第 4 款规定，个人犯本罪的，处 7 年以上有期徒刑，并处罚金或者没收财产；情节较轻的，处 3 年以上 7 年以下有期徒刑，并处罚金；情节特别严重的，处无期徒刑或者死刑，并处没收财产。根据《解释》第 2 条第 2 款之规定，走私假币总面额 2 000 元以上不足 2 万元或币量 200 张（枚）以上不足 2 000 张（枚）的，属于"情节较轻"。根据该条第 3 款之规定，走私假币总面额 2 万元以上不足 20 万元或币量 2 000 张（枚）以上不足 2 万张（枚），或者虽未达到上述数量标准但已达到第 2 款规定的数量标准并已流入市场的，属于一般情形。根据该条第 4 款之规定，走私假币总面额 20 万元以上或币量 2 万张（枚）以上，或者虽未达到上述数量标准但已达到第 3 款规定的数量标准，并已流入市场，或者具有系犯罪集团的首要分子、使用特种车走私等严重情节的，属于"情节特别严重"。单位犯本罪的，对单位判处罚金，并对其直接负责的主管人员和其他直接责任人员依照个人犯本罪的规定处罚。

四、走私文物罪

走私文物罪，是指违反海关法律、法规，逃避海关监管，运输、携带、邮寄国家禁止出口的文物出境，或者在内海、领海、界河、界湖运输、收购、贩卖国家禁止出口的文物的行为。

本罪的走私对象是国家禁止出口的文物。我国境内的下列文物受国家保护：（1）具有历史、艺术、科学价值的古文化遗址、古墓葬、古建筑、石窟寺和石刻；（2）与重大历史事件、革命运动和著名人物有关的，具有重要纪念意义、教育意义和史料价值的建筑物、遗址、纪念物；（3）历史上各时代珍贵的艺术品、工艺美术品；（4）重要的革命文献资料以及具有历史、艺术、科学价值的手稿、古旧图书资料等；（5）反映历史上各时代、各民族社会制度、社会生产、社会生活的代表性实物。具有科学价值的古脊椎动物化石和古人类化石同文物一样受国家保护。国家禁止出口的文物，是指未经文化行政管理部门鉴定审查、取得文物出境许可证并向海关申报出境的文物。

《刑法修正案（八）》取消了对本罪的死刑规定。经《刑法修正案（八）》修正后的《刑法》第 151 条第 2 款、第 4 款规定，个人犯本罪的，处 5 年以上 10 年以下有期徒刑，并处罚金；情节特别严重的，处 10 年以上有期徒刑或者无期徒刑，并处没收财产；情节较轻的，处 5 年以下有期徒刑，并处罚金。根据《解释》第 3 条第 1 款之规定，走私三级文物 2 件以下的，属于"情节较轻"。根据该条第 2 款之规定，走私二级文物 2 件以下、三级文物 3 件以上 8 件以下；或者走私三级文物 2 件以下并具有造成文物严重毁损、无法追回等恶劣情节的，属于一般情形。根据该条第 3 款之规定，走私一级文物 1 件以上、二级文物 3 件以上、三级文物 9 件以上；或者虽未达到上述数量标准但已达到第2款规定的数量标准，并具有造成文物严重毁损、无法追回、系犯罪集团的首要分子、使用特种车走私等严重情节的，属于“情节特别严重”。单位犯本罪的，对单位判处罚金，并对其直接负责的主管人员和其他直接责任人员依照个人犯本罪的规定处罚。

五、走私贵重金属罪

走私贵重金属罪，是指违反海关法律、法规，逃避海关监管，运输、携带、邮寄国家禁止出口的黄金、白银和其他贵重金属出境，或者在内海、领海、界河、界湖运输、收购、贩卖国家禁止出口的黄金、白银和其他贵重金属的行为。

本罪的走私对象是国家禁止出口的黄金、白银和其他贵重金属。包括：携带金银及其制品入境的旅客复带金银及其制品出境时不能提供原入境时申报登记凭证，或者所带金银及其制品超过原申报登记数量、重量的；因出访、探亲、出国工作、学习、定居等原因出境时所带金银及其制品超过规定限额而不能提供“携带金银出境许可证”的；境内的外贸公司等公司、企业出口含金银成分的产品时不能提供“金银产品出口准许证”及有关单证或者超过核准数量等因不符合法定条件而依法不准出境的金银等贵重金属。

《刑法修正案（八）》取消了对本罪的死刑规定。经《刑法修正案（八）》修正后的《刑法》第151条第2款、第4款规定，个人犯本罪的，处5年以上10年以下有期徒刑，并处罚金；情节特别严重的，处10年以上有期徒刑或者无期徒刑，并处没收财产；情节较轻的，处5年以下有期徒刑，并处罚金。单位犯本罪的，对单位判处罚金，并对其直接负责的主管人员和其他直接责任人员依照个人犯本罪的规定处罚。

六、走私珍贵动物、珍贵动物制品罪

走私珍贵动物、珍贵动物制品罪，是指违反海关法律、法规，逃避海关监管，运输、携带、邮寄国家禁止进出口的珍贵动物及其制品进出境，或者直接向走私人非法收购以及在内海、领海、界河、界湖运输、收购、贩卖国家禁止进出口的珍贵动物及其制品的行为。

本罪的走私对象是国家禁止进出口的珍贵动物及其制品。珍贵动物，是指列入《国家重点保护野生动物名录》的一、二级野生动物和《濒危野生动植物种国际贸易公约》附录一、附录二中所列野生动物以及驯养繁殖的上述物种。珍贵动物制品，是指珍贵动物的皮、毛、骨、肉、标本以及用珍贵动物制成的药材、药品、工艺品等物品。

《刑法修正案（八）》取消了对本罪的死刑规定。经《刑法修正案（八）》修正后的《刑法》第151条第2款、第4款规定，个人犯本罪的，处5年以上10年以下有期徒刑，并处罚金；情节特别严重的，处10年以上有期徒刑或者无期徒刑，并处没收财产；情节较轻的，处5年以下有期徒刑，并处罚金。根据《解释》第4条之规定，走私国家二级保护动物未达到《解释》附表（一）（详见《解释》附表，下同）中规定的数量标准，或者走私珍贵动物制品价值不满10万元的，属于“情节较轻”。走私国家

一、二级保护动物达到《解释》附表（一）中规定的数量标准，或者走私珍贵动物制品价值10万元以上不满20万元；或者走私国家一、二级保护动物虽未达到《解释》附表（一）中规定的数量标准，但具有造成珍贵动物死亡、无法追回等恶劣情节的，属于一般情形。走私国家一、二级保护动物达到《解释》附表（二）中规定的数量标准，或者走私珍贵动物制品价值20万元以上；或者走私国家一、二级保护动物虽未达到《解释》附表（二）中规定的数量标准但已达到《解释》附表（一）中规定的数量标准，且具有造成珍贵动物死亡、无法追回、系犯罪集团的首要分子、使用特种车走私等恶劣情节的，属于“情节特别严重”。走私《濒危野生动植物种国际贸易公约》附录一、附录二中的动物及其制品的，参照《解释》附表中规定的同属或者同科动物的定罪量刑标准执行。单位犯本罪的，对单位判处罚金，并对其直接负责的主管人员和其他直接责任人员依照个人犯本罪的规定处罚。

七、走私国家禁止进出口的货物、物品罪

走私国家禁止进出口的货物、物品罪，是指违反海关法律、法规，逃避海关监管，运输、携带、邮寄国家禁止进出口的货物、物品进出境，或者直接向走私人非法收购以及在内海、领海、界河、界湖运输、收购、贩卖国家禁止进出口的货物、物品的行为。

本罪的对象是《刑法》第151条第1款、第2款规定的走私对象以外的国家禁止进出口的珍稀植物、珍稀植物制品等其他货物、物品。其中，珍稀植物，是指国家重点保护的一、二级原生地天然生长的珍贵植物和原生地天然生长并具有重要经济、科研、文化价值的濒危、稀有植物。珍稀植物制品，是指珍稀植物的繁殖材料、标本以及用珍稀植物制成的药材、药品等物品。

经《刑法修正案（七）》修正后的《刑法》第151条第3款规定，个人犯本罪的，处5年以下有期徒刑或者拘役，并处或者单处罚金；情节严重的，处5年以上有期徒刑，并处罚金。经《刑法修正案（八）》修正后的《刑法》第151条第4款规定，单位犯本罪的，对单位判处罚金，并对其直接负责的主管人员和其他直接责任人员依照个人犯本罪的规定处罚。

八、走私淫秽物品罪

走私淫秽物品罪，是指以牟利或者传播为目的，违反海关法律、法规，逃避海关监管，运输、携带、邮寄淫秽的影片、录像带、录音带、图片、书刊或者其他淫秽物品进出境，或者直接向走私人非法收购以及在内海、领海、界河、界湖运输、收购、贩卖上述淫秽物品的行为。

本罪主观方面必须以牟利或者传播为目的。本罪的走私对象是淫秽物品。《刑法》第367条规定：“本法所称淫秽物品，是指具体描绘性行为或者露骨宣扬色情的诲淫性的书刊、影片、录像带、录音带、图片及其他淫秽物品。有关人体生理、医学知识的科学著作不是淫秽物品。包含有色情内容的有艺术价值的文学、艺术作品不视为淫秽物品。”根据《解释》第5条之规定，走私淫秽录像带、影碟50盘（张）以上，淫秽

录音带、音碟100盘（张）以上，淫秽扑克、书刊、画册100副（册）以上，淫秽照片、画片500张以上，或者走私其他淫秽物品达到相当于上述数量标准的，应当以本罪追究刑事责任。

《刑法》第152条规定，个人犯本罪的，处3年以上10年以下有期徒刑，并处罚金；情节严重的，处10年以上有期徒刑或者无期徒刑，并处罚金或者没收财产；情节较轻的，处3年以下有期徒刑、拘役或者管制，并处罚金。根据《解释》第5条第2款之规定，走私淫秽录像带、影碟50盘（张）以上不满100盘（张），淫秽录音带、音碟100盘（张）以上不满200盘（张），淫秽扑克、书刊、画册100副（册）以上不满200副（册），淫秽照片、画片500张以上不满1 000张，或者走私其他淫秽物品达到相当于上述数量标准的，属于“情节较轻”。根据该条第3款之规定，走私淫秽物品的数量在第2款规定的最高数量以上不满5倍的，属于一般情形。根据该条第4款之规定，走私淫秽物品的数量在第2款规定的最高数量5倍以上，或者虽然不满5倍但具有系犯罪集团的首要分子、使用特种车走私等恶劣情节的，属于“情节严重”。单位犯本罪的，对单位判处罚金，并对其直接负责的主管人员和其他直接责任人员依照个人犯本罪的规定处罚。

九、走私普通货物、物品罪

（一）走私普通货物、物品罪的概念和特征

走私普通货物、物品罪，是指违反海关法律、法规，逃避海关监管，运输、携带、邮寄依法应当如实申报纳税而未如实申报纳税的普通货物、物品进出境，或者变相从事上述活动，偷逃应缴税额较大的行为。本罪具有以下特征：

1. 本罪客体是对外贸易管理秩序中的进出境货物、物品申报纳税管理秩序。

2. 本罪客观方面表现为违反海关法律、法规，逃避海关监管，运输、携带、邮寄依法应当如实申报纳税而未如实申报纳税的普通货物、物品进出境，或者变相从事上述活动，偷逃应缴税额较大的行为，或者情节严重的行为。

变相从事上述活动，是指《刑法》第154条第1、2项规定应当依照《刑法》第153条定罪处罚，以及《刑法》第155条第1、2项后段规定应当以走私罪论处的四种情形。具体包括：（1）未经海关许可并且未补缴应缴税额，擅自将批准进口的来料加工、来料装配、补偿贸易的原材料、零件、制成品、设备等保税货物，在境内销售牟利的；（2）未经海关许可并且未补缴应缴税额，擅自将特定减税、免税进口的货物、物品，在境内销售牟利的；（3）直接向走私人非法收购走私进口的非禁止进口的货物、物品，数额较大的；（4）在内海、领海、界河、界湖运输、收购、贩卖国家限制进出口货物、物品，数额较大，没有合法证明的。保税货物，是指经海关批准未办理纳税手续进境，在境内储存、加工、装配后应予复运出境的货物。包括通过加工贸易、补偿贸易等方式进口的货物以及在保税仓库、保税工厂、保税区或者免税商店内等储存、加工、寄售的货物。特定减税、免税进口的货物、物品，是指符合法定的减税、免税条件，海关依法对其减征或者免征关税的货物、物品。国家限制进出口货物、物品，是指国家对进出境作有限制性规定的物品。按现行规定包括：无线电收发信机、通信保密机；烟、酒；濒危、珍贵动、植物（含标本）及其种子和繁殖材料；国家货币；

金银等贵重金属及其制品；外币及其有价证券；贵重中药材；一般文物；海关限制进出境的其他物品。其中，有些货物、物品只限进不限出，有些只限出不限进，有些既限出又限进。根据《刑法修正案（八）》修正后的《刑法》第153条第一款及《解释》第6条、第8条和第10条之规定，个人走私普通货物、物品，偷逃应缴税额5万元以上，单位走私普通货物、物品，偷逃应缴税额25万元以上的或者不论个人还是单位，一年内曾因走私被给予二次行政处罚后又走私的，应当作为犯罪处理。应缴税额，是指进出口货物、物品应当缴纳的进出口关税和进口环节海关代征税的税额。应缴税额应当以案发时所适用的税则、税率、汇率和海关审定的完税价格计算，并以海关出具的证明为准。

3. 本罪主体是一般主体，既可以是自然人，也可以是单位。

4. 本罪主观方面为故意。

（二）走私普通货物、物品罪的处罚

《刑法修正案（八）》取消了对本罪的死刑规定。经《刑法修正案（八）》修正后的《刑法》第153条第1款规定，个人犯本罪，偷逃应缴税额较大或者一年内曾因走私被给予二次行政处罚后又走私的，处3年以下有期徒刑或者拘役，并处偷逃应缴税额1倍以上5倍以下罚金；偷逃应缴税额巨大或者有其他严重情节的，处3年以上10年以下有期徒刑，并处偷逃应缴税额1倍以上5倍以下罚金；偷逃应缴税额特别巨大或者有其他特别严重情节的，处10年以上有期徒刑或者无期徒刑，并处偷逃应缴税额1倍以上5倍以下罚金或者没收财产。《刑法》第153条第2款及《解释》第10条第2款规定，单位犯本罪的，对单位判处罚金，并对直接负责的主管人员和其他直接责任人员按以下标准判处刑罚：偷逃应缴税额在25万元以上不满75万元的，处3年以下有期徒刑或者拘役；偷逃应缴税额在75万元以上不满250万元的，处3年以上10年以下有期徒刑；偷逃应缴税额在250万元以上的，处10年以上有期徒刑。《刑法》第153条第3款及《解释》第6条第3款规定，对多次走私普通货物、物品未经行政处罚处理的，按照偷逃应缴税额的累计数额处罚。

十、走私废物罪

走私废物罪，是指违反海关法律、法规，逃避海关监管，将境外废物运输进境，或者直接向走私人非法收购以及在内海、领海、界河、界湖运输、收购、贩卖境外废物，情节严重的行为。

本罪的走私对象为境外废物，包括来自境外的固体废物、液态废物和气态废物。以原料利用为名，进口不能用作原料的废物的，以本罪定罪处罚。根据《解释》第9条之规定，走私国家禁止进口的废物，或者走私国家限制进口的可用作原料的废物偷逃应缴税额5万元以上的，应当以本罪追究刑事责任。

经《刑法修正案（四）》第2条修正后的《刑法》第152条第2款、第3款规定，个人犯本罪的，处5年以下有期徒刑，并处或者单处罚金；情节特别严重的，处5年以上有期徒刑，并处罚金。单位犯本罪的，对单位判处罚金，并对其直接负责的主管人员和其他直接责任人员依照个人犯本罪的规定处罚。

第四节　妨害对公司、企业的管理秩序罪

妨害对公司、企业的管理秩序罪，是指违反公司、企业管理法律、法规，在公司、企业的设立、经营、管理、清算等环节从事各种非法活动，情节严重的行为。

根据《刑法》分则第三章第三节之规定，本类犯罪包括以下17个具体罪名：

一、虚报注册资本罪

虚报注册资本罪，是指违反公司管理法律、法规，申请公司登记使用虚假证明文件或者采取其他欺诈手段虚报注册资本，欺骗公司登记主管部门，取得公司登记，虚报注册资本数额巨大、后果严重或者具有其他严重情节的行为。

《中华人民共和国公司法》（以下简称《公司法》）规定，公司设立时，注册资本必须达到下列法定资本最低限额并向公司登记机关如实申报：以生产经营或商品批发为主的有限责任公司不得少于人民币50万元，以商品零售为主的有限责任公司不得少于30万元，科技开发、咨询、服务性有限责任公司不得少于10万元，股份有限公司不得少于1 000万元。法律、行政法规规定某些公司的注册资本的最低限额高于上述标准的，从其规定。使用虚假证明文件或者采取其他欺诈手段，是指在向公司登记机关报送的验资证明文件中弄虚作假，或者采用其他足以欺骗公司登记机关的非法手段。虚报注册资本，是指对公司注册资本以无报有、以少报多的行为。取得公司登记，是指已经骗得了公司登记。虚报注册资本，数额巨大、后果严重或者具有其他严重情节，三者只要具备其中之一，即可构成本罪。最高人民检察院、公安部于2001年4月18日公布的《关于经济犯罪案件追诉标准的规定》（本章以下简称《追诉标准》）第2条规定：实缴注册资本不足法定资本最低限额，有限责任公司虚报数额占法定最低限额的60%以上、股份有限公司虚报数额占法定最低限额的30%以上的；实缴注册资本达到法定资本最低限额仍然虚报注册资本，有限责任公司虚报数额100万元以上、股份有限公司虚报数额1 000万元以上的；虚报注册资本给投资者或者其他债权人造成的直接经济损失累计10万元以上的；虚报注册资本的数额或后果虽未达到上述标准，但已达到上述标准的80%以上，且因虚报注册资本受过两次以上行政处罚又虚报注册资本，或者采用向公司登记主管人员行贿的手段虚报，或者骗取注册登记后进行违法活动的，应予追诉。本罪主体只能是申请公司登记的自然人或单位；主观方面为故意，且以骗取公司登记为目的。

《刑法》第158条规定，个人犯本罪的，处3年以下有期徒刑或者拘役，并处或者单处虚报注册资本金额1%以上5%以下罚金。单位犯本罪的，对单位判处罚金，并对其直接负责的主管人员和其他直接责任人员处3年以下有期徒刑或者拘役。

二、虚假出资、抽逃出资罪

虚假出资、抽逃出资罪，是指公司发起人、股东违反公司管理法律、法规，未交

付货币、实物或者未转移财产权，虚假出资，或者在公司成立后又抽逃其出资，数额巨大、后果严重或者具有其他严重情节的行为。

虚假出资，是指公司发起人或股东未将认缴的出资货币、实物向公司作实际交付，或者以实物、工业产权、非专利技术、土地使用权出资者未按规定办理财产权转移手续的行为。抽逃出资，是指公司发起人或股东在公司成立后又将其已经投入公司的资本擅自抽走的行为。虚假出资或者抽逃出资，数额巨大、后果严重或者具有其他严重情节，三者只要具备其中之一，即可构成本罪。《追诉标准》第3条规定：虚假出资或者抽逃出资，给公司、股东、债权人造成的直接经济损失累计10万元至50万元以上的；或者虽未达到上述标准但已达到该标准的80%以上，且具有下列情节之一的，应予追诉：(1) 致使公司资不抵债或者无法正常经营的；(2) 公司发起人、股东合谋虚假出资、抽逃出资的；(3) 因虚假出资、抽逃出资受过两次以上行政处罚又虚假出资、抽逃出资的；(4) 利用虚假出资、抽逃出资所得资金进行违法活动的。本罪主体只能由作为公司发起人、股东的自然人或者单位构成。

《刑法》第159条规定，个人犯本罪的，处5年以下有期徒刑或者拘役，并处或者单处虚假出资金额或者抽逃出资金额2%以上10%以下罚金。单位犯本罪的，对单位判处罚金，并对其直接负责的主管人员和其他直接责任人员，处5年以下有期徒刑或者拘役。

三、欺诈发行股票、债券罪

欺诈发行股票、债券罪，是指违反公司、企业管理法律、法规，在招股说明书、认股书、公司、企业债券募集办法中隐瞒重要事实或者编造重大虚假内容，发行股票或者公司、企业债券，数额巨大、后果严重或者具有其他严重情节的行为。

股票，是指股份有限公司向投资者（股东）发行的，证明其向本公司投资入股及其额度的书面凭证。公司债券，是指股份有限公司、国有独资公司和两个以上的国有企业或者其他两个以上的国有投资主体投资设立的有限责任公司，为筹集生产、经营资金，依照《公司法》规定的条件和程序向社会公开发行的，约定在一定期限还本付息的有价证券。企业债券，是指除公司以外的其他企业为筹集生产、经营资金，依法向社会公开发行的，约定在一定期限还本付息的有价证券。隐瞒重要事实，是指在上述文书中隐瞒公司、企业所负债务；隐瞒已经发行而尚未到期的债券；隐瞒公司、企业正在进行的重大诉讼等。编造重大虚假内容，是指在上述文书中编造虚假的筹资目的和用资计划；虚报发起人认购股份的数额；夸大公司、企业的生产经营利润；夸大公司、企业的净资产额等。发行股票或者公司、企业债券，是指已经实际发行了股票或者公司、企业债券。欺诈发行股票或者公司、企业债券，数额巨大、后果严重或者具有其他严重情节，三者只要具备其中之一，即可构成本罪。《追诉标准》第4条规定：欺诈发行股票、债券数额1 000万元以上的；伪造政府公文、有效证明文件或者相关凭证、单据的；股民、债权人要求清退，无正当理由不予清退的；利用非法募集的资金进行违法活动的；转移或者隐瞒所募集的资金的；造成恶劣影响的，应予追诉。本罪主体只能由具有股票、公司、企业债券发行资格的公司发起人、公司、企业及其工作人员构成。

《刑法》第160条规定：个人犯本罪的，处5年以下有期徒刑或者拘役，并处或者单处非法募集资金金额1%以上5%以下罚金。单位犯本罪的，对单位判处罚金，并对其直接负责的主管人员和其他直接责任人员，处5年以下有期徒刑或者拘役。

四、违规披露、不披露重要信息罪

违规披露、不披露重要信息罪，是指依法负有信息披露义务的公司、企业违反公司、企业管理法律、法规，向股东和社会公众提供虚假的或者隐瞒重要事实的财务会计报告，或者对依法应当披露的其他重要信息不按照规定披露，严重损害股东或者其他人利益，或者具有其他严重情节的行为。

提供虚假的或者隐瞒重要事实的财会报告，是指在财会报告中不如实报告公司实有资产和负债情况；不如实报告公司收益及亏损情况；不如实报告公司利润分配及结余情况等弄虚作假的行为。不按规定披露，既包括依法应披露而不予披露，或者不按规定的时间、范围、方式等进行披露，也包括故意歪曲事实、隐瞒真相，进行虚假披露。本罪主体只能由依法负有信息披露义务的公司、企业构成。主观方面为故意，过失不构成本罪。最高人民检察院、公安部于2008年3月5日公布的《关于经济犯罪案件追诉标准的补充规定》（以下简称《追诉标准的补充规定》）第1条规定：造成股东、债权人或其他人直接经济损失数额累计在50万元以上的；虚增或虚减资产或利润达到当期披露的资产总额30%以上的；未按规定披露的重大诉讼、仲裁、担保、关联交易或者其他重大事项所涉及的数额或者连续12个月的累计数额占净资产50%以上的；致使公司发行的股票、公司债券或者国务院依法认定的其他证券被终止上市交易或者多次被暂停上市交易的；致使不符合发行条件的公司、企业骗取发行核准并且上市交易的；在公司财会报告中将亏损披露为盈利，或者将盈利披露为亏损的；多次提供虚假的或者隐瞒重要事实的财会报告，或者多次对依法应当披露的其他重要信息不按照规定披露的；其他严重损害股东、债权人或者其他人利益，或者有其他严重情节的，应予追诉。

经《刑法修正案（六）》第5条修正后的《刑法》第161条规定，公司、企业犯本罪的，对其直接负责的主管人员和其他直接责任人员处3年以下有期徒刑或者拘役，并处或者单处2万元以上20万元以下罚金。

五、妨害清算罪

妨害清算罪，是指在公司、企业进行清算时，违反公司、企业管理法律、法规，隐匿财产，对资产负债表或者财产清单作虚伪记载或者在未清偿债务前分配公司、企业财产，严重损害债权人或者其他人利益的行为。

妨害清算，是指公司、企业在清算过程中，隐匿、转移公司、企业的财产；对资产负债表或者财产清单作虚伪记载；或者在未清偿公司、企业的债务以前先行分配公司、企业财产的行为。《追诉标准》第6条规定：因妨害清算造成债权人或者其他人直接经济损失10万元以上的，应予追诉。本罪主体只能是已经进入清算程序过程中的公司、企业。

《刑法》第162条规定，公司、企业犯本罪的，对其直接负责的主管人员和其他直接责任人员处5年以下有期徒刑或者拘役，并处或者单处2万元以上20万元以下罚金。

六、隐匿、故意销毁会计凭证、会计账簿、财务会计报告罪

隐匿、销毁会计凭证、会计账簿、财会报告罪，是指违反会计法律、法规，隐匿或者故意销毁依法应当保存的会计凭证、会计账簿、财务会计报告，情节严重的行为。《中华人民共和国会计法》（以下简称《会计法》）第44条第1款规定："隐匿或者故意销毁依法应当保存的会计凭证、会计账簿、财务会计报告，构成犯罪的，依法追究刑事责任。"然而，《刑法》中却缺乏相应的规定。因此，《刑法修正案》增设了本罪。隐匿，是指将会计凭证、会计账簿、财务会计报告隐瞒、藏匿起来，拒不交出的行为。故意销毁，是指故意将应当保存的会计凭证、会计账簿、财务会计报告加以毁灭的行为。《追诉标准》第7条规定：隐匿或者故意销毁会计资料涉及金额50万元以上，或者为了逃避依法查处而隐匿或者故意销毁会计资料的，应予追诉。根据《会计法》第2条之规定，该法适用于一切国家机关、社会团体、公司、企业、事业单位和其他组织，可见上述单位及其有关人员（主要是财会人员和主管人员）均可构成本罪主体。

经《刑法修正案》第1条增加的《刑法》第162条之一规定，个人犯本罪的，处5年以下有期徒刑或者拘役，并处或者单处2万元以上20万元以下罚金。单位犯本罪的，对单位判处罚金，并对其直接负责的主管人员和其他直接责任人员依照个人犯本罪的规定处罚。

七、虚假破产罪

虚假破产罪，是指公司、企业通过隐匿财产、承担虚构的债务或者以其他方法转移、处分财产，实施虚假破产，严重损害债权人或者其他人利益的行为。

本罪侵犯的客体是国家对公司、企业的管理秩序和债权人或者其他利害关系人的合法利益。客观方面表现为隐匿财产、承担虚构的债务或者以其他方法转移、处分财产，人为地造成公司、企业"破产"的假象，以此逃避债务，致使债权人或者其他利害关系人的利益遭受严重损害的行为。本罪主体只能由公司和企业这两种单位特殊主体构成，但立法上采用的是单罚制，即只处罚直接负责的主管人员和其他直接责任人员，没有对单位判处罚金的规定；主观方面为故意，并以逃避债务为目的。

经《刑法修正案（六）》第6条增加的《刑法》第162条之二规定，公司、企业犯本罪的，对其直接负责的主管人员和其他直接责任人员处5年以下有期徒刑或者拘役，并处或者单处2万元以上20万元以下罚金。

八、非国家工作人员受贿罪

（一）非国家工作人员受贿罪的概念和特征

非国家工作人员受贿罪，是指公司、企业或者其他单位的工作人员利用职务上的便利，索取他人财物，或者非法收受他人财物为他人谋取利益，或者在经济往来中违

反国家规定，收受各种名义的回扣、手续费归个人所有，数额较大的行为。

《刑法修正案（六）》第7条将本罪主体由原来的“公司、企业的工作人员”修改为“公司、企业或者其他单位的工作人员”，解决了长期以来存在的对公司、企业以外的其他单位中的非国家工作人员索贿、受贿案件定罪难的问题。本罪具有以下特征：

1. 本罪客体是国家对公司、企业等单位的管理秩序和单位员工职务行为的廉洁性。

2. 本罪客观方面表现为利用职务上的便利，索取他人财物，或者非法收受他人财物为他人谋取利益，或者在经济往来中违反国家规定，收受各种名义的回扣、手续费归个人所有，数额较大的行为。利用职务上的便利，是指利用自己在公司、企业中从事组织、领导、监督、管理、经办公共事务的便利条件。索取他人财物不需要以为他人谋利益为要件；非法收受他人财物则必须以为他人谋利益为要件。只要行为人明知他人系因请托自己利用职务上的便利为其谋取利益而收受其财物，即可构成本罪。《追诉标准》第8条规定，非国家工作人员受贿5 000元以上的，应予追诉。

3. 本罪主体为自然人特殊主体，只能由公司、企业或者其他单位的非国家工作人员构成。国有公司、企业或者其他国有单位中从事公务的人员和国有公司、企业或者其他国有单位委派到非国有公司、企业以及其他单位从事公务的人员受贿的，应当依照《刑法》第385、386条之规定，以受贿罪定罪处罚。

4. 本罪主观方面为故意。

（二）非国家工作人员受贿罪的认定

认定本罪时，主要应当注意区分罪与非罪的界限。一是应当注意区分本罪与收取劳务报酬的界限，关键是看行为人是否具有为对方提供劳动（包括体力、脑力劳动）或服务（包括技术、咨询、中介、信息等服务）的事实，但应注意识别“劳务报酬”掩盖下的钱权交易。二是应当注意区分本罪与借贷、受赠等民事活动的界限，关键在于查明其是否属于真正的借贷、受赠关系，注意识别以“借贷、受赠”为名而行索贿、受贿之实的情形。三是应当注意区分本罪与正常人际交往中收取礼物、礼金的界限，特别应当注意识别形“礼”而实贿的现象。四是应当注意区分本罪与收受“红包”等“灰色收入”的界限，关键应看是具有特定的请托事项还是基于一般的交际应酬。五是应当注意区分本罪与应邀参加吃喝玩乐等消费活动的界限，关键应看是行为人以吃请为名直接收钱，还是只参加消费，由对方“买单”。六是应当注意区分本罪与接受非财产性利益的界限。尽管理论上有人主张将调动、加薪、晋职、晋级、提干、入党、性服务等非财产性利益作为本罪对象，但是根据现行法律规定，只有接受对方财物和财产性利益（例如接受对方为其“报销”、代付各种费用，接受对方提供的免费劳务，接受对方免除债务等）才能构成本罪。

（三）非国家工作人员受贿罪的处罚

经《刑法修正案（六）》第7条修正后的《刑法》第163条规定，犯本罪的，处5年以下有期徒刑或者拘役；数额巨大的，处5年以上有期徒刑，可以并处没收财产。

九、对非国家工作人员行贿罪

对非国家工作人员行贿罪，是指为谋取不正当利益，给予公司、企业或者其他单位的非国家工作人员以财物，或者在经济往来中违反国家规定，给予公司、企业或者其他单位的非国家工作人员以各种名义的回扣、手续费，数额较大的行为。

本罪的行贿对象为公司、企业或者其他单位的非国家工作人员。给予财物，既包括直接给予现金或实物，也包括通过代为履行债务、免除债务，或者以送礼、给劳务费、赌博等为名，间接或者变相行贿。《追诉标准》第 9 条规定，个人对非国家工作人员行贿 1 万元以上，单位对非国家工作人员行贿 20 万元以上的，应予追诉。本罪主体是一般主体，可以是自然人，也可以是单位；主观方面为故意，且以谋取不正当利益为目的。

经《刑法修正案（八）》修正后的《刑法》第 164 条第 1 款、第 3 款、第 4 款规定，个人犯本罪的，处 3 年以下有期徒刑或者拘役；数额巨大的，处 3 年以上 10 年以下有期徒刑，并处罚金。单位犯本罪的，对单位判处罚金，并对其直接负责的主管人员和其他直接责任人员依照个人犯本罪的处罚规定处罚。行贿人在被追诉前主动交代行贿行为的，可以减轻处罚或者免除处罚。

十、对外国公职人员、国际公共组织官员行贿罪

对外国公职人员、国际公共组织官员行贿罪，是指为谋取不正当商业利益，给予外国公职人员或者国际公共组织官员送财物的行为。

本罪的行贿对象为外国公职人员或者国际公共组织的官员。本罪主体是一般主体，可以是自然人，也可以是单位；主观方面为故意，且以谋取不正当商业利益为目的。

经《刑法修正案（八）》修正后的《刑法》第 164 条第 2 款、第 3 款、第 4 款规定，个人犯本罪的，处 3 年以下有期徒刑或者拘役；数额巨大的，处 3 年以上 10 年以下有期徒刑，并处罚金。单位犯本罪的，对单位判处罚金，并对其直接负责的主管人员和其他直接责任人员依照个人犯本罪的处罚规定处罚。行贿人在被追诉前主动交代行贿行为的，可以减轻处罚或者免除处罚。

十一、非法经营同类营业罪

非法经营同类营业罪，是指国有公司、企业的董事、经理利用职务便利，自己经营或者为他人经营与其所任职公司、企业同类的营业，获取非法利益，数额巨大的行为。

利用职务便利，是指利用担任公司、企业董事、经理的职权和方便条件。同类营业，是指与行为人所任职的国有公司、企业的营业范围相同的业务。自己经营，是指行为人自己直接在外兼营与其所任国有公司、企业的营业范围相同的业务。为他人经营，是指行为人在外代理或者帮助他人经营与其所任职的国有公司、企业的营业范围相同的业务。《追诉标准》第 10 条规定，非法经营同类营业获取非法利益 10 万元以上的，应予追诉。本罪主体只能是国有公司、企业的董事、经理；主观方面为故意，且以获取非法利益为目的。

《刑法》第 165 条规定，犯本罪的，处 3 年以下有期徒刑或者拘役，并处或者单处罚金；数额特别巨大的，处 3 年以上 7 年以下有期徒刑，并处罚金。

十二、为亲友非法牟利罪

为亲友非法牟利罪，是指国有公司、企业、事业单位的工作人员利用职务便利，以损害本单位的经营利益为代价为亲友非法牟取私利，致使国家利益遭受重大损失的行为。

为亲友非法牟利的具体表现包括：（1）将本单位的盈利业务交由自己的亲友进行经营；（2）以明显高于市场的价格向自己的亲友经营管理的单位采购商品，或者以明显低于市场的价格向自己的亲友经营管理的单位销售商品；（3）向自己的亲友经营管理的单位采购不合格商品。《追诉标准》第 11 条规定，为亲友非法牟利，造成国家直接经济损失 10 万元以上，或者致使有关单位停产、破产，或者造成恶劣影响的，应予追诉。本罪主体只能是国有公司、企业、事业单位的工作人员；主观方面为故意，且以为亲友非法牟利为目的。

《刑法》第 166 条规定，犯本罪的，处 3 年以下有期徒刑或者拘役，并处或者单处罚金；致使国家利益遭受特别重大损失的，处 3 年以上 7 年以下有期徒刑，并处罚金。

十三、签订、履行合同失职被骗罪

签订、履行合同失职被骗罪，是指国有公司、企业、事业单位直接负责的主管人员在签订、履行合同过程中，因严重不负责任被诈骗，致使国家利益遭受重大损失的行为。

在签订、履行合同过程中严重不负责任的具体表现包括：（1）对与之签订合同的对方当事人的主体资格、资信证明、履约能力、有无资金、有无货源等情况不作认真审查，即与之草率签约的；（2）不按有关规章制度办事，该鉴证的不鉴证，该公证的不公证，该报上级或有关部门审查的不报上级或有关部门审查，甚至超越职权签订不该签订的合同的；（3）签订合同以后不认真监督对方当事人按时、按质、按量地全面履行合同的；（4）未按合同规定等到对方当事人付款或交货以后再交货或付款，而是随意提前履约，致使对方得到货、款后不再履约或者潜逃的；（5）履行合同过程中发现受骗而没有及时采取必要措施挽回或减少损失的，等等。《追诉标准》第 12 条规定，造成国家直接经济损失 50 万元以上的；直接经济损失占注册资本 30%以上的；金融机构和从事对外贸易活动的公司、企业工作人员对工作严重不负责任，造成国家外汇被骗购或者逃汇，数额在 100 万美元以上的，应予追诉。本罪主体只能是国有公司、企业、事业单位中直接负责的主管人员；主观方面为过失。

《刑法》第 167 条规定，犯本罪的，处 3 年以下有期徒刑或者拘役；致使国家利益遭受特别重大损失的，处 3 年以上 7 年以下有期徒刑。

十四、国有公司、企业、事业单位人员失职罪

国有公司、企业、事业单位人员失职罪，是指国有公司、企业工作人员由于严重不负责任，造成国有公司、企业破产或者严重损失，致使国家利益遭受重大损失；或者国有事业单位工作人员由于严重不负责任，致使国家利益遭受重大损失的行为。

对工作严重不负责任，是指不履行职责，或者不认真按照有关规定和要求正确履行职责。《追诉标准》第13条规定，造成国家直接经济损失50万元以上的；致使国有公司、企业停产、破产的；造成恶劣影响的，应予追诉。本罪主体只能是国有公司、企业、事业单位工作人员；主观方面为过失。

经《刑法修正案》第2条修正后的《刑法》第168条规定，犯本罪的，处3年以下有期徒刑或者拘役；致使国家利益遭受特别重大损失的，处3年以上7年以下有期徒刑。因徇私舞弊而犯本罪的，从重处罚。

十五、国有公司、企业、事业单位人员滥用职权罪

国有公司、企业、事业单位人员滥用职权罪，是指国有公司、企业工作人员滥用职权，造成国有公司、企业破产或者严重损失，致使国家利益遭受重大损失；或者国有事业单位工作人员滥用职权，致使国家利益遭受重大损失的行为。

滥用职权是指不按有关规定、要求行使职权，超越职权范围行使“职权”，或者故意不行使职权（即放弃职守）的行为。《追诉标准》第14条规定，造成国家直接经济损失30万元以上的；致使国有公司、企业停产、破产的；造成恶劣影响的，应予追诉。本罪主体只能是国有公司、企业、事业单位工作人员。本罪主观方面为故意。

经《刑法修正案》第2条修正后的《刑法》第168条规定，犯本罪的，处3年以下有期徒刑或者拘役；致使国家利益遭受特别重大损失的，处3年以上7年以下有期徒刑。因徇私舞弊而犯本罪的，从重处罚。

十六、徇私舞弊低价折股、出售国有资产罪

徇私舞弊低价折股、出售国有资产罪，是指国有公司、企业或者其上级主管部门直接负责的主管人员徇私舞弊，将国有资产低价折股或者低价出售，致使国家利益遭受重大损失的行为。

徇私舞弊低价折股、出售国有资产，是指在对国有资产进行折股出资或者折价出售的过程中，因碍于私情或者贪图私利，而对国有资产作出低于其实际价值的估价或者对某些资产不予计价的行为。《追诉标准》第15条规定，造成国家直接经济损失30万元以上的；致使国有公司、企业停产、破产的；造成恶劣影响的，应予追诉。本罪主体只能是国有公司、企业或者上级主管部门中对国有资产的评估、折价、折股、出售直接负责的主管人员。本罪主观方面为故意。

《刑法》第169条规定，犯本罪的，处3年以下有期徒刑或者拘役；致使国家利益遭受特别重大损失的，处3年以上7年以下有期徒刑。

十七、背信损害上市公司利益罪

背信损害上市公司利益罪，是指上市公司的董事、监事、高级管理人员违背对公司的忠实义务，利用职务便利，操纵上市公司，背信损害本公司利益，或者上市公司的控股股东或者实际控制人指使上市公司董事、监事、高级管理人员背信损害本公司利益，致使上市公司利益遭受重大损失的行为。

本罪侵犯的客体是国家对上市公司的管理秩序、上市公司及其股东或者其他利害关系人的合法利益。本罪客观方面表现为两种行为：一种是上市公司的董事、监事和经理等高级管理人员背信损害上市公司利益的行为，具体包括：(1) 无偿向其他单位或者个人提供资金、商品、服务或者其他资产；(2) 以明显不公平的条件，提供或者接受资金、商品、服务或者其他资产；(3) 向明显不具有清偿能力的单位或者个人提供资金、商品、服务或者其他资产；(4) 为明显不具有清偿能力的单位或者个人提供担保，或者无正当理由为其他单位或者个人提供担保；(5) 无正当理由放弃债权、承担债务；(6) 采用其他方式背信损害上市公司利益的行为。另一种是上市公司的控股股东或者实际控制人指使上市公司的董事、监事和经理等高级管理人员实施上述损害上市公司利益的行为。《追诉标准的补充规定》第 2 条规定，背信损害上市公司利益，致使上市公司直接经济损失数额在 150 万元以上的；致使公司发行的股票、公司债券或者国务院依法认定的其他证券被终止上市交易或者多次被暂停上市交易的；其他致使上市公司利益遭受重大损失的，应予追诉。本罪主体只能由上市公司的董事、监事和经理等高级管理人员或者上市公司的控股股东或者实际控制人构成。前一类主体为自然人特殊主体，后一类主体既可以是自然人，也可以是单位。本罪主观方面为故意。

经《刑法修正案（六）》第 9 条增加的《刑法》第 169 条之一规定，个人犯本罪的，处 3 年以下有期徒刑，并处或者单处罚金；致使上市公司利益遭受特别重大损失的，处 3 年以上 7 年以下有期徒刑，并处罚金。单位犯本罪的，对单位判处罚金，并对其直接负责的主管人员和其他直接责任人员依照个人犯本罪的处罚规定处罚。

第五节　破坏金融管理秩序罪

破坏金融管理秩序罪，是指违反金融管理法律、法规，在金融领域从事各种非法活动，情节严重的行为。

根据《刑法》分则第三章第四节之规定，本类犯罪包括以下 30 个具体罪名：

一、伪造货币罪

伪造货币罪，是指以冒充真币投入流通为目的，违反货币管理法律、法规，仿照货币的图案、形状、色彩等，采用各种方法制造假币的行为。

最高人民法院于 2000 年 9 月 8 日公布的《关于审理伪造货币等案件具体应用法律若干问题的解释》（本节以下简称《解释》）第 7 条规定，本类犯罪所涉货币，是指可在国内市场流通或者兑换的人民币和境外货币。货币面额应当以人民币计算，其他币种以案发时国家外汇管理机关公布的外汇牌价折算成人民币。伪造货币，是指仿照真币的图案、形状、色彩、质地、式样、规格等，采用临摹描绘、彩色复印、制版印刷等方法制造假币的行为。《解释》第 1 条第 3 款规定，制造货币版样，或者与他人事前通谋，为其伪造货币提供版样的，以本罪论处。《解释》第 1 条第 1 款规定，伪造货币面额 2 000 元以上，或者币量 200 张（枚）以上的，应当作为犯罪处理。最高人民法院于 2001 年 1 月 21 日印发的《全国法院审理金融犯罪案件工作座谈会纪要》（本章以下简称《纪要》）规定，只要实施了伪造货币的行为，不论是否完成全部印制工序，即可构成本罪；对于尚未制造出成品，无法计算假币面额的，或者制造、销售用于伪造货币的版样的，不认定犯罪数额，依据犯罪情节决定刑罚。本罪主体为自然人一般主体；主观方面为故意，且以将所伪造的假币冒充真币投入流通为目的。

《刑法》第170条规定，犯本罪的，处3年以上10年以下有期徒刑，并处5万元以上50万元以下罚金；伪造货币集团的首要分子，伪造货币数额特别巨大，或者具有其他特别严重情节的，处10年以上有期徒刑、无期徒刑或者死刑，并处5万元以上50万元以下罚金或者没收财产。根据《解释》第1条第2款之规定，伪造货币的总面额在3万元以上的，属于“数额特别巨大”。

二、出售、购买、运输假币罪

（一）出售、购买、运输假币罪的概念和特征

出售、购买、运输假币罪，是指违反货币管理法律、法规，出售、购买假币，或者明知是假币而运输，数额较大的行为。本罪具有以下特征：

1. 本罪客体是货币管理秩序。

2. 本罪客观方面表现为违反货币管理法律、法规，出售、购买、运输假币，数额较大的行为。出售假币，是指有偿转让假币的行为。购买假币，是指有偿取得假币的行为。运输假币，是指明知是假币而进行运输的行为，因被他人利用等原因而过失运输者不为罪。《解释》第3条规定，出售、购买、运输假币总面额在4 000元以上的，属于“数额较大”。根据《纪要》规定，在出售假币时被抓获的，除现场查获的假币应认定为出售假币的犯罪数额外，现场之外在行为人住所或者其他藏匿地查获的假币，亦应认定为出售假币的犯罪数额。但有证据证实后者是行为人有实施其他假币犯罪的除外。

3. 本罪主体为自然人一般主体。

4. 本罪主观方面为故意。

（二）出售、购买、运输假币罪的认定

1. 此罪与彼罪的界限。主要应当注意区分本罪与走私假币罪的界限。根据《刑法》第155条之规定，直接向走私人收购走私进口的假币，或者在内海、领海、界河、界湖运输、收购、贩卖假币的，应当“以走私罪论处”。因此，对这两种行为只能以走私假币罪定罪处罚，而不能定为本罪。

2. 一罪与数罪的界限。根据《纪要》规定，假币犯罪案件中，犯罪分子实施数个相关行为的，在确定罪名时应把握以下原则：（1）对同一宗假币实施法律规定为选择性罪名的行为，应根据行为人所实施的数个行为，按相关罪名刑法规定的排列顺序并列确定罪名，数额不累计计算，不实行数罪并罚；（2）对不同宗假币实施法律规定为选择性罪名的行为，并列确定罪名，数额按全部假币面额累计计算，不实行数罪并罚；（3）对同一宗假币实施了法律没有规定为选择性罪名的数个犯罪行为，择一重罪从重处罚；（4）对不同宗假币实施了刑法没有规定为选择性罪名的数个犯罪行为，分别定罪，数罪并罚。

（三）出售、购买、运输假币罪的处罚

《刑法》第171条第1款规定，犯本罪的，处3年以下有期徒刑或者拘役，并处2万元以上20万元以下罚金；数额巨大的，处3年以上10年以下有期徒刑，并处5万元以上50万元以下罚金；数额特别巨大的，处10年以上有期徒刑或者无期徒刑，并处5万元以上50万元以下罚金或者没收财产。根据《解释》第3条之规定，出售、购买、运输假币总面额在5万元以上不满20万元，属于“数额巨大”；总面额在20万元以上的，属于“数额特别巨大”。

三、金融工作人员购买假币、以假币换取货币罪

金融工作人员购买假币、以假币换取货币罪，是指银行或者其他金融机构的工作人员违反货币管理法律、法规，购买伪造的货币，或者利用职务上的便利，以伪造的货币换取货币的行为。

金融工作人员“购买伪造的货币”的行为与前罪中的购买假币并无不同。“利用职务上的便利，以伪造的货币换取货币”，是指利用自己经手、保管金融机构现金的便利条件，用假币掉换真币的行为。本罪主体只能是银行或者其他金融机构工作人员。本罪主观方面为故意。

《刑法》第171条第2款规定，犯本罪的，处3年以上10年以下有期徒刑，并处2万元以上20万元以下罚金；数额巨大或者有其他严重情节的，处10年以上有期徒刑或者无期徒刑，并处2万元以上20万元以下罚金或者没收财产；情节较轻的，处3年以下有期徒刑或者拘役，并处或者单处1万元以上10万元以下罚金。根据《解释》第4条之规定，金融工作人员购买假币或者利用职务上的便利以假币换取货币，总面额在4 000元以上不满5万元，或者币量在400张（枚）以上不足5 000张（枚）的，属于一般情形；总面额在5万元以上，或者币量在5 000张（枚）以上的，属于“数额巨大”；总面额不满4 000元或者币量不足400张（枚），或者具有其他情节较轻情形的，属于“情节较轻的”。

四、持有、使用假币罪

持有、使用假币罪，是指违反货币管理法律、法规，明知是伪造的货币而持有、使用，数额较大的行为。

持有假币，是指非法拥有假币的行为。使用假币，是指将假币投入流通的行为。在司法实践中应当注意区分持有假币与走私、伪造、出售、购买、运输假币犯罪的界限。如果能够查明行为人所持假币来源于本人伪造、购买或者系因走私、出售、运输而持有，则应直接以相关假币犯罪定罪处罚；只有当不能查明行为人所持假币的来源和原因时，才能定为持有假币罪。根据《解释》第5条之规定，持有、使用假币总面额在4 000元以上的，属于“数额较大”。

《刑法》第172条规定，犯本罪的，处3年以下有期徒刑或者拘役，并处或者单处1万元以上10万元以下罚金；数额巨大的，处3年以上10年以下有期徒刑，并处2万元以上20万元以下罚金；数额特别巨大的，处10年以上有期徒刑，并处5万元以上

50万元以下罚金或者没收财产。根据《解释》第5条之规定，持有、使用假币总面额在5万元以上不满20万元的，属于“数额巨大”；总面额在20万元以上的，属于“数额特别巨大”。

五、变造货币罪

变造货币罪，是指以投入流通为目的，违反货币管理法律、法规，对货币进行加工处理，使其改变形态、升值，数额较大的行为。

变造货币，是指对货币采用剪贴、挖补、揭层、涂改等方法加工处理，使其改变形态、升值的行为。根据《解释》第6条之规定，变造货币总面额在2 000元以上的，属于“数额较大”。

《刑法》第173条规定，犯本罪的，处3年以下有期徒刑或者拘役，并处或者单处1万元以上10万元以下罚金；数额巨大的，处3年以上10年以下有期徒刑，并处2万元以上20万元以下罚金。根据《解释》第6条之规定，变造货币总面额在3万元以上的，属于“数额巨大”。

六、擅自设立金融机构罪

擅自设立金融机构罪，是指违反金融机构管理法律、法规，未经国家有关主管部门批准，擅自设立商业银行、证券交易所、期货交易所、证券公司、期货经纪公司、保险公司或者其他金融机构的行为。

《中华人民共和国商业银行法》（以下简称《商业银行法》）第11条第1款规定：“设立商业银行，应当经中国人民银行审查批准。”《追诉标准》第21条规定，只要擅自设立商业银行、证券、期货、保险机构或者其他金融机构及其筹备组织的，即应追诉。本罪主体为一般主体，自然人和单位均可构成。

经《刑法修正案》第3条修正后的《刑法》第174条第1款、第3款规定，个人犯本罪的，处3年以下有期徒刑或者拘役，并处或者单处2万元以上20万元以下罚金；情节严重的，处3年以上10年以下有期徒刑，并处5万元以上50万元以下罚金。单位犯本罪的，对单位判处罚金，并对其直接负责的主管人员和其他直接责任人员依照个人犯本罪的规定处罚。

七、伪造、变造、转让金融机构经营许可证、批准文件罪

伪造、变造、转让金融机构经营许可证、批准文件罪，是指违反金融机构管理法律、法规，伪造、变造、转让商业银行、证券交易所、期货交易所、证券公司、期货经纪公司、保险公司或者其他金融机构的经营许可证或者批准文件的行为。

设立金融机构，必须经国家有关主管部门批准并取得相应的金融机构经营许可证及有关批准文件。伪造和变造与伪造、变造货币的手段相似。转让是指将自己合法取得的金融机构经营许可证及有关批准文件擅自提供给他人使用的行为。《追诉标准》第22条规定，只要实施上述行为之一的，即应追诉。本罪主体为一般主体，自然人和单位均可构成。

经《刑法修正案》第3条修正后的《刑法》第174条第2款、第3款规定，个人犯

本罪的，处3年以下有期徒刑或者拘役，并处或者单处2万元以上20万元以下罚金；情节严重的，处3年以上10年以下有期徒刑，并处5万元以上50万元以下罚金。单位犯本罪的，对单位判处罚金，并对其直接负责的主管人员和其他直接责任人员依照个人犯本罪的规定处罚。

八、高利转贷罪

高利转贷罪，是指以转贷牟利为目的，违反信贷管理法律、法规，套取金融机构信贷资金高利转贷他人，违法所得数额较大的行为。

金融机构的信贷资金，是指银行或者其他金融机构用于发放贷款的资金。高利转贷他人，是指将从金融机构套取的贷款以高于金融机构贷款利率的利率转贷给他人，从中牟利的行为。《追诉标准》第23条规定，个人高利转贷，违法所得5万元以上，单位高利转贷，违法所得10万元以上的；或者虽未达到上述标准，但已达到该标准的80%以上，且因高利转贷行为受过二次以上行政处罚又实施高利转贷行为的，应予追诉。

《刑法》第175条规定，个人犯本罪的，处3年以下有期徒刑或者拘役，并处违法所得1倍以上5倍以下罚金；数额巨大的，处3年以上7年以下有期徒刑，并处违法所得1倍以上5倍以下罚金。单位犯本罪的，对单位判处罚金，并对其直接负责的主管人员和其他直接责任人员处3年以下有期徒刑或者拘役。

九、骗取贷款、票据承兑、金融票证罪

骗取贷款、票据承兑、金融票证罪，是指以欺骗手段取得银行或者其他金融机构贷款、票据承兑、信用证、保函等金融票证，给银行或者其他金融机构造成重大损失或者具有其他严重情节的行为。

本罪客体是国家金融管理秩序和金融机构的合法权益。客观方面表现为以虚构事实或者隐瞒真相等欺骗手段取得银行或者其他金融机构贷款、票据承兑、信用证、保函等金融票证，给银行或者其他金融机构造成重大损失或者具有其他严重情节的行为。本罪主体是一般主体，自然人和单位均可构成。本罪主观方面为故意，但不具有非法占有的目的。本罪与贷款诈骗罪、票据诈骗罪、金融凭证诈骗罪和信用证诈骗罪等金融诈骗犯罪区别的关键在于主观方面是否具有非法占有的目的：有此目的则构成相应的金融诈骗罪；无此目的则构成本罪。

经《刑法修正案（六）》第10条增加的《刑法》第175条之一规定，个人犯本罪的，处3年以下有期徒刑或者拘役，并处或者单处罚金；给银行或者其他金融机构造成特别重大损失或者具有其他特别严重情节的，处3年以上7年以下有期徒刑，并处罚金。单位犯本罪的，对单位判处罚金，并对其直接负责的主管人员和其他直接责任人员依照个人犯本罪的规定处罚。

十、非法吸收公众存款罪

非法吸收公众存款罪，是指违反信贷管理法律、法规，吸收或者变相吸收公众存

款的行为。

《商业银行法》第 11 条第 2 款规定："未经中国人民银行批准，任何单位和个人不得从事吸收公众存款等商业银行业务"。该法第 47 条还规定："商业银行不得违反规定提高或者降低利率以及采用其他不正当手段，吸收存款，发放贷款。"非法吸收公众存款，是指不具备吸收公众存款业务主体资格的个人或者单位非法经营吸收公众存款业务，或者金融机构及其工作人员违反金融管理法律、法规，采用不正当手段办理吸收公众存款业务的行为。变相吸收公众存款，是指以集资、联营、资金互助等名义变相经营吸收公众存款业务的行为。《追诉标准》第 24 条规定：个人非法吸收或者变相吸收公众存款 20 万元以上、储户 30 户以上，或者给存款人造成直接经济损失 10 万元以上；单位非法吸收或者变相吸收公众存款 100 万元以上、储户 150 户以上，或者给存款人造成直接经济损失 50 万元以上的，应予追诉。

《刑法》第 176 条规定，个人犯本罪的，处 3 年以下有期徒刑或者拘役，并处或者单处 2 万元以上 20 万元以下罚金；数额巨大或者有其他严重情节的，处 3 年以上 10 年以下有期徒刑，并处 5 万元以上 50 万元以下罚金。根据《纪要》规定，个人非法吸收或者变相吸收公众存款 100 万元以上、单位非法吸收或者变相吸收公众存款 500 万元以上的，可以认定为"数额巨大"。单位犯本罪的，对单位判处罚金，并对其直接负责的主管人员和其他直接责任人员依照个人犯本罪的规定处罚。

十一、伪造、变造金融票证罪

伪造、变造金融票证罪，是指违反金融票证管理法律、法规，伪造、变造金融票证的行为。

本罪对象为金融票证，包括汇票、本票、支票、委托收款凭证、汇款凭证、银行存单等其他银行结算凭证、信用证或者附随的单据、文件、信用卡。根据《中华人民共和国票据法》（以下简称《票据法》）第 19 条、第 73 条和第 82 条之规定，汇票，是指出票人签发的，委托付款人在见票时或者在指定时期无条件支付确定的金额给收款人或者持票人的票据。本票，是指出票人签发的，承诺自己在见票时无条件支付确定的金额给收款人或者持票人的票据。支票，是指出票人签发的，委托办理支票存款业务的银行或者其他金融机构在见票时无条件支付确定的金额给收款人或者持票人的票据。委托收款凭证，是指收款人在委托银行向付款人收款时填写的书面凭证。汇款凭证，是指汇款人委托银行将款项汇给外地收款人时填写的书面凭证。银行存单，是指银行向存款人开具的，证明存款人在该银行存有一定数额款项的书面凭证。信用证，是指银行根据开证申请人（进口商）的请求，开具给受益人（出口商）的一种保证在其具备了约定条件以后即可得到由开证银行或者支付银行支付的约定金额的款项的书面凭证。信用证必须附随相关的单据、文件方为有效。《追诉标准》第 25 条规定，伪造、变造金融票证面额 1 万元以上，或者数量 10 张以上的，应予追诉。本罪主体为一般主体，自然人和单位均可构成。

《刑法》第 177 条规定，个人犯本罪的，处 5 年以下有期徒刑或者拘役，并处或者单处 2 万元以上 20 万元以下罚金；情节严重的，处 5 年以上 10 年以下有期徒刑，并处 5 万元以上 50 万元以下罚金；情节特别严重的，处 10 年以上有期徒刑或者无期徒刑，并处5万元以上50万元以下罚金或者没收财产。单位犯本罪的，对单位判处罚金，并对其直接负责的主管人员和其他直接责任人员依照个人犯本罪的规定处罚。

十二、妨害信用卡管理罪

妨害信用卡管理罪，是指违反信用卡管理法律、法规，妨害信用卡管理的行为。

本罪客观方面的行为包括：(1) 明知是伪造的信用卡而持有、运输的，或者明知是伪造的空白信用卡而持有、运输，数量较大的；(2) 非法持有他人信用卡，数量较大的；(3) 使用虚假的身份证明骗领信用卡的；(4) 出售、购买、为他人提供伪造的信用卡或者以虚假的身份证明骗领的信用卡的。本罪主体为自然人一般主体。

经《刑法修正案（五）》第1条增加的《刑法》第177条之一第1款规定，犯本罪的，处3年以下有期徒刑或者拘役，并处或者单处1万元以上10万元以下罚金；数量巨大或者有其他严重情节的，处3年以上10年以下有期徒刑，并处2万元以上20万元以下罚金。

十三、窃取、收买、非法提供信用卡信息罪

窃取、收买、非法提供信用卡信息罪，是指违反信用卡管理法律、法规，窃取、收买或者非法提供他人信用卡信息资料的行为。

窃取他人信用卡信息资料，是指采用自认为不被他人知悉的秘密手段获取他人信用卡信息资料的行为；收买他人信用卡信息资料，是指通过向知悉他人信用卡信息资料的人员行送财物的手段获取他人信用卡信息资料的行为；非法提供他人信用卡信息资料，是指知悉他人信用卡信息资料的人员向第三人非法提供其所知悉的他人的信用卡信息资料的行为。本罪主体为自然人一般主体。

经《刑法修正案（五）》第1条增加的《刑法》第177条之一第2款、第3款规定，犯本罪的，处3年以下有期徒刑或者拘役，并处或者单处1万元以上10万元以下罚金；数量巨大或者有其他严重情节的，处3年以上10年以下有期徒刑，并处2万元以上20万元以下罚金。银行或者其他金融机构的工作人员利用职务上的便利犯本罪的，从重处罚。

十四、伪造、变造国家有价证券罪

伪造、变造国家有价证券罪，是指违反国家有价证券管理法律、法规，伪造、变造国库券或者国家发行的其他有价证券，数额较大的行为。

本罪对象为国家有价证券，是指国家发行的国库券和其他国家有价证券。国库券，是国家为了解决财政资金的短期不足而发行的一种国家债券。其他国家有价证券，是指国家基于某种特殊需要而发行的除国库券以外的国家债券。《追诉标准》第26条规定，伪造、变造国家有价证券总面额2 000元以上的，应予追诉。本罪主体为一般主体，自然人和单位均可构成。

《刑法》第178条第1款、第3款规定，个人犯本罪的，处3年以下有期徒刑或者拘役，并处或者单处2万元以上20万元以下罚金；数额巨大的，处3年以上10年以下

有期徒刑，并处5万元以上50万元以下罚金；数额特别巨大的，处10年以上有期徒刑或者无期徒刑，并处5万元以上50万元以下罚金或者没收财产。单位犯本罪的，对单位判处罚金，并对其直接负责的主管人员和其他直接责任人员依照个人犯本罪的规定处罚。

十五、伪造、变造股票、公司、企业债券罪

伪造、变造股票、公司、企业债券罪，是指违反有价证券管理法律、法规，伪造、变造股票、公司、企业债券，数额较大的行为。

本罪所侵害的对象为股票、公司债券、企业债券。《追诉标准》第27条规定，伪造、变造股票、公司、企业债券总面额5 000元以上的，应予追诉。本罪主体为一般主体，自然人和单位均可构成。

《刑法》第178条第2款、第3款规定，个人犯本罪的，处3年以下有期徒刑或者拘役，并处或者单处1万元以上10万元以下罚金；数额巨大的，处3年以上10年以下有期徒刑，并处2万元以上20万元以下罚金。单位犯本罪的，对单位判处罚金，并对其直接负责的主管人员和其他直接责任人员依照个人犯本罪的规定处罚。

十六、擅自发行股票、公司、企业债券罪

擅自发行股票、公司、企业债券罪，是指违反股票、公司、企业债券管理法律、法规，未经国家有关主管部门批准，擅自发行股票或者公司、企业债券，数额巨大、后果严重或者具有其他严重情节的行为。

《公司法》第210条规定："未经本法规定的有关主管部门的批准，擅自发行股票或者公司债券……构成犯罪的，依法追究刑事责任。"擅自发行股票、公司、企业债券具体表现为两种情况：一是不具备发行股票、公司、企业债券主体资格的个人或者单位擅自发行股票或者公司、企业债券；二是具备发行股票、公司、企业债券主体资格的公司、企业及其工作人员，未经有关主管部门批准即擅自发行股票或者公司、企业债券。擅自发行股票或者公司、企业债券，数额巨大、后果严重或者具有其他严重情节，三者只要具备其中之一，即可构成本罪。《追诉标准》第28条规定：擅自发行股票、公司、企业债券50万元以上的；不能及时清偿、清退的；造成恶劣影响的，应予追诉。本罪主体为一般主体，自然人和单位均可构成。

《刑法》第179条规定，个人犯本罪的，处5年以下有期徒刑或者拘役，并处或者单处非法募集资金金额1%以上5%以下罚金。单位犯本罪的，对单位判处罚金，并对其直接负责的主管人员和其他直接责任人员，处5年以下有期徒刑或者拘役。

十七、内幕交易、泄漏内幕信息罪

内幕交易、泄漏内幕信息罪，是指证券、期货交易内幕信息的知情人员，或者非法获取证券、期货交易内幕信息的人员，违反证券、期货管理法律、法规，在涉及证券的发行、证券和期货交易或者其他对证券、期货交易价格有重大影响的信息尚未公开前，买入或者卖出该证券，或者从事与该内幕信息有关的期货交易，或者泄漏该信

息，或者明示、暗示他人从事上述交易活动，情节严重的行为。

根据《刑法修正案（七）》第2条之规定，证券交易内幕信息，是指证券交易活动中，涉及公司的经营、财务或者对该公司证券的市场价格有重大影响的尚未公开的信息。包括：(1) 可能对上市公司股票交易价格产生较大影响而投资者尚未得知的重大事件。例如，公司的经营方针和经营范围的重大变化；公司的重大投资行为和重大的购置财产的决定；公司订立重要合同，而该合同可能对公司的资产、负债、权益和经营成果产生重要影响；公司发生重大债务和未能清偿到期重大债务的违约情况；公司发生重大亏损或者遭受超过净资产10%以上的重大损失；公司生产经营的外部条件发生的重大变化；公司的董事长、1/3以上的董事，或者经理发生变动；持有公司5%以上股份的股东，其持有股份情况发生较大变化；公司减资、合并、分立、解散及申请破产的决定；涉及公司的重大诉讼；法院依法撤销股东大会、董事会决议以及法律、行政法规规定的其他事项。(2) 公司分配股利或者增资的计划。(3) 公司股权结构的重大变化。(4) 公司债务担保的重大变化。(5) 公司营业用主要资产的抵押、出售或者报废一次超过该资产的30%。(6) 公司的董事、监事、经理、副经理或者其他高级管理人员的行为可能依法承担重大损害赔偿责任。(7) 上市公司收购的有关方案。(8) 国务院证券监督管理机构认定的对证券交易价格有显著影响的其他重要信息。期货交易内幕信息，是指可能对期货市场价格产生重大影响的尚未公开的信息，包括：中国证监会及其他相关部门制定的对期货交易价格可能发生重大影响的政策；期货交易所作出的可能对期货交易价格发生重大影响的决定；期货交易所会员、客户的资金和交易动向以及中国证监会认定的对期货交易价格有显著影响的其他重要信息。内幕交易，是指证券、期货交易内幕信息的知情人员或者非法获取证券、期货交易内幕信息的人员，在其知悉的证券、期货交易内幕信息尚未公开前，买入或者卖出该证券，或者从事与该内幕信息有关的期货交易的行为。泄漏证券、期货交易内幕信息，是指证券、期货交易内幕信息的知情人员或者非法获取证券、期货交易内幕信息的人员，将自己所知悉的证券、期货交易内幕信息透露给不应当知悉该内幕信息的人，或者向公众披露的行为。示意他人从事内幕交易，是指上述人员虽未直接向他人泄露内幕信息，但明示或者暗示他人从事与该内幕信息有关的证券、期货交易的行为。《追诉标准的补充规定》第3条规定：买入或者卖出证券，或者泄露内幕信息使他人买入或者卖出证券，成交额累计在50万元以上的；买入或者卖出期货合约，或者泄露内幕信息使他人买入或者卖出期货合约，占用保证金数额累计在30万元以上的；获利或者避免损失数额累计在15万元以上的；多次进行内幕交易、泄露内幕信息的；有其他严重情节的，应予追诉。本罪主体为特殊主体，只能是证券、期货交易内幕信息的知情人员和单位，或者非法获取证券、期货交易内幕信息的人员和单位。证券交易内幕信息的知情人员包括：(1) 发行股票或者公司债券的公司董事、监事、经理、副经理及有关的高级管理人员；(2) 持有公司5%以上股份的股东；(3) 发行股票公司的控股公司的高级管理人员；(4) 由于所任公司职务可以获取公司有关证券交易信息的人员；(5) 证券监督管理机构工作人员以及由于法定的职责对证券交易进行管理的其他人员；(6) 由于法定职责而参与证券交易的社会中介机构或者证券登记结算机构、证券交易服务机构的有关人员；(7) 国务院证券监督管理机构规定的其他人员。主要是指：发行人秘书、打字员以及其他可以通过履行职务接触或者获取内幕信息的职员；由于本人的职业地位、与发行人的合同关系或者工作关系，有可能接触或者获取内幕信息的人员，包括新闻记者、报刊编辑、电台主持人、编辑印刷人员以及其他可能通过合法途径接触到内幕信息的人员。证券交易内幕信息的知情单位，是指各种可能通过合法途径接触到证券交易内幕信息的单位。期货交易内幕信息的知情人员，是指由于其管理地位、监督地位或者职业地位，或者作为雇员、专业顾问履行职务，能够接触或者获得内幕信息的人员，包括：期货交易所的理事长、副理事长、总经理、副总经理等高级管理人员以及其他由于任职可能获取内幕信息的从业人员，中国证监会的工作人员和其他有关部门的工作人员以及中国证监会规定的其他人员。非法获取证券、期货交易内幕信息的人员和单位，是指通过窃取、窃听、套取、骗取、行贿收买等非法手段获得证券、期货交易内幕信息的人员和单位。

经《刑法修正案（七）》第 2 条修正后的《刑法》第 180 条第 1 款、《刑法》第 180 条第 2 款规定，个人犯本罪的，处 5 年以下有期徒刑或者拘役，并处或者单处违法所得 1 倍以上 5 倍以下罚金；情节特别严重的，处 5 年以上 10 年以下期徒刑，并处违法所得 1 倍以上 5 倍以下罚金。单位犯本罪的，对单位判处罚金，并对其直接负责的主管人员和其他直接责任人员，处 5 年以下有期徒刑或者拘役。

十八、利用未公开信息交易罪

利用未公开信息交易罪，是指证券交易所、期货交易所、证券公司、期货经纪公司、基金管理公司、商业银行、保险公司等金融机构的从业人员以及有关监管部门或者行业协会的工作人员，利用因职务便利获取的内幕信息以外的其他未公开的信息，违反规定，从事与该信息相关的证券、期货交易活动，或者明示、暗示他人从事相关交易活动，情节严重的行为。

本罪是本书根据《刑法修正案（七）》第 2 条之规定新增的罪名。内幕信息以外的其他未公开的信息，是指虽不属于内幕信息，但是可能对证券、期货市场产生较大影响，且尚未公开的其他信息。本罪主体为个人特殊主体，只能由金融机构的从业人员以及有关监管部门、行业协会的工作人员构成。

经《刑法修正案（七）》第 2 条增加的《刑法》第 180 条第 4 款规定，犯本罪的，处 5 年以下有期徒刑或者拘役，并处或者单处违法所得 1 倍以上 5 倍以下罚金；情节特别严重的，处 5 年以上 10 年以下期徒刑，并处违法所得 1 倍以上 5 倍以下罚金。

十九、编造并传播证券、期货交易虚假信息罪

编造并传播证券、期货交易虚假信息罪，是指违反证券、期货管理法律、法规，编造并且传播影响证券、期货交易的虚假信息，扰乱证券、期货交易市场，造成严重后果的行为。

编造，是指无中生有地杜撰、捏造；传播，是指以口头谣传、散发传单、利用报刊、影视等大众传媒进行宣传、散布的行为。编造和传播二者必须同时具备，才能构成本罪。“影响证券、期货交易的虚假信息”，是指足以引起证券、期货交易的价格发

生异常波动的假消息。《追诉标准》第 30 条规定：编造并传播证券、期货交易虚假信息，造成投资者直接经济损失 3 万元以上的；致使交易价格和交易量异常波动的；造成恶劣影响的，应予追诉。本罪主体为一般主体，自然人和单位均可构成。

经《刑法修正案》第 5 条修正后的《刑法》第 181 条第 1 款、第 3 款规定，个人犯本罪的，处 5 年以下有期徒刑或者拘役，并处或者单处 1 万元以上 10 万元以下罚金。单位犯本罪的，对单位判处罚金，并对其直接负责的主管人员和其他直接责任人员，处 5 年以下有期徒刑或者拘役。

二十、诱骗投资者买卖证券、期货合约罪

诱骗投资者买卖证券、期货合约罪，是指证券交易所、期货交易所、证券公司、期货经纪公司及其从业人员，以及证券业协会、期货业协会或者证券期货监督管理部门及其工作人员，以诱骗投资者买卖证券、期货合约为目的，违反证券、期货管理法律、法规，故意提供虚假信息或者伪造、变造、销毁交易记录，造成严重后果的行为。

提供虚假信息，是指向投资者提供足以引起某种证券、期货交易价格发生异常波动的假消息。交易记录，是指证券、期货交易价格、交易量等与证券、期货交易有关的记载资料。伪造交易记录，是指制作虚假的交易记录的行为。变造交易记录，是指对交易记录的内容进行增、删、篡改的行为。销毁交易记录，是指将应当保留的交易记录全部删除或者加以毁灭的行为。上述行为，只要具备其中之一，即可构成本罪。《追诉标准》第 31 条规定：造成投资者直接经济损失 3 万元以上的；致使交易价格和交易量异常波动的；造成恶劣影响的，应予追诉。本罪主体为特殊主体，只能是证券交易所、期货交易所、证券公司、期货经纪公司、证券业协会、期货业协会、证券期货监督管理部门，以及上述单位中的工作人员。

经《刑法修正案》第 5 条修正后的《刑法》第 181 条第 2 款、第 3 款规定，个人犯本罪的，处 5 年以下有期徒刑或者拘役，并处或者单处 1 万元以上 10 万元以下罚金；情节特别恶劣的，处 5 年以上 10 年以下有期徒刑，并处 2 万元以上 20 万元以下罚金。单位犯本罪的，对单位判处罚金，并对其直接负责的主管人员和其他直接责任人员，处 5 年以下有期徒刑或者拘役。

二十一、操纵证券、期货市场罪

操纵证券、期货交易价格罪，是指以操纵证券、期货市场为目的，违反证券、期货管理法律、法规，采用各种不正当手段从事证券、期货交易活动，情节严重的行为。

操纵证券、期货市场的行为表现包括：（1）单独或者合谋，集中资金优势、持股或者持仓优势或者利用信息优势联合或者连续买卖，操纵证券、期货交易价格或者证券、期货交易量的；（2）与他人串通，以事先约定的时间、价格和方式相互进行证券、期货交易，影响证券、期货交易价格或者证券、期货交易量的；（3）在自己实际控制的账户之间进行证券交易，或者以自己为交易对象，自买自卖期货合约，影响证券、期货交易价格或者证券、期货交易量的；（4）以其他方法操纵证券、期货市场的（例如故意利用某些市场传言加以夸大、烘托，或者串通新闻单位、股评人士进行舆论误

导，借以影响证券、期货市场等情况）。《追诉标准的补充规定》第4条规定：单独或者合谋，持有或者实际控制证券的流通股份数达到该证券的实际流通股份总量30%以上，且在该证券连续20个交易日内联合或者连续买卖股份数累计达到该证券同期总成交量30%以上的；单独或者合谋，持有或者实际控制期货合约的数量超过期货交易所业务规则限定的持仓量50%以上，且在该期货合约连续20个交易日内联合或者连续买卖期货合约数累计达到该期货合约同期总成交量30%以上的；与他人串通，以事先约定的时间、价格和方式相互进行证券或者期货交易，且在该证券或者期货合约连续20个交易日内成交量累计达到该证券或者期货合约同期总成交量20%以上的；在自己实际控制的账户之间进行证券交易，或者以自己为交易对象，自买自卖期货合约，且在该证券或者期货合约连续20个交易日内成交量累计达到该证券或者期货合约同期总成交量20%以上的；单独或者合谋，当日连续申报买入或者卖出同一证券、期货合约并在成交前撤回申报，撤回申报量占当日该种股票总申报量或者该种期货合约总申报量50%以上的；上市公司及其董事、监事、高级管理人员、实际控制人、控股股东或者其他关联人单独或者合谋，利用信息优势，操纵该公司证券交易价格或者证券交易量的；有其他严重情节的，应予追诉。本罪主体为一般主体，自然人和单位均可构成。

经《刑法修正案（六）》第11条修正后的《刑法》第182条规定，个人犯本罪的，处5年以下有期徒刑或者拘役，并处或者单处罚金；情节特别严重的，处5年以上10年以下有期徒刑，并处罚金。单位犯本罪的，对单位判处罚金，并对其直接负责的主管人员和其他直接责任人员依照个人犯本罪的规定处罚。

二十二、背信运用受托财产罪

背信运用受托财产罪，是指商业银行、证券交易所、期货交易所、证券公司、期货经纪公司、保险公司或者其他金融机构，违背受托义务，擅自运用客户资金或者其他委托、信托的财产，情节严重的行为。

本罪客体是金融管理秩序和客户资金及受托财产的使用权及资金安全。客观方面表现为擅自运用客户资金或者其他委托、信托的财产，情节严重的行为。《追诉标准的补充规定》第5条规定：擅自运用客户资金或者其他委托、信托的财产数额累计在30万元以上的；虽未达到上述数标准，但多次擅自运用客户资金或者其他委托、信托的财产，或者擅自运用多个客户资金或者其他委托、信托的财产的；有其他严重情节的，应予追诉。本罪属于纯正单位犯罪，只能由商业银行等金融机构构成。本罪主观方面为故意。

经《刑法修正案（六）》第12条增加的《刑法》第185条之一第1款规定，犯本罪的，对单位判处罚金，并对其直接负责的主管人员和其他直接责任人员处3年以下有期徒刑或者拘役，并处3万元以上30万元以下罚金；情节特别严重的，处3年以上10年以下有期徒刑，并处5万元以上50万元以下罚金。

二十三、违法运用资金罪

违法运用资金罪，是指社会保障基金管理机构、住房公积金管理机构等公众资金管理机构，以及保险公司、保险资产管理公司、证券投资基金管理公司，违反国家规定运用资金的行为。

本罪客体是公众资金管理秩序和社会保障基金、住房公积金等公众资金的使用权及资金安全。客观方面表现为违反国家规定运用公众资金的行为。本罪为纯正单位犯罪，只能由社会保障基金管理机构、住房公积金管理机构等公众资金管理机构，以及保险公司、保险资产管理公司、证券投资基金管理公司构成。本罪主观方面为故意。

经《刑法修正案（六）》第12条修正后的《刑法》第185条之一第2款规定，犯本罪的，对单位直接负责的主管人员和其他直接责任人员处3年以下有期徒刑或者拘役，并处3万元以上30万元以下罚金；情节特别严重的，处3年以上10年以下有期徒刑，并处5万元以上50万元以下罚金。

二十四、违法发放贷款罪

违法发放贷款罪，是指银行或者其他金融机构及其工作人员违反国家规定发放贷款，数额巨大或者造成重大损失的行为。

《刑法修正案（六）》第13条对《刑法》第186条第1款和第2款作了重要修改：一是改变了把本罪分为“违法发放贷款罪”和“违法向关系人发放贷款罪”两个罪的立法模式，将其合并成为一个罪名，即“违法发放贷款罪”，而将违法向关系人发放贷款作为本罪的一个法定从重处罚情节；二是将构成本罪的程度要件由原来单纯强调“造成重大损失”改为“数额巨大或者造成重大损失”，将“造成特别重大损失”改为“数额特别巨大或者造成特别重大损失”。修改后，把违法放贷本身的数额也纳入了定罪量刑的重要考量因素。《追诉标准》第34条规定：个人违法发放贷款，造成直接经济损失50万元以上，单位违法发放贷款，造成直接经济损失100万元以上的，应予追诉。（个人及单位违法发放贷款“数额巨大”的标准尚有待最高司法机关作出补充解释。）本罪主体为特殊主体，只能是金融机构及其工作人员构成。本罪主观方面为故意，即只有明知自己的行为违反发放贷款法定条件的规定而故意为之，才能构成本罪。

经《刑法修正案（六）》修正后的《刑法》第186条第1款及《刑法》第186条第3款规定，个人犯本罪的，处5年以下有期徒刑或者拘役，并处1万元以上10万元以下罚金；造成特别重大损失的，处5年以上有期徒刑，并处2万元以上20万元以下罚金。根据《纪要》规定，违法发放贷款，造成300万至500万元以上损失的，可以认定为“造成特别重大损失”。单位犯本罪，对单位判处罚金，并对其直接负责的主管人员和其他直接责任人员按个人犯本罪的规定处罚。根据《刑法修正案（六）》修正后的《刑法》第186条第2款及《刑法》第186条第4款之规定，金融机构及其工作人员违法向关系人（指金融机构的董事、监事、管理人员、信贷业务人员及其近亲属，以及上述人员投资或者担任高级管理职务的公司、企业和其他经济组织）发放贷款（包括向关系人发放信用贷款，或者向关系人发放担保贷款的条件优于其他借款人同类贷款的条件）的，依照上述规定从重处罚。

二十五、吸收客户资金不入账罪

吸收客户资金不入账罪，是指银行或者其他金融机构及其工作人员吸收客户资金不入账，数额巨大或者造成重大损失的行为。

《刑法修正案（六）》第 14 条对《刑法》第 187 条第 1 款作了三处修改：一是取消了主观方面“以牟利为目的”的规定；二是删除了将不入账的客户资金“用于非法拆借、发放贷款”这一客观要件；三是将构成本罪的程度要件由原来的“造成重大损失”改为了“数额巨大或者造成重大损失”，将“造成特别重大损失”相应改成了“数额特别巨大或者造成特别重大损失”，从而改变了过去那种只重损失不重未入账资金本身的数额的片面性倾向。本罪主体为特殊主体，只能是金融机构及其工作人员构成；主观方面为故意。《追诉标准》第 35 条规定：个人吸收客户资金不入账，造成直接经济损失 50 万元以上，单位吸收客户资金不入账，造成直接经济损失 100 万元以上的，应予追诉。

经《刑法修正案（六）》第 14 条修正后的《刑法》第 187 条第 1 款及《刑法》第 187 条第 2 款规定，个人犯本罪的，处 5 年以下有期徒刑或者拘役，并处 2 万元以上 20 万元以下罚金；数额特别巨大或者造成特别重大损失的，处 5 年以上有期徒刑，并处 5 万元以上 50 万元以下罚金。根据《纪要》规定，吸收客户资金不入账，造成 300 万至 500 万元以上损失的，可以认定为“造成特别重大损失”。单位犯本罪的，对单位判处罚金，并对其直接负责的主管人员和其他直接责任人员按个人犯本罪的规定处罚。

二十六、违规出具金融票证罪

违规出具金融票证罪，是指银行或者其他金融机构及其工作人员违反规定，为他人出具信用证或者其他保函、票据、存单、资信证明，情节严重的行为。

《刑法修正案（六）》第 15 条对《刑法》第 188 条第 1 款作了部分修改，即将构成本罪的程度要件由“造成较大损失”改成了“情节严重”，将“造成重大损失”改成了“情节特别严重”。这一修改克服了过去只片面强调行为所造成的损失，而未能全面兼顾其他情节的立法缺陷。违规出具金融票证，是指为他人出具了与事实不符的信用证或者其他保函、票据、存单、资信证明的行为。《追诉标准》第 36 条规定：个人违规出具金融票证，造成直接经济损失 10 万元以上，单位违规出具金融票证，造成直接经济损失 30 万元以上的，应予追诉。（“情节严重”的其他表现有待最高司法机关作出补充解释。）本罪主体只能是金融机构及其工作人员。本罪主观方面为故意。

经《刑法修正案（六）》第 15 条修正后的《刑法》第 188 条第 1 款及《刑法》第 188 条第 2 款规定，个人犯本罪的，处 5 年以下有期徒刑或者拘役；情节特别严重的，处 5 年以上有期徒刑。单位犯本罪的，对单位判处罚金，并对其直接负责的主管人员和其他直接责任人员按个人犯本罪的规定处罚。

二十七、对违法票据承兑、付款、保证罪

对违法票据承兑、付款、保证罪，是指银行或者其他金融机构及其工作人员在票据业务中，违反金融票据管理法律、法规，对违反票据法规定的票据予以承兑、付款或者保证，造成重大损失的行为。

本罪所涉票据，是指汇票、本票、支票。承兑，是指票据付款人承诺在票据到期

日向票据收款人支付票据金额的行为。付款，是指票据付款人向票据收款人支付票据金额的行为。保证，是指票据保证人对票据债务承担保证责任的行为。违反《票据法》规定的票据，就是指在实质要件或者形式要件方面存在与《票据法》规定不符的票据。《追诉标准》第37条规定：个人对违法票据承兑、付款、保证，造成直接经济损失50万元以上，单位对违法票据承兑、付款、保证，造成直接经济损失100万元以上的，应予追诉。本罪主体只能是金融机构及其工作人员。本罪主观方面为故意。

《刑法》第189条规定，个人犯本罪的，处5年以下有期徒刑或者拘役；造成特别重大损失的，处5年以上有期徒刑。单位犯本罪的，对单位判处罚金，并对其直接负责的主管人员和其他直接责任人员按个人犯本罪的规定处罚。

二十八、逃汇罪

逃汇罪，是指公司、企业或者其他单位违反外汇管理法律、法规，擅自将外汇存放境外，或者将境内的外汇非法转移到境外，数额较大的行为。

本罪所涉外汇是指：（1）外国货币；（2）外币支付凭证，包括票据、银行存款凭证、邮政储蓄凭证等；（3）外币有价证券，包括政府债券、公司债券、股票等；（4）特别提款权、欧洲货币单位；（5）其他外汇资产。本罪所称逃汇，是指擅自将外汇存放在境外，或者将境内的外汇非法转移到境外的行为。《追诉标准》第38条规定，单位逃汇累计500万美元以上的，应予追诉。本罪主体为单位一般主体。

经《决定》第3条修改后的《刑法》第190条规定，犯本罪的，对单位判处逃汇数额5%以上30%以下罚金，并对其直接负责的主管人员和其他直接责任人员处5年以下有期徒刑或者拘役；数额巨大或者有其他严重情节的，对单位判处逃汇数额5%以上30%以下罚金，并对其直接负责的主管人员和其他直接责任人员处5年以上有期徒刑。根据《决定》第5条之规定，海关、外汇管理部门以及金融机构、从事对外贸易活动的公司、企业或者其他单位的工作人员与逃汇的行为人通谋，为其逃汇提供便利的，以逃汇共犯论，从重处罚。

二十九、骗购外汇罪

骗购外汇罪，是指违反外汇管理法律、法规，使用伪造、变造、失效的凭证、单据或者采用其他方式，向外汇指定银行骗购外汇，数额较大的行为。

骗购外汇是套汇的表现形式之一，其行为方式包括：（1）使用伪造、变造的海关签发的报关单、进口证明、外汇管理部门核准件等凭证和单据的；（2）重复使用海关签发的报关单、进口证明、外汇管理部门核准件等凭证和单据的；（3）以其他方式骗购外汇的。根据《决定》第1条第3款之规定，明知用于骗购外汇而为其提供人民币资金的，以本罪共犯论处。《追诉标准》第39条规定：不论个人还是单位，骗购外汇50万美元以上的，应予追诉。本罪主体为一般主体，自然人和单位均可构成。

《决定》第1条第1款、第4款规定，个人犯本罪的，处5年以下有期徒刑或者拘役，并处骗购外汇数额5%以上30%以下罚金；数额巨大或者有其他严重情节的，处5年以上10年以下有期徒刑，并处骗购外汇数额5%以上30%以下罚金；数额特别巨大或者有其他特别严重情节的，处 10 年以上有期徒刑或者无期徒刑，并处骗购外汇数额 5%以上 30%以下罚金或者没收财产。单位犯本罪的，对单位判处骗购外汇数额 5%以上 30%以下罚金，并对其直接负责的主管人员和其他直接责任人员处 5 年以下有期徒刑或者拘役；数额巨大或者有其他严重情节的，处 5 年以上 10 年以下有期徒刑；数额特别巨大或者有其他特别严重情节的，处 10 年以上有期徒刑或者无期徒刑。根据《决定》第 1 条第 2 款之规定，伪造、变造海关签发的报关单、进口证明、外汇管理部门核准件等凭证和单据，并用于骗购外汇的，以本罪从重处罚。根据《决定》第 5 条之规定，海关、外汇管理部门工作人员与骗购外汇者通谋，为其提供购买外汇的有关凭证或者其他便利的，或者金融机构、从事对外贸易经营活动的公司、企业或者其他单位的工作人员与骗购外汇者通谋，明知是伪造、变造的凭证和单据而售汇、付汇的，以本罪共犯论，从重处罚。

三十、洗钱罪

（一）洗钱罪的概念和构成

洗钱罪，是指明知是毒品犯罪、黑社会性质的组织犯罪、恐怖活动犯罪、走私犯罪、贪污贿赂犯罪、破坏金融管理秩序犯罪和金融诈骗犯罪的违法所得及其产生的收益，而为之掩饰、隐瞒其来源和性质的行为。本罪具有以下特征：

1. 本罪客体是复杂客体：一方面，它主要侵犯的是金融管理秩序；另一方面，由于本罪实际上起到了帮助毒品犯罪等“上游犯罪”分子安全地占有、使用其犯罪所得，逃避刑事打击的作用，因而必然同时侵犯司法秩序。

2. 本罪客观方面表现为帮助“上游犯罪”分子掩饰、隐瞒其犯罪所得及其产生的收益的来源和性质（即所谓“洗钱”）的行为。“上游犯罪”，是指获取被“洗”之“黑钱”的犯罪。《刑法》第 191 条规定的“上游犯罪”包括毒品犯罪、黑社会性质的组织犯罪和走私犯罪三类，《刑法修正案（三）》第 7 条增加规定了恐怖活动犯罪，《刑法修正案（六）》第 16 条又增加规定了贪污贿赂犯罪、破坏金融管理秩序犯罪和金融诈骗犯罪，从而增大了对洗钱罪的打击范围。根据《刑法修正案（六）》修正后的《刑法》第 191 条第 1 款之规定，“洗钱”的方法包括：（1）提供资金账户的；（2）协助将财产转换为现金、金融票据、有价证券的；（3）通过转账或者其他结算方式协助资金转移的；（4）协助将资金汇往境外的；（5）以其他方法掩饰、隐瞒犯罪所得及其收益的来源和性质的。《追诉标准》第 40 条规定：不论个人还是单位，涉嫌上述 5 种行为之一的，即应追诉。

3. 本罪主体为一般主体，自然人和单位均可构成。

4. 本罪主观方面为故意。

（二）洗钱罪的认定

1. 罪与非罪的界限。一是看行为人所“洗”之钱客观上是否属于上述 7 类法定“上游犯罪”所得及其产生的收益。二是看行为人主观上是否明知其系上述 7 类法定“上游犯罪”（但不要求其确知系哪一类具体犯罪）所得及其产生的收益。

2. 认定本罪时应当注意的其他问题。一是应当注意本罪主体只能是“上游犯罪”者以外的自然人或单位，而不包括其自身。因为如果是“上游犯罪”者自身实施的掩饰、隐瞒其犯罪所得及其产生的收益的来源和性质（即自己为自己“洗钱”）的行为，则属于其“上游犯罪”不可罚的后续行为，并不单独构成本罪。二是应当注意本罪的成立必须以行为人与“上游犯罪”者之间不存在事前通谋为前提，否则应当以“上游犯罪”的共犯论处，而不单独构成本罪。

（三）洗钱罪的处罚

经《刑法修正案（六）》修正后的《刑法》第191条第1款及《刑法修正案（三）》修正后的《刑法》第191条第2款规定，个人犯本罪的，处5年以下有期徒刑或者拘役，并处或者单处洗钱数额5%以上20%以下罚金；情节严重的，处5年以上10年以下有期徒刑，并处洗钱数额5%以上20%以下罚金。单位犯本罪的，对单位判处罚金，并对其直接负责的主管人员和其他直接责任人员处5年以下有期徒刑或者拘役；情节严重的，处5年以上10年以下有期徒刑。

“上游犯罪”的违法所得及其产生的收益，予以没收。

第六节　金融诈骗罪

金融诈骗罪，是指以非法占有为目的，在金融领域采用虚构事实、隐瞒真相等欺诈手段，骗取数额较大的公私财物的行为。

根据《刑法》分则第三章第五节之规定，本类犯罪包括以下8个具体罪名：

一、集资诈骗罪

集资诈骗罪，是指以非法占有为目的，采用虚构事实或者隐瞒真相等欺诈手段非法集资，骗取集资款，数额较大的行为。

《追诉标准》第41条规定：个人集资诈骗10万元以上，单位集资诈骗50万元以上的，应予追诉。对于多次进行集资诈骗，并以后次诈骗的集资款归还前次诈骗的集资款的，在计算诈骗数额时，应当将案发前已经归还的数额扣除，按实际未归还的数额认定。量刑时可将多次行骗的数额作为从重情节予以考虑。本罪主体为一般主体，既可以是自然人，也可以是单位。本罪主观方面为故意，并以非法占有“集资”款为目的。

《刑法》第192条，经《刑法修正案（八）》修正后的第199条、第200条规定，个人犯本罪的，处5年以下有期徒刑或者拘役，并处2万元以上20万元以下罚金；数额巨大或者有其他严重情节的，处5年以上10年以下有期徒刑，并处5万元以上50万元以下罚金；数额特别巨大或者有其他特别严重情节的，处10年以上有期徒刑或者无期徒刑，并处5万元以上50万元以下罚金或者没收财产；数额特别巨大并且给国家和人民利益造成特别重大损失的，处无期徒刑或者死刑，并处没收财产。单位犯本罪的，对单位判处罚金，并对其直接负责的主管人员和其他直接责任人员处5年以下有期徒刑或者拘役；数额巨大或者有其他严重情节的，处5年以上10年以下有期徒刑；数额特别巨大或者有其他特别严重情节的，处10年以上有期徒刑或者无期徒刑。

二、贷款诈骗罪

贷款诈骗罪，是指以非法占有为目的，采用虚构事实或者隐瞒真相等欺诈手段骗取银行或者其他金融机构的贷款，数额较大的行为。

本罪对象为银行或者其他金融机构的贷款。根据《刑法》第193条之规定，贷款诈骗的手段包括：(1) 编造引进资金、项目等虚假理由的；(2) 使用虚假的经济合同的；(3) 使用虚假的证明文件的；(4) 使用虚假的产权证明作担保或者超出抵押物价值重复担保的；(5) 以其他方法诈骗贷款的。《追诉标准》第42条规定：诈骗贷款1万元以上的，应予追诉。在司法实践中，对于多次进行贷款诈骗，并以后次诈骗的贷款偿还前次诈骗的贷款的，在计算数额时，应当将案发前已经归还的数额扣除，按实际未归还的数额认定，量刑时可将多次诈骗的数额作为从重情节予以考虑。本罪主体为个人一般主体。根据《纪要》规定，对于单位十分明显地以非法占有为目的，利用签订、履行借款合同诈骗银行或其他金融机构贷款，符合《刑法》第224条规定的合同诈骗罪构成要件的，应当以合同诈骗罪定罪处罚。

《刑法》第193条规定，犯本罪的，处5年以下有期徒刑或者拘役，并处2万元以上20万元以下罚金；数额巨大或者有其他严重情节的，处5年以上10年以下有期徒刑，并处5万元以上50万元以下罚金；数额特别巨大或者有其他特别严重情节的，处10年以上有期徒刑或者无期徒刑，并处5万元以上50万元以下罚金或者没收财产。

三、票据诈骗罪

票据诈骗罪，是指以非法占有为目的，利用金融票据进行诈骗活动，数额较大的行为。

本罪对象为汇票、本票和支票。根据《刑法》第194条之规定，票据诈骗的手段包括：(1) 明知是伪造、变造的汇票、本票、支票而使用的；(2) 明知是作废的汇票、本票、支票而使用的；(3) 冒用他人的汇票、本票、支票的；(4) 签发空头支票或者与其预留的印鉴不符的支票骗取财物的；(5) 汇票、本票的出票人签发无资金保证的汇票、本票或者在出票时作虚假记载，骗取财物的。《追诉标准》第43条规定：个人票据诈骗5 000元以上，单位票据诈骗10万元以上的，应予追诉。

《刑法修正案（八）》取消了对本罪的死刑规定。《刑法》第194条第1款规定，个人犯本罪的，处5年以下有期徒刑或者拘役，并处2万元以上20万元以下罚金；数额巨大或者有其他严重情节的，处5年以上10年以下有期徒刑，并处5万元以上50万元以下罚金；数额特别巨大或者有其他特别严重情节的，处10年以上有期徒刑或者无期徒刑，并处5万元以上50万元以下罚金或者没收财产。经《刑法修正案（八）》修正后的《刑法》第200条规定，单位犯本罪的，对单位判处罚金，并对其直接负责的主管人员和其他直接责任人员处5年以下有期徒刑或者拘役，可以并处罚金；数额巨大或者有其他严重情节的，处5年以上10年以下有期徒刑，并处罚金；数额特别巨大或者有其他特别严重情节的，处10年以上有期徒刑或者无期徒刑，并处罚金。

四、金融凭证诈骗罪

金融凭证诈骗罪，是指以非法占有为目的，使用伪造、变造的委托收款凭证、汇款凭证、银行存单等银行结算凭证进行诈骗活动，数额较大的行为。

本罪对象为委托收款凭证、汇款凭证、银行存单等银行结算凭证。其诈骗手段限于使用伪造、变造的上述银行结算凭证的行为。《追诉标准》第 44 条规定：个人票据诈骗 5 000 元以上，单位票据诈骗 10 万元以上的，应予追诉。

《刑法修正案（八）》取消了对本罪的死刑规定。《刑法》第 194 条第 2 款规定，个人犯本罪的，处 5 年以下有期徒刑或者拘役，并处 2 万元以上 20 万元以下罚金；数额巨大或者有其他严重情节的，处 5 年以上 10 年以下有期徒刑，并处 5 万元以上 50 万元以下罚金；数额特别巨大或者有其他特别严重情节的，处 10 年以上有期徒刑或者无期徒刑，并处 5 万元以上 50 万元以下罚金或者没收财产。经《刑法修正案（八）》修正后的《刑法》第 200 条规定，单位犯本罪的，对单位判处罚金，并对其直接负责的主管人员和其他直接责任人员处 5 年以下有期徒刑或者拘役，可以并处罚金；数额巨大或者有其他严重情节的，处 5 年以上 10 年以下有期徒刑，并处罚金；数额特别巨大或者有其他特别严重情节的，处 10 年以上有期徒刑或者无期徒刑，并处罚金。

五、信用证诈骗罪

信用证诈骗罪，是指以非法占有为目的，利用信用证从事诈骗活动的行为。

本罪对象为信用证。根据《刑法》第 195 条之规定，利用信用证进行诈骗的手段包括：（1）使用伪造、变造的信用证或者附随的单据、文件的；（2）使用作废的信用证的；（3）骗取信用证；（4）以其他方法进行信用证诈骗活动的。所谓其他方法，主要是指利用“软条款”设置陷阱，即在开具信用证时故意制造一些隐藏性条款，赋予开证人或开证行可以随时根据其单方行为解除该信用证的主动权，致使受益人受骗上当。《追诉标准》第 45 条规定：涉嫌上述 4 种行为之一的，即应追诉。

《刑法修正案（八）》取消了对本罪的死刑规定。《刑法》第 195 条规定，个人犯本罪的，处 5 年以下有期徒刑或者拘役，并处 2 万元以上 20 万元以下罚金；数额巨大或者有其他严重情节的，处 5 年以上 10 年以下有期徒刑，并处 5 万元以上 50 万元以下罚金；数额特别巨大或者有其他特别严重情节的，处 10 年以上有期徒刑或者无期徒刑，并处 5 万元以上 50 万元以下罚金或者没收财产。经《刑法修正案（八）》修正后的《刑法》第 200 条规定，单位犯本罪的，对单位判处罚金，并对其直接负责的主管人员和其他直接责任人员处 5 年以下有期徒刑或者拘役，可以并处罚金；数额巨大或者有其他严重情节的，处 5 年以上 10 年以下有期徒刑，并处罚金；数额特别巨大或者有其他特别严重情节的，处 10 年以上有期徒刑或者无期徒刑，并处罚金。

六、信用卡诈骗罪

信用卡诈骗罪，是指以非法占有为目的，利用信用卡从事诈骗活动，数额较大的行为。

本罪对象为信用卡。根据《刑法修正案（五）》修正后的《刑法》第196条第1款之规定，利用信用卡进行诈骗的手段包括：（1）使用伪造的信用卡，或者以虚假的身份证明骗领的信用卡的；（2）使用作废的信用卡的；（3）冒用他人信用卡的；（4）恶意透支的。恶意透支，是指持卡人以非法占有为目的，超过规定限额或者规定期限透支，并且经发卡银行催收后仍不归还的行为。恶意透支者在银行交纳有保证金的，其恶意透支的数额应当以超出保证金的数额计算。《追诉标准》第46条规定：信用卡诈骗5 000元以上的，应予追诉。本罪主体为自然人一般主体。

《刑法修正案（五）》修正后的《刑法》第196条第1款规定，犯本罪的，处5年以下有期徒刑或者拘役，并处2万元以上20万元以下罚金；数额巨大或者有其他严重情节的，处5年以上10年以下有期徒刑，并处5万元以上50万以下罚金；数额特别巨大或者有其他特别严重情节的，处10年以上有期徒刑或者无期徒刑，并处5万元以上50万元以下罚金或者没收财产。

七、有价证券诈骗罪

有价证券诈骗罪，是指以非法占有为目的，使用伪造、变造的国库券或者国家发行的其他有价证券，进行诈骗活动，数额较大的行为。

本罪对象国家有价证券，包括国库券和国家发行的其他有价证券。使用伪造、变造的国家有价证券进行诈骗活动，是指用伪造、变造的假国库券或者假的其他国家有价证券进行承兑、抵押或者转让，骗取公私财物的行为。《追诉标准》第47条规定：进行有价证券诈骗活动，数额在5 000元以上的，应予追诉。本罪主体为自然人一般主体。

《刑法》第187条规定，犯本罪的，处5年以下有期徒刑或者拘役，并处2万元以上20万以下罚金；数额巨大或者有其他严重情节的，处5年以上10年以下有期徒刑，并处5万元以上50万元以下罚金；数额特别巨大或者有其他特别严重情节的，处10年以上有期徒刑或者无期徒刑，并处5万元以上50万元以下罚金或者没收财产。

八、保险诈骗罪

（一）保险诈骗罪的概念和特征

保险诈骗罪，是指投保人、被保险人或者受益人以非法占有为目的，采用欺诈手段骗取保险金，数额较大的行为。本罪具有以下特征：

1. 本罪的主要客体为保险管理秩序，次要客体是保险公司的财产所有权。

2. 本罪客观方面表现为采用欺诈手段骗取保险金，数额较大的行为。骗取保险金的具体手段包括：（1）投保人故意虚构保险标的，骗取保险金的；（2）投保人、被保险人或者受益人对发生的保险事故编造虚假的原因或者夸大损失程度，骗取保险金的；（3）投保人、被保险人或者受益人编造未曾发生的保险事故，骗取保险金的；（4）投保人、被保险人故意造成财产损失的保险事故，骗取保险金的；（5）投保人、受益人故意造成被保险人死亡、伤残或者疾病，骗取保险金的。《追诉标准》第48条规定：个人保险诈骗1万元以上，单位保险诈骗5万元以上的，应予追诉。

3. 本罪主体只能是投保人、被保险人和受益人。投保人，是指与保险人签订保险合同，并根据该合同负有向保险人交纳保险费义务的个人或者单位。被保险人，是指其财产或人身受保险合同保障，当发生保险事故或者约定的保险期间届满时，依据保险合同享有向保险人请求补偿损失或者领取保险金权利的个人或者单位。受益人，是指在人身保险合同中，由投保人或者被保险人指定的，或者依照法律规定的，享有向保险人请求领取保险金的权利的个人或者单位。根据《刑法》第 198 条第 4 款之规定，保险事故的鉴定人、证明人、财产评估人故意提供虚假的证明文件，为他人诈骗提供条件的，以保险诈骗的共犯论处。

4. 本罪主观方面为故意，并以骗取保险金为目的。

（二）保险诈骗罪的认定

认定本罪时，主要应当注意区分行为人在犯本罪的同时又实施其他犯罪行为时的一罪与数罪的界限。在实践中，有人在保险诈骗中采取了非法制造发票，伪造、变造、买卖国家机关公文、证件、印章，伪造公司、企业、事业单位、人民团体印章等犯罪手段，同时又触犯了相应的其他罪名。这种情况属于牵连犯，应当按“从一从重”的原则处理。还有人为了骗取保险金，故意造成被保险人死亡、伤残，或者故意毁损被保险的财产，则可能同时构成故意杀人、故意伤害、放火、爆炸、投放危险物质、故意毁坏财物等其他犯罪。根据《刑法》第 198 条第 2 款之规定，对于上述情况应当数罪并罚。

（三）保险诈骗罪的处罚

《刑法》第 198 条第 1 款、第 3 款规定，个人犯本罪的，处 5 年以下有期徒刑或者拘役，并处 1 万元以上 10 万元以下罚金；数额巨大或者有其他严重情节的，处 5 年以上 10 年以下有期徒刑，并处 2 万元以上 20 万元以下罚金；数额特别巨大或者有其他特别严重情节的，处 10 年以上有期徒刑，并处 2 万元以上 20 万以下罚金或者没收财产。单位犯本罪的，对单位判处罚金，并对其直接负责的主管人员和其他直接责任人员处 5 年以下有期徒刑或者拘役；数额巨大或者有其他严重情节的，处 5 年以上 10 年以下有期徒刑；数额特别巨大或者有其他特别严重情节的，处 10 年以上有期徒刑。

第七节 危害税收征管罪

危害税收征管罪，是指违反税收管理法律、法规，危害税收征管活动，情节严重的行为。

根据《刑法》分则第三章第六节的规定，本类犯罪包括以下 14 个具体罪名：

一、逃税罪

（一）逃税罪的概念和特征

逃税罪，是指纳税人、扣缴义务人违反税收管理法律、法规，采取欺骗、隐瞒手段，不缴或者少缴应纳税款以及代扣、代收的税款，数额较大，情节严重的行为。本罪具有以下特征：

1. 本罪客体为复杂客体，主要是税收征管秩序，其次是国家对应征税款以及代扣、代收税款的所有权。

2. 本罪在客观方面表现为违反税收管理法律、法规，采取欺骗、隐瞒手段，不缴或者少缴应纳税款以及代扣、代收的税款，情节严重的行为。根据《刑法修正案（七）》第3条修正后的《刑法》第201条之规定，纳税人逃税数额较大，并且占应纳税额的10%以上的，或者扣缴义务人逃税数额较大的，应当以本罪追究刑事责任。对多次逃税未经处理的，按照累计数额计算。纳税人逃税，经税务机关依法下达追缴通知后，补缴应纳税款，缴纳滞纳金，已受行政处罚的，不予追究刑事责任；但是，5年内因逃税受过刑事处罚或者被税务机关给予二次以上行政处罚的除外。根据最高人民法院2002年11月5日公布的《关于审理偷税抗税刑事案件具体应用法律若干问题的解释》（本节一、二目中简称《解释》）之规定，“偷税数额”，是指在确定的纳税期间，不缴或者少缴各税种税款的总额。“偷税数额占应纳税额的百分比”，是指一个纳税年度中的各税种的偷税总额与该纳税年度应纳税总额的比例。不按纳税年度确定纳税期的其他纳税人，按最后一次偷税行为发生之日前一年中各税种偷税总额与该年纳税总额的比例确定。纳税义务存续期间不足一个纳税年度的，按各税种偷税总额与实际发生纳税义务期间应当缴纳税款总额的比例确定。偷税行为跨越若干个纳税年度的，只要其中一个纳税年度的偷税数额及百分比达到定罪标准，即构成本罪，各纳税年度的偷税数额应当累计计算，偷税百分比应当按照最高的百分比确定。

3. 本罪主体自然人和单位均可构成，且为特殊主体，只能由纳税人或者扣缴义务人构成。纳税人，是指法律、行政法规规定负有纳税义务的单位和个人。扣缴义务人，是指法律、行政法规规定负有代扣代缴、代收代缴税款义务的单位和个人。

4. 本罪在主观方面只能由故意构成，并以不缴或少缴应纳税款以及代扣、代收的税款为目的。

（二）逃税罪的认定

认定本罪时，主要应当注意区分罪与非罪的界限。一是看主观方面是否具有逃税的故意，过失则属于漏税。二是看是否达到法定追诉标准，否则只应承担行政违法责任。三是对于扣缴义务人而言，应当从其行为性质上区分本罪与不履行代扣、代收义务的界限。只有扣缴义务人故意向税务机关隐瞒不缴或者少缴已扣、已收税款（根据《解释》之规定，扣缴义务人书面承诺代纳税人支付税款的，应当认定扣缴义务人“已扣、已收税款”），才能构成本罪；如果只是没有履行代扣、代收的义务，则只属于违背扣缴义务的行为，不构成犯罪。

（三）逃税罪的处罚

经《刑法修正案（七）》修正后的《刑法》第201条、《刑法》第211条及第212条规定，个人犯本罪的，处3年以下有期徒刑或者拘役，并处罚金；逃税数额巨大，并且占应纳税额30%以上的，处3年以上7年以下有期徒刑，并处罚金。单位犯本罪的，对单位判处罚金，并对其直接负责的主管人员和其他直接责任人员，依照个人犯本罪的规定处罚。

犯本罪被判处罚金的，在执行前，应当先由税务机关追缴逃税款。

二、抗税罪

（一）抗税罪的概念和特征

抗税罪，是指纳税人、扣缴义务人违反税收管理法律、法规，以暴力、威胁方法拒不缴纳应纳税款以及代扣、代收税款的行为。本罪具有以下特征：

1. 本罪客体为复杂客体，主要是税收征管秩序，其次是国家对应征税款的所有权，再次是税务机关工作人员的人身权利。

2. 本罪在客观方面表现为违反税收管理法律、法规，以暴力、威胁方法拒不缴纳应纳税款以及代扣、代收税款的行为。本罪的手段行为是暴力、威胁，表现为作为。暴力，是指对税务机关工作人员实行殴打、捆绑、禁闭等身体加害行为，使其不能执行征税职务；威胁，是指对税务机关工作人员以加害本人、加害亲属、毁损财物、毁坏名誉等进行恐吓，使其不敢执行征税职务。

3. 本罪主体为自然人特殊主体，只能由纳税人和扣缴义务人个人构成，单位不能构成本罪主体。根据《解释》第 6 条第 2 款之规定，与纳税人或者扣缴义务人共同实施抗税行为的，以本罪共犯论处。

4. 本罪在主观方面只能由故意构成，并以拒缴税款为目的。

（二）抗税罪的认定

1. 罪与非罪的界限。一是本罪与欠税的界限。欠税是指拖欠税款，不按期纳税的行为，属于税收违法行为之一，不构成犯罪。二是从情节的严重程度上区分罪与非罪。《刑法》第 202 条虽然没有明文规定必须情节严重才能构成本罪，但是如果从抗税数额、暴力、威胁的手段、程度等情况综合衡量，“情节显著轻微危害不大”，则不应作犯罪处理。

2. 认定本罪时应当注意的其他问题。一是关于抗税致人重伤、死亡案件的定罪问题。根据《解释》第 6 条第 1 款之规定，对于此类案件，应当分别以故意伤害罪或者故意杀人罪定罪处罚。二是关于对扣缴义务人以暴力、威胁方法拒绝代扣、代收税款案件的定罪问题。根据《税收征收管理法》第 19 条第 2 款之规定，纳税人拒绝代扣、代收税款时，扣缴义务人应当及时报告税务机关处理，无权强行代扣、代收。因此，如果扣缴义务人因强行代扣、代收税款与纳税人发生冲突，纳税人对其使用暴力的，不能按本罪定罪。如果构成了故意伤害等其他犯罪的，按其他罪定罪处罚。三是关于对单位抗税案件的定性问题。由于《刑法》规定本罪主体不能由单位构成，因此，对于单位抗税案件致人伤亡的，只能对实施人员个人以故意伤害罪或者故意杀人罪定罪处罚。对幕后组织、策划、教唆者以共犯论处。

（三）抗税罪的处罚

《刑法》第 202 条、第 212 条规定，犯本罪的，处 3 年以下有期徒刑或者拘役，并处拒缴税款 1 倍以上 5 倍以下罚金；情节严重的，处 3 年以上 7 年以下有期徒刑，并处拒缴税款 1 倍以上 5 倍以下罚金。根据《解释》第 5 条之规定，“情节严重”是指具有下列情形之一：（1）聚众抗税的首要分子；（2）抗税数额在 10 万元以上的；（3）多次抗税的；（4）故意伤害致人轻伤的；（5）具有其他严重情节的。

犯本罪被判处罚金的，在执行前，应当先由税务机关追缴被拒缴的税款。

三、逃避追缴欠税罪

逃避追缴欠税罪，是指欠缴应纳税款的纳税人，违反税收管理法律、法规，采取转移或者隐匿财产的手段，致使税务机关无法追缴欠缴的税款，数额较大的行为。

本罪主体只能由欠缴税款的纳税人（即欠税人，包括自然人和单位）构成。主观方面为故意，并以逃避追缴所欠税款为目的。本罪在客观方面必须具备4个条件：一是必须具有欠税事实；二是具有转移、隐匿财产的行为；三是致使税务机关无法追缴其所欠税款；四是逃避追缴欠税的数额较大。《追诉标准》第51条规定：逃避追缴的欠税在1万元以上的，应予追诉。

《刑法》第203条、第211条及第212条规定，个人犯本罪的，处3年以下有期徒刑或者拘役，并处或者单处欠缴税款1倍以上5倍以下罚金；数额在10万元以上的，处3年以上7年以下有期徒刑，并处欠缴税款1倍以上5倍以下罚金。单位犯本罪的，对单位判处罚金，并对其直接负责的主管人员和其他直接责任人员，依照个人犯本罪的规定处罚。

犯本罪被判处罚金的，在执行前，应当先由税务机关追缴所欠税款。

四、骗取出口退税罪

（一）骗取出口退税罪的概念和特征

骗取出口退税罪，是指以非法占有国家税款为目的，违反税收管理法律、法规，以假报出口或者其他欺骗手段，骗取国家出口退税款，数额较大的行为。本罪具有以下特征：

1. 本罪客体为税收征管秩序和国家对被骗税款的所有权。

2. 本罪在客观方面表现为违反税收管理法律、法规，以假报出口或者其他欺骗手段，骗取国家出口退税款，数额较大的行为。根据最高人民法院2002年9月17日公布的《关于审理骗取出口退税刑事案件具体应用法律若干问题的解释》（本目以下简称《解释》）第1条之规定，“假报出口”，是指以虚构已税货物出口事实为目的，具有下列情形之一的行为：（1）伪造或者签订虚假的买卖合同；（2）以伪造、变造或者其他非法手段取得出口货物报关单、出口收汇核销单、出口货物专用缴款书等有关出口退税单据、凭证；（3）虚开、伪造、非法购买增值税专用发票或者其他可以用于出口退税的发票；（4）其他虚构已税货物出口事实的行为。根据《解释》第2条之规定，“其他欺骗手段”，是指具有下列情形之一的行为：（1）骗取出口货物退税资格的；（2）将未纳税或者免税货物作为已税货物出口的；（3）虽有货物出口，但虚构该出口货物的品名、数量、单价等要素，骗取未实际纳税部分出口退税款的；（4）以其他手段骗取出口退税款的。根据《解释》第3条之规定，骗取出口退税款5万元以上的，应予追诉。《解释》第7条还规定：骗取国家出口退税未得逞的，也应以本罪（未遂）定罪，可以比照既遂犯从轻或者减轻处罚。

3. 本罪主体为一般主体，自然人和单位均可构成。根据《解释》第6条之规定，有进出口经营权的公司、企业，明知他人意欲骗取国家出口退税款，仍违反国家有关进出口经营的规定，允许他人自带客户、自带货源、自带汇票并自行报关，骗取国家出口退税款的，应当以本罪定罪处罚。

4. 本罪在主观方面为故意，并以非法占有国家税款为目的。

（二）骗取出口退税罪的认定

认定本罪时，一是应当注意区分本罪与以骗取出口退税为手段的偷税罪之间的界限。根据《刑法》第204条第2款之规定，纳税人缴纳税款后，采用骗取出口退税的方法骗取所缴税款的，以偷税罪定罪处罚；骗取税款超过所缴税款部分，以本罪定罪处罚。二是应当注意本罪手段触犯其他罪名时的罪数认定问题。根据《解释》第9条之规定，实施本罪的同时构成虚开增值税专用发票等其他犯罪的，依照处罚较重的规定定罪处罚。

（三）骗取出口退税罪的处罚

《刑法》第204条、第211条及第212条规定，个人犯本罪的，处5年以下有期徒刑或者拘役，并处骗取税款1倍以上5倍以下罚金；数额巨大或者有其他严重情节的，处5年以上10年以下有期徒刑，并处骗取税款1倍以上5倍以下罚金；数额特别巨大或者有其他特别严重情节的，处5年以上10年以下有期徒刑或者无期徒刑，并处骗取税款1倍以上5倍以下罚金或者没收财产。根据《解释》第3条之规定，骗取税款50万元以上的，属于“数额巨大”；骗取税款250万元以上的，属于“数额特别巨大”。根据《解释》第4条之规定，“其他严重情节”是指具有下列情形之一：(1)造成国家税款损失30万元以上并且在第一审判决宣告前无法追回的；(2)因骗取国家出口退税行为受过行政处罚，二年内又骗取国家出口退税款数额在30万元以上的；(3)情节严重的其他情形。根据《解释》第5条之规定，“其他特别严重情节”，是指具有下列情形之一：(1)造成国家税款损失150万元以上并且在第一审判决宣告前无法追回的；(2)因骗取国家出口退税行为受过行政处罚，二年内又骗取国家出口退税款数额在150万元以上的；(3)情节特别严重的其他情形。单位犯本罪的，对单位判处罚金，并对其直接负责的主管人员和其他直接责任人员，依照个人犯本罪的规定处罚。

犯本罪被判处罚金、没收财产的，在执行前，应当先由税务机关追缴被骗税款。

五、虚开增值税专用发票、用于骗取出口退税、抵扣税款发票罪

虚开增值税专用发票、用于骗取出口退税、抵扣税款发票罪，是指违反发票管理法律、法规，虚开增值税专用发票或者可以用于骗取出口退税、抵扣税款的增值税专用发票以外的其他发票的行为。

根据发票种类的不同，可以将其分为增值税专用发票、可以用于申请出口退税或抵扣税款的非增值税专用发票（简称用于骗取出口退税、抵扣税款发票）和其他发票（简称普通发票）三类。本罪对象仅限于前两类发票。增值税，是指国家设定的一种以在中华人民共和国境内销售货物或者提供加工、修理修配劳务以及进口货物的单位和个人的经营增值部分作为征税对象的一个税种。增值税专用发票，就是专门用于反映增值税征收情况的发票。用于骗取出口退税、抵扣税款发票，是指可以用于申请出口退税、抵扣税款的非增值税专用发票，如运输发票、废旧物品收购发票、农业产品收购发票等。虚开，是指不实开具，如以无开有，以少开多，包括为他人虚开、为自己

虚开、让他人为自己虚开、介绍他人虚开。《追诉标准》第53条规定：虚开增值税专用发票或者用于骗取出口退税、抵扣税款发票，虚开的税款数额在1万元以上，或者致使国家税款被骗5 000元以上的，应予追诉。本罪主体为一般主体，自然人和单位均可构成。主观方面只包括故意虚开不包括过失误开。

《刑法修正案（八）》取消了对本罪的死刑规定。《刑法》第205条第1款、第3款，第212条规定，个人犯本罪的，处3年以下有期徒刑或者拘役，并处2万元以上20万元以下罚金；虚开的税款数额较大或者有其他严重情节的，处3年以上10年以下有期徒刑，并处5万元以上50万元以下罚金；虚开的税款数额巨大或者有其他特别严重情节的，处10年以上有期徒刑或者无期徒刑，并处5万元以上50万元以下罚金或者没收财产。单位犯本罪的，对单位判处罚金，并对其直接负责的主管人员和其他直接责任人员，处3年以下有期徒刑或者拘役；虚开的税款数额较大或者有其他严重情节的，处3年以上10年以下有期徒刑；虚开的税款数额巨大或者有其他特别严重情节的，处10年以上有期徒刑或者无期徒刑。犯本罪被判处罚金、没收财产的，在执行前，应当先由税务机关追缴被骗取或抵扣的税款。

六、虚开发票罪

虚开发票罪，是指违反发票管理法律、法规，虚开普通发票，情节严重的行为。

本罪对象仅限于除增值税专用发票、可以用于骗取出口退税、抵扣税款的发票以外的其他普通发票。虚开包括为他人虚开、为自己虚开、让他人为自己虚开、介绍他人虚开。本罪主体为一般主体，自然人和单位均可构成。主观方面只包括故意虚开，不包括过失误开。

《刑法修正案（八）》增加的《刑法》第205条之一规定，个人犯本罪的，处2年以下有期徒刑、拘役或者管制，并处罚金；情节特别严重的，处2年以上7年以下有期徒刑，并处罚金。单位犯本罪的，对单位判处罚金，并对其直接负责的主管人员和其他直接责任人员，依照个人犯本罪的规定处罚。

七、伪造、出售伪造的增值税专用发票罪

伪造、出售伪造的增值税专用发票罪，是指违反发票管理法律、法规，伪造或者出售伪造的增值税专用发票的行为。

伪造增值税专用发票，是指仿照增值税专用发票的图案、形状、色彩、质地、式样、规格等，采用临摹描绘、彩色复印、制版印刷等方法制造假增值税专用发票的行为。出售伪造的增值税专用发票，是指向他人有偿转让伪造的假增值税专用发票的行为。《追诉标准》第54条规定：伪造或者出售伪造的增值税专用发票25份以上，或者票面额累计10万元以上的，应予追诉。本罪主体为一般主体，自然人和单位均可构成。

《刑法修正案（八）》取消了对本罪的死刑规定。《刑法》第206条第1款、第3款规定，个人犯本罪的，处3年以下有期徒刑、拘役或者管制，并处2万元以上20万元以下罚金；数量较大或者有其他严重情节的，处3年以上10年以下有期徒刑，并处5

万元以上50万元以下罚金；数量巨大或者有其他特别严重情节的，处10年以上有期徒刑或者无期徒刑，并处5万元以上50万元以下罚金或者没收财产。单位犯本罪的，对单位判处罚金，并对其直接负责的主管人员和其他直接责任人员，处3年以下有期徒刑、拘役或者管制；数量较大或者有其他严重情节的，处3年以上10年以下有期徒刑；数量巨大或者有其他特别严重情节的，处10年以上有期徒刑或者无期徒刑。

八、非法出售增值税专用发票罪

非法出售增值税专用发票罪，是指违反发票管理法律、法规，非法出售增值税专用发票的行为。

根据增值税专用发票管理规定，增值税专用发票只能由主管税务机关向符合法定条件的增值税专用发票领购者出售，任何其他单位和个人均无权出售。《追诉标准》第55条规定：非法出售增值税专用发票25份以上，或者票面额累计10万元以上的，应予追诉。本罪主体为一般主体，自然人和单位均可构成。

《刑法》第207条、第211条规定，个人犯本罪的，处3年以下有期徒刑、拘役或者管制，并处2万元以上20万元以下罚金；数量较大的，处3年以上10年以下有期徒刑，并处5万元以上50万元以下罚金；数量巨大的，处10年以上有期徒刑或者无期徒刑，并处5万元以上50万元以下罚金或者没收财产。单位犯本罪的，对单位判处罚金，并对其直接负责的主管人员和其他直接责任人员，按照个人犯本罪的规定处罚。

九、非法购买增值税专用发票、购买伪造的增值税专用发票罪

非法购买增值税专用发票、购买伪造的增值税专用发票罪，是指违反发票管理法律、法规，非法购买增值税专用发票，或者购买伪造的增值税专用发票的行为。

根据增值税专用发票管理规定，增值税专用发票只能由符合法定条件的增值税专用发票领购者向主管税务机关依法申请领购，任何单位和个人均不得向主管税务机关以外的其他单位或个人购买增值税专用发票，更不允许购买伪造的增值税专用发票。《追诉标准》第56条规定：非法购买增值税专用发票或者购买伪造的增值税专用发票25份以上，或者票面额累计10万元以上的，应予追诉。根据《刑法》第208条第2款之规定，非法购买增值税专用发票或者购买伪造的增值税专用发票又虚开或者出售的，应当分别依照《刑法》第205、206、207条之规定，以虚开增值税专用发票罪、出售伪造的增值税专用发票罪、非法出售增值税专用发票罪定罪处罚。本罪主体为一般主体，自然人和单位均可构成。

《刑法》第208条第1款、第211条规定，个人犯本罪的，处5年以下有期徒刑或者拘役，并处或者单处2万元以上20万元以下罚金。单位犯本罪的，对单位判处罚金，并对其直接负责的主管人员和其他直接责任人员，按照个人犯本罪的规定处罚。

十、非法制造、出售非法制造的用于骗取出口退税、抵扣税款发票罪

非法制造、出售非法制造的用于骗取出口退税、抵扣税款发票罪，是指违反发票管理法律、法规，伪造、擅自制造或者出售伪造、擅自制造的用于骗取出口退税、抵

扣税款发票的行为。

本罪对象仅限于除增值税专用发票和其他普通发票以外的可以用于骗取出口退税抵扣税款的发票。

本罪在客观方面表现为3类行为：（1）伪造用于骗取出口退税、抵扣税款发票的行为；（2）擅自制造用于骗取出口退税、抵扣税款发票的行为；（3）出售伪造、擅自制造的用于骗取出口退税、抵扣税款发票的行为。擅自制造发票，是指税务机关指定印制发票的企业，擅自超越税务机关批准的种类和数量印制发票的行为。伪造和擅自制造都属非法制造。《追诉标准》第57条规定：伪造、擅自制造或者出售伪造、擅自制造的用于骗取出口退税、抵扣税款发票50份以上的，应予追诉。本罪主体为一般主体，自然人和单位均可构成。

《刑法》第209条第1款、第211条规定，个人犯本罪的，处3年以下有期徒刑、拘役或者管制，并处2万元以上20万元以下罚金；数量巨大的，处3年以上7年以下有期徒刑，并处5万元以上50万元以下罚金；数量特别巨大的，处7年以上有期徒刑，并处5万元以上50万元以下罚金或者没收财产。单位犯本罪的，对单位判处罚金，并对其直接负责的主管人员和其他直接责任人员，按照个人犯本罪的规定处罚。

十一、非法制造、出售非法制造的发票罪

非法制造、出售非法制造的发票罪，是指违反发票管理法律、法规，伪造、擅自制造或者出售伪造、擅自制造的普通发票的行为。

本罪在客观方面表现为3类行为：（1）伪造普通发票的行为；（2）擅自制造普通发票的行为；（3）出售伪造、擅自制造的普通发票的行为。《追诉标准》第58条规定：伪造、擅自制造或者出售伪造、擅自制造的普通发票50份以上的，应予追诉。本罪主体为一般主体，自然人和单位均可构成。

《刑法》第209条第2款、第211条规定，个人犯本罪的，处2年以下有期徒刑、拘役或者管制，并处或者单处1万元以上5万元以下罚金；情节严重的，处2年以上7年以下有期徒刑，并处5万元以上50万元以下罚金。单位犯本罪的，对单位判处罚金，并对其直接负责的主管人员和其他直接责任人员，按照个人犯本罪的规定处罚。

十二、非法出售用于骗取出口退税、抵扣税款发票罪

非法出售用于骗取出口退税、抵扣税款发票罪，是指违反发票管理法律、法规，非法出售用于骗取出口退税、抵扣税款发票的行为。

《追诉标准》第59条规定：非法出售用于骗取出口退税、抵扣税款发票50份以上的，应予追诉。本罪主体为一般主体，自然人和单位均可构成。

《刑法》第209条第1款、第3款及第211条规定，个人犯本罪的，处3年以下有期徒刑、拘役或者管制，并处2万元以上20万元以下罚金；数量巨大的，处3年以上7年以下有期徒刑，并处5万元以上50万元以下罚金；数量特别巨大的，处7年以上有期徒刑，并处5万元以上50万元以下罚金或者没收财产。单位犯本罪的，对单位判处罚金，并对其直接负责的主管人员和其他直接责任人员，按照个人犯本罪的规定

处罚。

十三、非法出售发票罪

非法出售发票罪，是指违反发票管理法律、法规，非法出售普通发票的行为。

《追诉标准》第60条规定：非法出售普通发票50份以上的，应予追诉。本罪主体为一般主体，自然人和单位均可构成。

《刑法》第209条第2款、第4款及第211条规定，个人犯本罪的，处2年以下有期徒刑、拘役或者管制，并处或者单处1万元以上5万元以下罚金；情节严重的，处2年以上7年以下有期徒刑，并处5万元以上50万元以下罚金。单位犯本罪的，对单位判处罚金，并对其直接负责的主管人员和其他直接责任人员，按照个人犯本罪的规定处罚。

十四、持有伪造的发票罪

持有伪造的发票罪，是指明知是伪造的发票而持有，数量较大的行为。

本罪对象包括各种伪造的发票，包括伪造的增值税专用发票、可以用于骗取出口退税、抵扣税款的发票，也包括伪造的普通发票。客观方面表现为持有伪造的发票，数量较大的行为。主体包括个人和单位。主观方面只能由故意构成，不知是伪造的发票而持有不构成犯罪。

《刑法修正案（八）》增加的《刑法》第210条之一规定，个人犯本罪的，处2年以下有期徒刑、拘役或者管制，并处罚金；数量巨大的，处2年以上7年以下有期徒刑，并处罚金。单位犯本罪的，对单位判处罚金，并对其直接负责的主管人员和其他直接责任人员，按照个人犯本罪的规定处罚。

第八节　侵犯知识产权罪

侵犯知识产权罪，是指违反知识产权管理法律、法规，侵犯他人的知识产权，情节严重的行为。

根据《刑法》分则第三章第七节之规定，本类犯罪包括以下7个具体罪名：

一、假冒注册商标罪

（一）假冒注册商标罪的概念和特征

假冒注册商标罪，是指违反注册商标管理法律、法规，未经注册商标所有人许可，在同一种商品上使用与其注册商标相同的商标，情节严重的行为。本罪具有以下特征：

1. 本罪侵犯的客体是复杂客体，主要是注册商标管理秩序，其次是注册商标所有人对其注册商标的专用权。

2. 本罪在客观方面表现为未经注册商标所有人许可，在同一种商品上使用与其注册商标相同的商标，情节严重的行为。商标，是指商品生产、经营者为了使商品购买者便于识别其生产、经营的商品与他人生产、经营的同类商品的区别，从而建立良好的商品信誉，特意设计的一种以一定的文字、图形或者文字加图形共同组成的，印制于自己生产、经营的商品或者商品包装物上的标志性图案。注册商标，是指经国家工商行政管理机关依法登记注册的商标。“未经注册商标所有人许可”，是指没有取得注册商标所有人的同意与授权，包括背着注册商标所有人擅自使用其注册商标，也包括经与注册商标所有人协商转让注册商标使用权未果而径直使用其注册商标的行为。“同一种商品”，是指依照国家工商行政管理机关颁发的商品分类标准确定的同种商品。根据最高人民法院、最高人民检察院2004年12月8日公布的《关于办理侵犯知识产权刑事案件具体应用法律若干问题的解释》（本节以下简称《解释》）第8条之规定，本罪所涉“相同的商标”，是指与被假冒的注册商标完全相同，或者与被假冒的注册商标在视觉上基本无差别、足以对公众产生误导的商标。“使用”，是指将注册商标或者假冒的注册商标用于商品、商品包装或者容器以及产品说明书、商品交易文书，或者将注册商标或者假冒的注册商标用于广告宣传、展览以及其他商业活动等行为。根据《解释》第1条第1款之规定，个人假冒注册商标具有下列情形之一的，属于“情节严重”，应予追究刑事责任：（1）非法经营数额在5万元以上或者违法所得数额在3万元以上的；（2）假冒两种以上注册商标，非法经营数额在3万元以上或者违法所得数额在2万元以上的；（3）其他情节严重的情形。根据《解释》第15条之规定，单位假冒注册商标“情节严重”的标准，按照上述标准的3倍执行。根据《解释》第12条第1款、第2款之规定，“非法经营数额”，是指行为人在实施侵犯知识产权行为过程中，制造、储存、运输、销售侵权产品的价值。已销售的侵权产品的价值，按照实际销售的价格计算。制造、储存、运输和未销售的侵权产品的价值，按照标价或者已经查清的侵权产品的实际销售平均价格计算。侵权产品没有标价或者无法查清其实际销售价格的，按照被侵权产品的市场中间价格计算。多次实施侵犯知识产权行为，未经行政处理或者刑事处罚的，非法经营数额、违法所得数额或者销售金额累计计算。（本规定也适用于本节其他犯罪。）

3. 本罪主体为一般主体，自然人和单位均可构成。根据《解释》第16条之规定，明知他人实施侵犯知识产权犯罪，而为其提供贷款、资金、账号、发票、证明、许可证件，或者提供生产、经营场所或者运输、储存、代理进出口等便利条件、帮助的，以侵犯知识产权犯罪的共犯论处。（本规定也适用于本节其他犯罪。）

4. 本罪在主观方面为故意。

（二）假冒注册商标罪的认定

1. 罪与非罪的界限。一是从犯罪对象上区分：只有假冒他人注册商标才能构成本罪；假冒他人未经注册的商标，或者假冒他人的商品名称、包装、装潢、企业名称、认证标志、名优标志等，不构成本罪。二是从《商标法》与《刑法》规定的差异上区分：《商标法》规定的假冒商标，包括未经注册商标所有人许可，具有下列四种情形之一的行为：（1）在同一种商品上使用与其注册商标相同的商标；（2）在同一种商品上使用与其注册商标近似的商标；（3）在类似商品上使用与其注册商标相同的商标；（4）在类似商品上使用与其注册商标近似的商标。《刑法》只把第一种行为规定为犯罪，因此，其他三种假冒商标行为均不构成犯罪。三是从本罪与商标使用权转让纠纷的界限上区分：

商标注册人可以许可他人使用其注册商标。如果行为人与注册商标所有人签订有商标使用许可合同，但在履行合同中发生争议，则属于商标使用权转让合同纠纷，而非本罪。四是从危害程度上区分：只有达到《解释》所规定的“情节严重”的标准的，才能作为犯罪处理。

2. 此罪与彼罪的界限。主要应注意区分本罪与生产、销售伪劣商品罪的界限。如果行为人在生产、销售伪劣商品的过程中假冒他人的注册商标，同时构成了生产、销售伪劣商品罪与假冒注册商标罪，其生产、销售伪劣商品是目的犯罪，假冒他人注册商标是手段犯罪，二者属于牵连犯，应当按照“从一重处断”的原则定罪处罚。

（三）假冒注册商标罪的处罚

《刑法》第 213 条、第 220 条规定，个人犯本罪的，处 3 年以下有期徒刑或者拘役，并处或者单处罚金；情节特别严重的，处 3 年以上 7 年以下有期徒刑，并处罚金。单位犯本罪的，对单位判处罚金，并对其直接负责的主管人员和其他直接责任人员，按照对个人犯本罪的规定处罚。根据《解释》第 1 条第 2 款之规定，个人假冒注册商标具有下列情形之一的，属于“情节特别严重”：（1）非法经营数额在 25 万元以上或者违法所得数额在 15 万元以上的；（2）假冒两种以上注册商标，非法经营数额在 15 万元以上或者违法所得数额在 10 万元以上的；（3）其他情节特别严重的情形。根据《解释》第 15 条之规定，单位假冒注册商标“情节特别严重”的标准，按照上述标准的 3 倍执行。

二、销售假冒注册商标的商品罪

销售假冒注册商标的商品罪，是指违反注册商标管理法律、法规，销售明知是假冒注册商标的商品，销售金额较大的行为。

销售明知是假冒注册商标的商品，是指行为人明知是他人生产、销售的假冒注册商标的商品而予以销售的行为。根据《解释》第 9 条之规定，“销售金额”，是指销售假冒注册商标的商品后所得或应得的全部违法收入。具有下列情形之一的，应当认定为“明知”：（1）知道自己销售的商品上的注册商标被涂改、调换或者覆盖的；（2）因销售假冒注册商标的商品受到过行政处罚或者承担过民事责任、又销售同一种假冒注册商标的商品的；（3）伪造、涂改商标注册人授权文件或者知道该文件被伪造、涂改的；（4）其他知道或者应当知道是假冒注册商标的商品的情形。根据《解释》第 2 条第 1 款和第 15 条之规定，个人销售明知是假冒注册商标的商品，销售金额在 5 万元以上，单位销售金额在 15 万元以上的，属于“数额较大”，应当追究刑事责任。根据《解释》第 13 条之规定，实施假冒注册商标犯罪，又销售该假冒注册商标的商品，构成犯罪的，应当以假冒注册商标罪定罪处罚。实施假冒注册商标犯罪，又销售明知是他人的假冒注册商标的商品，构成犯罪的，应当实行数罪并罚。本罪主体为一般主体，自然人和单位均可构成。

《刑法》第 214 条、第 220 条规定，个人犯本罪的，处 3 年以下有期徒刑或者拘役，并处或者单处罚金；销售金额数额巨大的，处 3 年以上 7 年以下有期徒刑，并处罚金。单位犯本罪的，对单位判处罚金，并对其直接负责的主管人员和其他直接责任人员，按照对个人犯本罪的规定处罚。依照《解释》第 2 条第 2 款和第 15 条之规定，个人销售明知是假冒注册商标的商品，销售金额在 25 万元以上，单位销售金额在 75 万元以上的，属于“销售金额数额巨大”。

三、非法制造、销售非法制造的注册商标标识罪

非法制造、销售非法制造的注册商标标识罪，是指违反注册商标管理法律、法规，伪造、擅自制造他人注册商标标识，或者销售伪造、擅自制造的注册商标标识，情节严重的行为。

商标标识，是指印有商标图案的物质载体，如印有商标图案的商品标牌、瓶贴、包装物等。伪造他人注册商标标识，是指仿照他人注册商标标识的图案、色彩、质地、形状、式样、规格等进行复制的行为。擅自制造他人注册商标标识，是指受注册商标所有人委托从事注册商标标识加工生产的单位或者个人，瞒着委托人擅自增大加工生产数量并私自截留的行为。销售伪造、擅自制造的注册商标标识，是指明知是伪造或者擅自制造的注册商标标识而予以销售的行为。根据《解释》第 3 条第 1 款之规定，个人非法制造、销售非法制造的注册商标标识，具有下列情形之一的，属于“情节严重”，应予追究刑事责任：（1）非法制造、销售非法制造的注册商标标识数量在 2 万件以上，或者非法经营数额在 5 万元以上，或者违法所得数额在 3 万元以上的；（2）非法制造、销售非法制造的两种以上注册商标标识数量在 1 万件以上，或者非法经营数额在 3 万元以上，或者违法所得数额在 2 万元以上的；（3）其他情节严重的情形。根据《解释》第 15 条之规定，单位非法制造、销售非法制造的注册商标标识“情节严重”的标准，按照上述标准的 3 倍执行。《解释》第 12 条第 3 款规定：上述解释中所规定的“件”，是指标有完整商标图样的一份标识。本罪主体为一般主体，自然人和单位均可构成。

《刑法》第 215 条、第 220 条规定，个人犯本罪的，处 3 年以下有期徒刑、拘役或者管制，并处或者单处罚金；情节特别严重的，处 3 年以上 7 年以下有期徒刑，并处罚金。单位犯本罪的，对单位判处罚金，并对其直接负责的主管人员和其他直接责任人员，按照对个人犯本罪的规定处罚。根据《解释》第 3 条第 2 款之规定，个人非法制造、销售非法制造的注册商标标识，具有下列情形之一的，属于“情节特别严重”：（1）非法制造、销售非法制造的注册商标标识数量在 10 万件以上，或者非法经营数额在 25 万元以上，或者违法所得数额在 15 万元以上的；（2）非法制造、销售非法制造的两种以上注册商标标识数量在 5 万件以上，或者非法经营数额在 15 万元以上，或者违法所得数额在 10 万元以上的；（3）其他情节特别严重的情形。根据《解释》第 15 条之规定，单位非法制造、销售非法制造的注册商标标识“情节特别严重”的标准，按照上述标准的 3 倍执行。

四、假冒专利罪

假冒专利罪，是指违反专利管理法律、法规，未经专利权人许可，在非专利产品上使用其专利标记或专利号，情节严重的行为。

假冒他人专利，是指未经专利权人许可，擅自在非专利产品上使用专利权人的专

利标记或专利号的行为。根据《解释》第 10 条之规定，实施下列行为之一的，属于“假冒他人专利”的行为：(1) 未经许可，在其制造或者销售的产品、产品的包装上标注他人的专利号的；(2) 未经许可，在广告或者其他宣传材料中使用他人的专利号，使人将所涉及的技术误认为是他人专利技术的；(3) 未经许可，在合同中使用他人的专利号，使人将合同涉及的技术误认为是他人专利技术的；(4) 伪造或者变造他人的专利证书、专利文件或者专利申请文件的。根据《解释》第 4 条之规定，个人假冒他人专利具有下列情形之一的，属于“情节严重”，应予追究刑事责任：(1) 非法经营数额在 20 万元以上或者违法所得数额在 10 万元以上的；(2) 给专利权人造成直接经济损失 50 万元以上的；(3) 假冒两项以上他人专利，非法经营数额在 10 万元以上或者违法所得数额在 5 万元以上的；(4) 其他情节严重的情形。根据《解释》第 15 条之规定，单位假冒他人专利“情节严重”的标准，按照上述标准的 3 倍执行。本罪主体为一般主体，自然人和单位均可构成。

《刑法》第 216 条、第 220 条规定，个人犯本罪的，处 3 年以下有期徒刑或者拘役，并处或者单处罚金。单位犯本罪的，对单位判处罚金，并对其直接负责的主管人员和其他直接责任人员，按照对个人犯本罪的规定处罚。

五、侵犯著作权罪

侵犯著作权罪，是指以营利为目的，违反著作权管理法律、法规，侵犯他人著作权，违法所得数额较大或者具有其他严重情节的行为。

著作权，是指文学、艺术和科学作品的作者对其作品依法享有的特定的人身权利和财产权利，包括：发表权、署名权、修改权、保护作品完整权、使用权和获得报酬权。本罪在客观方面表现为侵犯他人著作权的行为，包括：(1) 未经著作权人许可，复制发行其文字作品、音乐、电影、电视、录像作品、计算机软件及其他作品的；(2) 出版他人享有专有出版权的图书的；(3) 未经录音录像制作者许可，复制发行其制作的录音录像的；(4) 制作、出售假冒他人署名的美术作品的。根据《解释》第 11 条之规定，以刊登收费广告等方式直接或者间接收取费用的情形，属于“以营利为目的”。“未经著作权人许可”，是指没有得到著作权人授权或者伪造、涂改著作权人授权许可文件或者超出授权许可范围的情形。通过信息网络向公众传播他人文字作品、音乐、电影、电视、录像作品、计算机软件及其他作品的行为，应当视为“复制发行”。根据《解释》第 5 条第 1 款之规定，个人侵犯他人著作权，违法所得数额在 3 万元以上的，属于“违法所得数额较大”；具有下列情形之一的，属于“有其他严重情节”：(1) 非法经营数额在 5 万元以上的；(2) 未经著作权人许可，复制发行其文字作品、音乐、电影、电视、录像作品、计算机软件及其他作品，复制品数量合计在 1 000 张（份）以上的；(3) 其他严重情节的情形。根据《解释》第 15 条之规定，单位侵犯他人著作权，“违法所得数额较大”和“有其他严重情节”的标准，按照上述标准的 3 倍执行。根据《解释》第 14 条之规定，实施侵犯著作权犯罪，又销售该侵权复制品，构成犯罪的，应当以侵犯著作权罪定罪处罚。实施侵犯著作权犯罪，又销售明知是他人的侵权复制品，构成犯罪的，应当实行数罪并罚。本罪主体为一般主体，自然人和单位均可构成。

《刑法》第217条、第220条规定，个人犯本罪的，处3年以下有期徒刑或者拘役，并处或者单处罚金；违法所得数额巨大或者有其他特别严重情节的，处3年以上7年以下有期徒刑，并处罚金。单位犯本罪的，对单位判处罚金，并对其直接负责的主管人员和其他直接责任人员，按照对个人犯本罪的规定处罚。根据《解释》第5条第2款之规定，个人侵犯他人著作权，违法所得数额在15万元以上的，属于“违法所得数额巨大”；具有下列情形之一的，属于“有其他特别严重情节”：（1）非法经营数额在25万元以上的；（2）未经著作权人许可，复制发行其文字作品、音乐、电影、电视、录像作品、计算机软件及其他作品，复制品数量合计在5 000张（份）以上的；（3）其他特别严重情节的情形。根据《解释》第15条之规定，单位侵犯他人著作权，“违法所得数额巨大”和“有其他特别严重情节”的标准，按照上述标准的3倍执行。

六、销售侵权复制品罪

销售侵权复制品罪，是指以营利为目的，违反著作权管理法律、法规，销售明知是侵犯他人著作权的复制品，违法所得数额巨大的行为。

本罪在客观方面表现为明知是他人未经著作权人的许可而非法复制的著作权人的作品，而予以销售的行为。根据《解释》第6条和第15条之规定，个人销售侵权复制品，违法所得数额在10万元以上，单位销售侵权复制品，违法所得数额在30万元以上的，属于“违法所得数额巨大”，应予追究刑事责任。本罪主体为一般主体，自然人和单位均可构成。

《刑法》第218条、第220条规定，个人犯本罪的，处3年以下有期徒刑或者拘役，并处或者单处罚金。单位犯本罪的，对单位判处罚金，并对其直接负责的主管人员和其他直接责任人员，按照对个人犯本罪的规定处罚。

七、侵犯商业秘密罪

侵犯商业秘密罪，是指违反商业秘密管理法律、法规，非法获取、披露、使用或者允许他人使用商业秘密权利人的商业秘密，给权利人造成重大损失的行为。

商业秘密，是指不为公众所知悉、能为权利人带来经济利益、具有实用性并经权利人采取保密措施的技术信息和经营信息。权利人，是指商业秘密的所有人和经商业秘密所有人许可的商业秘密使用人。侵犯他人商业秘密的行为包括：（1）以盗窃、利诱、胁迫或者其他不正当手段获取权利人的商业秘密的；（2）披露、使用或者允许他人使用以前项手段获取的权利人的商业秘密的；（3）违反约定或者违反权利人有关保守商业秘密的要求，披露、使用或者允许他人使用其所掌握的商业秘密的。明知或者应知上述行为，获取、使用或者披露他人商业秘密的，以侵犯商业秘密论。根据《解释》第7条第1款和第15条之规定，个人侵犯他人商业秘密，给权利人造成损失数额在50万元以上，单位侵犯他人商业秘密，给权利人造成损失数额在150万元以上的，属于“给权利人造成重大损失”，应予追究刑事责任。本罪主体为一般主体，自然人和单位均可构成。

《刑法》第219条第1款、第220条规定，个人犯本罪的，处3年以下有期徒刑或者拘役，并处或者单处罚金；造成特别严重后果的，处3年以上7年以下有期徒刑，并处罚金。单位犯本罪的，对单位判处罚金，并对其直接负责的主管人员和其他直接责任人员，按照对个人犯本罪的规定处罚。根据《解释》第7条第2款和第15条之规定，个人侵犯他人商业秘密，给权利人造成损失数额在250万元以上，单位侵犯他人商业秘密，给权利人造成损失数额在750万元以上的，属于“造成特别严重后果”。

第九节 扰乱市场秩序罪

扰乱市场秩序罪，是指违反市场管理法律、法规，在市场交易及相关领域从事各种非法活动，情节严重的行为。

根据《刑法》分则第三章第八节之规定，本类犯罪包括以下13个具体罪名：

一、损害商业信誉、商品声誉罪

损害商业信誉、商品声誉罪，是指违反反不正当竞争法律、法规，捏造并散布虚伪事实，损害他人的商业信誉、商品声誉，给他人造成重大损失或者有其他严重情节的行为。

商业信誉，是指社会对商品经营者资信能力的强弱、商业道德的好坏、是否守法经营等各个方面的总体评价。商品声誉，是指社会对某种商品质量的优劣、性能的好坏、价格的高低等各个方面的总体评价。捏造并散布虚伪事实，损害他人的商业信誉、商品声誉，是指无中生有地杜撰、编造有损他人商业信誉、商品声誉的虚假“事实”，并且以私下谣传、当众诋毁、张贴或散发传单等方式进行广泛传播的行为。捏造和散布二者必须同时具备，才能构成本罪。《追诉标准》第66条规定，损害他人商业信誉、商品声誉，给他人造成直接经济损失50万元以上的，或者给他人造成直接经济损失40万元以上不满50万元并且具有下列情形之一的，属于“给他人造成重大损失或者有其他严重情节”，应予追诉：(1) 严重妨害他人正常生产经营活动的；(2) 导致他人停产、破产的；(3) 造成恶劣影响的。本罪主体为一般主体，自然人和单位均可构成。

《刑法》第221条、第231条规定，个人犯本罪的，处2年以下有期徒刑或者拘役，并处或者单处罚金。单位犯本罪的，对单位判处罚金，并对其直接负责的主管人员和其他直接责任人员，按照对个人犯本罪的规定处罚。

二、虚假广告罪

虚假广告罪，是指广告主、广告经营者、广告发布者违反广告管理法律、法规，利用广告对商品或者服务作虚假宣传，情节严重的行为。

“利用广告对商品或者服务作虚假宣传”的行为表现包括：(1) 广告主利用广告对自己生产、经营的商品的质量、制作成分、性能、用途、生产者、有效期限、产地或者自己所开展的服务的内容、作用、效果等作引人误解的虚假宣传的行为；(2) 广告经营者明知或者应知广告主要求代理、设计、制作的是虚假广告而为其代理、设计、制作的行为；（3）广告发布者明知或者应知广告主要求发布的是虚假广告而为其发布的行为。《追诉标准》第67条规定，利用广告对商品或者服务作虚假宣传，违法所得10万元以上的，或者给消费者造成直接经济损失50万元以上的，或者虽未达到上述数额但已达到上述数额的80%以上，并且具有下列情形之一的，属于“情节严重”，应予追诉：（1）因虚假广告受过两次以上行政处罚又实施虚假广告行为的；（2）因虚假广告造成他人人身伤残或者其他严重后果的。本罪主体为特殊主体，只能由广告主、广告经营者和广告发布者三类特定单位或者自然人构成。广告主，是指利用广告对自己生产、经营的商品或者服务进行宣传的单位或者个人；广告经营者，是指经营广告业务的单位或者个人；广告发布者是刊播、设置、张贴广告的单位或者个人。

《刑法》第222条、第231条规定，个人犯本罪的，处2年以下有期徒刑或者拘役，并处或者单处罚金。单位犯本罪的，对单位判处罚金，并对其直接负责的主管人员和其他直接责任人员，按照对个人犯本罪的规定处罚。

三、串通投标罪

串通投标罪，是指投标人、招标人违反招标、投标管理法律、法规，投标人相互串通投标或者与招标人串通投标，情节严重的行为。

投标人串通投标，是指投标人在投标活动中恶意串通，故意共同压低标价以损害招标人的利益，或者共同抬高标价排挤竞争对手，以损害其他投标人的利益等不正当竞争行为。投标人与招标人串通投标，是指投标人与招标人在招标、投标活动中串通舞弊的不正当竞争行为。主要表现为：（1）招标人在开标以前故意向与之串通的投标人泄露标底；（2）招标人在开标以前私下开启其他投标人的标书，并将有关信息泄露给与之串通且尚未报送标书的投标人；（3）招标人在要求与之串通的投标人对标书内容作口头说明时给以暗示和引导，以促使其中标；（4）招标人在审查、评选标书时实行差别对待，故意偏向与之串通的投标人，以促使其中标；（5）招标人明知是不具备投标资格的投标者而允许其参加投标并促使其中标；（6）投标人与招标人串通，故意使与之串通的投标人以低于正常价位中标，再给招标人以标外“补偿”；（7）投标人与招标人串通，让与之串通的投标人故意哄抬标价，使其他投标人以高于正常价位中标，再给与之串通的投标人以标外“奖偿”。《追诉标准》第68条规定，串通投标损害招标人、投标人或者国家、集体、公民的合法利益，造成直接经济损失50万元以上的，或者造成直接经济损失40万元以上不满50万元，并且具有下列情形之一的，属于“情节严重”，应予追诉：（1）因串通投标受过两次以上行政处罚又串通投标的；（2）对其他投标活动的参加人采取威胁、欺骗等非法手段的。本罪主体为特殊主体，只能由投标人和招标人两类特定单位或者自然人构成。招标人，是指依照本法规定提出招标项目、进行招标的单位。投标人是响应招标、参加投标竞争的单位或者个人。

《刑法》第223条、第231条规定，个人犯本罪的，处3年以下有期徒刑或者拘役，并处或者单处罚金。单位犯本罪的，对单位判处罚金，并对其直接负责的主管人员和其他直接责任人员，按照对个人犯本罪的规定处罚。

四、合同诈骗罪

（一）合同诈骗罪的概念和特征

合同诈骗罪，是指以非法占有为目的，在签订、履行合同中，采用虚构事实或者隐瞒真相的手段骗取对方当事人的财物，数额较大的行为。本罪具有以下特征：

1. 本罪客体主要是合同对方当事人的财产所有权，同时还会侵犯合同管理秩序。

2. 本罪在客观方面表现为在签订、履行合同中，采用虚构事实或者隐瞒真相的手段骗取对方当事人的财物，数额较大的行为。其诈骗手段包括：（1）以虚构的单位或者冒用他人名义签订合同的；（2）以伪造、变造、作废的票据或者其他虚假的产权证明作担保的；（3）没有实际履行能力，以先履行小额合同或者部分履行合同的方法，诱骗对方当事人继续签订和履行合同的；（4）收受对方当事人给付的货物、货款、预付款或者担保财产后逃匿的；（5）以其他方法骗取对方当事人财物的。《追诉标准》第69条规定：个人合同诈骗5 000元至2万元以上，单位合同诈骗5万元至20万元以上的，属于“数额较大”，应予追诉。对于多次诈骗，并以后次诈骗财物归还前次诈骗财物，在计算诈骗数额时，应当将案发前已经归还的数额扣除，按实际未归还的数额认定，量刑时可将多次行骗的数额作为从重情节予以考虑。

3. 本罪主体为一般主体，自然人和单位均可构成。

4. 本罪主观方面为故意，并且须以非法占有对方当事人的财物为目的。

（二）合同诈骗罪的认定

认定本罪时，主要应当注意区分本罪与合同纠纷的界限，区别的关键是看行为人在主观上是否具有非法占有对方当事人财物的目的。在司法实践中，具有下列情形之一的，可以认定其具有非法占有的目的：（1）明知没有履行合同的能力或者有效的担保，采取虚构主体，冒用他人名义，使用伪造、变造或者无效的单据、介绍信、印章或者其他证明文件，使用明知不能兑现的票据或者其他结算凭证作为合同履行担保，使用明知不符合担保条件的抵押物、债权文书等作为合同履行担保，以及其他欺骗手段与他人签订合同，骗取财物数额较大并造成较大损失的；（2）合同签订后携带对方当事人交付的货物、货款、预付款或者定金、保证金等担保合同履行的财产逃跑的；（3）挥霍对方当事人交付的货物、货款、预付款或者定金、保证金等担保合同履行的财产，致使上述款物无法返还的；（4）使用对方当事人交付的货物、货款、预付款或者定金、保证金等担保合同履行的财产进行违法犯罪活动，致使上述款物无法返还的；（5）隐匿合同货物、货款、预付款或者定金、保证金等担保合同履行的财产，拒不返还的；（6）合同签订后，以支付部分货款，开始履行合同为诱饵，骗取全部货物后，在合同规定的期限内或者双方另行约定的付款期限内，无正当理由拒不支付其余货款的。

（三）合同诈骗罪的处罚

《刑法》第224条、第231条规定，个人犯本罪的，处3年以下有期徒刑或者拘役，并处或者单处罚金；数额巨大或者有其他严重情节的，处3年以上10年以下有期徒刑，并处罚金；数额特别巨大或者有其他特别严重情节的，处10年以上有期徒刑或者无期徒刑，并处罚金或者没收财产。单位犯本罪的，对单位判处罚金，并对其直接负责的主管人员和其他直接责任人员按照个人犯本罪的规定处罚。

五、组织、领导传销活动罪

组织、领导传销活动罪，是指组织、领导以推销商品、提供服务等经营活动为名，要求参加者以缴纳费用或者购买商品、服务等方式获得加入资格，并按照一定顺序组成层级，直接或者间接以发展人员的数量作为计酬或者返利依据，引诱、胁迫参加者继续发展他人参加，骗取财物，扰乱经济秩序的行为。

本罪是根据《刑法修正案（七）》第4条之规定新增罪名。依照该条规定，只有组织、领导传销的行为才能构成本罪，参加传销的行为不构成犯罪。对于积极参加或者多次参加传销的人员，可以给予行政处罚。

经《刑法修正案（七）》第4条增加的《刑法》第224条之一规定，犯本罪的，处5年以下有期徒刑或者拘役，并处罚金；情节严重的，处5年以上有期徒刑，并处罚金。

六、非法经营罪

（一）非法经营罪的概念和特征

非法经营罪，是指违反国家规定，从事非法经营活动，情节严重的行为。本罪具有以下特征：

1. 本罪客体是市场管理秩序。

2. 本罪在客观方面表现为违反国家规定，从事非法经营活动，情节严重的行为。根据《刑法修正案（七）》第5条修正后的《刑法》第225条之规定，非法经营活动包括：（1）未经许可经营法律、行政法规规定的专营、专卖物品或者其他限制买卖的物品的；（2）买卖进出口许可证、进出口原产地证明以及其他法律、行政法规规定的经营许可证或者批准文件的；（3）未经国家有关主管部门批准非法经营证券、期货、保险业务的，或者非法从事资金支付结算业务的；（4）其他严重扰乱市场秩序的非法经营行为。“其他严重扰乱市场秩序的非法经营行为”，是指其危害性与前列三类非法经营行为相当的其他非法经营行为。例如：1）在国家规定的交易场所以外非法买卖外汇的行为（根据《决定》第4条之规定）；2）违反国家规定，出版、印刷、复制、发行最高人民法院1998年12月17日公布的《关于审理非法出版物刑事案件具体应用法律若干问题的解释》第1条至第10条以外的其他严重危害社会秩序和扰乱市场秩序的非法出版物，或者非法从事出版物的出版、印刷、复制、发行业务，或者出版单位与他人事前通谋，明知他人出版、印刷、复制、发行该《解释》第11条规定的非法出版物而向其出售、出租或者以其他形式转让该出版单位的名称、书号、刊号、版号的行为（根据该《解释》第11条、第15条、第16条之规定）；3）采取租用国际专线私设转接设备或者其他方法，擅自经营国际电信业务或者涉港澳台电信业务进行营利活动的行为（根据最高人民法院2000年5月12日公布的《关于审理扰乱电信市场管理秩序案件具体应用法律若干问题的解释》第1条之规定）；4）未经国家批准擅自发行、销售彩票的行为（根据最高人民法院、最高人民检察院2005年5月11日公布的《关于办理赌博刑事案件具体应用法律若干问题的解释》第 6 条之规定)。

依照上述司法解释及《追诉标准》第 70 条之规定，从事非法经营活动涉嫌下列情形之一的，应予追诉：(1) 非法经营证券、期货、保险业务，非法经营数额在 30 万元以上，或者非法所得数额在 5 万元以上的；(2) 在国家规定的交易场所以外非法买卖外汇，数额在 20 万美元以上，或者违法所得数额在 5 万元人民币以上的；(3) 经营非法出版物，个人非法经营数额在 5 万元至 10 万元以上，单位非法经营数额在 15 万元至 30 万元以上，或者个人违法所得数额在 2 万元至 3 万元以上，单位违法所得数额在 5 万元至 10 万元以上，或者个人非法经营报纸 5 000 份、期刊 5 000 本、图书 2 000 册、音像制品及电子出版物 500 张(盒)以上，单位非法经营报纸 15 000 份、期刊 15 000 本、图书 5 000 册、音像制品及电子出版物 1 500 张(盒)以上，或者虽未达到上述标准但已达到上述标准的 80%以上，并且在两年内因经营非法出版物受过两次以上行政处罚又经营非法出版物，或者因经营非法出版物造成恶劣社会影响或者其他严重后果的；(4) 非法经营国际及涉港澳台电信业务，经营去话业务数额在 100 万元以上，经营来话业务造成电信资费损失数额在 100 万元以上，或者虽未达到上述标准但已达到上述标准的 80%以上，并且因非法经营国际及涉港澳台电信业务受过两次以上行政处罚又非法经营国际及涉港澳台电信业务的；(5) 从事其他非法经营活动，个人非法经营数额在 5 万元以上或者违法所得数额在 1 万元以上，单位非法经营数额在 50 万元以上或者违法所得数额在 10 万元以上的。

3. 本罪主体为一般主体，自然人和单位均可构成。

4. 本罪主观方面为故意。

(二) 非法经营罪的认定

认定本罪时，主要应当注意不能对“其他严重扰乱市场秩序的非法经营行为”随意扩张解释。由于非法经营行为的范围很广，如果允许对“其他严重扰乱市场秩序的非法经营行为”随意扩张解释，则势必会形成一个与原“投机倒把罪”类似的新“口袋罪”。为了避免出现各地对该项规定的理解和适用上的随意性，本书认为，认定“其他严重扰乱市场秩序的非法经营行为”，应当以立法或者司法解释为准。

(三) 非法经营罪的处罚

《刑法》第 225 条、第 231 条规定，个人犯本罪的，处 5 年以下有期徒刑或者拘役，并处或者单处违法所得 1 倍以上 5 倍以下罚金；情节特别严重的，处 5 年以上有期徒刑，并处违法所得 1 倍以上 5 倍以下罚金或者没收财产。单位犯本罪的，对单位判处罚金，并对其直接负责的主管人员和其他直接责任人员，按照对个人犯本罪的规定处罚。根据最高人民法院《关于审理非法出版物刑事案件具体应用法律若干问题的解释》第 12 条、第 13 条及第 14 条之规定，经营非法出版物“情节特别严重”的表现包括：个人非法经营数额在 15 万元至 30 万元以上，单位非法经营数额在 50 万元至 100 万元以上，或者个人违法所得数额在 5 万元至 10 万元以上，单位违法所得数额在 15 万元至 30 万元以上，或者个人非法经营报纸 15 000 份、期刊 15 000 本、图书 5 000 册、音像制品及电子出版物1 500张(盒)以上，单位非法经营报纸 5 万份、期刊 5 万本、图书 15 000 册、音像制品及电子出版物 5 000 张(盒)以上，或者虽未达到上述标准但已达到上述标准的 80%以上，并且在两年内因经营非法出版物受过两次以上行政处罚又经营非法出版物，或者因经营非法出版物造成恶劣社会影响或者其他严重后果的。根据最高人民法院《关于审理扰乱电信市场管理秩序案件具体应用法律若干问题的解释》第2条之规定，非法经营国际及涉港澳台电信业务“情节特别严重”的表现包括：经营去话业务数额在500万元以上，或者经营来话业务造成电信资费损失数额在500万元以上的。

七、强迫交易罪

强迫交易罪，是指以暴力、威胁手段强买强卖商品，强迫他人提供或接受服务，强迫他人参与或退出投标、拍卖，强迫他人转让或者收购公司、企业股份、债券或者其他资产，强迫他人参与或退出特定经营活动，情节严重的行为。

本罪手段为暴力、威胁。暴力，是指对他人进行殴打、捆绑、禁闭等。威胁，是指对他人以暴力相威胁或者以加害亲属、损害名誉、毁坏财物、揭露隐私等相要挟。强迫交易，是指违背交易对方当事人的意志而强行与之发生交易关系的行为，包括：（1）强买强卖商品的；（2）强迫他人提供或者接受服务的；（3）强迫他人参与或者退出投标、拍卖的；（4）强迫他人转让或者收购公司、企业的股份、债券或者其他资产的；（5）强迫他人参与或者退出特定的经营活动的。“情节严重”的主要表现是：暴力、威胁手段恶劣的；强迫交易金额较大的；违法所得数额较大的；多次或对多人强迫交易的等情况。在司法实践中，应当根据案件具体情况酌情掌握。本罪主体为一般主体，自然人和单位均可构成。

经《刑法修正案（八）》修正后的《刑法》第226条规定，个人犯本罪的，处3年以下有期徒刑或者拘役，并处或者单处罚金；情节特别严重的，处3年以上7年以下有期徒刑，并处罚金。《刑法》第231条规定，单位犯本罪的，对单位判处罚金，并对其直接负责的主管人员和其他直接责任人员，按照对个人犯本罪的规定处罚。

八、伪造、倒卖伪造的有价票证罪

伪造、倒卖伪造的有价票证罪，是指伪造或者倒卖伪造的车票、船票、邮票或者其他有价票证，数额较大的行为。

本罪对象为有价票证，即车票、船票、邮票或者其他有价票证。其他有价票证，是指除车票、船票、邮票以外的其他能够证明持票人已支付票面金额的票价，有权要求义务人提供相应服务的书面凭证，如参观体育比赛、文艺演出、旅游景点的各种门票等。最高人民法院《关于对变造、倒卖变造邮票行为如何适用法律问题的解释》（2000年12月9日起施行）规定，变造或者倒卖变造的邮票数额较大的，依照本罪定罪处罚。最高人民检察院《关于非法制作、出售、使用IC电话卡行为如何适用法律问题的答复》（2003年4月2日）规定，非法制作或者出售非法制作的IC电话卡数额较大的，依照本罪定罪处罚。本罪主体为一般主体，自然人和单位均可构成。

《刑法》第227条第1款、第231条规定，个人犯本罪的，处2年以下有期徒刑、拘役或者管制，并处或者单处票证价额1倍以上5倍以下罚金；数额巨大的，处2年以上7年以下有期徒刑，并处或者单处票证价额1倍以上5倍以下罚金。单位犯本罪的，对单位判处罚金，并对其直接负责的主管人员和其他直接责任人员，按照个人犯本罪的规定处罚。

九、倒卖车票、船票罪

倒卖车票、船票罪，是指倒卖车票、船票，情节严重的行为。

本罪的对象为车票和船票，仅限于真票，不包括伪造的假票。倒卖是指转手买卖，从中牟利的行为。最高人民法院《关于审理倒卖车票刑事案件有关问题的解释》（1999年9月14日起施行）规定，高价、变相加价倒卖车票或者倒卖坐席、卧铺签字号及订购车票凭证，票面数额在5 000元以上，或者非法获得数额在2 000元以上的，属于“倒卖车票情节严重”。对于铁路职工倒卖车票或者与其他人员勾结倒卖车票；组织倒卖车票的首要分子；曾因倒卖车票受过治安处罚2次以上或者被劳动教养1次以上，2年内又倒卖车票，构成倒卖车票罪的，依法从重处罚。本罪主体为一般主体，自然人和单位均可构成。

《刑法》第227条第2款、第231条规定，个人犯本罪的，处3年以下有期徒刑、拘役或者管制，并处或者单处票证价额1倍以上5倍以下罚金。单位犯本罪的，对单位判处罚金，并对其直接负责的主管人员和其他直接责任人员，按照个人犯本罪的规定处罚。

十、非法转让、倒卖土地使用权罪

非法转让、倒卖土地使用权罪，是指以牟利为目的，违反土地管理法律、法规，非法转让、倒卖土地使用权，情节严重的行为。

非法转让土地使用权，是指将依法取得的土地使用权未经有关部门批准而擅自转让给他人的行为。倒卖土地使用权，是指对土地使用权进行转手买卖，从中牟利的行为。最高人民法院《关于审理破坏土地资源刑事案件具体应用法律若干问题的解释》（2000年6月22日起施行，本目以下简称《解释》）第1条规定，非法转让、倒卖土地使用权，具有下列情形之一的，属于“情节严重”，应予追究刑事责任：（1）非法转让、倒卖基本农田5亩以上的；（2）非法转让、倒卖基本农田以外的耕地10亩以上的；（3）非法转让、倒卖其他土地20亩以上的；（4）非法获利50万元以上的；（5）非法转让、倒卖土地接近上述数量标准，并且具有曾因非法转让、倒卖土地使用权受过行政处罚或者造成严重后果等其他恶劣情节的。根据《解释》第9条规定：多次实施上述行为依法应当追诉的，或者一年内多次实施上述行为未经处理的，按照累计的数量、数额处罚。本罪主体为一般主体，自然人和单位均可构成。

《刑法》第228条、第231条规定，个人犯本罪的，处3年以下有期徒刑或者拘役，并处或者单处非法转让、倒卖土地使用权价额5%以上20%以下罚金；情节特别严重的，处3年以上7年以下有期徒刑，并处非法转让、倒卖土地使用权价额5%以上20%以下罚金。单位犯本罪的，对单位判处罚金，并对其直接负责的主管人员和其他直接责任人员，按照个人犯本罪的规定处罚。根据《解释》第2条之规定，具有下列情形之一的，属于“情节特别严重”：（1）非法转让、倒卖基本农田10亩以上的；（2）非法转让、倒卖基本农田以外的耕地20亩以上的；（3）非法转让、倒卖其他土地40亩以上的；（4）非法获利100万元以上的；（5）非法转让、倒卖土地接近上述数量标准并且具有造成严重后果等其他恶劣情节的。

十一、提供虚假证明文件罪

提供虚假证明文件罪，是指承担资产评估、验资、验证、会计、审计、法律服务等职责的中介组织及其工作人员故意提供虚假证明文件，情节严重的行为。

提供虚假资产评估证明文件，是指资产评估机构及其工作人员故意提供高估或者低估等内容虚假的资产评估报告的行为。提供虚假验资证明文件，是指验资机构及其工作人员故意提供证少为多、证无为有、证未到位为已到位等内容虚假的验资报告的行为。提供虚假验证证明文件，是指验证机构及其工作人员故意提供内容虚假的验证报告的行为。提供虚假审计证明文件，是指审计机构及其工作人员故意提供内容虚假的审计报告的行为。提供虚假的其他法律证明文件，主要是指公证、律师机构及其工作人员故意为他人提供歪曲事实或者法律的公证书、法律意见书等虚假证明文件的行为。《追诉标准》第72条规定：提供虚假证明文件，给国家、公众或者其他投资者造成直接经济损失50万元以上的，或者造成直接经济损失40万元以上不满50万元，并具有因提供虚假证明文件受过两次以上行政处罚又提供虚假证明文件，或者造成恶劣影响等其他严重情节的，属于“情节严重”，应予追诉。本罪主体为特殊主体，只能由承担资产评估、验资、验证、会计、审计、法律服务等职责的中介组织及其工作人员构成；主观方面为故意。

《刑法》第229条第1款、第2款及第231条规定，个人犯本罪的，处5年以下有期徒刑或者拘役，并处罚金；索取或者非法收受他人财物而犯本罪的，处5年以上10年以下有期徒刑，并处罚金。单位犯本罪的，对单位判处罚金，并对其直接负责的主管人员和其他直接责任人员，按照个人犯本罪的规定处罚。

十二、出具证明文件重大失实罪

出具证明文件重大失实罪，是指承担资产评估、验资、验证、会计、审计、法律服务等职责的中介组织及其工作人员，严重不负责任，出具的证明文件有重大失实，造成严重后果的行为。

本罪在客观方面必须同时具备下列4个条件：（1）行为人具有不履行或不正确履行审查职责的失职行为；（2）其所出具的证明文件与事实有重大出入；（3）已经造成了严重后果；（4）失职行为与严重后果之间具有因果关系。《追诉标准》第73条规定：出具证明文件重大失实，给国家、公众或者其他投资者造成直接经济损失100万元以上的，或者造成恶劣影响的，应予追诉。本罪主体为特殊主体，只能由承担资产评估、验资、验证、会计、审计、法律服务等职责的中介组织及其工作人员构成；主观方面为过失。

《刑法》第229条第3款、第231条规定，个人犯本罪的，处3年以下有期徒刑或者拘役，并处或者单处罚金。单位犯本罪的，对单位判处罚金，并对其直接负责的主管人员和其他直接责任人员，按照个人犯本罪的规定处罚。

十三、逃避商检罪

逃避商检罪，是指违反进出口商品检验法的规定，逃避商品检验，将必须经商检机构检验的进口商品未报经检验而擅自销售、使用，或者将必须经商检机构检验的出口商品未报经检验合格而擅自出口，情节严重的行为。

本罪在客观方面表现为将必须经商检机构检验的进口商品未报经检验而擅自销售、使用，或者将必须经商检机构检验的出口商品未报经检验合格而擅自出口，情节严重的行为。《追诉标准》第74条规定：因逃避商检，给国家、单位或者个人造成直接经济损失50万元以上的；导致病疫流行、灾害事故或者造成其他严重后果的；造成恶劣影响的，应予追诉。本罪主体为特殊主体，只能由从事商品进出口业务的单位及其工作人员构成；主观方面为故意。

《刑法》第230条、第231条规定，个人犯本罪的，处3年以下有期徒刑或者拘役，并处或者单处罚金。单位犯本罪的，对单位判处罚金，并对其直接负责的主管人员和其他直接责任人员，按照个人犯本罪的规定处罚。

法律应用

1. 认定生产、销售伪劣商品罪时应注意：《刑法》第140条关于惩治生产、销售伪劣产品罪的规定，与第141条至148条关于惩治生产、销售8类特殊伪劣商品犯罪之间具有法条竞合关系。按照“特殊法优于普通法”的法律适用原则，如果行为人生产、销售的是《刑法》第141条至148条所规定的8类特殊伪劣商品，且符合各该条所规定的定罪必须达到的危害程度标准，则应当适用各该条规定定罪判刑。然而，《刑法》第149条规定，对于生产、销售《刑法》第141条至148条所规定的特殊伪劣商品，因不符合各该条所规定的定罪必须达到的危害程度标准而不构成各该条所规定的犯罪，但是销售金额在5万元以上的，应当依照《刑法》第140条之规定定罪判刑；对于生产、销售《刑法》第141条至148条所规定的特殊伪劣商品，并且符合各该条所规定的定罪必须达到的危害程度标准，已经构成犯罪，但同时销售金额又已达到5万元以上，依照《刑法》第140条之规定也已构成犯罪的，则应依照处罚较重的规定定罪处罚。这里实际上采用了“重法优于轻法”的原则。但需注意，这一原则不能普遍用于处理无此特殊规定的其他法条竞合关系。根据最高人民法院、最高人民检察院《关于办理生产、销售伪劣商品刑事案件具体应用法律若干问题的解释》（2001年4月10日起施行）第9条至第12条之规定，知道或者应当知道他人实施生产、销售伪劣商品犯罪，而为其提供贷款、资金、账号、发票、证明、许可证件，或者提供生产、经营场所或者运输、仓储、保管、邮寄等便利条件，或者提供制假生产技术的，以生产、销售伪劣商品罪的共犯论处；实施生产、销售伪劣商品犯罪，同时构成侵犯知识产权、非法经营等其他犯罪的，依照处罚较重的规定定罪处罚；实施生产、销售伪劣商品犯罪，又以暴力、威胁方法抗拒查处，构成其他犯罪的，依照数罪并罚的规定定罪处罚；国家机关工作人员参与生产、销售伪劣商品犯罪的，从重处罚。

2. 认定走私犯罪时应注意正确处理武装掩护走私和以暴力、威胁方法抗拒缉私的案件。武装掩护走私，是指携带武器装备或者雇请武装人员为走私活动提供安全保障的行为。不论是否实际使用武器，都不改变武装掩护走私的性质。武装掩护走私不是独立罪名，而是法定加重情节。因此，对武装掩护走私的，仍应以走私的具体对象确定其罪名，但在定罪处罚时应当注意：第一，不论其走私的对象、数额如何，原则上均应按犯罪处理；第二，不论所涉何种罪名，一律以《刑法》第151条第1款、第4款规定的法定刑处罚；第三，依法应当从重处罚。以暴力、威胁方法抗拒缉私，是指对正在依法缉查走私活动的国家工作人员使用暴力或者进行威胁的行为。根据《刑法》第157条第2款之规定，以暴力、威胁方法抗拒缉私的，应当以走私罪和妨害公务罪实行数罪并罚。

3. 认定妨害对公司、企业的管理秩序罪时，对于国有公司、企业委派到国有控股、参股的股份有限公司中从事公务的人员的身份认定问题常有争议。为此，最高人民法院《关于如何认定国有控股、参股的股份有限公司中的国有公司、企业人员的解释》（2005年8月11日起施行）规定："国有公司、企业委派到国有控股、参股公司从事公务的人员，以国有公司、企业人员论。"

4. 认定涉及信用卡的犯罪时，对于刑法中所规定的信用卡的理解问题常有争议。为此，全国人大常委会《关于〈中华人民共和国刑法〉有关信用卡规定的解释》（2004年12月29日起施行）规定："刑法规定的'信用卡'，是指由商业银行或者其他金融机构发行的具有消费支付、信用贷款、转账结算、存取现金等全部功能或者部分功能的电子支付卡。"

5. 金融诈骗罪是从传统诈骗罪中分离出来的一类发生在金融领域里的特殊诈骗犯罪。根据最高人民法院2001年1月21日印发的《全国法院审理金融犯罪案件工作座谈会纪要》的规定，金融诈骗罪都是以非法占有为目的的犯罪。在司法实践中，认定是否具有非法占有的目的，应当坚持主、客观相一致的原则，既要避免单纯根据损失结果客观归罪，也不能仅凭被告人自己的供述，而应当根据案件具体情况具体分析。对于行为人通过诈骗方法非法获取资金，造成数额较大资金不能归还，并具有下列情形之一的，可以认定为具有非法占有的目的：（1）明知没有归还能力而大量骗取资金的；（2）非法获取资金后逃跑的；（3）肆意挥霍骗取资金的；（4）使用骗取的资金进行违法犯罪活动的；（5）抽逃、转移资金、隐匿财产，以逃避返还资金的；（6）隐匿、销毁账目，或者搞假破产、假倒闭，以逃避返还资金的；（7）其他非法占有资金、拒不返还的行为。但是，有证据证明行为人不具有非法占有目的的，不能单纯以财产不能归还就按金融诈骗罪处理。

课后复习

1. 破坏社会主义市场经济秩序罪有何共同特征？
2. 走私罪在客观方面有何共同特征？认定走私罪时有哪些值得注意的共同性问题？

3. 生产、销售伪劣商品罪在客观方面有何共同特征?《刑法》第 140 条与第 141 条至第 148 条之间有何关系？应当如何解决其法律适用问题?

4. 如何正确理解和把握伪造货币罪和出售、购买、运输假币罪及持有、使用假币罪的概念、特征以及认定时应当注意的问题?

5. 如何正确理解和把握内幕交易、泄露内幕信息罪和洗钱罪的概念、特征以及认定时应当注意的问题?

6. 如何正确理解和把握集资诈骗罪、贷款诈骗罪、信用卡诈骗罪和保险诈骗罪的概念、特征以及认定时应当注意的问题?

7. 如何正确理解和把握逃税罪、抗税罪和骗取出口退税罪的概念、特征以及认定时应当注意的问题?

8. 如何正确理解和把握假冒注册商标罪、侵犯著作权罪和侵犯商业秘密罪的概念、特征以及认定时应当注意的问题?

9. 如何正确理解和把握合同诈骗罪和非法经营罪的概念、特征以及认定时应当注意的问题?

10. 如何正确理解和把握全国人大常委会《关于惩治骗购外汇、逃汇和非法买卖外汇犯罪的决定》、《刑法修正案》、《刑法修正案（四)》、《刑法修正案（五)》、《刑法修正案（六)》、《刑法修正案（七)》和《刑法修正案（八)》对本章规定有关犯罪所作的补充和修改?

第五章 侵犯公民人身权利、民主权利罪

第一节 侵犯公民人身权利、民主权利罪概述

第二节 侵犯公民人身权利的犯罪

一、故意杀人罪

二、过失致人死亡罪

三、故意伤害罪

四、组织出卖人体器官罪

五、过失致人重伤罪

六、强奸罪

七、强制猥亵、侮辱妇女罪

八、猥亵儿童罪

九、非法拘禁罪

十、绑架罪

十一、拐卖妇女、儿童罪

十二、收买被拐卖、绑架的妇女、儿童罪

十三、聚众阻碍解救被收买的妇女、儿童罪

十四、诬告陷害罪

十五、强迫劳动罪

十六、雇用童工从事危重劳动罪

十七、非法搜查罪

十八、非法侵入住宅罪

十九、侮辱罪

二十、诽谤罪

二十一、刑讯逼供罪

二十二、暴力取证罪

二十三、虐待被监管人罪

第三节 侵犯公民民主权利及其他权利的犯罪

一、煽动民族仇恨、民族歧视罪

二、出版歧视、侮辱少数民族作品罪

三、非法剥夺公民宗教信仰自由罪

四、侵犯少数民族风俗习惯罪
五、侵犯通信自由罪
六、私自开拆、隐匿、毁弃邮件、电报罪
七、出售、非法提供公民个人信息罪
八、非法获取公民个人信息罪
九、报复陷害罪
十、打击报复会计、统计人员罪
十一、破坏选举罪
十二、暴力干涉婚姻自由罪
十三、重婚罪
十四、破坏军婚罪
十五、虐待罪
十六、遗弃罪
十七、拐骗儿童罪
十八、组织残疾人、儿童乞讨罪
十九、组织未成年人进行违反治安管理活动罪

提 要

公民的人身权利和民主权利作为公民在国家、社会中的地位的集中体现，二者密不可分。为了保证社会活动的正常进行，必须通过刑事立法惩治侵犯公民人身权利、民主权利的犯罪。国家通过制定一系列惩治侵犯公民人身权利、民主权利以及与人身直接有关的其他权利的犯罪的条款，保障公民享有宪法、法律所赋予的权利并履行相应的义务。本章中应着重掌握的罪名是：故意杀人罪，故意伤害罪，强奸罪，非法拘禁罪，绑架罪，拐卖妇女、儿童罪和刑讯逼供罪。

重点问题

1. 侵犯公民人身权利、民主权利罪的概念、特征。
2. 故意杀人罪、故意伤害罪的概念、特征及其司法适用。
3. 强奸罪的概念、特征及其司法适用。
4. 非法拘禁罪、绑架罪的概念、特征及其司法适用。
5. 拐卖妇女、儿童罪的概念、特征及其司法适用。
6. 刑讯逼供罪的概念、特征及其司法适用。

第一节　侵犯公民人身权利、民主权利罪概述

侵犯公民人身权利、民主权利罪，是指故意或过失地侵犯公民的人身权利、民主权利以及与人身直接有关的其他权利，依法应受到刑罚处罚的行为。具体包括侵犯公民人身权利罪、民主权利罪以及侵犯与公民人身权利有直接关系的其他权利的犯罪。侵犯公民人身权利罪，是指故意或者过失地侵犯他人人身及其他与人身直接有关的权利的行为。侵犯公民民主权利罪，是指非法剥夺或者妨害公民自由行使依法享有的管理国家、参加政治活动的权利及其他民主权利的行使。与人身权利有直接关系的其他权利包括婚姻、家庭权利等。其主要特征是：

1. 侵犯的客体（法益）是公民的人身权利、民主权利，以及与人身直接有关的公民婚姻、家庭的权利。人身权利包括生命权、健康权、性的不可侵犯权、人身自由权、人格名誉权以及与人身直接有关的住宅不受侵犯权等。公民的民主权利包括选举与被选举权、批评权、控告权、申诉权、宗教信仰自由权、通信自由权等；婚姻家庭权利，包括男女婚姻自由、一夫一妻制、男女权利平等、妇女儿童和老人的合法权益等，这几项权利在广义上也可以包括在人身权利中。人身权利与民主权利是相互联系的。人身权利是公民行使民主权利的前提和基础，民主权利的实现有利于保障公民的人身权利。人身权利和民主权利是宪法赋予我国公民的最根本的权利（其中某些权利属于基本人权），其广度与实现的程度，是国家民主法治的重要标志。切实保障公民的人身权利和民主权利，是社会主义国家的根本任务之一，是社会主义制度优越性的体现。

2. 本章罪的客观方面表现为非法侵犯公民人身权利、民主权利或者其他与人身权利有关的权利的行为，如杀人、强奸、破坏选举等。其中有的罪只能由作为构成，如强奸罪、侮辱罪、诬告陷害罪等；有些罪既可由作为构成，又可由不作为构成，如故意杀人罪、故意伤害罪等。此外，有个别罪如遗弃罪，只能由不作为构成。有些犯罪的既遂要求为结果犯，如故意杀人罪；有些则只要求为行为犯，如强奸罪。

3. 本章罪的犯罪主体多数为一般主体，任何达到法定刑事责任年龄、具有刑事责任能力的自然人均可构成。也有少数犯罪的主体为特殊主体，如刑讯逼供罪、暴力取证罪的主体为司法工作人员；虐待被监管人罪的主体为监狱、拘留所、看守所等监管机构的监管人员；报复陷害罪、非法剥夺公民宗教信仰自由罪、侵犯少数民族风俗习惯罪的主体是国家机关工作人员等。本章罪主体的刑事责任年龄一般为 16 周岁，但是，对于故意杀人、故意伤害致人重伤或者死亡、强奸罪，已满 14 周岁不满 16 周岁的人也可以构成。本章罪除了第 244 条强迫劳动罪，第 253 条之一的出售、非法提供公民个人信息罪，非法获取公民个人信息罪既可以由自然人构成，也可以由单位构成外，其余的犯罪只能由自然人构成。

4. 主观方面，除过失致人死亡罪、过失致人重伤罪以外，均由故意构成。

根据《刑法》分则第四章第 232 条至第 262 条规定，本章共包括 42 个罪名，分别为：故意杀人罪，过失致人死亡罪，故意伤害罪，组织出卖人体器官罪，过失致人重伤罪，强奸罪，强制猥亵、侮辱妇女罪，猥亵儿童罪，非法拘禁罪，绑架罪，拐卖妇

女、儿童罪，收买被拐卖的妇女、儿童罪，聚众阻碍解救被收买的妇女、儿童罪，诬告陷害罪，强迫劳动罪，雇用童工从事危重劳动罪，非法搜查罪，非法侵入住宅罪，侮辱罪，诽谤罪，刑讯逼供罪，暴力取证罪，虐待被监管人罪，煽动民族仇恨、民族歧视罪，出版歧视、侮辱少数民族作品罪，非法剥夺公民宗教信仰自由罪，侵犯少数民族风俗习惯罪，侵犯通信自由罪，私自开拆、隐匿、毁弃邮件、电报罪，出售、非法提供公民个人信息罪，非法获取公民个人信息罪，报复陷害罪，打击报复会计、统计人员罪，破坏选举罪，暴力干涉婚姻自由罪，重婚罪，破坏军人婚姻罪，虐待罪，遗弃罪，拐骗儿童罪，组织残疾人、儿童乞讨罪，组织未成年人进行违反治安管理活动罪。

第二节　侵犯公民人身权利的犯罪

一、故意杀人罪

（一）故意杀人罪的概念和特征

故意杀人罪，是指故意非法剥夺他人生命的行为。其特征是：

1. 侵害的客体是他人的生命权利。其对象只能是拥有生命的自然人。生命权利是人身权利中最重要、最基本的一项权利，非法剥夺他人的生命权利，是故意杀人罪的本质特征，是与其他侵犯人身权利犯罪的主要区别点。人的生命权利始于出生、终于死亡，理论界一般认为人的生命始于胎儿脱离母体能独立呼吸时起，止于大脑机能完全停止活动。[①]

2. 客观方面表现为非法剥夺他人生命的行为。首先，必须具有剥夺他人生命的行为。剥夺他人生命行为的具体表现是多种多样的，如刀砍斧劈、拳打枪击、手掐绳勒、投放危险物质、放火、爆炸、电击、注射药物等。从行为的基本形式来看，不外乎作为和不作为两种类型。后者只有行为人对防止死亡结果的发生负有特定义务而没有履行这一特定义务的人才能构成。其次，剥夺他人生命必须是非法的。所谓“非法”，即无法律依据、未经国家授权。如果行为人剥夺他人生命的行为具有合法性，就不能作为故意杀人罪处理。如符合正当防卫的条件而杀死不法侵害者，法警依法对判处死刑的罪犯执行枪决等合法行为。

3. 主体为一般主体，依照《刑法》第 17 条第 2 款的规定，已满 14 周岁不满 16 周岁的人，犯故意杀人罪的，应当负刑事责任。

4. 主观方面只能出于故意，包括直接故意和间接故意。即行为人具有明知自己的行为会造成他人死亡的结果，并且希望或者放任这种结果的发生的心理。故意杀人罪中，主观方面是直接故意还是间接故意，对定罪不发生影响，但由于行为人主观恶性不同，对量刑有一定的影响，应注意区别。另外，在司法实践中，故意杀人罪的动机

---

① 脑死亡说是当代医学上判断人生命终结与否的最新标准，只在少数国家获得法律承认。我国正在制定承认该学说的有关法规。

多种多样，如谋财杀人、报复杀人、奸情杀人、义愤杀人、婚恋及家庭纠纷引起的杀人以及其他动机的杀人等，动机不同对构成犯罪没有影响，只是在量刑时应作为情节因素加以考虑。

（二）故意杀人罪的认定

1. 故意杀人罪与危害公共安全罪中有关犯罪的界限。这两者在通常情况下没有联系，但在行为人采取放火、爆炸、投放危险物质等方法作为杀人手段的情况下就应认真加以区别。一般来讲，两者之间的区别关键在于故意的内容和行为人所针对的对象不同，由此决定侵犯的客体也不相同。故意杀人罪是针对某个或某几个特定的具体人实施的，而危害公共安全罪则是针对不特定的多数人实施的。如果行为人虽然针对的对象是某个或某几个特定的人，但如果他所实施的犯罪行为同时也危及到不特定多数人的生命、健康或者重大公私财产安全的，则属于想象竞合犯，应当按照从一重罪从重处罚的原则，以危害公共安全罪中的有关犯罪论处。[①] 在采用投放危险物质的手段的场合，当行为人意识到特定的侵害对象有可能把食物分给或让给某个特定的人食用但放任不管，导致后者（也）死亡的，由于不涉及公共安全，故仍应认定为故意杀人罪。

2. 雇凶杀人案件的处理。雇凶杀人，也称买凶杀人，指以一定的钱财雇佣或收买他人杀害特定个人的共同犯罪行为。在这类案件中，雇主既是教唆犯，又是案件的组织者、策划者甚至指挥者，而凶手是杀人行为的实行者。在司法实践中，“主谋（雇主）”是当然的主犯，“主凶（实行犯）”有可能明显区分出主犯和从犯；在不需要区分主从关系或者难以区分主从关系的案件中，“主谋”、“主凶”都应当对其组织、指挥或参与的全部犯罪承担罪责。

（三）故意杀人罪的处罚

《刑法》第232条规定，犯本罪，处死刑、无期徒刑或者10年以上有期徒刑；情节较轻的，处3年以上10年以下有期徒刑。这一规定要求司法机关在处理此类案件时，应注意正确区分情节严重的杀人与情节较轻的杀人，以便准确选择相应的法定刑幅度。根据司法实践来看，情节严重的故意杀人主要有手段残忍的杀人、动机卑鄙的杀人和后果严重的杀人等。而情节较轻的故意杀人主要有激于义愤的杀人、被害人有较大过错的杀人、“大义灭亲”的杀人和基于被害人请求的杀人等。

二、过失致人死亡罪

过失致人死亡罪，是指行为人由于过失而导致他人死亡的行为。

其主要特征是：客观上必须造成他人死亡的结果；主体是年满16岁、具有刑事责任能力的自然人；主观方面是过失，包括疏忽大意的过失和过于自信的过失。前者是指应当预见自己的行为可能发生被害人死亡的结果，由于疏忽大意而没有预见；后者是指已经预见而轻信能够避免，以致发生被害人死亡的结果。过失致人死亡罪的本质特征在于：行为人既没有伤害故意，也没有杀人的故意，只是由于疏忽大意或者过于自信过失，才造成被害人死亡结果的发生。

① 近年来有学者主张，想象竞合犯具备数个犯罪构成，应当数罪并罚。但通说认为，在想象竞合犯中，尽管行为人在主观上有两个罪过，但在客观上却只有一个行为。一个行为只能认定一罪，是全球范围内刑法的通例。

在司法实践中，应注意区分疏忽大意的过失致死与意外事件、过于自信的过失致死与间接故意杀人的界限：

1. 疏忽大意的过失致死与意外事件的界限。二者的相同之处，在于行为人对于死亡结果的发生都未预见，而且，对结果的发生都持有否定的态度。因此，实践中常常发生认定上的困难。区分二者的关键在于：前者行为人有预见自己的行为可能发生危害社会结果的义务，也有预见自己的行为可能发生危害社会的结果的能力，但因疏忽大意未能预见而致他人死亡，行为人主观上具有过失。而后者既无预见损害发生的义务，也无预见损害发生的能力，行为人主观上没有过失，因而不负刑事责任。这就决定了疏忽大意的过失致死与意外事件的区别。

2. 过于自信的过失致死与间接故意杀人罪的界限。二者的相同之处在于行为人客观上都实施了剥夺他人生命权利的行为，行为人都认识到自己的行为可能导致他人死亡的结果的发生，并且都不希望这种结果发生。区分的关键在于查明行为人主观方面对他人死亡结果的发生是轻信可以避免，还是抱着放任态度。过于自信的过失致人死亡罪，行为人对死亡结果的发生是持一种轻信能够避免的心理态度，并且这种心理态度是以一定的主、客观条件为根据（如本人的能力、经验、技术和经历），以当时的环境和其他客观条件为判断基础，并且在客观上通常会表现出一些积极避免死亡结果发生的行为；而间接故意杀人的行为人对死亡结果的发生是持一种放任的心理态度，既没有要依据某些条件避免结果发生的意图，也没有避免发生结果的行为，无论结果发生与否都不违背行为人的意志。

另外，还须注意日常生活中因过失致人死亡同在生产、作业过程中因不服管理、违反规章制度或强令工人冒险作业造成人员死亡的界限。后者属于危害公共安全中的重大责任事故罪。

过失致人死亡罪的刑事责任，根据《刑法》第 233 条规定，犯本罪的，处 3 年以上 7 年以下有期徒刑；情节较轻的，处 3 年以下有期徒刑。本法另有规定的，依照规定。所谓“本法另有规定的”，是指对其他因过失致人死亡的情况，如果《刑法》分则作了专门的规定，有独立的罪名与法定刑（如交通肇事致人死亡、重大责任事故致人死亡、玩忽职守致人死亡、强奸致人死亡等），则依照《刑法》相关各条的规定定罪处刑，不再以本罪论处。

三、故意伤害罪

（一）故意伤害罪的概念和特征

故意伤害罪，是指行为人故意非法损害他人身体健康的行为。其主要特征是：

1. 侵犯的客体是他人的健康权利，其对象是有生命的自然人的健康。在我国刑法上，健康的含义是特定的，它主要包括人体组织的完整性和人体器官机能活动的正常性两个方面的内容。不论行为人侵犯了哪一方面，都是对他人健康权利的侵害。一般情况下，如果行为人故意损害自己身体健康的，不构成本罪。但是，如果军人在作战时自伤身体逃避军事义务，可按《刑法》第 434 条规定的战时自伤罪追究刑事责任。

2. 客观方面表现为非法侵害他人健康的行为。在这里，伤害行为的非法性是构成本罪的客观基础，如果行为人的伤害行为是合法的，则不构成犯罪。例如，医生为保全病人的生命而截去其坏死的肢体，实行正当防卫者将不法侵害者打伤等。

根据《刑法》规定，故意伤害有三种危害结果：轻伤、重伤、伤害致死，轻伤的属于自诉案件。明确三者的界限，对于正确地量刑具有重要意义。由于伤害致死只要发生死亡结果即可认定，因此，需要特别明确的是人体重伤害与非重伤害的标准。非重伤害包括轻伤害与轻微伤害，最高人民法院、最高人民检察院、公安部、司法部于1990年4月20日颁布了《人体轻伤鉴定标准（试行）》，区别轻伤害与轻微伤害。对于重伤害，《刑法》第95条作了原则性的规定，即是指下列情形之一的：(1) 使人肢体残废或者毁人容貌的；(2) 使人丧失听觉、视觉或者其他器官机能的；(3) 其他对于人身健康有重大伤害的。实践中对于人体重伤害范围及程度的认定，应参照最高人民法院、最高人民检察院、司法部、公安部于1990年3月29日颁布的《人体重伤鉴定标准》，由专门的鉴定机构作出鉴定。鉴定伤害结果是不是重伤，究竟是以受伤当时的伤势为准，还是以治疗后的结果为准，有不同的见解。通行的观点认为：重伤鉴定应当把受伤当时的伤势同治疗后的结果结合起来综合评定。如伤害当时伤情并不十分严重，虽经治疗，但最终呈现重伤的，应以重伤论；伤害当时伤情比较严重，而后又基本上恢复正常或者只造成轻伤害的，不能以重伤论处。

3. 本罪的主体是一般主体。根据《刑法》第17条第2款的规定，已满14周岁不满16周岁的人实施故意伤害致人重伤或者死亡的，也应负刑事责任。即在故意伤害罪的三种结果中，重伤害和伤害致死的刑事责任年龄起点是14周岁，而对于致人轻伤害的，必须是年满16周岁、具有刑事责任能力的自然人才能构成本罪的主体。

4. 主观方面具有伤害的故意。这里讲的故意，既包括直接故意，也包括间接故意。行为人实施伤害行为的故意性，是本罪有别于过失致人重伤罪的重要标志。在认定故意伤害罪时，以行为人明知自己的行为会发生损害他人身体健康结果为条件，至于对这种危害结果的轻重大小有无明确认识，不影响故意伤害罪的成立。实际造成轻伤害结果的，按轻伤害处理；实际造成重伤害结果的，按重伤害处理；实际造成伤害致死结果的，按伤害致死处理。此外，从司法实践来看，故意伤害罪的动机是多种多样的，不同的动机，虽不影响本罪的构成，但应作为量刑时的重要情节予以考虑。

（二）认定故意伤害罪应注意的界限

1. 故意伤害罪与一般殴打行为的界限。殴打行为是指行为人只是给他人造成暂时性肉体疼痛，或者使他人的神经系统受到轻微刺激，而没有对他人健康构成损害的行为。故意伤害罪与殴打行为的界限，一般地说，故意伤害罪，破坏了身体组织的完整，如把人的鼻子或者耳朵咬掉了；殴打行为，未破坏人体组织的完整性。故意伤害罪，损害了人体器官的机能，如打聋他人的耳朵、打瞎他人的眼睛等；殴打行为，没有损害人体器官的机能。对于一般殴打行为，司法实践中，不以故意伤害罪论处，需要给予处罚的，由公安机关按照《中华人民共和国治安管理处罚法》（以下简称《治安管理处罚法》）的规定处理。这从刑事政策上看，是有利于化解矛盾，保持社会稳定的。

2. 故意伤害罪与故意杀人罪的界限。这两种犯罪之间的区别，主要涉及两个问题：一是故意伤害致死与故意杀人既遂，二是故意伤害与故意杀人未遂。它们不仅危害结果相同，犯罪手段、行为方式相似，而且主观上都出于故意，都是明知故犯。对于以上犯罪之间的界限，关键应查明行为人主观故意的内容。如果行为人在主观上具有非法剥夺他人生命的故意，无论是否造成死亡结果，均应认定为故意杀人罪；如果行为人在主观上只具有非法损害他人健康的故意，那么无论行为人是否造成他人死亡的结果，都只能认定为故意伤害罪。虽然故意伤害罪与故意杀人罪中故意的内容、性质不同，但故意是主观的东西，是行为人的内心活动，因此，在判断行为人主观故意的内容时，应综合各方面的情况，全面分析判断，而不能仅凭行为人的口供定罪，更不能只从行为或结果的某一方面定罪。对于主观意图不明的暴力行凶案件，应当结合行为人所采用的工具、选择的部位、打击的强度等因素综合判断。采用杀伤力强、选择致命部位、打击强度大的，一般可以认定为故意杀人，反之，可以认定为故意伤害罪。

对于那些胆大妄为、动辄行凶而侵害他人人身权利的案件，应根据案情，区别对待。凡明显具有杀人故意的，应按故意杀人罪论处；凡明显具有伤害故意的，应按故意伤害罪论处。对行为人故意内容不确定或者不顾他人死伤的，应按实际造成的结果来确定犯罪行为的性质。凡造成死亡结果的，应按间接故意杀人处理；凡造成伤害结果的，应按故意伤害处理。因为在这种情况下，死亡与伤害的结果都在行为人的犯意之内。有些案件确实难以区分，意见分歧较大的，为了慎重起见，可以按照“就低不就高”的司法惯例以较轻的犯罪认定处理。

3. 故意伤害致死与过失致人死亡的界限。这两种行为客观上都造成他人死亡，主观上均无杀人的故意，并且造成他人死亡结果的发生都出于过失，容易混淆。两者区别的关键在于行为人的主观心理态度不同。故意伤害致死，行为人虽无杀人的故意却有损害他人健康的故意，死亡结果的发生完全是由故意伤害行为引起的。过失致死，行为人不仅无致死的故意，也无损害他人健康的故意，死亡结果的发生完全是过失行为造成的。因此，行为人主观上有无伤害的故意，是区分两罪的关键。

4. 关于几种新型伤害行为的处理。实践中，已经出现通过性交、接吻、注射等方式故意使他人染上甲肝病毒、麻风病、性病，故意装神弄鬼使人精神失常等新的伤害方式。前者损害人体器官的正常功能，后者对他人造成精神伤害。如果行为人是故意追求使特定人员受到伤害的结果而实施这样的行为，符合故意伤害罪构成要件的，应当以故意伤害罪论处。但如果没有造成实际的危害结果的，宜按照《治安管理处罚法》的有关规定处罚。[①] 同理，如果行为人不是故意追求使特定人员受到伤害的结果的发生，但有义务并且有能力预见到自己的行为可能造成这样的危害结果，或者已经有所预见而轻信能够避免，以致造成他人人体器官的功能受到严重损害，或者造成他人精神失常的结果，符合过失致人重伤罪构成要件的，应当以过失致人重伤罪论处。

（三）故意伤害罪的处罚

《刑法》第234条规定，犯本罪的，处3年以下有期徒刑、拘役或者管制；致人重伤的，处3年以上10年以下有期徒刑；致人死亡或者以特别残忍手段致人重伤造成严重残废的，处10年以上有期徒刑、无期徒刑或者死刑。

四、组织出卖人体器官罪

组织出卖人体器官罪，是指组织他人出卖人体器官的行为。

① 参见高铭暄主编：《刑法专论》（下），687～688页，北京，高等教育出版社，2002。

本罪的客体是他人的身体健康权。根据国务院2007年5月1日起施行的《人体器官移植条例》第3条的规定：任何组织或者个人不得以任何形式买卖人体器官，不得从事与买卖人体器官有关的活动。第7条规定：人体器官捐献应当遵循自愿、无偿的原则。

本罪的客观方面，行为人具有组织出卖人体器官的行为。这里的组织，是指行为人基于某种目的而引导他人所进行的某种活动。根据国务院发布的《人体器官移植条例》的规定，人体器官移植，是指摘取人体器官捐献人具有特定功能的心脏、肺脏、肝脏、肾脏或者胰腺等器官的全部或者部分，将其植入接收人身体以代替其病损器官的过程。人体细胞和角膜、骨髓等人体组织移植，不属于人体器官移植的范畴。组织他人出卖人体器官，是指以对价交换为条件，让他人自愿出卖人体器官。本罪是行为犯，即只要有出卖人体器官的行为，不管是否造成严重后果，均构成此罪。

需要注意的是，在本罪中，组织他人出卖人体器官的行为，必须是经出卖者本人同意的行为，并且该出卖者必须是年满18周岁的成年人。有下列行为之一的，不构成本罪，而应该依照故意伤害罪或者故意杀人罪定罪处罚：（1）未经本人同意摘取其器官的；（2）摘取不满18周岁的人的器官，不论其是否同意的；（3）强迫、欺骗他人捐献器官的。

有下列行为之一的，也不构成本罪，而应以《刑法》第302条侮辱尸体罪定罪处罚：（1）违背本人生前遗愿摘取其尸体器官的行为；（2）本人生前未表示同意，违反国家规定，违背其近亲属意愿摘取其尸体器官的行为。

本罪的主观方面是直接故意，即明知出卖人体器官的行为会危及出卖者的健康甚至生命，还组织他人出卖人体器官。

本罪的主体，是一般主体，即年满16周岁，具备刑事责任能力的自然人。

《刑法》第234条之一的规定，犯本罪，处5年以下有期徒刑，并处罚金；情节严重的，处5年以上有期徒刑，并处罚金或者没收财产。

五、过失致人重伤罪

过失致人重伤罪，是指行为人由于过失造成他人身体重伤的行为。

本罪的客体是他人的身体健康权。本罪的成立，客观上必须致人重伤。即行为人因过失给他人造成的伤害符合《刑法》第95条的规定：（1）使人肢体残废或毁人容貌的；（2）使人丧失听觉、视觉或者其他器官机能的；（3）其他对于人身健康有重大伤害的。具体符合《人体重伤鉴定标准》所列要求的，才构成过失致人重伤罪。如果行为人因过失给他人造成的伤害仅符合《人体轻伤鉴定标准（试行）》所列要求的，则不构成本罪。在主观上必须出于过失，包括疏忽大意的过失和过于自信的过失。即行为人应当预见其行为可能发生致人伤害的结果，因为疏忽大意而没有预见或已经预见而轻信能够避免，以致造成重伤结果。

在司法实践中，要注意分清本罪与过失致人死亡罪的界限。二者的区别就在于危害结果的不同；凡造成死亡的，就定过失致人死亡罪；凡造成重伤结果的，就定为过失致人重伤罪。

《刑法》第235条规定，犯本罪的，处3年以下有期徒刑、拘役或者管制。本法另有规定的，依照规定。

六、强奸罪

（一）强奸罪的概念和特征

强奸罪，是指行为人违背妇女意志，采取暴力、胁迫或者其他手段，强行与妇女发生性交的行为以及故意同不满14周岁幼女发生性关系的行为。最高人民法院和最高人民检察院2002年3月26日施行的《关于执行〈中华人民共和国刑法〉确定罪名的补充规定》（法释［2002］7号），对1997年施行的刑法罪名解释作了修改，取消了奸淫幼女罪罪名，即《刑法》第236条的罪名只有强奸罪一罪。因此，根据上述新的司法解释，第236条强奸罪的构成要件应包含原强奸妇女罪和奸淫幼女罪的内容。强奸罪的主要特征是：

1. 本罪的客体根据侵犯对象的不同，内容也不尽相同。若强奸对象是妇女，则侵犯的客体是妇女性的不可侵犯的权利，即妇女按照自己的意志决定正当性行为的权利；若强奸对象是不满14周岁的幼女的，则侵犯的客体的内容是幼女的身心健康权利。妇女的性权利是妇女的一种特有人身权利，有人称之为性自由权。侵犯这种权利，既违背妇女的意志，又严重损害妇女的人格、尊严。幼女没有性自由的权利。我国《刑法》把奸淫幼女的行为纳入强奸罪，目的在于保护幼女的健康权。这是《刑法》基于幼女的生理、心理和智力发育状况的特点，对幼女进行的特殊保护。强奸罪的对象，包括不满14周岁的女性（幼女）、已满14周岁不满18周岁的少女和已满18周岁的成年妇女。妇女一词的含义包括成年女性和少女；幼女则专指不满14周岁的女性。妇女性的自主权作为妇女人身权的一部分，只能是具有生命的妇女才能具有和行使，因此，奸污女尸的行为不能构成本罪，应按《刑法》第302条规定的侮辱尸体罪定罪处罚。

2. 本罪根据侵犯对象的不同，在客观方面的行为表现也有区别。

（1）当侵犯的对象为已满14周岁不满18周岁的少女和已满18周岁的妇女时，其客观方面表现为采用暴力、胁迫或者其他手段，违背妇女意志，强行与妇女发生性交的行为。这是以已满14周岁的妇女为对象的强奸罪的本质特征，也是本罪与一般男女之间的通奸行为、未婚男女恋爱中的越轨行为，以及卖淫嫖娼行为的根本区别。

所谓违背妇女意志，是指违背理智健全、能够正常表达自己意志的妇女的主观意愿，在妇女不同意发生性交的情况下，强行与之性交。如果明知被害人是不能辨别行为性质的痴呆妇女和精神病妇女，而与其发生非法性行为的，不论采用何种手段，也无论被害人态度如何，均应以强奸罪论处。

所谓暴力，是指直接作用于犯罪对象、可以抑制被害人反抗的物理性强制力量。在这里，表现为对被害妇女实行人身强制，使妇女不能抗拒，如殴打、伤害、捆绑、卡脖子、按倒等。所谓胁迫，是指以将要实施暴力等不利后果为后盾进行胁迫。在这里，是指对被害妇女实行精神上的强制或恐吓，以摧毁其反抗意志，使妇女不敢抗拒，如以杀害、揭发隐私、毁坏名誉、加害亲属等相威胁。暴力的作用在于使被害人不能反抗，威胁的作用在于使被害人不敢反抗。所谓其他手段是指采用除暴力、胁迫以外的其他方法使妇女不知抗拒或无法抗拒的各种手段，如利用妇女熟睡或患重病之机；或者使用醉酒、药物麻醉、冒充被害人丈夫或男友或情人等方法对妇女进行奸淫等。

应当注意，立法没有将“其他”手段限制为强制手段。

判断是否违背妇女意志，既不能仅仅看行为人的行为表现，也不能仅仅看被害人有无反抗表现，而应当以行为人采取的手段为主要依据，结合妇女性交当时的心理、表现、与行为人的关系等因素综合判断。有时，从表现上看，犯罪分子并未直接使用暴力或者胁迫手段，但性交行为的发生，是完全违背妇女意志的。相反，也有可能在行为人使用了威胁或其他手段时，妇女本身却是自愿的。

(2) 当本罪的侵犯对象是不满 14 周岁的幼女时，其客观方面的行为表现方式为与幼女发生性交的行为。考虑到幼女的特点，《刑法》未对以幼女为强奸对象的强奸罪的手段进行限定。即只要与幼女发生性交，不论是否采用暴力、胁迫等手段，也不问幼女是否表示同意，一般都可以构成强奸罪。

在司法实践中，要注意把以妇女为侵害对象的强奸罪和以幼女为侵害对象的强奸罪区别开来。即强奸罪根据侵犯对象的不同，在司法实践中表现出两种不同的情形，这两种不同情形的强奸罪虽均以强奸罪一个罪名以概之，但是有着较大的区别。其主要区别在于：一是客体与对象不同。以妇女为对象的强奸罪侵犯的客体是妇女性的不可侵犯的权利，对象是 14 周岁以上的少女和成年妇女。而以不满 14 周岁的女性（即幼女）为对象的强奸罪侵犯的客体是幼女的身心健康，对象是幼女。二是客观要件不同。前者要求行为人必须实施暴力、胁迫或者其他强制手段，违背妇女意志，才能构成强奸罪。后者则不论行为人是否采取暴力、胁迫或其他手段，也不论被害幼女是否同意，均可构成强奸罪。三是既遂标准不同。前者一般以插入说为既遂标准；而后者则以性器官接触说为既遂标准。

3. 犯罪主体是年满 14 周岁以上、具有刑事责任能力的男性公民。女性不能单独构成本罪，但妇女教唆或者帮助男子强奸其他妇女或幼女的，以强奸罪的共犯论处。

4. 在主观方面，只能由故意构成，并且具有奸淫目的。所谓奸淫，泛指不正当的两性关系。所谓奸淫目的，是指犯罪分子意图对妇女实施不正当的性行为的一种心理状态。行为人是否存在这种心理状态，是区分强奸同强制猥亵、侮辱妇女以及其他行为的重要标志。

（二）认定强奸妇女罪应注意的界限

1. 强奸与通奸的界限。所谓通奸是指双方或一方已有配偶的男女之间自愿发生两性关系的行为。它与强奸的根本区别在于没有违背妇女的意志，也没有采取任何强制性手段。通奸行为属于不道德行为，一般不能作为犯罪处理。强奸和通奸理论上的界限不难划分，但在司法实践中由于有些情况较为复杂，容易混淆，所以应注意加以区别。

(1) 本来是通奸，一旦关系恶化，或者事情暴露后，女方为了保全名声，就把通奸说成强奸。对这种确属通奸的问题，不能定为强奸。但如果先是通奸，后来女方不愿意继续通奸，而男方继续纠缠，并以暴力或败坏名誉等进行胁迫，强行与女方发生关系的，应以强奸罪论处。

(2) 男女双方原来的性行为是强奸，以后女方顺从，并多次自愿发生性行为甚至恋爱、结婚的，由于女方意志的变化而使问题的性质也发生了变化，对于这种情况一般不宜定为强奸罪。但如果强奸后，性行为的继续是行为人采用暴力、威胁等强制手段迫使被害人忍辱屈从的，应定强奸罪。

(3) 行为人利用职权强奸妇女与妇女搞权色交易而发生的通奸行为，在法律性质上是完全不同的。对于前者，因为行为人利用职权进行胁迫，违背了妇女意志，应定强奸罪。而后者男女双方相互利用，各有所图，谈不上违背妇女意志问题，属于通奸，不能按强奸罪处理。

(4) 在半推半就的情况下发生的两性关系，女方大多没有明显的同意与否的表示，而处于比较犹豫的状态。这种情形介于强奸与通奸之间，应注意认真分析。一般地，对于此类案件，要着重分析双方平时的关系，性行为是在什么样的环境和情况下发生的，事后女方态度，在什么情况下告发的等，以判明行为人是否确实采用胁迫手段违背妇女意志。如果确实违背女方意志的，应定为强奸罪，否则，不宜定为强奸罪。

2. 强奸与男女恋爱过程中发生越轨行为的界限。未婚男女在恋爱过程中自愿发生性交，是一种不道德的行为，不能以犯罪论处。对那些在恋爱过程中，男方采取不明显的强制手段与女方发生性交，但后来感情破裂，女方告男方强奸的案件，一般也不宜定为强奸罪。

3. 轮奸和男、女或男女多人群宿群奸的行为的界限。所谓轮奸是指两名以上男子，基于共同强奸的故意，在同一时间内，先后轮流对同一妇女强行实施奸淫的行为。轮奸是强奸妇女和奸淫幼女罪的一种共同犯罪形式，应按照强奸妇女罪从重处罚。至于男、女或男女多人在同一时间、同一地点进行淫乱的，不是轮奸，情节严重的，应按聚众淫乱罪处理。

4. 已满14周岁不满16周岁的男性与幼女发生性行为的处理。根据2000年2月13日最高人民法院《关于审理强奸案件有关问题的解释》，与幼女发生性关系的行为，不能一律以强奸罪论处，如果“情节轻微、尚未造成严重后果的，不认为是犯罪”。已满14周岁不满16周岁的人与幼女发生性关系的情况比较复杂，对于双方都出于好奇，自愿发生性行为的，或者确实是在“恋爱”过程中自愿发生性行为的，或者幼女主动引诱已满14周岁不满16周岁的人与其发生性关系的，或者确实不知道对方是幼女，并且根据对方的身体发育特点也难以判断对方是不是幼女而与其发生性行为的，一般应视为情节轻微，不宜以强奸罪论处。① 此外，2003年1月8日最高人民法院《关于行为人不明知是不满14周岁的幼女，双方自愿发生性关系是否构成强奸罪问题的批复》(2003年1月17日起施行）规定：行为人明知是不满14周岁的幼女而与其发生性关系，不论幼女是否自愿，均应依照《刑法》第236条第2款的规定，以强奸罪定罪处罚；行为人确实不知对方是不满14周岁的幼女，双方自愿发生性关系的，未造成严重后果，情节显著轻微的，不认为是犯罪。2005年12月12日，最高人民法院在《关于审理未成年人刑事案件具体应用法律若干问题的解释》中再次重申：“已满14周岁不满16周岁的人偶尔与幼女发生性行为，情节轻微、未造成严重后果的，不认为是犯罪。”②

(三) 对强奸罪的处罚

《刑法》第236条规定，犯本罪的，处3年以上10年以下有期徒刑。奸淫不满14

① 参见刘家琛主编：《新刑法解释判解与适用》，385～386页，北京，新华出版社，2001。

② 周道鸾、张军主编：《刑法罪名精释》，3版，427页，北京，人民法院出版社，2007。

周岁幼女的，以强奸论，从重处罚。强奸妇女、奸淫幼女，有下列情形之一的，处10年以上有期徒刑、无期徒刑或者死刑：（1）强奸妇女、奸淫幼女情节恶劣的；（2）强奸妇女、奸淫幼女多人的；（3）在公共场所当众强奸妇女的；（4）二人以上轮奸的；（5）致使被害人死亡、重伤或者造成其他严重后果的。所谓致使被害人死亡、重伤，是指在强奸过程中，由于对被害人实施暴力或者药物麻醉等直接导致被害人性器官严重损害或者其他严重伤害，或者致被害人当场死亡或者经治疗无效死亡。这种情况只定强奸罪一个罪名，并且在该种情况下，强奸行为是否既遂并不影响强奸罪的认定。但是，在强奸过程中或强奸以后，行为人为灭口将被害人杀死的，则应以强奸罪和故意杀人罪实行并罚。

七、强制猥亵、侮辱妇女罪

（一）强制猥亵、侮辱妇女罪的概念和特征

强制猥亵、侮辱妇女罪，是指使用暴力、胁迫或者其他手段，违背妇女意志，强制猥亵、侮辱妇女的行为。本罪的主要特征是：

1. 侵犯的客体是妇女的人身权利，具体说是妇女的身心健康、人格尊严的权利。由于妇女具有特殊的生理、身体特征，其身心健康权、人格尊严权利需要法律的特殊保护。本罪的对象只限于妇女，即指年满14周岁的未成年妇女和成年妇女。

2. 本罪的客观方面表现为，行为人实施了违背妇女意志，以暴力、胁迫或者其他方法强制猥亵、侮辱妇女的行为。暴力及胁迫的含义，见强奸罪部分。在这里，暴力是指犯罪分子直接对妇女施以伤害、殴打等危害妇女人身安全和人身自由，使妇女不能抗拒的方法；胁迫是指对被害妇女施以威胁恫吓，进行精神上的强制，以迫使妇女就范，使妇女不敢抗拒的方法。例如以杀害、伤害、职权、地位、揭发隐私等相威胁、恫吓。“其他方法”，是指暴力、胁迫手段以外，其他使被害妇女不知反抗或不能反抗的手段，如利用迷信，利用妇女患病、熟睡或昏迷机会，用药麻醉，用酒灌醉等。

什么是“猥亵”、“侮辱”？目前没有相关刑法解释予以明确。一般认为，猥亵妇女，是指除奸淫以外，以其他性接触满足自己性欲或挑逗他人引起性兴奋和性满足的行为。例如抠摸、搂抱、亲吻妇女等。侮辱妇女，是指采用下流无耻的语言、动作损害妇女人格的行为。例如，用下流语言辱骂妇女，偷剪妇女的发辫、衣服，向妇女身上泼洒腐蚀物、涂抹污物，当众暴露妇女身体、向妇女显露生殖器或用生殖器顶擦妇女身体等。猥亵行为和侮辱行为的表现形式有所不同，但实质一样，都是损害妇女人格的行为，只不过对行为人而言，引起的感受不同。猥亵行为具有更明显的性内容，是一种非自然的行为，只能通过身体动作实施；侮辱行为一般不直接表现为性行为，既可以通过身体动作实施，也可以通过语言进行。但有些行为既是猥亵行为，又具有侮辱性质，如暴露妇女身体或向妇女显露生殖器、用生殖器顶擦妇女的身体。

3. 本罪的主体，本罪的主体为一般主体，即凡年满16周岁、具备刑事责任能力的人，均可成为本罪的主体。从司法实践来看，本罪的行为人绝大多数情况下是男子。

4. 本罪的主观方面，是直接故意。即表现为明知自己的行为会损害妇女人格仍然追求这种结果发生。

（二）强制猥亵、侮辱妇女罪的认定

1. 强制猥亵、侮辱妇女罪与一般猥亵、侮辱妇女行为的界限。主要是看强制猥亵、侮辱妇女的行为是否情节严重或恶劣。本罪虽未将“情节严重”或“情节恶劣”规定为成立的必备要件，但从立法精神和司法实践的需要来考虑，这应成为强制猥亵、侮辱妇女罪与一般猥亵、侮辱妇女行为界限的标志。如果没有造成恶劣的社会影响或者严重的后果，符合《刑法》第 13 条“情节显著轻微危害不大的”规定，应为一般违法行为，根据《治安管理处罚法》的规定处罚。

2. 强制猥亵、侮辱妇女罪与强奸罪的界限。在司法实践中难以区分的主要是强制猥亵、侮辱妇女罪与强奸罪（未遂）的界限。由于二者都是侵犯妇女身心健康的犯罪，在客观上都表现为使用了暴力、胁迫或者其他方法，在具体表现上往往存在相同或类似之处，如抠摸、搂抱等行为。但两者从构成特征上看，主要区别是：（1）客体不同。强制猥亵、侮辱妇女罪侵犯的是妇女的身心健康和人格尊严的权利，强奸罪侵犯的是妇女性的自由权利；（2）行为实行的过程不同。前者满足性欲的行为中不包括要求性交行为，后者则是以实施性交行为来满足性欲。区分两者的关键，在于查明行为人主观上是否具有强行奸淫的故意。如果行为人主观上具有强行奸淫的目的，同时又有强制猥亵、侮辱的行为，只是由于其意志以外的原因未能得逞的，应定为强奸罪（未遂）；如果没有奸淫的目的，只是实施猥亵、侮辱以满足自己非正常性欲需要，应定强制猥亵、侮辱妇女罪。若无法查清其行为人是否确实具有奸淫的目的，客观上没有实施奸淫行为或者说只存在妇女被猥亵、侮辱事实的，应按照强制猥亵、侮辱妇女罪论处。

3. 强制猥亵、侮辱妇女罪与侮辱罪的界限。两者在侮辱的犯罪对象是妇女并且行为人都对妇女在公开场合使用暴力进行侮辱的情况下容易混淆。此种场合下两者的区别表现在：（1）使用暴力进行侮辱的方法不同。前者使用的暴力侮辱方法与侵害妇女的性健康有关；而后者的方法则与侵害妇女的人格、名誉权有密切联系。（2）侵犯的客体不同。前者主要是妇女的身心健康权；而后者主要是妇女的人格、名誉权。

（三）强制猥亵、侮辱妇女罪的处罚

依照《刑法》第 237 条第 1 款、第 2 款的规定，犯本罪的，处 5 年以下有期徒刑或者拘役。聚众或者在公共场所当众犯本罪的，处 5 年以上有期徒刑。

八、猥亵儿童罪

猥亵儿童罪，是指猥亵不满 14 周岁的儿童的行为。

本罪侵犯的客体是儿童的身心健康，侵害的对象是不满 14 周岁的男女儿童。客观方面表现为以强制或非强制方法猥亵不满 14 周岁儿童的行为，不要求以暴力、胁迫或其他强制手段为构成要件。因此，本罪中猥亵行为既可以是强制性的，也可以是非强制性的。这主要考虑到，不满 14 周岁的儿童对事物的认识能力较差，尤其是对性的认识能力较差，为了保护儿童的身心健康，不应要求以暴力、胁迫等强制方法进行猥亵才构成犯罪。本罪的主体是一般主体，凡年满 16 周岁、具有刑事责任能力的自然人，不论男女，均可成为本罪的主体。本罪的主观方面是故意，并且是直接故意。

《刑法》第 237 条第 3 款规定，犯本罪的，在 5 年以下有期徒刑或者拘役的幅度内从重处罚；聚众或者在公共场所当众犯本罪的，在5年以上有期徒刑幅度内从重处罚。

九、非法拘禁罪

（一）非法拘禁罪的概念和特征

非法拘禁罪，是指非法拘禁或者以其他方法非法剥夺他人人身自由的行为。其主要特征是：

1. 侵犯的客体是他人的人身自由权利。人身自由是指人的行动自由。严格地讲，人身自由是意志自由与行动自由的统一。非法拘禁罪侵犯的是个人意志下的行动自由，而不是单纯的意志自由。本罪的犯罪对象，既可以是无辜的公民，也可以是犯过错误或有一般违法行为的人，还可以是犯罪嫌疑人。对于有犯罪事实和重大嫌疑的分子，需要拘留、逮捕的，应由司法机关依法进行。其他任何机关、团体和个人，都无权擅自剥夺他人的人身自由，否则就是侵犯他人人身自由权利的行为，对构成犯罪的，应依法追究刑事责任。

2. 客观方面表现为，行为人实施了非法剥夺他人人身自由的行为。至于非法剥夺他人人身自由的方法是多种多样的，如非法逮捕、拘留、监禁、扣押、绑架、办封闭式“学习班”、实行“隔离审查”等均属非法剥夺他人人身自由的行为。

3. 主观方面只能出于直接故意。即行为人明知自己的行为会发生剥夺他人人身自由的结果，并且积极追求这种结果发生。应当指出，本罪的行为人在主观上不得有勒索财物的目的，若以勒索财物为目的，而非法剥夺他人人身自由的，应以绑架罪论处。另外，若以出卖为目的，而非法剥夺妇女、儿童的人身自由的，应以拐卖妇女、儿童罪论处。因此，本罪在主观上只能以剥夺他人的人身自由为故意的内容。

4. 本罪的主体，是一般主体。凡是年满16周岁、具有刑事责任能力的人都可构成。

（二）非法拘禁罪的认定

1. 非法拘禁罪与非罪的界限

首先要把一般的非法拘禁行为与非法拘禁罪区别开来，尤其是要注意正当、合法的拘禁行为同非法拘禁罪的界限，以及情节显著轻微、危害不大的非法拘禁与情节较严重的非法拘禁的界限。要避免不问情节，而一律将非法拘禁行为都认定为非法拘禁罪的错误做法。非法拘禁罪属于继续犯，《刑法》分则第238条本身并未规定非法拘禁罪构成的时间长短，因此，单纯从分则的条文上看，只要行为人以剥夺他人人身自由为目的将他人拘禁起来，不论时间长短，非法拘禁罪都应该成立既遂。时间的长短可作为一个量刑的情节加以考虑。但本书认为，《刑法》总则的规定对分则的实践具有指导作用，根据《刑法》总则第13条的规定，“情节显著轻微危害不大的，不认为是犯罪。”因此，对于拘禁时间极短，对被害人危害不大的，不应认定为犯罪。2006年7月26日施行的最高人民检察院《关于渎职侵权犯罪案件立案标准的规定》［高检发释字（2006）2号］（本章以下简称《立案标准的规定》）对国家机关工作人员利用职权实施的非法拘禁案的立案标准作了明确的规定。该解释指出，国家机关工作人员利用职权非法拘禁，涉嫌下列情形之一的，应予立案：（1）非法剥夺他人人身自由24小时以上的；（2）非法剥夺他人人身自由，并使用械具或者捆绑等恶劣手段，或者实施殴打、侮辱、虐待行为的；（3）非法拘禁，造成被拘禁人轻伤、重伤、死亡的；（4）非法拘禁，情节严重，导致被拘禁人自杀、自残造成重伤、死亡，或者精神失常的；（5）非法拘禁3人次以上的；（6）司法工作人员明知是没有违法犯罪事实的人而非法拘禁的；（7）其他非法拘禁应予追究刑事责任的情形。因为这是最高人民检察院针对本系统直接立案侦查案件的立案标准，故其规定是国家机关工作人员利用职权实施的侵犯公民人身权利、民主权利犯罪案件，其所针对的对象仅仅是国家机关工作人员。因此，检察机关在处理国家机关工作人员利用职权实施非法拘禁案时，应当依照上述规定办理。而在公安机关处理非国家机关工作人员实施的非法拘禁案时，虽然没有明确的有针对性的司法解释，但也可以参照上述规定的精神，但考虑到其社会危害性与前者比较相对要轻一些，因此，在处理这类人实施的非法拘禁案件时，可以适当的放宽一些。

司法实践中发生较多的是为索要债务而拘禁债务人的情况。债务有合法与非法之分。应当肯定，公民有实现债权的权利，也有遵守法律的义务。讨债属于私力救济行为，必须在法律允许的范围内采用合法手段进行。采用拘禁手段实现合法债权的行为，包括执法部门未办理法定手续或不按法定程序，采用集中关押或个别关押“措施”追讨债务的行为，其实质仍然是非法拘禁。构成犯罪的，仍应追究刑事责任。对此，《刑法》第238条第3款作了专门规定。非法债务，不受法律保护，相反应受法律追究。最高人民法院《关于对为索取法律不予保护的债务非法拘禁他人行为如何定罪问题的解释》（法释［2000］19号）明确规定：“行为人为索取高利贷、赌债等法律不予保护的债务，非法扣押、拘禁他人的，依照刑法第238条的规定定罪处罚。”

2. 非法拘禁罪的罪数认定

（1）非法拘禁罪与故意杀人罪、故意伤害罪的牵连。

非法拘禁罪与故意杀人罪、故意伤害罪的牵连，通常表现为在非法拘禁过程中，行为人对被害人进行暴力加害，或者行为人用非法拘禁方法故意使被害人因冻饿等原因死亡、受伤等。对于在非法拘禁中对被害人加害的情形，应当注意，《刑法》第238条明确规定，非法拘禁“使用暴力致人伤残、死亡的”，依照故意伤害罪、故意杀人罪定罪处罚。此处的“伤残”，不包括轻伤，而是指重伤。因为若是构成轻伤或更轻一些的伤害，如轻微伤等，已可以包含在《刑法》第238条第一款规定的殴打的情形中，从重处罚即可。因此，一方面对于上述“使用暴力致人伤残、死亡的”这种情况，只应按一重罪即故意伤害罪或故意杀人罪定罪处罚；另一方面，要注意其适用的条件：必须是在非法拘禁中“使用暴力”且“致人伤残、死亡”。司法实践中，对此种情况，一般又包含有两种情形：其一，行为人的目的即在于故意伤害、故意杀害被害人，即具有故意伤害、故意杀人的直接故意。只不过其方法上采用了非法拘禁而已，在此可按牵连犯的一般的处罚原则，从一重罪定罪处罚，即按故意伤害罪或故意杀人罪定罪处罚。其二，行为人非法拘禁虽然有其他目的，但在非法拘禁过程中，对被害人使用了暴力，并对于因自己的暴力使被害人可能出现的伤残、死亡等后果持一种放任态度，即对于被害人的伤残、死亡具有一种间接故意，则以出现的后果论，造成被害人伤残的，构成故意伤害罪；造成被害人死亡的，构成故意杀人罪。

（2）非法拘禁罪除上所述的与故意伤害罪、故意杀人罪发生牵连外，在司法实践中，非法剥夺他人人身自由的行为往往同其他犯罪发生联系，情况也相对复杂，只有分清罪数，才能做到正确量刑。如报复陷害而非法剥夺他人人身自由、妨害公务而拘禁国家机关工作人员、暴力干涉婚姻自由而拘禁他人等。我们认为，在此情况下，行为人是基于一个犯罪目的而放任另一种危害结果的发生，实施的只是一个危害行为，故应按想象竞合犯原理从一重罪重处断。[①] 再如，收买被拐卖的妇女、儿童后，为防止被收买的妇女、儿童逃走，而将其关闭起来，剥夺、限制其人身自由。这种情况，《刑法》第 241 条第 3 款明确要求数罪并罚。此外，在强奸、暴力取证过程中有可能伴随非法拘禁。在这种情形中，犯罪行为的阶段有一种内在的联系，可以按吸收犯原理只定一个重罪，把所吸收的行为作为量刑情节考虑。

（三）非法拘禁罪的处罚

《刑法》第 238 条规定，犯本罪的，处 3 年以下有期徒刑、拘役、管制或者剥夺政治权利。具有殴打、侮辱情节的，从重处罚。致人重伤的，处 3 年以上 10 年以下有期徒刑；致人死亡的，处 10 年以上有期徒刑。使用暴力致人伤残、死亡的，依照故意伤害罪、故意杀人罪定罪处罚。为索取债务非法扣押、拘禁他人的依照第 238 条第 1 款、第 2 款的规定处罚。国家机关工作人员利用职权实施上述行为的，从重处罚。

在适用非法拘禁罪的刑事责任条款时，应当注意以下问题：

1. 具有殴打、侮辱情节，是指为实行非法拘禁而在拘禁过程中进行殴打或侮辱。殴打的结果只应包含轻伤以下。对于过失造成重伤的，应适用非法拘禁罪的加重结果犯之法定刑；故意造成重伤的，则应根据《刑法》第 238 条第 3 款规定，以故意伤害罪论处。

2. 《刑法》第 238 条第 2 款中规定的“致人重伤”、“致人死亡”仅仅是指过失致人重伤、致人死亡。而“使用暴力致人伤残、死亡”，是指故意造成被害人伤残或死亡。

3. 国家机关工作人员利用职权犯非法拘禁罪从重处罚，仅限于“利用职权”的情形；没有利用职权的，不得从重处罚。另外，应当注意，行为人非法拘禁具有多个从重处罚情节的，应在更大幅度上从重处罚。比如，国家机关工作人员利用职权非法拘禁，又具有殴打、侮辱情节的，就属于这种情况。

十、绑架罪

（一）绑架罪的概念和特征

绑架罪，是指以勒索财物为目的劫持他人，或者使用暴力、胁迫、其他方法劫持他人作为人质的行为。

1. 本罪侵犯的客体是复杂客体，即不仅侵犯了他人的人身权利，同时还侵犯了他人的财产权利。由于通常是以前者为主要方式，故《刑法》规定此罪，立法者强调的是对人身权利的保护。至于行为人所绑架的对象，可以是妇女、儿童，也可以是除此以外的任何人。

2. 客观方面表现为使用暴力、胁迫或者其他手段劫持他人作为人质或者勒索财物以及以勒索财物为目的偷盗婴幼儿的行为。即本罪在客观行为上表现为三种方式：

① 参见赵秉志主编：《中国刑法案例与学理研究·分则篇（三）》，147～148 页，北京，法律出版社，2001。

(1) 以勒索财物为目的，使用暴力、胁迫或者其他手段绑架他人的行为。(2) 使用暴力、胁迫或者其他手段劫持他人作为人质的行为。(3) 以勒索财物为目的偷盗婴幼儿的行为。

绑架也称劫持，是指违背被害人或其监护人意志，将被害人掳离原处，置于行为人控制之下。绑架既可采用暴力、胁迫等强制方法，如捆绑、殴打等，亦可采用药物麻醉等非强制方法。不论何种方法都具有使被害人不能反抗、不敢反抗或不知反抗的本质。所谓勒索财物，是指行为人在绑架人质以后，以一定的方式将绑架人质的事实通知被绑架人的亲属或其他利害关系人，并以继续扣押人质或加以杀伤相要挟，勒令其在一定时间内交付一定数额的金钱或财物，以换回人质。对绑架行为的构成，理论上存在争议，但不可否认的是，绑架罪由控制人质和勒索财物或索要其他不法利益两个阶段组成。

3. 本罪的主体为一般主体，即已满 16 周岁、具有刑事责任能力的自然人。

4. 本罪的主观方面只能出于直接故意，并且在以勒索财物为目的使用暴力、胁迫或者其他手段绑架他人和以勒索财物为目的偷盗婴幼儿的这两种行为方式中，行为人是以勒索财物为目的；而在劫持他人作为人质的此种行为方式中，并不要求行为人以勒索财物为目的，一般是以获取其他利益为目的，如为了政治目的或其他利益。主观目的的不同，是这两类绑架行为方式彼此相区别的重要标志。

（二）绑架罪的认定

1. 划清绑架罪与非法拘禁罪的界限。两者都非法剥夺了他人人身自由，都可能采用绑架手段。其主要区别：第一，犯罪目的不同。前者以勒索财物为目的，后者以逼索债务为目的，以扣押“人质”作为讨还债务的手段。第二，犯罪对象不同。前者被绑架的人自身完全无过错，而后者被绑架的“人质”大多自身有过错（如欠债不还），甚至有诈骗等违法犯罪行为，也有的纯属无辜。[①] 因此，为索要债务而绑架他人的，应当认定为非法拘禁罪。

2. 划清既遂与未遂的界限。关于绑架罪的既遂与未遂的区分标准，理论上有不同主张：第一种观点认为，本罪虽然是由两个行为构成，但是否既遂，应以人质是否丧失行动自由为标准。至于是否开始索取财物或其他非法利益，不影响本罪的既遂。此为行为犯说。第二种观点认为，绑架罪是由绑架与勒索两个行为结合而成，不能将二者割裂开来，行为人以绑架为手段，以勒索财物为目的，目的得逞，即为既遂。

本书认为，划清绑架罪既遂与未遂的界限，应根据本罪客观上存在的不同的行为方式作出不同的认定。在绑架罪中，客观上存在三种行为方式，即：(1) 以勒索财物为目的，使用暴力、胁迫或者其他手段绑架他人的行为。(2) 以勒索财物为目的偷盗婴幼儿的行为。(3) 使用暴力、胁迫或者其他手段劫持他人作为人质的行为。这三种行为方式实际上又可归纳为两类，即：其一，以勒索财物为目的的绑架行为。具体包括“绑架他人＋勒索财物”、“偷盗婴幼儿＋勒索财物”两种形式。其二，劫持他人作为人质的行为，即“绑架他人＋提出某种要求”（此处的不法要求不包括索财的要求）。在后一种行为，即劫持他人作为人质的行为中，行为人侵犯的客体是单一客体，即仅

① 参见周道鸾、张军主编：《刑法罪名精释》，437 页，北京，人民法院出版社，2007。

仅侵犯了被害人的人身权利，因而对此种行为的绑架罪而言，其既遂应以绑架行为是否达到实际控制人质、将其置于自己的实际支配之下为标准。已经实际控制人质的，是既遂。虽实施暴力、胁迫、麻醉等行为，但未构成对人质人身实际控制的，是未遂。而在前一种行为，即“绑架他人＋勒索财物”、“偷盗婴幼儿＋勒索财物”两种形式的行为中，行为人侵犯的客体则是复杂客体，即包括他人的人身自由权利和健康、生命权利及公私财产所有权利。并且实施绑架勒索的行为人的目的在于勒索财物，该种行为方式的绑架罪侵犯的主要权益是他人的财产权利，而人身权利仅为次要客体。从《刑法》第239条看来，绑架罪实际包含基本结果和加重结果，在其基本构成中，可以认为此种绑架行为是双重实行行为，即“绑架行为（或偷盗婴幼儿行为）＋索财行为”，因而只有同时具备上述两种行为才能构成绑架罪既遂。若行为人只实施了绑架行为，或者虽然进一步实施了索要财物的行为，但由于行为人意志意外的原因而未能得逞时，则应认定为未遂。同理，若是行为人实施了绑架行为、尚未实行索财行为而自动放弃了索财行为，也应认定为绑架罪中止。就上述“绑架行为（或偷盗婴幼儿行为）＋索财行为”的绑架罪而言，既遂与未遂的区分，应以行为人是否实际勒索财物为标准。而在本罪的加重结果中，即《刑法》第239条第2款规定的“致使被绑架人死亡或者杀害被绑架人的”情形中，则不论是否有索财行为，也不论是否勒索到财物，均以绑架罪的既遂论处。

3. 划清一罪与数罪的界限。绑架行为直接剥夺他人的人身自由，目的是为勒索财物。但绑架勒索往往是以杀害或伤害被绑架者作为威胁的内容，因此，这种犯罪也严重威胁着他人的生命和健康，因此而引起被绑架者重伤、死亡的，在司法实践中也屡见不鲜。死亡包括故意杀人（俗称“撕票”）、过失致人死亡，重伤也包括故意致人重伤、过失致人重伤。对在绑架勒索过程中过失致人死亡、过失致人重伤的，以及故意杀害人质的，应作为绑架罪的加重处罚情节，不再另外定罪。但是，对绑架后又实施了强奸等犯罪的，均应分别定罪，实行数罪并罚。另外，《刑法》第239条未对绑架过程中故意伤害被绑架人的情形如何定罪作出明文规定。本书认为，举重以明轻，依立法精神，对这种情况自然也应定绑架罪一罪，而不必另行定故意伤害罪。何况，即使是在绑架中故意伤害被绑架人致其死亡的，也在刑法第239条第2款的“致使被绑架人死亡”的范围之内。

4. 划清绑架罪与抢劫罪的界限。绑架罪中绑架勒索的情形与抢劫罪都以取得财物为目的；在客观上都可以表现为暴力、胁迫等强制手段；在侵犯的合法权益方面，两者也都同时侵犯了公民的人身权利和财产权利。区别两者的关键在于：第一，绑架罪是以非法剥夺人身自由的方法，并以被绑架人的安危为要挟，勒索财物行为的指向对象为被绑架人以外的第三人，即被绑架人的近亲属或其他人，而不可能是被绑架人本人；抢劫罪的方法则一般不表现为非法剥夺人身自由，而且其要挟的人即劫财指向的对象一般具有同一性。第二，绑架罪由于是将被绑架人作为人质向第三人索取财物，因此获取财物的时间不可能是绑架行为实施的当时，也一般不可能是当场获取财物。而抢劫罪只能是当场即在暴力、胁迫行为实施的当时劫取财物。

5. 注意偷盗婴幼儿的定罪量刑问题。以勒索为目的偷盗婴幼儿的，以绑架罪定罪处罚。这里所指的婴幼儿分别是指：不满1周岁为婴儿，1周岁以上不满6周岁为幼儿。

(三) 绑架罪的处罚

《刑法》第 239 条第 1 款、第 2 款、第 3 款规定，犯本罪的，处 10 年以上有期徒刑或者无期徒刑，并处罚金或者没收财产；情节较轻的，处 5 年以上 10 年以下有期徒刑，并处罚金[①]；致使被绑架人死亡或者杀害被绑架人的，处死刑，并处没收财产；以勒索财物为目的偷盗婴幼儿的，依照前两款的规定处罚。其中“致使被绑架人死亡”，是指在绑架过程中采用暴力故意伤害致人死亡以及过失致人死亡。“杀害被绑架人”，是指以下两种情况：一是先杀死人质，然后隐瞒事实真相向人质家属勒索赎金；二是在勒索目的达到或达不到时杀死人质，或者任意杀死人质，即通常所说的“撕票”。有一种观点认为，撕票后再向被害人亲属索要财物，实际上是用隐瞒事实真相的方法取得财物，应当认定为诈骗罪。这种观点割裂了绑架罪前后两个阶段的行为，忽视了被害人亲属在这种情况下因为不知道撕票真相从而仍然担忧被害人安危的心理，以致将被害人亲属在这种心理支配下交出财物的行为当做“自愿交出财物”，这是完全错误的观点。

十一、拐卖妇女、儿童罪

(一) 拐卖妇女、儿童罪的概念和特征

拐卖妇女、儿童罪，是指行为人以出卖为目的，拐骗、绑架、收买、贩卖、接送、中转妇女、儿童的行为。本罪属选择性罪名，可分解为拐卖妇女罪与拐卖儿童罪。其主要特征是：

1. 侵犯的客体是妇女、儿童的人身自由权利。犯罪对象只限于妇女和儿童。妇女指已满 14 周岁的少女或成年妇女，根据 2000 年 1 月 25 日施行的最高人民法院《关于审理拐卖妇女案件适用法律有关问题的解释》（法释［2000］1 号）的规定，刑法第 240 条规定的拐卖妇女罪中的“妇女”，既包括具有中国国籍的妇女，也包括具有外国国籍和无国籍的妇女。被拐卖的外国妇女没有身份证明的，不影响对犯罪分子的定罪处罚。外国人或者无国籍人拐卖外国妇女到我国境内被查获的，应当根据《刑法》第 6 条的规定，适用我国刑法定罪量刑。根据 1989 年 7 月 7 日最高人民法院《关于拐卖人口案件中婴儿、幼儿、儿童年龄界限如何划分问题的批复》的规定，这里的“儿童”是指不满 14 周岁的男、女儿童，其中包括不满 1 周岁的婴儿，也包括 1 周岁以上不满 6 周岁的幼儿。拐卖已满 14 周岁的男性，不构成本罪，视其具体情况可以非法拘禁罪论处。

2. 客观方面表现为拐骗、绑架、收买、贩卖、接送、中转妇女、儿童的行为。根据最高人民法院、最高人民检察院、公安部、民政部、司法部和全国妇联于 2000 年 3 月 20 日联合发布的《关于打击拐卖妇女儿童犯罪有关问题的通知》规定，只要实施其中行为之一的，即构成本罪。所谓拐骗，是指利用欺骗、引诱等非强制的方法，使妇女、儿童脱离家庭或者监护人，置于行为人控制之下的行为。所谓绑架，是指采用暴力、胁迫、麻醉或其他强制性手段劫持妇女、儿童，以及以出卖为目的偷盗婴幼儿的

① 参见《刑法修正案（七）》（2009 年 2 月 28 日）。

行为。所谓收买，是指以出卖为目的，用钱财将妇女、儿童当商品买进的行为。所谓贩卖，是指将收买的妇女、儿童卖给第三者换取钱财的行为。所谓接送、中转，是指在拐卖妇女、儿童的共同犯罪活动中，分工实施藏匿、移送、接转被拐卖的妇女、儿童或将其转手交给其他人贩子的行为，也包括为人贩子介绍买主、为犯罪嫌疑人在拐卖途中窝藏被拐骗的妇女、儿童的行为。只要实施上述行为之一的，即符合本罪客观方面的要件。至于拐卖行为是否“违背被害人意志”，不影响以本罪论处。即使在实践中，妇女、儿童自愿被卖也不能免除拐卖者的刑事责任，但在量刑时可考虑从轻。上述五种行为，行为人可能一并实施，也可能分别实施，只要实施其中一种行为，即构成本罪。若行为人同时实施了上述几种行为，或者拐卖的对象既有妇女也有儿童的，也只构成一罪，不实行数罪并罚。

3．本罪的主体是一般主体，为年满16周岁、具备刑事责任能力的自然人。

4．本罪的主观方面是直接故意，而且必须以出卖为目的。一般说来，行为人出卖妇女、儿童是从中营利，但行为人只要以出卖为目的，无论是否已经将妇女、儿童出卖以及已经获得非法利益，都不影响其拐卖妇女、儿童罪的成立。

（二）拐卖妇女、儿童罪的认定

1．划清罪与非罪的界限。主要是：（1）拐卖妇女罪与买卖婚姻的界限。两者虽然都是为了获取财物，但前者行为人主观上具有出卖妇女的目的，是通过出卖妇女获取财物，因而是犯罪行为；后者是家长借妇女出嫁之机索取高额彩礼，并非将妇女出卖，因而属违反婚姻法规的一般的违法行为。（2）拐卖妇女、儿童罪与借介绍婚姻、介绍收养儿童之机索取财物的界限。前者行为人是以欺骗、利诱等手段将妇女、儿童当做“商品”贩卖给他人，因而是犯罪行为；后者是行为人借充当介绍人之机从中索取财物以图报酬，其本人既没有采取欺骗、利诱等手段，也没有出卖妇女、儿童的行为，因而这种行为只能是一般的违法行为。

2．拐卖妇女、儿童罪中一罪与数罪的界限。在拐卖妇女、儿童罪中有以下情形之一的：奸淫被拐卖的妇女的；诱骗、强迫被拐卖的妇女卖淫或者将被拐卖的妇女卖给他人迫使其卖淫的；造成被拐卖妇女、儿童或者其亲属重伤、死亡或者其他严重后果的；将妇女、儿童卖往境外的，只构成拐卖妇女、儿童罪一罪，而非数罪并罚。但是，因被害人反抗等原因而故意将被害人杀死或实施伤害的，应以故意杀人罪或故意伤害罪与拐卖妇女、儿童罪一起实行并罚。

3．收买被拐卖的妇女、儿童罪与拐卖妇女、儿童罪的界限。以出卖妇女、儿童为目的进行买卖妇女、儿童的，应定拐卖妇女、儿童罪；以结婚、收养或其他非出卖目的而收买被拐卖、绑架的妇女、儿童的，应定收买被拐卖、绑架妇女、儿童罪。

4．拐卖妇女、儿童罪与绑架罪的界限。两者在客观上有相同之处，如绑架罪可以表现为绑架妇女、儿童或偷盗婴幼儿；绑架罪中也具有为获取财物的行为。拐卖妇女、儿童罪也可以以绑架为手段。区别主要表现在：（1）主观目的不同。本罪是以出卖为目的；而绑架罪是以勒索财物为目的或者以获取其他利益为目的。（2）对象不同。本罪的对象仅限于妇女和儿童；而绑架罪的对象可以是任何人。（3）客体不完全相同。本罪只是单一客体；而绑架罪既存在复杂客体的情况，也存在单一客体的情况。（4）获取的利益及方式不同。本罪是将妇女、儿童出卖，从收买方获取钱财；而绑架罪是向人质的亲属或利害关系人或有关机关要挟，获取钱财或者其他利益。

5. 拐卖妇女、儿童罪与拐骗儿童罪的界限。两罪侵犯的都是人身权利，都可以儿童为对象，也都能采用欺骗手段。区别的关键在于：本罪是以出卖为目的，而拐骗儿童罪不以出卖为目的，一般是为了供自己或他人收养、奴役。

(三) 拐卖妇女、儿童罪的处罚

《刑法》第240条规定，犯本罪的，处5年以上10年以下有期徒刑，并处罚金；有下列情形之一的，处10年以上有期徒刑或者无期徒刑，并处罚金或者没收财产；情节特别严重的，处死刑，并处没收财产：(1) 拐卖妇女、儿童集团的首要分子；(2) 拐卖妇女、儿童3人以上的；(3) 奸淫被拐卖的妇女的；(4) 诱骗、强迫被拐卖的妇女卖淫或者将被拐卖的妇女卖给他人迫使其卖淫的；(5) 以出卖为目的，使用暴力、胁迫或者麻醉方法绑架妇女、儿童的；(6) 以出卖为目的，偷盗婴幼儿的；(7) 造成被拐卖的妇女、儿童或者其亲属重伤、死亡或者其他严重后果的；(8) 将妇女、儿童卖往境外的。

十二、收买被拐卖、绑架的妇女、儿童罪

收买被拐卖、绑架的妇女、儿童罪，是指不以出卖为目的，收买被拐卖妇女、儿童的行为。

本罪侵犯的客体是被拐卖、绑架的妇女、儿童的人身权利和人格尊严。犯罪对象是被拐卖、绑架的妇女、儿童。本罪的客观方面表现为收买被拐卖的妇女、儿童的行为。所谓收买，是指行为人以金钱或金钱以外的有经济价值的物品为报酬，从第三者手中换取被拐卖的妇女、儿童的行为。本罪在客观上只要行为人实施了收买被拐卖的妇女、儿童的行为，不论其对被收买的被害人是善待，还是虐待，也不论其追求的最终目的是否实现，对行为人的行为性质均不发生影响。在实践中，由于收买者往往兼犯别的罪行，对其如何处理，《刑法》第241条第2款、第3款、第4款、第5款分别作了规定：(1) 收买被拐卖的妇女，强行与其发生性关系，依照《刑法》关于强奸罪的规定处罚，并与收买被拐卖的妇女、儿童罪数罪并罚。(2) 收买被拐卖妇女、儿童，非法剥夺、限制其人身自由或者有伤害、侮辱、虐待等犯罪行为的，分别依照《刑法》有关非法拘禁罪、故意伤害罪、侮辱罪等的规定处罚，并分别与收买被拐卖的妇女、儿童罪数罪并罚。(3) 收买被拐卖的妇女、儿童又出卖的，依照拐卖妇女、儿童罪定罪处罚。本罪的主体为一般主体。本罪的主观方面为故意，即行为人明知所收买的是被拐卖的妇女、儿童，而予以收买。其动机多种多样。从实践看，一般收买人是为了自己或其他亲属的婚姻而收买妇女，有的是为了自己或他人收买儿童作养子女，有的则是出于奴役，等等。不论何种动机，都不影响本罪的成立。

《刑法》第241条规定，犯本罪的，处3年以下有期徒刑、拘役或管制。收买被拐卖的妇女，强行与其发生性关系，或者非法剥夺、限制其人身自由或者有伤害、侮辱等犯罪行为的，依照本罪和相应的有关犯罪实行数罪并罚。收买被拐卖的妇女、儿童又出卖的，依照《刑法》第240条的规定定罪处罚。收买被拐卖的妇女、儿童，按照被买妇女的意愿，不阻碍其返回原居住地的，对被买儿童没有虐待行为，不阻碍对其进行解救的，可以不追究刑事责任，

十三、聚众阻碍解救被收买的妇女、儿童罪

聚众阻碍解救被收买的妇女、儿童罪，是指纠集众人，阻碍国家工作人员解救被收买的妇女、儿童的行为。

本罪的客体为被收买妇女、儿童的人身权利和国家机关的公务活动。对象必须是正在执行解救被收买的妇女、儿童任务的国家机关工作人员。本罪的客观方面表现为纠集众人阻碍国家工作人员解救被拐卖、收买的妇女、儿童的行为。所谓聚众，是指组织、纠合多人聚集在一起（一般多达10人以上）。所谓阻碍，是指阻止和妨碍，其表现方式多种多样，可以是对国家机关工作人员的身体实行打击或强制，如殴打、捆绑之类的暴力方法，或者采用以杀害、伤害等相要挟的威胁方法，也可以是设置障碍、无理纠缠、漫骂等非暴力方法。阻碍行为之聚众者可能亲自到现场指挥、煽动，也可以在幕后策划、操纵，但不论行为人采用何种方式，都属于聚众阻碍的行为。本罪的犯罪主体是聚众阻碍解救的首要分子。没有采用聚众形式，但以暴力、威胁方法阻碍国家机关工作人员解救被收买的妇女、儿童的，以《刑法》第277条规定的妨害公务罪论处。本罪的主观方面只能是故意。

《刑法》第242条第2款规定，犯本罪的，处5年以下有期徒刑或者拘役，其他参与者，以暴力、威胁方法阻碍国家工作人员解救被拐卖、收买的妇女、儿童的，以妨害公务罪定罪处罚。

十四、诬告陷害罪

（一）诬告陷害罪的概念和特征

诬告陷害罪，是指捏造事实，诬告陷害他人，意图使他人受刑事追究，情节严重的行为。其主要特征是：

1. 侵犯的客体，是他人的人身权利和司法机关的正常活动。犯罪对象是他人（包括犯人）。

2. 本罪的客观方面，表现为捏造事实，向国家机关或有关单位作虚假告发，情节严重的行为。这种行为包括4个方面：（1）捏造事实。这是诬告陷害罪区别于其他侵犯公民人身权利罪最本质的特征。捏造，是指无中生有，虚构他人的犯罪事实。如果行为人没有捏造事实，则不构成犯罪。（2）捏造的是犯罪事实。虽然《刑法》第243条在对本罪的罪状表述中并未叙明“捏造事实”是指捏造“犯罪事实”，但从本罪行为人主观意图是“使他人受到刑事追究”这一点来看，所谓“事实”只能是犯罪事实。如果告发的是真实的事实，即使在情节上有所夸大，亦属检举失实，不能认定为本罪。（3）必须向国家机关或有关单位作虚假告发，这是构成该罪的前提条件。告发的形式，可是口头、书面、署名、匿名的，也可以当面或投信告发。无论采取何种形式，只要可能导致被害人受到错误的刑事追究，就构成诬告陷害罪，如果捏造事实仅在亲戚朋友之间私谈，则不构成此罪。（4）诬告陷害的行为，必须是情节严重的，才能构成本罪。另外，本罪是行为犯，只要行为人实施了捏造犯罪事实，进行告发的行为，就构成本罪的既遂。至于被害人是否被错误地追究刑事责任，应作为量刑的情节考虑。

3. 本罪的主体是一般主体，为年满16周岁、具备刑事责任能力的自然人。

4. 本罪的主观方面是直接故意，并具有意图使他人受到刑事追究的目的。目的是否实现，不影响该罪成立。如果不是有意诬陷，而是错告，或者检举失实的，不构成本罪。

（二）诬告陷害罪的认定

1. 诬告陷害罪与错告、检举失实的界限

我国《刑法》第243条第3款规定："不是有意诬陷，而是错告，或者检举失实的，不适用前款规定。"这一规定明确指出诬告与错告、检举失实在性质上是有原则区别的，但这两种情况在客观上都具有告发的行为，且告发的内容均与客观事实不相符合，它们之间的区别在于：(1) 目的不同。前者的行为人有意图使他人受刑事追究的目的；而后者的行为人则不存在陷害他人的目的。(2) 告发的内容有所不同。前者是无中生有，故意捏造事实；后者则是行为人对事实了解不全面、不准确或者道听途说即信以为真，其告发的内容并非自己捏造。

2. 诬告陷害罪与一般诬告陷害行为界限。《刑法》第243条明确规定，诬告陷害行为只有情节严重的才构成犯罪。对于情节一般的诬告陷害行为，只能予以行政处罚或纪律处分。因此，二者的界限，主要是情节是否严重。所谓情节严重，一般是指使他人的名誉及司法机关的名誉受到严重的损害；被害人已被错误地追究刑事责任；严重干扰了司法机关的正常活动；手段恶劣；动机卑劣等。

3. 诬告陷害罪与诽谤罪的界限。两罪的相同点是：都针对特定对象，都捏造了一定事实，侵犯了他人的人身权利。两罪的不同点是：(1) 直接客体不同，诬告陷害罪侵犯的客体是公民的人身权利、民主权利和司法机关的正常活动；诽谤罪侵犯的是他人的人格和名誉权。(2) 客观方面，二者捏造事实的内容和方式不同，诬告陷害罪捏造的是他人的"犯罪事实"，并进行告发。实际上，诬告陷害罪也具有诽谤的性质，但不至于达到诽谤程度，而是足以使他人受到刑事追究；诽谤罪捏造的一般是有损于他人人格和名誉的非"犯罪事实"，并公然散布。即诽谤罪是捏造事实加以散布的行为；而诬告陷害罪是捏造事实，并向国家机关或有关部门进行告发的行为。在实践中，对行为人捏造事实但没有告发，只是在私下加以散布，旨在损害他人人格、名誉的，应认定为诽谤罪。(3) 主观方面不同，诬告陷害罪是意图使他人受到刑事追究；诽谤罪的目的则是贬低他人人格，破坏他人名誉。如果行为人捏造并散布他人的"犯罪事实"，但目的是引起司法机关注意，客观上被害人被司法机关传唤或立案的，属于想象竞合犯，应以诬告陷害罪论处。

4. 诬告陷害罪与报复陷害罪的界限。这两种犯罪都有陷害他人的故意。二者的区别是：(1) 侵犯的客体与对象不同。诬告陷害罪侵犯的客体是公民的人身权利与司法机关的正常活动，犯罪对象是包括犯人在内的任何公民。而报复陷害罪侵犯的客体是公民的民主权利和国家机关的正常活动，犯罪对象是控告人、申诉人、批评人、举报人。(2) 行为方式不同。前者是捏造事实，向有关机关告发；后者是滥用职权，假公济私，进行报复陷害。(3) 主体不同。前者是一般主体；后者是国家工作人员，是特殊主体。(4) 主观目的不同。前者以使他人受刑事处分为目的；后者以报复陷害为目的。

（三）对诬告陷害罪的处罚

《刑法》第 243 条规定，犯本罪的，处 3 年以下有期徒刑、拘役或管制；造成严重后果的，处 3 年以上 10 年以下有期徒刑。国家工作人员犯诬告陷害罪的，从重处罚。

十五、强迫劳动罪

强迫劳动罪，是指违反劳动管理法规，以限制人身自由的方法强迫职工劳动，情节严重的行为。

本罪的客体是劳动者（职工）的休息权和人身自由权利。《中华人民共和国劳动法》规定，劳动者应享有平等就业和选择职业的权利、取得劳动报酬的权利、休息休假的权利和获得劳动安全卫生保护的权利，并规定用人单位应当保障劳动者享有劳动权利，劳动必须符合劳动管理法规，任何人不得违反劳动法规强迫他人劳动，否则便侵犯了他人的人身权利。客观方面表现为，实施了违反劳动管理法规，以限制人身自由的方法强迫职工劳动的行为，并非所有违反劳动管理法规强迫他人劳动都构成此罪，必须是以限制人身自由方法强迫他人劳动的，才构成此罪。所谓限制人身自由方法，主要是指以监视、禁止出入等使他人的人身自由受到若干限制的方法。强迫劳动，是指以强制性手段，如暴力、威胁等，违背劳动者意志，迫使其劳动。限制人身自由是强迫劳动的手段，而限制人身自由又依赖于一定的强制手段。强迫他人劳动的行为，必须是情节严重的才构成犯罪。本罪的主体是一般主体，为用人单位的直接责任人员。本罪的主观方面为直接故意。

《刑法》第 244 条规定，犯本罪的，对直接责任人员，处 3 年以下有期徒刑、拘役或者管制，并处或者单处罚金。

十六、雇用童工从事危重劳动罪

雇用童工从事危重劳动罪，是指违反劳动管理法规，雇用未满 16 周岁的未成年人从事超强度的体力劳动，或者从事高空、井下作业，或者在爆炸性、易燃性、放射性、毒害性等危险环境下从事劳动，情节严重的行为。

本罪的客体是未成年人的健康权和人身安全权；犯罪对象是不满 16 周岁的少年儿童。客观方面表现为违反劳动法规，雇用童工从事重体力劳动或危险性劳动两类行为。这里的劳动法规，应当作广义理解，包括《民法通则》、《未成年人保护法》等法律、行政法规中有关劳动安全保障的规范。依照劳动法规规定，已满 16 周岁的公民可以从事劳动，除文艺、体育等特殊职业外，不满 16 周岁的公民一般不允许被雇用劳动，特别是被雇用从事重体力劳动和危险性劳动。高空作业和井下作业，属于高危作业，在爆炸性、易燃性、放射性、毒害性等环境下的作业，对未成年人来说更具危险性。但是，由于经济发展状况的制约，不满 16 周岁的少年儿童从事家政、养殖、农耕、采矿、工业劳动的情况具有普遍性，这是随着社会经济的发展才可能逐步改变的现实。为此，《刑法修正案（四）》把本罪的客观方面限定为三种情况：一是雇用童工（即不满 16 周岁的人）从事超强度体力劳动，即从事与未成年人体质、体力严重不相称的体力劳动；二是雇用童工从事高空作业或井下作业，如地下（包括隧道）采矿、空中架设、检修线路、高层建筑建设或清洗等作业；三是在爆炸性、易燃性、放射性、毒害性、腐蚀性等环境下从事劳动，并且达到情节严重程度的，才以犯罪论处。这里的情节严重，从司法经验看，可以理解为造成童工死亡1人（以上），或者造成多个童工重伤，或者造成严重财产损失。本罪的主体，为用人单位以及个体工商户的直接责任人员。本罪的主观方面为故意，即明知是不满16周岁的未成年人仍然雇用以从事上述劳动。

修正后的《刑法》第244条之一规定，犯本罪的，对直接责任人员处3年以下有期徒刑或者拘役，并处罚金；情节特别严重的，处3年以上7年以下有期徒刑，并处罚金。

十七、非法搜查罪

非法搜查罪，是指非法搜查他人身体、住宅的行为。

本罪的客体是公民的人身权利和公民的住宅不受侵犯权。犯罪对象是他人的身体或住宅。客观方面表现为非法对他人的身体或住宅进行搜查的行为。首先，必须有搜查他人身体或住宅的行为。其次，搜查行为必须是非法的。在司法实践中，非法搜查主要有三种情况：第一种是无搜查权的机关、团体、单位的工作人员或其他个人，为了寻找失物、有关人或为达到其他目的而对他人的身体或住宅进行搜查的；第二种是有搜查权的人员，未经合法批准或授权，滥用权力，非法进行搜查的；第三种是有搜查权的机关和人员不按照法定的程序、手续进行搜查的。具备上述之一的就属于非法搜查。如果是国家机关工作人员利用职权非法搜查的，根据《立案标准的规定》，涉嫌下列情形之一的，应予立案：（1）非法搜查他人身体、住宅，并实施殴打、侮辱等行为的；（2）非法搜查，情节严重，导致被搜查人或者其近亲属自杀、自残造成重伤、死亡，或者精神失常的；（3）非法搜查，造成财物严重损坏的；（4）非法搜查3人（户）次以上的；（5）司法工作人员对明知是与涉嫌犯罪无关的人身、住宅非法搜查的；（6）其他非法搜查应予追究刑事责任的情形。本罪的主体是一般主体，既可以是有搜查权的侦查人员，也可以是无搜查权的一般国家机关工作人员或公民。本罪的主观方面是直接故意。

《刑法》第245条规定，犯本罪的，处3年以下有期徒刑、拘役或管制。司法工作人员滥用职权，犯本罪的，从重处罚。

十八、非法侵入住宅罪

非法侵入住宅罪，是指行为人未经允许，非法强行闯入他人住宅，或者经要求其退出仍拒不退出的行为。

本罪的客体是侵犯他人的居住安全权利。侵犯的对象是他人的住宅。凡居民居住和生活的场所都是住宅。关于住宅的范围，单门独院的以院墙为界；没有院墙的或公寓楼群，应以居室为界。客观方面表现为非法侵入他人住宅的行为。所谓非法，是指不经住宅主人同意而又没有法律根据，或者不依法定程序的强行侵入。所谓侵入，主要包括两种情形：第一，未经住宅主人允许，不顾主人的反对、劝告或阻拦，强行进入他人住宅；第二，进入时住宅主人并不反对，但主人要求行为人退出时行为人不肯退出。从司法实践中来看，非法侵入住宅的行为往往与其他犯罪行为结合在一起，如入室盗窃、抢劫、抢夺、诈骗、侮辱、绑架、非法拘禁、故意杀人等。对这种情况，应适用牵连犯或吸收犯原理，以行为人实施的目的行为定性，而不另定非法侵入住宅罪。

《刑法》第 245 条规定，犯本罪的，处 3 年以下有期徒刑、拘役或者管制。司法工作人员滥用职权，犯本罪的，从重处罚。

十九、侮辱罪

侮辱罪，是指行为人使用暴力或其他方法，公然贬低他人人格，破坏他人名誉，情节严重的行为。

本罪侵犯的客体是他人的人格和名誉。《中华人民共和国宪法》（以下简称《宪法》）第 38 条规定："中华人民共和国公民的人格尊严不受侵犯。禁止用任何方法对公民进行侮辱、诽谤和诬告陷害。"侵犯的对象只能是特定的个人。特定的个人既可以是一人，也可以是数人，但是必须是具体的、明确的、有生命的人。任何机关、团体、法人组织，均不能成为本罪的侵犯对象。尸体也不能成为本罪的对象，若是侮辱尸体，可以构成侮辱尸体罪。客观上表现为使用暴力或者其他方法公然侮辱他人的行为。首先，必须有侮辱他人的行为。侮辱的方式主要有三种：暴力侮辱、言词侮辱、文字侮辱。所谓暴力，在这里，是指为使他人人格尊严及名誉受到损害而采取的物理性强制手段，如当众打耳光、剥光衣服、撕扯下身、泼洒或强迫吃粪便等。言词侮辱，是指对他人进行口头上的戏弄、挖苦、辱骂、嘲笑等。文字侮辱，是指采取张贴、传阅大字报、小字报、传单的形式损害他人名誉，以漫画的形式讽刺、挖苦他人等。言词、文字的内容可以包括被害人的生理缺陷、犯罪经历、隐私等。其次，侮辱的行为必须是公然实施的。所谓公然，是指在有第三者在场的情况下或者能够使第三人看到的、听到的方式进行侮辱。至于被害人是否在场，不影响本罪的成立。最后，侮辱行为必须是情节严重的才能构成犯罪。所谓情节严重，主要是指侮辱行为手段恶劣，动机卑劣，后果严重，或影响很坏的情况。本罪的主体为一般主体。主观上只能是直接故意，即行为人明知自己的侮辱行为会造成贬低他人人格、破坏他人名誉的危害结果，并且希望这种结果发生。行为人的目的也在于败坏他人名誉。如果行为人出于开玩笑或恶作剧造成他人难堪，或者无意识地造成他人人格、名誉受损，不能以本罪论处。

《刑法》第 246 条规定，犯本罪的，处 3 年以下有期徒刑、拘役、管制或者剥夺政治权利。犯本罪，告诉的才处理，但是严重危害社会秩序和国家利益的除外。

二十、诽谤罪

诽谤罪，是指行为人故意捏造并散布某种事实，损坏他人人格，破坏他人名誉，情节严重的行为。

本罪的客体与侮辱罪相同，是公民的人格和名誉。对象是特定的人。客观方面表现为，捏造并散布某种事实，损坏他人人格，破坏他人名誉的行为。首先，诽谤是一种捏造事实的行为。捏造即无中生有，凭空杜撰，编造谎言。至于捏造的事实在别人看来是否可信及可信的程度如何，并不影响诽谤的性质。其次，诽谤是一种散布虚假事实的行为。所谓散布，就是向众人公布。主体为一般主体。主观方面为直接故意。并且具有贬低、损坏他人人格、名誉的目的。因过失误信谣言并加以散布或者批评失实而损坏他人人格、名誉的，不构成犯罪。

诽谤罪在侵犯客体与主观目的上与侮辱罪有相同之外，其区别主要表现为客观行为方式不同：（1）侮辱不一定用捏造的方式进行；诽谤则必须是捏造事实，并有意加以散布。（2）侮辱往往是当着被害人的面进行的；诽谤则是当众或者向第三者散布的。侮辱罪除可由口头、文字方式构成外，还可以用暴力的方法。而诽谤罪不可能用暴力的方法。

《刑法》第246条规定，犯本罪的，处3年以下有期徒刑、拘役、管制或者剥夺政治权利。犯本罪，告诉的才处理，但是严重危害社会秩序和国家利益的除外。

二十一、刑讯逼供罪

（一）刑讯逼供罪的概念和特征

刑讯逼供罪，是指司法工作人员对犯罪嫌疑人、被告人使用肉刑或者变相肉刑，逼取口供的行为。本罪的特征是：

1. 本罪的客体，是复杂客体，既包括公民的人身权利，也包括司法机关的正常活动。犯罪对象仅限于犯罪嫌疑人、被告人，至于他们是否有罪，并不影响本罪的成立。

2. 本罪的客观方面，表现为使用肉刑或者变相肉刑的方法逼取犯罪嫌疑人、被告人的口供的行为。所谓肉刑，是指直接施加于犯罪嫌疑人或被告人人身，可使其身体健康遭到损害以及肉体、精神遭受痛苦的摧残手段。如捆绑、吊打、针扎、火烫、电击、拳击、脚踢等。这些手段因为容易给嫌疑人或者被告人造成硬伤，故被称为硬手段。所谓变相肉刑，是指上述肉刑以外的其他使犯罪嫌疑人或被告人肉体、精神遭受痛苦折磨的各种手段和方法，如长时间罚站、罚晒、罚冻、罚饿、蹲姿抱树戴手铐、单腿站立、强光照射、长时间注视立体画面、颠倒时差、不准睡眠、“车轮战”审讯等。这些手段因为其功能是造成犯罪嫌疑人或被告人过度疲劳和精神痛苦，故被称为软手段。软手段的刑讯逼供往往容易被司法机关忽略，但无论是硬手段还是软手段，其实质都是刑讯性质。有些司法工作人员在审讯中采取诱供、指名问供等错误方法，但没有使用肉刑或变相肉刑的，不构成本罪。

3. 本罪的主体，是特殊主体，为司法工作人员，根据《刑法》第94条的规定，是指具有侦查、检察、审判、监管职责的工作人员。单纯的联防人员、单位内部的保卫人员、保安采用暴力逼取“口供”的，应当根据实际情况，认定为非法拘禁罪或故意伤害罪；如果他们与司法工作人员一起实施刑讯逼供行为，可以构成本罪共犯。

4. 本罪的主观方面，是直接故意，并且行为人有逼取口供的目的。如果行为人出于非逼取口供的目的，对犯罪嫌疑人、被告人使用肉刑或者变相肉刑的，不构成本罪。至于行为人动机如何，最终是否得到了供述，犯罪嫌疑人、被告人的供述是否符合客观事实（即使刑讯行为逼取了反映案件真实情况的口供），均不影响本罪的成立。

（二）刑讯逼供罪的认定

1. 刑讯逼供罪与一般刑讯逼供行为的界限。《刑法》第 247 条虽然未规定情节严重的刑讯逼供行为才构成犯罪，但是在司法实践中，并不是只要有刑讯逼供的行为就一律构成刑讯逼供罪。对实际工作中由于业务素质低，政策观念不强，办案中采用一些轻微逼供手段，情节显著轻微危害不大的，可不以犯罪论处，必要时可给予行政处分。根据《立案标准的规定》，司法工作人员涉嫌下列情形之一的，应予立案：（1）以殴打、捆绑、违法使用械具等恶劣手段逼取口供的；（2）以较长时间冻、饿、晒、烤等手段逼取口供，严重损害犯罪嫌疑人、被告人身体健康的；（3）刑讯逼供造成犯罪嫌疑人、被告人轻伤、重伤、死亡的；（4）刑讯逼供情节严重，导致犯罪嫌疑人、被告人自杀、自残造成重伤、死亡，或者精神失常的；（5）刑讯逼供造成错案的；（6）刑讯逼供 3 人次以上的；（7）纵容、授意、指使、强迫他人刑讯逼供，具有上述情形之一的；（8）其他刑讯逼供应予追究刑事责任的情形。

2. 刑讯逼供罪与非法拘禁罪的界限。在联合国《禁止酷刑和其他残忍、不人道或者有辱人格的待遇或处罚公约》（简称《禁止酷刑公约》）中，二者都属于典型的酷刑犯罪。二者的区别有：（1）犯罪的对象不同。前者的对象为犯罪嫌疑人、被告人，后者的对象不受特别限制。（2）客观行为表现不同。前者表现为使用肉刑或者变相肉刑逼取他人口供的行为，后者则表现为非法剥夺他人人身自由的行为。（3）犯罪目的不同。前者以逼取口供为目的，后者则不要求以逼取口供为目的。（4）犯罪主体不同。前者的主体为司法工作人员，后者主体则为一般主体。司法实践中应当注意，司法工作人员为刑讯逼供而非法剥夺犯罪嫌疑人、被告人人身自由的，属于想象竞合犯，应以刑讯逼供罪一罪对行为人定罪，从重处罚，而不应对其实行数罪并罚。

3. 刑讯逼供罪与暴力取证罪的界限。两罪的客体相同，主体都是司法工作人员，在客观方面都可实施暴力行为。其区别主要是：（1）对象不同。刑讯逼供罪的对象是犯罪嫌疑人或被告人；暴力取证罪的对象为证人。（2）主观目的不同。刑讯逼供罪的主观目的是逼取口供；暴力取证罪的主观目的是逼取证人证言。（3）行为方式不完全相同。刑讯逼供罪既可采取暴力方式，也可采取非暴力方式；而暴力取证罪则只能采取暴力方式。

（三）刑讯逼供罪的处罚

《刑法》第 247 条的规定，犯本罪的，处 3 年以下有期徒刑或者拘役。致人伤残、死亡的，依照《刑法》第 234 条（故意伤害罪）、第 232 条（故意杀人罪定）的规定定罪，从重处罚。“致人伤残、死亡”，是指司法工作人员在刑讯逼供过程中，故意使用肉刑、变相肉刑或者其他暴力手段致使犯罪嫌疑人、被告人受到伤害或者死亡，这里不包括致人自杀的情况，对于致人自杀的，可作为量刑情节考虑。

二十二、暴力取证罪

暴力取证罪，是指司法工作人员使用暴力逼取证人证言的行为。侵犯的客体是证人的人身权利和司法机关的正常活动。

侵犯的对象是证人。这里的证人，是指在刑事诉讼中，有义务向司法机关作证，或者被要求提供所知案件情况的人。从立法本意看，民事诉讼、行政诉讼中的证人不能成为本罪侵害的对象。[①] 至于被要求作证的人是否具有证人资格，不影响本罪的成立。因此，对不知案件情况的人使用暴力逼迫其作证的，也可成为本罪的对象。在客观方面，本罪表现为使用暴力逼取证人证言的行为。暴力，在这里是指以捆绑、吊打、殴打等方法危害证人人身健康的行为，不包括杀害行为。本罪的主体为特殊主体，仅限于司法工作人员，即具有侦查、检察、审判、监管职责的工作人员。主观方面为直接故意，并具有逼取证人证言的目的。根据《立案标准的规定》，司法工作人员涉嫌下列情形之一的，应予立案：（1）以殴打、捆绑、违法使用械具等恶劣手段逼取证人证言的；（2）暴力取证造成证人轻伤、重伤、死亡的；（3）暴力取证情节严重，导致证人自杀、自残造成重伤、死亡，或者精神失常的；（4）暴力取证造成错案的；（5）暴力取证 3 人次以上的；（6）纵容、授意、指使、强迫他人暴力取证，具有上述情形之一的；（7）其他暴力取证应予追究刑事责任的情形。

在联合国《禁止酷刑公约》中，本罪属于典型的酷刑犯罪。

《刑法》第 247 条规定，犯本罪的，处 3 年以下有期徒刑或者拘役。致人伤残、死亡的，依照《刑法》第 234 条（故意伤害罪）、第 232 条（故意杀人罪）的规定定罪，从重处罚。

二十三、虐待被监管人罪

虐待被监管人罪，是指监狱、拘留所、看守所、拘役所、劳教所等监管机构的监管人员对被监管人进行殴打或者体罚虐待，情节严重的行为。

本罪侵犯的是复杂客体，即既侵犯了被监管人的人身权利，也侵犯了国家监管机关的正常活动。对象是“被监管人”，包括被国家监管机关监管的已决犯、犯罪嫌疑人与被告人，被行政拘留、刑事拘留、司法拘留或者劳动教养的人。客观方面表现为，行为人实施了对被监管人进行殴打或体罚虐待，或者指使被监管人殴打或体罚虐待其他被监管人，情节严重的行为。根据《立案标准的规定》，司法工作人员涉嫌下列情形之一的，应予立案：（1）以殴打、捆绑、违法使用械具等恶劣手段虐待被监管人的；（2）以较长时间冻、饿、晒、烤等手段虐待被监管人，严重损害其身体健康的；（3）虐待造成被监管人轻伤、重伤、死亡的；（4）虐待被监管人，情节严重，导致被监管人自杀、自残造成重伤、死亡，或者精神失常的；（5）殴打或者体罚虐待 3 人次以上的；（6）指使被监管人殴打、体罚虐待其他被监管人，具有上述情形之一的；（7）其他情节严重的情形。主观方面为直接故意，过失不能构成本罪。主体是特殊主体，即监狱、拘留所、看守所、拘役所、劳教所等监管机构的监管人员。

在联合国《禁止酷刑公约》中，本罪属于典型的酷刑犯罪。

《刑法》第 248 条规定，犯本罪的，处 3 年以下有期徒刑或者拘役；情节特别严重的，处 3 年以上 10 年以下有期徒刑。致人伤残、死亡的，依照《刑法》第 234 条（故意伤害罪）、第 232 条（故意杀人罪）的规定从重处罚。

---

① 参见赵秉志主编：《中国刑法实用》，845 页，郑州，河南人民出版社，2001。

第三节　侵犯公民民主权利及其他权利的犯罪

一、煽动民族仇恨、民族歧视罪

煽动民族仇恨、民族歧视罪，是指故意以语言、文字或者其他方式煽动民族仇恨、歧视，情节严重的行为。

本罪侵犯的客体是我国各民族的平等与民族和睦的关系。客观方面表现为用文字、语言以及其他方式，煽动各民族之间的仇恨、歧视，造成不良后果，情节严重的行为。所谓“煽动民族仇恨”，是指以激起民族之间的仇恨为目的，并基于民族的来源、历史、文化、风俗习惯等不同而产生的民族间的相互敌对、仇恨的状况，公然以语言、文字、图画或其他方式诱惑、鼓动群众，掀起民族之间强烈憎恨的行为。所谓“煽动民族歧视”，是指利用民族历史、文化、传统、风俗、习惯、种族、肤色等差异，公然以语言、文字、图画或其他方式诱惑、鼓动其他民族对之鄙视、排斥、限制，损害民族平等的行为。所谓“情节严重”，是指煽动手段恶劣，如使用造谣、侮辱等手段，多次煽动，引起民族公愤的；严重损害民族感情、尊严等。所谓“情节特别严重”，是指煽动手段特别恶劣；长期进行煽动的；引起民族纠纷、冲突或者民族地区骚乱，后果特别严重或者影响特别恶劣的情形，等等。本罪的主体为一般主体，即年满16周岁、具有刑事责任能力的自然人，均可构成本罪。主观方面为直接故意。

《刑法》第249条规定，犯本罪有两个量刑档次：情节严重的，处3年以下有期徒刑、拘役、管制或者剥夺政治权利；情节特别严重的，处3年以上10年以下有期徒刑。

二、出版歧视、侮辱少数民族作品罪

出版歧视、侮辱少数民族作品罪，是指在出版物中刊载歧视、侮辱少数民族的内容，情节恶劣，造成严重后果的行为。

本罪侵犯的客体是我国少数民族合法权利，主要是基于民族平等关系的保持或者改革本民族风俗习惯的权利。客观方面表现为，在出版物中刊载歧视、侮辱少数民族的内容，情节恶劣，造成严重后果的行为。首先，在出版物中刊载了歧视、侮辱少数民族内容。“出版物”是指报纸、期刊、图书、音像制品和电子出版物等。可包括公开与内部出版物[①]，合法或非法出版物。“刊载”是指在出版物中发表、制作、转载。其表现形式，可以是文字、漫画，也可以是录像带、录音带、光盘中的画面等。所谓“歧视、侮辱少数民族的内容”，是指针对少数民族的形成、历史、风俗、习惯等，对少数民族进行贬低、污蔑、嘲讽、辱骂，以及其他歧视、侮辱。其次，必须情节恶劣，造成严重后果。所谓情节恶劣，法律没有明确规定，一般是指行为人动机卑鄙，刊载

① 也有学者认为内部资料所起作用有限，危害轻微，从而主张此处的出版物不包括内部资料。参见赵秉志主编：《中国刑法实用》，855页，郑州，河南人民出版社，2001。

的内容歪曲了历史或者纯粹是谣言，刊载的内容污秽恶毒，或者是多次刊载歧视、侮辱少数民族内容等，可见，本罪属于情节犯。所谓严重后果，主要是指造成恶劣的政治影响、在少数民族群众中引起强烈反响、引发骚乱、致使民族矛盾激化、引起民族冲突的等。造成严重后果，是本罪的必备要件，因此本罪亦属结果犯。犯罪主体是在出版物中刊载歧视、侮辱少数民族内容的直接责任人员。主观方面是故意。

《刑法》第250条规定，犯本罪的，对直接责任人员，处3年以下有期徒刑、拘役或者管制。

三、非法剥夺公民宗教信仰自由罪

非法剥夺公民宗教信仰自由罪，是指国家工作人员非法地剥夺公民的宗教信仰自由，情节严重的行为。

本罪侵犯的客体是公民的宗教信仰自由。根据我国《宪法》第36条第2款的规定，公民宗教信仰自由的含义应为：公民有信仰宗教和不信仰宗教的自由；有信仰这种宗教的自由，也有信仰那种宗教的自由；在同一个宗教里面，有信仰这个教派的自由，也有信仰那个教派的自由；有过去不信仰宗教，现在信仰宗教的自由，也有过去信仰宗教，现在不信仰宗教的自由。客观方面表现为，行为人具有非法剥夺公民的宗教信仰自由，且情节严重的行为。非法剥夺公民宗教信仰自由，是指违反法律规定，采用暴力、胁迫或其他强制方法，制止某人信仰宗教，加入宗教团体，或者强迫其放弃宗教，退出宗教团体；或者强制不信仰宗教的人信仰宗教；或者用上述方法破坏宗教活动，等等。所谓情节严重，是指非法剥夺公民宗教信仰自由的手段恶劣，造成被害人精神失常或自杀等严重后果的行为。本罪的主体为特殊主体，即必须是具有国家机关工作人员身份的人才能构成本罪。主观方面只能是直接故意，即明知他人具有宗教信仰自由权，自己的行为会剥夺他人宗教信仰自由而故意实施的心理态度。

《刑法》第251条的规定，犯本罪的，处2年以下有期徒刑或者拘役。

四、侵犯少数民族风俗习惯罪

侵犯少数民族风俗习惯罪，是指国家机关工作人员侵犯少数民族风俗习惯，情节严重的行为。

《宪法》第4条规定："中华人民共和国各民族一律平等。国家保障各少数民族的合法的权利和利益……各民族……都有保持或者改革自己的风俗习惯的自由。"本罪的客体即少数民族保持或者改革本民族风俗习惯的自由权利。客观方面表现为，侵犯少数民族风俗习惯，情节严重的行为。少数民族风俗习惯，是指各少数民族在历史发展中形成的在婚姻、服饰、饮食、丧葬、礼仪等方面的习惯。侵犯少数民族风俗习惯的行为主要表现为以下几种形式：(1) 以强制手段迫使少数民族改变风俗习惯。(2) 以强制手段非法干涉少数民族的风俗习惯。(3) 对少数民族风俗习惯进行诋毁、攻击，禁止少数民族的某种节日等。(4) 用欺骗方法或以暴力强行拆毁具有民族象征意义的建筑，或者其他侵犯少数民族风俗习惯、破坏少数民族的节、假日和盛会活动、伤害少数民族感情的行为。所谓情节严重，是指多人或多次侵犯、手段恶劣、引起民族纠纷、民族矛盾的，造成骚乱、示威游行或社会秩序严重混乱，产生恶劣政治影响的，等等。犯罪主体为特殊主体，即国家机关工作人员。既可以是汉族的国家机关工作人员，也可以是少数民族的国家机关工作人员。主观方面为直接故意，动机不影响本罪的成立。

《刑法》第 251 条规定，犯本罪的，处 2 年以下有期徒刑、拘役或者管制。

五、侵犯通信自由罪

侵犯通信自由罪，是指行为人故意隐匿、毁弃或者非法拆开他人信件，侵犯公民通信自由权利，情节严重的行为。

我国《宪法》规定，通信自由是我国公民享有的民主权利之一。本罪侵犯的客体是公民的通信自由，侵犯的对象是公民交付邮局递送的信件。客观方面表现为，行为人实施隐匿、毁弃或者非法开拆他人信件的行为。所谓隐匿，是指把他人信件私自隐藏起来不交给收信人，或根本不让他人信件进入邮政部门的邮递程序的行为。所谓毁弃，是指将他人的信件撕毁、烧毁或者丢弃，使他人无法获得该信件的行为。所谓非法开拆，是指未经收信人许可而又无法律依据，擅自开拆他人缄封的信件的行为。所谓他人，是指自然人、法人及非法人组织。国家机关工作人员因依法执行公务而将他人信件予以扣押、开拆的，属合法行为。犯罪主体为一般主体，即年满 16 周岁、具备刑事责任能力的自然人。主观上是直接故意。动机如何，不影响本罪的成立。

《刑法》第 252 条规定，犯本罪的，处 1 年以下有期徒刑、拘役或者管制。

六、私自开拆、隐匿、毁弃邮件、电报罪

私自开拆、隐匿、毁弃邮件、电报罪，是指邮政工作人员利用职务上的便利，私自开拆或者隐匿、毁弃邮件、电报的行为。

本罪侵犯的客体是复杂客体，既侵犯了公民的通信自由和通信秘密权，也侵害了国家邮电部门的正常活动及信誉。客观方面表现为，利用职务上的便利，私自开拆或者隐匿、毁弃邮件、电报的行为，只要具备上述行为之一，即构成本罪。故本罪须具备下列几个条件：第一，利用自己直接接触邮件、电报工作的便利条件。如果邮政人员并非利用自己本职工作的便利条件，实施开拆、隐匿、毁弃等行为的，可构成侵犯通信自由罪。第二，有私自开拆、隐匿、毁弃的行为。所谓私自开拆，是指未经收受邮件、电报的人许可，并且也未有合法的批准，擅自开拆他人邮件、电报的行为。所谓隐匿，是指邮政工作人员擅自扣留或者隐藏他人投寄的邮件、电报而不送交收件人的行为。所谓毁弃，是指邮政工作人员擅自将他人投寄的邮件、电报予以撕毁、湮灭或者抛弃，致使他人无法收到该邮件、电报的行为。第三，必须是非法的。如根据有关法律执行机关的命令或委托，实施以上行为的，不构成犯罪。本罪的主体为特殊主体，是邮电工作人员，包括邮电事业部门的干部以及营业员、分拣员、投递员、发行员、接发员、押运员以及依法受委托从事邮电业务的代办人员和乡邮员。非邮电工作人员不能成为本罪主体。这一主体特征以及犯罪对象是本罪与侵犯通信自由罪的区别所在。其主观方面是直接故意，动机如何不影响本罪的成立。

《刑法》第253条规定，犯本罪的，处2年以下有期徒刑或者拘役。邮政人员犯本罪而盗窃财物的，应当依照《刑法》第264条盗窃罪的规定，从重处罚。

七、出售、非法提供公民个人信息罪

出售、非法提供公民个人信息罪，是指国家机关或者金融、电信、交通、教育、医疗等单位的工作人员，违反国家规定，将本单位在履行职责或者提供服务过程中获得的公民个人信息，出售或者非法提供给他人，情节严重的行为。本罪侵犯的客体是公民的个人信息权。所谓公民个人信息，是指自然人的姓名、住址、出生日期、身份证号码、联系方式、指纹、婚姻、学历、职业、医疗记录、财务状况等单独或者与其他资料相结合能够将本人识别出来的，本人不愿为不特定人所或知的个人资料。本罪的客观方面是违反国家规定，将本单位在履行职责或者提供服务过程中获得的公民个人信息，出售或者非法提供给他人的行为。本罪是情节犯，要达到情节严重才构成犯罪。所谓情节严重，可以结合出售、非法提供公民个人信息的数量大小以及因此给被害人带来的伤害等方面来考虑。本罪的主体既可以由自然人构成，也可以由单位构成，自然人主体即国家机关或者金融、电信、交通、教育、医疗等单位的工作人员。本罪的主观方面为直接故意。

《刑法》第253条之一规定，犯本罪，处3年以下有期徒刑或者拘役，并处或者单处罚金。单位犯本罪，对单位判处罚金，并对其直接负责的主管人员和其他直接责任人员，处3年以下有期徒刑或者拘役，并处或者单处罚金。

八、非法获取公民个人信息罪

非法获取公民个人信息罪，是指窃取或者以其他方法非法获取公民个人信息，情节严重的行为。本罪的客体是公民的个人信息权。客观方面具有使用窃取或者其他方法，非法获取公民个人信息的行为。主体是一般主体，既可以由自然人构成，也可以由单位构成。主观方面是直接故意。

《刑法》第253条之一规定，犯本罪，处3年以下有期徒刑或者拘役，并处或者单处罚金。单位犯本罪，对单位判处罚金，并对其直接负责的主管人员和其他直接责任人员，处3年以下有期徒刑或者拘役，并处或者单处罚金。

九、报复陷害罪

报复陷害罪，是指国家工作人员，滥用职权、假公济私，对控告人、申诉人、批评人、举报人实行报复陷害的行为。

本罪的客体是公民的民主权利和国家机关的正常活动。侵犯的对象包括：(1) 控告人，即向国家机关或其他党政机关告发国家工作人员违法失职行为的人。(2) 申诉人，即对于自己或他人的处分不服而向原处分部门或其上级部门提出申诉意见，请求改变原处分的人；不服人民法院、人民检察院、公安机关已经生效的判决、裁定或决定，而向有关部门提出申诉，请求再审或复查的人。(3) 批评人，即对国家机关工作人员的缺点、错误或思想作风提出批评的人。(4) 举报人，即对违法犯罪行为进行检举汇报的人。客观方面表现为行为人滥用职权，假公济私，对他人实行打击报复或者恶意陷害的行为。实行报复陷害的行为方式多种多样，如扣发工资、奖金，开除公职、党籍，降低职务、薪俸，压制学术、技术职称的评定，组织非法批斗，篡改档案等均属此列。应当指出，构成本罪，行为人所实施的报复陷害行为必须以滥用职权为前提，倘若行为人采取的报复陷害行为与行为人的职权没有关系，则不构成本罪。犯罪主体是国家机关工作人员。主观方面只能出于直接故意，并且具有报复陷害的目的。根据《立案标准的规定》，国家机关工作人员涉嫌下列情形之一的，应予立案：（1）报复陷害，情节严重，导致控告人、申诉人、批评人、举报人或者其近亲属自杀、自残造成重伤、死亡，或者精神失常的；（2）致使控告人、申诉人、批评人、举报人或者其近亲属的合法权利受到严重损害的；（3）其他报复陷害应予追究刑事责任的情形。

《刑法》第254条规定，犯本罪的，处2年以下有期徒刑或者拘役；情节严重的，处2年以上7年以下有期徒刑。

十、打击报复会计、统计人员罪

打击报复会计、统计人员罪，是指公司、企业、事业单位、机关、团体的领导人，对依法履行职责、抵制违反《中华人民共和国会计法》（以下简称《会计法》）、《中华人民共和国统计法》（以下简称《统计法》）行为的会计、统计人员实行打击报复，情节恶劣的行为。

本罪侵犯的客体是复杂客体，既侵犯了会计、统计人员的人身、民主权利，同时也妨害了会计、统计人员依法履行职责，侵犯了国家有关财会、统计的管理制度。侵犯的对象是会计人员、统计人员。客观方面表现为对依法履行职责，抵制违反《会计法》、《统计法》行为的会计、统计人员实行打击报复，情节恶劣的行为。本罪的主体是特殊主体，即公司、企业、事业单位、机关、团体的领导人。主观方面为直接故意。

《刑法》第255条规定，犯本罪的，处3年以下有期徒刑或者拘役。

十一、破坏选举罪

（一）破坏选举罪的概念和特征

破坏选举罪，是指在选举各级人民代表大会代表和国家机关领导人员时，以暴力、威胁、欺骗、贿赂、伪造选举文件、虚报选举票数等手段破坏选举或者妨害选民和代表自由行使选举权和被选举权，情节严重的行为。其构成要件是：

1. 本罪的客体，是公民的选举权和被选举权以及被选民选出的代表自由行使选举权和被选举权的民主权利，同时也侵犯了国家的选举制度。国家选举制度是指各级国家权力机关和国家机关领导人员的选举制度，不包括城市社区居民委员会、农村村民委员会等群众性自治组织和社会团体的选举制度。破坏这些自治组织或社团的选举，情节严重的，可以按聚众扰乱公共场所秩序罪追究刑事责任。对象可以是选举工作人员或普通选民。

2. 本罪的客观方面，表现为以暴力、威胁、欺骗、贿赂、伪造选举文件、虚报选举票数等手段破坏选举或者妨害选民和代表自由行使选举权和被选举权的行为。

（1）破坏选举罪只能发生在特定的时期，即选举各级人民代表大会代表和国家机关领导人员期间。这里的选举各级人民代表大会的代表，根据《中华人民共和国全国人民代表大会和地方各级人民代表大会选举法》（以下简称《选举法》）的规定，包括选举全国人民代表大会的代表，省、自治区、直辖市、设区的市、自治州的人民代表大会的代表，不设区的市、市辖区、县、自治县、乡、民族乡、镇的人民代表大会的代表等三种选举。所谓选举国家机关领导人员，其中的“国家机关”是指依法由各级人民代表大会选举产生的国家行政机关、审判机关、检察机关以及权力机关的常设机关。

（2）必须实施破坏选举的行为。破坏选举的行为，主要表现为两个方面：一是破坏选举工作的正常进行；二是妨害选民以及代表自由行使选举权和被选举权。具体说是以暴力、威胁、欺骗、贿赂、伪造选举文件或者虚报选举票数等手段破坏选举或者妨害选民和代表自由行使选举权和被选举权。所谓暴力，在这里，是指对选民、各级人民代表大会代表、候选人、选举工作人员等进行殴打、捆绑等人身打击或强制。所谓威胁，是指以杀害、伤害、破坏名誉等手段进行要挟。迫使选民和人大代表等不能正常履行组织管理职责或者行使选举权或被选举权。所谓欺骗，是指捏造事实，颠倒是非，以虚假的事实使选民和人大代表产生错误认识，从而按行为人的意愿进行选举。所谓贿赂，是指用金钱或者其他物质利益收买选民，以实现其操纵、破坏选举或者进行其他舞弊活动的目的。所谓伪造选举文件，是指行为人采用伪造选民证、选票、选民名单、候选人名单、代表资格审查报告等选举文件的方法破坏选举的行为。虚报选举票数，是指选举工作人员对于统计出来的选票数、赞成和反对票数等进行虚假汇报的行为。

最后，破坏选举罪还必须是情节严重的。所谓“情节严重”，法律没有作出明确的规定，参照《立案标准的规定》，国家机关工作人员涉嫌利用职权破坏选举，涉嫌下列情形之一的，应予立案：（1）以暴力、威胁、欺骗、贿赂等手段，妨害选民、各级人民代表大会代表自由行使选举权和被选举权，致使选举无法正常进行，或者选举无效，或者选举结果不真实的；（2）以暴力破坏选举场所或者选举设备，致使选举无法正常进行的；（3）伪造选民证、选票等选举文件，虚报选举票数，产生不真实的选举结果或者强行宣布合法选举无效、非法选举有效的；（4）聚众冲击选举场所或者故意扰乱选举场所秩序，使选举工作无法进行的；（5）其他情节严重的情形。该司法解释是针对国家机关工作人员涉嫌破坏选举罪，若是一般主体触犯本罪，其情节严重的标准可参照上述条件适当放宽。

3. 本罪的主体，多数为一般主体，可以是一般公民，也可以是选举工作人员；既可以是有选举权的公民，也可以是无选举权的公民。少数情况下，某些破坏选举的行为，如虚报选举票数等，只能由选举工作人员构成。

4. 本罪的主观方面，只能是直接故意，并且行为人常常具有破坏选举活动，妨害选民和代表自由行使选举权和被选举权的目的。过失不构成本罪。

（二）破坏选举罪的认定

1. 破坏选举罪与非罪的界限。（1）本罪与一般违反《选举法》行为的界限。由于构成本罪要具备“情节严重”的条件，因此，对于那些虽违反《选举法》，但情节轻微，危害不大的，可不以犯罪论处。（2）本罪与工作失误的界限。对于实践中因疏忽大意或过于自信而错计选票、遗失选举文件等行为，属于一般的工作失误，不能以本罪论处。

2. 破坏选举罪的罪数。以伪造选举文件等公文、证件为手段破坏选举活动的，其手段行为又同时触犯了伪造国家机关公文、证件、印章罪或伪造居民身份证罪等，属于牵连犯，应从一重罪处断。

3. 破坏选举罪与妨害公务罪的区别。我国《刑法》第277条第2款规定：“以暴力、威胁方法阻碍全国人民代表大会和地方各级人民代表大会代表依法执行代表职务的，依照前款的规定处罚。”据此，上述妨害代表执行代表职务的行为构成妨害公务罪。司法实践中，上述犯罪常常会与以暴力、威胁方法妨害代表自由行使选举权和被选举权构成破坏选举罪的情形产生混淆。二者区别如下：（1）客观方面不同。以暴力、威胁的方法阻碍代表依法执行代表职务构成妨害公务罪，其中的代表职务，是指《中华人民共和国全国人民代表大会组织法》和《中华人民共和国地方各级人民代表大会和地方各级人民政府组织法》规定的人民代表在其所在的各级人民代表大会中的职务。并且没有“情节严重的”要件限制。以暴力、威胁的手段妨害代表自由行使选举权和被选举权构成破坏选举罪的仅限于在选举各级人民代表大会代表和国家机关领导人员期间，侵害代表依法享有的选举权的情形，不包括对代表依法享有的其他职权的侵害。二者存在法条竞合的关系，相对于妨害代表执行公务的犯罪来说，妨害代表自由行使选举权和被选举权的破坏选举罪则属于特别法。（2）从犯罪客体上看，妨害代表执行公务的犯罪侵犯的是各级人大代表依法享有的各种职权，同时也侵害了人民代表大会的根本制度。破坏选举罪中妨害代表自由行使选举权和被选举权的侵害客体仅限于代表的选举权和国家的选举制度。

（三）破坏选举罪的处罚

《刑法》第256条规定，犯本罪的，处3年以下有期徒刑、拘役、管制或者剥夺政治权利。

十二、暴力干涉婚姻自由罪

暴力干涉婚姻自由罪，是指以暴力方法干涉他人婚姻自由的行为。

本罪侵犯的客体是复杂客体，即既侵犯他人的婚姻自由，包括结婚自由和离婚自由权利，也侵犯他人的人身权利，后者是使用暴力干涉婚姻自由的必然结果。客观方面表现为行为人以暴力干涉他人婚姻自由的行为。所谓暴力，是指捆绑、殴打、禁闭、强抢等对人身实行强制或打击的方法。如果行为人未使用暴力或者仅以暴力相威胁都不构成此罪，如行为人仅以口头阻挠或以暴力相威胁及书面威胁等，则属于一般的违反《中华人民共和国婚姻法》（以下简称《婚姻法》）的行为，不构成暴力干涉婚姻自由罪。并且，暴力行为必须是为干涉婚姻自由而实施。但在干涉他人婚姻自由的过程中实施了故意伤害、故意杀人行为的，应以故意伤害罪或故意杀人罪论处。在婚姻关系存续期间，强迫性行为能否成为本罪的手段，理论上存在争议。有的学者主张，情节恶劣或后果严重的，可以按本罪处理；有的学者认为，在婚姻关系存续期间，这种行为不存在侵犯女方性自由或者婚姻自由的问题，因此一般不宜按本罪处理。[①] 当然，如果前夫或男友为阻止女方与他人结婚或为达到自己与女方结婚的目的而实施强奸行为的，应当以强奸罪论处。本罪的主体为一般主体。主观方面只能是故意，即明知自己是用暴力干涉他人婚姻自由的权利，而故意实施。过失不构成本罪。

《刑法》第257条规定，以暴力干涉他人婚姻自由的，处2年以下有期徒刑、拘役或者管制。该条第2款规定，犯前款罪，引起被害人死亡的，处2年以上7年以下有期徒刑。所谓引起被害人死亡，是指由于暴力干涉婚姻自由而直接引起被干涉者死亡，或为干涉婚姻自由在实施暴力的过程中过失引起被干涉者死亡。该条第3款规定，第1款罪，告诉的才处理。

十三、重婚罪

(一) 重婚罪的概念和特征

重婚罪，是指有配偶而又与他人结婚，或者明知他人有配偶而与之结婚的行为。其主要特征是：

1. 侵犯的客体是我国一夫一妻制的婚姻关系。重婚的实质，在于两个婚姻关系的竞合，从而形成一夫多妻或者一妻多夫。这里讲的婚姻关系，究竟是指法律上的婚姻关系还是事实上的婚姻关系，抑或二者兼而有之？有学者认为，当事实婚被承认有法律效力时，后一婚姻所重合的前婚为事实婚的情况，也应当认定为重婚罪。[②] 本书认为，目前我国婚姻制度已经从事实主义向法律主义转变，因此，当前婚为事实婚或者前、后婚姻均为事实婚时，不存在法律所保护的社会关系（即无法益存在），故不构成重婚罪；只有当前婚是法律婚时，后一婚姻（包括事实婚）才可能冲击法律所保护的社会关系。当前、后两个婚姻都是法律婚时，属于典型的重婚；当之后结成的事实婚姻冲击在先的法律婚时，属于泛化意义上的重婚。[③]

2. 客观方面表现为有配偶而又重婚，或者明知他人有配偶而与之结婚的行为。所谓配偶，是指法律确认的婚姻关系主体的对称。在我国，是指婚姻登记机关代表国家承认其婚姻关系的男女。我国在婚姻上奉行法律主义，不再承认事实婚，民间所谓的事实婚姻，在法律上视为非法同居，不受法律保护，其双方不能称为配偶。上述两种行为，只要具备其中之一的，就可构成重婚罪。

3. 主体一是已有配偶，在没有依法解除婚姻关系的情况下，又与他人建立婚姻关系的人；二是没有配偶，明知对方有配偶而与之结婚的人。但都必须是达到法定婚龄、具备结婚的实质条件的人。

4. 主观方面是故意，即有意结成两个重合的婚姻（包括明知他人已有合法婚姻仍然与他人再次结婚）。实践中，有人试图钻法律的空子，利用婚姻登记存在的漏洞，在同一

---

① 参见王作富：《中国刑法研究》，718页，北京，中国人民大学出版社，1992；高铭暄主编：《中国刑法学》，461页，北京，中国人民大学出版社，1989；赵秉志主编：《中国刑法实用》，876～877页，郑州，河南人民出版社，2001。

② 参见赵秉志主编：《中国刑法实用》，878～880页，郑州，河南人民出版社，2001。

③ 参见贾凌、曾粤兴：《重婚罪的法理分析》，载《刑事法判解研究》，128页，北京，人民法院出版社，2003。

天结成两次婚姻。这种情形，且不说从登记时间来看也有先后之别，即使当事人能够做到在同一时间进行两项婚姻登记，也属于重婚。按照入罪举轻以明重的解释方法，这种更严重的重合婚姻当然属于“重婚”这一概念的最大化范畴，应当以重婚罪论处。

（二）认定重婚罪应注意划清的界限

1. 要区分重婚罪与非罪界限。对因遭受自然灾害外流谋生而重婚的，或确因婚后受虐待逃后重婚的，配偶长期外出、下落不明，家庭生活发生严重困难而重婚的，以及被拐卖而重婚的，一般不宜以重婚罪论处。

2. 重婚罪与通奸行为以及其他非法同居行为的界限。通奸是有配偶的双方之间或有配偶的一方与无配偶一方之间暗中自愿发生的性关系。非法同居是男女双方未结婚而在一起公开生活。非法同居有的表现为以夫妻关系共同生活的事实婚姻，有的表现为不以夫妻关系共同生活的姘居。实践中，应特别注意有配偶而与他人姘居同事实婚姻而重婚二者之间的界限。

（三）对重婚罪的处罚

根据我国《刑法》第258条规定，犯重婚罪的，处2年以下有期徒刑、拘役或者管制。

十四、破坏军婚罪

（一）破坏军婚罪的概念和特征

破坏军婚罪，是指明知是现役军人的配偶，而与之同居或者结婚的行为。其主要特征是：

1. 本罪侵犯的客体是现役军人的婚姻关系。所谓现役军人，是指有军籍并正在中国人民解放军或人民武装警察部队服役的指战员。其他在职但没有军籍的人员以及退伍军人、复员军人、转业军人等都不是现役军人。客观方面表现为与现役军人的配偶同居或者结婚的行为。所谓同居，是指在一定时间内公开或者秘密姘居在一起的行为。这种行为不同于通奸，也不是事实婚姻①。所谓现役军人的配偶，即与现役军人正式登记结婚，建立婚姻（包括事实婚）关系的人。仅与现役军人有“婚约”关系的“未婚妻”或“未婚夫”，都不属于现役军人的配偶。

2. 主体是一般主体。

3. 主观方面只能是故意，即明知是现役军人的配偶，而与之同居或结婚的心理态度。如果现役军人的配偶隐瞒了自己与军人结婚的事实，欺骗对方，则对方不构成破坏军人婚姻罪。但若现役军人的配偶虽隐瞒了结婚事实，而行为人明知其是现役军人的配偶，而仍与之同居或结婚的，仍应构成破坏军人婚姻罪。

（二）对破坏军婚罪的处罚

《刑法》第259条规定，犯本罪的，处3年以下有期徒刑或者拘役。

十五、虐待罪

（一）虐待罪的概念和特征

虐待罪，是指对共同生活的家庭成员，经常以打骂、捆绑、限制自由、凌辱人格、

① 参见赵秉志主编：《刑法争议问题研究》（下），598～599页，郑州，河南人民出版社，1996。

冻饿等方法，从肉体上和精神上进行摧残迫害，情节恶劣的行为。其主要特征是：

1. 侵犯的客体是复杂客体，既侵犯共同生活的家庭成员在家庭生活中享有的合法权益，也侵犯了被害人的人身健康。

2. 客观方面表现为经常或连续折磨、摧残家庭成员身心健康的行为。虐待行为的手段多种多样，概括起来可分为两类：一是肉体摧残。如经常性地殴打、冻饿、有病不给治疗和强迫过度的劳动等；二是精神折磨，如经常性地侮辱人格，限制其行为自由，不准参加社会活动等。从行为方式上看，既可以是积极的作为方式，也可以是消极的不作为方式。虐待行为一个最重要的特点，就是经常、连续实施，家庭成员间偶尔发生的打骂行为，不是虐待行为。虐待行为要情节恶劣才构成虐待罪。所谓情节恶劣，是指虐待持续时间长，手段残酷，动机卑鄙，后果严重等。

3. 虐待罪的主体，必须是在家庭内部共同生活的成员，非家庭成员之间发生的虐待行为，不构成虐待罪。

4. 主观方面只能是故意，即行为人有意识地对被害人进行肉体摧残和精神折磨。

（二）认定虐待罪应注意划清的界限

1. 虐待罪与非罪的界限。可以从以下几个方面来划分：(1) 情节是否恶劣。只有情节恶劣的才能构成本罪。(2) 从犯罪对象上来区分，虐待罪是发生在家庭成员间的犯罪，行为人与被害人之间存在一定的亲属关系或抚养关系，如夫妻、父子、兄弟姐妹等。

2. 虐待罪与其他相关犯罪的界限。虐待行为除可发生于家庭成员间而构成本罪外，还可能发生于其他一些场合，如监狱管教人员对罪犯的虐待，就应根据《刑法》有关条款处罚。此外，还要把虐待罪中由虐待行为引起重伤、死亡后果与故意伤害罪、故意杀人罪加以区别。前者是指在实施虐待行为过程中过失致人重伤、死亡的情形，后者是指在实施虐待行为过程中或者该过程以外，故意伤害或故意杀害被害人的情形。

（三）对虐待罪的处罚

《刑法》第 260 条规定，犯本罪的，处 2 年以下有期徒刑、拘役或者管制。引起被害人重伤、死亡的，处 2 年以上 7 年以下有期徒刑。没有引起被害人重伤、死亡的虐待罪，告诉的才处理。

十六、遗弃罪

遗弃罪，是指对于年老、年幼、患病或者其他没有独立生活能力的人，负有抚养义务而拒绝抚养，情节恶劣的行为。

2001 年修订后的《婚姻法》第 20 条规定：“夫妻有相互扶养的义务。”第 21 条规定：“父母对子女有抚养教育的义务；子女对父母有赡养扶助的义务，父母不履行抚养义务时，未成年的或不能独立生活的子女，有要求父母付给抚养费的权利。子女不履行赡养义务时，无劳动能力的或生活困难的父母，有要求子女付给赡养费的权利。”第 28 条规定：“有负担能力的祖父母、外祖父母，对于父母已经死亡或者父母无力抚养的未成年的孙子女、外孙子女，有抚养的义务。有负担能力的孙子女、外孙子女，对于子女已经死亡或子女无力赡养的祖父母、外祖父母，有赡养的义务。”第 29 条规定：“有负担能力的兄、姐，对于父母已经死亡或父母无力抚养的未成年的弟、妹，有扶持的义务。由兄、姐扶养长大的有负担能力弟、妹，对于缺乏劳动能力又缺乏生活来源的兄、姐，有扶养的义务。”这些规定，是认定扶养关系的法律依据。本罪侵犯的客体，是家庭成员之间相互扶养的权利义务关系；侵害的对象，是家庭成员中年老、年幼、患病或其他没有独立生活能力的人。客观表现为对没有独立生活能力的家庭成员，具有抚养义务而拒绝抚养的行为。所谓“抚养”，这里包括长辈对晚辈的抚养、晚辈对长辈的赡养，以及平辈之间的扶养。行为方式，是以不作为方式出现，即对丧失了劳动能力或生活不能自理的家庭成员，不履行法律规定的抚养义务。遗弃罪的主体，必须是对被遗弃人负有法律上抚养义务而且具有履行义务能力的人。主观方面只能是故意，即表现为行为人明知自己应当履行抚养义务，也有实际履行抚养义务的能力，而拒绝抚养。

《刑法》第261条规定，犯本罪的，处5年以下有期徒刑、拘役或者管制。

十七、拐骗儿童罪

拐骗儿童罪，是指用蒙骗、引诱或者其他方法，使不满14周岁的男、女儿童脱离家庭或者监护人的行为。

本罪侵犯的客体为复杂客体，即他人的家庭关系和儿童的合法权益。拐骗的对象是不满14周岁的男、女儿童。在客观方面，行为人必须具有采用蒙骗、引诱或者其他方法，使儿童脱离自己的家庭或者监护人的行为。主体为一般主体。主观方面是直接故意，一般以收养或奴役为目的。

认定拐骗儿童罪应注意划清本罪与拐卖儿童罪的界限。二者主要区别为：（1）前者侵犯的是他人的家庭关系和儿童的合法利益；后者侵犯的则是他人的人身自由权利。（2）前者在主观上是为了抚养或者奴役等；后者是为图财。（3）前者不发生将犯罪对象出卖的行为；后者须有将拐来的对象出卖的行为。

《刑法》第262条规定，犯本罪的，处5年以下有期徒刑或者拘役。

十八、组织残疾人、儿童乞讨罪

组织残疾人、儿童乞讨罪，是指以暴力、胁迫手段组织残疾人或者不满14周岁的未成年人乞讨的行为。[①]

本罪侵犯的客体为残疾人和儿童的合法权益。行为的对象是残疾人和不满14周岁的男、女儿童。在客观方面，行为人必须具有采用暴力、胁迫的方法，组织残疾人、儿童乞讨的行为。主体为一般主体。主观方面是直接故意。

修订后的《刑法》第262条之一规定，犯本罪的，处3年以下有期徒刑或者拘役，并处罚金；情节严重的，处3年以上7年以下有期徒刑，并处罚金。

十九、组织未成年人进行违反治安管理活动罪

本罪为《刑法修正案（七）》新增的罪名。组织未成年人进行违反治安管理活动罪，是指组织未成年人进行盗窃、诈骗、抢夺、敲诈勒索等违反治安管理活动的行为。

本罪侵犯的客体是复杂客体，即既侵犯了未成年人的合法权益，也妨害社会管理

① 参见《刑法修正案（六）》(2006年6月29日)。

秩序。客观方面表现为实施了组织未成年人进行盗窃、诈骗、抢夺、敲诈勒索等违反治安管理活动的行为。主体为一般主体。主观方面为直接故意。

修订后的《刑法》第262条之二规定，犯本罪的，处3年以下有期徒刑或者拘役，并处罚金；情节严重的，处3年以上7年以下有期徒刑，并处罚金。

法律应用

在司法实践中，以下问题是认定和处理本章犯罪的难点：

1. 不能把引起他人自杀的行为都认定为故意杀人罪，应当区分以下情况作出正确处理。

(1) 致人自杀。所谓致人自杀是指由于行为人所实施的某种行为导致他人自杀身亡的情况。行为人主观上没有杀人的故意，只是在客观上实施了《刑法》分则规定的某些犯罪行为甚至只是一般违法行为，如暴力干涉婚姻自由、强奸、虐待、非法拘禁、强迫劳动、强迫卖淫、辱骂、诽谤、嘲讽捉弄等；被害人的行为则具有选择性。也就是说，行为人的行为与被害人的自杀结果之间没有刑法上的因果关系。由于这些违法犯罪行为引起被害人自杀的，不应定为故意杀人罪，而应根据《刑法》分则的有关规定，是什么罪，就定什么罪，依法予以处罚，可以将导致被害人自杀作为一个量刑的情节加以考虑。

(2) 逼人自杀。即行为人凭借某种权势或利用某种特殊关系，以暴力威胁的方法，故意强迫他人自杀身亡。这种情形特指行为人的行为迫使被害人自杀，危害行为与自杀结果（危害结果）之间存在刑法上的因果关系的情况。比如，强迫被害人喝下毒药；迫使被害人跳下山崖或深水等。逼迫他人自杀的实质就是故意杀人，符合故意杀人罪的构成要件，应当追究行为人故意杀人罪的刑事责任。

(3) 教唆自杀。即行为人故意用引诱、怂恿、欺骗等方法，使他人产生自杀的意图。由于教唆他人自杀是行为人借被害人之手杀死被害人，与故意杀人毫无二致，因此应以故意杀人罪处理。应当指出的是，教唆自杀与教唆杀人是两种不同性质的行为，前者属于单独犯罪，后者除间接正犯的情形外，属于共同犯罪，二者不可混淆。

(4) 相约自杀。即两个或者两个以上的人相互约定共同结束自己生命的行为。在此情况下，若行为人全部自杀身亡，不存在追究刑事责任问题。若部分自杀身亡，部分自杀未死，对未死者行为的定性就要根据其自杀意图是否真实以及死者的自杀与未死者的行为是否具有因果关系来确定。如果相约自杀的意图是各自产生的，自杀行为是各自实施的，未死者不构成故意杀人罪；如果相约自杀一方是真自杀，一方是假自杀，意在以自杀为名剥夺他人的生命权利，对未死者应以故意杀人罪论处；如果相约自杀中约定，甲先杀死乙，然后甲自杀，甲自杀未死或者信念改变未自杀的，对甲应以故意杀人罪论处；如果相约自杀约定双方同时互杀，一方死亡，一方未死，对未死者应以故意杀人罪论处。

(5) 帮助自杀。即指行为人在他人已有自杀意图的情况下，帮助他人实现自杀意图的行为。对于帮助自杀的行为，不能因为被害人有自杀意愿而排除行为人帮助行为的社会危害性，其帮助自杀的行为实质上是非法剥夺他人生命的行为，仍然应按故意杀人罪处理，但可从轻处罚。

2. “安乐死”问题。“安乐死”可以分为积极的安乐死和消极的安乐死两类。积极的安乐死，是指通过注射药物或其他积极主动的措施，使身患绝症、痛苦不堪而又濒临死亡的病人安然死去的方式；消极的安乐死，是指通过停止对前述病人的治疗，如停止供氧、停止输送营养液等，不再努力延长其生命而使其安然死去的方式。在目前立法上尚未承认“安乐死”的情况下，对实践中“安乐死”的案件，仍应定为故意杀人行为，但可根据具体情况免除或者减轻处罚。

3. 以希望或放任他人感染致命性病毒的故意向他人传染艾滋病病毒、埃博拉病毒行为，应当认定为故意杀人罪；如果行为人故意向不特定的多人传染这样的病毒、危害公共安全的，应当认定为以危险方法危害公共安全罪。①

课后复习

1. 1994年6月30日晚，被告人宋某同其妻李某争吵后，李要上吊。宋喊来邻居叶某进行劝解，叶走后二人又吵骂厮打。后李某寻找自缢工具时，宋意识到李要自缢却无动于衷，放任不管。宋听到凳子响声时，未采取有效措施或呼喊近邻，而是离开现场到一里以外的父母家去告知自己的父母。待其家人赶到时，李某已自缢身亡。请问宋某的行为属于什么性质？

思考提示：客观方面重点考虑宋某对李某有无救助义务；在主观方面重点考虑宋某有无放任李某死亡的故意。

2. 王某与妻子孙某闹离婚，一审法院判决不同意二人离婚。孙某不服判决而提起上诉。二审法院受理后，尚未确定开庭时间。王某于某日回家取衣服，看到孙某刚洗完澡，便要求与孙某性交，被孙某拒绝。王某说：“现在你还是我老婆，我有权利过夫妻生活。”于是把孙某按在地上，强行与孙某发生了性关系。孙某随即到派出所控告王某，王某因此被刑事拘留。请问王某的行为是否构成强奸罪？

思考提示：法定配偶在离婚诉讼期间是否存在共同（性）生活的义务。

3. 甲拐骗了5名儿童，偷盗了2名婴儿，并准备全部卖往A地。在运送过程中甲因害怕他们哭闹，给他们注射了麻醉药。由于麻醉药过量，致使2名婴儿死亡，5名婴儿处于严重昏迷状态，后经治疗康复。对甲的行为应以何罪论处？

思考提示：在拐卖儿童过程中造成被拐儿童重伤、死亡的，属于结果加重犯。

4. 联防队员甲、乙看到外来人员丙专门盯着儿童看，形迹可疑，联想到村里接连丢失儿童，便将丙带到联防所，逼问丙是不是想拐卖儿童。丙说自己丢了小孩，是来寻找孩子的。甲、乙不信，于是用皮带抽打丙，将丙打昏在地，丙苏醒后仍然不承认，甲、乙二人又用电警棍电击丙，致丙心脏反射心跳死亡。甲、乙害怕被追究法律责任，便将丙拖出去埋在村外的垃圾堆里，请问甲、乙二人的行为应定何罪？

思考提示：刑法对非法拘禁罪加重情节的相关规定。

① 参见高铭暄主编：《刑法专论》（下），688页，北京，高等教育出版社，2002。

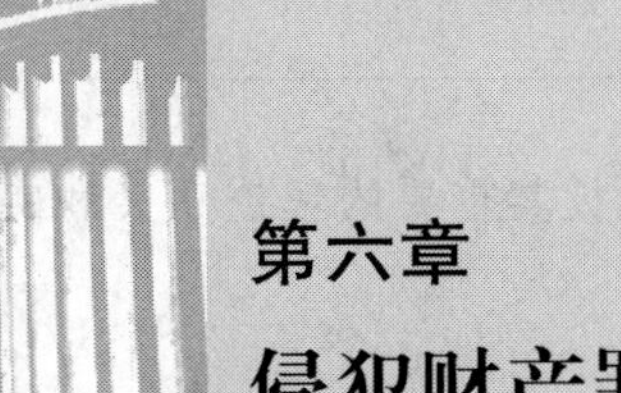

第六章
侵犯财产罪

提　要

财产是社会生活的物质基础，侵犯财产罪是人类社会最古老的犯罪类型，也是当代社会最常见的犯罪形式。本章规定的侵犯财产罪，是指各种故意非法占有、挪用、毁坏公私财产的犯罪行为。本章犯罪的客观方面几乎与刑法分则所有各章的犯罪都存在某种联系，正确把握本章各种犯罪，特别是抢劫罪、盗窃罪、诈骗罪、抢夺罪等罪客观方面的基本内容和表现形式，不仅是正确认定本章规定各种犯罪的核心，也对正确把握刑法分则其他各章中以财产为对象的犯罪具有极其重要的理论意义和实践意义。

重点问题

1. 抢劫罪的构成与认定。
2. 盗窃罪的构成与认定。
3. 诈骗罪的构成与认定。
4. 抢夺罪的构成与认定。
5. 挪用资金罪的构成与认定。

第一节　侵犯财产罪概述

一、侵犯财产罪的概念与构成

侵犯财产罪，是指故意非法占有、挪用、毁坏公私财产的行为。构成上，侵犯财产罪具体表现为：

（一）客体要件

侵犯财产罪侵犯的共同客体是公私财产所有权。何谓财产所有权？财产所有权是物权的一种，是指所有人依法对自己的财产享有占有、使用、收益和处分的权利。侵犯财产罪多数情况下是对财产所有权全部权能的侵犯，部分情况下可能仅对所有权某一权能构成侵犯，这同样是对所有权的侵犯。比如，挪用资金罪与挪用特定款物罪章中，仅侵犯财产使用权。

侵犯财产罪的犯罪对象，是公私财产所有权的物质表现，即公私财物。什么样的财物可以成为侵犯财产罪的犯罪对象，刑法理论上存在争议：第一，有体性说。认为财物专指有体物，即具有容量、空间之物，有体物不限于固体，也包括流体、气体。如法国、日本的刑法典均把电视认为财物。第二，管理可能性说。认为凡能为人所管理支配之物，即为财物。第三，效用说。赞同管理可能性说，并加以扩大理解，认为财物的效用性，表现为客观上的经济价值（如金钱上的交换价值等）。第四，持有可能说。认为法律条文所称之财物，系指属于他人支配之动产而言。

我国刑法一般把侵犯财产罪的对象表述为公私财物，包括公共财产和公民私人所有的财产。根据《刑法》第 91 条的规定，公共财产是指国有财产、劳动群众集体所有的财产以及用于扶贫和其他公益事业的社会捐助或者专项基金的财产。在国家机关、国有公司、企业、集体企业和人民团体管理、使用或者运输中的私人财产，以公共财产论。根据《刑法》第 92 条的规定，公民私人所有的财产是指：公民的合法收入、储蓄、房屋和其他生活资料；依法归个人、家庭所有的生产资料；个体户和私营企业的合法财产；依法归个人所有的股份、股票、债券和其他财产。司法实践中，公私财产作为有经济价值的财产，其表现形式是多种多样的。按财产用途可分为生产资料和生活资料；按财产能否移动可分为动产和不动产；按财产物理性质可分为有形财产和无形财产（如电力、煤气、天然气)。另外,长途电话账号、码号也应包括在公私财产范围内。

具体认定中,对某些财物能否成为侵犯财产罪之对象存在疑问:

一是不动产。对不动产能否成为侵犯财产罪之对象,各国刑法理论和立法规定不尽一致。我国台湾地区"刑法典"第320条第1项规定的是窃取动产罪,第2项则规定了窃占不动产罪(都属于盗窃罪)。理论界也有人认为,夺取罪(包括盗窃、抢夺、强盗、恐吓等罪),重在排除他人对于其物之支配,而移置于其自己或第三人之支配之下。其行为之本质,在于移转其物之支配,并不以移转其物或变动其物之处所为必需。称物,本包括动产与不动产。虽其犯罪之动机并不相同,而其客体之为财物则无二致。[①] 本书认为,不动产可以成为侵犯财产罪的犯罪对象是不容置疑的,但是受侵犯财产犯罪行为的性质、特点的限制,不动产不可能成为所有侵犯财产犯罪的对象。

二是枪支、弹药等违禁品。违禁品是指依照国家有关法律、法规的规定,禁止公民私自留存、使用的物品。违禁品能否成为侵犯财产罪的对象关键在于刑法是否已就取得违禁品的行为规定了相应的其他性质的犯罪。因为我国刑法已规定了盗窃、抢夺、抢劫、私藏枪支弹药等罪名,所以在我国枪支弹药不再属于侵犯财产罪的对象。至于对未规定相应罪名的其他违禁品则有可能成为侵犯财产罪的对象。

三是赃物等非法取得的财物。非法取得的财物,主要是指犯罪所得之赃物、赌资、走私等犯罪的违法所得等财物。这些财物不受法律保护,但不允许任何随意侵犯。非法取得的财物要么是具有其他合法所有人或占有人,要么是属于国家或集体所有的,要么是应当收缴上交国库的。司法实践中的"黑吃黑"案件即属于侵犯非法取得财物的所有权,应以侵犯财产罪论处。

需要注意的是,不同的侵犯财产犯罪对象可能有不同的要求。如挪用资金罪的对象只能是公司、企业或者其他单位的资金,挪用特定款物罪的对象只能是用于救灾等7种特定款物。

(二)客观要件

侵犯财产罪在客观方面表现为侵犯公私财产的行为。司法实践中,具体行为表现形式包括以下三种情况。

1. 非法占有公私财物

非法占有是指没有法律根据,也不是根据所有人的意志而恶意实际控制他人财产。作为法律意义上的占有,必须是占有人持续、稳定地控制财物,使财物处于其势力范围,而不是一时地接触财物。占有作为主体对财产的实际控制,本身只是一种事实状态,它并不必然产生占有权。占有可以是财产所有人自己占有,也可以是非所有人占有。非所有人占有又有合法占有与非法占有之分。合法占有,是指非所有人依据法律或者所有人的意志对财产进行事实上的控制;非法占有,是指非所有人没有法律根据,也不是根据所有人的意志而实际控制他人财产。非法占有包括善意占有和恶意占有。占有人不知道或不应当知道其占有为非法的,为善意占有;占有人没有法律依据占有他人财物的,为恶意占有。侵犯财产罪中的"非法占有"属于恶意占有。

在实践中,非法占有的表现形式多种多样:有的采取对公私财产的所有人、保管

① 参见陈朴生:《谈财产犯罪之保护法益》,载台湾《刑事法杂志》第29卷第4期。

人、守护人当场使用暴力、胁迫或者其他使被害人不知反抗或不能反抗的方法（抢劫罪）；有的采取不易被财产所有人、保管人发现的秘密窃取的方法（盗窃罪）；有的采取虚构事实或者隐瞒事实真相的欺骗方法（诈骗罪）；有的乘人不备或者在被害人觉察而丧失防护能力的情况下，将财物公然夺走（抢夺罪）；有的聚集多人，哄抢滋扰，夺取财物（聚众哄抢罪）；有的将代为保管的他人财物或者他人的遗忘物、埋藏物非法占有（侵占罪）；有的利用职务之便，将本单位的财物非法占为己有（职务侵占罪）；还有的是采取对被害人威胁和要挟，强索财物（敲诈勒索罪）。正因如此，侵犯财产罪章设置了多个罪名予以应对。非法占有的方式不同，反映了财产占有型各种犯罪的不同行为方式和其自身的特点，同时表明行为社会危害性程度的差异，是各罪法定刑的根据。刑法分则中采取非法占有方式的侵犯财产犯罪包括抢劫罪、盗窃罪、诈骗罪、抢夺罪、聚众哄抢罪、侵占罪、职务侵占罪、敲诈勒索罪、拒不支付劳动报酬罪 9 罪。

2. 非法挪用公私财物

“非法挪用”是指行为人严重违反财经管理制度，利用职务上的便利，擅自把单位资金或者某些特定款物移归本人、借贷给他人使用或者改变其原有特定用途的行为。如行为人擅自将自己经管的单位资金或者特定款物用于从事商业经营牟取私利、购买生活用品、用于旅游娱乐支出或者修建楼堂管所、为个别领导人建造高级住宅等行为即属于非法挪用。刑法分则中属于以非法手段挪用公私财物的行为构成的侵犯财产罪有挪用资金罪和挪用特定款物罪。

“非法挪用”和“非法占有”的区别在于：前者主要侵犯了财物的使用权，或者说侵犯了财物的占有权、使用权和收益权，未侵犯处分权；而后者侵犯了财产所有权的全部权能。此外，主观方面的目的也是不同的，前者只是暂时占有财物、使用财物，准备以后归还；而后者的目的是将财物占为己有，永久占有，并不准备归还。非法占有公私财物的行为，其社会危害性远远大于非法挪用公私财物的行为；正因为如此，法律对占有型犯罪规定了重于挪用型犯罪的法定刑。

非法挪用公私财物的行为表现为两种形式：一是将本单位（非国有公司、企业）资金挪作个人使用或者借贷给他人使用，如个人盖房，借给他人做生意；二是将救灾、抢险、防汛、优抚、扶贫、移民、救济 7 项专用款物挪作他用，如将救灾款挪作修建单位的楼堂馆所等。前者可以构成挪用资金罪，后者可以构成挪用特定款物罪。两种行为都必须利用职务的便利条件，才能实施挪用行为。①

3. 非法毁坏公私财物

非法毁坏，是指采取各种非法手段破坏财物、减损财物价值的行为。在司法实践中，可以表现为采取捣毁、砸烂、宰杀等手段直接使公私财物的价值、使用价值完全丧失或部分丧失；也可以表现为通过破坏活动如破坏农业灌溉设备、颠倒生产程序、切断水源等影响正常的生产经营而造成重大经济损失。刑法分则中此类行为方式的侵犯财产罪有故意毁坏财物罪和破坏生产经营罪。

---

① 《刑法》第 272 条挪用资金罪明确规定“利用职务便利”，但《刑法》第 273 条没有规定。在司法实践中，关于《刑法》第 273 条规定的挪用特定款物罪，行为人不利用自己主管或经管特定款物的职权实际上是不可能挪用的。

非法毁坏公私财物犯罪，既可以由作为实施，也可以由不作为实施。例如，某锅炉房工人，因分房对单位领导不满，有一次值班发现锅炉水快烧干了，为泄愤报复，故意不去加水，致使锅炉爆炸，锅炉房被损毁，这就是以不作为形式实施的故意毁坏公物罪。[①] 因此，侵犯财产罪行为方式多表现为作为形式，但不能排除不作为形式。

侵犯财产罪的客观方面，财物数额与财物价值是决定行为社会危害性的重要因素。根据刑法分则第五章的规定，除抢劫罪和破坏生产经营罪外，其他侵犯财产罪都是以占有、挪用财物“数额较大”或者毁坏财物“数额较大”作为构成犯罪的必要条件或必要条件之一。

4. 主体要件

侵犯财产罪中绝大多数犯罪的主体是一般主体，即已满 16 周岁并且具有刑事责任能力的人。职务侵占罪、挪用资金罪和挪用特定款物罪的主体为特殊主体。根据我国刑法第 17 条的规定，已满 16 周岁并且具有刑事责任能力的人即可成为大多数侵犯财产罪的主体；已满 14 周岁不满 16 周岁的人还可以成为抢劫罪的主体。

根据《刑法》第 271 条、第 272 条的规定，职务侵占罪和挪用资金罪的主体除必须达到刑事责任年龄、具备刑事责任能力外，还必须具有公司、企业或其他单位的工作人员这一身份。如果行为人具有国家工作人员身份而利用职务之便非法占有或挪用本单位资金的，应以贪污罪和挪用公款罪论。因此，职务侵占罪和挪用资金罪的主体只能是公司、企业或者其他单位的非国家工作人员。刑法第 273 条未明确写明挪用特定款物罪主体的特殊身份，但从整个条文来分析，一般认为，其主体实际上是国家工作人员，即掌管救灾等 7 类特定款物的有关负责人及会计人员、发放人员等。

5. 主观要件

侵犯财产罪的主观方面表现为故意，包括直接故意和间接故意。过失不构成侵犯财产罪。具体表现为行为人明知是国家、集体或者他人所有的公私财物，仍然以非法占有、使用或毁坏为目的进行侵犯。

侵犯财产罪一般由直接故意构成。如抢劫、盗窃、侵占、敲诈勒索等犯罪，行为人实施行为的目的就是希望把公私财物非法转归自己或者第三人占有。毁坏型财产犯罪，即故意毁坏财物罪和破坏生产经营罪，是以毁坏财物为其故意的主要内容，其故意形式通常表现为直接故意，但不排除在某些情况下存在间接故意。对毁坏型财产犯罪能否由间接故意构成，理论上存在两种相对立的见解。分歧的焦点体现在：故意毁坏财物罪在主观方面的故意内容不同。一种观点认为，故意毁坏财物罪既可以由直接故意构成，也可以由间接故意构成。[②] 另一种观点认为，故意毁坏财物罪只能由直接故意构成，排除间接故意。其往往是基于邻里纠纷、对自己境遇不满、嫉妒怀恨或者泄愤报复及其他个人目的。行为人明知通过故意毁坏公私财物会使公私财产所有权受到破坏，为了达到上述目的，希望而不是放任这种侵犯财产所有权的危害结果发生（因为只有这种危害结果发生了，才是行为人实施故意毁坏行为的真实意思表示）。[③] 理论

① 参见高铭暄、马克昌主编：《刑法学》（下），888 页，北京，中国法制出版社，1999。

② 参见周振想：《刑法学教程》，524 页，北京，中国人民公安大学出版社，1997。

③ 参见高西江主编：《中华人民共和国刑法的修订与适用》，576 页，北京，中国方正出版社，1997。

上通说认为，毁坏型财物犯罪包括间接故意情形。

侵犯财产罪主观方面，需要注意的是目的犯情形。犯罪目的是行为人通过实施犯罪行为达到某种结果的心理态度。我国刑法中，犯罪目的表现为两种情况：一种是行为人直接把犯罪行为所造成的危害结果作为其追求的目的，这是一般犯罪目的。这种犯罪目的是犯罪直接故意内容，刑法分则条文一般不明确规定，如抢劫、盗窃等罪的“以非法占有为目的”。另一种情况是行为人通过其犯罪行为造成一定的危害结果而意图进一步达到的目的，这是特殊犯罪目的。这种犯罪目的不是犯罪直接故意的内容，而是某些犯罪构成的必要要件。许多情形下，这种目的是犯罪动机的法定化。在侵犯财产罪中，破坏生产经营罪属于必须具备特殊犯罪目的才能构成的犯罪。行为人实施破坏生产经营行为，直接目的是希望通过自己的破坏行为使他人的生产经营遭受损失或不能正常进行；最终目的则是为了泄愤报复或者打击竞争对手等。

二、侵犯财产罪的分类

侵犯财产罪规定在我国刑法分则第五章中，共 14 个条文，13 个罪名。如何进行科学分类，实现既照顾到各个罪名自身的特点和内在的联系，又便于理论上的阐述和实际的运用，这是一个值得研究的问题。

刑法理论和司法实务中将侵犯财产罪从各种不同角度、按照一定的标准划分为不同的种类。前苏联、朝鲜、越南等社会主义国家刑法将侵犯财产罪分为两类，即侵犯社会主义财产罪和侵犯公民个人财产罪，并对前者规定了较重的法定刑。西方国家有的刑法学者主张将侵犯财产罪分为对个别财产的犯罪和对整体财产的犯罪，前者主要包括强盗罪、窃盗罪、抢夺罪、侵占罪、赃物罪、毁损罪等，后者主要包括诈骗罪、背信罪、重利罪、恐吓罪等。目前，国内刑法学者根据刑法第五章的规定，对侵犯财产罪的 12 个罪名进行了分类。具有代表性的，一是按犯罪手段分为 4 类：暴力、胁迫、夺取型犯罪；盗窃、诈骗型犯罪；侵占、挪用型犯罪；毁坏、破坏型犯罪。二是按有无非法占有目的分为两类，即以非法占有为目的的犯罪和不以非法占有为目的的犯罪。以非法占有为目的的犯罪又按其各个不同的犯罪特点再分若干小类。实际上，根据不同的标准可以将侵犯财产罪划分出不同的罪名群。例如，依主体是否要求特殊身份，可以划分为一般主体犯罪与特殊主体犯罪。依主观要件可以划分为以非法占有为目的的直接故意犯罪、以非法使用为目的的直接故意犯罪和既可以由直接故意也可由间接故意构成的犯罪。依侵犯客体单一或复杂，可以划分为侵犯单一客体的犯罪和侵犯复杂客体的犯罪。依犯罪对象是否特殊，可以划分为侵犯一般财物的犯罪和侵犯特殊财物的犯罪。

（一）侵犯客体单一或复杂的划分

以侵犯财产罪侵犯的客体单一或复杂为标准，可以划分为侵犯单一客体的犯罪和侵犯复杂客体的犯罪。多数侵犯财产犯罪都是以而且仅仅以财产所有权为侵犯的客体，包括对财产所有权整体的侵犯，也包括对财产所有权权能之一的侵犯（如使用权）。但是，有的侵犯财产犯罪不仅侵犯了公私财产所有权，同时还侵犯了其他社会关系。例如，抢劫罪客体包括财产所有权和被害人的人身权利；挪用特定款物罪客体包括国家特定款物的专用制度和特定款物的使用权。

（二）依行为方式不同的划分

以行为人的主观意图为标准进行划分，可分为取得罪、挪用罪与毁坏罪。这种类型的划分与占有型犯罪、挪用型犯罪和毁坏型犯罪并无二致。占有型犯罪是指以占有为目的，采取暴力、秘密窃取、欺骗、公然夺取、聚众哄抢等各种手段，攫取公私财物，占为己有。这类犯罪包括抢劫罪、盗窃罪、诈骗罪、抢夺罪、聚众哄抢罪、侵占罪、职务侵占罪、敲诈勒索罪、拒不支付劳动报酬罪 9 罪。挪用型犯罪是指以使用为目的，利用职务上的便利，将单位资金或 7 项特定款物，挪作个人使用或借贷给他人，或者挪作他用，改变款物的用途。这类犯罪包括挪用资金罪和挪用特定款物罪。毁坏型犯罪是指以毁坏财物为故意内容，采取毁灭、损坏的方法，使财物完全或部分丧失其价值和效力，从而实现行为人毁坏财物、破坏生产经营的意图。这类犯罪包括故意毁坏财物罪和破坏生产经营罪。

（三）主体是否要求特殊身份的划分

以侵犯财产罪的犯罪主体是否要求具备特殊身份为标准，可以划分为一般主体犯罪与特殊主体犯罪。少数犯罪因其特殊性质决定了行为人必须具有一定的身份才能成立该种犯罪。例如，职务侵占罪、挪用资金罪的主体只能由公司、企业或者其他单位的人员（国家工作人员除外）构成。

（四）依主观要件不同的划分

根据主观要件划分，包括：一是以非法占有为目的的直接故意犯罪，即抢劫罪、盗窃罪、诈骗罪、抢夺罪、聚众哄抢罪、侵占罪、职务侵占罪。二是以非法使用为目的的直接故意犯罪，即挪用资金罪和挪用特定款物罪。三是既可以由直接故意也可由间接故意构成的犯罪，即故意毁坏财物罪和破坏集体生产罪。

（五）犯罪对象是否特殊的划分

以侵犯财产罪的犯罪对象是否具有特殊性为标准，可以划分为侵犯一般财物的犯罪与侵犯特殊财物的犯罪。例如，职务侵占罪和挪用资金罪的犯罪对象限于公司、企业或者其他单位的财物或资金，挪用特定款物罪的犯罪对象限于用于救灾、抢险、防汛、优抚、扶贫、移民、救济款物。

本书认为，这些分类法都有合理之处，但都是从一个方面即主观方面或客观方面进行分类。实际上，可考虑从犯罪的主、客观结合上进行分类。根据这一构想，侵犯财产罪可分为以下三类：一是暴力型财产犯罪，包括抢劫罪、抢夺罪、敲诈勒索罪、故意毁坏财物罪和破坏生产经营罪；二是非法占有型财产犯罪，包括盗窃罪、诈骗罪、聚众哄抢罪、侵占罪、职务侵占罪、拒不支付劳动报酬罪 6 罪；三是非法挪用型财产犯罪，包括挪用资金罪和挪用特定款物罪。

第二节　暴力型财产犯罪

一、抢劫罪

（一）抢劫罪的概念和构成

抢劫罪，是指以非法占有为目的，以暴力、胁迫或者其他方法，当场强行劫取财物的行为。抢劫罪的主要构成特征是：

1. 犯罪客体

侵犯的客体是复杂客体，即既侵犯了公私财产所有权，又侵犯了公民的人身权利。侵犯客体的双重性是本罪的一个重要标志，也是本罪被认为是最严重的一种侵犯财产罪的根据。

犯罪对象既包括各种公私财物，也包括他人的人身。公私财物是指动产而言，不动产如房屋等，不能成为抢劫罪的对象。

2. 犯罪客观特征

抢劫罪在客观上表现为，对公私财物的所有人、保管人或者其他在场人当场实施暴力、以当场实施暴力相胁迫或者采用其他当场侵犯人身的方法，迫使被害人当场交出财物或者当场夺走财物的行为。其中，侵犯人身的行为是抢劫罪的手段行为，侵犯财产的非法得财行为是抢劫罪的目的行为。抢劫罪手段行为包括暴力行为、胁迫行为和其他侵犯人身的行为三种，以下将一一分析：

（1）暴力行为。暴力行为是抢劫罪最常见的手段行为方式。基本含义是侵犯公民人身自由权、健康权直至生命权的施加于人身的强力打击和强制行为，具体表现为捆绑、强力禁闭、扭抱、殴打、伤害直至杀害等程度不同的侵犯人身的行为方式。抢劫罪的暴力行为必须具有当场性，是当场实施的，而且是被作为当场强行非法占有他人财物的手段行为加以实施的。这种暴力行为通常指向财物所有人或者保管人本人，因为在多数情况下，暴力只有施加于这些人，才可能进而非法占有财物；但是，在某些情况下，暴力也可能施加于在场的与财物所有人或保管人有某种亲密关系的人。

抢劫罪的暴力行为是否要足以危害被害人的生命与健康？本书认为，刑事立法本意并未对抢劫罪的暴力行为的程度作任何限制，只要行为属于暴力的范畴，又是当场针对被害人人身实施并用以排除被害人反抗的，都应当属于抢劫罪的暴力行为；况且，如果认为抢劫罪的暴力只限于危害他人生命与健康的强力打击，那么，未造成伤害的殴打，以及强制人身而又未造成伤害的捆绑、强力禁闭、扭抱等行为，便都要被排除出抢劫罪的暴力行为。暴力行为存在程度差别，将抢劫罪暴力行为限于“足以危害被害人的生命与健康”有悖于立法原意和司法实践经验。

（2）胁迫行为。胁迫行为也是抢劫罪常见的手段行为方式。胁迫，是指对被害人以当场实施暴力相威胁，来迫使被害人当场交出财物或者当场夺走其财物的行为。抢劫罪的胁迫行为具有以下三个特征：第一，暴力性。抢劫罪胁迫行为的暴力内容一般是殴打、伤害、杀害被害人的强力打击，至于轻微强制人身的暴力如抱住、禁闭等，不属此列。第二，当场性。即胁迫是对被害人直接发出的。只有对被害人当场实施胁迫，这种胁迫行为才可能成为抢劫罪中当场非法占有财物的手段行为。如果胁迫是以给被害人写信、让第三人向被害人转达等方式间接实施的，可能构成敲诈勒索罪而非抢劫罪。第三，实施的当场性。这是指行为人以如不答应其非法占有财物的要求就要当场实施某种暴力相威胁。至于被害人是否因其胁迫而惧怕或因此而交出财物，对抢劫罪胁迫的成立没有影响。

抢劫罪的胁迫行为多是赤裸裸的语言或动作。例如，明确威胁说，如不给付钱财就要当场实施杀害或伤害行为，或者用凶器对准被害人实施暴力威胁。抢劫罪的胁迫行为也可以通过潜在威胁的语言或动作予以实施。对于司法实践中发生的行为人多人拦路围困他人，动手搜身，强取钱财，但并未实施暴力，也未以明确的语言、动作实施暴力威胁的案件，本书认为，这种案件的多人围困行为本身也就表明了如不答应财物要求就要当场实施暴力的胁迫意图，其行为已属胁迫行为，而且强取钱财也不能属于抢夺行为。因此，对这类案件也应当认定为以胁迫为手段的抢劫罪。

(3) 其他方法。其他方法，是指暴力或胁迫以外的其他人身强制行为。也就是说，是类似于暴力、胁迫行为导致被害人不敢抵抗或不能抵抗的方法。基本特征为：均是侵犯人身权利的行为；对财物的所有人或者保管人本人的人身施加暴力和胁迫以外的某种影响，使其失去反抗知觉或者反抗能力；此行为与其后的非法取得被害人财物的行为有着手段与目的的联系。在司法实践中，具体表现为用药物麻醉、用酒灌醉、使用催眠术或用毒药毒昏等。如果不是行为人以某种行为致使被害人处于不知反抗或不能反抗的状态，而是行为人利用被害人熟睡、酣醉、昏迷等状态而秘密窃取其财物的，因行为人并未实施侵犯他人人身权利的手段行为，不属于以“其他方法”实施的抢劫罪。如果是采取秘密窃取的方法，窃取数额较大或者多次窃取，则构成盗窃罪。不管是暴力、胁迫或者其他方法，都必须是在非法占有财物时当场使用，才能构成抢劫罪。如果行为人当场并未使用暴力、胁迫或其他方法，便顺利地取得了财物，则应以实施犯罪时实际采取的行为方式来定罪。

3. 犯罪主体

抢劫罪的主体为一般主体。根据《刑法》第 17 条规定，年满 14 周岁、具备刑事责任能力的自然人即可实施本罪。需要注意的是，抢劫罪在责任年龄上不同于其他一般的盗窃、诈骗、抢夺、聚众哄抢公私财物、侵占、业务侵占、挪用资金、挪用特定款物、敲诈勒索、故意毁坏公私财物、破坏生产经营等侵犯财产的犯罪。按照我国刑法第 17 条第 2 款的规定，抢劫罪从已满 14 周岁不满 16 周岁开始，就应当负刑事责任，即已满 14 周岁的自然人就可以构成抢劫罪的犯罪主体。而一般的犯罪需要年满 16 周岁的自然人才可构成。

4. 犯罪主观方面

抢劫罪的主观方面只能是直接故意，而且具有非法占有公私财物的目的。以暴力、胁迫或者其他方法抢回被他人非法占有的自己的财物，因其不具有非法占有公私财物的目的，不构成抢劫罪。以非法占有枪支、弹药、爆炸物为目的而实施的抢劫，也不构成抢劫罪，而应按《刑法》第 127 条规定以抢劫枪支、弹药、爆炸物罪论处。

（二）抢劫罪的认定

1. 划清抢劫罪与非罪的界限

抢劫罪具有双重客体，是侵犯财产的严重犯罪，刑事立法考虑到这种犯罪具有较大的社会危害性而未对抢劫的数额和情节作出规定。但这并不意味着在具体认定抢劫罪时不需要考虑抢劫的数额和情节。如果抢劫行为显著轻微，取得财物数额非常小，危害又不大，就应根据《刑法》第 13 条但书的规定，作为一般违法行为处理，而不应定为抢劫罪。司法实践中，对以下情形一般不以犯罪论处：一是因婚姻、家庭纠纷一方抢回彩礼、陪嫁物，或者强行分割并拿走家庭共有财产的；二是为子女离婚、出嫁女儿暴死等事情所激怒纠集亲友多人去抢对方财物要求赔偿损失的，属于泄愤、报复行为；三是因借贷或其他财产纠纷强行扣押对方财物，或强行索还借款、欠物的行为。

2. 划清抢劫罪与其他犯罪的界限

与其他章节的类似犯罪相比，抢劫罪也有一些不同之处：

（1）抢劫枪支、弹药、爆炸物罪与抢劫罪的界限。抢劫枪支、弹药、爆炸物罪，是指以暴力、胁迫或者其他方法强行将枪支、弹药、爆炸物夺走的行为。抢劫罪与抢劫枪支、弹药、爆炸物罪在犯罪手段上表现相同，均采用了暴力、胁迫或者其他方法。但两者之间的界限仍甚为明确，表现在：其一，主观故意内容不同。抢劫罪是以非法占有公私财物为目的，而抢劫枪支、弹药、爆炸物罪是以抢劫枪支、弹药、爆炸物为目的。如果行为人把枪支、弹药、爆炸物误认为是其他财物而实施抢劫行为的，则构成抢劫罪。其二，侵害的客体不同。抢劫罪侵害的客体是公私财产权利和公民的人身权利，而抢劫枪支、弹药、爆炸物罪侵害的客体是公共安全。其三，侵害的对象不同，抢劫罪侵害的对象是公私财物和被害人的人身，而抢劫枪支、弹药、爆炸物罪侵害的对象是枪支、弹药、爆炸物和被害人的人身。

（2）抢劫罪与故意杀人罪的界限。抢劫罪与故意杀人罪是两种性质不同的犯罪。两者之间的区别较为明显，主要表现在：其一，犯罪目的不同。抢劫罪是为了非法占有公私财物，侵犯公民的人身权利是非法占有公私财物的一种手段，二者之间存在目的与手段的内在联系。故意杀人罪的犯罪目的，是非法剥夺他人的生命。其二，犯罪客体不同。抢劫罪侵犯的客体是复杂客体，既侵犯了公私财产所有权，又侵害了公民的人身权利。故意杀人罪侵犯的客体是单一客体，即公民的生命权。对于司法实践中常常发生犯罪分子在以暴力手段夺取公私财物时，同时伴有杀人行为的情况，如何定罪？2001 年 5 月 23 日最高人民法院《关于抢劫过程中故意杀人案件如何定罪问题的批复》指出："行为人为劫取财物而预谋故意杀人，或者在劫取财物过程中，为制服被害人反抗而故意杀人的，以抢劫罪定罪处罚。行为人实施抢劫后，为灭口而故意杀人的，以抢劫罪和故意杀人罪定罪，实行数罪并罚。"据此，如果行为人为谋取被害人的钱财而先将被害人杀死的，或者在抢劫过程中，使用暴力或其他方法致使被害人死亡的，应以抢劫罪定罪，并按照《刑法》第 263 条所规定的加重情形处理。如果行为人杀人后才起意取走财物的，即行为人事先只有非法剥夺他人生命的目的，而无抢劫他人财物的目的，应定故意杀人罪和盗窃罪，数罪并罚。如果行为人抢劫后为了保护赃物、抗拒逮捕、毁灭罪证（注意不含人证），当场又杀人的，应定为抢劫罪一罪。如果行为人抢劫后为了杀人灭口而杀死被害人的，应分别定抢劫罪和故意杀人罪，实行两罪并罚。

（3）抢劫罪与绑架罪的界限。抢劫罪与绑架罪在犯罪主体、犯罪客体和犯罪主观方面基本相同，在犯罪客观方面也有相似之处，但二者是两种性质完全不同的犯罪。具体而言，二者的区别主要有以下四点：其一，行为手段不完全相同。抢劫罪是用对公私财物的所有人、保管人或其他在场人当场实施暴力、以当场实施暴力相胁迫或者采用其他当场侵犯人身的方法，迫使被害人当场交出财物或者当场夺走其财物。绑架罪是在将人掳走，限制其自由后，以杀人、重伤被害人，威胁被害人家属，迫使其交出赎金。其二，实施犯罪行为的时间和地点不同。抢劫罪是当场使用暴力、胁迫等强制手段，当场取得财物，侵犯被害人人身权利和非法获取财物的行为是在同一时间、同一地点完成的。绑架罪则是先绑架人质，然后勒令限期交付财物，侵犯被害人人身权利和非法占有他人财物的行为有一定间隔，发生的地点也往往不同。其三，侵犯的对象不尽相同。抢劫罪表现为当场逼取财物，并直接从被害人处将财物抢走，抢劫的财物只限于动产。绑架罪往往是通过书信或第三者转达勒索财产的要求，被勒令交付财产者不是被绑架者，而是其亲友或者其他人。其四，犯罪主体年龄要求不同。抢劫罪的刑事责任年龄为已满 14 周岁的自然人。绑架罪的刑事责任年龄为已满 16 周岁的自然人。

3. 正确认定转化型抢劫罪

《刑法》第 269 条规定："犯盗窃、诈骗、抢夺罪，为窝藏赃物、抗拒抓捕或者毁灭罪证而当场使用暴力或者以暴力相威胁的"，以抢劫罪定罪处罚。这是盗窃、诈骗、抢夺罪转化为抢劫罪的规定，即转化型抢劫罪的规定。根据这一规定，构成转化型抢劫罪必须同时符合 3 个条件：

(1) 前提条件。行为人必须实施了盗窃、诈骗、抢夺任何一种犯罪行为，这是构成转化型抢劫罪的前提条件。一般要求盗窃、诈骗、抢夺的财物达到数额较大才构成犯罪，但这一要求并非绝对的。根据 2005 年 6 月 8 日最高人民法院《关于审理抢劫、抢夺刑事案件适用法律若干问题的意见》（以下简称《抢劫、抢夺犯罪意见》）第 5 条的规定，行为人实施盗窃、诈骗、抢夺行为，未达到"数额较大"，为窝藏赃物、抗拒抓捕或者毁灭罪证当场使用暴力或者以暴力相威胁，具有下列情节之一的，可依照《刑法》第 269 条的规定，以抢劫罪定罪处罚：1）盗窃、诈骗、抢夺接近"数额较大"标准的；2）入户或在公共交通工具上盗窃、诈骗、抢夺后在户外或交通工具外实施上述行为的；3）使用暴力致人轻微伤以上后果的；4）使用凶器或以凶器相威胁的；5）具有其他严重情节的。

(2) 实质性条件。行为人必须是当场使用暴力或以暴力相威胁，这是构成转化型抢劫罪的实质性条件。所谓"当场"，是指犯罪分子实施犯罪的现场。犯罪分子刚一离开现场就被发觉而被追捕的过程，是现场的延伸，应视为当场。如果在盗窃、诈骗、抢夺犯罪完成以后，隔了一段时间，在其他地方抓捕犯罪分子而行凶拒捕，则不适用转化型抢劫罪的规定，应按所触犯的罪名单独定罪，数罪并罚。"使用暴力和以暴力相威胁"，中的"暴力"与抢劫罪中的"暴力"认定相同。对于暴力强度很小，情节显著轻微，或者无加害他人的意图，只是为了挣脱抓捕而冲撞他人的，可不认为是使用暴力，故不能认定为转化型抢劫罪。

(3) 主观条件。行为人使用暴力或以暴力相威胁的目的是窝藏赃物、抗拒抓捕或者毁灭罪证。所谓"窝藏赃物"，是指为保护已经到手的赃物不被追回。所谓"抗拒抓捕"，是指抗拒公安机关的逮捕和公民（包括受害人）的扭送。所谓"毁灭罪证"，是指销毁自己遗留在犯罪现场的痕迹、物品和其他证据。如果行为人不是在非法取得财物之后出于上述目的而实施暴力或以暴力相威胁，则不能按转化型抢劫罪论处。例如，行为人是在实施盗窃、诈骗、抢夺过程中，由于受到被害人的抵抗，为排除障碍当场取得财物而使用暴力或以暴力相威胁的，则可直接适用第 263 条抢劫罪定罪处罚。又如，行为人在完成盗窃、诈骗、抢夺罪后，出于报复、灭口的动机伤害、杀害被害人和有关人员的，应以故意伤害、杀人行为单独定罪，与盗窃罪、诈骗罪或抢夺罪实行两罪并罚。

4. 正确认定“携带凶器抢夺”

根据《刑法》第 267 条第 2 款的规定，携带凶器抢夺的，也是转化型抢劫罪。“携带凶器抢夺”构成转化型抢劫罪需要具备：一是实施了抢夺犯罪行为，二是在抢夺过程中身边带有凶器。根据《抢劫、抢夺犯罪意见》第 4 条的规定，这里的“携带凶器抢夺”，是指行为人随身携带枪支、爆炸物、管制刀具等国家禁止个人携带的器械进行抢夺，或者为了实施犯罪而携带其他器械进行抢夺的行为。行为人随身携带国家禁止个人携带的器械以外的其他器械抢夺，但有证据证明该器械确实不是为了实施犯罪准备的，不以抢劫罪定罪。行为人将随身携带凶器有意加以显示、能为被害人察觉到的，直接适用《刑法》第 263 条的规定定罪处罚。行为人携带凶器抢夺后，在逃跑过程中为窝藏赃物、抗拒抓捕或者毁灭罪证而当场使用暴力或者以暴力相威胁的，适用《刑法》第 267 条第 2 款的规定定罪处罚。

5. 正确认定抢劫罪的既遂与未遂

关于抢劫罪的既遂与未遂，主要有三种不同观点：一是认为抢劫罪属于侵犯财产类犯罪，主要侵犯客体是财产所有权，应当以是否抢得财物为既遂与未遂的界限；二是认为抢劫罪既侵犯财产权利，也侵犯人身权利，因此，不管是否抢得了财物，只要在抢劫中侵犯了人身权利，就是抢劫既遂；三是认为刑法第 263 条对抢劫罪规定了两种情节，基本情节规定的是一般抢劫罪，应以是否取得财物为既遂与未遂的界限，而加重情节规定的是情节加重犯和结果加重犯，不存在未遂问题。[①] 本书认为，最高司法机关的解释综合了上述观点。根据《抢劫、抢夺犯罪意见》第 10 条的规定，抢劫罪侵犯的是复杂客体，既侵犯财产权利又侵犯人身权利，具备劫取财物或者造成他人轻伤以上后果两者之一的，均属抢劫既遂；既未劫取财物，又未造成他人人身伤害后果的，属抢劫未遂。据此，刑法第 263 条规定的 8 种处罚情节中除“抢劫致人重伤、死亡的”这一结果加重情节之外，其余 7 种处罚情节同样存在既遂、未遂问题，其中属抢劫未遂的，应当根据刑法关于加重情节的法定刑规定，结合未遂犯的处理原则量刑。

我国《刑法》第 263 条后半段规定的是“入户抢劫的；在公共交通工具上抢劫的；抢劫银行或者其他金融机构的；多次抢劫或者抢劫数额巨大的；抢劫致人重伤、死亡的；冒充军警人员抢劫的；持枪抢劫的；抢劫军用物资或者抢险、救灾、救济物资的”之犯罪构成要件，属于抢劫罪的加重构成，包括情节加重和结果加重。这种严重情节和严重结果的是否具备，既是该款规定的抢劫罪情节加重犯或结果加重犯成立与否的要件，同时也是其加重的犯罪构成要件齐备与否的标志。因此，该款规定的抢劫罪只有构成与否的问题，而无既遂与未遂之分。

（三）抢劫罪的刑事责任

根据《刑法》第 263 条的规定，犯一般抢劫罪的，处 3 年以上 10 年以下有期徒刑，并处罚金；有加重情节或加重结果的，处 10 年以上有期徒刑、无期徒刑或者死刑，并处罚金或没收财产。法定的加重情形共有 8 项：（1）入户抢劫的；（2）在公共交通工具上抢劫的；(3) 抢劫银行或者其他金融机构的；（4）多次抢劫或者抢劫数额巨大的；

---

① 高铭暄、马克昌主编：《刑法学》（下），896 页，北京，中国法制出版社，1999。

(5) 抢劫致人重伤、死亡的；(6) 冒充军警人员抢劫的；(7) 持枪抢劫的；(8) 抢劫军用物资或者抢险、救灾、救济物资的。

加重构成的抢劫罪包括结果加重和情节加重两种情形。所谓抢劫罪的结果加重，是指因抢劫而致人重伤、死亡的犯罪情况，即《刑法》第263条后半段第5项的犯罪情况。这既包括因抢劫故意致人重伤、故意杀人，也包括抢劫中过失地造成他人的重伤、死亡；既包括抢劫中以暴力行为当场直接致人重伤、死亡，也包括抢劫中的暴力造成伤害后医治无效而形成的重伤或死亡。抢劫罪的情节加重是指《刑法》第263条后半段第5项以外共7项加重处罚的情况。根据刑法规定和司法解释，以下一一加以解释。

"入户抢劫的"，是指行为人采用各种手段进入公民家中实施抢劫的情况。认定时应当注意以下3个问题：一是"户"的范围。"户"在这里是指住所，其特征表现为供他人家庭生活和与外界相对隔离两个方面，前者为功能特征，后者为场所特征。一般情况下，集体宿舍、旅店宾馆、临时搭建工棚等不应认定为"户"，但在特定情况下，如果确实具有上述两个特征的，也可以认定为"户"。二是"入户"目的的非法性。进入他人住所须以实施抢劫等犯罪为目的。抢劫行为虽然发生在户内，但行为人不以实施抢劫等犯罪为目的进入他人住所，而是在户内临时起意实施抢劫的，不属于"入户抢劫"。三是暴力或者暴力胁迫行为必须发生在户内。入户实施盗窃被发现，行为人为窝藏赃物、抗拒抓捕或者毁灭罪证而当场使用暴力或者以暴力相威胁的，如果暴力或者暴力胁迫行为发生在户内，可以认定为"入户抢劫"；如果发生在户外，不能认定为"入户抢劫"。

"在公共交通工具上抢劫的"，主要是指在从事旅客运输的各种公共汽车、大中型出租车、火车、船只、飞机等正在运营中的机动公共交通工具上对旅客、司售、乘务人员实施的抢劫。在未运营中的大中型公共交通工具上针对司售、乘务人员抢劫的，或者在小型出租车上抢劫的，不属于"在公共交通工具上抢劫"。

"抢劫银行或者其他金融机构"中的"银行"，既包括国有银行，也包括民营银行和外国在我国境内设立的银行；"其他金融机构"，是指银行以外的金融机构，如证券公司、保险公司、信托投资公司、财务公司等。抢劫银行或者其他金融机构，是指行为人闯入银行或者其他金融机构实施抢劫的行为。司法实践中，对运钞车的抢劫也属此列。

"多次抢劫或者抢劫数额巨大的"所规定的"多次"，是指3次以上。"数额巨大"的具体数额标准尚待新的司法解释出台。

"冒充军警人员抢劫的"所规定的"军警人员"，包括现役军人、武装警察、公安民警、司法警察，不包括其他执法人员或者司法人员；"冒充"，是指通过着装、出示假证件或者口头宣称的行为。只要行为人抢劫时有冒充军警人员的行为表示，无论被害人对这种冒充行为是否以假当真还是未被蒙骗，都不影响。

"持枪抢劫的"，是指行为人在实施抢劫过程中，手中持有枪支，无论行为人是否实际使用了枪支，在所不问。如果行为人并未实际持有枪支，而是口头上表示有枪，或者虽然随身携带有枪支，但未持在手中，也未向被害人显示，不在此列。行为人所持有的枪支，应当是属于公安机关制定的有关枪支管理办法中规定的枪支范围。如果行为人以假充真，如手持仿真枪等，则不能认定。

“抢劫军用物资或者抢险、救灾、救济物资的”所规定的“军用物资”，是指除枪支、弹药、爆炸物以外的一切军事用品。军用物资的范围不能扩大，不能把警用物品也包括在内。“抢险、救灾、救济物资”，是指抢险、救灾、救济用途已经明确的物资，包括正处于保管、运输或者使用当中的。对于抢劫军用物资或者抢险、救灾、救济物资的行为，必须查明行为人是否明知而实施，如果行为人事前或者事中并不知道其所抢劫的财物属于这种特定性质的，不属此列。

二、抢夺罪

抢夺罪，是指以非法占有为目的，公然夺取数额较大的公私财物的行为。

（一）抢夺罪的构成与认定

1. 抢夺罪的构成

抢夺罪侵犯的客体是公私财物的所有权。犯罪对象是公私财物，只能是不动产。抢夺特定财物，如刑法另立罪名，不构成本罪。抢夺罪客观方面表现为公然夺取公私财物的行为。所谓“公然夺取”有两个特点：一是当着财物所有人、保管人的面或者使其可以立即发现的情况下夺取财物；二是行为人夺取财物时并不使用暴力和以暴力相威胁手段。抢夺行为一般是乘人不备，突然把财物夺走，但也有在被害人觉察而防护能力丧失的情况下（如患病，轻、中度醉酒）把物夺走。携带凶器抢夺的，按照《刑法》第267条第2款的规定，以抢劫罪论处。

抢夺罪主体为一般主体。即已满16周岁、具有完全刑事责任能力的自然人。其主观方面只能是直接故意，并且具有非法占有财物的目的。根据刑法第267条的规定，必须是抢夺数额较大的财物才构成本罪。数额是否较大是区别抢夺罪与非罪的界限。何谓“数额较大”，根据2002年7月16日最高人民法院《关于审理抢夺刑事案件具体应用法律若干问题的解释》的意见，抢夺罪中“数额较大”、“数额巨大”、“数额特别巨大”的标准为：500元至2 000元以上的，为“数额较大”；5 000元至2万元以上的，为“数额巨大”；3万元至10万元以上的，为“数额特别巨大”。各省、自治区、直辖市高级人民法院可以根据本地区经济发展状况，并考虑社会治安状况，在本解释第一条规定的数额幅度内，分别确定本地区执行的具体标准，并报最高人民法院备案。但是对于达到数额较大标准的抢夺行为，司法解释同样规定了相应的出罪情形：已满16周岁不满18周岁的未成年人作案，属于初犯或者被教唆犯罪的；主动投案、全部退赃或者退赔的；被胁迫参加抢夺，没有分赃或者获赃较少的；其他情节轻微，危害不大的。

2. 抢夺罪的认定

认定抢夺罪时，首先要区分抢夺罪与抢劫罪的界限。区别的关键在于，行为人在抢走他人财物的过程中是否使用了暴力、胁迫方法和是否携带凶器。如果使用了暴力、胁迫方法，或者虽没有实际使用暴力、胁迫，但身边带有凶器，应认定为抢劫罪。反之，没有使用暴力、胁迫，没有携带凶器，如抢走财物数额较大，则应定为抢夺罪。根据2005年6月8日最高人民法院《关于审理抢劫、抢夺刑事案件适用法律若干问题的意见》第11条的规定，对于驾驶机动车、非机动车（以下简称“驾驶车辆”）夺取他人财物的，一般以抢夺罪从重处罚。但具有下列情形之一，应当以抢劫罪定罪处罚：(1) 驾驶车辆，逼挤、撞击或强行逼倒他人以排除他人反抗，乘机夺取财物的；(2) 驾驶车辆强抢财物时，因被害人不放手而采取强拉硬拽方法劫取财物的；(3) 行为人明知其驾驶车辆强行夺取他人财物的手段会造成他人伤亡的后果，仍然强行夺取并放任造成财物持有人轻伤以上后果的。

对于因抢夺行为致人伤害的问题要作具体分析：(1) 在抢夺数额较大财物中，因用力过猛，无意中造成被害人轻伤的，在这种情况下，因过失轻伤不构成犯罪，只能按抢夺罪定罪，过失轻伤作为量刑情节考虑；(2) 在抢夺数额较大财物中，因用力过猛，无意中造成被害人重伤或死亡的，构成刑法理论中的想象竞合犯，“从一重处断”，即按抢夺罪和过失致人重伤罪或过失致人死亡罪中较重的罪定罪处罚；(3) 如果抢夺数额较小，不构成抢夺罪，上述因抢夺致人重伤或致人死亡的情况，则可按过失致人重伤罪或过失致人死亡罪定罪，抢夺行为作为量刑情节。

(二) 抢夺罪的刑事责任

根据《刑法》第 267 条的规定，抢夺公私财物，数额较大的，处 3 年以下有期徒刑、拘役或者管制，并处或者单处罚金；抢夺数额巨大或者有其他严重情节的，处 3 年以上 10 年以下有期徒刑，并处罚金；抢夺数额特别巨大或者有其他特别严重情节的，处 10 年以上有期徒刑或者无期徒刑，并处罚金或者没收财产。根据司法解释的规定，抢夺公私财物达到“数额较大”的标准，具有下列情形之一的，可以以抢夺罪从重处罚：抢夺残疾人、老年人、不满 14 周岁未成年人的财物的；抢夺救灾、抢险、防汛、优抚、扶贫、移民、救济等款物的；一年内抢夺 3 次以上的；利用行驶的机动车辆抢夺的。对于抢夺公私财物，未经行政处罚处理，依法应当追诉的，抢夺数额累计计算。对于抢夺公私财物，数额接近“数额巨大”、“数额特别巨大”的标准，并具有从重处罚情形之一的，可以分别认定为“其他严重情节”或者“其他特别严重情节”。

三、敲诈勒索罪

敲诈勒索罪是指以非法占有为目的，对他人使用威胁或要挟的方法强行索取数额较大或者多次强行索取公私财物的行为。

(一) 敲诈勒索罪的构成

敲诈勒索罪的主要构成特征是：

1. 犯罪客体

本罪侵犯的客体为复杂客体，包括公私财产的所有权和被害人的人身权利或其他权益。犯罪对象是各种公私财物，包括动产和不动产，有形财产和无形财产。

2. 犯罪客观方面

本罪的客观方面表现为行为人采用威胁或要挟的方法，逼迫财物所有人、保管人就范，将公私财物交由行为人或其指定的第三人控制或提供财产性利益。威胁或要挟内容、手段没有限制，包括对被害人及其亲属的生命、身体、自由、名誉等进行威胁。手段行为是威胁和要挟的方法，即通过精神强制的方法，使被害人在心理上产生恐惧和压力，然后向被害人强行索取财物。威胁、要挟的方法是多种多样的，可以是面对被害人直接使用，也可以是通过第三者或者用书信等方式发出；可以是明示，也可以是暗示。威胁、要挟的内容通常有：以将对被害人及其亲友的人身实施暴力相威胁；以将毁坏被害人人格、名誉相威胁；以将毁坏被害人贵重财物相威胁；以揭发被害人的隐私相威胁、要挟；以栽赃陷害相威胁、要挟，等等。目的行为是强索财物。行为人取得财物的时间，可以是当场，也可以是在其规定的限期以内。敲诈勒索公私财物必须是数额较大，才能构成犯罪。只要足以使他人产生恐惧心理即可，不要求现实上使被害人产生恐惧心理。方式上，威胁或要挟可以是口头的，也可以是书面的；可以是当面提出，也可以是由第三者转达。威胁内容的实现，不要求自身是违法的。例如，行为人知道他人的犯罪事实，以向司法机关告发进行威胁索取财物的，成立敲诈勒索罪。刑法规定，敲诈勒索数额较大的才成立本罪。根据司法解释，数额较大以1 000—3 000元为起点。

3. 犯罪主体

本罪主体为一般主体，即年满16周岁、具有刑事责任能力的自然人。

4. 主观方面出于直接故意，并具有非法占有公私财物的目的。表现为行为人明知自己的行为会发生侵害公私财产的结果，并且希望这种结果的发生，并具有非法占有目的。如果行为人为了追回自己合法债务而对债务人使用威胁手段，不能构成本罪。

（二）敲诈勒索罪的认定

1. 敲诈勒索罪与抢劫罪的区别

认定敲诈勒索罪，需要区分敲诈勒索罪与抢劫罪的界限。二者主要区别在客观方面，具体表现在：一是行为实施内容上，前者的威胁内容广泛，威胁内容基本上没有限制。可以是以暴力相威胁，也可以是以揭发隐私、毁坏财物、阻止正当权利的行使，不让对方实现某种正当要求等相威胁。后者威胁的内容只限于暴力。二是行为实施的方式（威胁的方式）上，前者包括以口头或书面方式进行威胁，而后者只能是由犯罪分子当面直接口头实施，当然以行动实施也可。三是非法取得财物的时间上，前者可以是当场取得，也可以是限定在若干时日以内取得；后者只能是当场取得。犯罪对象方面，前者包括财物和财产性利益；后者只能是财物且只能是动产。威胁实施的即时性方面，敲诈勒索罪是如果不满足行为人的要求，威胁内容在将来的某个时间实现或者当场实现侵害；抢劫罪则表现为直接实现。四是犯罪构成的要求不同。抢劫罪当场实施暴力，不要求其劫取财物的数额必须达到“数额较大”。敲诈勒索罪要求数额较大作为构成本罪的必要要件。

2. 敲诈勒索罪与诈骗罪的界限

两罪相同点为：犯罪主体都属一般主体，犯罪主观方面都是直接故意，并具有非法占有目的。主要区别为：在犯罪客体方面，敲诈勒索罪是复杂客体，即侵犯了公私财产所有权和公民的人身权利；诈骗罪只侵犯了公私财产所有权，为单一客体。在犯罪客观方面，前罪是以威胁、要挟的方法，造成被害人心理上的恐惧而被迫交出财物，后罪是用虚构事实或隐瞒事实真相的欺骗方法，使被害人“自愿”地交出财物。

3. 敲诈勒索罪既遂与未遂的界限

敲诈勒索罪的既遂与未遂的区分问题，在刑法理论界认识不甚统一，概括起来，有以下4种观点：一是认为敲诈勒索是行为犯，只要行为人实施了以威胁或要挟方法迫使被害人交付财物，不管被害人心理上是否产生恐惧，行为上是否交付财物，就可构成犯罪既遂。持这种观点的人并认为本罪不存在未遂形态。二是认为只要行为人出于敲诈勒索的犯罪目的，实施足以使他人产生恐惧的威胁、要挟行为，即使没有非法占有财物，也构成本罪的既遂。三是认为只要行为人实施了敲诈勒索行为，又到约定地点提取索取的财物，即使没有非法占有财物，同样构成本罪的既遂。四是认为行为人实施敲诈勒索的行为，必须达到预期的目的，即必须实际非法占有财物，才构成犯罪的既遂；如果由于行为人意志以外的原因而未能取得财物，则构成犯罪的未遂。[①] 本书认为，第四种观点是可取的。敲诈勒索罪侵犯的主要客体是公私财产所有权，应以行为人是否实际取得财物作为既遂与未遂的界限。行为人通过威胁或要挟方法，使被害人心理上产生恐惧，非法取得了被害人的财物，属于犯罪既遂；如果被害人并未因行为人使用了威胁、要挟方法而造成心理上的恐惧，未交出财物，或者虽产生恐惧但未交出财物，应属犯罪未遂。至于被害人未交出财物，行为人将威胁内容付诸实施，又构成其他犯罪的，应与敲诈勒索罪数罪并罚。至于如果行为人敲诈勒索过程中，遭遇反抗，立即实施暴力抢劫的，应认定为犯罪转化，作为抢劫罪论处。

（三）敲诈勒索罪的刑事责任

《刑法》第274条规定，敲诈勒索公私财物，数额较大或者多次敲诈勒索的，处3年以下有期徒刑、拘役或者管制，并处或者单处罚金；数额巨大或者有其他严重情节的，处3年以上10年以下有期徒刑，并处罚金；数额特别巨大或者有其他特别严重情节的，处10年以上有期徒刑，并处罚金。

四、故意毁坏财物罪

故意毁坏财物罪，是指故意毁坏公私财物，数额较大或者有其他严重情节的行为。

（一）故意毁坏财物罪的构成

本罪客体为公私财产所有权，犯罪对象为公私财物，既可以是动产，也可以是不动产。但不包括刑法排除的特定对象，如耕地或者矿产资源等。客观方面表现为毁灭或损坏公私财物。所谓“毁灭”，是指公私财物完全丧失价值与效用；所谓“损坏”是指公私财物部分丧失价值与效用。行为方式不限于从物理上变更或者消灭财物的形体，而是包括丧失或者减少财物的本来效用的一切行为。本罪主体为一般主体，主观上为故意，包括直接故意和间接故意，并不具有非法占有公私财物的目的。本罪要求毁坏财物数额较大或者有其他严重情节的，才构成犯罪。

（二）故意毁坏财物罪的刑事责任

根据《刑法》第275条的规定，犯故意毁坏财物罪的，数额较大或者有其他严重情节的，处3年以下有期徒刑、拘役或者罚金；数额巨大或者有其他特别严重情节的，处3年以上7年以下有期徒刑。

五、破坏生产经营罪

破坏生产经营罪，是指以泄愤报复或者其他个人目的，破坏机器设备、残害耕畜

① 参见高铭暄、马克昌主编：《刑法学》（上），928～929页，北京，中国法制出版社，1999。

或者以其他方法破坏生产经营的行为。

（一）破坏生产经营罪的构成与认定

1. 破坏生产经营罪的构成

本罪客体是复杂客体，包括公私财产所有权和国家、集体或者个人生产经营的正常秩序，即处于生产、流通、交换、分配各个环节中的各种正常的生产经营活动。犯罪对象，必须是与生产经营正常活动有直接联系的财物，一般是正在使用的各种设备和用具，破坏闲置不用的设备、用具或者非生产经营性的设备、用具，不构成本罪。客观方面表现为毁坏机器设备、残害牲畜或采取其他方法使公私生产活动无法进行，或使生产归于失败。“其他方法”，是指其他与毁坏机器设备、残害耕畜相类似的足以破坏生产经营活动的方法，如切断电源或者供料线、毁坏设计图纸、毁坏种子或者禾苗、破坏农业排灌设备等。本罪主体为一般主体，即年满 16 周岁、具有刑事责任能力的自然人。主观方面出自故意，并具有泄愤报复或者其他个人目的。“泄愤报复”，是指由于嫉妒、私欲、奸情等个人利益得不到满足或对领导、工作不满等而产生的报复情绪。“其他个人目的”，主要是指为逃避劳动，谋求私利或者其他非法利益等目的。过失不构成本罪。

2. 破坏生产经营罪的认定

认定破坏生产经营罪需要区分破坏生产经营罪与故意毁坏财物罪的界限。破坏生产经营罪与故意毁坏财物罪的主要区别是：（1）侵犯的客体不完全相同。前罪是复杂客体，除侵犯了财产所有权外，还侵犯了生产经营的正常秩序。后罪是单一客体，只侵犯财产所有权。（2）犯罪对象不同。前罪的犯罪对象是正在使用的机器设备、耕畜或者正在正常生产经营的其他设备、用具，其价值远远超过其财物本身，而后罪的犯罪对象仅仅是公私财物。

（二）破坏生产经营罪的刑事责任

根据《刑法》第 276 条的规定，犯破坏生产经营罪的，处 3 年以下有期徒刑、拘役或者管制；情节严重的，处 3 年以上 7 年以下有期徒刑。情节严重，一般是指破坏重要机器设备，严重影响生产经营正常秩序的；破坏手段恶劣的；犯罪动机卑鄙的；破坏生产经营造成的财产损失重大的，等等。

第三节　非法占有型财产犯罪

一、盗窃罪

（一）盗窃罪的概念和构成

盗窃罪，是指以非法占有为目的，秘密窃取数额较大或者多次盗窃、入户盗窃、携带凶器盗窃、扒窃公私财物的行为。

盗窃罪的主要构成为：

1. 犯罪客体与犯罪对象

本罪侵犯的客体是公私财产所有权，犯罪对象是公私财物。公私财物主要包括国有财产、劳动群众集体所有财产和公民个人所有财产，也包括多种所有制经济成分混合组成的法人、非法人的社会组织和团体所有的财产。

关于什么样的财物才能成为盗窃罪的对象问题，国外刑法学者有很多种解释，主要有以下几种学说：第一，有体性说。认为刑法上的财物是指有具体形状的物体。无体物不能成为盗窃对象，如电能、热力、核能、煤气等。第二，效用说。认为只要有经济价值，具有用途和效能的物质，都是财物。这种学说认为，无须具备有体性，只要具有经济价值，具有用途和效能的物质，如无形能源，都可以成为盗窃的对象。第三，持有可能性说。认为只有事实上可以支配的财物才能成为盗窃的对象。如放置在室内、车内或其他一定范围之内的提包等，虽未用手把握，仍是有持有可能性的财物。因为事实上所有权人对于财物具有支配关系和控制关系，他人不得侵犯。第四，管理可能性说。此说又分为一般管理可能性说和物理管理可能性说两种。前者认为凡有管理可能性者皆为财物，能源、债权、发明权都是盗窃的对象；后者认为像债权、发明权等权利，不具有物理上管理的可能性，不属于财物，因而不能成为盗窃的对象。[①] 我国刑法学界和司法界一般认为，作为盗窃对象的财物，应具备以下特征：

一是必须是具有一定经济价值的财物。没有经济价值的物品，不能成为盗窃罪的对象。判断某种物品是否具有经济价值，其标准应是客观的，不能以主观标准论。经济价值是指能够用客观的价值尺度衡量的经济效用。某件物品是否具有经济价值，主要通过市场来体现。

二是盗窃罪的对象，必须是人力可以控制、支配的财物。

三是必须是动产。不动产不能移动，只能窃占，而不能“秘密窃取”。但从不动产拆卸或分离出来的物品，如房屋上的门窗、砖瓦、木料等可以成为盗窃的对象。盗窃对象主要是有形财产，根据有关司法解释，盗窃无形财产如电力、煤气、天然气等，亦可构成盗窃罪。

2. 犯罪客观方面

本罪客观方面表现为秘密窃取数额较大的公私财物或者多次窃取、入户盗窃、携带凶器盗窃、扒窃公私财物的行为。这是盗窃罪区别于抢劫、抢夺、诈骗、敲诈勒索等侵犯财产的其他犯罪的一个重要特征。

“秘密窃取”是盗窃行为的基本特征，是指行为人以其主观上自认为不为财物所有人或保管人所知的方法将财物取走。由此可以看出，秘密窃取具有主观性、相对性和一贯性的特点。“主观性”是指行为人主观上自认为是在秘密窃取，客观上是否为人所知或被人觉察，可以不问。“相对性”是指秘密窃取是相对财物所有人、保管人而言，而不是对受害人以外的人而言。在窃取财物时即使被他人发现或暗中注视，不影响盗窃罪的成立。“一贯性”是指秘密窃取贯穿整个行为的始终。如果在窃取时遇上了被害人的抵抗而改用暴力，犯罪的性质就由盗窃罪转化为抢劫罪。

秘密窃取的方式是多种多样的，常见的有撬门破锁、翻墙入院、扒窃掏包、顺手牵羊等。归纳起来可分为两种类型：一种是一般类型，即常见的撬门破锁、翻墙入院、扒窃拎包等一般形式。这些不同的盗窃手段有一个共同的特点，就是随着窃取行为的

① 参见高铭暄、王作富主编：《新中国刑法的理论与实践》，581页，石家庄，河北人民出版社，1988。

实施，被盗财物在空间上发生位置移动。另一种是特殊类型，其特点是窃取过程中被盗财物在空间上不发生移动。这主要是指那些采取拍摄、复印或者利用电子计算机等手段作案的盗窃行为。

“数额较大或者多次盗窃、入户盗窃、携带凶器盗窃、扒窃”，是盗窃行为的数个选择性的补充要件，具有多次盗窃、入户盗窃、携带凶器盗窃、扒窃行为之一的，在构成盗窃犯罪上不需满足数额较大条件；相反如果满足了数额较大条件，那么多次盗窃、入户盗窃、携带凶器盗窃、扒窃行为则可以作为量刑情节考虑。数额较大的“数额”，是指行为人窃取公私财物的数额，具体是指被盗财物的直接损失，不包括被盗财物的间接损失。何谓“数额较大”，根据最高人民法院1998年3月10日发布的《关于审理盗窃案件具体应用法律若干问题的解释》的规定，个人盗窃公私财物价值人民币500元至2 000元以上的，为“数额较大”，各省、自治区、直辖市高级人民法院可根据本地区经济发展状况，并考虑社会治安状况，在这一数额幅度内确定本地区的具体数额标准，并报最高人民法院备案。数额较大是构成盗窃罪的重要条件，但不是唯一条件，必须考虑其他情节。根据前述最高人民法院的司法解释，盗窃公私财物虽未达到数额较大，但接近数额较大的起点，具有下列情形之一的也可以定盗窃罪：（1）以破坏性手段盗窃造成公私财产损失的；（2）盗窃残疾人、孤寡老人或者丧失劳动能力人的财物的；（3）造成严重后果或者具有其他恶劣情节的。反之，盗窃公私财物虽已达到数额较大的起点，但情节轻微，并具有下列情形之一的，也可不作犯罪处理：（1）已满16周岁不满18周岁的未成年人作案的；（2）全部退赃退赔的；（3）主动投案的；（4）被胁迫参加盗窃活动，没有分赃或者获赃较少的；（5）其他情节轻微，危害不大的。数额较大，在通常情况下，是指犯罪既遂，即已经窃得的财物的数额而言。在某些特定的情况下，盗窃未遂，没有窃得财物，也可构成犯罪。例如，夜间潜入金融机构、文物陈列馆，以盗窃数额巨大的钱财或者国家珍贵文物为目标的，即使未遂，也应当定盗窃罪。

“多次盗窃”，根据最高人民法院的司法解释，是指1年内入户盗窃或者在公共场所扒窃3次以上的行为。这里，司法解释对“多次盗窃”作了3点限制：（1）次数上的限制：盗窃必须在3次以上，才能算多次，3次以上包括本数在内。（2）时间上的限制：必须是在一年以内实施的3次以上盗窃。（3）地点的限制：只限于入户盗窃和在公共场所扒窃。“多次盗窃”的前提是盗窃的数额没有达到“数额较大”，也没有达到接近“数额较大”的起点，由于行为人在不算很长（1年）的时间内入户或在公共场所行窃3次，主观恶性较大，应作犯罪处理。但对那些具有小偷小摸恶习，虽然多次偷拿公私财物，如果情节显著轻微，应不以“多次盗窃”论。

“入户盗窃”，应当注意“户”的范围。这里的“户”是指住所，其特征表现为供他人家庭生活和与外界相对隔离两个方面，前者为功能特征，后者为场所特征。一般情况下，集体宿舍、旅店宾馆、临时搭建工棚等不应认定为“户”，但在特定情况下，如果确实具有上述两个特征的，也可以认定为“户”。

“携带凶器盗窃”，不同的学者可能对其会有不同的理解。从行为人的主观心理看，行为人携带凶器的情形大致可能存在三种情况：为了实施盗窃而携带凶器、为了实施其他犯罪而携带凶器和没有犯罪意图的携带凶器。在我们看来，为了能够相对更有力地惩治该类犯罪行为，可以把“携带凶器盗窃”理解为，行为人随身携带枪支、爆炸物、管制刀具等国家禁止个人携带的器械进行盗窃或者为了实施犯罪而携带其他器械进行盗窃的行为。行为人随身携带国家禁止个人携带的器械以外的其他器械进行盗窃，但有证据证明该器械确实不是为了实施犯罪准备的，不构成携带凶器盗窃。如果携带凶器的行为人实施盗窃时被被害人发现，使用凶器反抗拒捕，则构成转化型抢劫。

“扒窃”，在认定上也可能会存在争议。我们认为，扒窃是指在公共交通工具上或车站、码头、街道等公共场所，行为人采用秘密窃取的方式，获取他人身上财物的行为。认定“扒窃”要注意两个特征：一个是地域特征，扒窃行为必须发生在公共场所，与入室盗窃等相对；另一个是对象特征，扒窃行为的对象只能是他人身上的财物，比如所穿着的衣裤袋中的财物，身上所携带的包中财物等。除此之外，即使在受害人可控范围之内的财物，比如，坐车时放在身旁的包裹等，由于没有放在身上，可能成为盗窃对象，但不能成为扒窃对象。

3. 犯罪主体

本罪主体为一般主体，即已满 16 周岁、具有刑事责任能力的自然人均可成为本罪的主体。这里存在一个立法的变迁过程。1979 年刑法典及其相关司法解释规定，已满 14 周岁不满 16 周岁的人犯惯罪或盗窃数额巨大的，应追究刑事责任。但 1997 年刑法典明确规定，盗窃罪主体要求是已满 16 周岁的自然人。

4. 主观方面

本罪的主观方面必须出于直接故意，且具有非法占有数额较大的公私财物或者通过多次盗窃非法占有公私财物的目的。具体表现为，行为人明知自己的行为会发生非法占有公私财物的危害结果，并希望这种结果的发生。换言之，就是以非法占有数额较大的公私财物为目的，或者通过多次盗窃达到非法占有公私财物的目的。因为行为人在主观上是积极追求危害结果发生的，不存在“放任”的问题，所以，盗窃罪的主观方面只能是直接故意，而不存在间接故意。

非法占有，应作广义的解释。行为人无论为自己、为他人还是为集体盗窃了数额较大的财物或者是多次盗窃了公私财物，盗窃后无论是据为己有、转送他人、交给集体或者变卖、毁弃，都是属于以非法占有为目的侵犯了他人的财物所有权。为谁非法占有和对非法占有的财物如何处置，改变不了非法侵犯财产所有权的本质，不影响盗窃罪的成立。

（二）盗窃罪的认定

1. 盗窃罪与一般盗窃行为的界限

一般盗窃行为，是指盗窃少量公私财物，违反治安管理法规的一般违法行为。区分盗窃罪与一般盗窃行为的界限，根据《刑法》第 264 条的规定和最高人民法院上述司法解释，关键要把握两点：

一是盗窃数额。根据我国刑法规定，盗窃数额较大是构成盗窃罪并区别盗窃罪与非罪的主要标准。何谓数额较大？根据最高人民法院 1998 年《关于审理盗窃案件具体应用法律若干问题的解释》，一般可以 500 元作为个人盗窃数额较大的起点。但是，这一数额不是绝对适用于全国一切地区的。各省、自治区、直辖市高级人民法院可以根据本地区经济发展状况，在 500 元至 2 000 元的幅度内具体掌握。

二是盗窃次数。盗窃数额较大虽然是刑法明文规定的构成盗窃罪的主要标志，但不是唯一标志。构成盗窃罪还是一般盗窃行为，还要考察犯罪的情节，其中主要是盗窃次数。根据刑法规定，多次实施盗窃行为，即使数额未达到较大，仍可以构成盗窃罪。根据最高人民法院司法意见，一年内入户盗窃或者扒窃3次以上，即为多次盗窃，应认定为盗窃罪。对于有小偷小摸恶习，多次偷拿公私财物，情节显著轻微的，不以多次盗窃论，因而也不构成盗窃罪。某些情况下，如盗窃公私财物接近数额较大的起点，或者刚刚达到数额较大的起点，则应根据案件的具体情节和行为人的个人情况和表现，进行全面分析，来解决罪与非罪的问题。

2. 亲属相盗情形的处理

偷拿自己家里或者近亲属的财物，由于发生的原因是多方面的，情况比较复杂，案发后被害人出于各种考虑，往往不希望司法机关追究行为人的刑事责任。根据最高人民法院的司法解释，对这类盗窃案件，一般可不按犯罪处理，只对确有追究刑事责任必要的，才作犯罪处理，但在处罚上也应与社会上盗窃作案有所区别。这里所谓的"近亲属"，按照刑事诉讼法的规定，是指夫、妻、父、子、女、同胞兄弟姐妹。"偷窃近亲属的财物"，应包括偷窃已分居生活的近亲属的财物。偷窃自己家里的财物，既包括偷窃共同生活的近亲属的财物，也包括偷窃共同生活的其他非近亲属的财物。

3. 盗窃罪与某些危害公共安全罪的界限

（1）盗窃罪与盗窃交通工具、交通设施、电力燃气设备、易燃易爆设备、通信设备及其零部件构成危害公共安全罪的界限。区别的关键在于，盗窃上述设备及其零部件是否危害或者足以危害公共安全。如果盗窃正在使用的上述设备及其零部件，价值数额不大，但危害公共安全并构成犯罪的，应按相应的危害公共安全罪定罪。如果盗窃上述设备及其零部件价值数额较大，同时构成盗窃罪和相应的危害公共安全罪，则择一重罪定罪处罚。

（2）盗窃罪与盗窃枪支、弹药、爆炸物罪的界限。前罪是一般规定，后罪是特别规定，两罪形成法条竞合关系，按照特别规定优于一般规定的适用原则，同时既构成盗窃罪又构成盗窃枪支、弹药、爆炸物罪，应按盗窃枪支、弹药、爆炸物罪定罪处罚。如果行为人在盗窃财物时，意外窃得枪支、弹药，事后又私自收藏的，其应当构成非法持有枪支、弹药罪。例如，张某在火车站候车室窃得一包，到僻静处打开一看是枪支，于是便拿回藏于家中，张某的行为便构成非法持有枪支罪。

（3）盗窃罪与毒鱼、炸鱼而构成危害公共安全罪的界限。以非法占有为目的，毒死或者炸死较大数量的鱼，并将其偷走，引起其他严重后果的，应定为盗窃罪。如果不顾人畜安危，向供饮用的池塘投放剧毒药物，或者向堤坝、其他公共设施附近的水库中投掷炸药，危害公共安全的，应定投毒罪或者爆炸罪。

4. 偷开机动车辆案件中盗窃罪与其他犯罪的界限

偷开机动车辆案件的情况比较复杂，根据相关司法解释，应按不同情况作出不同的处理：（1）以非法占有为目的，偷开机动车辆，变卖或者留用，或者以练习开车、游乐为目的，多次偷开机动车辆，并将机动车辆丢失的，应按盗窃罪定罪处罚；（2）为盗窃其他财物，盗窃机动车辆当犯罪工具使用的，被盗机动车辆的价值计入盗窃数额，按盗窃罪定罪处罚；（3）为实施其他犯罪，偷开机动车辆当犯罪工具而使用后将偷开的机动车辆送回原处或停放到原处附近，车辆未丢失的，按照其所实施的犯罪从重处罚；（4）为实施其他犯罪，在偷开机动车辆过程中发生交通肇事构成犯罪的，应当以交通肇事罪和其他罪实行数罪并罚；（5）偷开机动车辆造成车辆损坏的，按照故意毁灭财物罪定罪处罚；（6）偶尔偷开机动车辆，情节轻微的，可以不认为是犯罪。

5. 电信盗窃的处理

刑法第265条规定，以牟利为目的盗接他人通信线路、复制他人电信码号或者明知是盗接、复制的电信设备、设施而使用的，按盗窃罪定罪处罚。从这一规定可以看出，该条是盗窃罪的一种特殊形式，不是一个独立的罪名。构成该条规定的盗窃罪，必须具备以下3个条件。

第一，行为人在主观上须出于直接故意，并且必须以牟利为目的。所谓以牟利为目的，既包括通过盗接他人通信线路、复制他人电话码号供自己或者第三者偷打电话，或者明知是盗接、盗窃复制的电信设备、设施而使用，逃避交纳通信费用，使合法用户遭受损失的间接牟利，还包括盗接他人通信线路或者复制他人电信设施、设备之后借第三者有偿使用或者倒卖给第三者从中获取非法利益的直接牟利。对于不具有牟利目的的行为，不适用本条。

第二，行为人在客观上表现为盗接他人通信线路、复制他人电信码号或者明知是盗接、复制的电信设备、设施而使用的行为。所谓盗接他人通信线路，是指未经权利人的许可，采取秘密的方法盗接他人的通信线路无偿使用或者转给他人使用，从而给权利人造成损失。所谓复制他人电信码号，是指取得他人的电信码号后，非法加以翻制并无偿使用或者非法出租、出借、转让。

第三，必须是数额较大或多次使用。这是盗窃罪共同的必要条件。如果盗接他人线路，复制他人电信码号，未及牟利或牟利数额甚微即被查获的，或者偶尔使用盗接、复制的电信设备、设施，给他人造成经济损失很小的，可不作为犯罪处理。

6. 盗窃罪既遂与未遂的认定

关于盗窃罪既遂与未遂的问题，中外刑法理论众说纷纭。概括起来，主要观点①包括：第一，接触说。认为应以行为人是否接触到被盗财物为标准，凡实际接触到财物的为盗窃既遂，未实际接触财物的才是盗窃未遂。第二，转移说。主张应以行为人是否已将被盗财物移离原在场所为标准，凡移离原在场所位置的为盗窃既遂，未移离原在场所位置的为盗窃未遂。第三，藏匿说。认为应以行为人是否已把被盗财物藏匿起来为标准，凡已将财物藏匿起来的是盗窃既遂，未藏起来的是盗窃未遂。第四，“失控＋控制”说。认为应以被盗财物是否脱离所有人或保管人的控制并且实际置于行为人控制之下为标准，被盗财物已脱离所有人或保管人控制并且已实际置于行为人控制之下的为盗窃既遂，反之就是盗窃未遂。第五，失控说。认为应以财物的所有人或保管人是否丧失对财物的占有权即控制为标准，凡盗窃行为已使财物所有人或保管人实际丧失了对财物的控制的，为盗窃既遂；而财物尚未脱离所有人或保管人的控制的，为盗窃未遂。第六，控制说。主张应以盗窃犯是否已获得对被盗财物的实际控制为标准，盗窃犯已实际控制财物的为既遂，盗窃犯未实际控制财物的为未遂。第七，损失说。

① 参见赵秉志主编：《侵犯财产罪研究》，196～198页，北京，中国法制出版社，1998。

主张应以盗窃行为是否造成公私财物损失为标准，盗窃行为造成公私财物损失的为既遂，未造成公私财物损失的为未遂。本书认为，盗窃罪既遂与未遂应当以盗窃罪的犯罪构成要件是否完备为标准，盗窃罪犯罪构成要件完备的客观标志，就是盗窃行为造成了盗窃人非法占有所盗财物的犯罪结果。

犯罪既遂就是犯罪的完成。盗窃犯的目的是非法占有财物，财物既已脱离所有人或保管人的控制而为盗窃犯所实际控制，非法占有财物的目的即已实现，犯罪即告完成，是盗窃既遂无疑。但这种主张对于解释某些被盗财物在空间上不发生移动的无形财物，如拍摄、复制或利用计算机盗窃的财物，就显得苍白无力。这些无形财物，由于其本身的特点，在其失窃后，所有人、持有人、使用人并未完全失去控制，但又不能认为这种情况是盗窃未遂。基于此，本书主张，对于一般财物的盗窃，以“失控＋控制”说为标准；对于某些特殊财物的盗窃，则以控制说为标准。

（三）盗窃罪的刑事责任

《刑法》第264条根据盗窃罪的不同数额和情节，规定了三个档次的量刑幅度：(1)盗窃公私财物，数额较大或者多次盗窃的，处3年以下有期徒刑、拘役或者管制，并处或单处罚金；(2)盗窃数额巨大或者有其他严重情节的，处3年以上10年以下有期徒刑，并处罚金；(3)盗窃数额特别巨大或者有其他特别严重情节的，处10年以上有期徒刑或者无期徒刑，并处罚金或者没收财产。对盗窃罪适用刑罚时，应注意以下几个问题：

1. 全面考虑盗窃数额与情节

对盗窃罪适用刑罚时，既要考虑盗窃的数额，也要考虑到其他情节，根据《刑法》第264条规定和相关司法解释，审理盗窃案件，应当根据案件的具体情节认定盗窃罪的情节：

(1)盗窃公私财物接近“数额较大”的起点标准，并具有下列情节之一的，也可追究刑事责任：以破坏性手段盗窃并造成公私财产损失的；盗窃盲、聋、哑等残疾人、孤老或者丧失劳动能力人的财物的；因盗窃造成严重后果或者具有其他恶劣情节的；入户盗窃的；教唆未成年人盗窃的；劳改、劳教人员在劳改、劳教期间盗窃的；在缓刑、假释考验期限内或者管制、监外执行期间盗窃的；曾因盗窃被免予刑事处罚后2年内，或者因盗窃受过刑罚处罚后5年内又进行盗窃的。

(2)盗窃公私财物刚刚达到“数额较大”的起点标准，但情节轻微，并具有下列情节之一的，可不作为犯罪处理：已满16周岁不满18周岁的未成年人作案情节轻微的；全部退赃、退赔的；主动投案的；被胁迫参加盗窃活动，没有分赃或者获赃较少的；其他情节轻微、危害不大的。

(3)盗窃数额达到“数额较大”标准，同时又具有下列情形之一的，可以认定具有“其他严重情节”：盗窃集团的首要分子或者共同盗窃犯罪中情节严重的主犯；盗窃金融机构的；流窜作案危害严重的；盗窃生产资料，严重影响生产或者造成其他严重损失的；盗窃救灾、抢险、防汛、优抚、扶贫、移民、救济、医疗款物，造成严重后果的；累犯；导致被害人死亡、精神失常或者其他严重后果的；造成重大损失的。

2. 合理计算盗窃财物的数额

盗窃财物的数额是盗窃罪定罪量刑的一个重要因素，只有合理计算其数额，才能正确定罪量刑。

(1) 被盗物为实物时数额的计算。当被盗物是实物时，计算被盗物品的价格，应当区别不同情况，根据被告人作案当时、当地的同类物品的价格，并遵照下列原则按人民币分别计算：第一，流通领域的商品，按市场零售价的中等价格计算；属于国家定价的，按照国家定价计算；属于国家指导价的，按指导价的最高限价计算。第二，生产领域的产品，成品按前项规定的办法计算；半成品可根据其在生产过程中实际所处的阶段，比照成品价格进行计算。第三，单位和公民的生产资料、生活资料等物品，原则上按购进价计算，但作案当时市场价高于原购进价的，按当时市场价的中等价格计算。第四，农副产品，如粮食、猪、羊、家禽、鱼等，一律按农贸市场同类产品的中等价格计算。大牲畜，如牛、马、驴等，一律按大牲畜交易市场同类同等大牲畜的中等价格计算。第五，进出口物资、物品，按第一种规定的办法计算。即：流通领域的商品，按市场零售价的中等价格计算；属于国家定价的，按国家定价计算；属于国家指导价的，按指导价的最高限价计算。第六，金、银、珠宝等制作工艺品（包括饰品和器皿等），按国有商店零售价格计算；国有商店没有出售的，按国家主管部门核定的价格计算。黄金、白银按国家定价计算。第七，外币，按照被盗当日国家外汇管理局公布的外汇卖出价计算。

(2) 有价支付凭证、有价证券、有价票证数额的计算。具体规则为：第一，不记名、不挂失的有价支付凭证、有价证券、有价票证，不论能否随即兑现，均按票面数额和案发时应得的孳息、奖金或者奖品等其他可得收益一并计算。股票应按照被盗当时证券交易所公布的该种股票成交的平均价格计算。第二，记名的有价支付凭证、有价证券、有价票证，如果是票面价值已定并能随即兑现的，如活期存折、已到期的定期存折和已填上金额的支票，以及不需证明手续即可提取货物的提货单等，应按票面数额（有利息的应包括案发时应得的利息）或者可提货物的价值计算。如果是票面价值未定，但能随即兑现的，则以实际兑现的财物价值计算。将不能随即兑现的记名有价支付凭证、有价证券、有价票证，或者将能随即兑现的有价支付凭证、有价证券、有价票证销毁或丢弃，而失主可以通过挂失、补领、补办手续等方式避免实际损失的不按票面数额计算，可作为量刑考虑的情节。

(3) 盗接他人通信线路、复制他人电信码号等的数额计算。此类情形计算标准为：第一，以牟利为目的，盗接他人通信线路、复制他人电信码号的，其盗接数额以当地邮电部门规定的电话初装费、移动电话入网费计算；销赃数额（减去裸机成本价后的数额）高于当地邮电部门规定的移动电话入网费的，其盗窃数额以销赃数额计算。第二，明知是盗接他人通信线路、复制他人电信码号的电信设备、设施而使用，盗窃数额以合法用户为其支付的实际数额计算。实际数额无法直接确认的，应当以合法用户的电信设备、设施被盗接、复制后的月缴费额减去被复制前 6 个月的平均电话费推算；合法用户使用电信设备、设施不足 6 个月的，应以实际使用的月平均电话费推算。第三，盗接他人通信线路后自己使用的，按照第一种情况的规定计算；复制他人电信码号后自己使用的，盗窃数额按第一、第二种情况规定的盗窃数额累计计算。可以分清的，应分别计算；难以分清的，可按此类物品的中等价格计算。

(4) 特殊盗窃的数额计算。计算规则为：第一，同种类的大宗被盗物品，失主以多种价格购进，能够分清的，应分别计算；难以分清的，可按此类物品的中等价格计算。第二，被盗物品在被盗后损坏的，仍按物品被盗时的原值计算。被盗物品已被销赃、挥霍，无法追缴或者已被丢失、毁坏的，或者几经转手，最初形态被破坏的，一般应当根据失主、证人的陈述、证言和提供的有效凭证以及被告人的供述，按照规定的核价原则，确定被盗物品的价值。第三，对已陈旧、残损或者使用过的被盗物品，应结合作案当时、当地同类物品的价格和被盗时的残旧程度，由有关部门作价。第四，残次品，按主管部门核定的价格计算；废品，按物资回收利用部门的收购价格计算；假、劣物品，以其实际价值计算，并由国家有关部门作价。第五，失主以明显低于被盗当时、当地市场零售价购进的物品，应按前述规定的核价原则计算。第六，盗窃后的销赃数额高于计算数额的，盗窃数额应按销赃数额计算。第七，盗窃违禁品，按盗窃罪处理的，不计数额，根据情节轻重量刑。第八，被盗物品价格不明或者价格难以确定的，应当按照国家计委、最高人民法院、最高人民检察院、公安部《扣押、追缴、没收物品估价管理办法》的规定，委托指定的估价机构估价。第九，对于多次盗窃构成犯罪，依法应当追诉的，应累计其盗窃数额，论罪处罚。对已经处理过的盗窃行为，即使原处理偏轻，也不能重新计算其盗窃数额，重复处罚。

3. 共同盗窃案件的刑事责任

共同盗窃犯罪中的刑事责任应根据各共犯的地位、作用、分工予以确定：第一，盗窃集团的首要分子，应按照集团盗窃的总数额依法处罚；第二，对共同盗窃犯罪中的其他主犯，应当按照其所参与的或者组织、指挥的共同盗窃的数额依法处罚；第三，对共同盗窃犯罪中的从犯，应按照其参与共同盗窃的数额定罪。具体量刑时，应当根据犯罪分子在共同盗窃中的地位、作用和分赃数额等情节，依照刑法第 27 条第 2 款的规定，从轻、减轻处罚或者免除处罚。

二、诈骗罪

（一）诈骗罪的概念和构成

诈骗罪，是指以非法占有为目的，用虚构事实或者隐瞒事实真相的方法，骗取数额较大的公私财物的行为。诈骗罪的主要构成是：

1. 犯罪客体

本罪侵犯的客体是公私财物所有权。犯罪对象是公私财物，既包括动产，也包括不动产，其对象并不限于骗取有体物，还包括骗取无形物与财产性利益。

2. 犯罪客观方面

本罪客观方面表现为用欺骗的方法，骗取数额较大的公私财物的行为。“骗”是诈骗罪的突出特点，是区别于其他侵犯财产罪的重要标志。包括三个要件：一是欺诈行为。欺诈行为包括虚构事实或隐瞒真相。虚构事实，是指捏造客观上并不存在的事实。虚构的事实可以是全部，也可以是部分虚构。隐瞒真相，是指对受害人掩盖某种客观事实，使之陷入错误认识，从而交出财物。欺诈既可以语言欺诈也可以是动作欺诈；欺诈行为既可以是作为，也可以是不作为。根据刑法第 300 条规定，组织和利用会道门、邪教组织或者利用迷信骗取财物的，以诈骗罪论处。二是财产损失。欺诈行为使对方产生错误认识；即使对方在判断上有一定错误，也不妨碍欺诈行为的成立。在欺诈行为与对方处分财产之间，必须介入对方的错误认识。被害人因为受欺诈行为所骗导致错误处分财产形成财产损失。三是行为人非法获得财产。欺诈行为使被害人处分财产后，行为人便获得财产，从而使被害人的财产受到损害。根据我国刑法的规定，诈骗公私财产数额较大的，才构成犯罪。根据有关司法解释，诈骗罪的数额较大，以2 000元为起点。根据《刑法》第 210 条规定，使用欺骗手段骗取增值税专用发票或者可以用于骗取出口退税、抵扣税款的其他发票的，成立诈骗罪。

诈骗行为包括两种类型：一是虚构事实，即捏造客观上不存在的事实；二是隐瞒事实真相，即隐瞒客观上存在的事实情况。虚构事实可以是虚构全部事实，也可以是虚构部分事实；隐瞒事实真相也是如此，可以隐瞒全部事实真相，也可以隐瞒部分事实真相。行为人通过这种欺骗方法，使公私财物所有人、管理人陷入错误，信以为真，从而“自愿地”将公私财物交出。这种“自愿”，并不是财物所有人、管理人的真实意思而是受行为人欺骗作出。根据司法解释规定，以虚假、冒用的身份证件办理入网手续并使用移动电话，造成电信资费损失数额较大的，以诈骗罪定罪处罚。

构成诈骗罪必须是骗取数额较大的财物。数额较大是构成诈骗罪客观方面的一个必要要件。何谓“数额较大”，根据司法解释，以 2 000 元作为数额起点。

3. 犯罪主体

本罪主体为一般主体，即已满 16 周岁并具有刑事责任能力的自然人，以单位名义诈骗的，应当追究其直接负责的主管人员和直接责任人员的刑事责任。

4. 犯罪主观方面

本罪的主观方面出于直接故意，并具有非法占有公私财物的目的。如果不具有非法占有的目的，例如，以欺骗的方法，骗回被他人久借不还的欠款，不构成本罪。骗得的财物，无论是自己享用，还是赠予他人、转归集体，在所不问。

（二）诈骗罪的认定

1. 诈骗罪与民间借贷纠纷的界限

区分诈骗罪与民间借贷纠纷的界限，关键在于行为人主观上有无诈骗的故意，是否具有非法占有财物的目的。从司法实践来看，正确区分两者的界限，判断行为人主观上是否具有非法占有他人财物的目的，关键在于：（1）要看双方的借贷关系是在什么情况下建立起来的。一般来说，正常的借贷关系都是在相互了解、相互信任的基础上建立起来的，借用人多是以真实姓名、住址、正当的用途提出的。而以借贷形式的诈骗，其行为人多是编造假情况，隐瞒真姓名、真住址，虚构借贷用途，被害人是在受骗的基础上与其发生“借贷”关系的。（2）要看借贷人不能如期归还的真实原因。正常借贷关系，不能如期归还的原因多是由于意外的客观情况。而以诈骗获得的财物，大都挥霍一空，有的用于其他非法活动。（3）要看如期不能偿还时行为人的态度。借贷纠纷，多是不赖账，有打算偿还的准备。实施诈骗行为的人，一旦财物骗到手，便公开赖账或携款潜逃。

2. 诈骗罪与新型诈骗罪的界限

破坏社会主义市场经济秩序一类犯罪中，有一类以欺骗方法进行金融诈骗、合同诈骗和骗取国家退税款的犯罪活动。具体包括：集资诈骗罪（刑法第 192 条）、贷款诈骗罪（刑法第 193 条）、票据诈骗罪（刑法第 194 条第 1 款）、金融凭证诈骗罪（刑法第

194条第2款）、信用证诈骗罪（刑法第195条）、信用卡诈骗罪（刑法第196条）、有价证券诈骗罪（刑法第197条）、保险诈骗罪（刑法第198条）、骗取出口退税罪（刑法第204条第1款），合同诈骗罪（刑法第224条）。可以说，这10个新型的诈骗罪都是为适应社会主义市场经济发展的需要而从原来的诈骗罪中分离出来的。司法实践中，需要对它们的界限加以仔细区分。

（1）诈骗罪与金融诈骗罪的界限。金融诈骗罪是我国刑法典分则第3章第5节规定的一类犯罪，包括集资诈骗罪、贷款诈骗罪、金融票据诈骗罪、信用证诈骗罪、信用卡诈骗罪、政府债券诈骗罪、保险诈骗罪等。诈骗罪与金融诈骗罪是一般与特殊的关系，二者区别是：第一，客体不同。诈骗罪侵犯的客体一般为公私财产所有权，金融诈骗罪客体包括财产所有权和国家金融管理秩序。第二，客观方面的表现不完全相同。诈骗罪与金融诈骗罪在客观方面都主要表现为虚构事实、隐瞒真相，但具体表现形式上有一些差别。诈骗罪往往直接表现为编造谎言骗取钱财，而金融诈骗罪则表现为项目引资、保险事故等骗取他人财物。第三，犯罪主体不完全相同。诈骗罪的主体只能由自然人构成，而金融诈骗罪的主体包括自然人和单位。

（2）诈骗罪与骗取出口退税款罪的界限。主要区别是：诈骗罪的主体只能是自然人；其客观方面表现为以各种欺骗性手段骗取数额较大的公私财物；侵犯的客体一般为公私财产所有权，有时还侵犯社会主义社会关系的某一方面。而骗取出口退税款罪的主体既可以是自然人，也可以是单位；其客观方面表现为假报出口或者其他欺骗手段，骗取国家出口退税款数额较大；侵犯的客体是国家出口退税管理制度。

（3）诈骗罪与合同诈骗罪的界限。两者的主要区别是：客体上，诈骗罪一般侵犯公私财产的所有权；而合同诈骗罪为复杂客体，包括公私财产的所有权和国家对合同的管理制度。客观方面，诈骗罪在客观上表现为以虚构事实、隐瞒真相为手段骗取数额较大的财物，不要求有特别手段；而合同诈骗罪则以订立、履行合同之形式掩盖非法占有的目的，离开合同，犯罪人无法实现犯罪行为。主体上，诈骗罪只能由自然人构成；而合同诈骗罪既可以由自然人构成，也可以由单位构成。

3. 诈骗罪与盗窃罪的界限

区分二者的关键在于把握住非法占有财物的主要方式是骗取还是窃取。例如，盗窃空白发货票或没有盖章的空白支票，用自填金额和伪造公章的方法骗取财物的，或者盗窃公章、伪造证明，骗取财物的，其非法取得财物的主要方式是蒙蔽他人，其盗窃行为并不直接非法占有所要的财物，而只是为实现诈骗创造条件，具有这些情形的应认定行为人犯有诈骗罪。如果行为人盗窃印鉴齐全的支票或者不留储户印鉴的活期储蓄存折，然后冒名骗领、骗购财物的，欺骗行为不起主要作用，故对行为人应定盗窃罪。

（三）诈骗罪的刑事责任

《刑法》第266条根据诈骗罪的不同数额和情节，规定了三个档次的量刑幅度：（1）诈骗公私财物，数额较大的，处3年以下有期徒刑、拘役或者管制，并处或者单处罚金。（2）诈骗数额巨大或者有其他严重情节，处3年以上10年以下有期徒刑，并处罚金。“数额巨大”，根据1996年最高人民法院司法解释，是指个人诈骗3万元以上的数额：以单位名义实施诈骗20万至30万元以上的数额。各省、自治区、直辖市高级人民法院可根据本地区经济发展状况，并考虑社会治安状况，在上述规定的幅度内，确定本地区执行的“数额巨大”标准。“其他严重情节”有待司法解释。(3) 诈骗数额特别巨大或者有其他特别严重情节的，处10年以上有期徒刑或者无期徒刑，并处罚金或者没收财产。根据上述司法解释，“数额特别巨大”是指个人诈骗公私财物在20万元以上的数额；“情节特别严重”除包括诈骗数额特别巨大，即诈骗财物数额在20万元以上外，还包括诈骗数额在10万元以上，且具有如下情形之一的：(1) 诈骗集团的首要分子或者共同诈骗犯罪中情节严重的主犯；(2) 一贯作案或者流窜作案危害严重的；(3) 诈骗法人、其他组织或者个人急需的生产资料，严重影响生产或者造成其他严重损失的；(4) 诈骗救灾、抢险、防汛、优抚、救济、医疗款物，造成严重后果的；(5) 挥霍诈骗的财物，致使诈骗的财物无法返还的；(6) 使用诈骗的财物进行违法犯罪活动的；(7) 曾因诈骗受过刑事处罚的；(8) 导致被害人死亡、精神失常或者其他严重后果的；(9) 具有其他严重情节的。

三、聚众哄抢罪

聚众哄抢罪，是指以非法占有为目的，聚集多人，哄抢滋扰，公然抢夺公私财物，数额较大或者情节严重的行为。

(一) 聚众哄抢罪的构成与认定

1. 聚众哄抢罪的构成

聚众哄抢罪侵犯的客体是复杂客体，即公私财物的所有权和社会正常的管理秩序。犯罪对象为动产，主要是处于运输、保管和储存的公私财物，如正在运输中的物资，车站、码头仓库中堆放的货物，建筑工地存放的原材料等。客观方面表现为聚集多人，哄抢滋扰，公然夺取公私财物的行为。主要特征有三：一是聚众性，参与哄抢的人，少则三五人，多则成百上千人；二是公然性，参与哄抢的人当着财物的所有人、保管人、守护人的面把财物抢走；三是一般性不使用暴力，参与哄抢的人主要是采取哄闹、滋扰等手段抢夺公私财物的。

聚众哄抢罪的主体为一般主体，即年满16周岁、具有完全刑事责任能力的自然人。处罚的对象是聚众哄抢的首要分子和积极参加者。“首要分子”是指聚众哄抢中起组织、策划、指挥作用的分子；“积极参加者”是指主动参与哄抢，在哄抢中起重要的作用或者哄抢财物较多的人。本罪主观方面是直接故意，并且有非法占有公私财物的目的。

2. 聚众哄抢罪的认定

认定聚众哄抢罪，必须是哄抢财物数额较大或具有其他严重情节的。数额是否较大，或者情节是否严重，是区别聚众哄抢罪与非罪的重要标志。在认定聚众哄抢罪时，首先要注意划清聚众哄抢的首要分子和积极参加者与一般参加者的界限。一般参加者，大多数是不明真相的群众，对他们应以批评教育为主，追回被哄抢的财物，必要时，按治安管理处罚条例给以适当处罚。根据司法解释规定，聚众哄抢林木5立方米以上的，属于聚众哄抢“数额较大”；聚众哄抢林木20立方米以上的，属于聚众哄抢“数额巨大”。对于其他对象，司法解释尚未规定。

认定聚众哄抢罪需要注意区分本罪与抢夺罪的界限，二者客观方面都是采取非暴力的公然抢夺的行为，主观方面都是以非法占有公私财物为目的。其主要区别在于：一是行为表现不同。本罪主要表现为“聚众”和“哄抢”上，一哄而上，以哄促抢；抢夺罪主要表现为公然夺取，一夺就跑，以夺代抢。二是承担刑事责任的主体不同。本罪承担刑事责任的不是所有参加哄抢的人，只限于聚众哄抢的首要分子和积极参加者；而抢夺罪承担刑事责任的主体没有限制，凡是参与犯罪活动的人都应依法追究刑事责任。聚众哄抢罪与抢劫罪的界限是行为手段不同。前者采取聚集多人、哄抢滋扰、公然夺取的手段，不使用暴力；而后者是凭借暴力、胁迫和其他强制手段，可以是多人共同实施，也可以一人实施。

（二）聚众哄抢罪的刑事责任

根据《刑法》第267条的规定，聚众哄抢公私财物，数额较大或者有其他严重情节的，对首要分子和积极参加的，处3年以下有期徒刑、拘役或者管制，并处罚金；聚众哄抢公私财物数额巨大或者有其他特别严重情节的，处3年以上10年以下有期徒刑，并处罚金。

四、侵占罪

（一）侵占罪的概念与构成

侵占罪，是指以非法占有为目的，将代为保管的他人财物或者他人的遗忘物、埋藏物非法占为己有，拒不交还，数额较大的行为。侵占罪的主要构成如下：

1. 犯罪客体

本罪侵犯的客体为公私财产所有权。侵占罪的对象既包括私人所有财物，也包括公共财物。有人提出，本罪侵犯的客体仅仅是私人财产所有权，犯罪对象只能是私人财物。本书认为，这种观点值得商榷。立法并未明确排除公有财产，司法实践中，存在侵占代为保管的公有财物和公有遗忘物、埋藏物的情况。根据《刑法》第274条规定，侵占罪的犯罪对象包括3种：一是代为保管的他人财物；二是他人的遗忘物；三是他人的埋藏物。以下对这3类对象加以辨析：

第一，代为保管的他人财物。代为保管的他人财物，既包括动产，也包括不动产；一般为有形财物，而不包括无形财物。侵占非法财物的情况比较复杂。非法财物包括违禁品和非法所得。对于非法所得，本书认为仍然可以成立侵占罪。如果行为人侵占他人交付的用以行贿或进行其他犯罪活动的款物，或侵占他人盗窃得来或通过其他非法活动得来的赃物，对此成立侵占罪并不意味着承认委托人对该财物具有所有权和返还请求权，因为，财物按照有关法律规定，应当没收归公或者发还被害人。对于侵占代为保管的他人所持有的违禁品，如枪支、弹药、毒品等，如果保管行为已经构成刑法规定的其他具体犯罪类型，则应当以该具体罪名依法追究刑事责任。侵占犯罪所得的赃物或因从事其他非法活动得来的赃物，应当可以构成侵占罪。

第二，他人的遗忘物。何为遗忘物？一般认为，遗忘物是指本应携带因遗忘而没有带走的财物，例如，外出“打的”遗忘在出租车中的财物，在商场购物，遗忘在柜台上的财物等。需要注意的是，区分遗忘物与遗失物。遗失物着重是指丢失之物（因偶然原因），从时间上讲一般时间较长。遗忘物着重是指忘记取走之物，一般离开失主的时间较短，失主一般也会记起该物被忘记在何处。

第三，他人的埋藏物。埋藏物，是指埋藏于地下的所有人不明的财物。根据《民法通则》第79条的规定，埋藏物归国家所有。侵占埋藏物的，理应按侵占罪论处。

2. 犯罪客观特征

侵占罪在客观方面表现为行为人将代为保管的他人财物或者他人的遗忘物、埋藏物非法占为己有，拒不交还，数额较大的行为。具体包括两种情形：

一是行为人将代为保管的他人财物非法占为己有且数额较大、拒不退还。侵占行为以行为人合法持有他人的财物为前提。司法实践中，持有他人财物的合法性原因或根据，既有法律上的，又有事实上的。归纳起来，主要有以下几种：（1）委托关系。行为人在委托关系下持有他人财物一般指原财物所有人出于对行为人（委托人）的信任，为某种目的而将财物交给行为人。（2）租赁关系。在租赁合同中，出租人将财产交给承租人使用、收益，承租人在租期内享有使用权、收益权，同时负有支付租金和在合同终止或合同期满时将承租财产返还出租人的义务。（3）无因管理。无因管理是指未受委托，又无法律上的义务，为避免他人的利益受到损失而为他人进行管理或者服务的行为。（4）借贷关系。在实际生活中，常常发生这样的情况：有的人得到他人的同意后借他人的财物使用，未取得所有权，日后却拒不归还，非法将其转为己有，给出借人造成财产损失，即由民事法律关系转变为刑事法律关系，构成侵占罪。此种情形下，应当把一般的债务纠纷与以非法占有为目的的骗借、骗贷严格区别开来。（5）担保关系。担保是指依照法律规定或按照当事人的约定，为促使债务人履行债务，保证债权人债权的实现而设定的保证措施。拒不退还，意为拒绝予以退还。拒不退还在表现形式上是多种多样的，有的是严词拒绝，有的是软磨硬泡而不退还，还有的则是行为人去向不明，远走他乡。

二是行为人将他人的遗忘物或者埋藏物非法占为己有，数额较大，拒不交出。根据我国法律规定，遗忘物的所有权归于失主（原所有人或占有人），拾得人有义务将拾得的遗忘物返还失主。我国法律明确规定行为人在发现他人的遗忘物后，有义务将其交出。“拒不交出”也是我国刑法中侵占遗忘物、埋藏物罪的一个必备要件。司法实践中，只要行为人在案发前交出了遗忘物、埋藏物，就不构成本罪。

3. 犯罪主体

侵占罪的主体为一般主体，凡已满16周岁、具有刑事责任能力的自然人均能成为本罪的主体。

4. 犯罪主观方面

侵占罪的主观方面必须是直接故意，并具有非法占有的目的。行为人的犯罪故意是在代为保管他人财物或持有他人遗忘物、埋藏物之后才产生的。

（二）侵占罪的认定

1. 侵占罪与非罪的界限

认定侵占罪与非罪的界限，应注意：（1）数额界限。侵占罪要求行为人侵占自己代为保管的他人财物或他人的遗忘物或埋藏物数额较大，才得以构成。如果行为人侵占上述财物未达到数额较大，则不构成侵占罪。只能作为民事违法行为处理。（2）对象界限。侵占罪的对象为代为保管的他人财物或他人的遗忘物或埋藏物。侵占除此之外的他人财物，即使数额较大，拒不退还或拒不交出的，也不构成本罪。如侵占他人的漂流物和他人的遗失物。

2. 侵占罪与其他侵犯财产罪的界限

侵占罪与盗窃罪、诈骗罪、抢夺罪同属侵犯财产罪，诸多方面有相同或相似之处，但也有许多不同的地方，主要是：（1）犯罪的对象范围不同。虽然侵占罪与盗窃罪、诈骗罪和抢夺罪都是以财物为其犯罪对象，但侵占罪只限于行为人代为保管的他人财物或持有的他人的遗忘物、埋藏物，而盗窃罪、诈骗罪和抢夺罪则没有这样的限制，可以是任何财物。（2）犯罪客观方面的表现不同。侵占罪非法占有财物时，被占有的财物已在行为人持有和控制下，行为人只要采取欺骗、抵赖等手段使持有变为非法占有，即可取得财物的所有权。而盗窃罪、诈骗罪和抢夺罪在非法取得财物之前，财物并不在自己实际控制下，行为人必须分别通过秘密窃取、欺骗、公然夺取的手段，才能实现非法占有取得财物的所有权。另外，构成侵占罪要求具备数额较大、拒不退还或拒不交出等必备要件。如果在被害人告诉之前退还或交出他人财物的，不构成犯罪。盗窃罪、诈骗罪和抢夺罪非法占有他人财物，只要数额较大或情节严重，就可构成犯罪。即使在窃取、诈骗、抢夺他人财物后又退还他人的，也不影响犯罪的成立。（3）犯罪故意形成的时间不同。侵占罪既然是将自己已经持有的他人财物转归己有，其犯罪故意只能产生于持有他人财物之后；盗窃罪、诈骗罪和抢夺罪是将自己没有持有和控制的他人财物转归己有，犯罪故意只能产生于持有、控制他人财物之前。

3. 侵占罪的既遂与未遂问题

关于侵占罪的既遂，我国台湾学者和审判实例一般认为，侵占罪是即成犯，即“行为人只要表明其据为所有之行为，或只要有变更持有为所有之意思时，即为本罪之既遂，此种变持有为所有之意思，虽有时以处分行为表现之，但一经表现犯罪即同时完成，并不以处分行为完了为必要，如行为人将其据为已有之财产擅自标卖，虽未卖出，即为本罪之既遂；又如货运公司雇佣之司机，自其卡车油箱抽取汽油，正欲提入油行拟卖店东时被警方查获，亦为侵占既遂。此外，并认为侵占罪系即成犯，侵占行为一经完毕，罪即成立，纵于事后将侵占之物设法归还原主，亦不能解除侵占罪之刑责。”[①] 我国刑法理论一般认为，侵占罪的既遂构成要求：（1）行为人是被侵占财物的持有人；（2）行为人主观上具有非法占有他人财物的故意；（3）行为人实施了变持有为非法所有的行为；（4）行为人侵占的是代为保管的他人财物或者是持有的他人遗忘物或埋藏物，且数额较大；（5）行为人被要求退还或交出而拒绝退还或交出。如果行为人虽然主观上有非法占有他人财物的故意，客观上实施了侵占他人财物的行为，但经财物所有人要求其退还即行退还，或要求其交出即行交出的，不构成犯罪，更谈不上犯罪既遂。

认定本罪为既遂，必须具备《刑法》第 270 条规定的犯罪构成的全部要件。根据我国刑法规定，侵占罪为结果犯。在结果犯中，法定的犯罪结果的发生是犯罪既遂的标志。行为人非法占有他人财物，经财物所有人要求其退还或交出而拒绝退还或交出，客观上已经造成了所有人财物损失的结果，即达成既遂。侵占罪有无未遂，从刑法规

① 林山田：《刑法特论》（上），299 页，台北，三民书局，1979。

定和刑法理论来看，回答是肯定的。但司法实践基本上不存在侵占罪的未遂。因为，侵占罪中，如果行为人不拒绝退还或交出，即不构成侵占罪；反之，行为人拒绝退还或交出，表明犯罪结果已经产生，即已构成侵占罪既遂。

（三）侵占罪的刑事责任

根据《刑法》第270条第1、2款的规定，犯侵占罪的，处2年以下有期徒刑、拘役或者罚金；数额巨大或者有其他严重情节的，处2年以上5年以下有期徒刑，并处罚金。

《刑法》第270条第3款规定，犯本罪的，告诉的才处理。一般来说，侵占罪的告诉人应是被害人，但是如果被害人因受强制、威吓无法告诉的，根据《刑法》第98条规定，人民检察院和被害人的近亲属也可以告诉。

五、职务侵占罪

（一）职务侵占罪的概念和构成

职务侵占罪，是指公司、企业或者其他单位的人员，利用职务上的便利，将本单位财物占为已有，数额较大的行为。职务侵占罪的主要构成是：

1. 犯罪客体

本罪侵犯的客体是公司、企业或者其他单位的财物所有权。犯罪对象是行为人所属的公司、企业或者其他单位的财物，包括动产和不动产，有形财产和无形财产。所谓“其他单位”是指公司、企业以外的群众团体、管理公益事业的单位、群众自治组织，如学校、医院、社团等。

2. 犯罪客观方面

犯罪的客观方面表现为利用职务上便利，将本单位财物非法占为已有，数额较大的行为，具体来说，本罪在客观方面包括3个要件：一是“利用职务上的便利”，是指行为人利用自己在本单位所具有的一定职务，即主管、管理、经手本单位财物的便利条件。例如，公司的经理在一定范围内有调配、处置单位财产的权力；企业的会计有管理财务的职责；出纳有经手、管理钱财的职责等。[①] 主管是指掌握对公共财物的调拨、安排、使用。在主管期间，行为人对于本单位的财物具有决定权。经手是指因工作需要而在其手中作一定时间的停留，具有临时性。但在经手期间，行为人对于本单位财物具有控制权。管理是指直接对本单位财物负责保管、处理、使用，一般具有长期性。二是“非法占为已有”，是指将自己主管、管理、经手的本单位财物非法占为自己所有。非法占有的方式通常表现为侵吞、盗窃、骗取等非法手段。占为已有必须是本单位的财物，如果不是本单位财物，不构成本罪。[②] 三是“数额较大”，这是区别本罪与非罪重要界限。数额较大的标准应参照相关司法解释予以确定，但新的关于职务侵占罪的司法解释尚未颁行，根据1995年的司法解释，数额较大为5 000至2万元。另外，对村民小组组长利用职务上的便利，将村民小组集体财产非法占为已有，数额较大的行为，应以职务侵占罪定罪处罚。

---

① 参见黄太云、滕炜主编：《中华人民共和国刑法释义与适用指南》，388页，北京，红旗出版社，1997。

② 参见高铭暄、马克昌主编：《刑法学》（下），919页，北京，中国法制出版社，1999。

3. 犯罪主体

本罪的主体为特殊主体，即公司、企业或者其他单位的人员，这里的公司人员，是指有限责任公司和股份有限公司的董事、监事、职工。企业人员，是指除上述公司以外的其他企业的职工。其他单位的人员，是指除公司、企业以外的其他单位，例如事业单位、社会团体等的人员。

我国《刑法》第272条第2款规定，国有公司、企业或者其他国有单位中从事公务的人员和国有公司、企业或者其他单位委派到非国有公司、企业以及其他单位从事公务的人员，利用职务上的便利，侵占本单位财物的，按照贪污罪定罪处罚。因此，职务侵占罪中“公司、企业或其他单位的人员”不应包括国家工作人员。

4. 犯罪主观方面

本罪的主观方面为直接故意，并具有将本单位财物非法占为己有的目的。

（二）职务侵占罪的认定

1. 职务侵占罪与非罪的界限

根据《刑法》第271条第1款的规定，公司、企业或其他单位的人员，利用职务上的便利，将本单位财物非法占为已有，数额较大的，才构成本罪。因此，公司、企业或其他单位的人员，将本单位财物非法占为已有，尚未达到数额较大的，不构成本罪。对于行为人可以根据《刑法》第13条的规定，以“情节显著轻微危害不大”为由，依法认定不构成职务侵占罪，给予纪律处分或行政处罚。

2. 职务侵占罪与其他犯罪的界限

（1）职务侵占罪与侵占罪的界限。区分侵占罪与职务侵占罪，主要在辨别二者的客观方面、犯罪对象和主体上。前者要求客观方面表现为，行为人将代为保管的他人财物或者他人的遗忘物、埋藏物非法占为已有，拒不交还，数额较大的行为。后者客观方面表现为行为人利用职务上的便利，侵占本单位财物数额较大的行为。犯罪对象上，前者为他人的保管物、遗忘物或者埋藏物；后者则为财物。主体上，前者刑法未作要求，后者刑法规定为特殊主体，即必须是公司、企业或者其他单位的人员，但不包括国有公司、企业或者其他国有单位中从事公务的人员和国有公司、企业或者其他国有单位委派到非国有公司、企业以及其他单位从事公务的人员。

（2）职务侵占罪与盗窃罪、诈骗罪的界限。前罪和后两罪同属侵犯财产罪，客体都是公私财物的所有权，并以非法占有他人财物为目的。前罪和后两罪的主要区别是：第一，犯罪主体不同。前罪的主体为公司、企业或者其他单位的人员（国家工作人员除外），是特殊主体；后两罪为一般主体。第二，客观方面不同。前罪的行为方式有两个特点，一是行为人利用职务上的便利；二是采取多种非法手段占有他人财物，既有盗窃、诈骗手段，也有侵占和其他手段。后两罪的行为人没有利用职务之便，而且在非法占有他人财物的手段上仅限于窃取或骗取。如果采取其他非法手段，则不能定盗窃罪或诈骗罪。第三，犯罪对象范围不同。前罪的犯罪对象只限行为人所属单位的财物；而后两罪的犯罪对象没有任何限制。

3. 职务侵占罪的共同犯罪问题

职务侵占罪的共同犯罪问题集中表现在国家工作人员与非国家工作人员共同侵占公司、企业公共财产时如何定罪的问题。刑法理论界存在争议：一是主犯决定说。以主犯身份来确定共同犯罪的性质：主犯是国家工作人员的，应定贪污罪，其他共同犯罪人也定贪污罪；主犯是公司、企业或其他单位中非国家工作人员的，则定职务侵占罪，其他共同犯罪人也定职务侵占罪。二是特殊主体决定说。该说认为，虽然贪污罪和职务侵占罪都是特殊主体，但职务侵占罪主体是公司、企业及其他单位人员，相对贪污罪的主体国家工作人员来说，仍是一般主体。因此，在共同犯罪中要按具有国家工作人员这一特殊身份的主体来定罪，即共同犯罪的犯罪人，都按贪污罪定罪。三是分别定罪说。即根据主体的不同身份分别定罪。对公司、企业或其他单位中的国家工作人员定贪污罪，对公司、企业或其他单位的非国家工作人员，定职务侵占罪。本书认为，共同犯罪中应由起主要作用的即主犯来确定共同犯罪的性质。

（三）职务侵占罪的刑事责任

根据《刑法》第271条的规定，犯职务侵占罪的，处5年以下有期徒刑或者拘役；数额巨大的，处5年以上有期徒刑，可以并处没收财产。“数额巨大”，根据司法解释是指侵占10万元以上的。

六、拒不支付劳动报酬罪

（一）拒不支付劳动报酬罪的概念和构成

拒不支付劳动报酬罪，是指以非法占有为目的，通过转移财产、逃匿等方法逃避支付或者有能力支付而不支付劳动者的劳动报酬，数额较大，经政府有关部门责令支付仍不支付的行为。

1. 犯罪客体

本罪的客体是复杂客体，包括私人的财物所有权和国家规定的关于劳动报酬的劳动管理制度。犯罪对象是劳动者的劳动报酬。这里的“劳动者”为自然人；“劳动报酬”为劳动者付出体力或脑力劳动所获得的对价，其内容主要包括用人单位以货币形式直接支付给劳动者的各种工资、奖金、津贴、补贴等。

2. 犯罪客观方面

本罪的犯罪客观方面表现为，以转移财产、逃匿等方法逃避支付或者有能力支付而不支付劳动者的劳动报酬，数额较大，经政府有关部门责令支付仍不支付的行为。拒不支付劳动报酬行为包括三个特征：(1) 以转移财产、逃匿等方法逃避支付或者有能力支付而不支付劳动者的劳动报酬，包括通过积极行为逃避支付和消极行为不予支付两种情形。(2) 未支付的劳动报酬数额较大。这里的“数额较大”，有待出台相关司法解释予以明确。考虑到各地经济发展、生活水平等方面的差异，在全国范围内不宜搞一刀切。(3) 经政府有关部门责令支付仍不支付。

3. 犯罪主体

本罪的犯罪主体包括自然人和单位。

4. 犯罪主观方面

本罪的犯罪主观方面为故意。

（二）拒不支付劳动报酬罪的认定

认定拒不支付劳动报酬的罪与非罪，要注意这样几个界限：(1) 支付能力界限。要达到有能力支付而未付。对那种通过转移财产、逃匿等方法造成的无支付能力情况，认定为有支付能力。（2）数额界限。未支付的劳动报酬要达到数额较大。（3）催付界限。要经政府有关部门责令支付仍不支付。

（三）拒不支付劳动报酬罪的刑事责任

根据《刑法》第276条之一第1款、第2款的规定，犯拒不支付劳动报酬罪的，处3年以下有期徒刑或者拘役，并处或者单处罚金；造成严重后果的，处3年以上7年以下有期徒刑，并处罚金。单位犯本罪的，对单位判处罚金，并对其直接负责的主管人员和其他直接责任人员，依照前款的规定处罚。

根据《刑法》第276条之一第3款的规定，犯本罪的，尚未造成严重后果，在提起公诉前支付劳动者的劳动报酬，并依法承担相应赔偿责任的，可以减轻或者免除处罚。

第四节　非法挪用型财产犯罪

一、挪用资金罪

（一）挪用资金罪的概念和构成

挪用资金罪，是指公司、企业或者其他单位的工作人员，利用职务上的便利，挪用本单位资金归个人使用或者借贷给他人使用，数额较大、超过3个月未还的，或者虽未超过3个月，但数额较大，进行营利活动的，或者进行非法活动的行为。挪用资金罪的主要构成特征是：

1. 犯罪客体与犯罪对象

本罪侵犯的客体是公司、企业或者其他单位的财物使用权。挪用单位资金使单位资金暂时失去控制，是为暂时失去财产所有权，但挪用资金并非是永久性占有资金，故为侵犯财产使用权。

犯罪对象是行为人所属单位的资金。主要是指单位的处于货币形态的财产，如人民币、外币以及股票、支票、国库券、债券等有价证券，一般不包括单位的物资设备和处于实物形态的财产。

2. 挪用资金罪的客观方面

本罪在客观方面表现为，公司、企业或者其他单位的工作人员利用职务上的便利，挪用本单位资金归个人使用或者借贷给他人，数额较大，超过3个月未还的；或者虽未超过3个月，但数额较大，进行营利活动的，或者进行非法活动的行为。

挪用单位资金行为包括三个基本特征：第一，挪用本单位资金的行为。“挪用”，是指将资金挪作他用，挪用的目的是为了取得资金的使用权，而不是为了改变财物的所有权，挪用类似于借用。挪用多数情况下是秘密进行的，但也不排除有时是半公开甚至完全公开地进行的情形。例如，有的行为人为防备上级或有关部门的突击检查，以便为自己开脱，在挪用本单位资金时，往往留下所谓的“欠据”、“借条”等。但无论哪种情形，只要未经合法批准或许可，均改变不了挪用的非法性质。[①] 第二，利用职

① 参见赵秉志主编：《侵犯财产罪研究》，385页，北京，中国法制出版社，1998。

务上的便利。这里所说的职务上的便利，是指主管、管理、经手本单位资金的便利。第三，挪用资金的目的是归个人使用或借贷给他人。“归个人使用”，既包括由挪用者本人使用，也包括挪用者交给、借给他人使用，同时还包括挪用本单位资金后，为私利以个人名义将挪用的本单位资金交给其他企业、事业单位、机关、团体使用。“他人”既包括自然人，也包括“法人”。司法实践中，挪用资金行为包括三种基本表现形式：(1) 挪用资金归个人或借给他人使用，数额较大，超过 3 个月未还。(2) 挪用资金数额较大，进行营利活动，不管时间长短，均构成本罪。营利活动是以营利为目的的并为法律所允许的一切经营活动。例如，以挪用的资金作为资本，做生意、入股分红、公款私存吃利息等。(3) 挪用资金进行非法活动，非法活动包括一般违法活动和犯罪活动。如走私、非法经营、赌博、嫖娼等。此种情形不管挪用资金多少，时间长短，一律构成本罪。

3. 犯罪主体

本罪的主体为特殊主体，即只有公司、企业或者其他单位的人员才能构成。国有公司、企业或者其他国有单位中从事公务的人员和国有公司、企业或者其他国有单位委派到非国有公司、企业以及其他单位从事公务的人员利用职务便利，挪用本单位资金行为的，依照《刑法》第 384 条规定的挪用公款定罪处罚。

4. 犯罪主观方面

本罪的主观方面是直接故意，目的是为了非法取得本单位资金的使用权，并准备以后归还。携带挪用资金潜逃的，可以认定行为人主观上具有永久占有单位资金的意图，应按职务侵占罪定罪处罚。

(二) 挪用资金罪的认定

1. 挪用资金罪与非罪的界限

只有对社会危害严重的挪用本单位资金的行为，才能以犯罪论处。对社会危害轻微和一般的挪用本单位资金的行为，应当作为一般违法和违反财经纪律予以处理。把握挪用资金罪与非罪的界限需要注意：一是挪用数额。挪用资金的数额大小是衡量挪用资金行为的社会危害程度的一个至关重要的因素。二是挪用时间。这是衡量挪用本单位资金的行为的社会危害性的另一重要方面。根据《刑法》第 272 条的规定，挪用数额较大的资金从事非法活动、营利活动以外的其他活动的，挪用时间须超过 3 个月才构成犯罪。

2. 挪用资金罪与职务侵占罪的界限

二者主要区别在于：(1) 侵犯的客体不同。前者只侵犯单位资金的占有权、使用权和收益权，未侵犯处分权；而后者则侵犯了财物所有权的包括处分权在内的全部权能。(2) 犯罪对象不同。前者犯罪对象仅限于本单位的资金；后者侵犯的对象是本单位财物，既包括作为货币形态的资金，也包括作为实物形态的设备。(3) 犯罪的行为方式不同。前罪表现为不采用转移所有权的手段，只是将本单位资金挪归个人使用或者借给他人使用；而后罪则表现为以侵吞、窃取、骗取等手段，非法占有本单位财物。(4) 故意内容不同。前者的犯罪故意是暂时占有、使用本单位资金，准备归还；后者的犯罪故意是将单位财物转归已有，永久占有。

3. 挪用资金罪与挪用公款罪的界限

二者客观行为表现、故意内容基本相同，主要区别是：（1）犯罪客体不完全相同。前罪侵犯的是公私财产所有权，后罪侵犯的是公共财产所有权。（2）犯罪对象不完全相同。前罪犯罪对象是行为人所属的公司、企业及其他单位的资金，包括集体所有资金、私人所有资金。后罪的犯罪对象是国有和集体所有的公款，不包括私人所有的钱财。

（三）挪用资金罪的刑事责任

根据《刑法》第272条的规定，犯挪用资金罪的，处3年以下有期徒刑或者拘役；挪用本单位资金数额巨大的，或者数额较大不退还的，处3年以上10年以下有期徒刑。

二、挪用特定款物罪

挪用特定款物罪，是指违反国家财经管理制度，挪用专用于救灾、抢险、防汛、优抚、扶贫、移民、救济的款物，情节严重，致使国家和人民群众利益遭受重大损害的行为。

（一）挪用特定款物罪的构成

1. 犯罪客体

本罪的客体是复杂客体，包括公共财物的所有权和国家规定的关于特定款物专用的财经管理制度。犯罪对象只限7项特定款物，即专门用于救灾、抢险、防汛、优抚、扶贫、移民、救济的特定款物。根据司法解释，挪用失业保险基金和下岗职工基本生活保障资金属于挪用救济款物。挪用不属于上述7项特定款物，如挪用教育经费，不构成本罪。

2. 犯罪客观方面

本罪客观方面表现为挪用国家救灾、抢险、防汛、优抚、扶贫、移民、救济款物的行为。客观方面必须达到“情节严重，致使国家和人民群众利益遭受重大损害”的行为，才能构成犯罪。“情节严重”一般是指：挪用特定款物数额巨大的；挪用次数多的；挪用手段恶劣的；对挪用特定款物大肆挥霍浪费的，等等。情节严重必须与给国家和人民群众利益造成重大损害结果结合起来，才能追究行为人的刑事责任。情节不严重或者未给国家和人民群众造成重大损害结果的，不能以犯罪论处，而只能作为一般违反财经纪律的行为处理。

3. 犯罪主体

本罪主体为特殊主体，即掌管、支配、使用特定款物的直接责任人员。

4. 犯罪主观方面

本罪的主观方面是直接故意，过失不构成本罪。

（二）挪用特定款物罪的认定

认定挪用特定款物罪需要区分挪用资金罪与挪用特定款物罪的界限。二者区别在于：（1）犯罪客体和对象不同。前罪客体是单位的财物所有权，既包括公共财物所有权，也包括私人财物所有权；后罪客体是特定款物的专款专用财经管理制度和财物所有权，而财物所有权仅限于公共财物所有权。前罪犯罪对象是公司、企业及其他单位的资金；后罪的犯罪对象是救灾、抢险、防汛、优抚、扶贫、移民、救济专项的款物。（2）客观方面的表现不同。表现在挪用的用途上，前罪挪用单位资金，法律要求用于个人使用或者借贷给他人；后罪挪用的特定款物，只限于移作公用。如果移作私用，即按挪用公款罪从重处理。（3）构成要求不同。前罪法律未限定必须具备何种结果才构成犯罪；后罪法律明确要求必须是情节严重，致使国家和人民群众利益遭受重大损害的才能构成犯罪。（4）犯罪主体不同。前罪的主体是公司、企业或者其他单位中不具有国家工作人员身份的人；后罪的主体是掌管、支配、使用特定款物的直接责任人员，实际上是国家工作人员。

（三）挪用特定款物罪的刑事责任

根据《刑法》第 273 条的规定，挪用特定款物，情节严重，致使国家和人民群众利益遭受重大损害的，对直接责任人员，处 3 年以下有期徒刑或者拘役；情节特别严重的，处 3 年以上 7 年以下有期徒刑。“情节特别严重”一般是指挪用救灾款物数额巨大影响群众生产生活的，挪用孤、老、残、幼社会救济费以及无生活来源的归侨的生活困难补助费数额巨大影响恶劣的等。

法律应用

1.“上海市嘉定区人民检察院诉魏培明等人抢劫案”（《最高人民法院公报》，2005 年第 4 期）

综合该案情看，被告的抢劫行为是否符合抢劫罪的加重情形，其关键判别点在于：被告进入介于经营场所和休息场所之间的店铺抢劫财物，是否构成刑法上的“入户抢劫”？审理该案的三级法院都认为，该店铺用于经营和生活的区域之间缺乏明显隔离，不具备刑法中“户”的主要特征，不能认定为“入户抢劫”。这种判决理由是成立的，并且在后来的司法解释《抢劫、抢夺犯罪意见》中还得到确认。该意见第 1 条曾规定，刑法上的“户”指的是住所，其特征表现为供他人家庭生活和与外界相对隔离两个方面，前者为功能特征，后者为场所特征。具有上述两个特征的，才可以认定为“户”。

2.“四川省泸县人民检察院诉黄艺、袁小军等诈骗案”（《最高人民法院公报》，2007 年第 8 期）

综观该案情看，被告黄艺等人设置赌博圈套诱骗他人参赌的，表面上看似聚众赌博，但实际上是采取打假牌的欺诈手段控制输赢结局，根本不具有赌博那种结局不确定的性质，因此，可以认定为是用隐瞒事实真相的方法骗取“参赌”人的钱财。这样，其构成的犯罪应定为诈骗罪，而不是赌博罪。

3. 单位盗窃情形的刑法规制。《刑法》第 264 条没有将单位规定为盗窃罪的主体，这样根据《刑法》第 30 条的规定，单位组织盗窃并不构成单位犯罪。不过，根据 2002 年 8 月 9 日最高人民检察院《关于单位有关人员组织实施盗窃行为如何适用法律问题的批复》看，单位有关人员为谋取单位利益组织实施盗窃行为，情节严重的，应当依照《刑法》第 264 条的规定以盗窃罪追究直接责任人员的刑事责任。这一解释成为司法实践中处理单位盗窃行为的法律依据。

课后复习

1. 以胁迫实施的抢劫罪与敲诈勒索罪在主、客观方面有哪些共同点与不同点？
2. 抢劫罪中的“其他方法”与强奸罪中的“其他方法”在内容上有何异同？
3. 转化型抢劫罪成立的条件是什么？
4. 盗窃罪与以盗窃为手段的其他犯罪在客观方面的根本区别是什么？

第七章 妨害社会管理秩序罪

第一节 妨害社会管理秩序罪概述

一、妨害社会管理秩序罪的概念和特征

二、妨害社会管理秩序罪的种类

第二节 扰乱公共秩序罪

一、妨害公务罪

二、煽动暴力抗拒法律实施罪

三、招摇撞骗罪

四、伪造、变造、买卖国家机关公文、证件、印章罪

五、盗窃、抢夺、毁灭国家机关公文、证件、印章罪

六、伪造公司、企业、事业单位、团体印章罪

七、伪造、变造居民身份证罪

八、非法生产、买卖警用装备罪

九、非法获取国家秘密罪

十、非法持有国家绝密、机密文件、资料、物品罪

十一、非法生产、销售间谍专用器材罪

十二、非法使用窃听、窃照专用器材罪

十三、非法侵入计算机信息系统罪

十四、非法获取计算机信息系统数据、非法控制计算机信息系统罪

十五、提供侵入、非法控制计算机信息系统程序、工具罪

十六、破坏计算机信息系统罪

十七、扰乱无线电通讯管理秩序罪

十八、聚众扰乱社会秩序罪

十九、聚众冲击国家机关罪

二十、聚众扰乱公共场所秩序、交通秩序罪

二十一、投放虚假危险物质罪

二十二、编造、故意传播虚假恐怖信息罪

二十三、聚众斗殴罪

二十四、寻衅滋事罪

二十五、组织、领导、参加黑社会性质组织罪

二十六、入境发展黑社会组织罪

二十七、包庇、纵容黑社会性质组织罪
二十八、传授犯罪方法罪
二十九、非法集会、游行、示威罪
三十、非法携带武器、管制刀具、爆炸物参加集会、游行、示威罪
三十一、破坏集会、游行、示威罪
三十二、侮辱国旗、国徽罪
三十三、组织、利用会道门、邪教组织、利用迷信破坏法律实施罪
三十四、组织、利用会道门、邪教组织、利用迷信致人死亡罪
三十五、聚众淫乱罪
三十六、引诱未成年人聚众淫乱罪
三十七、盗窃、侮辱尸体罪
三十八、赌博罪
三十九、开设赌场罪
四十、故意延误投递邮件罪

第三节　妨害司法罪

一、伪证罪
二、辩护人、诉讼代理人毁灭证据、伪造证据、妨害作证罪
三、妨害作证罪
四、帮助毁灭、伪造证据罪
五、打击报复证人罪
六、扰乱法庭秩序罪
七、窝藏、包庇罪
八、拒绝提供间谍犯罪证据罪
九、掩饰、隐瞒犯罪所得、犯罪所得收益罪
十、拒不执行判决、裁定罪
十一、非法处置查封、扣押、冻结的财产罪
十二、破坏监管秩序罪
十三、脱逃罪
十四、劫夺被押解人罪
十五、组织越狱罪
十六、暴动越狱罪
十七、聚众持械劫狱罪

第四节　妨害国（边）境管理罪

一、组织他人偷越国（边）境罪
二、骗取出境证件罪
三、提供伪造、变造的出入境证件罪
四、出售出入境证件罪

五、运送他人偷越国（边）境罪

六、偷越国（边）境罪

七、破坏界碑、界桩罪

八、破坏永久性测量标志罪

第五节　妨害文物管理罪

一、故意损毁文物罪

二、故意损毁名胜古迹罪

三、过失损毁文物罪

四、非法向外国人出售、赠送珍贵文物罪

五、倒卖文物罪

六、非法出售、私赠文物藏品罪

七、盗掘古文化遗址、古墓葬罪

八、盗掘古人类化石、古脊椎动物化石罪

九、抢夺、窃取国有档案罪

十、擅自出卖、转让国有档案罪

第六节　危害公共卫生罪

一、妨害传染病防治罪

二、传染病菌种、毒种扩散罪

三、妨害国境卫生检疫罪

四、非法组织卖血罪

五、强迫卖血罪

六、非法采集、供应血液、制作、供应血液制品罪

七、采集、供应血液、制作、供应血液制品事故罪

八、医疗事故罪

九、非法行医罪

十、非法进行节育手术罪

十一、妨害动植物防疫、检疫罪

第七节　破坏环境资源保护罪

一、污染环境罪

二、非法处置进口的固体废物罪

三、擅自进口固体废物罪

四、非法捕捞水产品罪

五、非法猎捕、杀害珍贵、濒危野生动物罪

六、非法收购、运输、出售珍贵、濒危野生动物、珍贵、濒危野生动物制品罪

七、非法狩猎罪

八、非法占用农用地罪

九、非法采矿罪

十、破坏性采矿罪

十一、非法采伐、毁坏国家重点保护植物罪

十二、非法收购、运输、加工、出售国家重点保护植物、国家重点保护植物制品罪

十三、盗伐林木罪

十四、滥伐林木罪

十五、非法收购、运输盗伐、滥伐的林木罪

第八节　走私、贩卖、运输、制造毒品罪

一、走私、贩卖、运输、制造毒品罪

二、非法持有毒品罪

三、包庇毒品犯罪分子罪

四、窝藏、转移、隐瞒毒品、毒赃罪

五、走私制毒物品罪

六、非法买卖制毒物品罪

七、非法种植毒品原植物罪

八、非法买卖、运输、携带、持有毒品原植物种子、幼苗罪

九、引诱、教唆、欺骗他人吸毒罪

十、强迫他人吸毒罪

十一、容留他人吸毒罪

十二、非法提供麻醉药品、精神药品罪

第九节　组织、强迫、引诱、容留、介绍卖淫罪

一、组织卖淫罪

二、强迫卖淫罪

三、协助组织卖淫罪

四、引诱、容留、介绍卖淫罪

五、引诱幼女卖淫罪

六、传播性病罪

七、嫖宿幼女罪

第十节　制作、贩卖、传播淫秽物品罪

一、制作、复制、出版、贩卖、传播淫秽物品牟利罪

二、为他人提供书号出版淫秽书刊罪

三、传播淫秽物品罪

四、组织播放淫秽音像制品罪

五、组织淫秽表演罪

提 要

妨害社会管理秩序罪，包含各种因严重违反社会秩序管理法律、法规，妨害国家对社会的管理活动，破坏社会秩序而构成犯罪的行为，是司法实践中最常见的犯罪类型之一。近年来，各种严重妨害社会管理秩序的犯罪活动十分猖獗，严重危及社会的稳定与发展。运用《刑法》严厉打击妨害社会管理秩序的犯罪活动，对于创建平安社会，为经济社会建设创造良好的社会环境，具有非常重要的意义。

本章以《刑法》分则第六章规定的妨害社会管理秩序罪为主要内容，共分为十节，是罪名最多，涉及面最广的一章。第一节概述主要介绍妨害社会管理秩序罪的概念、共同特征及种类，其余九节主要从概念和构成特征、法律应用及处罚等方面，对九个小类共计125种具体犯罪逐一进行说明。

重点问题

1. 妨害公务罪的特征及其与相关犯罪的界限和罪数问题。
2. 招摇撞骗罪的特征及其与诈骗罪的联系与区别。
3. 聚众斗殴罪的特征及其认定。
4. 寻衅滋事罪的特征及其认定。
5. 组织、领导、参加黑社会性质组织罪的概念、特征及其与相关犯罪的界限和罪数问题。
6. 伪证罪的特征及其与相关犯罪的界限。
7. 窝藏、包庇罪的特征及其认定。
8. 掩饰、隐瞒犯罪所得、犯罪所得收益罪的特征及其认定。
9. 拒不执行判决、裁定罪的特征、罪与非罪的界限及其与相关犯罪的界限。
10. 脱逃罪的特征以及罪与非罪的界限。
11. 组织他人偷越国（边）境罪的特征及其认定。
12. 医疗事故罪、非法行医罪的特征、罪与非罪的界限及其与相关犯罪的界限。
13. 污染环境罪的特征、罪与非罪的界限及其与相关犯罪的界限。
14. 非法猎捕、杀害珍贵、濒危野生动物罪的特征及其与相关犯罪的界限。
15. 盗伐林木罪的构成特征、罪与非罪的界限及其与相关犯罪的界限。
16. 走私、贩卖、运输、制造毒品罪的特征及其认定。
17. 非法持有毒品罪的特征、罪与非罪的界限。
18. 组织卖淫罪的特征及其认定。
19. 制作、复制、出版、传播淫秽物品牟利罪的特征、罪与非罪的界限及其与相关犯罪的界限。

第一节　妨害社会管理秩序罪概述

一、妨害社会管理秩序罪的概念和特征

妨害社会管理秩序罪，是指妨害国家对日常社会生活的管理活动，破坏社会秩序，达到一定严重程度的行为。

建立良好的社会秩序，保证国家对日常社会生活的正常管理活动，是国家正常进行其他管理的基础和保证，也是国家赖以存在和发展的基本条件。为了实现社会的稳定和国家的长治久安，我国历来十分重视加强对社会秩序的管理，并运用《刑法》惩治严重破坏社会管理秩序的犯罪行为。然而，近年来扰乱公共秩序、妨害司法活动、破坏环境资源，制作、贩卖、传播淫秽物品等犯罪活动却十分猖獗，特别是毒品犯罪愈演愈烈，黑社会性质组织的犯罪大有滋生蔓延之势，已经严重危及到社会的稳定与发展。因此，更好地运用《刑法》严厉打击妨害社会管理秩序的犯罪活动，对于维护良好的社会管理秩序，为经济社会的建设与发展创造良好的社会环境，对创建平安社会和构建社会主义和谐社会都具有十分重要的意义。

妨害社会管理秩序罪具有以下共同特征：

1. 本类犯罪侵犯的同类客体是社会管理秩序。社会管理秩序有广义和狭义之分。广义的社会管理秩序，是指国家对社会生活的各个方面的管理活动所形成的整个社会的有序状态。从广义上讲，社会管理秩序亦可称为社会秩序；狭义的社会管理秩序，是指国家对日常社会生活的管理活动所形成的社会某些方面的有序状态，具体包括公共秩序、司法秩序、国（边）境管理秩序、文物管理秩序、公共卫生秩序、环境资源管理秩序、社会治安管理秩序和文化市场管理秩序等。作为本类犯罪同类客体的社会管理秩序，是指狭义的社会管理秩序。

2. 本类犯罪客观方面表现为违反社会秩序管理法规，妨害国家对社会的管理活动，破坏社会秩序，达到一定严重程度的行为。

首先，违反某个方面的社会秩序管理法规，是本类犯罪客观方面的一个共同特点。其中不少犯罪在条文中直接指明了违反的有关法规，如偷越国（边）境罪、妨害传染病防治罪、逃避动植物检疫罪、非法占用农用地罪、滥伐林木罪等都是如此。有的犯罪虽然未在条文中明确规定所违反的有关法规，但实际上也以违反某个方面的管理法规为前提。因此，掌握本类犯罪必须了解国家有关社会秩序各个方面的管理法规。

其次，社会管理秩序范围的广泛性和国家社会管理活动的多样性，决定了本类犯罪客观行为具体内容和表现形式纷繁复杂。该类犯罪行为的表现形式绝大多数是作为，只有个别犯罪是不作为，如拒绝提供间谍犯罪证据罪，拒不执行判决、裁定罪等。

最后，妨害社会管理秩序的行为须达到一定的严重程度。这是区分妨害社会管理秩序罪与妨害社会管理秩序一般违法行为界限的关键。妨害社会管理秩序的严重程度，部分犯罪明确规定以情节严重为标准，有的犯罪则以造成的结果或者所侵犯的对象来表明其严重性。

3. 本类犯罪的主体既包括自然人，也包括单位。其中大多数犯罪只能由自然人构成，部分犯罪自然人和单位均可构成，个别犯罪只能由单位构成，如非法出售、私赠文物藏品罪和采集、供应血液、制作、供应血液制品事故罪，就只能由特定的单位构成。须特别注意，本类犯罪中的贩卖毒品罪的刑事责任年龄为14周岁，而非16周岁。

4. 本类犯罪的主观方面绝大多数为故意，只有少数犯罪是过失的，如过失损毁文物罪、医疗事故罪、重大环境污染事故罪等。另外，在故意犯罪中有一些犯罪以特定的犯罪目的作为构成要件，如赌博罪要求以营利为目的，倒卖文物罪和制作、复制、出版、贩卖、传播淫秽物品牟利罪须以牟利为目的等。

二、妨害社会管理秩序罪的种类

妨害社会管理秩序罪规定在《刑法》分则第六章，从第277条至第367条，共有119种具体犯罪。另外，《刑法修正案（三）》在《刑法》第291条之后增加一条作为第291条之一，增设了投放虚假危险物质罪和编造、故意传播虚假恐怖信息罪；《刑法修正案（四）》在《刑法》第344条中增设了非法收购、运输、加工、出售国家重点保护植物、国家重点保护植物制品罪；《刑法修正案（六）》将《刑法》第303条中“开设赌场”的行为从赌博罪中分离，增设了开设赌场罪；2009年2月28日通过的《刑法修正案（七）》在《刑法》第285条增加两款，又增设了非法获取计算机信息系统数据、非法控制计算机信息系统罪和提供侵入、非法控制计算机信息系统程序、工具罪，使本类犯罪的罪名达125种之多。根据具体犯罪侵犯的社会管理秩序的不同方面，《刑法》把本类犯罪分成了九个小类：（1）扰乱公共秩序罪；（2）妨害司法罪；（3）妨害国（边）境管理罪；（4）妨害文物管理罪；（5）危害公共卫生罪；（6）破坏环境资源保护罪；（7）走私、贩卖、运输、制造毒品罪；（8）组织、强迫、引诱、容留、介绍卖淫罪；（9）制作、贩卖、传播淫秽物品罪。

第二节　扰乱公共秩序罪

一、妨害公务罪

（一）妨害公务罪的概念与特征

妨害公务罪，是指以暴力、威胁的方法，阻碍国家机关工作人员、人大代表、红十字会工作人员依法执行职务或履行职责，或者故意阻碍国家安全机关、公安机关依法执行国家安全工作任务，虽未使用暴力，但造成严重后果的行为。其主要特征如下：

1. 本罪侵犯的客体是国家机关工作人员、人大代表等人员执行公务活动的正常秩序。

2. 本罪客观方面表现为以暴力、威胁方法阻碍国家机关工作人员、人大代表依法执行职务，或者在自然灾害和突发事件中，以暴力、威胁方法阻碍红十字会工作人员依法履行职责，或者未使用暴力、威胁方法阻碍国家安全机关、公安机关人员依法执行国家安全工作任务，但造成严重后果的行为。具体注意掌握以下几点：

首先，根据《刑法》第 277 条的规定，本罪的对象包括四种人：一是依法正在执行国家公务的各级、各类国家机关工作人员；二是正在依法执行代表职务的全国人民代表大会和地方各级人民代表大会的代表；三是依法正在自然灾害和突发事件中履行职责的各级红十字会工作人员；四是依法正在执行国家安全工作任务的国家安全机关和公安机关工作人员。

须特别注意的是，无论上述哪种人员都必须是依法正在执行某种公务，方能成为本罪的对象。此处包含两层意思：一方面，从行为性质讲必须是合法的职务行为，即上列人员是在其职权范围内按照合法的程序与方式执行职务。违法滥用职权的上列人员不能成为本罪之对象；另一方面，从时间上看，依法执行职务的活动必须正在进行。

其次，必须有阻碍上列人员依法执行职务的行为。所谓阻碍，是指行为人以一定的方式致使上列人员不能执行或者不能正常执行其职务，具体可表现为迫使其停止执行职务，或者改变其所执行职务的内容，以及实施违背其职务的行为等。按照《刑法》第 277 条的规定，阻碍上列不同人员依法执行职务构成本罪有不同的要求。阻碍国家机关工作人员和人大代表依法执行职务的，必须是以暴力或者威胁的方式实施，方能构成本罪；阻碍红十字会工作人员依法履行职责，除要求以暴力、威胁方式实施外，还必须是发生在自然灾害和突发事件中，才能构成本罪；阻碍国家安全机关、公安机关工作人员依法执行国家安全工作任务的在两种情况下构成本罪：一是使用暴力、威胁方式进行阻碍的；二是虽未使用暴力、威胁方式进行阻碍，但造成严重后果的。所谓造成严重后果，主要指因行为人的阻碍行为，致使国家安全机关或者公安机关无法执行或者未能及时执行国家安全工作任务，使国家安全工作遭受较大损失，如使危害国家安全的犯罪未能及时被制止，或者使危害国家安全的犯罪分子得以逃脱等。

所谓暴力，是指殴打、冲砸、强行留置等行为，其既可徒手实施，也可以借助一定的工具实施；既可表现为直接打击或者强制有关人员的身体，也可表现为毁坏有关人员所使用的交通工具、通讯设备以及文件资料等。所谓威胁，是指以杀害、伤害、毁坏财物、败坏名誉等相要挟，对依法执行职务的有关人员进行精神强制，迫使其不敢执行或者不敢正确执行其职务。

3. 本罪主体为自然人一般主体。

4. 本罪主观方面为故意，即行为人必须明知是国家机关工作人员、人大代表、红十字会工作人员正在依法执行职务或履行职责，或者是国家安全机关、公安机关正在依法执行国家安全工作任务，而加以阻挠。至于行为人出于何种动机而妨害公务，不影响本罪的成立。

（二）妨害公务罪的法律应用

1. 罪与非罪的界限。如前所述，《刑法》第 277 条针对不同对象规定了不同的构成标准，因此应分别不同对象加以认定，具体讲，妨害国家机关工作人员、人大代表和红十字会工作人员依法执行职务或履行职责的，关键看是否使用了暴力、威胁方法，使用了的构成本罪，反之，则不构成本罪；阻碍国家安全机关、公安机关依法执行国家安全工作任务的，则比较特殊，使用了暴力、威胁方法的肯定构成，但未使用暴力、威胁方法的，只要造成严重后果，也同样可以构成本罪。

2. 如果行为人确实不知道对方是正在执行公务，或者误认为对方的依法执行公务的行为为违法行为而进行阻碍的，均不能定本罪，应按对事实的认识错误的处理原则进行处理。具体讲，行为人具有其他犯罪故意的，定相应的故意犯罪，如不知对方正在执行公务而故意伤害对方的，可定故意伤害罪；不具有其他犯罪故意的，考察行为人是否应当预见对方是正在执行公务，如果应当预见，应根据所造成的结果，定相应的过失犯罪，否则，只能按意外事件处理。

3. 本罪与抗税罪的界限。抗税罪其实也属于妨害公务的行为，其与妨害公务罪属于法条竞合关系，其中，抗税罪属于特别法条。因此，凡是以暴力、威胁方法阻碍税收征管人员执行税收职务的，都应定抗税罪，而不定妨害公务罪。

4. 本罪与聚众阻碍解救被收买的妇女、儿童罪的界限。二者属于部分内容竞合的法条竞合关系，其中聚众阻碍解救被收买的妇女、儿童罪为特别法条。需要特别注意的是，根据《刑法》第 242 条的规定，只有聚众阻碍国家机关工作人员解救被收买的妇女、儿童中的首要分子，才构成聚众阻碍解救被收买的妇女、儿童罪。其他参与者如果未使用暴力、威胁方法的，不构成犯罪，如果使用了暴力、威胁方法，则定妨害公务罪。另外，未聚众但使用暴力、威胁方法阻碍国家机关工作人员解救被收买的妇女、儿童的，也定妨害公务罪。

5. 一罪与数罪的界限。当行为人使用暴力妨害公务，故意造成有关人员重伤、死亡，或者以抢劫、抢夺有关人员枪支的方式阻碍执行公务时，属于想象竞合犯，按从一重罪处罚的原则，应定故意伤害罪、故意杀人罪、抢劫枪支罪或抢夺枪支罪，而不定妨害公务罪；当本罪与其他罪发生牵连关系时，原则上应从一重罪处罚，但《刑法》有特别规定的应数罪并罚，如《刑法》第 157 条第 2 款明确规定，以暴力、威胁方法抗拒缉私的，以相应的走私罪和妨害公务罪数罪并罚。

6. 根据最高人民检察院 2000 年 4 月 24 日公布的《关于以暴力、威胁方法阻碍事业编制人员依法执行行政执法职务是否可对侵害人以妨害公务罪论处的批复》，对于以暴力、威胁方法阻碍国有事业单位人员依照法律、行政法规的规定执行行政执法职务的，或者以暴力、威胁方法阻碍国家机关中受委托从事行政执法活动的事业编制人员执行行政执法职务的，可以对侵害人以妨害公务罪追究刑事责任。按此批复，妨害公务罪的对象实际扩大到了依法正在执行行政执法职务的事业编制人员。

7. 根据最高人民法院、最高人民检察院 2003 年 5 月 14 日发布的《关于办理妨害预防、控制突发传染病疫情等灾害的刑事案件具体应用法律若干问题的解释》第 8 条，以暴力威胁方法阻碍国家机关工作人员、红十字会工作人员依法履行为防治突发传染病疫情等灾害而采取的防疫、检疫、强制隔离、隔离治疗等预防控制措施的，以妨害公务罪定罪处罚。

8. 根据 2007 年 3 月 1 日起施行的《最高人民法院、最高人民检察院关于办理危害矿山生产安全刑事案件具体应用法律若干问题的解释》第 10 条的规定，以暴力、威胁方法阻碍矿山安全生产监督管理的，以妨害公务罪定罪处罚。

（三）妨害公务罪的处罚

《刑法》第277条规定，犯本罪，处3年以下有期徒刑、拘役、管制或者罚金。

二、煽动暴力抗拒法律实施罪

（一）煽动暴力抗拒法律实施罪的概念和特征

煽动暴力抗拒法律实施罪，是指故意蛊惑、挑动群众以暴力方法抗拒国家法律、行政法规的实施，扰乱公共秩序的行为。其主要特征是：

1. 本罪客观方面表现为煽动暴力抗拒国家法律、行政法规实施的行为。所谓煽动，是指针对不特定的人或者多数人，以鼓动性的言词、文字或者图画等，诱导、激发其去实施某种行为。煽动的方式多种多样，如发表演讲、散发传单、张贴标语、发送书信或电子邮件等，无论哪种方式都可构成本罪。煽动的内容必须是鼓动群众以暴力方式抗拒国家法律、行政法规的实施。

2. 本罪主体为自然人一般主体。

3. 本罪主观方面为故意。

（二）煽动暴力抗拒法律实施罪的法律应用

1. 本罪是行为犯，只要行为人实施了煽动群众暴力抗拒国家法律、行政法规实施的行为，不论被煽动的群众是否实施了暴力抗拒国家法律实施的行为，都不影响本罪的成立。

2. 如果煽动的内容不是抗拒国家法律、行政法规的实施，或者虽然煽动的内容是抗拒国家法律的实施，但是煽动群众以静坐、请愿等非暴力方式抗拒国家法律的实施，均不构成本罪。

3. 如果行为人是煽动颠覆国家政权、分裂国家或者煽动暴力阻碍国家机关工作人员执行具体职务，应当分别构成煽动颠覆国家政权罪、煽动分裂国家罪或者妨害公务罪，而不构成本罪。

（三）煽动暴力抗拒法律实施罪的处罚

《刑法》第278条规定，犯本罪，处3年以下有期徒刑、拘役、管制或者剥夺政治权利；造成严重后果的，处3年以上7年以下有期徒刑。

三、招摇撞骗罪

（一）招摇撞骗罪的概念与特征

招摇撞骗罪，是指为了谋取非法利益，冒充国家机关工作人员到处行骗，损害国家机关威信、公共利益和公民合法利益的行为。其主要特征如下：

1. 本罪侵犯的客体是国家机关的威信及公民的合法利益。

2. 本罪客观方面表现为冒充国家机关工作人员进行招摇撞骗的行为。所谓冒充国家机关工作人员，是指假冒国家机关工作人员的身份或者职务，具体包括三种情况：一是非国家机关工作人员冒充国家机关工作人员；二是此种国家机关工作人员冒充他种国家机关工作人员；三是低职位的国家机关工作人员冒充高职位的国家机关工作人员。所谓招摇撞骗，是指行为人假冒国家机关工作人员到处炫耀，利用人们对国家机关工作人员的信任，骗取非法利益的行为。骗取的非法利益可以是钱财，也可以是地位、荣誉、待遇、资格、女色等。

3. 本罪主体为自然人一般主体。

4. 本罪主观方面是故意，行为人一般具有谋取非法利益的目的。

（二）招摇撞骗罪的法律应用

1. 罪与非罪的界限。下列情况不能定招摇撞骗罪，而只能按一般违法行为或错误行为处理：一是招摇撞骗情节显着轻微危害不大的，如为了解决住宿、购买车船票等问题而偶尔冒充国家机关工作人员的，或者为了达到与他人结婚的目的而谎称是国家机关工作人员的；二是行为人只是出于爱虚荣而谎称自己是国家机关工作人员，并不具有骗取非法利益目的的；三是冒充国家机关工作人员是为了谋求某种合法利益的；四是冒充高干子弟、英模、港澳台商、华侨、外国人等身份，骗取财物以外的非法利益的。

2. 本罪与诈骗罪的界限。（1）犯罪客体不同。本罪侵犯的客体主要是国家机关的威信；而诈骗罪侵犯的客体则是公私财产所有权。（2）犯罪对象不同。本罪的犯罪对象是各种非法利益，既包括骗取财物，也包括骗取名誉、地位、资格、待遇和女色等其他物质性或非物质性利益；而诈骗罪的犯罪对象仅限于财物。（3）行为方式不同。本罪的行为方式仅限于冒充国家机关工作人员行骗；而诈骗罪则是以虚构事实和隐瞒真相的各种各样的手段，包括冒充高干子弟、港商、外商等骗取财物。（4）构成犯罪的要求不同。本罪的成立没有数额上的要求；而诈骗罪必须是骗取数额较大的公私财物才能构成。

应当注意，如果行为人冒充国家机关工作人员骗取财物，实际上属于招摇撞骗罪与诈骗罪的法条竞合，一般应当按照特别法优于普通法的原则定招摇撞骗罪。但是，当骗取财物的数额特别巨大或者有其他特别严重情节的，应当按照重法优于轻法的原则，定诈骗罪。否则，有悖于罪责刑相适应的基本原则。

3. 本罪与敲诈勒索罪、抢劫罪的界限。三种犯罪一般情况下不易混淆，主要问题在于行为人冒充公安人员或者其他行政执法人员，强行对他人“罚款”或“没收”其财物如何定性。我们认为，应分别不同情况处理：（1）行为人取得财物主要是靠其冒充的国家机关工作人员的身份起作用的，应定招摇撞骗罪；（2）行为人虽然冒充国家机关工作人员的身份，但取得财物主要是因为其实施了要挟行为的，应定敲诈勒索罪；（3）行为人虽然冒充有关国家机关工作人员的身份，但取得财物主要是因其当场使用了暴力或以暴力相威胁的，则应定抢劫罪。

4. 一罪与数罪的界限。行为人多次招摇撞骗的，不论次数多少，也不论冒充的是何种国家机关工作人员，都只能定一罪；如果行为人既有招摇撞骗的行为，又有普通诈骗行为，且各自都构成犯罪的，应以招摇撞骗罪和诈骗罪实行数罪并罚。

（三）招摇撞骗罪的处罚

《刑法》第279条规定，犯本罪，处3年以下有期徒刑、拘役、管制或者剥夺政治权利；情节严重的处3年以上10年以下有期徒刑。

冒充人民警察招摇撞骗的，依照上述规定从重处罚。

四、伪造、变造、买卖国家机关公文、证件、印章罪

（一）伪造、变造、买卖国家机关公文、证件、印章罪的概念和特征

伪造、变造、买卖国家机关公文、证件、印章罪，是指非法制作、改制、买卖国家机关公文、证件、印章，妨害国家机关对社会的管理活动，损害其信誉的行为。其主要特征是：

1. 本罪客观方面表现为伪造、变造、买卖国家机关公文、证件、印章的行为。所谓国家机关的公文，是指以国家机关的名义制作的，代表本单位联系、指导、安排工作或者处理各种事务的书面文件，如命令、决定、通知、指示、介绍信等。所谓国家机关的证件，是指国家机关制作、颁发的具有证明特定身份、权利义务关系和有关事项作用的凭证，如工作证、结婚证、户口迁移证、营业执照等。所谓国家机关的印章，是指国家机关刻制的以文字、图记形式表明主体同一性的公章或其他专用章。

2. 本罪主体是自然人一般主体。

3. 本罪主观方面为故意。

（二）伪造、变造、买卖国家机关公文、证件、印章罪的法律应用

1. 伪造、变造、买卖非国家机关的公文、证件、印章的，不构成本罪，但可能构成其他犯罪。

2. 为实施其他犯罪而伪造、变造、买卖国家机关公文、证件、印章的，属于本罪与其他犯罪的牵连犯，应按照从一重罪处理的原则定罪处罚。

3. 根据全国人大常委会 1998 年 12 月 29 日颁布的《关于惩治骗购外汇、逃汇和非法买卖外汇犯罪的决定》第 2 条，买卖伪造、变造的海关签发的报关单、进口证明、外汇管理部门核准件等凭证和单据或者国家机关的其他公文、证件、印章的，依照买卖国家机关公文、证件、印章罪定罪处罚。

4. 根据 2007 年 5 月 11 日起施行的《最高人民法院、最高人民检察院关于办理与盗窃、抢劫、诈骗、抢夺机动车相关刑事案件具体应用法律若干问题的解释》第 2 条的规定，伪造、变造、买卖机动车行驶证、登记证书，累计 3 本以上的，依照《刑法》第 280 条第 1 款的规定，以伪造、变造、买卖国家机关证件罪定罪处罚。但该《解释》第 4 条规定，伪造、变造、买卖机动车行驶证、登记证书，事前与盗窃、抢劫、诈骗、抢夺机动车的犯罪分子通谋的，以盗窃罪、抢劫罪、诈骗罪、抢夺罪的共犯论处，而不定本罪。

5. 根据 2002 年 4 月 17 日起施行的《最高人民法院关于审理非法生产、买卖武装部队车辆号牌等刑事案件具体应用法律若干问题的解释》第 1 条的规定，伪造、变造、买卖武装部队车辆行驶证、车辆驾驶证、车辆监理印章，构成犯罪的，以《刑法》第 375 条第 1 款规定的伪造、变造、买卖武装部队证件、印章罪定罪处罚，而不定本罪。

（三）伪造、变造、买卖国家机关公文、证件、印章罪的处罚

《刑法》第 280 条第 1 款规定，犯本罪，处 3 年以下有期徒刑、拘役、管制或者剥夺政治权利；情节严重的，处 3 年以上 10 年以下有期徒刑。

2007 年 5 月 11 日起施行的《最高人民法院、最高人民检察院关于办理与盗窃、抢劫、诈骗、抢夺机动车相关刑事案件具体应用法律若干问题的解释》第 2 条规定，伪

造、变造、买卖机动车行驶证、登记证书，累计3本以上的，处3年以下有期徒刑、拘役、管制或者剥夺政治权利；伪造、变造、买卖机动车行驶证、登记证书，累计达到前述数量标准五倍以上的，处3年以上10年以下有期徒刑。

五、盗窃、抢夺、毁灭国家机关公文、证件、印章罪

（一）盗窃、抢夺、毁灭国家机关公文、证件、印章罪的概念和特征

盗窃、抢夺、毁灭国家机关公文、证件、印章罪，是指秘密窃取，或者公然夺取，或者故意毁损国家机关公文、证件、印章的行为。其主要特征是：

1. 本罪客观方面表现为盗窃、抢夺、毁灭国家机关公文、证件、印章的行为。

2. 本罪主体是自然人一般主体。

3. 本罪主观方面是故意的。

（二）盗窃、抢夺、毁灭国家机关公文、证件、印章罪的法律应用

1. 本罪与盗窃、抢夺枪支、弹药、爆炸物、危险物质罪，以及与盗窃罪、抢夺罪、故意毁坏财物罪区别的关键在于犯罪对象不同，只有盗窃、抢夺、毁灭国家机关公文、证件、印章的才能定本罪。

2. 如果一个盗窃或者抢夺行为同时涉及国家机关的公文、证件、印章和其他对象的，应按想象竞合犯处理，只定其中处罚较重的罪；如果行为人先后实施的盗窃、抢夺行为分别涉及不同对象的，则应数罪并罚。

3. 根据2002年4月17日起施行的最高人民法院《关于审理非法生产、买卖武装部队车辆号牌等刑事案件具体应用法律若干问题的解释》第1条的规定，盗窃、抢夺武装部队车辆行驶证、车辆驾驶证、车辆监理印章，构成犯罪的，以《刑法》第375条第1款规定的盗窃、抢夺武装部队证件、印章罪定罪处罚，而不定本罪。

（三）盗窃、抢夺、毁灭国家机关公文、证件、印章罪的处罚

《刑法》第280条第1款规定，犯本罪，处3年以下有期徒刑、拘役、管制或者剥夺政治权利；情节严重的，处3年以上10年以下有期徒刑。

六、伪造公司、企业、事业单位、团体印章罪

（一）伪造公司、企业、事业单位、团体印章罪的概念和特征

伪造公司、企业、事业单位、团体印章罪，是指非法制作公司、企业、事业单位、团体印章，损害其信誉的行为。其主要特征是：

1. 本罪客观方面表现为伪造公司、企业、事业单位、人民团体印章的行为。按照《刑法》的规定，这里的公司、企业、事业单位、人民团体没有所有制的限制，包括国有、集体性质的公司、企业、事业单位、人民团体的印章，以及私营、中外合资、中外合作的公司、企业和外资独资公司、企业等的印章，都可成为本罪的对象。

2. 本罪主体是自然人一般主体。

3. 本罪主观方面为故意。

（二）伪造公司、企业、事业单位、团体印章罪的法律应用

1. 根据最高人民法院、最高人民检察院2001年7月3日颁布的《关于办理伪造、

贩卖伪造的高等院校学历、学位证明刑事案件如何适用法律问题的解释》，伪造高等院校印章制作学历、学位证明的，以伪造事业单位印章罪定罪处罚；明知是伪造高等院校印章制作的学历、学位证明而贩卖的，以伪造事业单位印章罪的共犯论处。

2. 为实施其他犯罪而伪造公司、企业、事业单位、团体印章的，属于本罪与其他犯罪的牵连犯，应按照从一重罪处理的原则定罪处罚。

（三）伪造公司、企业、事业单位、团体印章罪的处罚

《刑法》第280条第2款规定，犯本罪，处3年以下有期徒刑、拘役、管制或者剥夺政治权利。

七、伪造、变造居民身份证罪

（一）伪造、变造居民身份证罪的概念和特征

伪造、变造居民身份证罪，是指擅自制作或者改制中华人民共和国居民身份证的行为。其主要特征是：

1. 本罪客观方面表现为伪造、变造居民身份证的行为。本罪的对象限于我国公安机关颁发的居民身份证。

2. 本罪主体是自然人一般主体。

3. 本罪主观方面为故意。

（二）伪造、变造居民身份证罪的法律应用

1. 如果行为人的同一伪造或者变造行为，伪造或者变造的既有居民身份证又有国家机关的证件等，属于想象竞合犯，应按其中的重罪定罪；如果系不同的行为分别伪造、变造了居民身份证和国家机关的证件等，则应分别定罪，数罪并罚。

2. 为实施其他犯罪而伪造、变造居民身份证罪的，属于本罪与其他犯罪的牵连犯，应按照从一重罪处理的原则定罪处罚。

（三）伪造、变造居民身份证罪的处罚

《刑法》第280条第3款规定，犯本罪，处3年以下有期徒刑、拘役、管制或者剥夺政治权利；情节严重的，处3年以上7年以下有期徒刑。

八、非法生产、买卖警用装备罪

（一）非法生产、买卖警用装备罪的概念和特征

非法生产、买卖警用装备罪，是指未经批准并颁发许可证，擅自生产、买卖人民警察制式服装、车辆号牌等专用标志、警械，情节严重的行为。本罪的主要特征如下：

1. 本罪客观上表现为非法生产、买卖人民警察制式服装、车辆号牌等专用标志、警械，情节严重的行为。注意三点：其一，本罪的对象限于人民警察制式服装、车辆号牌等专用标志、警械；其二，行为人实施了非法生产、买卖上述警用装备的行为；其三，必须达到情节严重的程度。

2. 本罪主体是一般主体，包括自然人和单位。

3. 本罪主观方面是故意。

（二）非法生产、买卖警用装备罪的法律应用

1. 只有非法生产、买卖警用装备达到情节严重程度的才能定本罪，否则，只能按

违法行为处理。

2. 根据公安部 2005 年 12 月 6 日发布的《公安机关人民警察证使用管理规定》第 8 条，人民警察证列入公安警用装备管理，故非法生产、买卖人民警察证，情节严重的，应以非法生产、买卖警用装备罪论处。

（三）非法生产、买卖警用装备罪的处罚

《刑法》第 281 条规定，犯本罪，处 3 年以下有期徒刑、拘役或者管制，并处或者单处罚金；单位犯本罪的，对单位判处罚金，并对其直接负责的主管人员和其他直接责任人员，依照上述规定处罚。

九、非法获取国家秘密罪

（一）非法获取国家秘密罪的概念与特征

非法获取国家秘密罪，是指以窃取、刺探、收买的方法，非法取得国家秘密的行为。其主要特征是：

1. 本罪客观方面表现为窃取、刺探、收买国家秘密的行为。所谓国家秘密，是指涉及国家安全、国防建设、科学技术以及国家重大决策等，依法确定在一定时间内限于一定人员知悉的事项，具体包括绝密、机密、秘密三个密级。无论哪个密级的国家秘密都可成为本罪的对象。所谓窃取国家秘密，是指以盗窃方式获取国家秘密，具体表现既可是直接盗窃涉及国家秘密的文件等，也可是通过计算机、电磁波、照相机、窃听器等工具窃取国家秘密；所谓刺探国家秘密，是指通过打听、探问的方式或者利用一定的侦查技术手段获取国家秘密的行为；所谓收买国家秘密，是指用金钱、物质或者其他利益换取国家秘密的行为。

2. 本罪主体为自然人一般主体。

3. 本罪主观方面是故意的。

（二）非法获取国家秘密罪的法律应用

窃取、刺探、收买国家秘密的不一定都构成本罪。如果行为人是参加了间谍组织或者接受间谍组织及其代理人的任务，而为间谍组织窃取、刺探、收买国家秘密，应定《刑法》第 110 条规定的间谍罪；如果行为人是为境外机构、组织或个人窃取、刺探、收买国家秘密，则应按《刑法》第 111 条规定的为境外窃取、刺探、收买国家秘密罪定罪处罚。

（三）非法获取国家秘密罪的处罚

《刑法》第 282 条第 1 款规定，犯本罪，处 3 年以下有期徒刑、拘役、管制或者剥夺政治权利；情节严重的，处 3 年以上 7 年以下有期徒刑。

十、非法持有国家绝密、机密文件、资料、物品罪

（一）非法持有国家绝密、机密文件、资料、物品罪的概念和特征

非法持有国家绝密、机密文件、资料、物品罪，是指未经有关部门许可而持有国家绝密、机密文件、资料、物品，拒不说明其来源与用途的行为。其主要特征是：

1. 本罪客观方面表现为非法持有属于国家绝密、机密的文件、资料或其他物品，

拒不说明其来源与用途的行为。应当明确，本罪的对象仅限于属于国家绝密、机密二个密级的文件、资料或者其他物品。

2. 本罪主体为自然人一般主体。

3. 本罪主观方面是故意的。

（二）非法持有国家绝密、机密文件、资料、物品罪的法律应用

1. 确实不知是属于国家绝密、机密的文件、资料或者其他物品而持有，或者虽然知道是属于国家绝密、机密的文件、资料或者其他物品，但不知其持有属非法的，都不能构成本罪。

2. 行为人非法持有上述物品，但向有关部门说明其来源与用途的，不构成本罪。

3. 如果行为人非法持有国家绝密、机密文件、资料或者其他物品，同时又故意或者过失将其泄露的，属于本罪与故意泄露国家秘密罪或者过失泄露国家秘密罪的想象竞合犯，应按照从一重处的原则定罪处罚。

（三）非法持有国家绝密、机密文件、资料、物品罪的处罚

《刑法》第 282 条第 2 款规定，犯本罪，处 3 年以下有期徒刑、拘役或者管制。

十一、非法生产、销售间谍专用器材罪

（一）非法生产、销售间谍专用器材罪的概念和特征

非法生产、销售间谍专用器材罪，是指未经主管部门批准，擅自生产、销售窃听、窃照等间谍专用器材的行为。其主要特征是：

1. 本罪客观方面表现为非法生产、销售间谍专用器材的行为。根据《中华人民共和国国家安全法实施细则》第 20 条的规定，间谍专用器材主要包括暗藏式窃听、窃照器材；突发式收发报机、一次性密码本、密写工具；用于获取情报的电子监听、截收器材等。

2. 本罪主体是自然人一般主体。

3. 本罪主观方面是故意的。

（二）非法生产、销售间谍专用器材罪的处罚

《刑法》第 283 条规定，犯本罪，处 3 年以下有期徒刑、拘役或者管制。

十二、非法使用窃听、窃照专用器材罪

（一）非法使用窃听、窃照专用器材罪的概念和构成特征

非法使用窃听、窃照专用器材罪，是指违反国家规定，擅自使用或者滥用窃听、窃照专用器材，造成严重后果的行为。其主要特征是：

1. 本罪客观方面表现为非法使用窃听、窃照专用器材，造成严重后果的行为。

2. 本罪主体为自然人一般主体。

3. 本罪主观方面是故意的。

（二）非法使用窃听、窃照专用器材罪的法律应用

行为人既有非法生产、销售间谍专用器材的行为，又有非法使用窃听、窃照专用器材的行为的，应分别不同情况处理：（1）行为人自己生产并加以使用的，或者是为

自己使用而生产的，属于两罪的牵连犯，按从一重罪处罚的原则处理；（2）行为人自己非法生产、销售了间谍专用器材，同时又使用了他人生产的窃听、窃照专用器材的，应实行数罪并罚。

（三）非法使用窃听、窃照专用器材罪的处罚

《刑法》第284条规定，犯本罪，处2年以下有期徒刑、拘役或者管制。

十三、非法侵入计算机信息系统罪

（一）非法侵入计算机信息系统罪的概念和构成特征

非法侵入计算机信息系统罪，是指违反国家规定，擅自进入国家事务、国防建设、尖端科学技术领域的计算机信息系统的行为。其主要特征是：

1. 本罪客观方面表现为非法侵入国家重要领域的计算机信息系统的行为。所谓非法侵入，具体指未得到国家有关部门的合法授权或批准，通过计算机终端擅自访问计算机信息系统或者进行数据截收的行为。侵入的具体方式可以是各种各样的，如通过破译入网口令而侵入；通过窃取、骗取等非法手段获取入网口令而侵入等。所谓国家重要领域的计算机信息系统，根据《刑法》和《中华人民共和国计算机信息系统安全保护条例》的规定，是指国家事务、国防建设、尖端科学技术领域的计算机信息系统。

2. 本罪主体为自然人一般主体。

3. 本罪主观方面为故意。

（二）非法侵入计算机信息系统罪的法律应用

1. 以下两种情况不构成本罪：一是非法侵入非国家重要领域计算机信息系统的；二是在不明知的情况下误入国家重要领域的计算机信息系统的。

2. 为窃取国家秘密而非法侵入国家重要领域的计算机信息系统，或者非法侵入国家重要计算机信息系统后又窃取其中的国家秘密的，是本罪与有关犯罪的牵连犯，按择一重罪的处理原则，不应定本罪，而应视具体情况分别定间谍罪，为境外窃取、刺探、收买、非法提供国家秘密、情报罪或者非法获取国家秘密罪。

（三）非法侵入计算机信息系统罪的处罚

《刑法》第285条规定，犯本罪，处3年以下有期徒刑或者拘役。

十四、非法获取计算机信息系统数据、非法控制计算机信息系统罪

（一）非法获取计算机信息系统数据、非法控制计算机信息系统罪的概念和构成特征

非法获取计算机信息系统数据、非法控制计算机信息系统罪，是指违反国家规定，侵入国家事务、国防建设、尖端科学技术领域以外的计算机信息系统或者采用其他技术手段，获取该计算机信息系统中存储、处理或者传输的数据，或者对该计算机信息系统实施非法控制，情节严重的行为。本罪系2009年2月28日通过的《刑法修正案（七）》第9条对《刑法》第285条进行修订后增加的新罪名之一。其主要特征是：

1. 客观方面表现为违反国家规定，侵入国家事务、国防建设、尖端科学技术领域以外的计算机信息系统或者采用其他技术手段，获取该计算机信息系统中存储、处理

或者传输的数据，或者对该计算机信息系统实施非法控制，情节严重的行为。

2. 本罪主体为自然人一般主体。

3. 本罪主观方面为故意。

（二）非法获取计算机信息系统数据、非法控制计算机信息系统罪的法律应用

1. 非法侵入国家事务、国防建设、尖端科学技术以外的其他计算机信息系统而未获取其中存储、处理或者传输的数据的；或者对该计算机信息系统没有实施非法控制的；或者获取了其中存储、处理或者传输的数据，未达到情节严重程度的；或者对该计算机信息系统实施了非法控制，未达到情节严重程度的，均不构成本罪。

2. 本罪与非法侵入计算机信息系统罪的区别有三：一是侵入对象不同。非法侵入计算机信息系统罪侵入的对象限于国家事务、国防建设、尖端科学技术领域的重要计算机信息系统，而本罪侵入的则是除前述三种计算机信息系统以外的其他计算机信息系统；二是行为方式不同，非法侵入计算机信息系统罪只要非法侵入三种特定计算机信息系统即构成，而本罪须获取该计算机信息系统中存储、处理或者传输的数据，或者对该计算机信息系统实施非法控制；三是非法侵入计算机信息系统罪无情节严重的要求，而本罪须达到情节严重的程度才能构成。

（三）非法获取计算机信息系统数据、非法控制计算机信息系统罪的处罚

《刑法修正案（七）》第 9 条第 1 款规定，犯本罪，处 3 年以下有期徒刑或者拘役，并处或者单处罚金；情节特别严重的，处 3 年以上 7 年以下有期徒刑，并处罚金。

十五、提供侵入、非法控制计算机信息系统程序、工具罪

（一）提供侵入、非法控制计算机信息系统程序、工具罪的概念和构成特征

提供侵入、非法控制计算机信息系统程序、工具罪，是指提供专门用于侵入、非法控制计算机信息系统的程序、工具，或者明知他人实施侵入、非法控制计算机信息系统的违法犯罪行为而为其提供程序、工具，情节严重的行为。本罪系《刑法修正案（七）》第 9 条对《刑法》第 285 条进行修订后增加的新罪名之一。其主要特征是：

1. 客观方面表现为提供专门用于侵入、非法控制计算机信息系统的程序、工具，或者明知他人实施侵入、非法控制计算机信息系统的违法犯罪行为而为其提供程序、工具，情节严重的行为。

2. 本罪主体为自然人一般主体。

3. 本罪主观方面为故意。

（二）提供侵入、非法控制计算机信息系统程序、工具罪的法律应用

1. 本罪提供的对象限于可用于侵入、非法控制计算机信息系统的程序、工具，具体包括两种：一是专门用于侵入、非法控制计算机信息系统的程序、工具；二是有其他用途但也可用于侵入、非法控制计算机信息系统的程序、工具。提供不能用于侵入、非法控制计算机信息系统的程序、工具的，不能构成本罪。

2. 本罪须达到情节严重的程度才能构成。

3. 明知他人实施侵入、非法控制计算机信息系统的违法犯罪行为而为其提供程序、工具的，本应按照相应的共同犯罪处理，但因《刑法修正案（七）》第 9 条第 2 款已将其单列罪名，故只能以本罪定罪处罚。

（三）提供侵入、非法控制计算机信息系统程序、工具罪的处罚

《刑法修正案（七）》第 9 条第 1 款、第 2 款规定，犯本罪，处 3 年以下有期徒刑或者拘役，并处或者单处罚金；情节特别严重的，处 3 年以上 7 年以下有期徒刑，并处罚金。

十六、破坏计算机信息系统罪

（一）破坏计算机信息系统罪的概念和特征

破坏计算机信息系统罪，是指违反国家规定，对计算机信息系统功能和信息系统中存储、处理、传输的数据和应用程序进行破坏，或者制作、传播计算机病毒等破坏性程序，造成计算机信息系统不能正常运行，后果严重的行为。其主要特征如下：

1. 本罪客观方面表现为破坏计算机信息系统，后果严重的行为。具体把握三点：一是本罪的对象为计算机信息系统，具体包括计算机信息系统功能、计算机信息系统中存储、处理、传输的数据和应用程序；二是破坏计算机信息系统的行为，具体包括三种：（1）破坏计算机信息系统功能；（2）破坏计算机信息系统中的数据和应用程序；（3）制作、传播计算机病毒等破坏性程序；三是后果严重是构成本罪的必要条件。

2. 本罪主体是自然人一般主体。

3. 本罪主观方面是故意。

（二）破坏计算机信息系统罪的法律应用

1. 本罪与非法侵入计算机信息系统罪的区别主要有三：（1）对象范围不同。本罪的计算机信息系统在范围上没有限制；后者的对象则限于国家重要领域的计算机信息系统。（2）行为方式不同。本罪包括对计算机信息系统功能、应用程序等进行删除、修改、增加，或者制作、传播计算机病毒等破坏性程序；后者只限于非法侵入计算机信息系统一种方式。（3）构成犯罪的要求不同。本罪以造成严重后果为必要条件；后者只要有非法侵入国家重要领域计算机信息系统的行为即可。

2. 如果行为人在非法侵入国家事务、国防建设、尖端科学技术领域的计算机信息系统之后，又进行破坏，且后果严重的，属于本罪与非法侵入计算机信息系统罪的牵连犯，应按照从一重罪的原则定罪处罚。

3. 本罪与非法获取计算机信息系统数据罪、非法控制计算机信息系统罪的区别有三：（1）本罪的对象范围没有限制，后两罪的对象限于国家事务、国防建设、尖端科学技术以外的普通计算机信息系统；（2）本罪的行为表现为对计算机信息系统功能、应用程序等进行删除、修改、增加，或者制作、传播计算机病毒等破坏性程序，后两罪则表现为获取计算机信息系统中存储、处理或者传输的数据和对计算机信息系统实施非法控制；（3）本罪以造成严重后果为必要条件，后两罪以情节严重为必要条件。

4. 根据全国人大常委会 2000 年 12 月 28 日颁布的《关于维护互联网安全的决定》第 1 条第 2 项、第 3 项，故意制作、传播计算机病毒等破坏性程序，攻击计算机系统及通信网络，致使计算机系统及通信网络遭受损害，或者违反国家规定，擅自中断计算机网络或者通信服务，造成计算机网络或者通信系统不能正常运行的，以破坏计算机信息系统罪论处。

（三）破坏计算机信息系统罪的处罚

《刑法》第286条规定，犯本罪，处5年以下有期徒刑或者拘役；后果特别严重的，处5年以上有期徒刑。

十七、扰乱无线电通讯管理秩序罪

（一）扰乱无线电通讯管理秩序罪的概念和特征

扰乱无线电通讯管理秩序罪，是指违反国家规定，擅自设置、使用无线电台（站），或者擅自占用频率，经责令停止使用后拒不停止使用，干扰无线电通讯正常进行，造成严重后果的行为。其主要特征如下：

1. 本罪客观方面表现为违反国家规定，擅自设置、使用无线电台（站），或者擅自使用频率，经责令停止使用后拒不停止使用，干扰无线电通讯正常进行，造成严重后果的行为。

2. 本罪主体为一般主体，自然人和单位均可。

3. 本罪主观方面为故意。

（二）扰乱无线电通讯管理秩序罪的法律应用

1. 罪与非罪的界限。一要看是否经责令停止使用后拒不停止使用。凡经责令停止使用后不再使用的，不能定罪；二要看是否造成严重后果，即使经责令停止使用后拒不停止使用，只要尚未造成严重后果，也不能定罪。

2. 根据最高人民法院2000年5月12日发布的《关于审理扰乱电信市场管理秩序案件具体应用法律若干问题的解释》第5条，违反国家规定，擅自设置、使用无线电台（站），或者擅自占用频率，非法经营国际电信业务或者涉及港澳台电信业务进行营利活动，同时构成非法经营罪和本罪的，依照处罚较重的罪定罪处罚。

（三）扰乱无线电通讯管理秩序罪的处罚

《刑法》第288条规定，犯本罪，处3年以下有期徒刑、拘役或者管制，并处或者单处罚金。

单位犯本罪，对单位判处罚金，并对直接负责的主管人员和其他直接责任人员，依照上述规定处罚。

十八、聚众扰乱社会秩序罪

（一）聚众扰乱社会秩序罪的概念与特征

聚众扰乱社会秩序罪，是指聚众扰乱社会秩序，情节严重，致使工作、生产、营业和教学、科研无法进行，造成严重损失的行为。其主要特征是：

1. 本罪侵犯的客体是党政机关、企事业单位或人民团体正常的工作、生产、营业、教学和科研秩序。

2. 客观方面表现为聚众扰乱社会秩序，情节严重，致使工作、生产、营业和教学、科研无法进行，造成严重损失的行为。所谓聚众扰乱社会秩序，就本罪而言是指纠集多人干扰和破坏党政机关、企事业单位或人民团体正常的工作、生产、营业、教学和科研秩序。

3. 本罪主体为自然人一般主体。

4. 本罪主观方面为故意。

（二）聚众扰乱社会秩序罪的法律应用

1. 罪与非罪的界限。主要从以下几方面把握：第一，聚众扰乱社会秩序，未达到情节严重，致使工作、生产、营业和教学、科研无法进行，造成严重损失程度的，只能按一般违法行为处理，不能定本罪；第二，只有聚众扰乱社会秩序的首要分子和积极参加者才构成本罪，一般参与者不能以犯罪论，而只能予以批评教育或行政处罚；第三，由于领导的官僚主义、工作失误，或者因合理要求未得到满足而引起群众不满闹事的，一般不宜以本罪论处，主要靠说服教育解决。

2. 本罪与故意杀人罪、故意伤害罪、故意毁坏财物罪的界限。聚众以暴力方式扰乱社会秩序，导致人员伤亡、财物毁坏等结果的，应分别不同情况处理：如果仅造成有关人员轻伤或者财物毁坏数额较小的，应定本罪；造成有关人员重伤、死亡或者毁坏财物数额较大的，应分别定故意杀人罪、故意伤害罪或故意毁坏财物罪。

3. 本罪与妨害公务罪的界限。两罪的主要区别是：（1）犯罪客体不同。本罪侵犯的是国家机关、企事业单位或者人民团体正常的工作秩序；后者侵犯的是国家机关工作人员、人大代表等人员执行公务的正常秩序及其人身权利。（2）客观行为不同。本罪必须以聚众的方式实施；后者不要求聚众，但一般要求使用暴力、威胁的方法。（3）犯罪主体不同。本罪只有首要分子和积极参加者才能构成；后者没有限制。

（三）聚众扰乱社会秩序罪的处罚

《刑法》第290条第1款规定，犯本罪，对首要分子，处3年以上7年以下有期徒刑；对其他积极参加的，处3年以下有期徒刑、拘役、管制或者剥夺政治权利。

十九、聚众冲击国家机关罪

（一）聚众冲击国家机关罪的概念和特征

聚众冲击国家机关罪，是指聚众冲击国家机关，致使国家机关工作无法进行，造成严重损失的行为。其主要特征如下：

1. 本罪客观方面表现为聚众冲击国家机关，致使国家机关的工作无法正常进行，造成严重损失的行为。所谓聚众冲击国家机关，是指纠集多人冲入、围攻国家机关，强占国家机关的工作场所，堵塞国家机关通道等。

2. 本罪主体为自然人一般主体，但只有其中的首要分子和其他积极参加者构成本罪。

3. 本罪主观方面为故意。

（二）聚众冲击国家机关罪的法律应用

因聚众冲击国家机关而扰乱国家机关正常工作秩序的，属于本罪与聚众扰乱社会秩序罪的法条竞合，其中本罪是特别法条，故应定本罪。但聚众以其他方式扰乱国家机关工作秩序的，仍定聚众扰乱社会秩序罪。

（三）聚众冲击国家机关罪的处罚

《刑法》第290条第2款规定，犯本罪，对首要分子，处5年以上10年以下有期徒刑；对其他积极参加的，处5年以下有期徒刑、拘役、管制或者剥夺政治权利。

二十、聚众扰乱公共场所秩序、交通秩序罪

（一）聚众扰乱公共场所秩序、交通秩序罪的概念和特征

1. 本罪侵犯的客体是公共场所秩序和交通秩序。

2. 本罪客观方面表现为聚众扰乱公共场所秩序、交通秩序，抗拒、阻碍国家治安管理工作人员依法执行职务，情节严重的行为。所谓聚众扰乱公共场所秩序，是指纠集多人在车站、码头、民用航空站、商场、公园、影剧院、展览馆、运动场或者其他公共场所起哄闹事、进行煽动性演说等，破坏公共场所秩序的行为。所谓聚众扰乱交通秩序，是指纠集多人以在交通要道上聚众停留、堆积物品等方式，妨害车辆、行人通行或者故意违反交通规则，影响车辆顺利通行或者通行安全的行为。

3. 本罪主体只限于聚众扰乱公共场所秩序、交通秩序的首要分子，其他人员包括积极参加和一般参加的，都不构成犯罪。

4. 本罪罪过形式为故意。

（二）聚众扰乱公共场所秩序、交通秩序罪的法律应用

1. 本罪与妨害公务罪的界限。本罪客观方面具有抗拒、阻碍国家治安管理工作人员依法执行职务的行为，就其实质而言，也属于妨害公务的行为。其与妨害公务罪的区别主要是：（1）阻碍的公务的内容不同。本罪仅限于抗拒、阻碍国家治安管理工作人员依法维护公共场所秩序、交通秩序的公务活动；而妨害公务罪阻碍的可以是各种各样的公务活动。（2）行为方式不同。本罪要求以聚众方式实施，且暴力和非暴力形式均可，而妨害公务罪虽然不要求聚众，但一般限于使用暴力、威胁的方法。应当明确，当行为人聚众以暴力、威胁的方法抗拒、阻碍国家治安管理工作人员维护公共场所秩序、交通秩序时，属于两罪的法条竞合，应按特别法条规定的聚众扰乱公共场所秩序、交通秩序罪定罪处罚。

2. 本罪与聚众扰乱社会秩序罪的界限。二者都以聚众的方式实施，都破坏了社会秩序，主要区别是：（1）发生的场所不同。本罪发生于公共场所或交通要道及人员集结、车辆通行的交通场所；而聚众扰乱社会秩序罪一般发生于机关、企事业单位或人民团体的所在地。（2）犯罪客体不同。本罪侵害的客体是公共场所秩序和交通秩序；而聚众扰乱社会秩序罪侵害的客体是机关、企事业单位或人民团体的生产、工作、营业或教学、科研秩序。（3）犯罪主体有一定差异。本罪只有首要分子才能构成，而聚众扰乱社会秩序罪首要分子和其他积极参加者都可构成。

（三）聚众扰乱公共场所秩序、交通秩序罪的处罚

《刑法》第 291 条规定，犯本罪，处 5 年以下有期徒刑、拘役或者管制。

二十一、投放虚假危险物质罪

（一）投放虚假危险物质罪的概念和特征

投放虚假危险物质罪，是指故意投放虚假的爆炸性、毒害性、放射性、传染病病原体等物质，严重扰乱社会秩序的行为。其主要特征是：

1. 本罪客观方面表现为投放虚假危险物质，严重扰乱社会秩序的行为。所谓虚假

危险物质，是指冒充具有爆炸性、毒害性、放射性或者传染病病原体的非危险物质，如谎称为炸药的砖块、谎称为炭疽病毒的面粉等。严重扰乱社会秩序，主要指引起民众恐慌、造成有关场所秩序严重混乱等。

2. 本罪主体是自然人一般主体。

3. 本罪罪过形式为故意，即行为人故意以非危险物质冒充危险物质而加以投放，意图引起社会的恐慌。

（二）投放虚假危险物质罪的法律应用

1. 投放虚假危险物质，如果尚未严重扰乱社会秩序的，不能定本罪，而只能予以行政处罚。

2. 行为人误以为非危险物质为危险物质而加以投放的，属于对象认识错误，应以投放危险物质罪定罪处罚。

（三）投放虚假危险物质罪的处罚

《刑法修正案（三）》第8条增加的《刑法》第291条之一规定，犯本罪，处5年以下有期徒刑、拘役或者管制；造成严重后果的，处5年以上有期徒刑。

二十二、编造、故意传播虚假恐怖信息罪

（一）编造、故意传播虚假恐怖信息罪的概念和特征

编造、故意传播虚假恐怖信息罪，是指编造爆炸威胁、生化威胁、放射威胁等恐怖信息，或者明知是编造的恐怖信息而故意传播，严重扰乱社会秩序的行为。其主要特征是：

1. 本罪客观方面表现为编造、传播虚假恐怖信息，严重扰乱社会秩序的行为。编造虚假恐怖信息，是指事实上不存在爆炸、生化、放射等威胁，而谎称具有上述威胁的行为。传播虚假恐怖信息，是指明知是他人编造的虚假爆炸、生化、放射威胁等恐怖信息，而故意加以传播的行为。本罪的严重扰乱社会秩序，与前罪相同。

2. 本罪主体为自然人一般主体。

3. 本罪主观方面为故意。

（二）编造、故意传播虚假恐怖信息罪的法律应用

1. 行为人确实不知道是他人编造的虚假恐怖信息或者误虚假恐怖信息为真恐怖信息，而加以传播的，不能定本罪。

2. 投放虚假危险物质，而谎称自己投放了爆炸物、放射性等危险物质的，以投放虚假危险物质罪定罪处罚。

3. 既未投放危险物质，也未投放虚假危险物质，而谎称投放了危险物质的，以编造虚假恐怖信息罪定罪处罚。

4. 根据最高人民法院、最高人民检察院2003年5月14日公布的《关于办理妨害预防、控制突发传染病疫情等灾害的刑事案件具体应用法律若干问题的解释》第10条，编造与突发传染病疫情等灾害有关的恐怖信息，或者明知是编造的此类恐怖信息而故意传播，严重扰乱社会秩序的，以编造、故意传播虚假恐怖信息罪定罪处罚。

（三）编造、故意传播虚假恐怖信息罪处罚

《刑法修正案（三）》第8条增加的《刑法》第291条之一规定，犯本罪，处5年以

下有期徒刑、拘役或者管制；造成严重后果的，处5年以上有期徒刑。

二十三、聚众斗殴罪

（一）聚众斗殴罪的概念和特征

聚众斗殴罪，是指出于报私仇、争霸或者其他不正当目的，成帮结伙打架斗殴，破坏公共秩序的行为。其主要特征是：

1. 本罪侵犯的客体是公共秩序。

2. 本罪客观方面表现为聚众斗殴的行为。所谓聚众斗殴，是指出于报私仇、争霸或者其他不正当目的，成帮结伙打架斗殴的行为，即所谓“打群架”。如果仅仅是二、三个人打架斗殴，不能定本罪。符合其他犯罪构成的，可按《刑法》的有关条款处理。

3. 本罪主体限于斗殴双方的首要分子和其他积极参加者。一般参与者不构成本罪，应以说服教育或行政的方法处理。

4. 本罪主观方面是故意的，并出于逞凶、争霸、报复、寻求刺激、藐视国家法律或者社会公德等动机。

（二）聚众斗殴罪的法律应用

1. 因民事纠纷引发的结伙斗殴或者械斗，因主观动机不符，不能定本罪，如果符合其他罪的构成要件，可按相应犯罪处理。

2. 根据《刑法》第292条第2款的规定，聚众斗殴，致人重伤、死亡的，应分别定故意伤害罪、故意杀人罪，而不定本罪，也不实行数罪并罚。

（三）聚众斗殴罪的处罚

《刑法》第292条第1款规定，犯本罪，处3年以下有期徒刑、拘役或者管制；有下列情形之一的，处3年以上10年以下有期徒刑：（1）多次聚众斗殴的；（2）聚众斗殴人数多，规模大，社会影响恶劣的；（3）在公共场所或者交通要道聚众斗殴，造成社会秩序严重混乱的；（4）持械聚众斗殴的。

二十四、寻衅滋事罪

（一）寻衅滋事罪的概念与特征

寻衅滋事罪，是指肆意挑衅，滋事生非，无理取闹，破坏社会秩序，情节严重的行为。其主要特征是：

1. 本罪客观方面表现为寻衅滋事，破坏社会秩序的行为。根据《刑法》第293条的规定，具体表现为下列四种情形：（1）随意殴打他人，情节恶劣的；（2）追逐、拦截、辱骂他人，情节恶劣的；（3）强拿硬要或者任意损毁、占用公私财物，情节严重的；（4）在公共场所起哄闹事，造成公共场所秩序严重混乱的。

2. 本罪主体为自然人一般主体。

3. 本罪主观方面是故意的。行为人的犯罪动机多种多样，有的是为了逞强、要威风；有的是为了发泄不满情绪，报复社会；有的是为了寻求刺激，开心取乐，等等。

（二）寻衅滋事罪的法律应用

1. 寻衅滋事尚未达到上述严重程度的，不能定本罪，而只能按《治安管理处罚法》

的相关规定处理。

2. 随意殴打他人致人重伤或者死亡的、使用暴力或者胁迫方法强拿硬要他人财物的，属于本罪与故意伤害罪、故意杀人罪和抢劫罪的想象竞合犯，按从一重罪处罚的原则，应以故意伤害罪、故意杀人罪、抢劫罪定罪处罚。

3. 以暴力或者其他强制方法追逐、拦截妇女的，属于本罪与强制侮辱妇女罪的法条竞合，按照特别法优于普通法的原则，应以其中特别法条规定的强制侮辱妇女罪定罪处罚。

4. 根据最高人民法院、最高人民检察院 2003 年 5 月 14 日发布的《关于办理妨害预防、控制突发传染病疫情等灾害的刑事案件具体应用法律若干问题的解释》第 11 条规定，在预防、控制突发传染病疫情等灾害期间，强拿硬要或者任意损毁、占用公私财物情节严重，或者在公共场所起哄闹事，造成公共场所秩序严重混乱的，以寻衅滋事罪定罪，并从重处罚。

（三）寻衅滋事罪的处罚

《刑法》第 293 条规定，犯本罪，处 5 年以下有期徒刑、拘役或者管制。

二十五、组织、领导、参加黑社会性质组织罪

（一）组织、领导、参加黑社会性质组织罪的概念和特征

组织、领导、参加黑社会性质组织罪，是指组织、领导或者参加具有黑社会性质的犯罪组织的行为。《刑法修正案（八）》第 43 条对本罪有修改，明确规定了黑社会性质组织的特征，并提高了本罪的法定刑。其主要特征是：

1. 本罪侵犯的客体是经济和社会生活秩序。

2. 本罪客观方面表现为组织、领导、参加黑社会性质组织的行为。所谓黑社会性质组织，是指以暴力、威胁或者其他手段，有组织地进行违法犯罪活动，称霸一方，为非作恶，欺压、残害群众，严重破坏经济秩序和社会生活秩序的，类似黑社会的犯罪组织。黑社会性质组织是犯罪集团的一种特殊形式。根据全国人大常委会 2002 年 4 月 28 日通过的《关于〈刑法〉第 294 条第 1 款的解释》以及《刑法修正案（八）》第 43 条第 4 款规定，黑社会性质的组织除了具有一般犯罪集团的基本特征外，还应同时具备以下特征：（1）形成较稳定的犯罪组织，人数较多，有明确的组织者、领导者，骨干成员基本固定；（2）有组织地通过违法犯罪活动或者其他手段获取经济利益，具有一定的经济实力，以支持该组织的活动；（3）以暴力、威胁或者其他手段，有组织地多次进行违法犯罪活动，为非作恶，欺压、残害群众；（4）通过实施违法犯罪活动，或者利用国家工作人员的包庇、纵容，称霸一方，在一定区域或者行业内，形成非法控制或者重大影响，严重破坏经济、社会生活秩序。

3. 本罪主体为自然人一般主体。

4. 本罪主观方面是故意的，即明知是黑社会性质组织而决意组织、领导或参加。

（二）组织、领导、参加黑社会性质组织罪的法律应用

1. 罪与非罪的界限。行为人在不明真相的情况下误入黑社会性质组织，只要知情后及时退出的，不构成本罪。但知道真相后而不退出的，则应构成本罪。另外，按照最高人民法院 2000 年 12 月 4 日公布的《关于审理黑社会性质组织犯罪的案件具体应用

法律若干问题的解释》，对于参加黑社会性质的组织，没有实施其他违法犯罪活动的，或者受蒙蔽、胁迫参加黑社会性质的组织，情节轻微的，可以不作为犯罪处理。

2. 组织、领导、参加黑社会组织的，应当以组织、领导、参加黑社会性质组织罪定罪处罚。

3. 本罪与组织、领导、参加恐怖组织罪的界限。两罪的主体、主观罪过及行为方式均相同，区别主要有两方面：其一，组织、领导、参加的组织的性质不同，这是两罪区别之关键所在。本罪涉及的是黑社会性质组织，该种组织最突出的特点在于为了贪图经济利益或者社会利益，为非作歹，称霸一方，欺压群众；后者涉及的则是恐怖组织，这种组织以通过各种恐怖活动，制造恐怖气氛为主要特点。其二，犯罪客体不完全相同。本罪主要侵犯的是经济和社会生活秩序；后者侵犯的则主要是社会公共安全。

4. 一罪与数罪的界限。本罪属行为犯，行为人只要实施了组织、领导、参加行为之一，即构成本罪。根据《刑法修正案（八）》第43条修改的《刑法》第294条第4款的规定，如果行为人在实施上述三种行为的同时，又实施了其他犯罪行为的，则应以本罪和相应的罪实行数罪并罚。

（三）组织、领导、参加黑社会性质组织罪的处罚

据《刑法修正案（八）》第43条修改的《刑法》第294条第1款规定，犯本罪，对组织者、领导者处3年以上有期徒刑，并没收财产。积极参加者，处3年以上7年以下有期徒刑；对其他参加者，处3年以下有期徒刑、拘役、管制或者剥夺政治权利，可以并处罚金。

最高人民法院2000年12月4日公布的《关于审理黑社会性质组织犯罪的案件具体应用法律若干问题的解释》第4条规定，国家机关工作人员犯本罪的，从重处罚。

二十六、入境发展黑社会组织罪

（一）入境发展黑社会组织罪的概念和特征

入境发展黑社会组织罪，是指境外黑社会组织的人员到中华人民共和国境内发展组织成员的行为。《刑法修正案（八）》第43条对本罪有修改，其主要特征如下：

1. 本罪客观方面表现为入境发展黑社会组织成员的行为。所谓入境发展组织成员，是指境外黑社会组织通过引诱、拉拢、腐蚀、胁迫、贿赂等手段，在我国境内将境内、外人员吸收为该黑社会性质组织成员的行为。根据最高人民法院2000年12月4日公布的《关于审理黑社会性质组织犯罪的案件具体应用法律若干问题的解释》第2条，对黑社会组织成员进行内部调整等行为，可视为发展组织成员；港、澳、台黑社会组织到内地发展组织成员的，也属于入境发展黑社会组织。

2. 本罪主体限于境外黑社会组织的成员。所谓境外的黑社会组织，是指被境外国家或地区确定为黑社会的组织。

3. 本罪罪过形式为故意。

（二）入境发展黑社会组织罪的法律应用

1. 根据《刑法修正案（八）》第43条修改的《刑法》第294条第4款的规定，如果行为人在实施入境发展黑社会组织成员行为的同时，又实施了其他犯罪行为的，应数罪并罚。

2. 在境内已被发展为境外黑社会组织成员的人，接受委托在境内发展其组织成员的，应构成本罪。

3. 根据最高人民法院 2000 年 12 月 4 日公布的《关于审理黑社会性质组织犯罪的案件具体应用法律若干问题的解释》第 2 条第 2 款，港、澳、台黑社会组织到内地发展组织成员的，按本罪定罪处罚。

（三）入境发展黑社会组织罪的处罚

根据《刑法修正案（八）》修改的《刑法》第 294 条第 2 款规定，犯本罪，处 3 年以上 10 年以下有期徒刑。

二十七、包庇、纵容黑社会性质组织罪

（一）包庇、纵容黑社会性质组织罪的概念和特征

包庇、纵容黑社会性质组织罪，是指国家机关工作人员包庇黑社会性质的组织，或者纵容黑社会性质组织进行违法犯罪活动的行为，《刑法修正案（八）》第 43 条对本罪的修改主要提高了本罪的法定刑，增加了数罪并罚的规定，其主要特征是：

1. 本罪客观方面表现为两种行为：一是包庇黑社会性质组织。根据上述最高人民法院 2000 年 12 月 4 日公布的《解释》，本罪的包庇，是指国家机关工作人员为使黑社会性质组织及其成员逃避查禁，而通风报信，隐匿、毁灭、伪造证据，阻止他人作证、检举揭发，指使他人作伪证，帮助逃逸，或者阻扰其他国家机关工作人员依法查禁等行为；二是纵容黑社会性质组织进行违法犯罪活动。所谓纵容，是指国家机关工作人员不依法履行职责，放纵黑社会性质组织进行违法犯罪活动的行为。行为人只要实施了两种行为之一，即可构成本罪。

2. 本罪主体为自然人特殊主体，只能由国家机关工作人员构成。

3. 本罪主观方面为故意。

（二）包庇、纵容黑社会性质组织罪的法律应用

1. 本罪不以国家机关工作人员利用职务为必要条件，即不论其是否利用职务便利包庇或者纵容黑社会性质组织，均不影响本罪成立。

2. 如果行为人事前与黑社会性质组织有通谋，而事后予以包庇的，不构成本罪，应以相关犯罪的共犯论处。

3. 包庇、纵容黑社会组织的，应以包庇、纵容黑社会性质组织罪论处。

4. 根据《刑法修正案（八）》第 43 条修改的《刑法》第 294 条第 4 款规定，如果行为人包庇、纵容黑社会性质组织又有其他犯罪行为的，应以本罪和相应的罪实行数罪并罚。

（三）包庇、纵容黑社会性质组织罪的处罚

《刑法修正案（八）》第 43 条修改的《刑法》第 294 条第 3 款规定，犯本罪，处 5 年以下有期徒刑；情节严重的，处 5 年以上有期徒刑。

二十八、传授犯罪方法罪

（一）传授犯罪方法罪的概念和特征

传授犯罪方法罪，是指用语言、文字、动作、图像或者其他方式，把犯罪的方法

教授给他人的行为，《刑法修正案（八）》第44条对本罪有修改，主要是取消了本罪的死刑。其主要特征是：

1. 本罪客观方面表现为向他人传授犯罪方法的行为。所谓犯罪方法，主要是指犯罪的经验、技能，既包括预备犯罪的方法，也包括具体实施犯罪的方法，还可以是犯罪完成以后隐匿、毁灭证据，逃避侦查、审判的方法等。所谓传授犯罪方法，是指使用语言、文字、动作、图像或者其他方式，将犯罪的经验、技能教授他人的行为。传授的具体形式多种多样，可以口头传授，也可以书面传授；可以秘密传授，也可以公开传授；可以直接传授，也可以间接传授；可以通过亲自示范传授，也可以运用图片资料进行传授；可以是一对一地传授，也可以是向多人传授；可以是传授一种犯罪方法，也可以是传授多种犯罪方法。

2. 本罪主体为自然人一般主体。

3. 本罪主观方面是故意的。

（二）传授犯罪方法罪的法律应用

1. 本罪属于行为犯，且没有情节严重的限制，行为人只要实施了向他人传授犯罪方法的行为，不论被传授者是否学会或者提高了犯罪技能，也不论被传授者是否用行为人传授的方法实施了犯罪，均不影响本罪的成立。

2. 本罪与教唆犯罪的界限。二者的区别主要是：（1）客观行为不同。本罪是把犯罪的方法传授给他人；教唆犯罪则是通过一定的方式使他人产生犯罪意图。这是二者最主要的区别。（2）实施行为的时间不同。本罪不论在他人本来是否具有犯罪意图的情况下都可实施；教唆犯罪则只能在他人没有犯罪意图的情况下，才能成立。（3）对象要求不同。本罪不论被传授者是否符合犯罪主体的条件均可成立；教唆犯罪则只有被教唆者符合犯罪主体的条件才能成立，否则属于间接正犯。（4）犯罪客体不同。本罪侵犯的是社会治安管理秩序；教唆犯罪不是独立的罪名，其所侵犯的客体取决于所教唆的犯罪；（5）定罪量刑的依据不同。本罪是独立的罪名，且有其自身的法定刑；教唆犯罪则只能按照所教唆的犯罪定罪处罚。

（三）传授犯罪方法罪的处罚

《刑法修正案（八）》第44条修改的《刑法》第295条规定，犯本罪，处5年以下有期徒刑、拘役或者管制；情节严重的，处5年以上有期徒刑；情节特别严重的，处无期徒刑。

二十九、非法集会、游行、示威罪

（一）非法集会、游行、示威罪的概念和特征

非法集会、游行、示威罪，是指举行集会、游行、示威，未依照法律规定申请或者申请未获许可，或者未按照主管机关许可的起止时间、地点、路线进行，又拒不服从解散命令，严重破坏社会秩序的行为。其主要特征如下：

1. 本罪客观方面表现为非法集会、游行、示威的行为。所谓非法集会、游行、示威，是指违反《中华人民共和国集会游行示威法》及其相关规定而进行的集会、游行、示威。其具体表现有三种情况：一是未依照法律规定向主管机关提出申请，而擅自举行集会、游行、示威；二是虽然向主管机关提出了申请，但在未获许可的情况下而举

行集会、游行、示威；三是虽然获得了主管机关的许可，但未按照指定的起止时间、地点、路线进行集会、游行、示威。应当注意，行为人拒不服从解散命令，且严重破坏社会秩序，是构成本罪的必要条件。

2. 本罪主体为自然人一般主体，但只有非法集会、游行、示威的负责人或者直接责任人员构成本罪。

3. 本罪主观方面为故意。

（二）非法集会、游行、示威罪的法律应用

当非法集会、游行、示威发生于国家机关、企事业单位、人民团体的门前或者院内，或者发生于公共场所、交通要道，并且行为人拒不服从解散命令，致使有关单位的工作无法正常进行，或者严重破坏公共场所秩序、交通秩序的，属于本罪与聚众扰乱社会秩序罪，聚众扰乱公共场所秩序、交通秩序罪的想象竞合犯，应按从一重罪处罚的原则处理，不实行数罪并罚。

（三）非法集会、游行、示威罪的处罚

《刑法》第296条规定，犯本罪，处5年以下有期徒刑、拘役、管制或者剥夺政治权利。

三十、非法携带武器、管制刀具、爆炸物参加集会、游行、示威罪

（一）非法携带武器、管制刀具、爆炸物参加集会、游行、示威罪的概念和特征

非法携带武器、管制刀具、爆炸物参加集会、游行、示威罪，是指违反法律规定，携带武器、管制刀具、爆炸物参加集会、游行、示威的行为。其主要特征是：

1. 本罪客观方面表现为非法携带武器、管制刀具、爆炸物参加集会、游行、示威的行为，即违反《中华人民共和国集会游行示威法》的规定，随身带有，或者用各种容器、运输工具夹带有武器、管制刀具、爆炸物，参加集会、游行、示威。

2. 本罪主体为自然人一般主体。

3. 本罪主观方面为故意。

（二）非法携带武器、管制刀具、爆炸物参加集会、游行、示威罪的法律应用

如果行为人携带武器、管制刀具、爆炸物进入公共场所不是参加集会、游行、示威，而是出于其他动机、目的，不能定本罪，而应以《刑法》第130条规定的非法携带枪支、弹药、管制刀具、危险物品危及公共安全罪定罪处罚。

（三）非法携带武器、管制刀具、爆炸物参加集会、游行、示威罪的处罚

《刑法》第297条规定，犯本罪，处3年以下有期徒刑、拘役、管制或者剥夺政治权利。

三十一、破坏集会、游行、示威罪

（一）破坏集会、游行、示威罪的概念和特征

破坏集会、游行、示威罪，是指扰乱、冲击或者以其他方法破坏依法举行的集会、游行、示威，造成公共秩序混乱的行为。其主要特征如下：

1. 本罪客观方面表现为破坏依法举行的集会、游行、示威，造成公共秩序混乱的行为。这里破坏的必须是依法举行的集会、游行、示威，即依照《中华人民共和国集会游行示威法》的规定，获主管机关许可并按照许可的起止时间、地点、路线进行的集会、游行、示威。

2. 本罪主体为自然人一般主体。

3. 本罪主观方面是故意的，即明知是依法举行的集会、游行、示威，而加以破坏。

（二）破坏集会、游行、示威罪的法律应用

破坏依法举行的集会、游行、示威，尚未造成公共秩序混乱的，不能定本罪，但可予以行政处罚。

（三）破坏集会、游行、示威罪的处罚

《刑法》第298条规定，犯本罪，处5年以下有期徒刑、拘役、管制或者剥夺政治权利。

三十二、侮辱国旗、国徽罪

（一）侮辱国旗、国徽罪的概念和特征

侮辱国旗、国徽罪，是指在公众场合故意以焚烧、毁损、涂划、玷污、践踏等方式侮辱中华人民共和国国旗、国徽的行为。其主要特征是：

1. 本罪客观方面表现为在公众场合侮辱中华人民共和国国旗、国徽的行为。首先，侮辱的对象仅限于中华人民共和国的国旗、国徽。其次，侮辱的具体行为方式包括：焚烧、毁损、涂划、玷污、践踏等。最后，必须是在公众场合进行侮辱，具体包括两种情况：一是在公共场所，如车站、码头、机场、广场、影剧院、商场、学校、医院等侮辱国旗、国徽；二是虽然不在公共场所但当着众多人侮辱国旗、国徽。

2. 本罪主体为自然人一般主体。

3. 本罪主观方面是故意的。如果是因疏忽而造成国旗、国徽损坏、污染的，不构成本罪。

（二）侮辱国旗、国徽罪的法律应用

1. 侮辱其他任何国家的国旗、国徽，以及我国香港、澳门特别行政区的区旗、区徽等，均不能构成本罪。

2. 在公共场所侮辱国旗、国徽肯定构成本罪。在非公共场所侮辱国旗、国徽则只有当众实施侮辱行为的，才能构成本罪。

（三）侮辱国旗、国徽罪的处罚

《刑法》第299条规定，犯本罪，处3年以下有期徒刑、拘役、管制或者剥夺政治权利。

三十三、组织、利用会道门、邪教组织、利用迷信破坏法律实施罪

（一）组织、利用会道门、邪教组织、利用迷信破坏法律实施罪的概念和特征

组织、利用会道门、邪教组织、利用迷信破坏法律实施罪，是指组织、利用会道门、邪教组织或者利用迷信破坏国家法律、行政法规实施的行为。其主要特征是：

1. 本罪客观方面表现为组织、利用会道门、邪教组织或者利用迷信破坏国家法律、

行政法规实施的行为。具体包括两种情况：一是组织、利用会道门、邪教组织破坏国家法律、行政法规的实施；二是利用迷信破坏国家法律、行政法规的实施。

2. 本罪主体为自然人一般主体。

3. 本罪主观方面是故意的，而且具有煽动他人抗拒国家法律、行政法规实施的目的。

（二）组织、利用会道门、邪教组织、利用迷信破坏法律实施罪的法律应用

1. 根据最高人民法院、最高人民检察院有关司法解释的规定，组织和利用邪教组织并具有下列情形之一的，以本罪定罪处罚：（1）聚众围攻、冲击国家机关、企事业单位，扰乱国家机关、企事业单位的工作、生产、经营、教学和科研秩序的；（2）非法举行集会、游行、示威，煽动、欺骗、组织其成员或者其他人聚众围攻、冲击、强占、哄闹公共场所及宗教活动场所，扰乱社会秩序的；（3）抗拒有关部门取缔或者已经被有关部门取缔，又恢复或者另行建立邪教组织，或者继续进行邪教活动的；（4）煽动、组织、欺骗其成员或者其他人不履行法定义务，情节严重的；（5）出版、印刷、复制、发行宣扬邪教内容出版物，以及印刷邪教组织标识的；（6）其他破坏国家法律、行政法规实施的行为；（7）制作、传播邪教宣传品，宣扬邪教，破坏法律、行政法规实施，达到一定程度的；（8）邪教组织被取缔后，仍聚集滋事、公开进行邪教活动，或者聚众冲击国家机关、新闻机构等单位，情节严重的；（9）为组织、策划邪教组织人员聚集滋事、公开进行邪教活动而进行聚会、串联等活动的；（10）散发、提供所谓邪教组织人员“被迫害”的材料、信息，造成恶劣影响的。

2. 根据最高人民法院、最高人民检察院 1999 年 10 月 20 日发布的《关于办理组织和利用邪教组织犯罪案件具体应用法律若干问题的解释》第 9 条的规定，对于被蒙蔽、胁迫参加邪教组织并已退出和不再参加邪教组织活动的人员，不作为犯罪处理。

3. 根据《刑法》第 300 条第 3 款和上述《解释》第 5 条、第 6 条的规定，组织和利用会道门、邪教组织或者利用迷信，以迷信邪说引诱、胁迫、欺骗或者其他手段，奸淫妇女、幼女的，依照《刑法》第 236 条的规定，以强奸罪定罪处罚；组织和利用会道门、邪教组织或者利用迷信，以各种欺骗手段，收取他人财物的，依照《刑法》第 266 条的规定，以诈骗罪定罪处罚。

（三）组织、利用会道门、邪教组织、利用迷信破坏法律实施罪的处罚

《刑法》第 300 条第 1 款规定，犯本罪，处 3 年以上 7 年以下有期徒刑；情节特别严重的，处 7 年以上有期徒刑。

三十四、组织、利用会道门、邪教组织、利用迷信致人死亡罪

（一）组织、利用会道门、邪教组织、利用迷信致人死亡罪的概念和特征

1. 本罪客观方面表现为组织和利用会道门、邪教组织或者利用迷信蒙骗他人，致人死亡的行为。根据上述《解释》第 3 条的规定，组织和利用邪教组织蒙骗他人，致人死亡，是指组织和利用邪教组织制造、散布迷信邪说，蒙骗其成员或者其他人实施绝食、自残、自虐等行为，或者阻止病人进行正常治疗，致人死亡的情形。组织和利用会道门或者利用迷信蒙骗他人，致人死亡的，目前尚无正式的司法解释，理论上一般认为，包括组织、利用会道门或者利用迷信欺骗、蛊惑他人“升天”、“寻主”、殉道等，致使被害人绝食、自焚，或者用所谓的圣水、巫术“治病救人”，导致被害人病情

恶化死亡等情形。应当注意，致被害人死亡，是构成本罪的必要条件，没有发生这一结果，不能构成本罪。

2. 本罪主体为自然人一般主体。

3. 本罪主观方面是故意的，即行为人是故意组织和利用邪教组织，或者利用迷信蒙骗他人。但是，对致他人死亡的结果，行为人主观上是过失的。

（二）组织、利用会道门、邪教组织、利用迷信致人死亡罪的法律应用

1. 根据上述《关于办理组织和利用邪教组织犯罪案件具体应用法律若干问题的解释》第4条的规定，组织和利用邪教组织制造、散布迷信邪说，指使、胁迫其成员或者其他人实施自杀、自伤行为的，分别依照《刑法》第232条、第234条的规定，以故意杀人罪或者故意伤害罪定罪处罚。

2. 根据最高人民法院、最高人民检察院2001年6月4日发布的《关于办理组织和利用邪教组织犯罪案件具体应用法律若干问题的解释（二）》第9条的规定，组织、策划、煽动、教唆、帮助邪教组织人员自杀、自残的，依照《刑法》第232条、第234条的规定，以故意杀人罪、故意伤害罪定罪处罚。

（三）组织、利用会道门、邪教组织、利用迷信致人死亡罪的处罚

《刑法》第300条第2款规定，犯本罪，处3年以上7年以下有期徒刑；情节特别严重的，处7年以上有期徒刑。

三十五、聚众淫乱罪

（一）聚众淫乱罪的概念和特征

聚众淫乱罪，是指聚集多人进行淫乱活动或者多次参加聚众淫乱活动的行为。其主要特征是：

1. 本罪客观方面表现为聚众进行淫乱活动或者多次参加聚众淫乱活动的行为。所谓聚众进行淫乱活动，是指纠集多人群奸群宿、跳脱衣舞、贴面舞或者进行其他变态性行为。多次参加聚众淫乱活动，是指参加聚众淫乱活动三次以上。进行聚众淫乱活动的可以有男有女，也可以只有男性或者只有女性。

2. 本罪主体为自然人一般主体。

3. 本罪主观方面为故意，且具有淫乱的目的。

（二）聚众淫乱罪的法律应用

1. 只有聚众淫乱的首要分子或者多次参加者才构成本罪。一般参加者，只能予以行政处罚。

2. 聚众淫乱的首要分子只要有聚集多人进行淫乱活动的行为即可，其本人是否参加淫乱活动，不影响本罪的成立。

（三）聚众淫乱罪的处罚

《刑法》第301条第1款规定，犯本罪，处5年以下有期徒刑、拘役或者管制。

三十六、引诱未成年人聚众淫乱罪

（一）引诱未成年人聚众淫乱罪的概念和特征

引诱未成年人聚众淫乱罪，是指以各种方式诱惑未成年人参加聚众淫乱活动的行

为。其主要特征是：

1. 本罪客观方面表现为引诱未成年人参加聚众淫乱活动的行为。引诱的必须是未满18周岁的未成年人。所谓引诱，是指通过语言、示范、组织观看淫秽音像制品等手段，诱惑未成年人参加群奸群宿等聚众淫乱活动。

2. 本罪主体为自然人一般主体。

3. 本罪主观方面是故意的。

（二）引诱未成年人聚众淫乱罪的法律应用

1. 引诱成年人进行聚众淫乱活动的，不构成本罪。符合聚众淫乱罪构成要件的，以聚众淫乱罪定罪处罚。

2. 引诱未成年人进行非聚众性淫乱活动的，也不构成本罪。

（三）引诱未成年人聚众淫乱罪的处罚

《刑法》第301条第2款规定，犯本罪，在5年以下有期徒刑、拘役或者管制的量刑幅度内从重处罚。

三十七、盗窃、侮辱尸体罪

（一）盗窃、侮辱尸体罪的概念和特征

盗窃、侮辱尸体罪，是指秘密窃取尸体或者以一定方式公然贬损尸体的行为。其主要特征如下：

1. 本罪客观方面表现为盗窃、侮辱尸体的行为。所谓盗窃尸体，是指以非法占有为目的，秘密窃取他人尸体的行为。所谓侮辱尸体，是指以各种方法公然凌辱他人尸体的行为，如悬尸示众、向尸体泼洒污物、奸污女尸等。

2. 本罪主体为自然人一般主体。

3. 本罪主观方面是故意的。

（二）盗窃、侮辱尸体罪的法律应用

1. 本罪的尸体限于人的尸体，既包括完整的尸体，也包括尸体的某一部分以及尸骨。但是，根据2002年9月18日最高人民检察院研究室《关于盗窃骨灰行为如何处理问题的答复》，骨灰不属于本罪的尸体，对于盗窃骨灰的行为不能以本罪论处。

2. 行为人只要实施盗窃、侮辱尸体行为之一即可构成本罪。

（三）盗窃、侮辱尸体罪的处罚

《刑法》第302条规定，犯本罪，处3年以下有期徒刑、拘役或者管制。

三十八、赌博罪

（一）赌博罪的概念和特征

赌博罪，是指以营利为目的，聚众赌博或者以赌博为业的行为。其主要特征是：

1. 本罪客观方面表现为聚众赌博或者以赌博为业的行为。所谓聚众赌博，是指为首组织、招引多人参与赌博，并从中抽头渔利的行为。至于行为人本身是否参与赌博，不影响本罪的成立。根据最高人民法院、最高人民检察院2005年5月11日发布的《关于办理赌博刑事案件具体应用法律若干问题的解释》第1条的规定，以营利为目的，有下列情形之一的，属于聚众赌博：（1）组织3人以上赌博，抽头渔利数额累计达到5 000元以上的；（2）组织3人以上赌博，赌资数额累计达到5万元以上的；（3）组织3人以上赌博，参赌人数累计达到20人以上的；（4）组织中华人民共和国公民10人以上赴境外赌博，从中收取回扣、介绍费的。

所谓以赌博为业，是指以赌博为常业，即嗜赌成性、一贯赌博，并以赌博所得为其生活或者挥霍的主要来源的行为。

2. 本罪主体为自然人一般主体。

3. 本罪主观方面是故意的，并且必须出于营利的目的，即行为人实施聚众赌博或者以赌博为业的行为，必须是为了从中获取金钱和财物。

（二）赌博罪的法律应用

1. 根据《刑法》第303条的规定，赌博罪的行为方式原本包括聚众赌博、开设赌场或者以赌博为业。但根据2006年6月29日全国人大常委会通过的《刑法修正案（六）》第18条及2008年9月22日最高人民法院、最高人民检察院颁布的《关于执行〈中华人民共和国刑法〉确定罪名的补充规定（三）》，开设赌场的行为已从赌博罪中独立出来，增设了开设赌场罪。

2. 根据上述《解释》第9条规定，不以营利为目的，进行带有少量财物输赢的娱乐活动，不以赌博论处。

3. 根据上述《解释》第3条规定，我国公民在我国领域外周边地区聚众赌博，以吸引我国公民为主要客源，构成赌博罪的，可以依照《刑法》规定追究刑事责任。

4. 根据上述《解释》第4条规定，明知他人实施赌博犯罪活动，而为其提供资金、计算机网络、通讯、费用结算等直接帮助的，以赌博罪的共犯论处。

5. 根据上述《解释》第6条规定，未经国家批准擅自发行、销售彩票，构成犯罪的，应当依照《刑法》第225条第4项的规定，以非法经营罪定罪处罚。

6. 根据最高人民法院1995年11月6日《关于对设置圈套诱骗他人参赌又向索还钱财的受骗者施以暴力或暴力威胁的行为应如何定罪问题的批复》，设置圈套诱骗他人参赌获取钱财，属赌博行为，构成犯罪的，应当以赌博罪定罪处罚。参赌者识破骗局要求退还所输钱财，设赌者又使用暴力或者以暴力相威胁，拒绝退还的，应以赌博罪从重处罚；致参赌者伤害或者死亡的，应以赌博罪和故意伤害罪或者故意杀人罪，依法实行数罪并罚。

（三）赌博罪的处罚

《刑法修正案（六）》第18条修改的《刑法》第303条规定，犯本罪，处3年以下有期徒刑、拘役或者管制，并处罚金。

最高人民法院、最高人民检察院2005年5月11日的《解释》第5条规定，犯本罪，有下列情形之一的，从重处罚：（1）具有国家工作人员身份的；（2）组织国家工作人员赴境外赌博的；（3）组织未成年人参与赌博的。

三十九、开设赌场罪

（一）开设赌场罪的概念及特征

开设赌场罪，是指以营利为目的，营业性地为他人赌博提供场所、设定赌博方式，提供赌具、筹码、资金等的行为。其主要特征是：

1. 本罪的客观方面表现为开设赌场的行为。所谓开设赌场，是指以营利为目的，营业性地为他人赌博提供场所、设定赌博方式，提供赌具、筹码、资金等的行为。

2. 本罪的主体是自然人一般主体。

3. 本罪的主观方面为故意，并且必须出于营利的目的，即行为人开设赌场，必须是为了从中获取金钱和财物。

（二）开设赌场罪的法律应用

1. 根据最高人民法院、最高人民检察院 2005 年 5 月 11 日发布的《关于办理赌博刑事案件具体应用法律若干问题的解释》第 2 条的规定，以营利为目的，在计算机网络上建立赌博网站，或者为赌博网站担任代理，接受投注的，属于开设赌场。

2. 根据上述《解释》第 3 条规定，我国公民在我国领域外周边地区开设赌场，以吸引我国公民为主要客源，构成开设赌场罪的，可以依照《刑法》规定追究刑事责任。

3. 根据上述《解释》第 4 条规定，明知他人开设赌场，而为其提供资金、计算机网络、通讯、费用结算等直接帮助的，以开设赌场罪的共犯论处。

4. 根据上述《解释》第 9 条规定，不以营利为目的，提供棋牌室等娱乐场所只收取正常的场所和服务费用的经营行为等，不以开设赌场论处。

5. 开设赌场不论是否公开，不论开设者本人是否参与赌博，也不论实际是否营利，均可构成本罪。

6. 开设赌场必须是营业性的，如果只是组织或为首召集他人赌博并提供赌博场所、赌具、设定赌博方式等，不构成开设赌场罪，而应当以赌博罪论处。

（三）开设赌场罪的处罚

《刑法修正案（六）》第 18 条修改的《刑法》第 303 条规定，犯本罪，处 3 年以下有期徒刑、拘役或者管制，并处罚金；情节严重的，处 3 年以上 10 年以下有期徒刑，并处罚金。

最高人民法院、最高人民检察院 2005 年 5 月 11 日的《解释》第 5 条规定，犯本罪，有下列情形之一的，从重处罚：（1）具有国家工作人员身份的；（2）开设赌场吸引未成年人参与赌博的。

四十、故意延误投递邮件罪

（一）故意延误投递邮件罪的概念和特征

故意延误投递邮件罪，是指邮政工作人员严重不负责任，故意延误投递邮件，致使公共财产、国家和人民利益遭受重大损失的行为。其主要特征如下：

1. 本罪客观方面表现为严重不负责任，延误投递邮件，致使公共财产、国家和人民利益遭受重大损失的行为。行为人严重不负责任，延误投递邮件是构成本罪的前提。致使公共财产、国家和人民利益遭受重大损失，是构成本罪的必要条件。

2. 本罪主体是自然人特殊主体，只能由邮政工作人员构成。所谓邮政工作人员，是指邮政企业及其分支机构的营业员、投递员、押运员以及其他从事邮政工作的人员。

3. 本罪主观主面是故意的。

（二）故意延误投递邮件罪的法律应用

1. 机关、企业、事业单位收发室的工作人员，虽然具有分发本单位邮件的职责，但因不具有邮政工作人员的身份，对其故意延误投递邮件的行为，不能定本罪。

2. 因为过失而延误投递，或者是因为遇到不可抗力而延误投递的，不构成本罪。

（三）故意延误投递邮件罪的处罚

《刑法》第304条规定，犯本罪，处2年以下有期徒刑或者拘役。

第三节 妨害司法罪

一、伪证罪

（一）伪证罪的概念与特征

伪证罪，是指在刑事诉讼中，证人、鉴定人、记录人、翻译人对与案件有重要关系的情节，故意作虚假证明、鉴定、记录、翻译，意图陷害他人或者隐匿罪证的行为。其主要特征是：

1. 本罪侵犯的主要客体是刑事诉讼秩序。

2. 本罪客观方面表现为在刑事诉讼中，对与案件有重要关系的情节，作虚假证明、鉴定、记录、翻译的行为。首先，本罪只能发生在刑事诉讼中。这是本罪成立的时空条件。所谓在刑事诉讼中，是指从刑事案件的立案侦查到起诉、审判（包括一审、二审和再审）的全过程。其次，行为人实施了对与案件有重要关系的情节，作虚假证明、鉴定、记录、翻译的行为。所谓与案件有重要关系的情节，是指足以影响犯罪嫌疑人、被告人的行为是否构成犯罪、构成何种犯罪、罪行轻重、量刑轻重的重要事实，即能够直接影响案件处理结果的情节。作虚假证明，是指证人违背事实，提供不真实的证言；作虚假鉴定，是指鉴定人不按照客观事实，作出错误的鉴定结论；作虚假记录和翻译，是指记录人、翻译人不按照诉讼参与人表述的原意，进行不真实的记录和翻译。

3. 本罪主体是自然人特殊主体，只有刑事诉讼中的证人、鉴定人、记录人、翻译人，才能构成本罪。

4. 本罪主观方面是直接故意，并且具有陷害他人或者包庇犯罪人的目的。所谓陷害他人，是指采用虚构、夸大事实的方法使无罪的人受到刑事追究，或者使罪轻的人受到较重的处罚。所谓包庇犯罪的人，是指通过隐匿罪证，使犯罪的人不受刑事追究，或者使罪重者受到较轻的处罚。行为人的犯罪动机多种多样，但动机如何，不影响本罪的成立。

（二）伪证罪的法律应用

1. 罪与非罪的界限。主要从三个方面把握：一是看是否在刑事诉讼中作伪证。在民事诉讼、行政诉讼中作伪证的，不构成本罪；二是看是否就与案件有重要关系的情节作伪证。即使是在刑事诉讼中，如果只是就对案件的定罪量刑没有影响或影响不大的情节作伪证，也不构成本罪；三是看主观上是否故意。如果证人由于记忆不清或未看清楚而提供了不真实的证言，鉴定人、记录人、翻译人由于业务能力、工作疏忽等原因作出了错误的鉴定结论、记录或者翻译，均不构成本罪。

2. 本罪与诬告陷害罪的界限。二者的主要区别是：(1) 犯罪客体不同。前者侵犯的主要是司法机关正常的刑事诉讼秩序。后者侵犯的主要是被害人的人身权利。(2) 犯罪主体不同。前者是特殊主体，仅限于刑事诉讼中的证人、鉴定人、记录人、翻译人。后者是一般主体。(3) 客观行为不同。前者表现为对与案件有重要关系的情节，作虚假的证明、鉴定、记录、翻译。后者表现为捏造他人犯罪的事实，作虚假的告发。(4) 发生的时间不同。前者发生于刑事诉讼过程中，后者发生于刑事诉讼开始之前。(5) 犯罪目的不同，前者的目的是双向的，既可能是陷害他人，也可能是包庇犯罪的人。后者的目的是单向的，只能是陷害他人。

（三）伪证罪的处罚

《刑法》第305条规定，犯本罪，处3年以下有期徒刑或者拘役；情节严重的，处3年以上7年以下有期徒刑。

二、辩护人、诉讼代理人毁灭证据、伪造证据、妨害作证罪

（一）辩护人、诉讼代理人毁灭证据、伪造证据、妨害作证罪的概念和特征

辩护人、诉讼代理人毁灭证据、伪造证据、妨害作证罪，是指在刑事诉讼中，辩护人、诉讼代理人毁灭、伪造证据，帮助当事人毁灭、伪造证据，威胁、引诱证人违背事实改变证言或者作伪证的行为。其主要特征是：

1. 本罪客观方面表现为在刑事诉讼中实施了妨害证据的行为。首先，本罪与伪证罪一样，也只能发生在刑事诉讼中。其次，行为人实施了妨害证据的行为，具体包括三种形式：一是行为人直接毁灭、伪造证据。毁灭证据，是指将证据烧毁、丢弃、撕毁等，使其不能起到证明案件真实情况的作用。伪造证据，是指制造假的证据，以隐瞒案件的真实情况；二是行为人帮助当事人毁灭、伪造证据，即行为人在共谋之下直接为当事人毁灭、伪造证据，或者为当事人毁灭、伪造证据出主意、想办法、提供方便条件，以及唆使其他人帮助当事人毁灭、伪造证据；三是行为人威胁、引诱证人违背事实改变证言或者作伪证，即行为人以实施暴力、揭露隐私等进行恐吓或者以金钱、物质利益等好处相诱惑，使证人改变过去按照案件事实提供的证言或者提供虚假的证言。

2. 本罪主体是自然人特殊主体，只有刑事案件的辩护人、诉讼代理人才能构成本罪。所谓辩护人，是指犯罪嫌疑人、被告人委托的或者由人民法院指定的为犯罪嫌疑人、被告人提供法律帮助的人，其可以是律师，也可以是犯罪嫌疑人、被告人的监护人、亲友，还可以是人民团体或犯罪嫌疑人、被告人所在单位推荐的人；所谓诉讼代理人，是指受公诉案件的被害人及其法定代理人、近亲属或者自诉案件的自诉人及其法定代理人，以及刑事附带民事诉讼的当事人及其法定代理人的委托，而代为参加诉讼的人，其可以是律师，也可以是其他人。

3. 本罪主观方面为故意。如果辩护人、诉讼代理人因为对案件情况了解不全面或者工作疏忽，提供、出示、引用的证人证言或者其他证据失实，不是有意伪造的，不构成本罪。

（二）辩护人、诉讼代理人毁灭证据、伪造证据、妨害作证罪的法律应用

1. 刑事案件的辩护人、诉讼代理人以外的其他人实施上述行为，不能定本罪。如果构成其他罪的，可按相应犯罪处理。

2. 刑事案件的辩护人、诉讼代理人教唆、帮助证人作伪证的，属于本罪与伪证罪（共犯）的法条竞合犯，按照特别法条优于普通法条的原则，应以本罪定罪处罚。

（三）辩护人、诉讼代理人毁灭证据、伪造证据、妨害作证罪的处罚

《刑法》第306条规定，犯本罪，处3年以下有期徒刑或者拘役；情节严重的，处3年以上7年以下有期徒刑。

三、妨害作证罪

（一）妨害作证罪的概念和特征

妨害作证罪，是指以暴力、威胁、贿买等方法阻止证人作证或者指使他人作伪证的行为。其主要特征如下：

1. 本罪客观方面表现为以暴力、威胁、贿买等方法阻止证人作证或者指使他人作伪证的行为。《刑法》对本罪发生的场合没有限制，因此，本罪在刑事诉讼、民事诉讼和行政诉讼中均可构成。所谓阻止证人作证，是指通过暴力、威胁、贿买等方法使证人不能作证、不敢作证或者不愿作证，其实质是不让证人作证。所谓指使他人作伪证，是指通过暴力、威胁、贿买等方法促使他人对案件事实作虚假证明，其实质是让他人作假证。

2. 本罪主体为自然人一般主体。

3. 本罪主观方面是故意的。

（二）妨害作证罪的法律应用

1. 本罪与伪证罪的界限。（1）发生的场合不同。本罪可以发生在所有诉讼中，伪证罪则只能发生在刑事诉讼中。（2）犯罪主体不同。本罪是一般主体，伪证罪是特殊主体，只能由证人、鉴定人、记录人、翻译人构成。（3）客观行为不同。本罪表现为以暴力、威胁、贿买等方法阻止证人作证或者指使他人作伪证；而伪证罪表现为对直接影响定罪量刑的重要情节作虚假的证明、鉴定、记录、翻译。

2. 本罪与辩护人、诉讼代理人毁灭证据、伪造证据、妨害作证罪的界限。二者的主要区别是：（1）发生的场合不同。本罪既可发生在刑事诉讼中，也可发生在民事诉讼和行政诉讼中；而后者只能发生在刑事诉讼中。（2）犯罪主体不同。本罪是一般主体；而后者为特殊主体，只能由刑事案件的辩护人、诉讼代理人构成。（3）客观行为不同。本罪表现为以暴力、威胁、贿买等方法阻止证人作证或者指使他人作伪证；而后者表现为行为人直接毁灭、伪造证据，帮助当事人毁灭、伪造证据，或者威胁、引诱证人违背事实改变证言或者作伪证。需要注意的是，当辩护人、诉讼代理人在刑事诉讼中威胁、引诱证人作伪证，实际上形成了两罪的法条竞合关系，按特别法条优于普通法条的原则，应定辩护人、诉讼代理人毁灭证据、伪造证据、妨害作证罪。

3. 一罪与数罪的界限。当行为人以暴力方法妨害作证时，往往直接造成被害人人身自由被剥夺、身体被伤害，甚至死亡的结果。此种情形属于妨害作证罪与其他罪的想象竞合犯，不能定数罪，只能按其中处罚较重的罪定罪处罚。

（三）妨害作证罪的处罚

《刑法》第 307 条第 1 款、第 3 款规定，犯本罪，处 3 年以下有期徒刑或者拘役；情节严重的，处 3 年以上 7 年以下有期徒刑。司法工作人员犯本罪，从重处罚。

四、帮助毁灭、伪造证据罪

（一）帮助毁灭、伪造证据罪的概念和特征

帮助毁灭、伪造证据罪，是指帮助当事人毁灭、伪造证据，情节严重的行为。其主要特征是：

1. 本罪客观方面表现为帮助当事人毁灭、伪造证据，情节严重的行为。本罪发生的范围与妨害作证罪相同，即可以发生在所有诉讼活动中。所谓帮助当事人毁灭、伪造证据，是指为当事人毁灭、伪造有关案件的证据提供各种帮助，具体可表现为直接为当事人毁灭、伪造证据，或者为当事人毁灭、伪造证据出主意、想办法以及提供其他方便条件，以及唆使他人帮助当事人毁灭、伪造证据。上述行为须达到情节严重的程度，才能构成本罪。

2. 本罪主体为自然人一般主体。

3. 本罪主观方面是故意的。

（二）帮助毁灭、伪造证据罪的法律应用

刑事案件的辩护人、诉讼代理人帮助其当事人毁灭、伪造证据的，应当以辩护人、诉讼代理人毁灭证据、伪造证据、妨害作证罪定罪处罚，而不定本罪。因前者属于特别规定。

（三）帮助毁灭、伪造证据罪的处罚

《刑法》第 307 条第 2 款、第 3 款规定，犯本罪，处 3 年以下有期徒刑或者拘役。司法工作人员犯本罪，从重处罚。

五、打击报复证人罪

（一）打击报复证人罪的概念和特征

打击报复证人罪，是指以各种方式对证人进行报复陷害的行为。其主要特征是：

1. 本罪客观方面表现为打击报复证人的行为。打击报复的对象必须是刑事诉讼、民事诉讼或者行政诉讼中的证人。其他人不能成为本罪的对象。所谓打击报复，是指对在诉讼中如实提供证言的证人事后进行报复陷害的行为。具体表现包括：伤害证人的身体、限制证人的人身自由、败坏证人的名誉，无故对证人降职、降薪或者将其辞退，对证人或者其亲属进行骚扰等。

2. 本罪主体为自然人一般主体。

3. 本罪主观方面是故意的，且具有报复的目的。

（二）打击报复证人罪的法律应用

行为人以杀害、伤害或者限制其人身自由、毁坏其财产等方式打击报复证人的，属于本罪与故意杀人罪、故意伤害罪、非法拘禁罪、故意毁坏财物罪的想象竞合犯，应按照处罚较重的罪定罪处罚。

（三）打击报复证人罪的处罚

《刑法》第308条规定，犯本罪，处3年以下有期徒刑、拘役或者管制；情节严重的，处3年以上7年以下有期徒刑。

六、扰乱法庭秩序罪

（一）扰乱法庭秩序罪的概念和特征

扰乱法庭秩序罪，是指聚众哄闹、冲击法庭，或者殴打司法工作人员，严重扰乱法庭秩序的行为。其主要特征如下：

1. 本罪客观方面表现为聚众哄闹、冲击法庭，或者殴打司法工作人员，严重扰乱法庭秩序的行为。

首先，本罪发生的场所限于正在开庭审理案件的法庭。所谓法庭，是指人民法院开庭审理案件的场所。法庭应作广义理解，既包括专门用于审理案件的正规的、固定的审判庭，也包括非正规的、临时用于审理案件的礼堂、会议室等；既可以是室内的，也可以是室外的；既可以是刑事法庭，也可以是民事、行政法庭。开庭审理包括法庭调查、辩论、调解、评议、宣判等各个阶段。在其中任何一个阶段都可构成本罪。

其次，所谓聚众哄闹法庭，通常是指纠集多人在法庭内喧哗、吵闹、吹口哨或施放噪音等。在法庭外哄闹，严重干扰法庭秩序的，亦属于聚众哄闹法庭。所谓聚众冲击法庭，指纠集多人在未经许可的情况下，强行进入法庭。应当注意，此处的哄闹、冲击法庭，均以聚众为必要条件。所谓殴打司法工作人员，是指在法庭上对正在执行司法职务的审判员、陪审员、书记员、法警、公诉人等的身体进行打击。在法庭外对正准备参加开庭审理的司法工作人员进行殴打的，也应视为殴打司法工作人员。殴打司法工作人员既可以聚众实施，也可以单独实施。

最后，严重扰乱法庭秩序是构成本罪的必要条件。

2. 本罪主体为自然人一般主体。

3. 本罪主观方面是故意的。

（二）扰乱法庭秩序罪的法律应用

1. 在法庭上殴打诉讼代理人、辩护人等，不能按本罪中的殴打司法工作人员论处，如果是以聚众形式进行的，可视为聚众哄闹法庭；对以非聚众形式殴打诉讼代理人、辩护人的，不能定本罪。触犯故意伤害罪的，可以故意伤害罪定罪处罚。

2. 在法庭上聚众以暴力、威胁方法阻碍司法工作人员执行出庭职务的，属于本罪与妨害公务罪的法条竞合，其中本罪属特别法条，故应以本罪定罪处罚，不定妨害公务罪。

（三）扰乱法庭秩序罪的处罚

《刑法》第309条规定，犯本罪，处3年以下有期徒刑、拘役、管制或者罚金。

七、窝藏、包庇罪

（一）窝藏、包庇罪的概念和特征

窝藏、包庇罪，是指明知是犯罪的人而为其提供隐藏处所、财物，帮助其逃匿或者作假证明帮助其逃避法律制裁的行为。其主要特征是：

1. 本罪客观方面表现为窝藏、包庇犯罪人的行为。首先，窝藏、包庇的对象只能是犯罪的人。此处犯罪的人不是严格意义上的已经被法院定罪的罪犯，而应广义地理解为犯罪嫌疑人、被告人和罪犯，具体包括实施了涉嫌犯罪的行为后潜逃的人，也包括已被司法机关依法拘留、逮捕、关押而又脱逃的未决犯和已决犯。其次，必须实施了窝藏、包庇犯罪人的行为。所谓窝藏，是指为犯罪的人提供隐藏处所、财物，帮助其逃匿的行为，通常表现为将犯罪的人藏匿于家中、山洞、地窖等隐蔽处，以使其不被司法机关发现或者为其提供钱财、衣物、食物、交通工具或者其他物品，以便于其逃匿等；所谓包庇，指为犯罪的人作假证明，以使其逃避法律制裁的行为，通常表现为伪造、变造、隐匿和毁灭证据，隐瞒犯罪人的身份，伪造犯罪现场，谎报犯罪人的逃跑路线或方向，等等。

2. 本罪主体为自然人一般主体。

3. 本罪主观方面是故意，即明知是犯罪的人而加以窝藏或包庇。如果确实不知是犯罪的人而给予帮助的，或者虽然知道是犯罪的人，但并无任何窝藏、包庇行为，只是基于某种原因，而未检举揭发的，都不构成本罪。

（二）窝藏、包庇罪的法律应用

1. 本罪与相关犯罪共同犯罪的界限。按照《刑法》第 310 条第 2 款的规定和共同犯罪的理论，本罪中的窝藏、包庇行为限于在犯罪人犯罪之后实施，而且与犯罪人事前没有通谋。如果行为人与犯罪人事前有通谋，由其在犯罪人实施犯罪后加以窝藏、包庇的，应以犯罪人所实施犯罪的共犯论处。

2. 本罪与伪证罪的界限。二者的主要区别是：(1) 犯罪主体不同。本罪是一般主体；而伪证罪的主体是特殊主体。(2) 犯罪目的不同。本罪的目的是帮助犯罪分子逃避法律制裁；而伪证罪的目的除可以是帮助犯罪分子逃避法律制裁外，还可以是陷害他人。(3) 客观行为不同。本罪表现为窝藏、包庇犯罪分子；而伪证罪表现为对与案件有重要关系的情节，作虚假的证明、鉴定、记录、翻译。(4) 对象不同。本罪的对象既可以是未决犯，也可以是已决犯；而伪证罪的对象只能是未决犯。(5) 发生的时间不同。本罪可以发生在犯罪分子实施犯罪以后的任何时间；而伪证罪只能发生于立案侦查、起诉或者审判阶段，即只能发生于判决确定之前。

刑事诉讼中的证人、鉴定人、记录人、翻译人故意包庇犯罪人的，属于本罪与伪证罪的法条竞合犯，应当以属于特别规定的伪证罪定罪处罚。

3. 实践中时有发生的替他人顶罪的行为，属于隐瞒犯罪人身份的包庇行为，应当以包庇罪定罪处罚。

4. 本罪与帮助毁灭、伪造证据罪的界限。当行为人以帮助伪造、毁灭证据的方式包庇犯罪分子时，实际上是形成了两罪的法条竞合关系，按照特别法条优于普通法条的原则，应定窝藏、包庇罪。

5. 根据《刑法》第 362 条的规定，旅馆业、饮食服务业、文化娱乐业、出租汽车业等单位的人员，在公安机关查处卖淫嫖娼活动时，为违法犯罪分子通风报信，情节严重的，以窝藏、包庇罪定罪处罚。

（三）窝藏、包庇罪的处罚

《刑法》第 310 条规定，犯本罪，处 3 年以下有期徒刑、拘役或者管制；情节严重的处 3 年以上 10 年以下有期徒刑。

八、拒绝提供间谍犯罪证据罪

（一）拒绝提供间谍犯罪证据罪的概念和特征

拒绝提供间谍犯罪证据罪，是指明知他人有间谍犯罪行为，在国家安全机关向其调查有关情况、收集有关证据时，拒绝提供，情节严重的行为。其主要特征是：

1. 本罪客观方面表现为拒绝向国家安全机关提供有关间谍犯罪的情况、证据，情节严重的行为。拒绝向国家安全机关提供有关间谍犯罪的情况、证据，是指行为人在国家安全机关向其调查间谍犯罪的有关情况，收集有关证据时，不说出其所了解的间谍犯罪的情况，或者不交出有关的证据。所谓情节严重，主要是指因行为人拒绝提供有关情况、证据而延误重大间谍犯罪案件侦破的；导致间谍犯罪分子漏网逃逸的；致使间谍犯罪分子得手，损害了国家安全利益的，等等。

2. 本罪主体为自然人一般主体。

3. 本罪主观方面是故意的，即必须是行为人明知他人有间谍犯罪行为，而拒绝向国家安全机关提供有关间谍犯罪的情况、证据。

（二）拒绝提供间谍犯罪证据罪的法律应用

本罪属于纯正的不作为犯，因此，如果行为人不是不说有关情况或交出有关证据，而是以作为的方式作虚假证明或帮助伪造、毁灭证据，则应构成包庇罪。

（三）拒绝提供间谍犯罪证据罪的处罚

《刑法》第 311 条规定，犯本罪，处 3 年以下有期徒刑、拘役或者管制。

九、掩饰、隐瞒犯罪所得、犯罪所得收益罪

（一）掩饰、隐瞒犯罪所得、犯罪所得收益罪的概念与特征

掩饰、隐瞒犯罪所得、犯罪所得收益罪，是指明知是犯罪所得及其产生的收益而予以窝藏、转移、收购、代为销售或者以其他方法掩饰、隐瞒的行为。其主要特征是：

1. 本罪客观方面表现为窝藏、转移、收购、代为销售或者以其他方法掩饰、隐瞒他人犯罪所得及其产生的收益的行为。

应当注意，按照《刑法》第 312 条的规定，本罪的对象只限于犯罪所得赃物。但《刑法修正案（六）》第 19 条将其扩大为犯罪所得及其产生的收益。犯罪所得，是指他人通过实施各种涉嫌犯罪的行为所直接获得的各种形式的财物。犯罪所得产生的收益，是指行为人实施涉嫌犯罪的行为间接获取的利益，如犯罪所得金钱存入银行产生的利息、投资赚取的利润等。

此外，本罪对象还必须是他人犯罪所得及其产生的收益，如果是行为人自己单独犯罪或参与的共同犯罪所得及其产生的收益，不能成为本罪的对象。

所谓窝藏，是指帮助隐藏犯罪所得及其产生的收益，使其不能或难以被发现的行为；所谓转移，是指将犯罪所得及其产生的收益由一个地方转移到另一个地方，以使司法机关不能查获的行为；所谓收购，是指以牟利为目的而购买犯罪所得财物的行为，通常是低价买进高价卖出从中渔利，同时也包括情节严重的买赃自用行为；所谓代为

销售，是指受委托为犯罪分子销售犯罪所得财物的行为；所谓其他方法，是指除上述方法之外的，能够帮助掩饰、隐瞒他人犯罪所得及其产生的收益来源的行为。

2. 按照《刑法》第 312 条的规定，本罪的主体原限于自然人，但 2009 年 2 月 28 日公布的《中华人民共和国刑法修正案（七）》第 10 条增加了单位犯本罪的规定。

3. 本罪主观方面是故意的，即行为人明知是他人犯罪所得及其产生的收益而予以窝藏、转移、收购、代为销售或者以其他方法加以掩饰、隐瞒。

（二）掩饰、隐瞒犯罪所得、犯罪所得收益罪的法律应用

1. 按照《刑法》第 312 条及最高人民法院《关于〈中华人民共和国刑法〉确定罪名的规定》，本罪原罪名为窝藏、转移、收购、销售赃物罪。由于《中华人民共和国刑法修正案（六）》第 19 条对《刑法》第 312 条进行了较大修改，2008 年 9 月 22 日最高人民法院、最高人民检察院颁布的《关于执行〈中华人民共和国刑法〉确定罪名的补充规定（三）》将其改为掩饰、隐瞒犯罪所得、犯罪所得收益罪。

2. 罪与非罪的界限。主要看行为人是否明知是犯罪所得及其产生的收益，如是明知而予以窝藏、转移、收购、代为销售或者以其他方法加以掩饰、隐瞒的，构成本罪，反之，则不构成。

3. 本罪限于行为人事前没有与犯罪分子通谋的情形，如果是事前有通谋，事后按约定为犯罪的人窝藏、转移、收购、代为销售或者以其他方法掩饰、隐瞒其犯罪所得及其产生的收益的，应以相关犯罪的共同犯罪论处。

4. 本罪与洗钱罪的界限。二罪区别的关键是掩饰、隐瞒的对象不同。洗钱罪掩饰、隐瞒的对象限于毒品犯罪、黑社会性质的组织犯罪、恐怖活动犯罪、走私犯罪、贪污贿赂犯罪、破坏金融管理秩序犯罪和金融诈骗犯罪的所得及其产生的收益；本罪掩饰、隐瞒的对象系洗钱罪对象以外的其他犯罪所得及其收益。此外，洗钱罪的行为主要是提供资金账户、协助将资金汇往境外等；本罪的行为主要是窝藏、转移、收购、代为销售。

5. 如果窝藏、转移的不是犯罪所得及其产生的收益，而是他人用以实施犯罪的工具，应构成包庇罪。

（三）掩饰、隐瞒犯罪所得、犯罪所得收益罪的处罚

《刑法修正案（六）》和《刑法修正案（七）》修改的《刑法》第 312 条规定，犯本罪，处 3 年以下有期徒刑、拘役或者管制，并处或者单处罚金；情节严重的，处 3 年以上 7 年以下有期徒刑，并处罚金。

单位犯本罪，对单位判处罚金，并对其直接负责的主管人员和其他直接责任人员，依照上述规定处罚。

十、拒不执行判决、裁定罪

（一）拒不执行判决、裁定罪的概念与特征

拒不执行判决、裁定罪，是指对人民法院已经发生法律效力的判决、裁定有能力执行而拒不执行，情节严重的行为。其主要特征是：

1. 本罪客观方面表现为拒不执行人民法院判决、裁定，情节严重的行为。此处的判决、裁定，是指人民法院依法作出的，具有执行内容并已经发生法律效力的判决、裁定。所谓拒不执行，是指行为人有能力执行，但采用各种手段逃避、抗拒执行判决、

裁定，致使判决、裁定无法执行的行为。所谓有能力执行，是指根据查实的证据证明，负有执行人民法院判决、裁定义务的人有可供执行的财产或者具有履行特定行为义务的能力。至于其手段是暴力形式还是非暴力形式，是公开的还是隐蔽的，均不影响本罪的成立。

情节严重是构成本罪的必要条件。根据全国人大常委会 2002 年 8 月 29 日通过的《关于〈刑法〉第 313 条的解释》，本罪的情节严重包括下列 5 种情形：（1）被执行人隐藏、转移、故意毁损财产或者无偿转让财产、以明显不合理的低价转让财产，致使判决、裁定无法执行的；（2）担保人或者被执行人隐藏、转移、故意毁损或者转让已向人民法院提供担保的财产，致使判决、裁定无法执行的；（3）协助执行义务人接到人民法院执行通知书后，拒不协助执行，致使判决、裁定无法执行的；（4）被执行人、担保人、协助执行义务人与国家机关工作人员通谋，利用国家机关工作人员的职权妨害执行，致使判决、裁定无法执行的；（5）其他有能力执行而拒不执行，情节严重的情形。

2. 本罪主体是自然人特殊主体，即只能是负有执行人民法院判决、裁定义务的人，具体包括被执行人、担保人和协助执行义务人。其他人不能单独构成本罪，但可能与负有执行义务的人构成本罪的共同犯罪。

3. 本罪主观方面是故意的。

（二）拒不执行判决、裁定罪的法律应用

1. 罪与非罪的界限。主要应从两个方面把握：一是看行为人是否有能力执行而拒不执行。如果行为人确实没有能力执行的，不构成本罪；二是看是否属于情节严重。如果行为人有能力执行而拒不执行，但情节轻微的，也不构成本罪。

2. 根据全国人大常委会 2002 年 8 月 29 日通过的《关于〈刑法〉第 313 条的解释》，拒不执行人民法院为依法执行支付令、生效的调解书、仲裁决定、公证债权文书等所作的裁定，情节严重的，以本罪定罪处罚。

3. 根据 1998 年 4 月 17 日最高人民法院颁布的《关于审理拒不执行判决、裁定案件具体应用法律若干问题的解释》第 4 条，负有执行人民法院判决、裁定义务的单位直接负责的主管人员和其他直接责任人员，为了本单位的利益实施拒不执行人民法院判决、裁定的行为，造成特别严重后果的，对该主管人员和其他直接责任人员，以本罪定罪处罚。

4. 根据上述全国人大常委会的《解释》，国家机关工作人员与被执行人、担保人、协助执行义务人通谋，利用国家机关工作人员的职权妨害执行，致使判决、裁定无法执行的，对国家机关工作人员应以本罪的共犯定罪处罚。如果国家机关工作人员实施上述行为，同时又收受贿赂或者滥用职权，构成受贿罪或者滥用职权罪的，依照处罚较重的罪定罪处罚。

5. 本罪与妨害公务罪的界限。拒不执行人民法院的判决、裁定，实际上也是一种妨害公务的行为，因此，本罪与妨害公务罪是法条竞合关系，其中本罪属于特别法条。故凡是妨害执行人民法院判决、裁定构成犯罪的，都应定拒不执行判决、裁定罪。此外，还应注意，本罪不以使用暴力、威胁方法为必要要件；而妨害公务罪除故意阻碍国家安全机关、公安机关依法执行国家安全工作任务的以外，都要求必须使用暴力、威胁手段。

6. 本罪与故意杀人罪、故意伤害罪的界限。根据上述最高人民法院1998年4月的《解释》，本罪以暴力方式抗拒人民法院执行判决、裁定的以造成执行人员轻伤为限。如果造成执行人员重伤或者死亡的，则应分别以故意伤害罪、故意杀人罪定罪处罚。

（三）拒不执行判决、裁定罪的处罚

《刑法》第313条规定，犯本罪，处3年以下有期徒刑、拘役或者罚金。

十一、非法处置查封、扣押、冻结的财产罪

（一）非法处置查封、扣押、冻结的财产罪的概念和特征

非法处置查封、扣押、冻结的财产罪，是指隐藏、转移、变卖、故意毁损已被司法机关查封、扣押、冻结的财产，情节严重的行为。其主要特征是：

1. 本罪客观方面表现为非法处置已被司法机关查封、扣押、冻结的财产，情节严重的行为。非法处置的行为具体包括隐藏、转移、变卖、毁损被司法机关查封、扣押、冻结的财产。

2. 本罪主体为自然人一般主体。

3. 本罪主观方面是故意的。

（二）非法处置查封、扣押、冻结的财产罪的法律应用

根据上述全国人大常委会的《解释》，如果被执行人、担保人隐藏、转移、变卖、故意毁损已被司法机关查封、扣押、冻结的财产，致使判决、裁定无法执行的，应定拒不执行判决、裁定罪，而不定本罪。

（三）非法处置查封、扣押、冻结的财产罪的处罚

《刑法》第314条规定，犯本罪，处3年以下有期徒刑、拘役或者罚金。

十二、破坏监管秩序罪

（一）破坏监管秩序罪的概念和特征

破坏监管秩序罪，是指依法被关押的罪犯，破坏监管秩序，情节严重的行为。其主要特征是：

1. 本罪客观方面表现为破坏监管秩序，情节严重的行为。按照《刑法》第315条的规定，破坏监管秩序的行为，具体表现为四种：（1）殴打监管人员；（2）组织其他被监管人破坏监管秩序；（3）聚众闹事，扰乱正常监管秩序；（4）殴打、体罚或者指使他人殴打、体罚其他被监管人。

2. 本罪主体是自然人特殊主体，只能由依法被关押的罪犯构成。所谓依法被关押的罪犯，是指依照法定程序，被人民法院判决有罪并处以剥夺人身自由权利的刑罚，正在监狱、劳改队、少年犯管教所、看守所等执行场所服刑的人员。依法被拘留、逮捕而羁押于看守所的犯罪嫌疑人、被告人，不属于正在服刑的罪犯，不能成为本罪的主体。虽然被定罪判刑但未被关押的罪犯，也不能构成本罪。

3. 本罪主观方面是故意的。

（二）破坏监管秩序罪的法律应用

1. 依法被关押的罪犯殴打监管人员或殴打、体罚其他被监管人员如果造成重伤、

死亡结果的，应分别定故意伤害罪、故意杀人罪，而不定本罪。

2. 监管人员殴打、体罚被监管人或者指使被监管人殴打、体罚其他被监管人的，应以《刑法》第 248 条规定的虐待被监管人罪定罪处罚。

（三）破坏监管秩序罪的处罚

《刑法》第 315 条规定，犯本罪，处 3 年以下有期徒刑。

十三、脱逃罪

（一）脱逃罪的概念和特征

脱逃罪，是指依法被关押的罪犯、被告人、犯罪嫌疑人逃离羁押场所，以及其他摆脱司法机关监管的行为。其主要特征是：

1. 本罪客观方面表现为脱逃的行为。所谓脱逃，是指逃离监狱、劳改队、少年犯管教所、看守所等羁押场所以及在押解途中逃跑的行为。脱逃的具体方式没有限制，可以是暴力性脱逃，也可以是非暴力性脱逃；可以是秘密脱逃，也可以是公开脱逃；可以是单独脱逃，也可以是合伙脱逃。

2. 本罪主体是自然人特殊主体，只能由依法被关押的罪犯、被告人、犯罪嫌疑人构成。此处依法被关押的罪犯与破坏监管秩序罪完全相同；所谓依法被关押的被告人，是指依法被逮捕，人民检察院已决定提起公诉，案件尚未判决的人；所谓被依法关押的犯罪嫌疑人，是指依法被拘留、逮捕的正在接受侦查、审查起诉的人。

3. 本罪主观方面是故意的，并且具有逃避羁押的目的。

（二）脱逃罪的法律应用

1. 罪与非罪的界限。下列几种情形不构成本罪：（1）没有被关押的罪犯、被告人、犯罪嫌疑人逃跑，或者被劳动教养和行政拘留的人逃离羁押场所的；（2）确实被错关的所谓罪犯、被告人、犯罪嫌疑人逃离羁押场所的；（3）不是基于摆脱羁押的目的而暂时逃离羁押场所，事后又返回的。

2. 使用暴力方式脱逃的，以致人轻伤为限，致人重伤、死亡的，应分别以故意伤害罪、故意杀人罪定罪处罚。

3. 本罪的既遂以行为人实际脱离监管机关的控制为标志。

（三）脱逃罪的处罚

《刑法》第 316 条第 1 款规定，犯本罪，处 5 年以下有期徒刑或者拘役。

十四、劫夺被押解人罪

（一）劫夺被押解人罪的概念和特征

劫夺被押解人罪，是指以各种方式将押解途中的罪犯、被告人、犯罪嫌疑人强行夺走的行为。其主要特征是：

1. 本罪客观方面表现为劫夺押解途中的罪犯、被告人、犯罪嫌疑人的行为。所谓押解途中，是指将前述三种人从甲地押送到乙地的过程中。所谓劫夺，是指以暴力、胁迫或者其他方法，将押解途中的罪犯、被告人、犯罪嫌疑人从押解人员的控制中夺走的行为。劫夺行为通常表现为袭击押解人员、设置路障等。

2. 本罪主体为自然人一般主体。

3. 本罪主观方面是故意的，即行为人明知是押解途中的罪犯、被告人、犯罪嫌疑人而予以劫夺。

（二）劫夺被押解人罪的法律应用

1. 劫夺被关押于监狱、看守所等场所的罪犯、被告人、犯罪嫌疑人的，不构成本罪，但可能构成聚众持械劫狱罪。

2. 被劫夺者与劫夺者事前通谋的，被劫夺者构成本罪的共犯；事前无通谋但愿意跑的，被劫夺者单独构成脱逃罪；如果不愿意跑，而是被他人强行劫走的，被劫夺者不构成犯罪。

3. 暴力劫夺被押解人员致使押解人员重伤或者死亡的，属于本罪与故意伤害罪、故意杀人罪的想象竞合，应按照其中处罚较重的罪定罪处罚。

（三）劫夺被押解人罪的处罚

《刑法》第316条第2款规定，犯本罪，处3年以上7年以下有期徒刑；情节严重的，处7年以上有期徒刑。

十五、组织越狱罪

（一）组织越狱罪的概念和特征

组织越狱罪，是指在押人员有组织、有计划地结伙从羁押场所逃跑的行为。其主要特征是：

1. 本罪客观方面表现为有组织、有计划地从羁押场所逃跑的行为。这是成立本罪的实质性条件，也是本罪与脱逃罪区别的关键。所谓有组织、有计划地逃跑，是指在首要分子的组织、策划、指挥下，一定数量的在押人员经过周密地计划、分工、准备，以非暴力的方式，集体从羁押场所逃跑。

2. 本罪主体是自然人特殊主体，只能由依法被关押的罪犯、被告人、犯罪嫌疑人构成。

3. 本罪主观方面是故意的。

（二）组织越狱罪的法律应用

1. 几个在押人员临时纠合在一起逃跑的，应以脱逃罪的共同犯罪处理，而不定本罪。

2. 本罪不只是组织者构成，被组织参与越狱的，同样构成本罪。

（三）组织越狱罪的处罚

《刑法》第317条第1款规定，犯本罪，对首要分子或者积极参加的，处5年以上有期徒刑；其他参加的，处5年以下有期徒刑或者拘役。

十六、暴动越狱罪

（一）暴动越狱罪的概念和特征

暴动越狱罪，是指狱内被关押人采用暴力手段，集体从羁押场所逃跑的行为。其主要特征是：

1. 本罪客观方面表现为暴动越狱的行为。所谓暴动越狱，是指首要分子纠集一定数量的在押人员，有组织、有计划地采用暴力手段从羁押场所逃跑的行为。暴力手段，通常表现为殴打、杀害监管人员或警卫人员，或者抢夺其枪支弹药、捣毁监舍门窗、围墙、拦阻网等监狱设施。

2. 本罪主体是自然人特殊主体，限于被羁押的犯罪嫌疑人、被告人或者罪犯。

（二）暴动越狱罪的法律应用

本罪与组织越狱罪相同之处很多，区别的关键在于是否使用暴力手段。集体越狱如果使用暴力的构成本罪，反之则构成组织越狱罪。

（三）暴动越狱罪的处罚

《刑法》第317条第2款规定，犯本罪，对首要分子和积极参加的，处10年以上有期徒刑或者无期徒刑；情节特别严重的，处死刑；其他参加的，处3年以上10年以下有期徒刑。

十七、聚众持械劫狱罪

（一）聚众持械劫狱罪的概念和特征

聚众持械劫狱罪，是指首要分子纠集一定数量的狱外人员，使用枪械、刀具、棍棒等凶器，从监狱等场所抢走被羁押的罪犯、犯罪嫌疑人、被告人的行为。其主要特征如下：

1. 本罪客观方面表现为聚众持械劫狱的行为。所谓聚众持械劫狱，是指首要分子纠集一定数量的人，采取使用枪械、刀具、棍棒等凶器的暴力手段，从监狱等羁押场所抢走被关押的罪犯、被告人、犯罪嫌疑人的行为。

2. 本罪主体是自然人一般主体，不论是首要分子、积极参加的，还是其他参加的，均可构成本罪。

3. 本罪主观方面为故意。

（二）聚众持械劫狱罪的法律应用

1. 本罪与劫夺被押解人罪区别的关键，在于行为人劫夺的是被关押的还是押解途中的罪犯、被告人、犯罪嫌疑人。

2. 以聚众持械的方式劫刑场的，可以按本罪定罪处罚。因为广义地讲，刑场可视为“狱”。

（三）聚众持械劫狱罪的处罚

《刑法》第317条第2款规定，犯本罪，对首要分子和积极参加的，处10年以上有期徒刑或者无期徒刑；情节特别严重的，处死刑；其他参加的，处3年以上10年以下有期徒刑。

第四节　妨害国（边）境管理罪

一、组织他人偷越国（边）境罪

（一）组织他人偷越国（边）境罪的概念与特征

组织他人偷越国（边）境罪，是指非法策划、指挥、串联、拉拢、安排他人偷越国（边）境的行为。其主要特征是：

1. 本罪客观方面表现为组织他人偷越国（边）境的行为。根据最高人民法院2002年1月28日通过的《关于审理组织、运送他人偷越国（边）境等刑事案件适用法律若干问题的解释》，所谓组织他人偷越国（边）境，是指领导、策划、指挥组织他人偷越国（边）境或者在首要分子指挥下，实施拉拢、引诱、介绍组织他人偷越国（边）境等行为的。所谓国（边）境，是指我国与外国的国界以及我国大陆与港、澳、台地区的交界。不论组织者本身是否偷越国（边）境，组织者与被组织者的人数多少，被组织者是中国人还是外国人，也不论是组织他人从我国大陆偷越国（边）境出境，还是从外国及港、澳、台地区偷越国（边）境进境，均不影响本罪的成立。

2. 本罪主体是自然人一般主体。应当注意，《刑法》所要处罚的是组织他人偷越国（边）境的组织者，即所谓"蛇头"的组织行为，而非他人偷越国（边）境的行为。因此，只有其中的组织者构成本罪。

3. 本罪主观方面为故意。

（二）组织他人偷越国（边）境罪的法律应用

1. 按照《刑法》第318条第2款的规定，在组织他人偷越国（边）境的过程中，如果对被组织人有杀害、伤害、强奸、拐卖等行为，或者对检查人员有杀害、伤害等犯罪行为的，对行为人应以本罪和相应的犯罪实行数罪并罚。

2. 为帮助他人逃避法律制裁，而组织犯罪的人偷越国（边）境的，属于本罪与窝藏罪的牵连犯，应按处罚较重的罪定罪处罚。

（三）组织他人偷越国（边）境罪的处罚

《刑法》第318条规定，犯本罪，处2年以上7年以下有期徒刑，并处罚金；有下列情形之一的，处7年以上有期徒刑或者无期徒刑，并处罚金或者没收财产：(1)组织他人偷越国（边）境集团的首要分子；(2)多次组织他人偷越国（边）境或者组织他人偷越国（边）境人数众多的；(3)造成被组织人重伤、死亡的；(4)剥夺或者限制被组织人人身自由的；(5)以暴力、威胁方法抗拒检查的；(6)违法所得数额巨大的；(7)有其他特别严重情节的。

根据上述2002年1月28日最高人民法院的《解释》，上列第(2)项规定的"人数众多"，一般是指组织他人偷越国（边）境人数在10人以上。

二、骗取出境证件罪

（一）骗取出境证件罪的概念和特征

骗取出境证件罪，是指为组织他人偷越国（边）境使用，以劳务输出、经贸往来或者其他名义，弄虚作假，骗取护照、签证等出境证件的行为。其主要特征是：

1. 本罪客观方面表现为以劳务输出、经贸往来或者其他名义，弄虚作假，骗取护照、签证等出境证件的行为。首先，骗取的对象仅限于护照、签证等出境证件。其次，行为人是以劳务输出、经贸往来或者其他名义，弄虚作假，骗取护照、签证等出境证件，具体表现为虚构劳务输出、经贸往来、出国访问、考察、留学、探亲访友、定居等事由或伪造有关证明向签发、管理机关骗取出境证件。

2. 本罪本罪主体是一般主体，自然人和单位均可构成。

3. 本罪主观方面是故意，并且具有为组织他人偷越国（边）境使用的目的。

（二）骗取出境证件罪的法律应用

按照《刑法》第 319 条第 1 款的规定，只要行为人出于为组织他人偷越国（边）境使用的目的，实施了骗取出境证件的行为即构成本罪。如果将骗取的出境证件实际用于组织他人偷越国（边）境的，不定本罪，而应定组织他人偷越国（边）境罪。因为该种情形实际是两罪的牵连犯，应按其中处罚较重的罪定罪处罚。

（三）骗取出境证件罪的处罚

《刑法》第 319 条规定，犯本罪，处 3 年以下有期徒刑，并处罚金；情节严重的，处 3 年以上 10 年以下有期徒刑，并处罚金。

单位犯本罪，对单位判处罚金，并对直接负责的主管人员和其他直接责任人员，依照上述规定处罚。

三、提供伪造、变造的出入境证件罪

（一）提供伪造、变造的出入境证件罪的概念和特征

提供伪造、变造的出入境证件罪，是指为他人提供伪造、变造的护照、签证等出入境证件的行为。其主要特征是：

1. 本罪客观方面表现为为他人提供伪造、变造的护照、签证等出入境证件的行为。此处提供的必须是伪造、变造的护照、签证等出入境证件，即完全虚假的或部分虚假的出入境证件。

2. 本罪主体为自然人一般主体。

3. 本罪主观方面是故意，即行为人明知是伪造、变造的出入境证件而向他人提供。

（二）提供伪造、变造的出入境证件罪的法律应用

1. 行为人自己伪造、变造出入境证件，并将其提供给他人的，按照吸收犯的处理原则，应以本罪定罪处罚；但如果只有伪造、变造出入境证件的行为，而未向他人提供的，则应当以《刑法》第 280 条规定的伪造、变造国家机关证件罪定罪处罚。

2. 行为人自己有伪造、变造出入境证件的行为，同时又向他人提供第三者伪造、变造的出入境证件的，应以本罪和伪造、变造国家机关证件罪实行数罪并罚。

（三）提供伪造、变造的出入境证件罪的处罚

《刑法》第 320 条规定，犯本罪，处 5 年以下有期徒刑，并处罚金；情节严重的，处 5 年以上有期徒刑，并处罚金。

四、出售出入境证件罪

（一）出售出入境证件罪的概念和特征

出售出入境证件罪，是指违反有关法律、法规的规定，出售护照、签证等出入境证件的行为。其主要特征是：

1. 本罪客观方面表现为出售护照、签证等出入境证件的行为。所谓出售出入境证件，是指以牟利为目的，向他人有偿地提供有权制作机关制发的真的出入境证件。

2. 本罪主体为自然人一般主体。

3. 本罪主观方面是故意，且行为人一般具有牟利的目的。

（二）出售出入境证件罪的法律应用

本罪出售的对象限于真的出入境证件，如果出售伪造、变造的出入境证件，则应按提供伪造、变造的出入境证件罪定罪处罚。

（三）出售出入境证件罪的处罚

《刑法》第320条规定，犯本罪，处5年以下有期徒刑，并处罚金；情节严重的，处5年以上有期徒刑，并处罚金。

五、运送他人偷越国（边）境罪

（一）运送他人偷越国（边）境罪的概念和特征

运送他人偷越国（边）境罪，是指利用各种交通工具或者徒步带领，非法将他人送出或者接入我国国（边）境的行为。其主要特征如下：

1. 本罪客观方面表现为运送他人偷越国（边）境的行为。所谓运送他人偷越国（边）境，主要是指使用车辆、船只等交通工具将偷越国（边）境的人运出或者运进我国国（边）境的行为，同时也包括徒步带领、护送他人偷越国（边）境的行为。

2. 本罪主体为自然人一般主体。

3. 本罪主观方面是故意，即明知他人是偷越国（边）境而将其运进或者运出国（边）境。

（二）运送他人偷越国（边）境罪的法律应用

1. 行为人既有组织他人偷越国（边）境的行为，又有运送他人偷越国（边）境的行为，如果组织和运送的对象相同，定组织他人偷越国（边）境罪；如果组织和运送的对象不同，则应以组织他人偷越国（边）境罪和运送他人偷越国（边）境罪，实行数罪并罚。

2. 根据《刑法》第321条第3款的规定，在实施运送他人偷越国（边）境罪的过程中，对被运送人有杀害、伤害、强奸、拐卖等犯罪行为，或者对检查人员有杀害、伤害等犯罪行为的，应以本罪与相应的犯罪，实行数罪并罚。

（三）运送他人偷越国（边）境罪的处罚

《刑法》第321条规定，犯本罪，处5年以下有期徒刑、拘役或者管制，并处罚金；有下列情形之一的，处5年以上10年以下有期徒刑，并处罚金：（1）多次实施运送行为或者运送人数众多的；（2）所使用的船只、车辆等交通工具不具备必要的安全条件，足以造成严重后果的；（3）违法所得数额巨大的；（4）有其他特别严重情节的；在运送他人偷越国（边）境中造成被运送人重伤、死亡，或者以暴力、威胁方法抗拒检查的，处7年以上有期徒刑，并处罚金。

六、偷越国（边）境罪

（一）偷越国（边）境罪的概念与特征

偷越国（边）境罪，是指违反国（边）境管理法规，非法出入我国国（边）境，情节严重的行为。其主要特征是：

1. 本罪客观方面表现为偷越国（边）境，情节严重的行为。所谓偷越国（边）境，是指违反国（边）境管理法规，非法出入我国国（边）境的行为，既包括不在规定的地点秘密地出入国（边）境，也包括以伪造、涂改的假出入境证件或冒用他人的出入境证件等欺骗手段，从规定的地点蒙混出入国（边）境。根据上述最高人民法院的《解释》，本罪的情节严重，包括下列情形：（1）在境外实施损害国家利益的行为的；（2）偷越国（边）境3次以上的；（3）拉拢、引诱他人一起偷越国（边）境的；（4）因偷越国（边）境被行政处罚后1年内又偷越国（边）境的；（5）有其他严重情节的。

2. 本罪主体是自然人一般主体。

3. 本罪主观方面是故意的。如果行为人不知是国（边）境而误出误入的，不构成本罪。

（二）偷越国（边）境罪的法律应用

1. 本罪与叛逃罪的界限。当叛逃罪表现为叛逃境外时，往往也涉及偷越国（边）境的问题。区分二者，关键看主体和客观方面。本罪是一般主体，而叛逃罪的主体只能是国家机关工作人员和掌握国家秘密的国家工作人员；本罪客观上表现为非法出入我国国（边）境的行为，而叛逃罪则表现为在履行公务期间，擅离岗位，叛逃境外或者在境外叛逃，危害中华人民共和国国家安全的行为。

2. 本罪与组织他人偷越国（边）境罪的界限。组织他人偷越国（边）境中的组织者构成组织他人偷越国（边）境罪，被组织偷越国（边）境的人则构成本罪。

3. 运送他人偷越国（边）境的人如果系非法出入我国的国（边）境，属于本罪与运送他人偷越国（边）境罪的想象竞合犯，按照从一重处罚的原则，应当以运送他人偷越国（边）境罪定罪处罚。

（三）偷越国（边）境罪的处罚

《刑法》第322条规定，犯本罪，处1年以下有期徒刑、拘役或者管制，并处罚金。

七、破坏界碑、界桩罪

（一）破坏界碑、界桩罪的概念和特征

破坏界碑、界桩罪，是指故意破坏我国边境的界碑、界桩的行为。其主要特征是：

1. 本罪客观方面表现为破坏国家边境界碑、界桩的行为。破坏的方法不限，可以是盗走、拆除、砸毁、挖掉、掩埋、移动位置、改变其原样等等。

2. 本罪主体为自然人一般主体。

3. 本罪主观方面是故意，即明知是界碑、界桩而加以破坏。

（二）破坏界碑、界桩罪的法律应用

1. 本罪的实质不在于把界碑、界桩本身毁坏，关键看是否使其丧失原有意义和作用。因此，行为人不论采取什么方法，只要使界碑、界桩丧失其原有的意义和作用，就应视为破坏界碑、界桩，应以本罪定罪处罚。

2. 过失损坏界碑、界桩的，不能定本罪。

（三）破坏界碑、界桩罪的处罚

《刑法》第333条规定，犯本罪，处3年以下有期徒刑或者拘役。

八、破坏永久性测量标志罪

（一）破坏永久性测量标志罪的概念和特征

破坏永久性测量标志罪，是指故意破坏国家永久性测量标志的行为。其主要特征是：

1. 本罪客观方面表现为破坏永久性测量标志的行为。

2. 本罪主体为自然人一般主体。

3. 本罪主观方面是故意，即明知是永久性测量标志而加以破坏。

（二）破坏永久性测量标志罪的法律应用

如果破坏的不是永久性测量标志，而只是国家为开挖水库、河道或者修建道路而埋设的临时性测量标志，或者过失损坏永久性测量标志的，均不构成本罪。

（三）破坏永久性测量标志罪的处罚

《刑法》第333条规定，犯本罪，处3年以下有期徒刑或者拘役。

第五节　妨害文物管理罪

一、故意损毁文物罪

（一）故意损毁文物罪的概念和特征

故意损毁文物罪，是指故意损坏国家保护的珍贵文物或者被确定为全国重点文物保护单位、省级文物保护单位的文物的行为。其主要特征是：

1. 本罪客观方面表现为损毁文物的行为。所谓损毁，是指损坏、毁灭、破坏等使上述文物的原有价值丧失或减少的行为，具体表现为捣毁、拆除、焚烧、污损、打碎、撕毁等等。损毁的文物限于三类：一是国家保护的珍贵文物，即具有重大历史、科学、艺术价值的可移动的文物。珍贵文物的主要范围是：历史上各时代珍贵的艺术品、工艺美术品；重要的革命文献资料以及具有历史、艺术、科学价值的手稿；古旧图书资料；反映历史上各时代、各民族社会制度、社会生产、社会生活的代表性实物等。二是全国重点文物保护单位的文物，即由国务院核定公布的重点保护的具有重要历史、艺术、科学价值的革命遗址、纪念建筑物、古文化遗迹，古墓葬、古建筑、石窟寺庙、石刻等不可移动的文物。三是省级文物保护单位的文物，即由各省、自治区、直辖市人民政府核定公布的重点保护的不可移动的文物。

2. 本罪主体为自然人一般主体。

3. 本罪主观方面是故意的，即行为人明知是国家保护的珍贵文物或者被确定为全国重点文物保护单位、省级文物保护单位的文物而有意加以损毁。

（二）故意损毁文物罪的法律应用

1. 全国人大常委会2005年12月29日通过的《关于〈中华人民共和国刑法〉有关文物的规定适用于具有科学价值的古脊椎动物化石、古人类化石的解释》规定：“刑法有关文物的规定，适用于具有科学价值的古脊椎动物化石、古人类化石。”据此，故意损毁具有科学价值的古脊椎动物化石、古人类化石的，应当以故意损毁文物罪论处。

2. 行为人盗窃文物时造成珍贵文物损坏的，属于本罪与盗窃罪的想象竞合犯，应按其中处罚较重的罪定罪处罚。但如果是盗窃行为完成以后，又损毁所盗文物的，则应以本罪与盗窃罪数罪并罚。

3. 以放火的方法故意毁坏文物的，如果危害公共安全，属于本罪与放火罪的想象竞合犯，应当按照处罚较重的放火罪定罪处罚。

（三）故意损毁文物罪的处罚

《刑法》第324条规定，犯本罪，处3年以下有期徒刑或者拘役，并处或者单处罚金；情节严重的处3年以上7年以下有期徒刑，并处罚金。

二、故意损毁名胜古迹罪

（一）故意损毁名胜古迹罪的概念和特征

故意损毁名胜古迹罪，是指故意损毁国家保护的名胜古迹，情节严重的行为。其主要特征是：

1. 本罪客观方面表现为损毁国家保护的名胜古迹，情节严重的行为。所谓国家保护的名胜古迹，是指可供人们游览的著名风景区和文物古迹区。

2. 本罪主体为自然人一般主体。

3. 本罪主观方面是故意的。

（二）故意损毁名胜古迹罪的法律应用

1. 本罪损毁的对象是名胜古迹区，而非文物本身。如果行为人故意损毁名胜古迹同时造成其中的珍贵文物毁损的，属于本罪与故意损毁文物罪的法条竞合，应按其中的特别法条故意损毁文物罪定罪处罚。

2. 以放火的方法故意损毁名胜古迹的，如果危害公共安全，属于本罪与放火罪的想象竞合犯，应当按照处罚较重的放火罪定罪处罚。

3. 在国家名胜风景区、文物古迹区随意刻画等一般损毁行为，不构成本罪。

（三）故意损毁名胜古迹罪的处罚

《刑法》第324条第2款规定，犯本罪，处5年以下有期徒刑或者拘役，并处或者单处罚金。

三、过失损毁文物罪

（一）过失损毁文物罪的概念和特征

过失损毁文物罪，是指过失损毁国家保护的珍贵文物或者被确定为全国重点文物保护单位、省级文物保护单位的文物，造成严重后果的行为。其主要特征是：

1. 本罪客观方面表现为损毁国家珍贵文物或者国家级、省级文物保护单位的文物，造成了严重后果的行为。

2. 本罪主体为自然人一般主体。

3. 本罪主观方面是过失。

（二）过失损毁文物罪的法律应用

1. 本罪与故意损毁文物罪的损毁对象、行为表现相同。区别在于本罪的罪过为过失，且以造成严重后果为必要条件。

2. 根据上述全国人大常委会《关于〈中华人民共和国刑法〉有关文物的规定适用于具有科学价值的古脊椎动物化石、古人类化石的解释》，过失损毁具有科学价值的古脊椎动物化石、古人类化石，造成严重后果的，应当以本罪论处。

3. 行为人因失火而烧毁国家保护的珍贵文物，以及国家级、省级文物保护单位的文物，如果危害公共安全，属于本罪与失火罪的想象竞合犯，应以其中处罚较重的罪定罪处罚。

（三）过失损毁文物罪的处罚

《刑法》第324条第3款规定，犯本罪，处3年以下有期徒刑或者拘役。

四、非法向外国人出售、赠送珍贵文物罪

（一）非法向外国人出售、赠送珍贵文物罪的概念和特征

非法向外国人出售、赠送珍贵文物罪，是指违反文物保护法规，将收藏的国家禁止出口的珍贵文物，私自出售或者私自赠送给外国人的行为。其主要特征是：

1. 本罪客观方面表现为违反文物保护法规，将收藏的国家禁止出口的珍贵文物，私自出售或者私自赠送给外国人的行为。

2. 本罪主体是一般主体，自然人和单位均可。

3. 本罪主观方面是故意的，行为人须明知是国家禁止出口的珍贵文物，而私自向外国人出售、赠送。

（二）非法向外国人出售、赠送珍贵文物罪的法律应用

1. 根据上述全国人大常委会《关于〈中华人民共和国刑法〉有关文物的规定适用于具有科学价值的古脊椎动物化石、古人类化石的解释》，非法向外国人转让具有科学价值的古脊椎动物化石、古人类化石构成犯罪的，应当以本罪论处。

2. 如果行为人是在我国的内海、领海、界河、界湖将收藏的禁止出口的珍贵文物出售给外国人的，应以走私文物罪定罪处罚。

（三）非法向外国人出售、赠送珍贵文物罪的处罚

《刑法》第325条规定，犯本罪，处5年以下有期徒刑或者拘役，并处罚金。

单位犯本罪，对单位判处罚金，并对其直接负责的主管人员和其他直接责任人员，依照上述规定处罚。

五、倒卖文物罪

（一）倒卖文物罪的概念与特征

倒卖文物罪，是指以牟利为目的，非法买卖国家禁止经营的文物，情节严重的行为。其主要特征是：

1. 本罪客观方面表现为倒卖文物，情节严重的行为。所谓倒卖文物，是指违反国家文物管理法规，倒手买卖国家禁止经营的文物的行为，具体包括两种情况：一是无权经营文物的单位或个人擅自收购或者销售文物；二是经国家批准的文物经营单位，超越经营范围，经营国家禁止经营的文物。

2. 本罪主体是一般主体，自然人和单位均可。其中单位可以是无文物经营权的，

也可以是有文物经营权的。

3. 本罪主观方面是故意，并且以具有牟利的目的为必要条件。

（二）倒卖文物罪的法律应用

1. 根据上述全国人大常委会《关于〈中华人民共和国刑法〉有关文物的规定适用于具有科学价值的古脊椎动物化石、古人类化石的解释》，倒卖具有科学价值的古脊椎动物化石、古人类化石，情节严重的，应当以本罪论处。

2. 本罪与走私文物罪的界限。如果行为人在我国的内海、领海、界河、界湖倒卖禁止出口的珍贵文物，应以走私文物罪定罪处罚。

3. 本罪与非法向外国人出售、赠送珍贵文物罪的界限。（1）犯罪对象不同。前者的对象是禁止经营的文物，既包括收藏的，也包括非收藏的；既包括珍贵文物，也包括一般文物；而后者的对象只能是收藏的禁止出口的珍贵文物。（2）客观行为不同。前者表现为倒手买卖；而后者表现为出售、赠送。（3）主观方面不完全相同。前者须有牟利的目的；后者则无此限制。

4. 盗窃、抢夺、抢劫文物后加以倒卖的，属于前列犯罪的后续行为，不单独定罪。

（三）倒卖文物罪的处罚

《刑法》第 326 条规定，犯本罪，处 5 年以下有期徒刑或者拘役，并处罚金；情节特别严重的，处 5 年以上 10 年以下有期徒刑，并处罚金。

单位犯本罪，对单位判处罚金，并对其直接负责的主管人员和其他直接责任人员，依照上述规定处罚。

六、非法出售、私赠文物藏品罪

（一）非法出售、私赠文物藏品罪的概念和特征

非法出售、私赠文物藏品罪，是指国有博物馆、图书馆等单位违反文物保护法规，将国家保护的文物藏品出售或者私自送给非国有单位或者个人的行为。其主要特征是：

1. 本罪客观方面表现为违反文物保护法规，将国家保护的文物藏品出售或私自送给非国有单位或个人的行为。所谓国家保护的文物藏品，限于国有博物馆、图书馆、纪念馆等收藏保护的文物。这里的非国有单位或个人，是指中国的非国有单位和中国公民。

2. 本罪主体是单位特殊主体，只有国有博物馆、图书馆、纪念馆、文物考古机构等单位才能构成本罪。

3. 本罪主观方面为故意。

（二）非法出售、私赠文物藏品罪的法律应用

1. 根据上述全国人大常委会《关于〈中华人民共和国刑法〉有关文物的规定适用于具有科学价值的古脊椎动物化石、古人类化石的解释》，非法将具有科学价值的古脊椎动物化石、古人类化石藏品出售、私赠给非国有单位或者个人的，应当以本罪论处。

2. 如果将馆藏文物出售或者赠送给中国的国有单位的，不构成本罪。

3. 如果将馆藏珍贵文物出售或赠送给外国机构或外国人的，应定非法向外国人出售、赠送珍贵文物罪。

4. 个人将馆藏珍贵文物出售的，应根据买方是否外国人，分别定倒卖文物罪或者

非法向外国人出售珍贵文物罪。但如果是馆藏文物的管理人员利用职务便利，将文物藏品占为己有，然后将其出售或者赠送他人的，则应以贪污罪定罪处罚。

（三）非法出售、私赠文物藏品罪的处罚

《刑法》第327条规定，犯本罪，对单位判处罚金，并对其直接负责的主管人员和其他直接责任人员，处3年以下有期徒刑或者拘役。

七、盗掘古文化遗址、古墓葬罪

（一）盗掘古文化遗址、古墓葬罪的概念和特征

盗掘古文化遗址、古墓葬罪，是指盗掘具有历史、艺术、科学价值的古文化遗址、古墓葬的行为，《刑法修正案（八）》第45条对本罪有所修改，主要是取消了本罪死刑。其主要特征是：

1. 本罪客观方面表现为盗掘古文化遗址、古墓葬的行为。所谓古文化遗址，是指清代和清代以前我国古代人类创造并留下的表明其文化发展水平的具有历史、艺术、科学价值的遗迹，包括石窟、地下城、古建筑等。所谓古墓葬，是指清代和清代以前我国古代人类建造并留下的具有历史、艺术、科学价值的墓穴及其有关设施。根据有关规定，辛亥革命后与著名的历史事件有关的名人墓葬、遗址和纪念地，也视为古文化遗址、古墓葬。所谓盗掘，是指未经国家文化主管部门的批准而私自挖掘的行为。

2. 本罪主体为自然人一般主体。

3. 本罪主观方面是故意，且一般具有非法占有古文化遗址、古墓葬中文物的目的。

（二）盗掘古文化遗址、古墓葬罪的法律应用

1. 盗掘不具有任何历史、艺术和科学价值的古文化遗址、古墓葬的，不构成本罪。

2. 盗掘古文化遗址、古墓葬，并盗窃珍贵文物或者造成珍贵文物严重破坏的，属于本罪的加重犯，不实行数罪并罚。

（三）盗掘古文化遗址、古墓葬罪的处罚

《刑法修正案（八）》第45条修改的《刑法》第328条第1款规定，犯本罪，处3年以上10年以下有期徒刑，并处罚金；情节较轻的，处3年以下有期徒刑拘役或者管制，并处罚金；有下列情形之一的，处10年以上有期徒刑、无期徒刑，并处罚金或者没收财产：（1）盗掘确定为全国重点文物保护单位和省级文物保护单位的古文化遗址、古墓葬的；（2）盗掘古文化遗址、古墓葬集团的首要分子；（3）多次盗掘古文化遗址、古墓葬的；（4）盗掘古文化遗址、古墓葬，并盗窃珍贵文物或者造成珍贵文物严重破坏的。

八、盗掘古人类化石、古脊椎动物化石罪

（一）盗掘古人类化石、古脊椎动物化石罪的概念和特征

盗掘古人类化石、古脊椎动物化石罪，是指盗掘国家保护的具有科学价值的古人类化石、古脊椎动物化石的行为。其主要特征是：

1. 本罪客观上表现为盗掘古文化遗址、古墓葬的行为。作为本罪对象的古人类化石、古脊椎动物化石，是指国家保护的具有科学价值的距今一万年前的已经石化的古

人类和古脊椎动物的遗骸或遗迹。

2. 本罪主体为自然人一般主体。

3. 本罪主观方面为故意。

（二）盗掘古人类化石、古脊椎动物化石罪的法律应用

1. 根据 2006 年 8 月 7 日文化部颁布的《古人类化石和古脊椎动物化石保护管理办法》第 2 条，古人类化石和古脊椎动物化石，包括古猿化石、古人类化石及其与人类活动有关的第四纪古脊椎动物化石。

2. 盗掘古人类化石、古脊椎动物化石，并盗窃或者损毁古人类化石、古脊椎动物化石的，属于本罪的结果加重犯，不实行数罪并罚。

（三）盗掘古人类化石、古脊椎动物化石罪的处罚

《刑法》第 328 条第 2 款规定，犯本罪，处 3 年以上 10 年以下有期徒刑，并处罚金；情节较轻的，处 3 年以下有期徒刑拘役或者管制，并处罚金；有下列情形之一的，处 10 年以上有期徒刑、无期徒刑或者死刑，并处罚金或者没收财产：（1）盗掘国家级、省级重点保护的古人类化石、古脊椎动物化石的；（2）盗掘古人类化石、古脊椎动物化石的集团的首要分子；（3）多次盗掘古人类化石、古脊椎动物化石的；（4）盗掘古人类化石、古脊椎动物化石，并盗窃珍贵化石或者造成珍贵化石严重破坏的。

九、抢夺、窃取国有档案罪

（一）抢夺、窃取国有档案罪的概念和特征

抢夺、窃取国有档案罪，是指公然夺取或者秘密窃取国家所有的档案的行为。其主要特征是：

1. 本罪客观方面表现为抢夺、窃取国家所有的档案的行为。国家所有的档案，是指具有重要保存价值，由国家各级档案部门保管且所有权属于国家的档案。

2. 本罪主体为自然人一般主体。

3. 本罪主观方面是故意，且具有非法占有国有档案的目的。

（二）抢夺、窃取国有档案罪的法律应用

1. 按照《刑法》第 329 条第 3 款的规定，抢夺、窃取国有档案的行为，同时又触犯其他罪名的，以其中处罚较重的罪定罪处罚。

2. 抢劫国有档案的，应以抢劫罪定罪处罚。

（三）抢夺、窃取国有档案罪的处罚

《刑法》第 329 条第 1 款规定，犯本罪，处 5 年以下有期徒刑或者拘役。

十、擅自出卖、转让国有档案罪

（一）擅自出卖、转让国有档案罪的概念和特征

擅自出卖、转让国有档案罪，是指违反档案法的规定，擅自出卖、转让国家所有的档案，情节严重的行为。其主要特征是：

1. 本罪客观方面表现为违反档案法的规定，擅自出卖、转让国家所有的档案，情节严重的行为。

2. 本罪主体为自然人一般主体。

3. 本罪主观方面是故意的。

（二）擅自出卖、转让国有档案罪的法律应用

根据《刑法》第 329 条第 3 款的规定，出卖、转让国有档案的行为同时触犯其他罪名的，以其中处罚较重的罪定罪处罚。

（三）擅自出卖、转让国有档案罪的处罚

《刑法》第 329 条第 2 款规定，犯本罪，处 3 年以下有期徒刑或者拘役。

第六节　危害公共卫生罪

一、妨害传染病防治罪

（一）妨害传染病防治罪的概念和特征

妨害传染病防治罪，是指违反传染病防治法规，引起鼠疫、霍乱等甲类传染病传播或者有传播严重危险的行为。其主要特征是：

1. 本罪客观方面表现为违反传染病防治法，引起甲类传染病传播或者有传播严重危险的行为。具体表现为下列 4 种行为：（1）供水单位供应的饮水不符合国家规定的卫生标准的；（2）拒绝按照卫生防疫机构提出的卫生要求，对传染病病原体污染的污水、污物、粪便进行消毒处理的；（3）准许或者纵容传染病病人、病原携带者和疑似传染病病人从事国务院卫生行政部门规定禁止从事的易使该传染病扩散的工作的；（4）拒绝执行卫生防疫机构依照传染病防治法提出的预防、控制措施的。

2. 本罪主体是一般主体，自然人和单位均可。

3. 本罪主观方面是过失。

（二）妨害传染病防治罪的法律应用

1. 根据《中华人民共和国传染病防治法》的规定，引起甲类传染病传播，是指事实上导致了鼠疫、霍乱的传播；有传播的严重危险，是指尚未导致鼠疫、霍乱在事实上的传播，但已经具有引起传播的相当危险性。

2. 行为人出于报复、泄愤等动机，故意引起霍乱、鼠疫等甲类传染病传播或者有传播的严重危险的，应按照以危险方法危害公共安全罪定罪处罚。

（三）妨害传染病防治罪的处罚

《刑法》第 330 条规定，犯本罪，处 3 年以下有期徒刑或者拘役；后果特别严重的，处 3 年以上 7 年以下有期徒刑。

单位犯本罪，对单位判处罚金，并对其直接负责的主管人员和其他直接责任人员，依照上述规定处罚。

二、传染病菌种、毒种扩散罪

（一）传染病菌种、毒种扩散罪的概念和特征

传染病菌种、毒种扩散罪，是指从事实验、保藏、携带、运输传染病菌种、毒种

的人员，违反国务院卫生行政部门的有关规定，造成传染病菌种、毒种扩散，后果严重的行为。其主要特征是：

1. 本罪客观方面表现为违反国务院卫生行政部门的有关规定，造成传染病菌种、毒种扩散，后果严重的行为。

2. 本罪主体是自然人特殊主体，限于从事实验、保藏、携带、运输传染病菌种、毒种的人员。

3. 本罪主观方面是过失。

（二）传染病菌种、毒种扩散罪的法律应用

非上列特定人员过失造成传染病菌种、毒种扩散的，应定过失投放危险物质罪；故意造成传染病菌种、毒种扩散的，应以投放危险物质罪定罪处罚。

（三）传染病菌种、毒种扩散罪的处罚

《刑法》第331条规定，犯本罪，处3年以下有期徒刑或者拘役；后果特别严重的，处3年以上7年以下有期徒刑。

三、妨害国境卫生检疫罪

（一）妨害国境卫生检疫罪的概念和特征

妨害国境卫生检疫罪，是指违反国境卫生检疫规定，引起检疫传染病传播或者有传播严重危险的行为。其主要特征是：

1. 本罪客观方面表现为违反国境卫生检疫规定，引起检疫传染病传播或者有传播严重危险的行为。

2. 本罪主体是一般主体，自然人和单位均可构成。

3. 本罪主观方面是过失。

（二）妨害国境卫生检疫罪的法律应用

1. 根据有关规定，引起检疫传染病传播，是指已经引起鼠疫、霍乱、黄热病、天花、艾滋病等检疫传染病在事实上的传播；有引起检疫传染病传播的严重危险，是指尚未引起鼠疫、霍乱、黄热病、天花、艾滋病等检疫传染病在事实上的传播，但已具有引起传播的相当危险性。

2. 故意引起检疫传染病传播或者有传播严重危险的，应按照以危险方法危害公共安全罪定罪处罚。

（三）妨害国境卫生检疫罪的处罚

《刑法》第332条规定，犯本罪，处3年以下有期徒刑或者拘役，并处或者单处罚金。

单位犯本罪，对单位判处罚金，并对其直接负责的主管人员和其他直接责任人员，依照上述规定处罚。

四、非法组织卖血罪

（一）非法组织卖血罪的概念和特征

非法组织卖血罪，是指未经卫生行政主管部门批准或者委托，擅自组织他人出卖血液的行为。其主要特征是：

1. 本罪客观方面表现为非法组织他人出卖血液的行为，即没得到国家卫生行政部门主管机关的批准或委托，而擅自通过招募、欺骗、劝说、引诱等方式，动员、策划、指挥、安排他人向血站、红十字会或者其他采集血液的机构出卖血液。

2. 本罪主体为自然人一般主体。

3. 本罪主观方面是故意。

（二）非法组织卖血罪的法律应用

按照《刑法》第 333 条第 2 款的规定，非法组织他人出卖血液，造成他人伤害的，应以故意伤害罪定罪处罚。

（三）非法组织卖血罪的处罚

《刑法》第 333 条第 1 款规定，犯本罪，处 5 年以下有期徒刑，并处罚金。

五、强迫卖血罪

（一）强迫卖血罪的概念和特征

强迫卖血罪，是指以暴力、威胁方法逼迫他人出卖血液的行为。其主要特征是：

1. 本罪客观方面表现为以暴力、威胁方法强迫他人出卖血液的行为，即行为人采取暴力、威胁的强制手段，迫使不愿出卖血液的人出卖自己的血液。暴力主要包括殴打、捆绑、禁闭、折磨等；威胁主要指以杀害、伤害进行恐吓，或者利用教养、从属关系等，逼迫他人卖血。

2. 本罪主体为自然人一般主体。

3. 本罪主观方面是故意。

（二）强迫卖血罪的法律应用

1. 本罪与非法组织卖血罪区别的关键在于卖血行为本身是否违背卖血者的意志，违背的构成本罪，不违背的，则构成非法组织卖血罪。

2. 根据《刑法》第 333 条第 2 款的规定，强迫他人卖血对他人造成伤害的，依照故意伤害罪的规定定罪处罚。

（三）强迫卖血罪的处罚

《刑法》第 333 条第 1 款规定，犯本罪，处 5 年以上 10 年以下有期徒刑，并处罚金。

六、非法采集、供应血液、制作、供应血液制品罪

（一）非法采集、供应血液、制作、供应血液制品罪的概念和特征

非法采集、供应血液、制作、供应血液制品罪，是指非法采集、供应血液、制作、供应血液制品，不符合国家规定的标准，足以危害人体健康的行为。其主要特征是：

1. 本罪客观方面表现为非法采集、供应血液或者制作、供应血液制品，不符合国家规定的标准，足以危害人体健康的行为。

2. 本罪主体为自然人一般主体。

3. 本罪主观方面是故意。

（二）非法采集、供应血液、制作、供应血液制品罪的法律应用

1. 根据2008年9月22日颁布的最高人民法院、最高人民检察院《关于办理非法采供血液等刑事案件具体应用法律若干问题的解释》第1条的规定，对未经国家主管部门批准或者超过批准的业务范围，采集、供应血液或者制作、供应血液制品的，应认定为非法采集、供应血液或者制作、供应血液制品。

2. 根据上述《解释》第8条的规定，本罪所称“血液”，是指全血、成分血和特殊血液成分；所称“血液制品”，是指各种人血浆蛋白制品。

3. 本罪属危险犯，只要非法采集、供应的血液或制作、供应的不符合国家规定标准的血液制品，足以危害人体健康，就构成本罪。根据上述《解释》第2条的规定，具有下列情形之一，即属于本罪的“不符合国家规定的标准，足以危害人体健康”：(1) 采集、供应的血液含有艾滋病病毒、乙型肝炎病毒、丙型肝炎病毒、梅毒螺旋体等病原微生物的；(2) 制作、供应的血液制品含有艾滋病病毒、乙型肝炎病毒、丙型肝炎病毒、梅毒螺旋体等病原微生物，或者将含有上述病原微生物的血液用于制作血液制品的；(3) 使用不符合国家规定的药品、诊断试剂、卫生器材，或者重复使用一次性采血器材采集血液，造成传染病传播危险的；(4) 违反规定对献血者、供血浆者超量、频繁采集血液、血浆，足以危害人体健康的；(5) 其他不符合国家有关采集、供应血液或者制作、供应血液制品的规定标准，足以危害人体健康的。

4. 根据上述《解释》第3条的规定，非法采集、供应血液或者制作、供应血液制品，具有下列情形之一的，属于本罪“对人体健康造成严重危害”：(1) 造成献血者、供血浆者、受血者感染乙型肝炎病毒、丙型肝炎病毒、梅毒螺旋体或者其他经血液传播的病原微生物的；(2) 造成献血者、供血浆者、受血者重度贫血、造血功能障碍或者其他器官组织损伤导致功能障碍等身体严重危害的；(3) 对人体健康造成其他严重危害的。

5. 根据上述《解释》第4条的规定，非法采集、供应血液或者制作、供应血液制品，具有下列情形之一的，属于本罪的“造成特别严重后果”：(1) 因血液传播疾病导致人员死亡或者感染艾滋病病毒的；(2) 造成五人以上感染乙型肝炎病毒、丙型肝炎病毒、梅毒螺旋体或者其他经血液传播的病原微生物的；(3) 造成五人以上重度贫血、造血功能障碍或者其他器官组织损伤导致功能障碍等身体严重危害的；(4) 造成其他特别严重后果的。

（三）非法采集、供应血液、制作、供应血液制品罪的处罚

《刑法》第334条第1款规定，犯本罪，处5年以下有期徒刑或者拘役，并处罚金；对人体健康造成严重危害的，处5年以上10年以下有期徒刑，并处罚金；造成特别严重后果的，处10年以上有期徒刑或者无期徒刑，并处罚金或者没收财产。

七、采集、供应血液、制作、供应血液制品事故罪

（一）采集、供应血液、制作、供应血液制品事故罪的概念和特征

采集、供应血液、制作、供应血液制品事故罪，是指经国家主管部门批准采集、供应血液或者制作、供应血液制品的部门，在采集、供应血液或制作、供应血液制品的过程中，不依照规定进行检测或者违背其他操作规定，造成危害他人身体健康后果

的行为。其主要特征是：

1. 本罪客观方面表现为在采集、供应血液或制作、供应血液制品的过程中，不依照规定进行检测或者违背其他操作规定，造成危害他人身体健康后果的行为。

2. 本罪主体是单位特殊主体，只能由经国家主管部门批准采集、供应血液或者制作、供应血液制品的部门构成。

3. 本罪主观方面是过失。

（二）采集、供应血液、制作、供应血液制品事故罪的法律应用

1. 根据上述《解释》第 7 条的规定，经国家主管部门批准的采供血机构和血液制品生产经营单位，属于本罪的“经国家主管部门批准采集、供应血液或者制作、供应血液制品的部门”。该《解释》第 8 条规定，“采供血机构”，包括血液中心、中心血站、中心血库、脐带血造血干细胞库和国家卫生行政主管部门根据医学发展需要批准、设置的其他类型血库、单采血浆站。

2. 根据上述《解释》第 5 条规定，经国家主管部门批准采集、供应血液或者制作、供应血液制品的部门，具有下列情形之一的，属于本罪的“不依照规定进行检测或者违背其他操作规定”：(1) 血站未用两个企业生产的试剂对艾滋病病毒抗体、乙型肝炎病毒表面抗原、丙型肝炎病毒抗体、梅毒抗体进行两次检测的；(2) 单采血浆站不依照规定对艾滋病病毒抗体、乙型肝炎病毒表面抗原、丙型肝炎病毒抗体、梅毒抗体进行检测的；(3) 血液制品生产企业在投料生产前未用主管部门批准和检定合格的试剂进行复检的；(4) 血站、单采血浆站和血液制品生产企业使用的诊断试剂没有生产单位名称、生产批准文号或者经检定不合格的；(5) 采供血机构在采集检验标本、采集血液和成分血分离时，使用没有生产单位名称、生产批准文号或者超过有效期的一次性注射器等采血器材的；(6) 不依照国家规定的标准和要求包装、储存、运输血液、原料血浆的；(7) 对国家规定检测项目结果呈阳性的血液未及时按照规定予以清除的；(8) 不具备相应资格的医务人员进行采血、检验操作的；(9) 对献血者、供血浆者超量、频繁采集血液、血浆的；(10) 采供血机构采集血液、血浆前，未对献血者或供血浆者进行身份识别，采集冒名顶替者、健康检查不合格者血液、血浆的；(11) 血站擅自采集原料血浆，单采血浆站擅自采集临床用血或者向医疗机构供应原料血浆的；(12) 重复使用一次性采血器材的；(13) 其他不依照规定进行检测或者违背操作规定的。

3. 根据上述《解释》第 6 条规定，经国家主管部门批准采集、供应血液或者制作、供应血液制品的部门，不依照规定进行检测或者违背其他操作规定，具有下列情形之一的，属于本罪的“造成危害他人身体健康后果”：(1) 造成献血者、供血浆者、受血者感染艾滋病病毒、乙型肝炎病毒、丙型肝炎病毒、梅毒螺旋体或者其他经血液传播的病原微生物的；(2) 造成献血者、供血浆者、受血者重度贫血、造血功能障碍或者其他器官组织损伤导致功能障碍等身体严重危害的；(3) 造成其他危害他人身体健康后果的。

4. 本罪与非法采集、供应血液、制作、供应血液制品罪的界限。两罪的具体行为方式及对象相同。区别的关键在于本罪采集、供应血液或制作、供应血液制品的行为本身是合法的，只是未依照规定进行有关检测或者违背了其他有关操作规定，而非法

采集、供应血液、制作、供应血液制品罪采集、供应血液或制作、供应血液制品的行为本身就是非法的。此外，本罪的主体限于经国家主管部门批准采集、供应血液或者制作、供应血液制品的部门，即属于单位特殊主体；非法采集、供应血液、制作、供应血液制品罪的主体系自然人一般主体。本罪的罪过为过失，非法采集、供应血液、制作、供应血液制品罪的罪过为故意。

（三）采集、供应血液、制作、供应血液制品事故罪的处罚

《刑法》第334条第2款规定，犯本罪，对单位判处罚金，并对直接负责的主管人员和其他直接责任人员，处5年以下有期徒刑或者拘役。

八、医疗事故罪

（一）医疗事故罪的概念与构成特征

医疗事故罪，是指医务人员由于严重不负责任，造成就诊人死亡或者严重损害就诊人身体健康的行为。其主要特征是：

1. 本罪客观方面表现为行为人严重不负责任，造成就诊人死亡或者严重损害就诊人身体健康的行为。首先，行为人严重不负责任是构成本罪的前提。所谓严重不负责任，是指医务人员在诊断、处方、用药、麻醉、手术、输血、护理、化验、消毒、查房等诊疗护理工作的各个环节中，违反规章制度或诊疗护理常规，不履行或者不正确履行诊疗护理职责，粗心大意，草率行事。其次，造成就诊人死亡或者严重损害就诊人身体健康是成立本罪的必要条件。所谓造成就诊人死亡，是指导致到医疗机构治疗疾患、进行健康检查或者为计划生育而进行医疗的人死亡；所谓严重损害就诊人的身体健康，主要是指造成上列人员残疾、组织器官严重损伤、丧失劳动能力等严重后果。此外，造成就诊人死亡或者严重损害就诊人身体健康的结果与行为人严重不负责任之间必须具有因果关系。如果是由于技术或其他原因导致的医疗事故，不构成本罪。

2. 本罪主体是自然人特殊主体，即医务人员。所谓医务人员，是指经过考核和卫生行政机关的批准或承认，取得相应资格的，直接从事诊疗护理工作的人员，具体包括四类人员：（1）医疗防疫人员，包括从事中医、西医、卫生防疫、寄生虫防治、地方病防治、职业病防治及妇幼保健等工作的人员；（2）药剂人员，包括从事中药、西药配剂、发放等工作的人员；（3）护理人员，包括从事护理的护师、护士、护理员；（4）其他技术人员，如从事检验、理疗、病理、口腔、同位素、放射、营养技术等工作的人员。不论是在国家、集体医疗卫生机构中的医务人员，还是经主管部门批准开业的个体行医人员，均可成为本罪的主体。但医疗卫生机构中从事与诊疗护理无直接关系工作的人员和非医疗机构的人员，均不能构成本罪。

3. 本罪主观方面是过失，即行为人应当预见到严重不负责任的行为可能造成严重后果，但因疏忽大意没有预见，或者已经预见但轻信能够避免，以致发生了严重后果。至于是否有意违反规章制度，不影响本罪的成立。

（二）医疗事故罪的法律应用

1. 罪与非罪的界限。主要应分清以下界线：（1）医疗事故罪与医疗差错的界限。医疗差错，是指虽有诊疗护理差错，但未造成就诊人员死亡、残废、功能障碍等严重后果。二者区别的关键在于是否发生了严重后果。（2）医疗事故罪与医疗意外的界限。

医疗意外，是指在诊疗护理工作中，由于病情或病员体质特殊而发生了医务人员难以预料和防范的后果。二者区别的关键在于医务人员是否有严重不负责任的行为。(3) 医疗事故罪与医疗技术事故的界限。医疗技术事故，是由于医务人员医疗技术水平不高、缺乏经验以及医疗设备的原因等造成的医疗事故。其与本罪的区别主要是造成医疗事故的原因不同。

2. 本罪与重大责任事故罪的界限。二者客观上都造成了严重后果，主观上都是过失，其主要区别是：(1) 犯罪客体不同。本罪侵犯的主要是医疗卫生管理秩序和就诊人员的人身权利；重大责任事故罪侵犯的是公共安全。(2) 犯罪主体不同。本罪的主体是医务人员；而重大责任事故罪的主体是直接从事生产作业或者组织、指挥生产作业的人员。(3) 违反的规章制度的范围不同。本罪违反的是有关诊疗护理的规章制度；而重大责任事故罪违反的是有关生产的规章制度和操作规程。

3. 本罪与过失致人重伤罪、过失致人死亡罪的界限。关键看是否在诊疗护理过程中，由于医务人员违反有关规章制度或者治疗护理常规的失职行为而导致被害人重伤、死亡。结论是肯定的，构成本罪，反之，则构成过失致人重伤罪、过失致人死亡罪。

(三) 医疗事故罪的处罚

《刑法》第 336 条规定，犯本罪，处 3 年以下有期徒刑或者拘役。

九、非法行医罪

(一) 非法行医罪的概念与构成特征

非法行医罪，是指未取得医生执业资格的人擅自从事医疗活动，情节严重的行为。其主要特征是：

1. 本罪客观方面表现为未取得医生执业资格而非法行医，情节严重的行为。首先，必须是未取得医生执业资格而非法行医。其次，非法行医必须达到情节严重的程度。所谓情节严重，主要是指非法行医屡教不改的；非法行医误诊而延误治疗，致使患者病情加重的；非法行医损害多人身体健康的；非法行医骗取钱财数额较大的；非法行医使用伪劣药品蒙骗就诊人的，等等。

2. 本罪主体是自然人一般主体。既可以是无医疗技术的一般公民，也可以是有一定医疗技术，但尚未取得医生执业资格的人。

3. 本罪主观方面是故意。

(二) 非法行医罪的法律应用

1. 罪与非罪的界限。主要从两方面把握：一是看行医行为本身是否合法，如是取得医生执业资格而合法行医，不构成本罪；二是看情节是否严重，虽属于非法行医，但未达到情节严重程度的，只能通过行政的方式处理。

2. 根据 2008 年 5 月 9 日起施行的最高人民法院《关于审理非法行医刑事案件具体应用法律若干问题的解释》第 1 条规定，具有下列情形之一的，属于本罪的“未取得医生执业资格的人非法行医”：(1) 未取得或者以非法手段取得医师资格从事医疗活动的；(2) 个人未取得《医疗机构执业许可证》开办医疗机构的；(3) 被依法吊销医师执业证书期间从事医疗活动的；(4) 未取得乡村医生执业证书，从事乡村医疗活动的；(5) 家庭接生员实施家庭接生以外的医疗行为的。

3. 根据上述《解释》第 2 条规定，具有下列情形之一的，属于本罪的“情节严重”：（1）造成就诊人轻度残疾、器官组织损伤导致一般功能障碍的；（2）造成甲类传染病传播、流行或者有传播、流行危险的；（3）使用假药、劣药或不符合国家规定标准的卫生材料、医疗器械，足以严重危害人体健康的；（4）非法行医被卫生行政部门行政处罚两次以后，再次非法行医的；（5）其他情节严重的情形。

4. 根据上述《解释》第 2 条规定，具有下列情形之一的，应认定为《刑法》第 336 条第 1 款规定的“严重损害就诊人身体健康”：（1）造成就诊人中度以上残疾、器官组织损伤导致严重功能障碍的；（2）造成三名以上就诊人轻度残疾、器官组织损伤导致一般功能障碍的。《解释》第 5 条规定，轻度残疾、器官组织损伤导致一般功能障碍、中度以上残疾、器官组织损伤导致严重功能障碍，参照卫生部《医疗事故分级标准（试行）》认定。

5. 根据上述《解释》第 4 条规定，实施非法行医犯罪，同时构成生产、销售假药罪，生产、销售劣药罪，诈骗罪等其他犯罪的，依照刑法处罚较重的规定定罪处罚。

6. 本罪与医疗事故罪的界限。两罪的区别主要是：（1）犯罪主体不同。本罪的主体是未取得医生执业资格的人。医疗事故罪的主体则限于已取得医生执业资格的医务人员；（2）客观方面不同。本罪表现为无医生执业资格而擅自行医，情节严重的行为。医疗事故罪则表现为合法行医过程中，严重不负责任，造成就诊人死亡或者严重损害就诊人身体健康的行为；（3）主观方面不同。本罪主观罪过形式为故意。医疗事故罪的主观方面则是过失。

（三）非法行医罪的处罚

《刑法》第 336 条第 1 款规定，犯本罪，处 3 年以下有期徒刑、拘役或者管制，并处或者单处罚金；严重损害就诊人身体健康的，处 3 年以上 10 年以下有期徒刑，并处罚金；造成就诊人死亡的，处 10 年以上有期徒刑，并处罚金。

根据 2003 年 5 月 14 日最高人民法院、最高人民检察院发布的《关于办理妨害预防、控制突发传染病疫情等灾害的刑事案件具体应用法律若干问题的解释》第 12 条，非法行医具有造成突发传染病病人、病原携带者、疑似突发传染病人贻误诊治或者造成交叉感染等严重情节的，以本罪从重处罚。

十、非法进行节育手术罪

（一）非法进行节育手术罪的概念和特征

非法进行节育手术罪，是指未取得医生执业资格的人，擅自为他人进行节育复通术、假节育手术、终止妊娠手术或者摘取宫内节育器，情节严重的行为。其主要特征是：

1. 本罪客观方面表现为未取得医生执业资格而擅自为他人进行节育复通术、假节育手术、终止妊娠手术或者摘取宫内节育器，情节严重的行为。

2. 本罪主体是自然人一般主体，但必须是未取得医生执业资格的人。

3. 本罪主观方面为故意。

（二）非法进行节育手术罪的法律应用

1. 已取得医生执业资格的人擅自为他人进行上述节育手术的，不构成本罪。如果导致他人伤残、死亡的，可定过失致人重伤罪或者过失致人死亡罪。

2. 本罪与非法行医罪在主体、主观方面均相同，区别的关键在于客观方面：本罪表现为擅自进行节育手术，非法行医罪则表现为擅自从事一般的医疗活动。

（三）非法进行节育手术罪的处罚

《刑法》第 336 条第 2 款规定，犯本罪，处 3 年以下有期徒刑、拘役或者管制，并处或者单处罚金；严重损害就诊人身体健康的，处 3 年以上 10 年以下有期徒刑，并处罚金；造成就诊人死亡的，处 10 年以上有期徒刑，并处罚金。

十一、妨害动植物防疫、检疫罪

（一）妨害动植物检疫罪的概念和特征

妨害动植物防疫、检疫罪，是指违反有关动植物防疫、检疫的国家规定，引起重大动植物疫情的，或者有引起重大动植物疫情危险，情节严重的行为。其主要特征是：

1. 本罪客观方面表现为违反有关动植物防疫、检疫的国家规定，引起重大动植物疫情的，或者有引起重大动植物疫情危险，情节严重的行为。

2. 本罪主体是一般主体，自然人和单位均可。

3. 本罪主观方面是故意。

（二）妨害动植物防疫、检疫罪的法律应用

1. 2009 年 2 月 28 日公布并实施的《刑法修正案（七）》第 11 条对本罪客观方面作了两方面修改：一是将逃避依法实施的境内动植物防疫、检疫的行为纳入了本罪，扩大了本罪行为的范围，因而不论是逃避进出境的动植物检疫，还是逃避境内的动植物检疫，都可构成本罪；二是规定逃避动植物检疫，有引起重大动植物疫情危险，情节严重的也要以本罪定罪处罚，加大了对逃避动植物检疫行为的打击力度。

2. 构成本罪须引起重大动植物疫情，或者有引起重大动植物疫情危险，且情节严重。根据有关规定，引起重大动植物疫情，是指由于行为人逃避动植物防疫、检疫，引起动物炭疽病、口蹄疫、焦虫病、猪丹毒一、二类传染病、寄生虫病的爆发或流行，或者引起植物危险性病、虫、杂草的传播、孳生和蔓延的情况。有引起重大动植物疫情危险，是指尚未引起上述动植物疫情在事实上的爆发、流行、传播或蔓延，但已具有引起爆发、流行、传播或蔓延的相当危险性。

（三）妨害动植物防疫、检疫罪的处罚

《刑法》第 337 条规定，犯本罪，处 3 年以下有期徒刑或者拘役，并处或者单处罚金。

单位犯本罪的，对单位判处罚金，并对其直接负责的主管人员和其他直接责任人员，依照上述规定处罚。

第七节　破坏环境资源保护罪

一、污染环境罪

（一）污染环境罪的概念与特征

污染环境罪，是指违反国家规定，排放、倾倒或者处置有放射性的废物，含传染病病原体的废物、有毒物质或者其他有害物质，严重污染环境的行为。《刑法修正案（八）》第46条对本罪有修改，主要是调整了客观方面的要件。据此，最高人民法院和最高人民检察院发布的《关于执行〈中华人民共和国刑法〉确定罪名的补充规定（五）》将本罪罪名由重大环境污染事故罪改为污染环境罪，其主要特征是：

1. 本罪客观方面表现为违反国家规定，向土地、水体、大气排放、倾倒或者处置有放射性的废物、含传染病病原体的废物、有毒物质或者其他危险废物，造成重大环境污染事故，致使公私财产遭受重大损失或者人身伤亡的严重后果的行为。具体把握三点：

（1）违反国家规定是构成本罪的前提。所谓违反国家规定，这里主要是指违反我国《环境保护法》、《大气污染防治法》、《水污染防治法》、《海洋环境保护法》、《固体废物污染环境防治法》、《放射防护条例》和《工业"三废"排放试行标准》等环境保护法律、法规中有关危险废物的排放、倾倒、处置的规定。

（2）必须实施了排放、倾倒或者处置有放射性的废物，含传染病病原体的废物、有毒物质或者其他有害物质的行为。包括两层含义：

一是必须有排放、倾倒或者处置的行为。所谓排放，是指将危险废物泵出、溢出、泄出、喷出等行为；所谓倾倒，是指使用船舶、航空器、平台或者其他载运工具倾卸危险废物的行为；所谓处置，是指将危险废物焚烧或者用其他改变危险废物物理、化学、生物特性的方法处理危险废物，或者将危险废物置于一定场所或者设施并不再取回的行为。

二是排放、倾倒、处置的必须是有放射性的废物、含传染病病原体的废物、有毒物质或者其他有害物质。《刑法修正案（八）》第46条将《刑法》第343条第1款规定的其他危险废物改为其他有害物质，扩大了排放、倾倒、处置对象的范围。根据《固体废物污染环境防治法》第74条第4项的规定，所谓危险废物，是指列入国家危险废物名录或根据国家规定的危险废物鉴别标准和鉴别方法认定的具有危险特性的废物。作为本罪对象的危险废物包括有放射性的废物、含传染病病原体的废物、有毒物质或者其他危险废物。有放射性的废物，是指天然或者人工放射性核素超过国家规定限值的固体、液体和气体废弃物；含传染病病原体的废物，是指含有传染病病菌、病毒等病原体的污水、粪便等废物；有毒物质，是指对人体有毒害，可能对人体健康和环境造成严重危害的有机或者无机毒物；其他有害物质，是指上述危险废物和有毒物质之外的可能对人体健康和环境造成严重危害的物质。

（3）必须严重污染环境。这是构成本罪的必要条件。如果行为人仅有非法排放、倾倒、处置有放射性的废物、含传染病病原体的废物、有毒物质或者其他有害物质的行为，而未严重污染环境，不构成本罪，只能予以行政处罚。《刑法》第343条第1款对该条件原规定为，造成重大环境污染事故，致使公私财产遭受重大损失或者人身伤亡的严重后果，《刑法修正案（八）》第46条将其修改为严重污染环境。

2. 本罪主体是一般主体，自然人和单位均可。

3. 本罪主观方面是过失，即行为人对非法排放、倾倒、处置危险废物，造成重大环境污染事故，致使公私财产遭受重大损失或者人身伤亡的严重后果，是应当预见因疏忽大意而未预见或者已经预见但轻信能够避免。

（二）污染环境罪的法律应用

1. 本罪以发生致使公私财产遭受重大损失或者人身伤亡的严重后果为必要条件。

根据最高人民法院2006年7月21日发布的《关于审理环境污染刑事案件具体应用法律若干问题的解释》第1条、第2条的规定，本罪的“公私财产遭受重大损失”，是指具有下列情形之一：(1) 致使公私财产损失30万元以上的。具体包括污染环境行为直接造成的财产损毁、减少的实际价值，为防止污染扩大以及消除污染而采取的必要的、合理的措施而发生的费用；(2) 致使基本农田、防护林地、特种用途林地5亩以上，其他农用地10亩以上，其他土地20亩以上基本功能丧失或者遭受永久性破坏的；(3) 致使森林或者其他林木死亡50立方米以上，或者幼树死亡2 500株以上的；(4) 致使1人以上死亡、3人以上重伤、10人以上轻伤；(5) 1人以上重伤并且5人以上轻伤的；(6) 其他致使人身伤亡的严重后果的情形。

2. 本罪与投放危险物质罪的界限。区别主要有四：一是所涉及的物质不同。本罪排放、倾倒、处置的是有放射性的废物、含传染病病原体的废物、有毒物质或者其他有害物质，而后罪投放的则是毒害性、放射性物质或者传染病病原体等危险物质；二是主观方面不同。本罪主观方面为过失，后者为故意；三是犯罪主体不同。本罪自然人和单位均可构成，后者只能由自然人构成。四是犯罪客体不同。本罪侵犯的客体是环境污染防治管理秩序，后者为公共安全。

3. 本罪与重大责任事故罪的界限。二者主观上都是过失的，客观上都要求发生严重的后果，区别主要有三点：(1) 犯罪客体不同。本罪侵犯的主要是环境污染防治管理秩序，重大责任事故罪侵犯的主要是生产安全；(2) 犯罪主体不同。本罪自然人和单位均可构成，重大责任事故罪则只能由自然人构成；(3) 行为方式不同。本罪表现为向土地、水体、大气排放、倾倒或者处置危险废物的行为，重大责任事故罪则表现为在生产作业过程中，不服管理、违反规章制度，或者强令工人违章冒险作业。

4. 本罪与危险物品肇事罪的界限。区别主要有三：(1) 犯罪客体不同。本罪侵犯的主要是环境污染防治管理秩序，危险物品肇事罪所侵犯的是公共安全；(2) 犯罪主体不同。本罪自然人和单位均可构成，危险物品肇事罪只能由自然人构成；(3) 客观方面不同。本罪是因为向土地、水体、大气排放、倾倒或者处置危险废物而发生的重大环境污染事故。危险物品肇事罪则是在生产、储存、运输、使用危险物品的过程中因违反有关规定而导致的重大事故。其中，本罪涉及的是有放射性、含传染病病原体等的危险废物，危险物品肇事罪涉及的是易燃、易爆或者具有腐蚀性的危险物品。

5. 根据2003年5月14日最高人民法院、最高人民检察院发布的《关于办理妨害预防、控制突发传染病疫情等灾害的刑事案件具体应用法律若干问题的解释》第13条，违反传染病防治法等国家有关规定，向土地、水体、大气排放、倾倒或者处置含传染病病原体的废物、有毒物质或者其他危险废物，造成突发传染病传播等重大环境污染事故，致使公私财产遭受重大损失或者人身伤亡的严重后果的，以重大环境污染事故罪定罪处罚。

6. 根据2006年11月16日起施行的最高人民法院《关于审理走私刑事案件具体应用法律若干问题的解释（二）》第6条第4项，走私国家禁止进口的废物并造成重大环境污染事故的，以走私废物罪定罪处罚。

（三）污染环境罪的处罚

《刑法》第338条规定，犯本罪，处3年以下有期徒刑或者拘役，并处或者单处罚金；后果特别严重的，处3年以上7年以下有期徒刑，并处罚金。

按照最高人民法院2006年7月21日发布的《关于审理环境污染刑事案件具体应用法律若干问题的解释》（以下简称《解释》），“后果特别严重”是指具有下列情形之一：（1）致使公私财产损失100万元以上的；（2）致使水源污染、人员疏散转移达到《国家突发环境事件应急预案》中突发环境事件分级Ⅱ级以上情形的；（3）致使基本农田、防护林地、特种用途林地15亩以上，其他农用地30亩以上，其他土地60亩以上基本功能丧失或者遭受永久性破坏的；（4）致使森林或者其他林木死亡150立方米以上，或者幼树死亡7 500株以上的；（5）致使3人以上死亡、10人以上重伤、30人以上轻伤，或者3人以上重伤并10人以上轻伤的；（6）致使传染病发生、流行达到《国家突发公共卫生事件应急预案》中突发公共卫生事件分级Ⅱ级以上情形的；（7）其他后果特别严重的情形。

《刑法》第346条规定，单位犯本罪，对单位判处罚金，并对其直接负责的主管人员和其他直接责任人员，依照上述规定处罚。

二、非法处置进口的固体废物罪

（一）非法处置进口的固体废物罪的概念和特征

非法处置进口的固体废物罪，是指违反国家规定，将境外的固体废物进境倾倒、堆放、处置的行为。其主要特征是：

1. 本罪客观方面表现为违反国家规定，将境外的固体废物进境倾倒、堆放、处置的行为。所谓固体废物，是指人们在生产建设、日常生活及其他活动中产生的污染环境的固态、半固态的废弃物质。应特别注意，本罪倾倒、堆放、处置的必须是境外的固体废物，即所谓“洋垃圾”。

2. 本罪主体是一般主体，自然人和单位均可。

3. 本罪主观方面是故意。

（二）非法处置进口的固体废物罪的法律应用

1. 本罪与走私废物罪的界限。二者都有将境外的废物运输进境的行为，区别主要在于：（1）犯罪客体不同。本罪侵犯的是国家对固体废物污染环境的防治制度；后者侵犯的主要是国家的对外贸易管制。（2）客观行为和对象不同。本罪表现为违反国家规定，将境外的固体废物进境倾倒、堆放、处置的行为；后者表现为违反海关法规，逃避海关监管，将境外的固体废物、液态废物、气态废物运输进境的行为。

2. 本罪与重大环境污染事故罪的界限。二者的主要区别是：（1）犯罪对象不同。前者倾倒、堆放、处置的必须是境外的固体废物；而后者排放、倾倒、处置的限于我国境内的各种形态的危险废物。（2）主观方面不同。前者为故意；而后者为过失。（3）构成犯罪的要求不同。前者只要实施了将境外的固体废物进境倾倒、堆放、处置的行为，不论是否发生重大环境污染事故均可构成；而后者必须发生重大环境污染事故，并造成财产重大损失或人员伤亡等严重后果，才能构成。

（三）非法处置进口的固体废物罪的处罚

《刑法》第339条规定，犯本罪，处5年以下有期徒刑或者拘役，并处罚金；造成重大环境污染事故，致使公私财产遭受重大损失或者严重危害人体健康的，处5年以上10年以下有期徒刑，并处罚金；后果特别严重的，处10年以上有期徒刑，并处罚金。按照上述最高人民法院2006年7月21日发布的《解释》，本罪的“严重危害人体健康”，是指致使传染病发生、流行或者人员中毒达到《国家突发公共卫生事件应急预案》中突发公共卫生事件分级Ⅲ级情形，以及其他严重危害人体健康的情形；本罪的“公私财产遭受重大损失”、“后果特别严重”与重大环境污染事故罪相同。

《刑法》第346条规定，单位犯本罪，对单位判处罚金，并对其直接负责的主管人员和其他直接责任人员，依照上述规定处罚。

三、擅自进口固体废物罪

（一）擅自进口固体废物罪的概念和特征

擅自进口固体废物罪，是指未经国务院有关主管部门许可，擅自进口固体废物用作原料，造成重大环境污染事故，致使公私财产遭受重大损失或者严重危害人体健康的行为。其主要特征是：

1. 本罪客观方面表现为未经国务院有关主管部门许可，擅自进口固体废物用作原料，造成重大环境污染事故，致使公私财产遭受重大损失或者严重危害人体健康的行为。本罪进口的固体废物，必须是可以用作原料的，否则不构成本罪。根据上述最高人民法院2006年7月21日的《解释》，本罪的“公私财产遭受重大损失”和“严重危害人体健康”与非法处置进口的固体废物罪相同。

2. 本罪主体为一般主体，自然人和单位均可。

3. 本罪主观方面是故意，且是为了用作原料而进口固体废物。

（二）擅自进口固体废物罪的法律应用

1. 根据《刑法修正案（四）》第5条修订的《刑法》第339条第3款规定，如果是以原料利用为名，进口不能用作原料的固体废物、液态废物、气态废物的，应以走私废物罪定罪处罚。

2. 根据2006年11月16日起施行的最高人民法院《关于审理走私刑事案件具体应用法律若干问题的解释（二）》第7条，走私国家限制进口的可用作原料的废物构成犯罪的，以走私废物罪定罪处罚。

（三）擅自进口固体废物罪的处罚

《刑法》第339条第2款规定，犯本罪，处5年以下有期徒刑或者拘役，并处罚金；后果特别严重的，处5年以上10年以下有期徒刑，并处罚金。其中的“后果特别严重”同非法处置进口的固体废物罪。

《刑法》第346条规定，单位犯本罪，对单位判处罚金，并对其直接负责的主管人员和其他直接责任人员，依照上述规定处罚。

四、非法捕捞水产品罪

（一）非法捕捞水产品罪的概念和特征

非法捕捞水产品罪，是指违反保护水产资源法规，在禁渔区、禁渔期或者使用禁用的工具、方法捕捞水产品，情节严重的行为。其主要特征是：

1. 本罪客观方面表现为违反水产资源保护法规，在禁渔区、禁渔期或者使用禁用的工具、方法捕捞水产品，情节严重的行为。

2. 本罪主体为一般主体，自然人和单位均可。

3. 本罪主观方面是故意，即行为人明知是禁渔区、禁渔期而捕捞水产品，或者明知是禁用的工具、方法而用以捕捞水产品。

（二）非法捕捞水产品罪的法律应用

1. 不明知是禁渔区、禁渔期或者禁用的工具、方法而捕捞水产品的，不构成本罪；虽然明知但未达情节严重的，也不构成本罪。

2. 以非法占有为目的，在他人养殖水产品的湖泊、水库、鱼塘中，用电击、爆炸等方法盗捕水产品，危害公共安全的，以危害公共安全罪中相应的罪名定罪处罚；未危害公共安全的，以盗窃罪定罪处罚。

（三）非法捕捞水产品罪的处罚

《刑法》第 340 条规定，犯本罪，处 3 年以下有期徒刑、拘役、管制或者罚金。

《刑法》第 346 条规定，单位犯本罪，对单位判处罚金，并对其直接负责的主管人员和其他直接责任人员，依照上述规定处罚。

五、非法猎捕、杀害珍贵、濒危野生动物罪

（一）非法猎捕、杀害珍贵、濒危野生动物罪的概念和特征

非法猎捕、杀害珍贵、濒危野生动物罪，是指违反野生动物保护法规，猎捕、杀害国家重点保护的珍贵、濒危野生动物的行为。其主要特征是：

1. 本罪客观方面表现为非法猎捕、杀害国家重点保护的珍贵、濒危野生动物的行为。所谓珍贵野生动物，是指在生态平衡、科学研究、发展经济、文化艺术以及国际交往等方面具有重要价值的陆生、水生野生动物；所谓濒危野生动物，是指品种和数量稀少且濒于灭绝的陆生、水生野生动物。根据最高人民法院 2000 年 11 月 27 日颁布的《关于审理破坏野生动物资源刑事案件具体应用法律若干问题的解释》，珍贵、濒危野生动物的范围，包括列入国家重点保护野生动物名录的国家一、二级保护野生动物、列入《濒危野生动植物种国际贸易公约》附录一、附录二的野生动物以及驯养繁殖的上述物种。按照我国《野生动物保护法》第 16 条的规定，凡是未取得有关主管部门颁发的特许猎捕证，或者虽取得特许猎捕证但未按猎捕证规定的种类、数量、地点、期限实施猎捕的，均属于非法猎捕、杀害。

2. 本罪主体为一般主体，自然人和单位均可。

3. 本罪主观方面是故意，即行为人明知是国家重点保护的珍贵、濒危野生动物，而故意加以猎捕、杀害。

（二）非法猎捕、杀害珍贵、濒危野生动物罪的法律应用

1. 根据上述最高人民法院 2000 年 11 月 27 日的《解释》，使用爆炸、投毒、设置电网等危险方法破坏野生动物资源，同时构成本罪和爆炸罪、投放危险物质罪或以危险方法危害公共安全罪的，依照处罚较重的规定定罪处罚；实施本罪，又以暴力、威胁方法抗拒查处，构成其他犯罪的，依照数罪并罚的规定处罚。

2. 为走私珍贵、濒危野生动物及其制品，而非法猎捕、杀害珍贵、濒危野生动物的，属于本罪与走私珍贵、濒危野生动物、珍贵、濒危野生动物制品罪的牵连犯，应当按照其中处罚较重的罪定罪处罚。

3. 故意伤害珍贵、濒危野生动物的，不能定本罪，可按照故意毁坏财物罪定罪处罚。

（三）非法猎捕、杀害珍贵、濒危野生动物罪的处罚

《刑法》第341条第1款规定，犯本罪，处5年以下有期徒刑或者拘役，并处罚金；情节严重的，处5年以上10年以下有期徒刑，并处罚金；情节特别严重的，处10年以上有期徒刑，并处罚金或者没收财产。

《刑法》第346条规定，单位犯本罪，对单位判处罚金，并对其直接负责的主管人员和其他直接责任人员，依照上述规定处罚。

六、非法收购、运输、出售珍贵、濒危野生动物、珍贵、濒危野生动物制品罪

（一）非法收购、运输、出售珍贵、濒危野生动物、珍贵、濒危野生动物制品罪的概念和特征

非法收购、运输、出售珍贵、濒危野生动物、珍贵、濒危野生动物制品罪，是指违反野生动物保护法规，未经有关主管部门或其授权单位批准，擅自收购、运输、出售国家重点保护的珍贵、濒危野生动物及其制品的行为。其主要特征是：

1. 本罪客观方面表现为非法收购、运输、出售国家重点保护的珍贵、濒危野生动物及其制品的行为。这里的对象既包括珍贵、濒危野生动物本身，也包括珍贵、濒危野生动物的制品。根据上述最高人民法院2000年11月27日的《解释》，所谓收购，包括以营利、自用等为目的的购买行为。所谓运输，包括采用携带、邮寄、利用他人、使用交通工具等方法进行运送的行为。所谓出售，包括出卖和以营利为目的的加工利用行为。

2. 本罪主体为一般主体，自然人和单位均可。

3. 本罪主观方面为故意。

（二）非法收购、运输、出售珍贵、濒危野生动物、珍贵、濒危野生动物制品罪的法律应用

1. 根据《刑法》第155条第2项的规定，在我国的内海、领海、界河、界湖收购、运输、出售珍贵野生动物及其制品的，应定走私珍贵动物、珍贵动物制品罪。

2. 根据上述最高人民法院2000年11月27日的《解释》，实施本罪，又以暴力、威胁方法抗拒查处，构成其他犯罪的，依照数罪并罚的规定处罚。

（三）非法收购、运输、出售珍贵、濒危野生动物、珍贵、濒危野生动物制品罪的处罚

《刑法》第341条第1款规定，犯本罪，处5年以下有期徒刑或者拘役，并处罚金；情节严重的，处5年以上10年以下有期徒刑，并处罚金；情节特别严重的，处10年以上有期徒刑，并处罚金或者没收财产。

《刑法》第346条规定，单位犯本罪，对单位判处罚金，并对其直接负责的主管人

员和其他直接责任人员，依照上述规定处罚。

七、非法狩猎罪

（一）非法狩猎罪的概念和特征

非法狩猎罪，是指违反狩猎法规，在禁猎区、禁猎期或者使用禁用的工具、方法猎杀野生动物，情节严重的行为。其主要特征是：

1. 本罪客观方面表现为在禁猎区、禁猎期或者使用禁用的工具、方法猎杀野生动物，情节严重的行为。本罪的对象限于非国家重点保护的陆生野生动物。根据上述最高人民法院2000年11月27日的《解释》，属于本罪情节严重的情形包括：（1）非法狩猎野生动物20只以上的；（2）违反狩猎法规，在禁猎区或者禁猎期使用禁用的工具、方法狩猎的；（3）具有其他严重情节的。根据司法实践，其他严重情节，主要是指一贯进行非法狩猎，屡教不改的；非法狩猎造成野生动物资源严重破坏的；非法狩猎抗拒林政部门管理，威胁、殴打管理人员的，等等。

2. 本罪主体为一般主体，自然人和单位均可。

3. 本罪主观方面是故意。

（二）非法狩猎罪的法律应用

1. 本罪与非法捕捞水产品罪的界限。二者的主要区别是犯罪对象不同。前者的对象是非国家重点保护的陆生野生动物；而后者的对象是非国家重点保护的水生野生动物，以及海藻类等水生野生植物。

2. 本罪与非法猎捕、杀害珍贵、濒危野生动物罪的界限。二者的主要区别是：（1）犯罪对象不同。本罪的对象仅限于非国家重点保护的陆生野生动物；而后者的对象则是国家重点保护的珍贵、濒危野生动物，且既包括陆生野生动物，也包括水生野生动物。（2）行为表现不同。本罪表现为在禁猎区、禁猎期或者使用禁用的工具、方法捕杀野生动物；而后者表现为未经合法许可，擅自捕杀珍贵、濒危野生动物，没有时间、地点和方法的限制。

3. 根据上述最高人民法院2000年11月27日的《解释》，使用爆炸、投毒、设置电网等危险方法破坏野生动物资源，同时构成本罪和爆炸罪、投毒罪和以危险方法危害公共安全罪的，依照处罚较重的规定定罪处罚；实施本罪，又以暴力、威胁方法抗拒查处，构成其他犯罪的，依照数罪并罚的规定处罚。

（三）非法狩猎罪的处罚

《刑法》第341条第2款规定，犯本罪，处3年以下有期徒刑、拘役、管制或者罚金。

《刑法》第346条规定，单位犯本罪，对单位判处罚金，并对其直接负责的主管人员和其他直接责任人员，依照上述规定处罚。

八、非法占用农用地罪

（一）非法占用农用地罪的概念与特征

非法占用农用地罪，是指违反土地管理法规，非法占用耕地、林地等农用地，改变被占用土地用途，数量较大，造成耕地、林地等农用地大量毁坏的行为。其主要特征是：

1. 本罪客观方面表现为违反土地管理法规，非法占用农用地，改变被占用土地用途，数量较大，造成农用地大量毁坏的行为。首先，须违反土地管理法规。根据全国人大常委会2001年8月31日颁布的《刑法修正案（二）》和《关于〈中华人民共和国刑法〉第228条、第342条、第410条的解释》，违反土地管理法规，是指违反土地管理法、森林法、草原法等法律以及有关行政法规中关于土地管理的规定。其次，实施了非法占用农用地，并改变其用途的行为，即未经有关主管部门批准，擅自将耕地、林地等农用地用于建房、挖沙、采石、采矿、建窑、建坟、取土、堆放或者排泄废弃物，或者进行其他非农建设等。最后，非法占用农用地必须数量较大，并造成耕地、林地等农用地大量毁坏。

2. 本罪主体为一般主体，自然人和单位均可。

3. 本罪主观方面是故意的，并具有改变农用地用途的目的。

（二）非法占用农用地罪的法律应用

1. 罪与非罪的界限。主要从以下两方面把握：一是看行为人非法占用农用地是否改变其用途，如果继续用于农作的，不构成本罪；二是看是否达到数量较大，造成大量耕地、林地毁坏的程度。未达此程度的，不构成本罪。

根据最高人民法院2000年6月16日通过的《关于审理破坏土地资源刑事案件具体应用法律若干问题的解释》第3条的规定，“数量较大，造成大量耕地毁坏”的具体标准是非法占用耕地，改作他用，造成基本农田5亩以上或者基本农田以外的耕地10亩以上种植条件严重毁坏或者严重污染。

根据最高人民法院2005年12月26日颁布的《关于审理破坏林地资源刑事案件具体应用法律若干问题的解释》第1条的规定，“数量较大，造成林地大量毁坏”，是指具有下列情形之一：（1）非法占用并毁坏防护林地、特种用途林地数量分别或者合计达到5亩以上；（2）非法占用并毁坏其他林地数量达到10亩以上；（3）非法占用并毁坏本条第（1）项、第（2）项规定的林地，数量分别达到相应规定的数量标准的50%以上；（4）非法占用并毁坏本条第（1）项、第（2）项规定的林地，其中一项数量达到相应规定的数量标准的50%以上，且两项数量合计达到该项规定的数量标准。

2. 本罪与非法转让、倒卖土地使用权罪的界限。（1）侵犯的客体不同。本罪侵犯的主要是国家对农用地的保护制度，后罪侵犯的主要是国家对土地使用权转让的管理秩序；（2）客观行为不同。本罪表现为非法占用农用地并改变其用途，数量较大，造成农用地大量毁坏的行为，后罪表现为非法转让、倒卖土地使用权，情节严重的行为；（3）所涉及的土地范围不同。本罪涉及的只限于农用地，后罪涉及的则包括耕地和其他土地；（4）主观方面不同。本罪只要是故意即可，后罪则必须具有牟利的目的。

（三）非法占用农用地罪的处罚

《刑法》第342条规定，犯本罪，处5年以下有期徒刑或者拘役，并处或者单处罚金。

《刑法》第346条规定，单位犯本罪，对单位判处罚金，并对其直接负责的主管人员和其他直接责任人员，依照上述规定处罚。

九、非法采矿罪

（一）非法采矿罪的特征和概念

非法采矿罪，是指违反矿产资源法规，未取得采矿许可证擅自采矿、擅自进入国家规划矿区、对国民经济具有重要价值的矿区和他人矿区采矿，以及擅自开采国家规定实行保护性开采的特定矿种，情节严重的行为，《刑法修正案（八）》第47条对本罪客观方面有修改。其主要特征是：

1. 本罪客观方面表现为违反矿产资源法的规定，非法采矿，情节严重的行为。根据最高人民法院2003年5月29日公布的《关于审理非法采矿、破坏性采矿刑事案件具体应用法律若干问题的解释》第1条的规定，非法采矿的行为包括三种：一是未取得采矿许可证擅自采矿，具体包括无采矿许可证开采矿产资源的；采矿许可证被注销、吊销后继续开采矿产资源的；超越采矿许可证规定的矿区范围开采矿产资源的；未按许可证规定的矿种开采矿产资源的（共生、伴生矿种除外）。二是擅自进入国家规划矿区、对国民经济具有重要价值的矿区和他人矿区范围采矿。三是擅自开采国家规定实行保护性开采的特定矿种。根据该《解释》，造成矿产资源破坏，是指造成矿产资源破坏的价值，数额在5万元以上的。

《刑法修正案（八）》第47条对本罪客观方面的修改主要有两方面：一是取消了经责令停止开采后拒不停止开采的限制；二是将造成矿产资源破坏修改为情节严重。总体而言，降低了本罪的入罪门槛，加大了对矿产资源的保护力度。

2. 本罪主体为一般主体，自然人和单位均可。

3. 本罪主观方面为故意。

（二）非法采矿罪的法律应用

1. 实践中非法的小煤窑、小金矿等采矿肯定属于非法采矿的性质，但由于多数只是给国家的矿产带来一些损失，而并未造成矿产资源的破坏，因此一般不能以本罪论处，而只能用行政方法予以取缔或者罚款。

2. 根据2007年3月1日起施行的最高人民法院、最高人民检察院《关于办理危害矿山生产安全刑事案件具体应用法律若干问题的解释》第8条第1款的规定，在采矿许可证被依法暂扣期间擅自开采的，属于本罪的“未取得采矿许可证擅自采矿”。

3. 根据上述《解释》第8条第2款的规定，违反矿产资源法的规定，非法采矿，造成重大伤亡事故或者其他严重后果，同时构成本罪和重大安全事故罪、强令违章冒险作业罪或者重大劳动安全事故罪的，依照数罪并罚的规定处罚。

（三）非法采矿罪的处罚

《刑法》第343条规定，犯本罪，处3年以下有期徒刑、拘役或者管制，并处或者单处罚金；造成矿产资源严重破坏的，处3年以上7年以下有期徒刑，并处罚金。

《刑法》第346条规定，单位犯本罪，对单位判处罚金，并对其直接负责的主管人员和其他直接责任人员，依照上述规定处罚。

十、破坏性采矿罪

（一）破坏性采矿罪的概念和特征

破坏性采矿罪，是指违反矿产资源法规，采取破坏性的方法开采矿产资源，造成矿产资源严重破坏的行为。其主要特征是：

1. 本罪客观方面表现为违反矿产资源法规，采取破坏性的开采方法开采矿产资源，造成矿产资源严重破坏的行为。根据上述最高人民法院 2003 年 5 月 29 日公布的《解释》，所谓采取破坏性的开采方法开采矿产资源，是指违反地质矿产主管部门审查批准的矿产资源利用方案开采矿产资源，并造成矿产资源严重破坏的。该《解释》规定，造成矿产资源严重破坏，是指造成矿产资源破坏的价值，数额在 30 万元以上的。

2. 本罪主体为一般主体，自然人和单位均可。

3. 本罪主观方面为故意。

（二）破坏性采矿罪的法律应用

1. 本罪与非法采矿罪区别的关键在于行为方式，本罪是采用破坏性的方法采矿，非法采矿罪则是无证采矿或者违章采矿。此外，本罪必须造成矿产资源严重破坏才能构成，非法采矿罪则只要求造成矿产资源破坏即可。

2. 根据上述 2007 年 3 月 1 日起施行的《解释》第 8 条第 2 款的规定，违反矿产资源法的规定，采取破坏性的开采方法开采矿产资源，造成重大伤亡事故或者其他严重后果，同时构成本罪和重大责任事故罪、强令违章冒险作业罪或者重大劳动安全事故罪的，依照数罪并罚的规定处罚。

（三）破坏性采矿罪的处罚

《刑法》第 343 条规定，犯本罪，处 5 年以下有期徒刑或者拘役，并处罚金。

《刑法》第 346 条规定，单位犯本罪，对单位判处罚金，并对其直接负责的主管人员和其他直接责任人员，依照上述规定处罚。

十一、非法采伐、毁坏国家重点保护植物罪

（一）非法采伐、毁坏国家重点保护植物罪的概念和特征

非法采伐、毁坏国家重点保护植物罪，是指违反森林法规，非法采伐或者毁坏珍贵林木或者国家重点保护的其他植物的行为。其主要特征是：

1. 本罪客观方面表现为非法采伐、毁坏珍贵树木或者国家重点保护的其他植物的行为。所谓非法采伐，是指未经省、自治区、直辖市林业主管部门批准，而擅自采伐国家重点保护的植物；所谓毁坏，是指以撞击、火烧、剥皮、砍枝等方式损坏国家重点保护的植物或者使之灭失。

2. 本罪主体为一般主体，自然人和单位均可。

3. 本罪主观方面是故意，即行为人明知是珍贵树木或者国家重点保护的其他植物而故意加以采伐、毁坏。

（二）非法采伐、毁坏国家重点保护植物罪的法律应用

1. 根据最高人民法院 2000 年 11 月 22 日公布的《关于审理破坏森林资源刑事案件

具体应用法律若干问题的解释》第1条的规定，所谓珍贵树木，包括由省级以上林业主管部门或者其他部门确定的具有重大历史纪念意义、科学研究价值或者年代久远的古树名木，国家禁止、限制出口的珍贵树木以及列入国家重点保护野生植物名录的树木。所谓国家重点保护的其他植物，是指除珍贵树木以外的，具有重要经济、科学研究、文化价值的濒危、稀有的木本和草本植物。

2. 由于本罪涉及国家重点保护的植物，故《刑法》对构成本罪没有数量和情节的限制。

3. 本罪的采伐、毁坏行为既可秘密进行，也可以公开实施，且无时间、地点和使用的工具、方法的限制。

（三）非法采伐、毁坏国家重点保护植物罪的处罚

《刑法》第344条规定，犯本罪，处3年以下有期徒刑、拘役或者管制，并处罚金；情节严重的，处3年以上7年以下有期徒刑，并处罚金。

《刑法》第346条规定，单位犯本罪，对单位判处罚金，并对其直接负责的主管人员和其他直接责任人员，依照上述规定处罚。

十二、非法收购、运输、加工、出售国家重点保护植物、国家重点保护植物制品罪

（一）非法收购、运输、加工、出售国家重点保护植物、国家重点保护植物制品罪的概念和特征

非法收购、运输、加工、出售国家重点保护植物、国家重点保护植物制品罪，是指违反国家规定，非法收购、运输、加工、出售国家重点保护植物、国家重点保护植物制品的行为。本罪为《刑法修正案（四）》第6条新增设的罪名，其主要特征是：

1. 本罪客观方面表现为违反国家规定，非法收购、运输、加工、出售国家重点保护植物、国家重点保护植物制品的行为。

2. 本罪主体为一般主体，自然人和单位均可。

3. 本罪主观方面为故意。

（二）非法收购、运输、加工、出售国家重点保护植物、国家重点保护植物制品罪的法律应用

本罪与非法采伐、毁坏国家重点保护植物罪的区别主要有两方面：一是对象范围不同。本罪的对象包括国家重点保护的植物及其制品，而后者的对象只限于国家重点保护的植物。二是行为表现不同。

（三）非法收购、运输、加工、出售国家重点保护植物、国家重点保护植物制品罪的处罚

《刑法》第344条和《刑法修正案（四）》第6条规定，犯本罪，处3年以下有期徒刑、拘役或者管制，并处罚金；情节严重的，处3年以上7年以下有期徒刑，并处罚金。

《刑法》第346条规定，单位犯本罪，对单位判处罚金，并对其直接负责的主管人员和其他直接责任人员，依照上述规定处罚。

十三、盗伐林木罪

（一）盗伐林木罪的概念与特征

盗伐林木罪，是指以非法占有为目的，擅自砍伐国有、集体所有或者他人所有的森林或者其他林木，数量较大的行为。其主要特征是：

1. 本罪主体为一般主体，自然人和单位均可。

2. 本罪主观方面为故意，并且具有非法占有的目的。

3. 本罪客观方面表现为盗伐森林或其他林木，数量较大的行为。所谓森林，是指面积较大的原始森林和人造林，具体包括防护林、用材林、经济林、薪炭林、特种用途林。所谓其他林木，主要是指小面积的树林和竹林，具体包括农村村民承包的属于国家或集体所有的荒山荒地上种植的林木，以及公民个人自留山上的成片林木。

根据上述2000年11月22日公布的《解释》第4条的规定，盗伐林木2立方米～5立方米或者幼树100株～200株，为本罪的数量较大的起点。对于一年内多次盗伐少量林木未经处罚的，应累计其盗伐林木的数量。

（二）盗伐林木罪的法律应用

1. 根据上述最高人民法院2000年11月22日发布的《解释》第3条的规定，以非法占有为目的，实施下列行为之一即属于盗伐：（1）擅自砍伐国家、集体、他人所有、他人承包经营管理的森林或其他林木；（2）擅自砍伐本单位、本人承包经营管理的森林或者其他林木；（3）在采伐林木许可证规定的地点以外采伐国家、集体他人所有、他人承包经营的森林或者其他林木的行为。

2. 本罪与非法采伐、毁坏国家重点保护植物罪的界限。二者的主要区别是：（1）犯罪对象不同。前者的对象为森林或者其他林木；而后者的对象只能是国家重点保护的植物。（2）客观行为不同。前者表现为盗伐森林或其他林木；而后者表现为非法采伐、毁坏国家重点保护的植物。（3）构成犯罪的要求不同。前者以盗伐林木数量较大为构成要件；而后者则无此要求。

根据前述最高人民法院2000年11月22日发布的《解释》第8条的规定，盗伐珍贵树木或者国家重点保护的其他植物，同时触犯盗伐林木罪和非法采伐、毁坏国家重点保护植物罪的，依照处罚较重的规定定罪处罚。

3. 本罪与盗窃罪的界限。二者的主要区别是：（1）犯罪客体不同。前者侵犯的客体是国家的林业管理制度和林木的所有权；而后者侵犯的客体是公私财物所有权。（2）犯罪对象不同。前者的对象是处于生长状态的归国家、集体所有的森林和其他林木，以及他人自留山上的成片林木；后者的对象则是一般的公私财物。（3）犯罪主体不同。本罪的主体可以是自然人，也可以是单位；后者的主体只限于自然人。

根据前述《解释》第9条的规定，将国家、集体、他人所有并已经伐倒的树木窃为己有，以及偷砍他人房前屋后的零星树木，数额较大的，以盗窃罪定罪处罚。

根据前述《解释》第14条的规定，非法实施采种、采脂、挖笋、掘根、剥树皮等行为，牟取经济利益数额较大的，以盗窃罪定罪处罚。同时构成其他犯罪的，依照处罚较重的规定定罪处罚。

（三）盗伐林木罪的处罚

《刑法》第345条第1款规定，犯本罪，处3年以下有期徒刑、拘役或者管制，并处或者单处罚金；数量巨大的，处3年以上7年以下有期徒刑，并处罚金；数量特别巨大的，处7年以上有期徒刑，并处罚金。

《刑法》第346条规定，单位犯本罪，对单位判处罚金，并对其直接负责的主管人员和其他直接责任人员，依照上述规定处罚。

《刑法》第345条第4款规定，盗伐国家级自然保护区内的森林或者其他林木的，从重处罚。

十四、滥伐林木罪

（一）滥伐林木罪的概念和特征

滥伐林木罪，是指违反森林法规，滥伐森林或者其他林木，数量较大的行为。其主要特征是：

1. 本罪主体为一般主体，自然人和单位均可。

2. 本罪主观方面为故意。

3. 本罪客观方面表现为滥伐森林或者其他林木，数量较大的行为。根据上述最高人民法院2000年11月22日的《解释》第5条的规定，滥伐林木通常有两种表现：（1）未经林业行政管理部门或法律规定的其他主管部门的批准并核发采伐许可证，或者虽持有采伐许可证，但违反采伐许可证所规定的时间、数量、树种或方式，任意采伐本单位所有或本人所有的森林或者其他林木的；（2）超过林木采伐许可证规定的数量采伐他人所有的森林或者其他林木的行为。

根据前述最高人民法院《解释》第6条的规定，滥伐林木罪数量较大的起点为10立方米～20立方米或幼树500株～1 000株。对于一年内多次滥伐少量林木未经处罚的，应累计其滥伐林木的数量。

（二）滥伐林木罪的法律应用

1. 本罪与盗伐林木罪的界限。其一，犯罪客体存在差异。本罪只侵犯了国家对林业资源的管理制度，盗伐林木罪则在侵犯国家对林业资源管理制度的同时，还侵犯了林木的所有权；其二，犯罪对象不同。本罪的对象一般是行为人具有所有权的森林或其他林木。盗伐林木罪的对象则是行为人不具有所有权的森林或其他林木；其三，行为方式不同。本罪表现为无证采伐或者违证采伐本人、本单位所有的森林或其他林木，且通常是公开进行。盗伐林木罪则主要是无证采伐，且往往是秘密进行的。

尤其要注意，下列两种情形应当以滥伐林木罪定罪处罚：

一是根据最高人民法院2000年11月22日公布的《解释》第5条第2款的规定，林木权属争议一方在林木权属确权之前，擅自砍伐森林或者其他林木，数量较大的，以滥伐林木罪论处。

二是根据最高人民法院2004年3月26日颁布的《关于在林木采伐许可证规定的地点以外采伐本单位或者本人所有的森林或者其他林木的行为如何适用法律问题的批复》，违反森林法的规定，在林木采伐许可证规定的地点以外，采伐本单位或者本人所有的森林或者其他林木的，除农村居民采伐自留地和房前屋后个人所有的零星林木以外，以滥伐林木罪定罪处罚。

2. 根据最高人民法院 2000 年 11 月 22 日公布的《解释》第 8 条的规定，滥伐珍贵树木或者国家重点保护的其他植物，同时触犯滥伐林木罪和非法采伐、毁坏国家重点保护植物罪的，依照处罚较重的规定定罪处罚。

（三）滥伐林木罪的处罚

《刑法》第 345 条第 2 款规定，犯本罪，处 3 年以下有期徒刑、拘役或者管制，并处或者单处罚金；数量巨大的，处 3 年以上 7 年以下有期徒刑，并处罚金。

《刑法》第 346 条规定，单位犯本罪，对单位判处罚金，并对其直接负责的主管人员和其他直接责任人员，依照上述规定处罚。

《刑法》第 345 条第 4 款规定，滥伐国家级自然保护区内的森林或者其他林木的，从重处罚。

十五、非法收购、运输盗伐、滥伐的林木罪

（一）非法收购、运输盗伐、滥伐的林木罪的概念和特征

非法收购、运输盗伐、滥伐的林木罪，是指非法收购、运输明知是盗伐、滥伐的林木，情节严重的行为。其主要特征是：

1. 本罪客观方面表现为非法收购、运输盗伐、滥伐的林木，情节严重的行为。应当注意，行为人非法收购、运输的必须是他人盗伐、滥伐的林木，且必须达到情节严重的程度。

2. 本罪主体是一般主体，自然人和单位均可。

3. 本罪主观方面是故意，即行为人必须明知是盗伐、滥伐的林木而加以收购、运输。

（二）非法收购、运输盗伐、滥伐的林木罪的法律应用

1.《刑法》第 345 条第 3 款原规定，本罪行为人须以牟利为目的，且限于在林区实施非法收购的行为才能构成。但《刑法修正案（四）》第 7 条取消了上述“牟利目的”和“林区”的限制，并在行为方式中增加了“运输”。

2. 根据上述最高人民法院 2000 年 11 月 22 日公布的《解释》，本罪的“明知”，是指知道或者应当知道。具有下列情形之一的，可以视为应当知道，但是有证据证明确属被蒙骗的除外：（1）在非法的木材交易场所或者销售单位收购木材的；（2）收购以明显低于市场价格出售的木材的；（3）收购违反规定出售的木材的。

3. 盗伐、滥伐者运输自己盗伐、滥伐的林木，其运输行为不能单独定本罪。

（三）非法收购、运输盗伐、滥伐的林木罪的处罚

《刑法》第 345 条第 3 款规定，犯本罪，处 3 年以下有期徒刑、拘役或者管制，并处或者单处罚金；情节特别严重的，处 3 年以上 7 年以下有期徒刑，并处罚金。

《刑法》第 346 条规定，单位犯本罪，对单位判处罚金，并对其直接负责的主管人员和其他直接责任人员，依照上述规定处罚。

第八节　走私、贩卖、运输、制造毒品罪

一、走私、贩卖、运输、制造毒品罪

（一）走私、贩卖、运输、制造毒品罪的概念与特征

走私、贩卖、运输、制造毒品罪，是指违反国家毒品管制法规，走私、贩卖、运输、制造鸦片、海洛因、甲基苯丙胺（冰毒）、吗啡、大麻、可卡因以及其他毒品的行为。其主要特征是：

1. 本罪客观方面表现为走私、贩卖、运输、制造毒品的行为。根据《刑法》第357条第1款的规定，所谓毒品，是指鸦片、海洛因、甲基苯丙胺（冰毒）、吗啡、大麻、可卡因以及国家规定管制的其他能够使人形成瘾癖的麻醉药品和精神药品。根据我国《麻醉药品管理办法》的规定，所谓麻醉药品，是指连续使用后易产生身体依赖性、能成瘾癖的药品。根据我国《精神药品管理办法》的规定，所谓精神药品，是指直接作用于中枢神经系统，使之兴奋或抑制，连续使用能产生依赖性的药品。

所谓走私毒品，是指违反海关法规，逃避海关监管，非法将毒品运输、携带、邮寄进出国（边）境的行为，主要表现为两种情况：一是绕关走私毒品，即不通过海关、边卡检查站，非法运输、携带毒品进出国（边）境；二是通关走私毒品，即通过海关、边卡检查站，但用藏匿、伪装、伪报等方法逃避海关的监督、检查，运输、携带、邮寄毒品进出国（边）境。此外，根据《刑法》第155条的规定，直接向走私人非法收购走私进口的毒品的，或者在我国的内海、领海、界河、界湖非法运输、收购、贩卖毒品的，也应以走私毒品论处。

所谓贩卖毒品，是指非法销售毒品或者以贩卖为目的而非法购买毒品的行为。贩卖毒品的形式多种多样，可以是零售，也可以是批发；可以是转手倒卖，也可以是自产自销；可以是直接交货，也可以是由他人转交。非法购买毒品的行为，只有在以贩卖为目的的情况下，才属于贩卖毒品。贩卖毒品不论盈利还是亏本，都不影响犯罪的成立。

所谓运输毒品，是指使用交通工具或者采用随身携带、邮寄以及利用他人等方式，非法将毒品从一地运往另一地的行为。应当注意，从地域范围上讲，这里的运输仅限于在我国境内除内海、领海、界河、界湖以外的其他区域进行的，否则便是走私毒品。

所谓制造毒品，是指非法用毒品原植物直接提炼毒品或者用化学方法加工、配制毒品的行为。制造毒品不仅包括非法用毒品原植物直接提炼和用化学方法加工、配制毒品的行为，例如，直接从罂粟果中提炼鸦片，从大麻树叶中提炼大麻，用吗啡合成海洛因，用麻黄素合成甲基苯丙胺（冰毒）等等，也包括以改变毒品成分和效用为目的，用混合等物理方法加工、配制毒品的行为，如将甲基苯丙胺或者其他苯丙胺类毒品与其他毒品混合成麻古或者摇头丸。制造毒品的具体方式《刑法》也没有限制，可以是手工制造，也可以是利用机械制造；可以是初加工，也可以是精加工；可以是土

法制造，也可以是现代化方法制造。但是为便于隐蔽运输、销售、使用、欺骗购买者，或者为了增重，对毒品掺杂使假，添加或者去除其他非毒品物质，不属于制造毒品的行为。另外，不论是为自己吸食而制造，还是为出售而制造，也不论制造是否成功，都不影响本罪的成立。

2. 本罪主体是一般主体，既可以是自然人，也可以是单位。根据《刑法》第 17 条第 2 款的规定，其中贩卖毒品的刑事责任年龄为 14 周岁，走私、运输、制造毒品的刑事责任年龄为 16 周岁。

3. 本罪主观主面是故意，即行为人明知是毒品而有意进行走私、贩卖、运输、制造。至于行为人出于何种动机、目的，不影响本罪的成立。行为人对毒品的具体名称、确切数量、纯度等是否了解也不影响本罪的成立。

（二）走私、贩卖、运输、制造毒品罪的法律应用

1. 罪与非罪的界限。由于走私、贩卖、运输、制造毒品的危害性很大，《刑法》第 347 条第 1 款明确规定，走私、贩卖、运输、制造毒品，无论数量多少，都应当追究刑事责任，予以刑事处罚。

2. 明知他人贩卖毒品而为其居间介绍、代购代卖的，无论是否牟利，都应以贩卖毒品罪的共犯论处。

3. 为他人代购仅用于吸食的毒品，代购者未从中牟利的，不构成贩卖毒品罪，达到非法持有毒品罪标准的，可定非法持有毒品罪。但代购者从中牟利，变相加价贩卖毒品的，对代购者应以贩卖毒品罪定罪。

4. 已经制造出粗制毒品或者半成品的，以制造毒品罪的既遂论处。购进制造毒品的设备和原材料，开始着手制造毒品，但尚未制造出粗制毒品或者半成品的，以制造毒品罪的未遂论处。

5. 走私毒品罪与其他走私罪的界限。二者的主要区别是：（1）犯罪对象不同。走私毒品罪的对象只能是鸦片、海洛因等毒品；而其他走私罪的对象是毒品以外的其他物品。（2）犯罪客体不同。走私毒品罪侵犯的主要是国家对毒品的管制；而其他走私罪侵犯的主要是国家对外贸易管制。

6. 走私、贩卖、运输、制造假毒品行为的定性。此类案件不能一概而论，应分别不同情况处理：（1）行为人故意制造假毒品出售，或者明知是假毒品而冒充真毒品出售的，符合诈骗罪的特征，应以诈骗罪定罪处罚；（2）行为人误以为假毒品是真毒品而加以走私、贩卖、运输的，由于行为人有走私、贩卖、运输毒品的故意，只是因事实上的认识错误而不能完成，应以走私、贩卖、运输毒品罪的未遂论处；（3）行为人故意在毒品中掺假，或者将精制毒品稀释后贩卖，以及贩卖因土法加工而含有较多杂质的毒品的，不论其中非毒品的成分有多少，都应定贩卖毒品罪。

7. 一罪与数罪的界限。（1）本罪属选择性罪名，行为人实施四种行为之一即构成犯罪，但四种行为同时实施也只是一罪，而不能实行数罪并罚；（2）行为人既有走私毒品的行为，又有走私其他物品的行为并构成犯罪的，应分别定走私毒品罪和相应的其他走私罪，实行数罪并罚。但同一走私行为中既包括毒品又包括其他走私罪的对象的，属于想象竞合犯，应以其中处罚较重的罪定罪处罚，不实行数罪并罚；（3）盗窃、抢夺、抢劫毒品的，应当分别以盗窃罪、抢夺罪或者抢劫罪定罪，但不计犯罪数额，

根据情节轻重予以定罪量刑。盗窃、抢夺、抢劫毒品后又加以贩卖或者非法持有的等，应当以盗窃、抢劫罪与贩卖毒品罪、非法持有毒品罪等罪，实行数罪并罚。

（三）走私、贩卖、运输、制造毒品罪的处罚

《刑法》第 347 条规定，犯本罪，分别下列情形处罚：

1. 走私、贩卖、运输、制造鸦片不满 200 克、海洛因或者甲基苯丙胺不满 10 克或者其他少量毒品的，处 3 年以下有期徒刑、拘役或者管制，并处罚金；情节严重的，处 3 年以上 7 年以下有期徒刑，并处罚金。

2. 走私、贩卖、运输、制造鸦片 200 克以上不满 1 000 克、海洛因或者甲基苯丙胺 10 克以上不满 50 克或者其他毒品数量较大的，处 7 年以上有期徒刑并处罚金。

3. 走私、贩卖、运输、制造毒品有下列情形之一的，处 15 年有期徒刑、无期徒刑或者死刑，并处没收财产：（1）走私、贩卖、运输、制造鸦片 1 000 克以上、海洛因或者甲基苯丙胺 50 克以上或者其他毒品数量大的；（2）走私、贩卖、运输、制造毒品集团的首要分子；（3）武装掩护走私、贩卖、运输、制造毒品的；（4）以暴力抗拒检查、拘留、逮捕，情节严重的；（5）参与有组织的国际贩毒活动的。

4. 单位犯本罪的，对单位判处罚金，并对其直接负责的主管人员和其他直接责任人员，依照上述相应的规定处罚。

5. 犯本罪两种情况下应当从重处罚：一是根据《刑法》第 347 条第 6 款的规定，利用、教唆未成年人走私、贩卖、运输、制造毒品，或者向未成年人出售毒品的；二是根据《刑法》第 356 条的规定，因走私，贩卖、运输、制造、非法持有毒品罪被判过刑，又犯本罪的。

此外，《刑法》第 347 条第 7 款规定，对多次走私、贩卖、运输、制造毒品，未经处理的，毒品数量累计计算。《刑法》第 357 条第 2 款规定，毒品的数量以查证属实的走私、贩卖、运输、制造的数量计算，不以纯度折算。

二、非法持有毒品罪

（一）非法持有毒品罪的概念与特征

非法持有毒品罪，是指明知是鸦片、海洛因等毒品而非法持有，数量较大的行为。其主要特征是：

1. 本罪客观方面表现为非法持有毒品，数量较大的行为。此处的毒品与前罪相同。所谓非法持有毒品，是指违反国家关于毒品管理法规，未经有关主管部门批准或许可，而擅自占有、携有、藏有、保存或者以其他方式控制有鸦片、海洛因等毒品。需强调的是，持有以实际占有或者能够支配为条件，即必须是行为人可实际支配的。毒品的来源没有限制，可以是祖辈遗留的、朋友赠送的、拾捡的，也可以是为吸食而购买的，还可以是通过盗窃、诈骗等方式非法取得的。数量较大，具体标准是非法持有鸦片 200 克以上、海洛因或者甲基苯丙胺 10 克以上或者其他毒品数量较大的。

2. 本罪主体为自然人一般主体。

3. 本罪主观方面是故意，即行为人明知是毒品，而非法持有。如果行为人确实不知是毒品而持有的，不构成犯罪。

（二）非法持有毒品罪的法律应用

1. 罪与非罪的界限。主要从三方面把握：一看是否非法持有毒品。因为医疗、科研、教学等需要，经有关主管部门批准或许可而合法持有毒品的，不构成本罪；二看是否明知是毒品。只有明知是毒品而非法持有的，方构成本罪；三看非法持有毒品的数量是否达到了较大的标准，未达到数量较大标准的，也不构成本罪。

2. 本罪与走私、贩卖、运输、制造毒品罪的界限。如果行为人是因为走私、贩卖、运输、制造毒品而非法持有毒品的，不论数量多少均以走私、贩卖、运输、制造毒品罪定罪处罚；由于其他原因而非法持有毒品，且达到数量较大标准的，以本罪定罪处罚。

3. 有证据证明行为人不是以营利为目的，为他人代买仅用于吸食的毒品，达到本罪数量较大标准的，托购者、代购者均构成本罪。

（三）非法持有毒品罪的处罚

《刑法》第 348 条规定，犯本罪，分别以下情形处罚：

1. 非法持有鸦片 200 克以上不满 1 000 克、海洛因或者甲基苯丙胺 10 克以上不满 50 克或者其他毒品数量较大的，处 3 年以下有期徒刑、拘役或者管制，并处罚金；情节严重的，处 3 年以上 7 年以下有期徒刑，并处罚金。

2. 非法持有鸦片 1 000 克以上、海洛因或者甲基苯丙胺 50 克以上或者其他毒品数量大的，处 7 年以上有期徒刑或者无期徒刑，并处罚金；

《刑法》第 356 条规定，因走私，贩卖、运输、制造、非法持有毒品罪被判过刑，又犯本罪的，从重处罚。

三、包庇毒品犯罪分子罪

（一）包庇毒品犯罪分子罪的概念和特征

包庇毒品犯罪分子罪，是指明知是走私、贩卖、运输、制造毒品的犯罪分子而予以包庇的行为。其主要特征是：

1. 本罪客观方面表现为包庇走私、贩卖、运输、制造毒品的犯罪分子的行为。所谓包庇，是指通过一定的方式帮助犯罪分子掩盖罪行，以使其逃避法律制裁的行为。尤其要注意，本罪包庇的犯罪分子，限于实施《刑法》第 347 条规定的走私、贩卖、运输、制造毒品罪的人，而非泛指所有涉及毒品犯罪的犯罪分子。

2. 本罪主体为自然人一般主体。

3. 本罪主观方面是故意的，即行为人明知是走私、贩卖、运输、制造毒品的犯罪分子，而予以包庇。

（二）包庇毒品犯罪分子罪的法律应用

1. 如果包庇的是非毒品犯罪或者除走私、贩卖、运输、制造毒品罪以外的其他毒品犯罪的犯罪分子，都不构成本罪，而应按照《刑法》第 310 条的规定，以窝藏、包庇罪定罪处罚。

2. 根据《刑法》第 349 条第 3 款的规定，行为人如果事先与走私、贩卖、运输、制造毒品的犯罪分子通谋，事后对其进行包庇的，应以走私、贩卖、运输、制造毒品罪的共犯论处。

（三）包庇毒品犯罪分子罪的处罚

《刑法》第 349 条第 1 款规定，犯本罪，处 3 年以下有期徒刑、拘役或者管制，情节严重的，处 3 年以上 10 年以下有期徒刑。

《刑法》第 349 条第 2 款和第 356 条规定，缉毒人员，或者其他国家机关工作人员掩护、包庇走私、贩卖、运输、制造毒品的犯罪分子的，以及因走私、贩卖、运输、制造、非法持有毒品被判过刑，又犯本罪的，从重处罚。

四、窝藏、转移、隐瞒毒品、毒赃罪

（一）窝藏、转移、隐瞒毒品、毒赃罪的概念和特征

窝藏、转移、隐瞒毒品、毒赃罪，是指明知是走私、贩卖、运输、制造毒品的犯罪分子的毒品或者其犯罪所得的财物，而予以窝藏、转移、隐瞒的行为。其主要特征是：

1. 本罪客观方面表现为窝藏、转移、隐瞒走私、贩卖、运输、制造毒品的犯罪分子的毒品及其犯罪所得财物的行为。所谓窝藏，是指将毒品、毒赃加以藏匿；所谓转移，是指将毒品、毒赃从一地移到另一地，使之不被查获；所谓隐瞒，是指以一定方式掩盖毒品、毒赃的性质及其来源。

2. 本罪主体为自然人一般主体。

3. 本罪主观方面是故意的，即行为人明知是走私、贩卖、运输、制造毒品的犯罪分子的毒品或毒赃，而予以窝藏、转移或者隐瞒。

（二）窝藏、转移、隐瞒毒品、毒赃罪的法律应用

1. 根据《刑法》第 349 条第 3 款的规定，如果行为人事先与走私、贩卖、运输、制造毒品的犯罪分子通谋的，应以走私、贩卖、运输、制造毒品罪的共犯论处。

2. 如果行为人窝藏、转移、隐瞒的不是走私、贩卖、运输、制造毒品的犯罪分子的毒品及其犯罪所得财物，而是其他毒品犯罪或者非毒品犯罪的毒品或者所得财物，应以窝藏、转移赃物罪定罪处罚。

3. 明知是毒品犯罪所得及其产生的收益，而以提供资金账户、协助将资金汇往境外等方式掩饰、隐瞒其来源和性质的，属于本罪与洗钱罪的法条竞合，应当以洗钱罪定罪处罚。

（三）窝藏、转移、隐瞒毒品、毒赃罪的处罚

《刑法》第 349 条和第 356 条规定，本罪的处罚与包庇毒品犯罪分子罪完全一样。

五、走私制毒物品罪

（一）走私制毒物品罪的概念和特征

走私制毒物品罪，是指违反国家规定，非法运输、携带醋酸酐、乙醚、三氯甲烷或者其他用于制造毒品的原料或配剂进出境的行为。其主要特征是：

1. 本罪客观方面表现为走私制毒物品的行为。此处的走私行为与走私罪的走私行为完全一样。所谓制毒物品，是指醋酸酐、乙醚、三氯甲烷、丙酮、麻黄碱、麦角胺、苯乙酸、哌啶等用于制造毒品的原料或配剂。

2. 本罪主体为一般主体，自然人和单位均可。

3. 本罪主观方面是故意。

（二）走私制毒物品罪的法律应用

1. 如果行为人是为自己制造毒品而走私制毒物品，属于本罪与制造毒品罪的牵连犯，应以其中的重罪即制造毒品罪定罪处罚。

2. 根据《刑法》第350条第2款的规定，如果行为人明知他人制造毒品而为其走私制毒物品的，以制造毒品罪的共犯论处。

（三）走私制毒物品罪的处罚

《刑法》第350条规定，犯本罪，处3年以下有期徒刑、拘役或者管制，并处罚金；数量大的，处3年以上10年以下有期徒刑，并处罚金。

单位犯本罪，对单位判处罚金，并对其直接负责的主管人员和其他直接责任人员，依照上述规定处罚。

《刑法》第356条规定，因走私、贩卖、运输、制造、非法持有毒品被判过刑，又犯本罪的，从重处罚。

六、非法买卖制毒物品罪

（一）非法买卖制毒物品罪的概念和特征

非法买卖制毒物品罪，是指违反国家规定，在境内非法买卖醋酸酐、乙醚、三氯甲烷或者其他用于制造毒品的原料或配剂的行为。其主要特征是：

1. 本罪客观方面表现为在境内非法买卖制毒物品的行为。所谓非法买卖，是指未经有关主管部门批准而擅自出售或者购买制毒物品，以及虽经有关主管部门批准但违规或超量买卖制毒物品的行为。

2. 本罪主体为一般主体，包括自然人和单位。

3. 本罪主观方面是故意的。

（二）非法买卖制毒物品罪的法律应用

1. 按照《刑法》第155条的规定，如果是在我国内海、领海、界河、界湖非法买卖制毒物品，以及直接向走私制毒物品的人非法收购制毒物品的，应以走私制毒物品罪定罪处罚。

2. 根据《刑法》第350条第2款的规定，行为人明知他人制造毒品而为其提供制毒物品的，以制造毒品罪的共犯论处。

（三）非法买卖制毒物品罪的处罚

《刑法》第350条和第356条规定，本罪的处罚与走私制毒物品罪完全一样。

七、非法种植毒品原植物罪

（一）非法种植毒品原植物罪的概念和特征

非法种植毒品原植物罪，是指违反国家有关规定，非法种植罂粟、大麻等毒品原植物，情节严重的行为。其主要特征是：

1. 本罪客观方面表现为违反国家有关规定，非法种植毒品原植物，情节严重的行为。所谓毒品原植物，是指罂粟、大麻、古柯树等可以加工、提炼、制成鸦片、吗啡、海洛因、可卡因等毒品的植物。所谓非法种植毒品原植物，是指未经国家有关主管部门批准，而擅自种植或者虽经批准但超量种植毒品原植物。种植包括播种、插栽、灌溉、割取浆液和收获种子等一系列行为。

根据《刑法》第 351 条第 1 款的规定，非法种植毒品原植物情节严重的共有三种情形：一是非法种植罂粟 500 株以上或者其他毒品原植物数量较大的；二是经公安机关处理后又种植的；三是抗拒铲除的。具备三种情形之一，即可成立本罪。

2. 本罪主体为自然人一般主体。

3. 本罪主观方面是故意的，即行为人明知是国家禁止种植的罂粟、大麻等毒品原植物，而非法种植。如果是在确实不知的情况下而误种毒品原植物的，不构成本罪。

（二）非法种植毒品原植物罪的法律应用

行为人如果利用自己种植的毒品原植物制造毒品的，属于牵连犯，应以制造毒品罪定罪处罚；如果非法种植一种毒品原植物已构成犯罪，又以其他毒品原植物制造毒品的，则应数罪并罚。

（三）非法种植毒品原植物罪的处罚

《刑法》第 351 条规定，犯本罪，处 5 年以下有期徒刑、拘役或者管制，并处罚金；非法种植罂粟 3 000 株以上或者其他毒品原植物数量大的，处 5 年以上有期徒刑，并处罚金或者没收财产。

非法种植罂粟或者其他毒品原植物，在收获前自动铲除的，可以免除处罚。

《刑法》第 356 条规定，因走私、贩卖、运输、制造、非法持有毒品被判过刑，又犯本罪的，从重处罚。

八、非法买卖、运输、携带、持有毒品原植物种子、幼苗罪

（一）非法买卖、运输、携带、持有毒品原植物种子、幼苗罪的概念和特征

非法买卖、运输、携带、持有毒品原植物种子、幼苗罪，是指违反国家有关规定，非法买卖、运输、携带、持有的未经灭活的毒品原植物种子、幼苗，数量较大的行为。其主要特征是：

1. 本罪客观方面表现为非法买卖、运输、携带、持有未经灭活的毒品原植物种子、幼苗，数量较大的行为。未经灭活的毒品原植物种子、幼苗，是指没有经过物理、化学等方法杀灭植物生长细胞，还能继续繁殖、发芽或生长的罂粟等毒品原植物的种子或幼苗。

2. 本罪主体为自然人一般主体。

3. 本罪主观方面为故意。

（二）非法买卖、运输、携带、持有毒品原植物种子、幼苗罪的法律应用

因科研等需要合法买卖、运输、携带、持有毒品原植物种子、幼苗的，或者确实不知是未经灭活的毒品原植物种子、幼苗而加以买卖、运输、携带、持有的，均不能定本罪。

（三）非法买卖、运输、携带、持有毒品原植物种子、幼苗罪的处罚

《刑法》第 352 条规定，犯本罪，处 3 年以下有期徒刑、拘役或者管制，并处或者

单处罚金。

《刑法》第356条规定，因走私、贩卖、运输、制造、非法持有毒品被判过刑，又犯本罪的，从重处罚。

九、引诱、教唆、欺骗他人吸毒罪

（一）引诱、教唆、欺骗他人吸毒罪的概念和特征

引诱、教唆、欺骗他人吸毒罪，是指采用引诱、教唆、欺骗的方法，促使他人吸食、注射毒品的行为。其主要特征是：

1. 本罪客观方面表现为引诱、教唆、欺骗他人吸食、注射毒品的行为。

2. 本罪主体为自然人一般主体。

3. 本罪主观方面为故意，即明知自己的行为会引起被害人吸食、注射毒品的结果，而希望或者放任其发生。由于自己的过失行为引起他人吸毒的，不构成本罪。

（二）引诱、教唆、欺骗他人吸毒罪的法律应用

如果是为了向他人贩卖毒品而引诱、教唆、欺骗他人吸食、注射毒品罪的，属于本罪与贩卖毒品罪的牵连犯，应以其中的重罪即贩卖毒品罪定罪处罚。

（三）引诱、教唆、欺骗他人吸毒罪的处罚

《刑法》第353条第1款的规定，犯本罪，处3年以下有期徒刑、拘役或者管制，并处罚金；情节严重的，处3年以上7年以下有期徒刑，并处罚金。

《刑法》第353条第3款规定，引诱、教唆、欺骗未成年人吸食、注射毒品的，从重处罚。

《刑法》第356条规定，因走私、贩卖、运输、制造、非法持有毒品被判过刑，又犯本罪的，从重处罚。

十、强迫他人吸毒罪

（一）强迫他人吸毒罪的概念和特征

强迫他人吸毒罪，是指违背他人意志，以暴力、胁迫或者其他方法，强行逼迫他人吸食、注射毒品的行为。其主要特征是：

1. 本罪客观方面表现为强迫他人吸毒的行为。所谓强迫他人吸毒，是指违背他人意志，使用暴力、胁迫或者其他方法，强行迫使他人吸食、注射海洛因、吗啡等毒品。这是构成本罪的关键，也是本罪与引诱、教唆、欺骗他人吸毒罪的主要区别。

2. 本罪主体为自然人一般主体。

3. 本罪主观方面是故意的，即明知是毒品而强迫他人吸食、注射。

（二）强迫他人吸毒罪的法律应用

强迫他人吸食、注射毒品致人死亡的，应分别不同情况处理：如果是强迫他人吸食、注射少量毒品，意外导致他人死亡的，以本罪定罪处罚；如果是想用强迫他人吸食、注射大量毒品的方法致他人于死地，或者强迫他人吸食、注射大量毒品而置他人死活于不顾，导致他人死亡的，应以故意杀人罪定罪处罚。

（三）强迫他人吸毒罪的处罚

《刑法》第353条第2款规定，犯本罪，处3年以上10年以下有期徒刑，并处

罚金。

《刑法》第353条第3款规定，强迫未成年人吸食、注射毒品的，从重处罚。

《刑法》第356条规定，因走私、贩卖、运输、制造、非法持有毒品被判过刑，又犯本罪的，从重处罚。

十一、容留他人吸毒罪

（一）容留他人吸毒罪的概念和特征

容留他人吸毒罪，是指向吸毒者提供吸食、注射毒品场所的行为。其主要特征是：

1. 本罪客观方面表现为容留他人吸毒的行为。所谓容留他人吸毒，是指向吸毒者提供吸食、注射毒品的场所，一般是房屋，也包括汽车、轮船等交通工具以及其他可供吸食、注射毒品的场所。

2. 本罪主体为自然人一般主体。

3. 本罪主观方面是故意，即明知他人是用于吸食、注射毒品而向其提供场所。容留他人吸毒，大多具有牟取非法利益的目的。

（二）容留他人吸毒罪的法律应用

如果行为人容留他人吸毒并向其出售毒品的，属于本罪与贩卖毒品罪的牵连犯，应以贩卖毒品罪定罪处罚。

（三）容留他人吸毒罪的处罚

《刑法》第354条规定，犯本罪，处3年以下有期徒刑、拘役或者管制，并处罚金。

《刑法》第356条规定，因走私、贩卖、运输、制造、非法持有毒品被判过刑，又犯本罪的，从重处罚。

十二、非法提供麻醉药品、精神药品罪

（一）非法提供麻醉药品、精神药品罪的概念和特征

非法提供麻醉药品、精神药品罪，是指依法从事生产、运输、管理、使用国家管制的麻醉药品、精神药品的人员和单位，违反国家规定，向吸食、注射毒品的人提供国家规定管制的能够使人形成瘾癖的麻醉药品、精神药品的行为。其主要特征是：

1. 本罪客观方面表现为违反国家规定，向吸食、注射毒品的人提供国家规定管制的能够使人形成瘾癖的麻醉药品、精神药品的行为。

2. 本罪主体是特殊主体，限于依法从事生产、运输、管理、使用国家管制的麻醉药品、精神药品的人员和单位。

3. 本罪主观方面为故意，即行为人须明知对方是吸食、注射毒品的人而向其提供国家规定管制的麻醉药品、精神药品。

（二）非法提供麻醉药品、精神药品罪的法律应用

根据《刑法》第355条第2款的规定，向走私、贩卖毒品的犯罪分子提供上述麻醉药品、精神药品的，以走私、贩卖毒品罪定罪处罚；以牟利为目的，向吸食、注射毒品的人提供上述麻醉药品、精神药品的，以贩卖毒品罪定罪处罚。

（三）非法提供麻醉药品、精神药品罪的处罚

《刑法》第355条规定，犯本罪，处3年以下有期徒刑或者拘役，并处罚金；情节严重的，处3年以上7年以下有期徒刑，并处罚金。

单位犯本罪的，对单位判处罚金，并对其直接负责的主管人员和其他直接责任人员，依照上述规定处罚。

《刑法》第356条规定，因走私、贩卖、运输、制造、非法持有毒品被判过刑，又犯本罪的，从重处罚。

第九节　组织、强迫、引诱、容留、介绍卖淫罪

一、组织卖淫罪

（一）组织卖淫罪的概念与特征

组织卖淫罪，是指以招募、雇佣、引诱、容留等手段，纠集、控制、策划、指挥他人从事卖淫的行为。其主要特征是：

1. 本罪客观方面表现为组织他人卖淫的行为。首先，作为本罪对象的“他人”既可以是女性，也可以是男性。其次，行为人实施了组织他人卖淫的行为。所谓组织他人卖淫，是指通过招募、雇佣、引诱、容留等各种手段，纠集、控制、策划、指挥多人有组织地进行性交易活动。

2. 本罪主体是自然人一般主体，但限于卖淫活动的组织者。

3. 本罪主观方面是故意的。从司法实践看，行为人一般都有牟利的目的，但构成本罪不以此为必要条件。

（二）组织他人卖淫罪的法律应用

1. 组织他人卖淫，通常表现为两种形式：一是设置卖淫或者变相卖淫的场所，引诱、招募、容留多个卖淫者进行卖淫活动，组织者从中渔利。实践中常见的是以开办饭店、旅店、发廊、美容院、出租房屋等为名，在这些场所中从事组织他人卖淫的活动；二是没有固定的卖淫或变相卖淫场所，但操纵卖淫团伙或者其所控制的卖淫人员从事卖淫活动。

2. 罪与非罪的界限。主要注意两点：其一，本罪要处罚的是组织他人卖淫的组织行为本身，因此，组织者是否参与卖淫或嫖娼，不影响本罪的成立；其二，被组织卖淫者的卖淫行为，不构成本罪。

3. 本罪与聚众淫乱罪的界限。主要区别在于客观方面不同。本罪表现为行为人通过设置卖淫场所或者变相卖淫场所，以及以其他方式组织多人从事性交易活动；聚众淫乱罪则表现为多个男女在一起群奸群宿、跳脱衣舞、贴面舞等。

4. 根据《刑法》第361条第1款的规定，旅馆业、饮食服务业、文化娱乐业、出租汽车业等单位的人员，利用本单位的条件，组织他人卖淫的，以本罪定罪处罚。

（三）组织卖淫罪的处罚

《刑法》第358条规定，犯本罪，处5年以上10年以下有期徒刑，并处罚金；情节

严重的，处10年以上有期徒刑或者无期徒刑，并处罚金或者没收财产；情节特别严重的，处无期徒刑或者死刑，并处没收财产。

《刑法》第361条第2款的规定，旅馆业、饮食服务业、文化娱乐业、出租汽车业等单位的主要负责人，利用本单位的条件犯本罪的，从重处罚。

二、强迫卖淫罪

（一）强迫卖淫罪的概念和特征

强迫卖淫罪，是指以暴力、胁迫、或者其他方法，强行逼迫他人进行性交易的行为。其主要特征是：

1. 本罪客观方面表现为强迫他人卖淫的行为。强迫他人卖淫的实质是违背他人意志，逼迫本不愿卖淫的人从事卖淫。

2. 本罪主体为自然人一般主体。

3. 本罪主观方面是故意，并且具有迫使他人卖淫的目的。

（二）强迫卖淫罪的法律应用

1. 本罪与组织卖淫罪的界限。（1）犯罪客体不同。前者既侵犯了社会治安管理秩序，又侵犯了他人性的自主权；而后者侵犯的主要是社会治安管理秩序。（2）犯罪对象不同。前者的对象是本不愿卖淫的人，且可以是一个人，也可以是多人；而后者的对象则是愿意卖淫的人，且限于多人。（3）客观行为不同。前者表现为使用暴力、胁迫或其他强制方法，迫使他人违心地卖淫；而后者则表现为使用招募、雇佣、引诱、容留等方法，使卖淫者在其控制、策划、指挥下有组织地从事卖淫。

2. 本罪与强奸罪的界限。（1）犯罪客体不同。前者侵犯的主要是社会治安管理秩序；而后者侵犯的是妇女性的自主权或者幼女的身心健康。（2）犯罪对象不同。前者的对象既有女性也有男性；而后者的对象限于女性。（3）主观目的不同。前者的目的是逼迫他人卖淫；而后者的目的则是强行奸淫女性。

3. 一罪与数罪的界限。（1）行为人既实施了组织他人卖淫的行为，又实施了强迫他人卖淫行为的，如果对象同一，我们倾向于定强迫卖淫罪。但是，如果分别组织和强迫不同对象卖淫的，则应分别定罪，实行数罪并罚。（2）根据《刑法》第358条第1款第4项的规定，“强奸后迫使卖淫的”定强迫卖淫罪，而不定强奸罪，也不实行数罪并罚。但是，如果强奸行为与强迫卖淫行为之间没有直接的联系，则应当分别定罪，实行数罪并罚。

4. 根据《刑法》第361条第1款的规定，旅馆业、饮食服务业、文化娱乐业、出租汽车业等单位的人员，利用本单位的条件，强迫他人卖淫的，按照本罪定罪处罚。

（三）强迫卖淫罪的处罚

《刑法》第358条规定，犯本罪，处5年以上10年以下有期徒刑，并处罚金；有下列情形之一的，处10年以上有期徒刑或者无期徒刑，并处罚金或者没收财产：（1）强迫不满14周岁的幼女卖淫的；（2）强迫多人卖淫或者多次强迫他人卖淫的；（3）强奸后迫使卖淫的；（4）造成被强迫的人重伤、死亡或者其他严重后果的。有上列情形之一，情节特别严重的，处无期徒刑或者死刑，并处没收财产。

《刑法》第361条第2款规定，旅馆业、饮食服务业、文化娱乐业、出租汽车业等单位的主要负责人，利用本单位的条件犯本罪的，从重处罚。

三、协助组织卖淫罪

（一）协助组织卖淫罪的概念和特征

协助组织卖淫罪，是指明知是组织他人卖淫而予以帮助的行为。其主要特征是：

1. 本罪客观方面表现为协助组织他人卖淫的行为。所谓协助组织他人卖淫，是指卖淫活动组织者以外的人，为卖淫活动的组织者充当保镖、皮条客、管账人，以及为他人组织卖淫看门望风、提供场所、指示目标、排除障碍等。

2. 本罪主体是自然人一般主体。但卖淫活动的组织者应当除外。

3. 本罪主观方面是故意，即行为人明知他人是在组织卖淫活动而故意加以协助。

（二）协助组织卖淫罪的法律应用

协助组织他人卖淫，实际上是组织卖淫罪的共犯，但《刑法》已将其单列罪名。因此，对协助组织他人卖淫的和组织他人卖淫的，不以共同犯罪论，而应分别定组织卖淫罪和协助组织卖淫罪。

（三）协助组织卖淫罪的处罚

《刑法》第358条第3款规定，犯本罪，处5年以下有期徒刑，并处罚金；情节严重的，处5年以上10年以下有期徒刑，并处罚金。

四、引诱、容留、介绍卖淫罪

（一）引诱、容留、介绍卖淫罪的概念和特征

引诱、容留、介绍卖淫罪，是指以金钱等利益诱使他人卖淫，或者为他人卖淫提供场所，或者在卖淫者和嫖客居间介绍的行为。其主要特征是：

1. 本罪客观方面表现为引诱、容留、介绍他人卖淫的行为。所谓引诱，是指以金钱、物质或者其他利益为诱饵，勾引、诱使他人从事卖淫活动；所谓容留，是指为他人从事卖淫活动提供场所；所谓介绍，是指在卖淫者与嫖娼者之间进行引见、撮合，牵线搭桥，居间介绍的行为。

2. 本罪主体为自然人一般主体。

3. 本罪主观方面是故意，且大多具有营利目的。

（二）引诱、容留、介绍卖淫罪的法律应用

被引诱、容留、介绍卖淫的人，就卖淫行为本身而言，是不违背其意志的。否则，就是强迫卖淫罪，而非本罪。

（三）引诱、容留、介绍卖淫罪的处罚

《刑法》第359条第1款的规定，犯本罪，处5年以下有期徒刑、拘役或者管制，并处罚金；情节严重的，处5年以上有期徒刑，并处罚金。

《刑法》第361条第2款规定，旅馆业、饮食服务业、文化娱乐业、出租汽车业等单位的负责人，利用本单位的条件犯本罪的，从重处罚。

五、引诱幼女卖淫罪

（一）引诱幼女卖淫罪的概念和特征

引诱幼女卖淫罪，是指以各种方法诱使不满 14 周岁的幼女从事性交易的行为。其主要特征是：

1. 本罪客观方面表现为引诱幼女卖淫的行为。
2. 本罪主体为自然人一般主体。
3. 本罪主观方面是故意，即行为人明知是或可能是幼女而故意引诱其卖淫。

（二）引诱幼女卖淫罪的法律应用

1. 引诱男性或者已满 14 周岁的女性卖淫的，构成引诱卖淫罪。
2. 容留、介绍幼女卖淫的，构成容留、介绍卖淫罪。
3. 如果行为人不是引诱幼女从事卖淫，而是引诱幼女与自己或者他人发生性关系的，应以强奸罪或者强奸罪的共犯论处。

（三）引诱幼女卖淫罪的处罚

《刑法》第 359 条第 2 款规定，犯本罪，处 5 年以上有期徒刑，并处罚金。

《刑法》第 361 条第 2 款规定，旅馆业、饮食服务业、文化娱乐业、出租汽车业等单位的负责人，利用本单位的条件犯本罪的，从重处罚。

六、传播性病罪

（一）传播性病罪的概念和特征

传播性病罪，是指明知自己患有梅毒、淋病等严重性病而进行卖淫或者嫖娼的行为。其主要特征是：

1. 本罪客观方面表现为在患有严重性病的情况下实施卖淫或者嫖娼的行为。
2. 本罪主体为自然人一般主体，但须为患有梅毒、淋病等严重性病的人。
3. 本罪主观方面是故意，即行为人明知自己患有梅毒、淋病等严重性病，而仍然进行卖淫、嫖娼活动。这里只要求行为人明知自己患有严重性病，至于是否知道具体是哪种性病，在卖淫、嫖娼时，是否向对方隐瞒了病情，均不影响本罪的成立。

（二）传播性病罪的法律应用

1. 如果严重性病患者不是卖淫、嫖娼，而是与他人通奸、姘居或者恋爱中发生性关系，以及进行其他淫乱活动的，即使将性病传染给他人，也不构成本罪。
2. 患有严重性病的人因强奸而将性病传染给被害人的，应定强奸罪。
3. 确实不知自己患有严重性病而卖淫、嫖娼的，即使将性病传染给他人，也不构成本罪。

（三）传播性病罪的处罚

《刑法》第 360 条第 1 款规定，犯本罪，处 5 年以下有期徒刑、拘役或者管制，并处罚金。

七、嫖宿幼女罪

（一）嫖宿幼女罪的概念和特征

嫖宿幼女罪，是指嫖宿不满14周岁的幼女的行为。其主要特征是：

1. 本罪客观方面表现为嫖宿不满14周岁的幼女的行为。所谓嫖宿，是指以给付一定的金钱、物质利益作为交换条件，换取卖淫者和自己发生性关系，其以对方是在从事卖淫为条件。

2. 本罪主体为自然人一般主体。

3. 本罪主观方面是故意，以行为人明知卖淫的确实是或可能是不满14周岁的幼女为必要条件。

（二）嫖宿幼女罪的法律应用

1. 如果幼女不是在卖淫，而是被诱骗或强迫与行为人发生性关系的，应以强奸罪定罪处罚。

2. 嫖宿已满14周岁的妇女的，不构成犯罪，只能予以治安处罚。

（三）嫖宿幼女罪的处罚

《刑法》第360条第款规定，犯本罪，处5年以上有期徒刑，并处罚金。

第十节　制作、贩卖、传播淫秽物品罪

一、制作、复制、出版、贩卖、传播淫秽物品牟利罪

（一）制作、复制、出版、贩卖、传播淫秽物品牟利罪的概念与特征

制作、复制、出版、传播淫秽物品牟利罪，是指以牟利为目的，制作、复制、出版、贩卖、传播淫秽物品的行为。其主要特征是：

1. 本罪客观方面表现为制作、复制、出版、贩卖、传播淫秽物品的行为。首先，本罪的对象限于淫秽物品。根据《刑法》第367条和最高人民法院、最高人民检察院2004年9月3日发布的《关于办理利用互联网、移动通讯终端、声讯台制作、复制、出版、贩卖、传播淫秽电子信息刑事案件具体应用法律若干问题的解释》第9条的规定，所谓淫秽物品，是指具体描绘性行为或者露骨宣扬色情的诲淫性的书刊、影片、录像带、录音带、图片、视频文件、音频文件、电子刊物、图片、文章、短信息等互联网、移动通讯终端电子信息和声讯台语音信息。有关人体生理、医学知识的科学著作、电子信息和声讯台语音信息不是淫秽物品。包含色情内容的有艺术价值的普通文学、艺术作品和电子文学、艺术作品不视为淫秽物品。其次，行为人必须实施了制作、复制、出版、贩卖、传播淫秽物品的行为。

2. 本罪主体为一般主体，自然人和单位均可。

3. 本罪主观方面是故意，且以牟利为的目为必要条件。

（二）制作、复制、出版、贩卖、传播淫秽物品牟利罪的法律应用

1. 根据上述最高人民法院、最高人民检察院2004年9月3日发布的《解释》，以

牟利为目的，利用互联网、移动通讯终端制作、复制、出版、贩卖、传播淫秽电子信息，通过声讯台传播淫秽语音信息的，以本罪定罪处罚。

2. 最高人民法院、最高人民检察院 2010 年 1 月发布的《关于办理利用互联网、移动通讯终端、声讯台制作、复制、出版、贩卖、传播淫秽电子信息刑事案件具体应用法律若干问题的解释（二）》第 1 条第 2 款的规定，以牟利为目的，利用互联网、移动通讯终端制作、复制、出版、贩卖、传播内容含有不满 14 周岁未成年人的淫秽电子信息，构成犯罪的，依照本罪定罪处罚。

3. 根据上述《解释（二）》第 4 条的规定，以牟利为目的，网站建立者、直接负责的管理者明知他人制作、复制、出版、贩卖、传播的是淫秽电子信息，允许或者放任他人在自己所有、管理的网站或者网页上发布，构成犯罪的，以传播淫秽物品牟利罪定罪处罚。

4. 根据上述《解释（二）》第 6 条的规定，电信业务经营者、互联网信息服务提供者明知是淫秽网站，为其提供互联网接入、服务器托管、网络存储空间、通讯传输通道、代收费等服务，并收取服务费，构成犯罪的，对直接负责的主管人员和其他直接责任人员，以传播淫秽物品牟利罪定罪处罚。

5. 根据上述《解释（二）》第 7 条的规定，明知是淫秽网站，以牟利为目的，通过投放广告等方式向其直接或者间接提供资金，或者提供费用结算服务，构成犯罪的，对直接负责的主管人员和其他直接责任人员，以制作、复制、出版、贩卖、传播淫秽物品牟利罪的共同犯罪处罚

6. 根据最高人民法院 1998 年 12 月 17 日公布的《关于审理非法出版物刑事案件具体应用法律若干问题的解释》第 16 条的规定，出版单位与制作、复制、出版、贩卖、传播淫秽物品者事前通谋，向其出售、出租或者以其他形式转让该出版单位的名称、书号、刊号、版号的，以本罪的共犯论处。

7. 本罪的定罪标准，应当结合上述《关于审理非法出版物刑事案件具体应用法律若干问题的解释》、《关于办理利用互联网、移动通讯终端、声讯台制作、复制、出版、贩卖、传播淫秽电子信息刑事案件具体应用法律若干问题的解释》及《关于办理利用互联网、移动通讯终端、声讯台制作、复制、出版、贩卖、传播淫秽电子信息刑事案件具体应用法律若干问题的解释（二）》的规定确定。

8. 行为人直接从走私分子手上购买淫秽物品加以贩卖，或者是在我国的内海、领海、界河、界湖贩卖淫秽物品的，不定本罪，均应定走私淫秽物品罪；行为人为走私而制作、复制、出版淫秽物品，或者走私淫秽物品就是为了贩卖、传播的，属于本罪与走私淫秽物品罪的牵连犯，应按择一重罪的原则处理。

9. 行为人出版的作品中既有淫秽内容，又有歧视、侮辱少数民族内容的，属于本罪与出版歧视、侮辱少数民族作品罪的想象竞合犯，应以其中处罚较重的罪定罪处罚。

（三）制作、复制、出版、贩卖、传播淫秽物品牟利罪的处罚

《刑法》第 363 条第 1 款规定，犯本罪，处 3 年以下有期徒刑、拘役或者管制，并处罚金；情节严重的，处 3 年以上 10 年以下有期徒刑，并处罚金；情节特别严重的，处 10 年以上有期徒刑或者无期徒刑，并处罚金或者没收财产。

《刑法》第 366 条规定，单位犯本罪，对单位判处罚金，并对其直接负责的主管人

员和其他直接责任人员，依照上述规定处罚。

二、为他人提供书号出版淫秽书刊罪

（一）为他人提供书号出版淫秽书刊罪的概念和特征

为他人提供书号出版淫秽书刊罪，是指违反国家出版法规，为他人提供书号，并被他人用于出版淫秽书刊的行为。其主要特征是：

1. 本罪客观方面表现为违反国家出版法规，向他人提供书号，被他人用于出版淫秽书刊的行为。首先，必须有向他人提供书号的行为。这里的书号应作广义理解，即包括一般所说书号和刊号。所谓提供，是指以合作出版、协作出版、自费出版等名义，将书号、刊号有偿或者无偿供他人（包括个人和单位）使用。其次，所提供的书号、刊号必须被他人实际用于出版淫秽书刊，否则提供书号者不构成本罪。

2. 本罪主体是一般主体，自然人和单位均可。司法实践中，构成本罪的多为出版单位及其工作人员，但也有从出版社得到书号，又将书号转手提供给他人出版淫秽书刊的人。

3. 本罪主观方面是过失，即行为人应当预见他人可能将所提供的书号、刊号、版号用于出版淫秽物品，因为疏忽大意而没有预见，或者已经预见但轻信能够避免。

（二）为他人提供书号出版淫秽书刊罪的法律应用

1. 根据《关于审理非法出版物刑事案件具体应用法律若干问题的解释》第 9 条第 2 款的规定，为他人提供版号，出版淫秽音像制品的，以本罪定罪处罚。

2. 根据《关于审理非法出版物刑事案件具体应用法律若干问题的解释》第 16 条的规定，出版单位与为他人提供书号出版淫秽物品者事前通谋，向其出售、出租或者以其他形式转让该出版单位的名称、书号、刊号、版号的，对该出版单位，以本罪的共犯论处。

3. 如果是明知他人用于出版淫秽物品而提供书号、刊号、版号的，应定出版淫秽物品牟利罪。

（三）为他人提供书号出版淫秽书刊罪的处罚

《刑法》第 363 条第 2 款规定，犯本罪，处 3 年以下有期徒刑、拘役或者管制，并处或者单处罚金；

《刑法》第 366 条规定，单位犯本罪，对单位判处罚金，并对其直接负责的主管人员和其他直接责任人员，依照上述规定处罚。

三、传播淫秽物品罪

（一）传播淫秽物品罪的概念和特征

传播淫秽物品罪，是指不以牟利为目的，传播淫秽的书刊、影片、音像、图片或者其他淫秽物品，情节严重的行为。其主要特征是：

1. 本罪客观方面表现为传播淫秽物品，情节严重的行为。

2. 本罪主体是一般主体，包括自然人和单位。

3. 本罪主观方面是故意，但必须不是以牟利为目的。

（二）传播淫秽物品罪的法律应用

1. 以牟利为目的而传播淫秽物品的，应以传播淫秽物品牟利罪定罪处罚。

2. 根据上述最高人民法院、最高人民检察院 2004 年 9 月 3 日发布的《解释》及 2010 年 1 月发布的《解释（二）》第 2 条第 2 款的规定，不以牟利为目的，利用互联网或者移动通讯终端传播淫秽电子信息的，以本罪论处。

3. 根据上述《解释（二）》第 2 条第 2 款的规定，利用互联网、移动通讯终端传播内容含有不满 14 周岁未成年人的淫秽电子信息，构成犯罪的，以本罪定罪处罚。

4. 根据上述《解释（二）》第 3 条的规定，利用互联网建立主要用于传播淫秽电子信息的群组，成员达 30 人以上或者造成严重后果的，对建立者、管理者和主要传播者，依照《刑法》第 364 条第 1 款的规定，以本罪定罪处罚。

5. 根据上述《解释（二）》第 5 条的规定，网站建立者、直接负责的管理者明知他人制作、复制、出版、贩卖、传播的是淫秽电子信息，允许或者放任他人在自己所有、管理的网站或者网页上发布，构成犯罪的，以本罪定罪处罚。

6. 根据上述最高人民法院 1998 年 12 月 17 日公布的《解释》第 16 条的规定，出版单位与传播淫秽物品者事前通谋，向其出售、出租或者以其他形式转让该出版单位的名称、书号、刊号、版号的，对该出版单位应当以本罪的共犯论处。

（三）传播淫秽物品罪的处罚

《刑法》第 364 条规定，犯本罪，处 2 年以下有期徒刑、拘役或者管制；向不满 18 周岁的未成年人传播淫秽物品的，从重处罚。

《刑法》第 366 条规定，单位犯本罪，对单位判处罚金，并对其直接负责的主管人员和其他直接责任人员，依照上述规定处罚。

四、组织播放淫秽音像制品罪

（一）组织播放淫秽音像制品罪的概念和特征

组织播放淫秽音像制品罪，是指不以牟利为目的，组织播放淫秽的电影、录像等音像制品的行为。其主要特征是：

1. 本罪客观方面表现为组织播放淫秽音像制品的行为。

2. 本罪主体是一般主体，包括自然人和单位。应当注意，本罪处罚的是组织播放的组织者，对于只参与收听、观看的人，不能定本罪。

3. 本罪主观方面是故意，但须不以牟利为目的。否则，应以传播淫秽物品牟利罪定罪处罚。

（二）组织播放淫秽音像制品罪的法律应用

1. 根据上述最高人民法院 1998 年 12 月 17 日公布的《解释》第 10 条第 2 款的规定，组织播放淫秽的电影、录像等音像制品达 15 至 30 场次以上或者造成恶劣社会影响的，以本罪定罪处罚。

2. 根据《刑法》第 364 条第 3 款的规定，制作、复制淫秽的电影、录像等音像制品组织播放的，只要不是以牟利为目的，也定本罪。

（三）组织播放淫秽音像制品罪的处罚

《刑法》第 364 条第 2 款规定，犯本罪，处 3 年以下有期徒刑、拘役或者管制，并处罚金；情节严重的，处3年以上10年以下有期徒刑，并处罚金；制作、复制淫秽的电影、录像等音像制品组织播放的，依照上述规定从重处罚。

《刑法》第366条规定，单位犯本罪，对单位判处罚金，并对其直接负责的主管人员和其他直接责任人员，依照上述规定处罚。

五、组织淫秽表演罪

（一）组织淫秽表演罪的概念和特征

组织淫秽表演罪，是指组织进行脱衣舞、裸体舞、性交表演等诲淫性演出的行为。其主要特征是：

1. 本罪客观方面表现为组织淫秽表演的行为，即纠集、策划、指挥、安排一定的人员在一定场所对公众进行脱衣舞、裸体舞、性交表演等诲淫性演出。行为人本人是否参加表演，不影响本罪的成立。

2. 本罪主体是一般主体，包括自然人和单位。

3. 本罪主观方面是故意。

（二）组织淫秽表演罪的法律应用

1. 聚集多人进行跳脱衣舞、贴面舞等淫乱活动，而非对公众进行淫秽表演的，应以《刑法》第301条规定的聚众淫乱罪定罪处罚。

2. 构成本罪的，只限于组织淫秽表演中的组织者，而不包括无组织行为的表演者和观众。对后者只能批评教育或予以行政处罚。

（三）组织淫秽表演罪的处罚

《刑法》第365条规定，犯本罪，处3年以下有期徒刑、拘役或者管制，并处罚金；情节严重的，处3年以上10年以下有期徒刑，并处罚金。

《刑法》第366条规定，单位犯本罪，对单位判处罚金，并对其直接负责的主管人员和其他直接责任人员依照上述规定处罚。

法律应用

1. 对于妨害公务罪应当把握以下几方面：(1)《刑法》第277条对针对不同对象的妨害公务行为规定了不同的犯罪构成标准，应注意把握。具体讲，妨害国家机关工作人员、人大代表和红十字会工作人员依法执行职务或履行职责的，关键看是否使用了暴力、威胁方法，使用了的构成本罪，反之，则不构成本罪；阻碍国家安全机关、公安机关依法执行国家安全工作任务的，则比较特殊，使用了暴力、威胁方法的肯定构成，但未使用暴力、威胁方法的，只要造成严重后果，也同样可以构成本罪。(2) 如果行为人确实不知道对方是正在执行公务，或者误认为对方的依法执行公务的行为为违法行为而进行阻碍的，均不能定妨害公务罪，应按对事实的认识错误的处理原则进行处理。具体讲，行为人具有其他犯罪故意的，定相应的故意犯罪，如不知对方正在执行公务而故意伤害对方的，可定故意伤害罪；不具有其他犯罪故意的，考察行为人是否应当预见对方是正在执行公务，如果应当预见，应根据所造成的结果，定相应的过失犯罪，否则，只能按意外事件处理。（3）抗税罪其实也属于妨害公务的行为，其与妨害公务罪属于法条竞合关系，其中，抗税罪属于特别法条。因此，凡是以暴力、威胁方法阻碍税收征管人员执行税收职务的，都应定抗税罪，而不定妨害公务罪。（4）妨害公务罪与聚众阻碍解救被收买的妇女、儿童罪也属于部分内容竞合的法条竞合关系，其中聚众阻碍解救被收买的妇女、儿童罪为特别法条。需要特别注意的是，根据《刑法》第242条的规定，只有聚众阻碍国家机关工作人员解救被收买的妇女、儿童中的首要分子，才构成聚众阻碍解救被收买的妇女、儿童罪。其他参与者如果未使用暴力、威胁方法的，不构成犯罪，如果使用了暴力、威胁方法，则定妨害公务罪。另外，未聚众但使用暴力、威胁方法阻碍国家机关工作人员解救被收买的妇女、儿童的，也定妨害公务罪。（5）当行为人使用暴力妨害公务，故意造成有关人员重伤、死亡，或者以抢劫、抢夺有关人员枪支的方式阻碍执行公务时，属于想象竞合犯，按从一重罪处罚的原则，应定故意伤害罪、故意杀人罪、抢劫枪支罪或抢夺枪支罪，而不定妨害公务罪。（6）当妨害公务罪与其他罪发生牵连关系时，原则上应从一重罪处罚，但《刑法》有特别规定的应数罪并罚，如《刑法》第157条第2款明确规定，以暴力、威胁方法抗拒缉私的，以相应的走私罪和妨害公务罪数罪并罚。

2. 认定聚众斗殴罪应当注意两点：一是因民事纠纷引发的结伙斗殴或者械斗，因不符合聚众斗殴罪的主观动机，不能定聚众斗殴罪，如果符合其他罪的构成要件，可按相应犯罪处理；二是根据《刑法》第292条第2款的规定，聚众斗殴，致人重伤、死亡的，应分别定故意伤害罪、故意杀人罪，而不定聚众斗殴罪，也不实行数罪并罚。

3. 认定组织、领导、参加黑社会组织罪应当明确以下几点：（1）行为人在不明真相的情况下误入黑社会性质组织，只要知情后及时退出的，不构成本罪。但知道真相后不退出的，则构成本罪。另外，按照最高人民法院2000年12月4日公布的《关于审理黑社会性质组织犯罪的案件具体应用法律若干问题的解释》，对于参加黑社会性质组织，没有实施其他违法犯罪活动的，或者受蒙蔽、胁迫参加黑社会性质组织，情节轻微的，可以不作为犯罪处理。（2）组织、领导、参加黑社会组织的，应当以组织、领导、参加黑社会性质组织罪定罪处罚。（3）组织、领导、参加黑社会性质组织罪属于行为犯，行为人只要实施了组织、领导、参加行为之一，即构成本罪。根据《刑法修正案（八）》第43条修改的《刑法》第294条第4款规定，如果行为人犯本罪又有其他犯罪行为的，应以本罪和相应的罪实行数罪并罚。

4. 伪证罪罪与非罪的界限主要应从三个方面把握：一是看是否在刑事诉讼中作伪证。在民事诉讼、行政诉讼中作伪证的，不构成本罪；二是看是否就与案件有重要关系的情节作伪证。即使是在刑事诉讼中，如果只是就对案件的定罪量刑没有影响或影响不大的情节作伪证，也不构成本罪；三是看主观上是否故意。如果证人由于记忆不清或未看清楚而提供了不真实的证言，鉴定人、记录人、翻译人由于业务能力、工作疏忽等原因作出了错误的鉴定结论、记录或者翻译，均不构成本罪。

伪证罪与诬告陷害罪的主要区别是：（1）犯罪客体不同。前者侵犯的主要是司法机关正常的刑事诉讼秩序。后者侵犯的主要是被害人的人身权利；（2）犯罪主体不同。前者是特殊主体，仅限于刑事诉讼中的证人、鉴定人、记录人、翻译人。后者是一般主体；（3）客观行为不同。前者表现为对与案件有重要关系的情节，作虚假的证明、鉴定、记录、翻译。后者表现为捏造他人犯罪的事实，作虚假的告发；(4) 发生的时间不同。前者发生于刑事诉讼过程中，后者发生于刑事诉讼开始之前；(5) 犯罪目的不同，前者的目的是双向的，既可能是陷害他人，也可能是包庇犯罪的人。后者的目的是单向的，只能是陷害他人。

5. 处理医疗事故刑事案件时应分清以下界线：(1) 医疗事故罪与医疗差错的界限。医疗差错，是指虽有诊疗护理差错，但未造成就诊人员死亡、残废、功能障碍等严重后果。二者区别的关键在于是否发生了严重后果。(2) 医疗事故罪与医疗意外的界限。医疗意外，是指在诊疗护理工作中，由于病情或病员体质特殊而发生了医务人员难以预料和防范的后果。二者区别的关键在于医务人员是否有严重不负责任的行为。(3) 医疗事故罪与医疗技术事故的界限。医疗技术事故，是由于医务人员医疗技术水平不高、缺乏经验以及医疗设备的原因等造成的医疗事故。其与本罪的区别主要是造成医疗事故的原因不同。

6. 认定走私、贩卖、运输、制造毒品罪应注意以下问题：(1) 由于走私、贩卖、运输、制造毒品行为的危害性很大，《刑法》第 347 条第 1 款明确规定，走私、贩卖、运输、制造毒品，无论数量多少，都应当追究刑事责任，予以刑事处罚。(2) 明知他人贩卖毒品而为其居间介绍、代购代卖的，无论是否牟利，都应以贩卖毒品罪的共犯论处。(3) 为他人代购仅用于吸食的毒品，代购者未从中牟利的，不构成贩卖毒品罪，达到非法持有毒品罪标准的，可定非法持有毒品罪。但代购者从中牟利，变相加价贩卖毒品的，对代购者应以贩卖毒品罪定罪。(4) 走私、贩卖、运输、制造假毒品的案件不能一概而论，应分别不同情况处理：行为人故意制造假毒品出售，或者明知是假毒品而冒充真毒品出售的，符合诈骗罪的特征，应以诈骗罪定罪处罚；行为人误以为假毒品是真毒品而加以走私、贩卖、运输的，由于行为人有走私、贩卖、运输毒品的故意，只是因事实上的认识错误而不能完成，应以走私、贩卖、运输毒品罪的未遂论处；行为人故意在毒品中掺假，或者将精制毒品稀释后贩卖，以及贩卖因土法加工而含有较多杂质的毒品的，不论其中非毒品的成分有多少，都应定贩卖毒品罪。(5) 行为人既有走私毒品的行为，又有走私其他物品的行为并构成犯罪的，应分别定走私毒品罪和相应的其他走私罪，实行数罪并罚。但同一走私行为中既包括毒品又包括其他走私罪的对象的，属于想象竞合犯，应以其中处罚较重的罪定罪处罚，不实行数罪并罚。(6) 盗窃、抢夺、抢劫毒品的，应当分别以盗窃罪、抢夺罪或者抢劫罪定罪，但不计犯罪数额，根据情节轻重予以定罪量刑。盗窃、抢夺、抢劫毒品后又加以贩卖或者非法持有的等，应当以盗窃、抢劫罪与贩卖毒品罪、非法持有毒品罪等罪，实行数罪并罚。

7. 认定强迫卖淫罪应当把握以下几方面：(1) 强迫卖淫罪与组织卖淫罪的区别关键是客观行为不同。前者表现为使用暴力、胁迫或其他强制方法，迫使他人违心地卖淫；而后者则表现为使用招募、雇佣、引诱、容留等方法，使卖淫者在其控制、策划、指挥下有组织地从事卖淫。(2) 行为人既实施了组织他人卖淫的行为，又实施了强迫他人卖淫行为的，如果对象同一，可定强迫卖淫罪。但是，如果分别组织和强迫不同对象卖淫的，则应分别定罪，实行数罪并罚。(3) 根据《刑法》第 358 条第 1 款第 4 项的规定，“强奸后迫使卖淫的”定强迫卖淫罪，而不定强奸罪，也不实行数罪并罚。但是，如果强奸行为与强迫卖淫行为之间没有直接的联系，则应当分别定罪，实行数罪并罚。(4) 根据《刑法》第 361 条第 1 款的规定，旅馆业、饮食服务业、文化娱乐业、出租汽车业等单位的人员，利用本单位的条件，强迫他人卖淫的，按照本罪定罪处罚。

课后复习

1. 如何理解妨害公务罪的特征？如何区分妨害公务罪与相关犯罪？

2. 如何理解招摇撞骗罪的特征？招摇撞骗罪与诈骗罪的联系与区别？

3. 如何理解聚众斗殴罪的特征？认定聚众斗殴罪应当注意哪些问题？

4. 如何理解寻衅滋事罪的特征？认定寻衅滋事罪须注意的问题？

5. 如何理解组织、领导、参加黑社会性质组织罪的特征？如何区分本罪与相关犯罪？

6. 如何理解伪证罪的特征？如何区分伪证罪与相关犯罪？

7. 如何理解窝藏、包庇罪的特征及两罪的界限？

8. 如何理解掩饰、隐瞒犯罪所得、犯罪所得收益罪的特征？

9. 怎么把握脱逃罪的特征以及罪与非罪的界限？

10. 如何理解医疗事故罪的特征？怎么把握本罪罪与非罪的界限及其与相关犯罪的界限？

11. 如何理解污染环境罪的特征、罪与非罪的界限？怎么区分污染环境罪与相关犯罪？

12. 如何理解走私、贩卖、运输、制造毒品罪的特征？认定本罪应注意哪些问题？

13. 如何理解非法持有毒品罪的特征、罪与非罪的界限？

14. 如何理解组织卖淫罪的特征？认定组织卖淫罪须注意哪些问题？

第八章

危害国防利益罪

第一节　危害国防利益罪概述

一、危害国防利益罪的概念和特征

二、危害国防利益罪的类型

第二节　平时危害国防利益罪

一、阻碍军人执行职务罪

二、阻碍军事行动罪

三、破坏武器装备、军事设施、军事通信罪

四、过失损坏武器装备、军事设施、军事通信罪

五、故意提供不合格武器装备、军事设施罪

六、过失提供不合格武器装备、军事设施罪

七、聚众冲击军事禁区罪

八、聚众扰乱军事管理区秩序罪

九、冒充军人招摇撞骗罪

十、煽动军人逃离部队罪

十一、雇用逃离部队军人罪

十二、接送不合格兵员罪

十三、伪造、变造、买卖武装部队公文、证件、印章罪

十四、盗窃、抢夺武装部队公文、证件、印章罪

十五、非法生产、买卖武装部队制式服装罪

十六、伪造、盗窃、买卖、非法提供、非法使用武装部队专用标志罪

第三节　战时危害国防利益罪

一、战时拒绝、逃避征召、军事训练罪

二、战时拒绝、逃避服役罪

三、战时故意提供虚假敌情罪

四、战时造谣扰乱军心罪

五、战时窝藏逃离部队军人罪

六、战时拒绝、故意延误军事订货罪

七、战时拒绝军事征用罪

提　要

国防是国家的重要主权活动，它关系到国家昌盛、领土安全和国内生活秩序的稳定，是我国社会经济得以发展、民族团结和抵抗外来侵略的保障。为建设强大的国防力量，我国制定了一系列旨在保护国防利益的行政军事法规。近年来，危害国防利益的行为在一些地方日益突出，严重扰乱了部队和国防建设，损害了国家的国防安全与利益。为了有效地惩治与防范此类行为，充分运用刑法手段来保障有关军事、国防法律的实施，加强国防建设，增强全民的国防意识，现行《刑法》将危害国防利益的犯罪设立专章，这对于集中打击该类犯罪无疑具有十分重大的意义。

重点问题

1. 危害国防利益罪的概念和一般特征。
2. 阻碍军人执行职务罪的概念和构成特征。
3. 破坏武器装备、军事设施、军事通信罪的概念和构成特征。
4. 冒充军人招摇撞骗罪的概念和构成特征。

第一节　危害国防利益罪概述

一、危害国防利益罪的概念和特征

危害国防利益罪，是指行为人违反国防法规，故意或过失地实施危害中华人民共和国国防利益，依照法律应当负刑事责任的行为。危害国防利益罪具有以下构成特征：

1. 本类犯罪侵犯的客体是中华人民共和国的国防利益。所谓“国防利益”，是指国家的国防建设、军队建设等涉及国家国防方面的利益。国防利益是国家利益的重要方面，它直接涉及国家安全。因此，任何单位和个人都应当积极维护国家的国防利益，尤其是当个人利益、单位利益与国防利益发生冲突时，应无条件地服从国防利益的需要。任何危害国防利益的行为，都必然使国家的国防力量遭到削弱，危及国家安全，对其中情节严重的，应当依法追究行为人的刑事责任。

2. 本类犯罪在客观方面表现为实施了法律禁止的各种危害国家的国防利益、情节严重的行为。主要包括：危害部队内部秩序的犯罪行为、危害部队物质基础的犯罪行为、危害国防建设活动的犯罪行为、危害部队良好声誉的犯罪行为等几大类型。上述行为中，既包括平时和战时均可危害国防利益，构成犯罪的行为，也包括只有战时才构成犯罪的行为。前者如破坏武器装备、军事设施、军事通信的行为，在战时、平时均构成犯罪，只不过战时犯罪的应当从重处罚；后者如拒绝或延误军事订货，情节严重的行为，只有在战时才构成犯罪，在平时，这种行为则一般不构成犯罪。同时，危害国防利益的行为，一般都必须达到情节严重的程度才构成犯罪；情节较轻的行为，一般不构成犯罪。

3. 本类犯罪的主体，包括自然人主体与单位主体两类，其中以自然人主体居多，即在危害国防利益罪当中，可以或者只能由单位实施的犯罪仅占很小的比例。就自然人主体而言，本类犯罪中大多为一般主体的犯罪，只有少数几种犯罪以特殊主体为要件。

4. 本类犯罪的主观方面，除过失损坏武器装备、军事设施、军事通信罪，过失提供不合格武器装备、军事设施罪以外，均为故意，即表现为行为人明知自己的行为会危害国防利益，并且希望或者放任这样的危害结果发生的心理态度。但应注意的是，本章的故意犯罪，都不要求有特定的目的。

二、危害国防利益罪的类型

关于危害国防利益罪，根据其发生的时间，可作如下分类：

1. 平时危害国防利益的犯罪。这类犯罪不以战时实施为条件，但并不意味着战时实施的不成立犯罪，相反，战时实施时是法定或酌定从重处罚的情节。这类犯罪包括：阻碍军人执行职务罪，阻碍军事行动罪，破坏武器装备、军事设施、军事通信罪，过失损坏武器装备、军事设施、军事通信罪，故意提供不合格武器装备、军事设施罪，过失提供不合格武器装备、军事设施罪，聚众冲击军事禁区罪，聚众扰乱军事管理区秩序罪，冒充军人招摇撞骗罪，煽动军人逃离部队罪，雇用逃离部队军人罪，接送不合格兵员罪，伪造、变造、买卖武装部队公文、证件、印章罪，盗窃、抢夺武装部队公文、证件、印章罪，非法生产、买卖军用标志罪。

2. 战时危害国防利益的犯罪。这类犯罪以战时实施为条件，平时实施的则不构成犯罪。战时危害国防利益的犯罪具体包括：战时拒绝、逃避征召、军事训练罪，战时拒绝、逃避服役罪，战时故意提供虚假敌情罪，战时造谣扰乱军心罪，战时窝藏逃离部队军人罪，战时拒绝、故意延误军事订货罪，战时拒绝军事征用罪。

第二节　平时危害国防利益罪

一、阻碍军人执行职务罪

（一）阻碍军人执行职务罪的概念和特征

阻碍军人执行职务罪，是指行为人以暴力、威胁方法阻碍军人依法执行职务的行为。其主要特征是：

1. 本罪侵犯的客体是军人依法执行职务的活动，犯罪对象是正在依法执行职务的军人。所谓军人，是指中国人民解放军的现役军官、文职干部、士兵及具有军籍的学员和中国人民武装警察部队的现役军官、文职干部、士兵及具有武警籍的学员。执行军事任务的预备役人员和其他人员，以军人论。军人依法执行职务是维护国家国防利益，保障国家安全。阻碍军人依法执行职务的行为必然危害国防利益，因此，应依法惩处。

2. 本罪在客观上表现为以暴力、威胁方法阻碍军人依法执行职务的行为。首先，行为人必须使用了暴力、威胁方法。暴力方法，是指对人身不法行使有形力的一切行为。威胁方法，是指以恶害相通告，使他人产生恐惧心理进而实现行为人要求的行为。其次，必须针对军人实施暴力、威胁行为。最后，必须阻碍军人依法执行职务，即导致军人不能或者难以依法执行职务。如果行为人实施的暴力、威胁行为与军人执行职务没有关系，则不可能成立本罪。阻碍军人的非法行为的，不能以本罪论处。

3. 本罪的主体只能是自然人，并且是除军人以外的一般自然人主体。

4. 本罪在主观上表现为故意，即明知军人正在依法执行职务，而故意以暴力、威胁方法予以阻碍。过失不构成本罪。

（二）阻碍军人执行职务罪的认定

1. 阻碍军人执行职务罪与相关犯罪的区别

（1）本罪与阻碍执行军事职务罪的区别。首先，犯罪主体不同。前者为非军人；后者为具有现役军人身份的军职人员。其次，犯罪对象不同。前者主要侵害的是正在依法执行职务的现役军人，包括指挥人员和普通士兵；后者侵害的则是正在执行职务的军事指挥人员或者正在值班、值勤的军人。（2）本罪与妨害公务罪的区别。二者的关键区别就是客体不同。前者侵犯的客体是军人依法执行职务的活动；而后者侵犯的则是军事机关以外的其他国家机关工作人员的公务活动。此外，二者的犯罪对象也不相同。前者侵犯的对象为正在依法执行职务的军人，后者则为正在执行职务的国家机关工作人员。

2. 阻碍军人执行职务罪的罪数问题

（1）使用暴力方法犯本罪，致使军人轻伤的，仍应以本罪论处；故意致军人重伤、死亡的，直接按照故意伤害罪、故意杀人罪定罪处罚；过失致军人重伤、死亡的或者犯本罪时抢夺、抢劫军人枪支及其他武器装备的，应当按照想象竞合犯的处罚原则处理，即对行为人从一重罪处断。（2）走私人员以暴力、威胁方法阻碍边防军人依法缉私的，应对行为人按走私罪与阻碍军人执行职务罪进行并罚。

（三）阻碍军人执行职务罪的处罚

根据《刑法》第368条第1款的规定，犯本罪的，处3年以下有期徒刑、拘役、管制或者罚金。

二、阻碍军事行动罪

（一）阻碍军事行动罪的概念和特征

阻碍军事行动罪，是指以暴力、威胁手段，或者以躺卧、静坐、设障、阻拦及其他方式，妨害武装部队军事行动，造成严重后果的行为。其主要特征是：

1. 本罪侵犯的客体是武装部队的军事行动秩序。

2. 本罪在客观上表现为行为人阻碍武装部队军事行动，造成严重后果的行为。具体表现为以下几个方面：（1）行为人在客观上实施了阻碍武装部队军事行动的行为，至于行为人采取何种方式加以阻碍，在所不问。（2）阻碍的军事行动必须是正在或准备执行的军事行动。（3）行为人的阻碍行为在客观上必须造成严重后果，即影响了军事任务的完成，或者使部队贻误重要战机，或造成较大伤亡或经济损失等。

3. 本罪的主体为自然人一般主体。

4. 本罪的主观方面是故意。

（二）阻碍军事行动罪的处罚

根据《刑法》第 368 条第 2 款规定，犯本罪的，处 5 年以下有期徒刑或者拘役。

三、破坏武器装备、军事设施、军事通信罪

（一）破坏武器装备、军事设施、军事通信罪的概念和特征

破坏武器装备、军事设施、军事通信罪，是指故意破坏部队的武器装备、军事设施、军事通信的行为。其主要特征是：

1. 本罪侵犯的客体是国防建设的正常秩序，即武器装备、军事设施的使用效能和军事通信保障秩序。

2. 本罪在客观上表现为破坏部队的武器装备、军事设施、军事通信的行为。具体表现为以下几个方面：（1）行为人破坏的对象是部队的武器装备、军事设施或军事通信。这里的武器装备是武器及其配套的弹药、仪器、器材、备附件的通称。武器则是指直接用于杀伤敌人有生力量和破坏敌人作战设施的器械，如枪炮、战车等。军事设施是指直接用于军事目的的建筑、场所与设备，如军用机场、军港码头、营区、训练场等。军事通信是指部队为实施指挥与武器控制等而进行信息传递的各种通信手段，如有线通信、无线通信、光电通信等。（2）这里的破坏，包括一切使武器装备、军事设施、军事通信的效用丧失或减弱的行为，而不限于物理上的损毁。（3）破坏行为在形式上既可以采用作为的形式，也可以采用不作为的形式，如不履行保管、维修义务而使部队的武器装备、军事设施、军事通信的效用丧失的情况。（4）破坏武器装备、军事设施、军事通信三种对象之一的，即可构成本罪；同时实施破坏武器装备、军事设施、军事通信的，也只构成一罪，不实行数罪并罚。

3. 本罪的主体为自然人一般主体，即只要年满 16 周岁、具有刑事责任能力的人均可构成本罪。军人破坏武器装备、军事设施、军事通信的，也应以本罪论处。

4. 本罪在主观上只能由故意构成。

（二）破坏武器装备、军事设施、军事通信罪的认定

在处理破坏武器装备、军事设施、军事通信案件时，应注意本罪与放火罪、爆炸罪、盗窃罪、故意毁坏财物罪等有相似之处，其区别关键是犯罪对象不同，因而各自所侵犯的客体不同。由于刑法对本罪的破坏行为没有任何限制，仅仅只是限定了破坏的对象，且本罪的法定最高刑为死刑，故不论使用什么方法，造成何种后果，只要是破坏部队的武器装备、军事设施、军事通信的，均应以本罪论处。

（三）破坏武器装备、军事设施、军事通信罪的处罚

根据《刑法》第 369 条第 1 款、第 3 款的规定，犯本罪的，处 3 年以下有期徒刑、拘役或者管制；破坏重要武器装备、军事设施、军事通信的，处 3 年以上 10 年以下有期徒刑；情节特别严重的，处 10 年以上有期徒刑、无期徒刑或者死刑。战时从重处罚。

四、过失损坏武器装备、军事设施、军事通信罪

（一）过失损坏武器装备、军事设施、军事通信罪的概念和特征

过失损坏武器装备、军事设施、军事通信罪，是指过失损坏部队的武器装备、军

事设施、军事通信，造成严重后果的行为。其主要特征是：

1. 本罪侵犯的客体是国防建设的正常秩序，即武器装备、军事设施的使用效能和军事通信保障秩序。

2. 本罪在客观上表现为损坏部队的武器装备、军事设施、军事通信，造成严重后果的行为。

3. 本罪的主体为自然人一般主体，即只要年满16周岁、具有刑事责任能力的人均可构成本罪。军人过失损坏武器装备、军事设施、军事通信的，也应以本罪论处。

4. 本罪在主观上只能由过失构成。

（二）过失损坏武器装备、军事设施、军事通信罪的认定

在处理过失损坏武器装备、军事设施、军事通信案件时，应注意本罪与失火罪、过失爆炸罪等有相似之处，其区别关键是犯罪对象不同，因而各自所侵犯的客体不同。由于刑法对本罪的损坏行为没有任何限制，仅仅只是限定了损坏的对象，故不论使用什么方法，只要损坏的是部队的武器装备、军事设施、军事通信，均应以本罪论处。

（三）过失损坏武器装备、军事设施、军事通信罪的处罚

根据《刑法》第369条第2款、第3款的规定，犯本罪的，处3年以下有期徒刑或者拘役；造成特别严重后果的，处3年以上7年以下有期徒刑。战时从重处罚。

五、故意提供不合格武器装备、军事设施罪

（一）故意提供不合格武器装备、军事设施罪

故意提供不合格武器装备、军事设施罪，是指明知是不合格的武器装备、军事设施而将其提供给武装部队的行为。其主要特征是：

1. 本罪侵犯的客体是武装部队对武器装备、军事设施的正常使用和武装部队的合法利益。

2. 本罪在客观上表现为行为人将不合格的武器装备、军事设施提供给武装部队的行为。具体来说，行为人提供给武装部队的是不合格的武器装备、军事设施。所谓“不合格”，是指质量未达到规定的标准。所谓“提供”，不仅指供给，而是指从制造、修建、生产、修配到交付给部队使用的全过程。本罪是行为犯，只要行为人实施了向武装部队提供不合格武器装备、军事设施的行为，即可构成本罪，并且既遂。

3. 本罪的主体是一般主体，既可以是个人，也可以是单位。

4. 本罪的主观方面是故意。即行为人明知是不合格的武器装备、军事设施而将其提供给武装部队。

（二）故意提供不合格武器装备、军事设施罪的处罚

根据《刑法》第370条第1款、第3款的规定，犯本罪的，处5年以下有期徒刑或者拘役；情节严重的，处5年以上10年以下有期徒刑；情节特别严重的，处10年以上有期徒刑、无期徒刑或者死刑。单位犯本罪的，对单位判处罚金，并对其直接负责的主管人员和其他直接责任人员，依照上述法定刑处罚。

六、过失提供不合格武器装备、军事设施罪

（一）过失提供不合格武器装备、军事设施罪

过失提供不合格武器装备、军事设施罪，是指行为人由于过失而提供不合格的武器装备、军事设施给武装部队，造成严重后果的行为。其主要特征是：

1. 本罪侵犯的客体是武装部队对武器装备、军事设施的正常使用和武装部队的合法利益。

2. 本罪在客观上表现为行为人将不合格的武器装备、军事设施提供给武装部队，造成严重后果的行为。具体来说，首先行为人必须有提供不合格的武器装备、军事设施给武装部队的行为；其次，行为人提供不合格的武器装备、军事设施必须造成严重后果，否则不构成犯罪。

3. 本罪的主体是一般主体，既可以是个人，也可以是单位。

4. 本罪的主观方面是过失，可以是疏忽大意的过失，也可以是过于自信的过失。

（二）过失提供不合格武器装备、军事设施罪的处罚

根据《刑法》第 370 条第 2 款的规定，犯本罪的，处 3 年以下有期徒刑或者拘役；造成特别严重后果的，处 3 年以上 7 年以下有期徒刑。

七、聚众冲击军事禁区罪

（一）聚众冲击军事禁区罪的概念和特征

聚众冲击军事禁区罪，是指行为人违反国家对军事禁区的管理规定，聚众冲击军事禁区，严重扰乱军事禁区秩序的行为。其主要特征是：

1. 本罪侵犯的客体是军事禁区的管理秩序。

2. 本罪在客观上表现为聚众冲击军事禁区，严重扰乱军事禁区秩序的行为。

3. 本罪的主体只限于聚众冲击军事禁区的首要分子和积极参加者。

4. 本罪的主观方面是故意。

（二）聚众冲击军事禁区罪的处罚

根据《刑法》第 371 条第 1 款的规定，犯本罪的，对首要分子，处 5 年以上 10 年以下有期徒刑；对其他积极参加的，处 5 年以下有期徒刑、拘役、管制或者剥夺政治权利。

八、聚众扰乱军事管理区秩序罪

（一）聚众扰乱军事管理区秩序罪的概念和特征

聚众扰乱军事管理区秩序罪，是指行为人聚众扰乱军事管理区秩序，情节严重，致使军事管理区工作无法进行，造成严重损失的行为。其主要特征是：

1. 本罪侵犯的客体是军事管理区的正常活动。

2. 本罪在客观上表现为聚众扰乱军事管理区秩序，情节严重，致使军事管理区工作无法进行，造成严重损失的行为。

3. 本罪的主体只限于聚众扰乱军事管理区的首要分子和积极参加者。

4. 本罪的主观方面只能是故意。

（二）聚众扰乱军事管理区秩序罪的处罚

根据《刑法》第371条第2款的规定，犯本罪的，对首要分子，处3年以上7年以下有期徒刑；对其他积极参加的，处3年以下有期徒刑、拘役、管制或者剥夺政治权利。

九、冒充军人招摇撞骗罪

（一）冒充军人招摇撞骗罪的概念和特征

冒充军人招摇撞骗罪，是指行为人为谋取非法利益，假冒军人身份进行招摇撞骗的行为。其主要特征是：

1. 本罪侵犯的客体是军队的良好威信及其正常活动。

2. 本罪在客观方面表现为假冒军人身份进行招摇撞骗的行为。这里的招摇撞骗即假借军人身份进行炫耀、蒙骗，其具体方式如穿戴军人的服饰行骗、使用伪造的军人证件行骗等。

3. 本罪的主体是自然人一般主体，但只能是非军人。

4. 本罪的主观方面只能是故意，并且以谋取非法利益为目的。这里的非法利益，既包括金钱、财物等物质性利益，也包括荣誉待遇、异性的情爱等非物质性利益。如果行为人无此目的，则不构成本罪。

（二）冒充军人招摇撞骗罪的处罚

根据《刑法》第372条的规定，犯本罪的，处3年以下有期徒刑、拘役、管制或者剥夺政治权利；情节严重的，处3年以上10年以下有期徒刑。

十、煽动军人逃离部队罪

（一）煽动军人逃离部队罪的概念和特征

煽动军人逃离部队罪，是指行为人以鼓动、怂恿、劝导、利诱等手段煽动现役军人逃离部队，不履行军人职责，情节严重的行为。其主要特征是：

1. 本罪侵犯的客体是军队对军人的管理制度。

2. 本罪在客观上表现为煽动军人逃离部队，情节严重的行为。所谓“煽动军人逃离部队”，是指以发表演讲、散发传单、游说等方式鼓动正在服役的军人擅自离开部队，逃避服兵役义务的行为。同时还必须是情节严重的才能构成犯罪。所谓“情节严重”，主要是指煽动多名军人逃离部队的、战时煽动军人逃离部队的等情况。不属于情节严重的，不构成犯罪。

3. 本罪的主体为自然人一般主体，且为非军人。

4. 本罪的主观方面只能是故意，即明知是军人而煽动其逃离部队，至于行为人是出于何种动机，则不影响犯罪的构成。

（二）煽动军人逃离部队罪的处罚

根据《刑法》第373条的规定，犯本罪的，处3年以下有期徒刑、拘役或者管制。

十一、雇用逃离部队军人罪

（一）雇用逃离部队军人罪的概念和特征

雇用逃离部队军人罪，是指明知是逃离部队的军人而予以雇用，情节严重的行为。其主要特征是：

1. 本罪侵犯的客体是军队对军人的管理制度。

2. 本罪在客观上表现为明知是逃离部队的军人而予以雇用，情节严重的行为。具体表现为：（1）行为人实施了雇用行为；（2）行为人雇用的对象是逃离部队的军人；（3）行为人的雇用行为达到了情节严重的程度。

3. 本罪的主体为自然人一般主体，且为非军人。

4. 本罪的主观方面只能是故意，即明知是逃离部队的军人，仍决意予以雇用。

（二）雇用逃离部队军人罪的处罚

根据《刑法》第 373 条的规定，犯本罪的，处 3 年以下有期徒刑、拘役或者管制。

十二、接送不合格兵员罪

（一）接送不合格兵员罪的概念和特征

接送不合格兵员罪，是指负责征兵工作的有关人员，在征兵工作中徇私舞弊，接收或者输送不合格兵员给武装部队，情节严重的行为。其主要特征是：

1. 本罪侵犯的客体是我国的征兵制度。

2. 本罪在客观上表现为在征兵工作中徇私舞弊，接收或者输送不合格兵员给武装部队，情节严重的行为。

3. 本罪的主体为特殊主体，只限于从事征兵工作的人员，如负责征兵的主管部门的工作人员、负责兵员政审的工作人员、负责兵员体检的工作人员等。

4. 本罪的主观方面只能出自故意。即行为人明知所征收的兵员不符合条件，仍予以接收或输送。

（二）接送不合格兵员罪的处罚

根据《刑法》第 374 条的规定，犯本罪的，处 3 年以下有期徒刑或者拘役；造成特别严重后果的，处 3 年以上 7 年以下有期徒刑。

十三、伪造、变造、买卖武装部队公文、证件、印章罪

（一）伪造、变造、买卖武装部队公文、证件、印章罪的概念和特征

伪造、变造、买卖武装部队公文、证件、印章罪，是指行为人故意伪造、变造、买卖武装部队公文、证件、印章的行为。其主要特征是：

1. 本罪侵犯的客体是武装部队公文、证件、印章的管理制度。

2. 本罪在客观上表现为伪造、变造、买卖武装部队公文、证件、印章的行为。在这里，“公文”是指武装部队专门用来联系事务、指示工作的书面文件。“证件”是指军事机关颁发的用以证明军人身份的凭证。“印章”是指刻有军事机关或武装部队名

称、部队番号或代号的专用印鉴。“伪造”是指仿照正式的武装部队公文、证件、印章样式制作同样的假公文、假证件和假印章等。“变造”是采用涂改、擦消、挖补等手段在真实记载的基础上加以篡改。“买卖”是指购买和出售。本罪是选择性罪名，同时以一种或多种行为侵害一种或多种对象的，只按一罪处理，不进行数罪并罚。

3. 本罪的主体是自然人一般主体。

4. 本罪的主观方面是故意，并且具有非法获取公文、证件、印章的目的。

（二）伪造、变造、买卖武装部队公文、证件、印章罪的处罚

根据《刑法》第375条第1款的规定，犯本罪的，处3年以下有期徒刑、拘役、管制或者剥夺政治权利；情节严重的，处3年以上10年以下有期徒刑。

十四、盗窃、抢夺武装部队公文、证件、印章罪

（一）盗窃、抢夺武装部队公文、证件、印章罪的概念和特征

盗窃、抢夺武装部队公文、证件、印章罪，是指行为人秘密窃取、公然夺取武装部队公文、证件、印章的行为。其主要特征是：

1. 本罪侵犯的客体是武装部队公文、证件、印章的管理制度。

2. 本罪在客观上表现为盗窃、抢夺武装部队公文、证件、印章的行为。在这里，犯罪的对象只能是武装部队的公文、证件、印章。行为方式包括盗窃、抢夺两种。所谓盗窃，是指用秘密的方法获取。所谓抢夺，是指趁人不备、公然夺取的行为。以上两种行为，只要行为人实施了其中之一，即可构成本罪。

3. 本罪的主体是自然人一般主体。

4. 本罪的主观方面是故意，并且具有非法获取公文、证件、印章的目的。

（二）盗窃、抢夺武装部队公文、证件、印章罪的处罚

根据《刑法》第375条第1款的规定，犯本罪的，处3年以下有期徒刑、拘役、管制或者剥夺政治权利；情节严重的，处3年以上10年以下有期徒刑。

十五、非法生产、买卖武装部队制式服装罪

（一）非法生产、买卖武装部队制式服装罪的概念和特征

非法生产、买卖武装部队制式服装罪，是指行为人非法生产、买卖武装部队制式服装，情节严重的行为。其主要特征是：

1. 本罪侵犯的客体是武装部队服装的管理制度。

2. 本罪在客观上表现为行为人非法生产、买卖武装部队制式服装，情节严重的行为。

3. 本罪的主体可以是个人，也可以是单位。

4. 本罪的主观方面是故意，过失不能构成本罪。

（二）非法生产、买卖武装部队制式服装罪的处罚

根据《刑法》第375条第2款、第3款的规定，犯非法生产、买卖武装部队制式服装罪的，处3年以下有期徒刑、拘役或者管制，并处或者单处罚金。单位犯本罪的，对单位判处罚金，并对其直接负责的主管人员和其他直接责任人员，依照上述法定刑

处罚。

十六、伪造、盗窃、买卖、非法提供、非法使用武装部队专用标志罪

（一）伪造、盗窃、买卖、非法提供、非法使用武装部队专用标志罪的概念

伪造、盗窃、买卖、非法提供、非法使用武装部队专用标志罪，是指行为人伪造、盗窃、买卖或者非法提供、使用武装部队车辆号牌等专用标志，情节严重的行为。其主要特征是：

1. 本罪侵犯的客体是武装部队专用标志的管理制度。

2. 本罪在客观上表现为行为人伪造、盗窃、买卖或者非法提供、使用武装部队车辆号牌等专用标志，情节严重的行为。

3. 本罪的主体是年满 16 周岁、具有刑事责任能力的个人和单位。

4. 本罪在主观方面是故意，过失不能构成本罪。

（二）伪造、盗窃、买卖、非法提供、非法使用武装部队专用标志罪的处罚

根据修正后《刑法》第 375 条第 3 款、第 4 款的规定，犯本罪，处 3 年以下有期徒刑、拘役或者管制，并处或者单处罚金。情节特别严重的，处 3 年以上 7 年以下有期徒刑，并处罚金。单位犯本罪的，对单位判处罚金，并对其直接负责的主管人员和其他直接责任人员，依照上述法定刑处罚。

第三节　战时危害国防利益罪

一、战时拒绝、逃避征召、军事训练罪

（一）战时拒绝、逃避征召、军事训练罪的概念和特征

战时拒绝、逃避征召、军事训练罪，是指预备役人员违反《兵役法》的规定，在战时拒绝、逃避征召或者军事训练，情节严重的行为。其主要特征是：

1. 本罪侵犯的客体是我国战时征召、军事训练制度。

2. 本罪在客观上表现为战时拒绝、逃避征召或者军事训练，情节严重的行为。首先，行为必须发生在战时。其次，行为必须表现为拒绝、逃避征召或者军事训练。最后，成立本罪还必须是行为情节严重。

3. 本罪的主体为特殊主体，即只有具备预备役人员身份的人，方能构成本罪。

4. 本罪主观方面为故意，且具有逃避军事义务的目的。过失不构成本罪。

（二）战时拒绝、逃避征召、军事训练罪的处罚

根据《刑法》第 376 条第 1 款的规定，犯本罪的，处 3 年以下有期徒刑或者拘役。

二、战时拒绝、逃避服役罪

（一）战时拒绝、逃避服役罪的概念和特征

战时拒绝、逃避服役罪，是指公民违反《兵役法》规定，在战时拒绝、逃避服役，

情节严重的行为。其主要特征是：

1. 本罪侵犯的客体是兵役管理制度。

2. 本罪在客观上表现为公民在战时拒绝、逃避服役，情节严重的行为。此罪只能于“战时”构成。“情节严重”是指抗拒、逃避服役行为严重，如使用暴力、威胁方法抗拒、采用自伤等手段逃避服役等。

3. 本罪的主体为符合《兵役法》规定的应征公民。

4. 本罪的主观方面为故意。

（二）战时拒绝、逃避服役罪的处罚

根据《刑法》第376条第2款的规定，犯本罪的，处2年以下有期徒刑或者拘役。

三、战时故意提供虚假敌情罪

（一）战时故意提供虚假敌情罪的概念和特征

战时故意提供虚假敌情罪，是指行为人战时故意向武装部队提供虚假敌情，造成严重后果的行为。其主要特征是：

1. 本罪侵犯的客体是武装部队的作战利益。

2. 本罪在客观上表现为战时故意向武装部队提供虚假敌情，造成严重后果的行为。首先，行为必须发生在战时；其次，行为表现为向武装部队提供虚假敌情，即提供了不符合客观事实的有关敌方的情报信息；最后，行为必须造成了严重后果。以上三个方面的因素只有同时具备，才能构成本罪。

3. 本罪的主体为一般主体，但对于军人在战时提供虚假敌情的，应按照特别法优于普通法的原则处理，认定为谎报军情罪。

4. 本罪的主观方面为故意，过失不构成本罪。

（二）战时故意提供虚假敌情罪的处罚

根据《刑法》第377条的规定，犯本罪的，处3年以上10年以下有期徒刑；造成特别严重后果的，处10年以上有期徒刑或者无期徒刑。

四、战时造谣扰乱军心罪

（一）战时造谣扰乱军心罪的概念和特征

战时造谣扰乱军心罪，是指战时故意制造谣言，向武装部队散布，扰乱军心的行为。其主要特征是：

1. 本罪侵犯的客体是武装部队的作战利益。

2. 本罪在客观上表现为战时造谣惑众、扰乱军心的行为。在这里，“战时”是指国家已经处于或者已宣布处于战争状态。“造谣惑众、扰乱军心”是指故意制造谣言，迷惑众人，并向武装部队散布，使军队产生畏战、厌战或恐怖心理的行为。“造谣惑众”是手段，“扰乱军心”是结果，如果谣言不足以扰乱军心，不应认定为有罪。

3. 本罪的主体只限于非现役军人。现役军人在战时造谣惑众的，依照特别法优于普通法的原则处理，应认定为战时造谣惑众罪。

4. 本罪的主观方面为故意。

（二）战时造谣扰乱军心罪的处罚

根据《刑法》第378条的规定，犯本罪的，处3年以下有期徒刑、拘役或者管制；情节严重的，处3年以上10年以下有期徒刑。

五、战时窝藏逃离部队军人罪

（一）战时窝藏逃离部队军人罪的概念和特征

战时窝藏逃离部队军人罪，是指战时明知是逃离部队的军人而为其提供隐藏处所、财物，情节严重的行为。其主要特征是：

1. 本罪侵犯的客体是部队对军人的管理活动和部队的作战利益。

2. 本罪在客观上表现为在战时为逃离部队的军人提供隐藏处所或者财物，情节严重的行为。首先，行为实施的时间必须是战时；其次，行为的对象必须是已经逃离部队的军人；再次，行为的方式仅限于为逃离部队的军人提供隐藏处所或财物；最后，行为必须情节严重，如因窝藏逃离部队的军人而影响部队的战斗力或影响其他军事任务的完成；或者多次窝藏逃离部队的军人或窝藏多名逃离部队的军人，等等。

3. 本罪的主体为自然人一般主体。

4. 本罪的主观方面是故意，过失不构成本罪。

（二）战时窝藏逃离部队军人罪的处罚

根据《刑法》第379条的规定，犯本罪的，处3年以下有期徒刑或者拘役。

六、战时拒绝、故意延误军事订货罪

（一）战时拒绝、故意延误军事订货罪的概念和特征

战时拒绝、故意延误军事订货罪，是指承担国防科研生产任务或者接受国家军事订货的企业，在战时拒绝或故意延误军事订货，情节严重的行为。其主要特征是：

1. 本罪侵犯的客体是战时军需供应制度。

2. 本罪在客观上表现为战时拒绝或故意延误军事订货，情节严重的行为。在这里，“战时”是指国家已经处于或者已宣布处于战争状态。“拒绝军事订货”是指有关生产企业不服从国家对国防科研生产实行的统一领导和计划调控管理，拒不接受有关主管部门安排的武器装备和其他军用物资的生产任务的行为。“延误军事订货”是指未按照规定的期限完成武器装备和其他军用物资的生产任务、拖延交货的行为。“情节严重”则主要是指拒绝或故意延误战时紧缺、急需军事订货的；因拒绝、延误战时军事订货造成战斗、战役失利的，等等。

3. 本罪的主体只能是承担国防科研生产任务或者接受国家军事订货的企业，个人不能构成本罪。

4. 本罪的主观方面只能是故意，过失延误军事订货的，不构成本罪。

（二）战时拒绝、故意延误军事订货罪的处罚

根据《刑法》第380条的规定，犯本罪的，对单位判处罚金，并对其直接负责的主管人员和其他直接责任人员，处5年以下有期徒刑或者拘役；造成严重后果的，处5年以上有期徒刑。

七、战时拒绝军事征用罪

（一）战时拒绝军事征用罪的概念和特征

战时拒绝军事征用罪，是指公民违反国防义务，战时拒绝军事征用，情节严重的行为。其主要特征是：

1. 本罪侵犯的客体是战时军需征用制度。

2. 本罪在客观上表现为战时拒绝军事征用，情节严重的行为。军事征用，是指武装部队出于军事需要，经过一定程序，使用机关、公司、企业、事业单位、人民团体以及公民个人动产与不动产的活动。拒绝军事征用，是指拒不同意或拒不接受军事征用的行为。需要指出的是，无论是否采取暴力、胁迫手段，只要是战时拒绝军事征用，情节严重的，即构成本罪。这里的情节严重，主要是指纠集多人共同抗拒军事征用，或者由于拒绝军事征用而影响战斗、战役的进行以及其他严重妨碍军事行动等情况。

3. 本罪的主体为自然人一般主体，单位不能构成本罪。

4. 本罪的主观方面是故意，过失不构成本罪。

（二）战时拒绝军事征用罪的处罚

根据《刑法》第381条的规定，犯本罪的，处3年以下有期徒刑或者拘役。

法律应用

1. 关于建设、施工单位直接负责的主管人员、施工管理人员犯破坏、过失损坏军事通信罪的有关规定。根据2007年6月26日最高人民法院《关于审理危害军事通信刑事案件具体应用法律若干问题的解释》第5条的规定：“建设、施工单位直接负责的主管人员、施工管理人员，明知是军事通信线路、设备而指使、强令、纵容他人予以损坏的，或者不听保护人员劝阻，指使、强令、纵容他人违章作业，造成军事通信线路、设备损毁的，以破坏军事通信罪定罪处罚。”“建设、施工单位直接负责的主管人员、施工管理人员，忽视军事通信线路、设备保护标志，指使、纵容他人违章作业，致使军事通信线路、设备损毁，构成犯罪的，以过失损坏军事通信罪定罪处罚。”

2. 关于破坏、过失损坏军事通信罪与危害公共安全罪、侵犯财产罪以及扰乱公共秩序罪中相关犯罪的定罪处罚问题。根据2007年6月26日最高人民法院《关于审理危害军事通信刑事案件具体应用法律若干问题的解释》第6条的规定：“破坏、过失损坏军事通信，并造成公用电信设施损毁，危害公共安全，同时构成刑法第124条规定的破坏公用电信设施罪、过失损坏公用电信设施罪和第369条规定的破坏军事通信罪、过失损坏军事通信罪的，依照处罚较重的规定定罪处罚。”“盗窃军事通信线路、设备，不构成盗窃罪，但破坏军事通信的，依照《刑法》第369条第1款规定的破坏军事通信罪定罪处罚；同时构成《刑法》第124条规定的破坏公用电信设施罪、第264条规定的盗窃罪和第369条第1款规定的破坏军事通信罪的，依照处罚较重的规定定罪处罚。”“违反国家规定，侵入国防建设、尖端科学技术领域的军事通信计算机信息系统，尚未对军事通信造成破坏的，依照《刑法》第285条规定的非法侵入计算机信息系统罪定罪处罚；对军事通信造成破坏，同时构成第 285 条规定的非法侵入计算机信息系统罪、第 286 条规定的破坏计算机信息系统罪、第 369 条第 1 款规定的破坏军事通信罪的，依照处罚较重的规定定罪处罚。”“违反国家规定，擅自设置、使用无线电台、站，或者擅自占用频率，经责令停止使用后拒不停止使用，干扰无线电通信正常进行，构成犯罪的，依照《刑法》第 288 条规定的扰乱无线电通信管理秩序罪定罪处罚；造成军事通信中断或者严重障碍，同时构成《刑法》第 288 条规定的扰乱无线电通信管理秩序罪、第 369 条第 1 款规定的破坏军事通信罪的，依照处罚较重的规定定罪处罚。”

课后复习

1. 什么是阻碍军人执行职务罪？它与阻碍执行军事职务罪、妨害公务罪有何区别？

2. 破坏武器装备、军事设施、军事通信罪与放火罪、爆炸罪、盗窃罪和故意毁坏财物罪的界限何在？

3. 什么是故意提供不合格武器装备、军事设施罪？它与过失提供不合格武器装备、军事设施罪的界限何在？

4. 聚众冲击军事禁区罪与聚众扰乱社会秩序罪、聚众扰乱军事管理区秩序罪有何区别？

第九章

贪污贿赂罪

提　要

本章规定的贪污贿赂罪，是指国家工作人员利用职务上的便利贪污、挪用、私分公共财物，索取、收受贿赂的犯罪，以及一般主体以贿赂收买国家工作人员以及国有单位公务行为等犯罪的总称。本章犯罪只能由故意构成。多数犯罪都要求以国家工作人员为主体要件，少数犯罪为一般主体，有的犯罪可以由单位实施。

重点问题

1. 贪污罪的认定。
2. 受贿罪的认定。
3. 挪用公款罪的认定。

第一节　贪污贿赂罪概述

一、贪污贿赂罪的概念和特征

（一）贪污贿赂罪的概念

贪污贿赂罪，是指国家工作人员或国有单位实施的贪污、受贿等侵犯国家廉政建设制度，以及其他人员或单位实施的与受贿具有对向性或对合性的情节严重的行为。

将贪污贿赂犯罪列为《刑法》分则的独立一章，是现行《刑法》对1979年《刑法》在体例上的一个重大修改。将贪污贿赂罪列为专门的一章，作为独立的类罪，对于整顿吏治，加强国家的廉政建设，突出刑法惩治腐败的打击重点，有效地遏制这类犯罪活动，都具有积极的意义。

（二）贪污贿赂罪的特征

贪污贿赂罪的特征是：

1. 客体是国家的廉政建设制度。国家的廉政建设制度是以恪尽职守、廉洁奉公、吏治清明、反对腐败为其主要内容的。惩治腐败，加强廉政建设，是党和国家的一项长期政治任务。近年来，由于各种因素的影响，国家工作人员中的一些意志薄弱者以权谋私、贪污受贿、腐化堕落，这不仅破坏了党和人民的血肉联系，损害了党和政府在人民心目中的形象，而且妨害了国家的廉政建设制度、国家机关的正常活动和社会主义建设事业。

2. 客观方面表现为侵害国家廉政建设制度情节严重的行为。其中多为国家工作人员利用职务之便，贪污、受贿、挪用公共财物；也有的是国家工作人员虽未利用职务之便，但与其特定身份具有密切关系，如拒不说明巨额财产来源、隐瞒境外存款等行为；还有的是与国家工作人员受贿具有对向性或对合性的行贿、介绍贿赂的行为。这里的情节严重，多数是指数额较大，也包括其他严重的情节。

3. 犯罪主体较为复杂。就自然人来说，大多数是特殊主体，即国家工作人员。与受贿具有对向性、对合性的行贿罪、介绍贿赂罪则是一般主体。就单位来说，则既有纯正的单位犯罪，如私分国有资产罪、私分罚没财物罪，又有不纯正的单位犯罪，如单位行贿罪、单位受贿罪；既有一般的单位犯罪，又有专以国有单位为主体的单位犯罪。

4. 主观方面均为故意，过失不构成本类罪中的任何一种具体犯罪。

二、贪污贿赂罪的种类

根据《刑法》分则第八章的规定，贪污贿赂罪共有13个具体罪名，包括贪污罪、挪用公款罪、受贿罪、单位受贿罪、利用影响力受贿罪、行贿罪、对单位行贿罪、介绍贿赂罪、单位行贿罪、巨额财产来源不明罪、隐瞒境外存款罪、私分国有资产罪和私分罚没财物罪。

本章规定的13种具体犯罪，可以从不同的角度进行分类。如从犯罪主体角度可分为：主要由国家工作人员实施的犯罪（包括贪污罪、挪用公款罪、受贿罪、利用影响力受贿罪、巨额财产来源不明罪、隐瞒境外存款罪）；主要由一般自然人主体实施的犯罪（包括行贿罪、对单位行贿罪和介绍贿赂罪）；以及单位主体实施的犯罪（包括单位受贿罪、单位行贿罪、私分国有资产罪和私分罚没财物罪）。考虑到本章的章名以及叙述方便和体例统一等因素，本书以是否具有权钱交易的特征为标准将本章犯罪分为以下两类：

1. 贪污型犯罪，即由国家工作人员及国有单位实施的各种可能转化为贪污或可能涉嫌贪污的非权钱交易型财产犯罪。包括贪污罪、挪用公款罪、巨额财产来源不明罪、隐瞒境外存款罪、私分国有资产罪和私分罚没财物罪6种犯罪。

2. 贿赂型犯罪，即由国家工作人员及国有单位实施或以国家工作人员或国有单位为对象实施的权钱交易型财产犯罪。包括受贿罪、利用影响力受贿罪、行贿罪、介绍贿赂罪、单位受贿罪、单位行贿罪、对单位行贿罪7种犯罪。

第二节　贪污型犯罪

贪污型犯罪，是指国家工作人员及国有单位以非权钱交易的方式侵犯国家廉政建设制度，并与贪污罪具有某种内在联系的财产犯罪。贪污罪是本节的重点，其他犯罪在实体或程序上都与贪污罪具有某种内在联系，如：挪用公款罪的行为不仅在形式上容易与贪污罪相混，而且常常可能因为种种原因而转化为贪污罪；贪污的财产往往是巨额财产来源不明罪和隐瞒境外存款罪中财产的真实来源之一；私分国有资产罪和私分罚没财物罪则实际上是从贪污罪中分离出来的犯罪。

一、贪污罪

（一）贪污罪的概念和特征

贪污罪，是指国家工作人员或者受国家机关、国有公司、企事业单位、人民团体委托管理、经营国有财产的人员，利用职务上的便利，侵吞、窃取、骗取或者以其他手段非法占有公共财物的行为。

贪污罪的主要特征是：

1. 犯罪的客体是复杂客体，既侵犯了国家工作人员职务行为的廉洁性，又侵犯了公共财产的所有权。其中，前者是本罪的主要客体。因为从本质上说贪污罪是国家工作人员在职务活动中违背职责谋取私利的行为。它一方面侵犯了公共财产所有权，另一方面也直接侵犯了国家工作人员职务行为的廉洁性。本罪的犯罪对象是公共财物，其具体内容根据《刑法》第91条的规定确定。

我国《刑法》第271条第2款规定，国有公司、企业或者其他国有单位中从事公务的人员和国有公司、企业或者其他国有单位委派到非国有公司、企业以及其他单位从事公务的人员，利用职务上的便利，将本单位财物非法占为己有，数额较大的，依照贪污罪的规定定罪处罚。根据这一规定，此种情况下所贪污的财产未必属于公共财产，可以认为这是以贪污罪论处的一种特别规定。

2. 客观方面表现为行为人利用职务上的便利，侵吞、窃取、骗取或者以其他手段非法占有公共财物的行为。在这里，利用职务上的便利和非法占有公共财物二者缺一不可。

所谓利用职务上的便利，是指行为人利用自己职务范围内主管、管理、经手公共财物或者受托经营、管理国有财产所形成的便利条件。它包括两种情况：一是利用自己职务内主管、管理、经手公共财物所形成的便利条件；一是利用自己受托管理、经营国有财产的职务所形成的便利条件。

行为人非法占有公共财物的方式是多种多样的，法律上将其概括为侵吞、窃取、骗取或者其他手段。所谓侵吞，是指行为人利用职务上的便利，将暂由自己合法管理、经营、使用的公共财物直接非法占有。如公共财物应交公而隐匿不交，应支付而不支付，应入账而不入账，直接加以扣留，从而占为己有。所谓窃取，是指行为人利用职务上的便利，监守自盗，将公共财物非法占有。如保管员将自己管理的公共财物秘密拿回家中窃为己有。所谓骗取，是指行为人利用职务上的便利，采用虚构事实或者隐瞒真相的方法，非法占有公共财物。如工程项目负责人伪造工资表，冒领不存在的工人工资。所谓其他手段，是指采取除侵吞、窃取、骗取三种手段以外的方式，将公共财物非法占有。如利用职权，巧立名目，在几个领导人员中私分大量公款、公物。

根据《刑法》第394条的规定，国家工作人员在国内公务活动或者在对外交往中接受礼物，依照国家规定应当交公而不交公，数额较大的，以贪污罪定罪处罚。

3. 犯罪主体是特殊主体。具体包括两类人员：一类是国家工作人员；另一类是受国家机关、国有公司、企业、事业单位、人民团体委托管理、经营国有财产的人员。

《刑法》第93条规定，国家工作人员包括：（1）国家机关中从事公务的人员，即各级国家权力机关、行政机关、审判机关、检察机关和军事机关中从事公务的人员。此外，根据中央和国务院的有关规定，参照国家公务员条例进行管理的各级党委、政协机关中从事公务的人员，应当视为国家机关工作人员。（2）国有公司、企业、事业单位、人民团体中从事公务的人员。其中，国有公司是指财产属于国家所有的公司，包括国有独资公司、两个以上国有企业组成的有限责任公司、股份有限公司；国有企业是指财产属于国家所有的从事生产、经营活动的企业；国有事业单位是指国家投资兴办管理的科研、教育、文化、卫生、体育、新闻、广播、出版等单位；人民团体是指各民主党派、各级工会、共青团、妇联等群众性组织。（3）国家机关、国有公司、企业、事业单位委派到非国有公司、企业、事业单位、社会团体中从事公务的人员。至于被委派的人员原来是否具有国家工作人员的身份可以不问。即使被委派前是工人、农民、待业人员，只要被上述国有单位委派到非国有公司、企业、事业单位、社会团体从事公务，即为国家工作人员。（4）其他依照法律从事公务的人员。例如，被依法选出的在人民法院履行职务的人民陪审员，履行特定手续被人民检察院聘任的特邀检察员等。以上四种人员中，除国家机关工作人员而外，其余均“以国家工作人员论”，理论上称为“准国家工作人员”。

无论是国家机关工作人员还是准国家工作人员，都必须具有一个共同特征：即从事公务。这是国家工作人员的本质属性。所谓从事公务，是指从事组织、领导、监督、管理等公共事务性质的活动。虽然属于国有单位的人员，但所从事的工作不具有公务性质，就不属于从事公务的人员，因而不具有贪污罪的主体资格。

另一类是受国家机关、国有公司、企业、事业单位、人民团体委托管理、经营国有资产的人员。这主要是指以承包、租赁等方式，管理、经营其承包、租赁的国有单位或者其中的一个部门的国有财产的人员。这部分人利用其受托管理、经营国有财产的职务之便，侵吞、窃取、骗取或者以其他手段非法占有国有财产，以贪污论。

4. 主观方面是故意，而且具有非法占有公共财产的目的。

（二）贪污罪的认定

1. 贪污罪与非罪的界限

（1）贪污罪与错账、错款行为的界限。在实践中，由于业务不熟或者工作疏忽而造成错账、错款的现象时有发生。错账、错款行为，因行为人主观上不具有贪污的故意，也没有非法占有公共财产的目的，不应认定为贪污。如果是原因不明的错款，应在查明原因后再作相应的处理。

（2）贪污罪与违反财经纪律行为的界限。在实践中，有些单位以各种名义滥发奖金、福利补助费，集体私分数量较小的公款、公物，这是属于违反财经纪律的行为，不宜按犯罪处理。只有个别领导人乘机大肆侵吞公款、公物，情节严重的，才能以贪污罪论处。

（3）贪污罪与一般贪污行为的界限。根据《刑法》第 383 条第 1 款第 3 项、第 4 项的规定，二者的区别首先看贪污数额，个人贪污 5 000 元以上的构成犯罪。如果贪污数额不满 5 000 元，则看情节轻重。情节较重的，构成犯罪；情节较轻的，不构成犯罪，由其所在单位或者上级主管机关酌情给予行政处分。

2. 贪污罪与他罪的界限

这里主要应注意贪污罪与职务侵占罪的界限。二者在主观方面和客观方面基本相同。其主要区别是犯罪主体不同。本罪的主体是国家工作人员和受委托管理、经营国有财产的人员；后者的主体是公司、企业或其他单位的人员，既包括非国有公司、企业和其他非国有事业单位、社会团体中不具有国家工作人员身份的人员，也包括国有单位中不具有国家工作人员身份的人员。由于主体不同，导致其犯罪客体与对象也有一定的区别。

3. 贪污罪共犯的认定问题

根据《刑法》第 382 条第 3 款的规定，与国家工作人员或者受委托管理、经营国有财产的人员勾结，伙同贪污的，以共犯论处。本款规定应该属于提示性规定，该规定表明，贪污罪属于特殊主体的犯罪，无法定身份者不能单独构成本罪，但不具有本罪主体身份的人与有身份者共同实施本罪行为的，可以成为本罪的共犯。由于法条未对其共犯作特别的规定，应该适用《刑法》总则关于共同犯罪的规定。需要指出的是，参与共同犯罪的人，必须是利用了其中有身份者的职务上的便利，非法占有包括国有财产在内的公共财物，才能构成贪污共犯。否则，贪污共犯就无从谈起。至于与有身份者相勾结伙同贪污的，在共同犯罪中是主犯还是从犯等应依据其在共同犯罪中所起的作用认定。

（三）贪污罪的刑事责任

《刑法》第383条第1款规定，犯贪污罪的，可以根据贪污数额和情节轻重，分别依照下列4种量刑幅度进行处罚：

1. 个人贪污数额在10万元以上的，处10年以上有期徒刑或者无期徒刑，可以并处没收财产；情节特别严重的，处死刑，并处没收财产。

这里规定的死刑是绝对确定的法定刑，其适用条件是情节特别严重，且个人贪污数额在10万元以上，两个条件必须同时具备，缺一不可。

2. 个人贪污数额在5万元以上不满10万元的，处5年以上有期徒刑，可以并处没收财产；情节特别严重的，处无期徒刑，并处没收财产。

这里规定的无期徒刑也是绝对确定的法定刑，其适用条件是情节特别严重，且个人贪污数额在5万元以上10万元以下，两个条件必须同时具备，缺一不可。

3. 个人贪污数额在5 000元以上不满5万元的，处1年以上7年以下有期徒刑；情节严重的，处7年以上10年以下有期徒刑。个人贪污数额在5 000元以上不满1万元，犯罪后有悔改表现，积极退赃的，可以减轻处罚或者免予刑事处罚，由其所在单位或者上级主管机关给予行政处分。

4. 个人贪污数额不满5 000元，情节较重的，处2年以下有期徒刑或者拘役；情节较轻的，由其所在单位或上级主管机关酌情给予行政处分。

二、挪用公款罪

（一）挪用公款罪的概念和特征

挪用公款罪，是指国家工作人员利用职务上的便利，挪用公款进行非法活动，或者挪用公款数额较大，进行营利活动，或者挪用公款数额较大，越过3个月未还的行为。

挪用公款罪的主要特征是：

1. 犯罪的客体是复杂客体，即国家工作人员职务行为的廉洁性和公款的占有、使用、收益权。挪用公款罪是国家工作人员利用职务上的便利实施的，显然直接侵犯了国家廉政建设制度中公职人员职务行为的廉洁性；同时，挪用公款罪中的“挪用”是指改变用途，就其本来的意义说，是将公款挪作私用，最终还要归还。因此，挪用公款罪也在一定时间内侵犯了公款的所有权。

本罪的犯罪对象是公款，即公共财产中表现为货币或者有价证券形态的那一部分，其中包括人民币、外国货币、支票、股票、国库券、债券等有价证券。有价证券直接代表一定数额的货币，是证券形式的货币财产。

根据《刑法》第384条第2款的规定，挪用用于救灾、抢险、防汛、优抚、扶贫、移民、救济款物归个人使用的，从重处罚。按照这一规定，挪用公款罪的犯罪对象并不完全限于公款，还包括用于上述目的的特定物。但是，除了上述特定物之外的一般公物，不属于挪用公款罪的犯罪对象。

2. 客观方面表现为行为人利用职务上的便利，挪用公款归个人使用，数额较大的行为。所谓利用职务上的便利，是指行为人利用本人职务所形成的主管、管理、经手公款的便利条件，其中既包括利用本人直接经手、管理公款的便利条件，也包括行为人因其职务关系而具有的调拨、支配、使用公款的便利条件。

挪用公款归个人使用，这是本罪的基本特征。它包括挪用者本人使用和给他人使用。依据全国人大常务委员会2002年4月28日《关于〈中华人民共和国刑法〉第三百八十四条第一款的解释》，挪用公款归个人使用具有3种情形：一是将公款供本人、亲友或者其他自然人使用的；二是以个人名义将公款供其他单位使用的；三是个人决定以单位名义将公款供其他单位使用，谋取个人利益的。

挪用公款归个人使用有3种表现形式：

（1）挪用公款进行非法活动。这里所说的非法活动，是指国家法律、法规所禁止的活动，包括犯罪活动和一般违法活动，如走私、赌博、嫖娼等活动和其他非法经营活动。对于这种类型的挪用公款罪，法律并没有挪用数额和挪用时间方面的限制性规定，体现了对此类挪用公款犯罪从严惩处的立法精神。对挪用的数额较小，其社会危害性难于达到值得用刑罚惩罚程度的，刑法不予追究。最高人民法院的司法解释明确规定，以挪用公款5 000元至1万元为追究刑事责任的数额起点。

（2）挪用公款进行营利活动，数额较大。这里所说的营利活动，是指国家法律所允许的经营性活动，包括开工厂、办商店、炒股票、购买国债、用于集资或者存入银行获取利息等。营利活动本身具有合法性，这是该种类型的挪用公款罪与前一类型的根本区别。如果挪用公款归自己或者他人进行非法的营利活动，应属于前一种行为形式。如果行为人将挪用的公款用于返还本人或他人在过去的经营活动中所欠的债务，应视为挪用公款进行营利活动，至于行为人在实际营利活动中是否获利，不影响本罪的认定。

这种挪用行为构成犯罪，不受挪用时间和是否归还的限制，但法律明确规定必须挪用数额较大。其数额较大的起点，根据最高人民法院的司法解释，为1万元至3万元。在1万元至3万元之间，各省、直辖市、自治区的高级人民法院，可以结合本地的情况，确定本地执行的数额标准。

（3）挪用公款数额较大，超过3个月未还。这是指挪用公款用于自己或者他人的合法生活消费或者其他非经营性支出，如偿还债务（因经营活动而欠的债务除外）、购置家具、修缮房屋、支付医药费等。这里的数额较大与挪用公款进行营利活动的数额较大标准相同。如果挪用公款归个人使用数额较大，超过3个月未还，即构成本罪。但根据最高人民法院的司法解释，在案发前即被司法机关、所在单位或有关部门发现之前全部归还本金的，可以从轻或者免除处罚。给国家、集体造成的利息损失应予追缴。挪用公款数额巨大，超过3个月，案发前全部归还的，可以酌情从轻处罚。

多次挪用公款不还，挪用公款数额累计计算；多次挪用公款，并以后次挪用的公款偿还前次挪用的公款，挪用公款数额以案发时未还的实际数额认定。

3. 犯罪主体是特殊主体，即国家工作人员。至于受国家机关、国有公司、企事业单位、人民团体的委托管理、经营国有财产的人员可否成为本罪的主体，由于本类人员不是国家工作人员，也不属于以国家工作人员论的人员，同时《刑法》分则条文也未作特殊规定（贪污罪有法条的明确规定，因而此类人员可以成为贪污罪的主体），因而不能成为本罪的主体。

4. 主观方面是故意，即明知是公款而有意违反有关规定予以挪用，非法取得公款的使用权。挪用公款给他人使用，如果明知使用人用于营利活动或者非法活动的，应当认定为挪用人挪用公款进行营利活动或者非法活动。如果不知道使用人用公款进行营利活动或者非法活动，则只有数额较大，超过3个月未还的，才构成挪用公款罪。

（二）挪用公款罪的认定

1. 挪用公款罪与一般挪用公款行为的界限。无论是挪用公款罪还是一般挪用公款行为，都侵犯了国家工作人员职务行为的廉洁性和公款的占有、使用、收益权，但只有社会危害程度严重的才能按挪用公款罪处理。二者的界限，依据法律的规定，应该考虑挪用公款的数额、用途和时间，依据不同情况处理。如果是用来进行非法活动，不仅没有挪用时间的限制，而且数额起点较低；如果是用来进行营利活动，则没有挪用时间的限制，数额起点也较高；如果是用作合法的生活消费和其他非经营性活动的，则同时要求数额较大和超过3个月的，才构成犯罪。

2. 挪用公款罪与他罪的界限。

（1）挪用公款罪与贪污罪的界限。二者在犯罪客体、利用职务上的便利等方面有相同和相似之处，其主要区别是：其一，犯罪故意不同。前者是以非法使用公款为目的而暂时地占有公款，准备将来归还；后者则以非法占有公款为目的，不准备归还。这是区分两罪的关键所在。其二，对客体的侵害程度不同。二者虽然都侵犯了公款的所有权，但具体说来前者侵犯的是公款的占有、使用和收益权，没有改变公款的所有权；后者是行为人将公款永远地占归已有，同时侵犯公款的占有、使用、收益和处分四项权能，从根本上改变了公款的所有权。其三，犯罪对象的范围不同，前者的对象是除了用于救灾、抢险、防汛、优抚、扶贫、移民、救济的特定公物而外的公款；后者的对象则既包括公款，也包括其他任何公物。其四，行为方式不同。前者从性质上说是暂时地非法使用公款，所以往往留有“挪用痕迹”，甚至出具借条；后者永远地非法占有公款，因此行为人大多采用毁损凭证、掩盖真相的手段，如涂改账目、虚报冒领等。

对于挪用公款后不退还的处理，根据《刑法》第384条第1款后段的规定，挪用公款数额巨大不退还的，只是作为本罪从重处罚的一个情节。这里的“不退还”，按照最高人民法院的司法解释，是指因客观原因在一审宣判前不能退还的，如做生意亏本、被骗、被盗、借给他人未还等。如果行为人主观上根本不想退还，案发后实际上也未予退还，则即使形式上具有挪用公款罪的特征，也应当以贪污罪定罪处罚。

（2）挪用公款罪与挪用特定款物罪的界限。二者在行为方式上都表现为挪用，主观要件、犯罪对象等也有许多相同或相似之处。当挪用的对象均为救灾、抢险、防汛等特定款物时，其主要区别是：其一，挪用的用途不同。前者一般是挪用公款归本人或者其他个人使用，在本质上是“公款私用”；后者是把特定款物挪归单位的其他事项使用，没有专款专用，在实质上具有“公款公用”的性质。其二，特定的犯罪成立要件不同。挪用公款达到规定的数额标准即构成犯罪；后者须情节严重，致使国家和人民群众利益造成重大损害的，才构成犯罪。

（3）挪用公款罪与挪用资金罪的界限。二者在主观和客观方面都有许多相同和相似之处。主观方面都是故意，客观方面都是利用职务上的便利进行的。其主要区别是：其一，犯罪主体不同。前者的主体是特殊主体，即国家工作人员；后者的主体虽然也是特殊主体，但一般是公司、企业或其他单位中不具有国家工作人员身份的人员。这是划清两罪界限的关键所在。其二，犯罪客体和对象不同。前者的客体是复杂客体，既侵犯了国家工作人员职务行为的廉洁性，又侵犯了公款的占有、使用、收益权；后者侵犯的是简单客体，即仅限于本单位资金的占有、使用、收益权。

（三）挪用公款罪的刑事责任

根据《刑法》第384条第1款的规定，犯挪用公款罪的，处5年以下有期徒刑或者拘役；情节严重的，处5年以上有期徒刑。挪用公款数额巨大不退还的，处10年以上有期徒刑或者无期徒刑。这里所说的情节严重，是指挪用公款数额巨大；或者数额虽未达到巨大，但挪用公款手段恶劣；多次挪用公款；因挪用公款严重影响生产、经营，造成严重损失等。其中数额巨大，按照前述司法解释，营利活动型和超期未还型是15万元至20万元以上，非法活动型是5万元至10万元以上。

《刑法》第384条第2款规定，挪用用于救灾、抢险、防汛、优抚、扶贫、移民、救济款物归个人使用的，从重处罚。

三、巨额财产来源不明罪

巨额财产来源不明罪，是指国家工作人员的财产或者支出明显超过合法收入，且差额巨大，经责令说明来源，本人不能说明其来源是合法的行为。

本罪具有以下特征：犯罪的客体是国家工作人员职务行为的廉洁性。犯罪对象是行为人本人不能说明其来源合法的巨额财产。客观方面表现为行为人不能说明其明显超过合法收入的巨额财产的来源是合法的行为。具体包括两个方面的内容：一是行为人的财产和支出明显超过其合法收入，且差额巨大。这里所说的财产，是指行为人实际拥有的财物，包括现金、有价证券以及其他物品。二是行为人不能说明明显超过其合法收入的巨额财产的合法来源。这里的不能说明，既包括拒不说明，也包括不能证明，即行为人不能证明其说明的内容是真实的。犯罪主体是特殊主体，仅限于国家工作人员。主观方面是故意。

《刑法》第395条第1款规定，犯巨额财产来源不明罪的，处5年以下有期徒刑或者拘役；差额特别巨大的，处5年以上10年以下有期徒刑。财产的差额部分以非法所得论，予以追缴。

四、隐瞒境外存款罪

隐瞒境外存款罪，是指国家工作人员对于个人在境外的存款，依照国家规定应当申报而隐瞒不报，数额较大的行为。

本罪具有以下特征：犯罪的客体是国家关于国家工作人员境外存款的申报制度。客观方面表现为行为人在境外的存款应当依照国家规定申报而隐瞒不报，数额较大的行为。具体包括3个方面的内容：第一，行为人负有依照国家规定申报其境外存款的义务。这是本罪成立的前提条件。这里所说的境外存款，是指行为人在国（边）境外的金融机构中的存款，所存之款包括外币、有价证券、股票等。第二，行为人隐瞒不报其境外存款，即不履行其申报义务。这是本罪成立的关键条件。第三，隐瞒境外存款的数额较大。犯罪主体是特殊主体，即国家工作人员。主观方面是故意，即行为人明知依照国家规定应当如实申报其境外存款仍有意隐瞒不报。

《刑法》第 395 条第 2 款规定，犯隐瞒境外存款罪的，处 2 年以下有期徒刑或者拘役；情节较轻的，由其所在单位或者上级主管机关酌情给予行政处分。

五、私分国有资产罪

私分国有资产罪，是指国家机关、国有公司、企业、事业单位、人民团体，违反国家规定，以单位名义将国有资产私分给个人，数额较大的行为。

私分国有资产罪的主要特征是：犯罪的客体是国家对国有资产的所有权及廉政建设制度。犯罪对象是国有资产，而且是具有可移性、可分性的国有资产。客观方面表现为违反国家规定，以单位名义将国有资产集体私分给个人，数额较大的行为。具体包括 3 个基本要素：一是违反国家规定，这是构成本罪的前提条件。所谓违反国家规定，是指违反全国人民代表大会及其常委会和国务院有关使用、管理和保护国有资产的法律、行政法规。二是以单位的名义将国有资产集体私分给个人。这是由单位负责人或者单位决策机构集体讨论决定，将国有资产私分给单位所有职工，至少是单位大多数职工。如果只是单位内几个负责人私分，或者在少数单位员工中私分，应属贪污行为。三是数额较大。犯罪主体是特殊主体的单位犯罪，即只能是国家机关、国有公司、企业、事业单位、人民团体。主观方面是故意，即明知是国有资产，仍有意违反国家规定，以单位名义进行私分。

《刑法》第 396 条第 1 款规定，犯私分国有资产罪的，对单位直接负责的主管人员和直接责任人员，处 3 年以下有期徒刑或者拘役，并处或单处罚金；数额巨大的，处 3 年以上 7 年以下有期徒刑，并处罚金。

六、私分罚没财物罪

私分罚没财物罪，是指司法机关、行政执法机关违反国家规定将应当上缴国家的罚没财物，以单位名义集体私分给个人的行为。

本罪具有以下特征：犯罪的客体是国家对罚没财物的管理制度及廉政建设制度。犯罪对象是罚没财物。这里所说的罚没财物，既包括司法机关追缴、没收犯罪嫌疑人、被告人的财物以及对犯罪分子判处罚金、没收财产而收缴的财物，还包括行政执法机关在执法活动中没收和处罚违法单位或人员而收缴的财物。

客观方面表现为违反国家规定，将应当上缴国家的罚没财物，以单位名义集体私分给个人，数额较大的行为。这里的数额较大是本罪成立的要件。犯罪主体是司法机关或行政执法机关，属于纯正的单位犯罪。主观方面是故意，即明知是应当上缴的罚没财物，仍有意以单位的名义进行集体私分。

《刑法》第 396 条第 2 款规定，犯私分罚没财物罪的，对其直接负责的主管人员和直接责任人员，处 3 年以下有期徒刑或者拘役，并处或者单处罚金；数额巨大的，处 3

年以上7年以下有期徒刑，并处罚金。

第三节　贿赂型犯罪

贿赂型犯罪，即由国家工作人员及国有单位实施或以国家工作人员或国有单位为对象实施的权钱交易型财产犯罪。本节犯罪以谋取非法利益为出发点，以财产收受为核心，以权钱交易为主要特征，同时具有对向性或对合性的行为均构成犯罪的特点。

一、受贿罪

（一）受贿罪的概念和特征

受贿罪，是指国家工作人员利用职务上的便利，索取他人财物，或者非法收受他人财物，为他人谋取利益的行为。

受贿罪的主要特征是：

1. 犯罪客体是国家工作人员职务行为的廉洁性。本罪的行为对象是贿赂。按照《刑法》的规定，贿赂就是指行为人索取或者收受的他人财物。关于贿赂的内容可否扩大到财物以外的其他财产性利益甚至非财产性利益，在理论上可以进一步研讨。但实践上我们仍应严格地执行《刑法》的规定。

2. 客观方面表现为利用职务上的便利索取他人财物，或者非法收受他人财物并为他人谋利益的行为。具体表现为以下方面：

（1）利用职务上的便利。所谓便利，是指“方便、顺利、没有阻碍”①。职务上的便利，就应该是指行为人因为职务而导致的可以为他人谋利的便利。这种便利包括两种形式：其一是利用职权，即行为人直接利用本人职务范围内主管、管理、经办钱、物或者人事等各种权力。其二是利用与职务相关的便利条件，即虽然不是直接利用职权，但利用了本人职权或地位对其他国家工作人员的职务制约的便利。

关于利用职务上的便利是否还包括利用过去的或将来的职务上的便利问题，国内有肯定与否定两种意见。本书认为，既然已经不再担任原来的职务，就现时而言，其职务上的便利无从谈起，所以不宜支持肯定性意见。所谓利用将来的职务上的便利，是指利用本人尚未担任但将要担任的职务上的便利。对于利用将来的职务上的便利可否成立受贿罪的问题，国内理论界也有不同看法。这种情形就是学术上所说的职前受贿罪类型，外国刑法有其立法例②。职前受贿罪在理论上值得探讨。但在我国《刑法》没有规定的情况下，以不认定受贿罪为宜。但如果约定职中谋利，职后取财，或者职前取财，任职后谋利，应该认为符合受贿罪的利用职务之便的要求。

（2）索取、收受他人财物。利用职务上的便利索取他人财物和非法收受他人财物分别是受贿的两种形式。所谓索取他人财物，是指行为人利用职务上的便利，主动向

---

①《辞海》（缩印本），273页，上海，上海辞书出版社，1989。

② 如日本刑法第197条第2款规定了事前受贿罪，对此参见：《日本刑法典》，张明楷译，62页，北京，法律出版社，1998。

他人索要或勒索并收取财物。至于是否实施了为他人谋利益的行为可以不问。索贿行为可以是明示的，也可以是暗示的；可以是本人直接索取，也可以是通过他人间接索取。所谓收受他人财物，是指行为人以为他人谋利益为条件，接受对方给付自己的财物。

(3) 为他人谋取利益。所谓为他人谋取利益，是指受贿人为他人谋求取得某种特定利益。这里所说的利益，既可以是合法的利益，也可以是非法的利益；既可以是物质性利益，也可以是非物质性利益。

(4) 斡旋受贿的客观方面。《刑法》第 388 条规定，国家工作人员利用本人职权或者地位形成的便利条件，通过其他国家工作人员职务上的行为，为请托人谋取不正当利益，索取或者收受请托人财物的以受贿论处。这就是理论上所说的斡旋受贿或间接受贿。斡旋受贿的行为特征是：其一，利用本人职权或者地位形成的便利条件。这是利用职务上的便利的第二种形式。这里所说的本人职权，是指在行为人职务范围内，并能对其他国家工作人员形成制约或者施加影响的权力，其中不包括直接利用本人掌握的职权。所谓地位，是指行为人所在的能对其他国家工作人员形成制约或者施加影响的领导岗位，或者在领导身边工作或负有特定职责并从事公务活动的工作岗位。这种地位是因职务产生的，不是因声望、名誉等所形成的一般社会地位。无论是利用本人职权还是利用本人地位形成的便利条件，都是源于本人的职务。如果行为人利用自己与其他国家工作人员的亲友关系则不同于斡旋受贿行为。其二，为请托人谋取不正当利益。斡旋受贿犯罪要求必须是为请托人谋取不正当利益。关于不正当利益的内涵，国内理论界是有分歧意见的。本书认为，所谓不正当利益，是指根据法律、法规和有关政策不应当得到的利益。利益的正当与否取决于其性质本身而不决定于取得利益的手段。如果是请托人依法应当或者可能得到的利益，即使采用送钱送物的手段得到了，也不应当视为不正当利益。其三，通过其他国家工作人员的职务行为，为请托人谋取不正当利益，这是斡旋受贿在谋取利益上的特点。其四，索取或者收受请托人财物。在斡旋受贿犯罪中，行为人取得贿赂的形式也有两种，即索贿和收受。

与一般受贿罪不同的是：斡旋受贿犯罪中，无论是索取还是收受形式，均以为请托人谋取不正当利益为必要。

3. 犯罪主体是基本上特殊主体，即国家工作人员。这里所说的国家工作人员与《刑法》总则第 93 条关于国家工作人员界定的范围是相同的。之前司法实践当中一直存在争议的离、退休人员可否成为本罪的主体问题现在也已经有了明确的答案。本书认为，离、退休人员在实施了刑法规定的相关行为，满足相关条件的情况下可以成为本罪的主体。

4. 主观方面是故意，即行为人明知其利用职务上的便利，索取他人财物或者非法收受他人财物并为他人谋取利益的行为会损害国家工作人员职务行为的廉洁性，仍然决意而为。

(二) 受贿罪的认定

1. 受贿罪与非罪的界限

(1) 经济往来中受贿罪的认定。《刑法》第 385 条第 2 款规定，国家工作人员在经济往来中，违反国家规定，收受各种名义的回扣、手续费归个人所有的，以受贿论处。

所谓违反国家规定，是指违反全国人民代表大会及其常务委员会制定的法律、国务院制定的行政法规、规定的行政措施、发布的决定和命令，例如《中华人民共和国反不正当竞争法》，国务院办公厅1986年5月5日发布的《关于严禁在社会经济活动中牟取非法利益的通知》等。这些法律、法规中都有关于收受回扣、手续费方面的规定，如有违反，即为违反国家规定。所谓回扣，是指在经济活动中，卖方从收取的价款中扣出一部分回送给买方或其代理人的财物。其表现形式应与受贿罪的对象协调一致，即不仅限于金钱，还包括其他实物。所谓手续费，是指因办理一定的事务或付出一定的劳动而收取的费用。手续费就其本身而言，是一种劳务报酬，并无非法性。但是，如果国家工作人员未付出劳动而收受财物，或者以少量劳动换取高额报酬，那是假手续费之名收受贿赂，以受贿论处的手续费指的就是这种手续费。这种手续费可以有各种名义，如好处费、辛苦费、介绍费、活动费、信息费等，但究其实质，均为贿赂。

(2) 受贿罪与接受亲友馈赠的界限。亲朋好友之间的礼尚往来，有时伴有物品馈赠，这是联络感情的正当行为。受贿罪中的收受他人财物与接受亲友馈赠的根本性区别，就在于是否符合常理。如果明显超出了礼尚往来的情形，又有利用职务上的便利为亲友谋取利益的行为，就属于受贿。

(3) 受贿罪与取得合法报酬的界限。在法律、政策允许的范围内，利用自己的知识、技术和劳动，为其他单位或个人承担业务、提供咨询或者进行其他服务，从中获得劳动报酬的，是合法收入，不属于受贿。所以，划清受贿罪与取得合法报酬的界限，关键要看行为人是否利用职务上的便利为他人谋取利益。此外，还要结合分析行为人是否付出了必要的劳动。

2. 受贿罪与他罪的界限

(1) 受贿罪与贪污罪的界限。受贿罪与贪污罪都是特殊主体，主观方面均为故意，有相同和近似之处。其主要区别是：贪污罪是行为人利用自己的职权，将自己主管、管理、经手的公共财物转归已有；而受贿罪是由他人交付财物以汲取公职人员职务所制约的利益。

(2) 受贿罪与公司、企业人员受贿罪的界限。二者的主要区别在于主体身份不同，因此导致犯罪客体和犯罪主观方面的故意内容也存在一定的区别。同时，依据法律的规定，前者的索贿不以为他人谋取利益为要件；后者则无论是索取贿赂还是收受贿赂，均以为他人谋取利益为必要条件。

（三）受贿罪的刑事责任

《刑法》第386条规定，对犯受贿罪的，根据受贿所得数额及情节，依照第383条贪污罪的处罚规定予以处罚。索贿的从重处罚（具体处罚标准见贪污罪的相关部分）。

二、利用影响力受贿罪

（一）利用影响力受贿罪的概念和特征

利用影响力受贿罪，是指国家工作人员的近亲属或者其他与该国家工作人员关系密切的人，通过该国家工作人员职务上的行为，或者利用该国家工作人员职权或者地位形成的便利条件，通过其他国家工作人员职务上的行为，为请托人谋取不正当利益，索取请托人财物或者收受请托人财物，数额较大或者有其他较重情节的行为。离职的国家工作人员或者其近亲属以及其他与其关系密切的人，利用该离职的国家工作人员原职权或者地位形成的便利条件，索取请托人财物或者收受请托人财物，数额较大或者有其他较重情节的行为。

利用影响力受贿罪的主要特征是：

1. 犯罪客体是国家工作人员职务行为的廉洁性。本罪的行为对象是贿赂。

2. 客观方面表现为通过该国家工作人员职务上的行为，或者利用该国家工作人员职权或者地位形成的便利条件，通过其他国家工作人员职务上的行为，为请托人谋取不正当利益，索取请托人财物或者收受请托人财物，数额较大或者有其他较重情节的行为。

3. 犯罪主体是基本上特殊主体，即国家工作人员的近亲属身份或者与其关系密切者，以及离职的国家工作人员或者其近亲属以及其他与其关系密切的人可以成为本罪的主体。

4. 主观方面是故意。

（二）利用影响力受贿罪的刑事责任

根据《刑法修正案》（七）修订的《刑法》第388条规定，犯利用影响力受贿罪的，处3年以下有期徒刑或者拘役，并处罚金；数额巨大或者有其他严重情节的，处3年以上7年以下有期徒刑，并处罚金；数额特别巨大或者有其他特别严重情节的，处7年以上有期徒刑，并处罚金或者没收财产。

三、行贿罪

（一）行贿罪的概念和特征

行贿罪，是指行为人为谋取不正当利益而给予国家工作人员以财物的行为。

行贿罪的主要特征是：

1. 本罪的客体是国家工作人员职务行为的廉洁性。犯罪对象仅限于国家工作人员。行贿与受贿往往是对应存在的，行贿是引发受贿犯罪的温床。因此，在惩处受贿罪的同时，必须打击行贿犯罪活动。

2. 客观方面表现为行为人给予国家工作人员以财物的行为。与受贿的形式相对应，行贿也分为两种情形：一是行为人主动给予受贿人以财物。在这种情况下，无论行贿人意图谋取的不正当利益是否实现，均不影响行贿罪的成立。二是行为人因被勒索被动地给予受贿人以财物。在这种情况下，只有行为人实际获取了不正当利益，才能构成行贿罪。

3. 犯罪主体是一般主体。

4. 主观方面是故意，并具有谋取不正当利益的目的。行贿罪是目的犯，谋取不正当利益的目的，是构成行贿罪的必要要件，无论是主动行贿还是被动行贿。但是，当因索贿而被迫给予国家工作人员以财物时，还要求行贿人实际获得了不正当利益。在这种情况下，如果行为人主观上存在谋取不正当利益的目的，可以视为具有行贿的故意，只是因为实际上没有获得不正当利益，还不具备客观方面的全部要件，因此不成立行贿罪。

（二）行贿罪的认定

1. 经济往来中行贿罪的认定。按照《刑法》第 389 条第 2 款的规定，在经济往来中，违反国家规定，给予国家工作人员以财物，数额较大，或者违反国家规定，给予国家工作人员以各种名义的回扣、手续费的，以行贿论处。此种行贿罪的认定，需要注意以下两个问题：一是必须违反了国家有关规定，即违反全国人民代表大会及其常务委员会制定的法律和决定，国务院制定的行政法规、规章和发布的命令、决定等；二是必须达到一定的数额。此种情况《刑法》中虽然没有明文规定必须数额较大，但数额大小是行贿行为的社会危害性程度的一个重要标志，因此也应当是达到数额较大的标准才构成行贿罪。

2. 行贿与赠与的界限。赠与是一种正当合法的民事行为，与行贿具有截然不同的性质。要划清二者的界限，一般认为应当综合双方感情交往的程度、给付财物是否附带条件、给付财物的数额或者价额、给付财物是否公开、给付财物是否纯粹出于自愿、给付是否符合常理等各种因素，综合分析，区别对待。

3. 行贿罪与一般行贿行为的界限。《刑法》中没有明确规定行贿罪的具体数额标准，也没有明确规定构成行贿罪的情节要求，但这不等于为谋取不正当利益，无论行贿数额大小，情节轻重，均构成行贿罪。一般认为，为谋取不正当利益，给予国家工作人员以财物，数额较小，又不具有其他严重情节的，应属一般行贿行为；数额较大或者具有其他严重情节的，构成行贿罪。

（三）行贿罪的刑事责任

《刑法》第 390 条第 1 款规定，犯行贿罪的，处 5 年以下有期徒刑或者拘役；因行贿谋取不正当利益，情节严重的，或者使国家利益遭受重大损失的，处 5 年以上 10 年以下有期徒刑；情节特别严重的，处 10 年以上有期徒刑或者无期徒刑，可以并处没收财产。这里的情节严重、情节特别严重，应当根据行贿的数额、手段、不正当利益的性质、行贿造成的后果等综合分析。根据《刑法》第 390 条第 2 款的规定，行贿人在被追诉前主动交代行贿行为的，可以减轻处罚或者免除处罚。行贿人在被追诉前，能够主动交代行贿行为，这实际上既可能是自首，同时也是对受贿犯罪的检举揭发，可以认为是立功或者重大立功表现。由于刑罚已经对此规定了减免处罚，因而一般情况下，为了避免量刑上的一行为重复适用，仅适用上述规定即可。

四、单位受贿罪

单位受贿罪，是指国家机关、国有公司、企业、事业单位、人民团体，索取、非法收受他人财物，为他人谋取利益，情节严重的行为。其主要特征是：其一，侵犯的客体是国有单位公务活动的廉洁制度。客观方面表现为索取、非法收受他人财物，为他人谋取利益，情节严重的行为。在这里，无论是索取贿赂形式还是收受贿赂形式，都要求同时具备为他人谋取利益的要件，而且必须是情节严重的。其二，犯罪主体是国家机关、国有公司、企业、事业单位、人民团体。集体经济组织、中外合资企业、中外合作企业、外商独资企业和私营企业，不能成为本罪的主体。其三，主观方面是直接故意。

《刑法》第 387 条第 1 款规定，犯单位受贿罪的，对单位判处罚金，并对其直接负责的主管人员和其他直接责任人员，处5年以下有期徒刑或者拘役。根据《刑法》第387条第2款的规定，在经济往来中，在账外暗中收受各种名义的回扣、手续费，以受贿论，并依照该条第1款的规定处罚。

五、对单位行贿罪

对单位行贿罪，是指行为人为谋取不正当利益，给予国家机关、国有公司、企业、事业单位、人民团体以财物，或者在经济往来中，违反国家规定，给予前述单位各种名义的回扣、手续费的行为。

本罪具有以下特征：犯罪的客体是国有单位的廉政制度。犯罪对象只能是国家机关、国有公司、企业、事业单位、人民团体。客观方面表现为两种形式：一是给予国家机关、国有公司、企业、事业单位、人民团体以财物；二是在经济往来中，违反国家规定，给予前述单位各种名义的回扣、手续费的行为。犯罪主体是一般主体，包括自然人或单位。主观方面是故意，过失不构成本罪。

《刑法》第391条规定，犯单位行贿罪的，处3年以下有期徒刑或者拘役。单位犯本罪的，对单位判处罚金，并对其直接负责的主管人员或其他直接责任人员，依照个人犯本罪的规定处理。

六、介绍贿赂罪

介绍贿赂罪，是指向国家工作人员介绍贿赂，情节严重的行为。

本罪具有以下特征：犯罪的客体是国家工作人员职务行为的廉洁性。犯罪对象只能是国家工作人员。客观方面表现为向国家工作人员介绍贿赂，情节严重的行为。这里所说的向国家工作人员介绍贿赂，是指在行贿人与受贿的国家工作人员之间进行沟通、撮合，使行贿和受贿得以实现。犯罪主体是一般主体，而且仅限于自然人向国家工作人员介绍贿赂，不包括向国有单位介绍贿赂，也不包括单位向国家工作人员介绍贿赂。主观方面由故意构成，即行为人主观上必须具有向国家机关工作人员介绍贿赂的故意。如果行为人主观上没有介绍贿赂的故意，只是为了介绍双方做生意，不知道请托人寻找受贿对象这一真实意图，则不构成介绍贿赂罪。根据法律规定，介绍贿赂的行为必须是情节严重的，才构成犯罪。

根据《刑法》第392条的规定，犯介绍贿赂罪的，处3年以下有期徒刑或者拘役。介绍贿赂人在被追诉前主动交代介绍行为的，可以减轻或者免除处罚。

七、单位行贿罪

单位行贿罪，是指单位为谋取不正当利益而行贿，或者违反国家规定，给予国家工作人员以回扣、手续费，情节严重的行为。

本罪具有以下特征：犯罪的客体是国家工作人员职务行为的廉洁性。犯罪对象仅限于国家工作人员。客观方面表现为两种形式：一是单位为谋取不正当利益而行贿；二是违反国家规定，给予国家工作人员以回扣、手续费，情节严重的行为。犯罪主体是任何所有制形式的单位。主观方面是故意。按照法律规定，本罪中第二种行为方式还必须达到情节严重的程度，才能构成犯罪。虽然第一种形式的行贿，法律没有明确规定必须数额较大或具有其他严重情节，但从实际上看，还是应当有数额或者情节方面要求的。

根据《刑法》第 393 条的规定，犯单位行贿罪的，对单位判处罚金，并对其直接负责的主管人员和直接责任人员处 5 年以下有期徒刑或者拘役。因行贿取得的违法所得归个人所有的，依照行贿罪定罪处罚。

法律应用

1.《刑法》第 383 条第 2 款的规定，对多次贪污未经处理的，按照累计贪污数额处罚。这里的“多次贪污未经处理”，是指贪污行为未被发现或者虽被发现但未给予刑事处罚或者任何行政纪律处分的情况，如果已被发现且曾受到行政纪律处分的，在累计其贪污数额时，不应计算在内。

2. 行为人是否利用职务之便索取财物，是从客观方面区别以索贿形式实施的受贿罪与敲诈勒索罪的关键。敲诈勒索罪表现为行为人单纯使用威胁要挟的手段，迫使被害人交付财物；受贿罪表现为行为人利用职务上的便利，主动向请托人索要或勒索财物。国家工作人员采用威胁要挟的方式向请托人勒索财物，以此作为为请托人谋取正当利益的交易条件，仍然应当按照受贿罪定罪处罚。

课后复习

1. 贪污受贿罪的一般特征是什么？
2. 贪污罪的构成特征有哪些？
3. 贪污罪与职务侵占罪如何区别？
4. 挪用公款罪的概念、特征以及与挪用资金罪如何区别？
5. 不同类型的受贿罪之特征有哪些？
6. 受贿罪的罪与非罪、此罪与彼罪的界限如何界定？
7. 行贿罪的构成特征有哪些？

第十章
渎职罪

第一节　渎职罪概述

一、渎职罪的基本特征

二、渎职罪的类型

第二节　一般国家机关工作人员的渎职罪

一、滥用职权罪

二、玩忽职守罪

三、故意泄露国家秘密罪

四、过失泄露国家秘密罪

五、国家机关工作人员签订、履行合同失职被骗罪

第三节　司法工作人员的渎职罪

一、徇私枉法罪

二、民事、行政枉法裁判罪

三、执行判决、裁定失职罪

四、执行判决、裁定滥用职权罪

五、枉法仲裁罪

六、私放在押人员罪

七、失职致使在押人员脱逃罪

八、徇私舞弊减刑、假释、暂予监外执行罪

第四节　特定国家机关工作人员的渎职罪

一、徇私舞弊不移交刑事案件罪

二、滥用管理公司、证券职权罪

三、徇私舞弊不征、少征税款罪

四、徇私舞弊发售发票、抵扣税款、出口退税罪

五、违法提供出口退税凭证罪

六、违法发放林木采伐许可证罪

七、环境监管失职罪

八、食品监管渎职罪

九、传染病防治失职罪

十、非法批准征用、占用土地罪
十一、非法低价出让国有土地使用权罪
十二、放纵走私罪
十三、商检徇私舞弊罪
十四、商检失职罪
十五、动植物检疫徇私舞弊罪
十六、动植物检疫失职罪
十七、放纵制售伪劣商品犯罪行为罪
十八、办理偷越国（边）境人员出入境证件罪
十九、放行偷越国（边）境人员罪
二十、不解救被拐卖、绑架的妇女、儿童罪
二十一、阻碍解救被拐卖、绑架的妇女、儿童罪
二十二、帮助犯罪分子逃避处罚罪
二十三、招收公务员、学生徇私舞弊罪
二十四、失职造成珍贵文物损毁、流失罪

提　要

渎职罪一章是刑法专门针对国家工作人员的渎职行为而规定的犯罪。该章规定在刑法分则第九章，全章有 23 个条文共 37 个罪名（含《刑法修正案》新增加的罪名）。这些罪名涉及国家机关工作人员在执行国家机关职能过程中所可能出现的各种滥用职权、玩忽职守、徇私舞弊、妨害国家机关正常工作秩序的行为。该章罪名的设立，对于监督国家工作人员正确、认真履行国家机关职能，保障国家职能正确发挥作用，保证社会公正的最终实现和社会的有序发展，都有着十分重要的意义。本章所列的犯罪，其实质都是损害了国家机关职能的正常发挥，是从一个特定的角度来危害社会。

重点问题

1. 渎职罪的一般特征。
2. 滥用职权罪的概念和特征。
3. 玩忽职守罪的概念和特征。
4. 故意泄露国家秘密罪的概念和特征。
5. 徇私枉法罪的概念和特征。
6. 枉法裁判罪的概念和特征。

第一节　渎职罪概述

渎职罪是国家机关工作人员亵渎工作职责犯罪的总称。其含义是指国家机关工作人员在履行自己职务过程中，徇私舞弊、滥用职权、玩忽职守、妨害国家机关正常工作程序，实施损害国家机关的公信力、致使国家与社会利益遭受重大损失的行为。

一、渎职罪的基本特征

（一）渎职罪的客体是国家机关工作的公信力

国家机关的权力来自于人民的委托，其公信力是对人民委托的一种承诺，也是人民检验国家机关是否值得信赖的标准。国家机关的公信力是通过每一个国家机关工作人员认真、正确履行国家职能建立起来的，任何懈怠履职、滥用职权的行为，都是对这种公信力的损害。同时，国家机关具有全面管理社会事务的职能，所以各种懈怠履职、滥用职权的行为，不仅抽象地损害了国家机关工作的公信力，而且还会具体损害到其所管理的事务当事人（可能是国家整体、社会团体或公民个人）的现实利益。因此可以说，渎职罪的危害是双重性的，其客体也可能具有双重性。

（二）渎职罪的客观方面是懈怠履职或滥用职权的行为

国家机关工作人员是受委托履行国家职能的公务人员，其职务行为是否正确，直接关系到国家职能能否正确发挥，进而关系到社会和公民的各种利益能否得到保障。渎职罪在客观行为方面，正是懈怠履职或滥用职权，从而致使公共财产、国家和人民利益遭受重大损失。所谓懈怠履职是指国家工作人员不积极认真履行其应尽职责，而是在执行职务过程中，消极松懈、拖沓散漫、敷衍了事，致使国家机关职能未能得到正常发挥，以至国家、社会公共利益和公民的利益受到重大损害。所谓滥用职权，即不依法定权限与程序执行公务，而是以违法方式来行使国家职权，其行为结果不仅违反了国家权能服务于社会的宗旨，而且直接给社会和人民造成了损害。滥用职权的核心是违法行使国家机关工作权能，其表现形式通常有：假公济私、以权谋私、越权处理事项、不依法定程序处理事项、故意违反法律或有关规定或曲解法规含义处理事项等。

（三）渎职罪的主体是国家机关工作人员

国家机关工作人员负有认真、正确履行国家机关职能的神圣义务，违背这一义务，理应受到法律制裁。只有国家机关工作人员才负有履行国家机关工作职能的义务，所以只有国家机关工作人员才能作为渎职罪的主体。这里的国家机关工作人员包括国家各级立法机关、各级行政机关、各级司法机关、各级军事机关以及作为领导机构的中国共产党的各级机关中的工作人员。本章罪名中，除涉及国家秘密的犯罪外，其他犯罪全部要求国家机关工作人员才能够成，是特殊主体的犯罪。这一特征是由本章立法宗旨在于保障国家机关正确履行国家职能，防止因懈怠履职或滥用职权而给社会及公民造成各种有形或无形的损害所决定的。

（四）渎职罪的主观方面既有故意，也有过失

渎职罪中大多数罪名的主观构成要件是故意，也有少数罪名的主观要件是过失。各罪名不同的主观要件是刑法分则条文根据不同罪名的特点而加以规定的。

二、渎职罪的类型

刑法分则第九章共有 23 个条文，计 37 个罪名（含《刑法修正案》新增加的罪名）。由于渎职罪是一种特殊主体的犯罪，通常可以按其主体的不同类型来划分渎职罪的类型。

（一）一般国家机关工作人员的渎职罪

一般国家机关工作人员渎职罪是指所有国家工作人员都可能构成的渎职罪。具体包括：滥用职权罪、玩忽职守罪、故意泄露国家秘密罪、过失泄露国家秘密罪，国家机关工作人员签订、履行合同失职被骗罪。

（二）司法工作人员的渎职罪

司法工作人员渎职罪是指司法工作人员在履行国家司法职能过程中可能犯的一类渎职罪。具体包括：徇私枉法罪，民事、行政枉法裁判罪，执行判决、裁定失职罪，执行判决、裁定滥用职权罪，枉法仲裁罪，私放在押人员罪，失职致使在押人员脱逃罪，徇私舞弊减刑、假释、暂予监外执行罪，徇私舞弊不移交刑事案件罪。

（三）特定机关工作人员的渎职罪

特定机关工作人员的渎职罪是指履行国家专门职能机关的工作人员在履行特定职能过程中可能犯的一类渎职罪。具体包括：徇私舞弊不移交刑事案件罪，滥用管理公司、证券职权罪，徇私舞弊不征、少征税款罪，徇私舞弊发售发票、抵扣税款、出口退税罪，违法提供出口退税凭证罪，违法发放林木采伐许可证罪，环境监管失职罪，食品监管渎职罪，传染病防治失职罪，放纵走私罪，商检徇私舞弊罪，商检失职罪，动植物检疫徇私舞弊罪，动植物检疫失职罪，放纵制售伪劣商品犯罪行为罪，办理偷越国（边）境人员出入境证件罪，放行偷越国（边）境人员罪，不解救被拐卖、绑架的妇女、儿童罪，阻碍解救被拐卖、绑架的妇女、儿童罪，帮助犯罪分子逃避处罚罪。

第二节　一般国家机关工作人员的渎职罪

一、滥用职权罪

（一）滥用职权罪的概念和特征

滥用职权罪，是指国家机关工作人员违法行使职权，致使公共财产、国家和人民利益遭受重大损失的行为。

滥用职权罪的主要特征是：

1. 滥用职权罪的客体是国家机关依法行使管理职能的秩序。为了保证国家机关工作人员正确、合理地行使职权，国家制定、颁布了一系列法律、法规和规章来规范、约束国家机关工作人员的职务行为。这些规定既是国家机关工作人员行使和运用各自

职权的法律依据和保障，也是其职务行为的界限、范围和行动的准则。遵守这些规定是每一个国家机关工作人员的法定责任中关于正当、合理运用职权的基本要求，违反这些规定而滥用职权，不仅违背了国家机关工作人员的法定职责从而妨害了国家机关依法履行职权的工作秩序，损害了国家机关依法管理社会事务的公信力，而且，滥用职权的结果还会给公共财产、国家和人民利益造成严重的损失，其客体具有双重性。

2. 滥用职权罪的客观方面是违法行使职权，致使公共财产、国家和人民利益遭受重大损失的行为。所谓滥用职权，就是指行为人违法行使国家机关赋予的正当职能，具体地说，是在履行职务过程中超越法定权限、违反法定程序、故意曲解法律含义并据以处理事项的行为。根据刑法规定，滥用职权罪为结果犯，以造成重大损失为构成要件。所谓重大损失，通常指1人死亡、3人以上重伤、5万元以上直接财产损失，或虽未达到上述标准，但使工作、生产受到重大损害，或给国家造成恶劣影响的情形。虽有滥用职权的行为，但客观上没有造成严重损失的，不构成滥用职权罪，可依行政规章予以行政处分。

3. 滥用职权罪的主体是国家机关工作人员。这里并未限于某一类国家机关，而是指所有国家机关的工作人员。

4. 滥用职权罪的主观方面是故意。在滥用职权罪中，行为人在主观上应当是明知自己是在违法行使职权，并对违法行使职权所可能造成的公共财产、国家和人民利益的损失持希望或放纵的态度。就其认识因素而言，行为人应是明知自己在违法行使职权，但这并不需要司法机关说明其主观上的“明知”，而应当视为法律推定其主观上具有“明知”的状态。就其意志因素而言，行为人对实际损害的发生多是持放纵态度，但也有少数是持追求态度。

（二）滥用职权罪的认定

1. 注意划清罪与非罪的界限。“致使公共财产、国家和人民利益遭受重大损失”，是本罪的结果要件，也是区别罪与非罪的重要标准。行为人虽然滥用职权，但没有引起危害后果，或者虽然致使公共财产、国家和人民利益遭受损失，但尚未达到“重大损失”的程度，均不构成本罪。

2. 划清滥用职权罪与其他罪的界限。刑法第397条第1款规定了“本法另有规定的依照规定”。这表明本条是对滥用职权罪的概括性规定，属于普通法。刑法分则另外规定的滥用职权犯罪，如第403条规定的滥用管理公司、证券职权罪，第410条规定的非法批准征用、占用土地罪等，属于特别法。本罪与这些犯罪之间存在普通法和特别法的法条竞合关系，在定罪时要准确区分本罪与特别的滥用职权的犯罪的界限。

（三）滥用职权罪的处罚

依照《刑法》第397条第1款的规定，犯滥用职权罪的，处3年以下有期徒刑或者拘役；情节特别严重的处3年以上7年以下有期徒刑。情节严重的程度可以从死伤人数、直接经济损失数额、政治影响的严重程度等几方面综合加以考虑。该条第2款规定，国家机关工作人员徇私舞弊而滥用职权的，处5年以下有期徒刑或者拘役；情节特别严重的，处5年以上10年以下有期徒刑。

二、玩忽职守罪

（一）玩忽职守罪的概念与特征

玩忽职守罪，是指国家机关工作人员懈怠履行职务，致使公共财产、国家和人民利益遭受重大损失的行为。

玩忽职守罪有如下主要特征：

1. 玩忽职守罪的客观方面是行为人实施了玩忽职守的行为。所谓玩忽职守的行为，是指国家机关工作人员在履行国家机关职能的过程中，没有恪尽职守，懈怠履行自己的职责，不履行自己应当履行的职责，或者是马虎草率、不认真履行职责，违背了应当尽职责的义务。本罪在客观方面还要求造成严重后果，即玩忽职守的行为致使公共财产、国家和人民利益遭受重大损失，这里所指的重大损失，与滥用职权罪中的重大损失的内容是一致的。

2. 玩忽职守罪的主体是国家机关工作人员。这里也不限某一类的国家机关工作人员，而是所有国家机关工作人员。

3. 玩忽职守罪的主观方面是过失。玩忽职守罪的行为人在主观上对危害结果是持有过失心理的。这里的过失心理，是特别针对危害结果的发生，而不是针对行为而言的。就其行为的懈怠而言，通常都是故意的。

（二）玩忽职守罪的认定

1. 划清罪与非罪的界限。由于玩忽职守罪的客观行为表现是在履行职务行为中有懈怠，因而极易与日常工作中的疏漏和轻微的官僚主义相混淆。区分的关键之处在于其行为是否给国家、人民和公共财产造成重大损失。玩忽职守罪作为过失犯罪，是以严重危害结果的发生为构成要件的。如果没有严重的危害结果发生，或者虽有损害后果，但尚未达到严重的程度，则只能作为一般的疏于职守行为，不能构成玩忽职守罪。

2. 划清玩忽职守罪与责任事故类犯罪的界限。在刑法分则第二章中规定了一些责任事故类的犯罪，如重大责任事故罪、重大劳动安全事故罪、危险物品肇事罪等。这类犯罪与玩忽职守罪一样，都是过失性犯罪，都是行为人在工作中因严重不负责任、没有尽到应尽职责而造成严重危害结果的发生。这些犯罪在行为方式与危害后果上都与玩忽职守罪极为相似。区别的关键在于主体不同，具体地说是主体的职责不同。玩忽职守罪的主体是国家工作人员，其职责是代表国家从事某一方面的公共管理，而责任事故类犯罪的主体是生产的直接操作者，其职责是确保操作符合有关规定并安全地从事生产。

（三）玩忽职守罪的刑事责任

根据《刑法》第 397 条第 1 款的规定，犯玩忽职守罪的，处 3 年以下有期徒刑或者拘役；情节特别严重的，处 3 年以上 7 年以下有期徒刑。该条第 2 款规定，因徇私舞弊而犯玩忽职守罪的，处 5 年以下有期徒刑，情节特别严重的，处 5 年以上 10 年以下有期徒刑。

三、故意泄露国家秘密罪

（一）故意泄露国家秘密罪的概念和特征

故意泄露国家秘密罪，是指国家机关工作人员违反保守国家秘密法的规定，故意泄露国家秘密，情节严重的行为。其构成特征如下：

1. 侵犯的客体是国家的保密制度。本罪以国家秘密为侵害对象，国家秘密往往涉及国家政治、军事、经济、外交、国家安全、打击犯罪等多方面重要内容，一旦泄露出去，对国家利益会造成重大损害。为此，全国人民代表大会常务委员会于 1988 年 9 月 5 日通过了《中华人民共和国保守国家秘密法》。任何泄露国家秘密的行为，都是对该法所确立的国家保密制度的破坏，都会给国家造成重大甚至是无可挽回的损失。

2. 客观方面表现为违反保密法规，泄露国家秘密的行为。根据《保密国家秘密法》的规定，国家秘密是指在一定时间内只限一定的人员知悉的事项。泄露国家秘密就是行为人在保密期内，向合法掌握该项秘密人员以外的其他人泄露该秘密。泄露的方式可以是多样的，如口头、书面、电信或通过电信、邮政、互联网、局域网等渠道传播国家秘密或将记载有国家秘密的文件、磁带、磁盘、光盘、U 盘、硬盘等记载工具以各种方式交予他人或故意放置于他人可得到之处。上述各种方式的实质，都是使不该被合法知晓人员以外的其他人掌握的国家秘密被非法拥有。故意泄露国家秘密罪在客观上要求情节严重才构成。情节是否严重，应从行为的动机、所涉秘密的内容、可能及已经造成的实际损害大小方面考虑。

3. 主体是国家机关工作人员，非国家机关工作人员可以作为例外情况而构成本罪。非国家机关工作人员虽然没有职责上的义务，但作为普通公民也有保密国家秘密的义务，所以法律规定其也可以构成故意泄露国家秘密罪。

4. 主观方面是故意。即行为人明知是国家秘密而故意使他人获悉，对自己的行为会使他人获悉不应获悉的国家秘密的后果，持希望或放任的态度。

（二）故意泄露国家秘密的认定

1. 注意划清罪与非罪的界限。根据刑法第 398 条的规定，故意泄露国家秘密的行为必须达到“情节严重”的程度才构成犯罪，否则仅是一般违法行为。所谓情节严重，应根据行为人泄露的动机、手段、对象，特别是秘密的内容及已经或可能给国家造成的损失程度来加以确定。

2. 划清故意泄露国家秘密罪与为境外窃取、刺探、收买、非法提供国家秘密、情报罪的界限。这两种犯罪都涉及国家秘密，极易相混淆，在多数情况下，应以其犯罪主体、行为方式、行为对象的不同来分析。向境内人员非法提供国家秘密的，应构成故意泄露国家秘密罪。如果行为所涉及的只是情报而并非国家秘密，则也只可能构成为境外窃取、刺探、收买、非法提供国家秘密、情报罪。而采取窃取、刺探、收买等方式获取国家秘密并或者非法向境外提供国家秘密的，不论是否为国家机关工作人员，均应构成为境外窃取、刺探、收买、非法提供国家秘密、情报罪。

3. 注意故意泄露国家秘密罪与其他犯罪的牵连关系。如因受贿而泄露国家秘密的，应以受贿罪与故意泄露国家秘密罪按牵连犯原则处理。

（三）故意泄露国家秘密罪的刑事责任

根据《刑法》第 398 条的规定，犯故意泄露国家秘密罪的，处 3 年以下有期徒刑或者拘役；情节特别严重的，处 3 年以上 7 年以下有期徒刑。情节特别严重的标准，仍是应当以泄露的动机、对象、所泄露的国家秘密的重要程度及已经或可能给国家造成的损害等方面来考虑。

四、过失泄露国家秘密罪

过失泄露国家秘密罪，是指国家机关工作人员过失泄露国家秘密，情节严重的行为。

过失泄露国家秘密罪与故意泄露国家秘密罪的客体和主体特征完全相同，只是在客观方面和主观方面有明显的区别。在客观方面是因过失行为造成国家秘密被泄露的后果；在主观方面则表现为行为人对国家秘密被泄露持过失心理，即应当预见而没有预见或虽然预见但轻信可以避免的心理，因这种过失心理而造成了国家秘密的被泄露。

过失泄露国家秘密罪的刑事责任与故意泄露国家秘密罪的刑事责任的法定幅度是相同的，即情节严重的处3年以下有期徒刑或者拘役，情节特别严重的处3年以上7年以下有期徒刑。但在司法实践中，对犯故意泄露国家秘密罪的要比犯过失泄露国家秘密罪的处刑重一些。

五、国家机关工作人员签订、履行合同失职被骗罪

（一）国家机关工作人员签订、履行合同失职被骗罪的概念和特征

国家机关工作人员签订、履行合同失职被骗罪，是指国家机关工作人员在签订、履行合同过程中，因严重不负责任被诈骗，致使国家利益遭受重大损失的行为。本罪的特征如下：

1. 国家机关工作人员签订、履行合同失职罪的客体是国家的经济利益。在我国现阶段，国家机关经常作为经济活动主体直接参与经济活动，其经济利益往往也需要靠合同来保障。如果国家机关工作人员在签订、履行合同过程中，严重不负责任，致使作为经济活动一方当事人的国家机关，在合同签订或履行的过程中被诈骗，往往使国家的经济利益遭受重大的损失，国有资产的安全得不到保障。

2. 国家机关工作人员签订、履行合同失职罪的客观方面，是行为人有签订或履行合同中的严重不负责任的行为和因此而受骗致国家财产遭受重大损失的行为。严重不负责任是指在签订、履行合同过程中，不认真履行其应尽的职责，草率马虎，以至于对对方当事人的资信、合同标的的质量等没有真实的了解，付了款收不到货或收到的货质量与数量均不对，或者是发了货收不到款，或者是提供借款或借款担保而造成资金损失等。该罪在客观方面的另一表现特征是要求给国家利益造成重大损失。这里的国家利益主要是指经济利益，包括国家物质性财产、资金和经济权益。

3. 国家机关工作人员签订、履行合同失职被骗罪的主观方面是过失，即行为人对自己严重不负责任签订、履行合同的行为会出现受骗致使国家利益遭受重大损失的后果持过失的心理态度。

（二）国家机关工作人员签订、履行合同失职被骗罪的认定

1. 注意划清罪与非罪的界限。在国家机关工作人员签订、履行合同失职被骗罪的认定中，比较容易混淆的是失职被骗与正常经营活动失败的界限。在市场经济条件下，任何经营活动都有风险存在，只要不是因严重不负责任而被诈骗的，即使造成了严重的损失，也不能构成本罪。此外，因严重不负责而被诈骗，但所造成的损失未达到

“重大”程度的，也不构成本罪。

2. 划清国家机关工作人员签订、履行合同失职被骗罪与其他罪的界限。在破坏市场经济秩序罪一章中，有一种签订、履行合同失职被骗罪，这是指国有公司、企业、事业单位直接负责的主管人员在签订、履行合同过程中，因严重不负责任致使国家利益遭受重大损失的行为。二者区别的关键是主体不同。本罪的主体是国家机关工作人员，而签订、履行合同失职罪的主体是国有公司、企业、事业单位的有关人员。此外，国家机关工作人员因收受贿赂而在签订、履行合同过程中致使国家利益遭受严重损失的，应以受贿罪论处。如是为亲友谋利而故意低价出让国有资产或高价收购商品，给国家造成重大损失的，应构成滥用职权罪。

（三）国家机关工作人员签订、履行合同失职被骗罪的刑事责任

根据《刑法》第406条的规定，犯国家机关工作人员签订、履行合同失职被骗罪的，刑事责任分为两个幅度：一是致使国家利益遭受重大损失的处3年以下有期徒刑或者拘役；二是致使国家利益遭受特别重大损失的，处3年以上7年以下有期徒刑。

第三节 司法工作人员的渎职罪

一、徇私枉法罪

（一）徇私枉法罪的概念和特征

徇私枉法罪是指司法工作人员在刑事诉讼活动中，出于私情，故意违背事实和法律作出枉法的决定或者裁判的行为。本罪的主要构成特征是：

1. 徇私枉法罪的客体是司法机关的司法权能。司法工作人员是代表国家行使司法职权，他们应当忠于事实和法律、维护法律公正、确保国家司法权能得以正确发挥。在整个刑事诉讼活动中，各司法机关的工作人员因徇私情而故意作违背事实或法律的决定或裁决，其结果都是对司法公正的亵渎，损害了司法的权威性与公信力，是对国家正常的司法权能的严重损害。

2. 徇私枉法罪的客观方面是枉法决定或者裁决行为。根据刑法第399条的规定，徇私枉法罪在客观方面有3种表现形式：（1）对明知是无罪的人而使他受追诉，即明知没有实施危害行为，或明知是轻微违法行为不构成犯罪的，故意启动刑事诉讼程序进行侦查、起诉、审判；（2）对明知有罪的而故意包庇不使他受到刑事追诉，即明知有证据证明确已实施犯罪的人，采取伪造、隐匿、毁灭证据或者隐瞒事实、歪曲法律等手段，故意不进行侦查、起诉、审判；（3）在刑事审判活动中故意违背事实和法律作枉法裁决，即审判人员在刑事审判中违背事实或歪曲法律，对有罪的人作无罪判决，对无罪的人作有罪判决，对罪轻的作重刑判决，对罪重的作轻刑判决。

3. 徇私枉法罪的主体是司法工作人员，主要指在刑事诉讼各个环节中有权决定追诉与否及在审判中作出裁决的人员。

4. 徇私枉法罪的主观方面是故意，行为人主观上对枉法的事实是明知的，并且都出于私情或私利的动机。

（二）徇私枉法罪的认定

1. 注意分清罪与非罪的界限。在司法实践中，因各种原因，都可能出现错捕、漏捕、错诉、漏诉、错判的情况。造成这些情况的原因可能是工作方法简单、法律水平低下等，只要不是出于私利、私情而明知枉法故意为之，都不构成徇私枉法罪。

2. 划清本罪与其他犯罪之间的界限。（1）司法工作人员徇私枉法可能采取伪造证据、隐匿毁灭证据的手段，应注意与伪证罪、诬告陷害罪相区别。区别的关键在于行为人的主体身份的不同。（2）行为人因收受贿赂而枉法的，应按牵连犯的原则处理。

（三）徇私枉法罪的刑事责任

根据《刑法》第399条的规定，犯徇私枉法罪的，处5年以下有期徒刑或者拘役；情节严重的，处5年以上10年以下有期徒刑；情节特别严重的，处10年以上有期徒刑。

二、民事、行政枉法裁判罪

（一）民事、行政枉法裁判罪的概念和特征

民事、行政枉法裁判罪是指审判人员在民事、行政审判中，故意违背事实和法律，作枉法裁判的行为。本罪的构成特征如下：

1. 民事、行政枉法裁判罪的客体是司法机关的司法权能。该罪客体与徇私枉法罪的客体是完全相同的。

2. 民事、行政枉法裁判罪的客观方面是在民事、行政审判中违背事实和法律的裁决行为，即在民事、行政审判中，明知案件的事实真相，故意违背事实或者歪曲法律，对案件作枉法裁判的行为。

3. 民事、行政枉法裁判罪的主体是审判工作人员。

4. 民事、行政枉法裁判罪的主观方面是故意，即明知案件真相而故意违背事实和歪曲法律进行裁决。刑法条文中，并没有明确本罪有徇私的动机，但从其与徇私枉法罪规定在一个条文中来看，本罪主观上也应有徇私的动机。

（二）民事、行政枉法裁判罪的认定

1. 注意划清民事、行政枉法裁判罪与因工作马虎或法律水平不高或因对法律的不同理解而裁决出错案的行为的界限，区别的关键在于主观上是否具有故意。

2. 注意划清民事、行政枉法裁判与徇私枉法罪的界限。民事、行政枉法裁判罪的行为只能发生在民事、行政审判活动中，而徇私枉法罪的行为则发生在刑事审判活动中及刑事侦查、起诉活动中。

3. 注意划清民事、行政枉法裁判罪与枉法仲裁罪的界限。前者的主体是审判人员，后者的主体是仲裁人员。

（三）民事、行政枉法裁判罪的刑事责任

根据《刑法》第399条第2款的规定，犯民事、行政枉法裁判罪的，处5年以下有期徒刑或者拘役；情节特别严重的，处5年以上10年以下有期徒刑。

三、执行判决、裁定失职罪

（一）执行判决、裁定失职罪的概念和特征

执行判决、裁定失职罪是指司法工作人员在执行判决、裁定活动中，严重不负责任，不依法采取诉讼保全措施、不履行法定执行职责，或者违法采取诉讼保全措施和强制执行措施，致使当事人或者其他人的利益遭受重大损失的行为。本罪的构成特征如下：

1. 执行判决、裁定失职罪的客体是司法机关执行判决、裁定的正常秩序。这种正常秩序是国家法制权威的体现，也是法律最终得以实现的基本保证。

2. 执行判决、裁定失职罪的客观方面是司法工作人员在执行判决、裁定的过程中，不依法采取诉讼保全措施、不履行法定执行职责，或者违法采取诉讼保全措施和强制执行措施，致使当事人或者其他人的利益遭受重大损失的行为。执行是人民法院特有的职权，是诉讼活动的最后阶段，也是判决、裁定最终得以实现的一种手段。执行活动要求司法工作人员恪尽职守，严格按照法定程序和所有规定，忠实于判决和裁定的实质内容，切实保障各方当事人和有关的其他人以及社会的利益，行为人懈怠履行执行职责，在执行过程中，应当为而不为，或者违法乱为，其行为不仅损害司法机关的执行秩序，也会直接给当事人或其他有关的人造成物质性的各种损失。

3. 执行判决、裁定失职罪的主体是司法工作人员，主要是法院中担负执行职能的工作人员。

4. 执行判决、裁定失职罪的主观方面是过失，其表现特征为严重不负责任，懈怠履行执行职责，对其行为所造成的危害结果持过失心理态度。

（二）执行判决、裁定失职罪的认定

1. 划清执行判决、裁定失职罪与枉法裁判罪的界限。后者的行为发生在审判阶段，前者的行为发生在判决、裁定生效后的执行阶段。

2. 划清执行判决、裁定失职罪与执行活动中的轻微过失的界限，区分的关键是看行为人的行为给他人合法利益造成损失的大小。

（三）执行判决、裁定失职罪的刑事责任

经修正后的《刑法》第399条规定，构成执行判决、裁定失职罪的，致使当事人或者其他人的利益遭受重大损失的，处5年以下有期徒刑或者拘役；致使当事人或者其他人的利益遭受特别重大损失的，处5年以上10年以下有期徒刑。

四、执行判决、裁定滥用职权罪

（一）执行判决、裁定滥用职权罪的概念和特征

执行判决、裁定滥用职权罪是指司法工作人员在执行判决、裁定活动中，滥用职权，不依法采取诉讼保全措施、不履行法定执行职责，或者违法采取诉讼保全措施和强制执行措施，致使当事人或者其他人的利益遭受重大损失的行为。其构成特征如下：

1. 执行判决、裁定滥用职权罪的客体与执行判决、裁定失职罪一样，是司法机关执行判决、裁定的正常秩序。

2. 执行判决、裁定滥用职权罪的客观方面是司法工作人员在执行判决、裁定的过程中，滥用职权，不依法采取诉讼保全措施、不履行法定执行职责，或者违法采取诉讼保全措施和强制执行措施，致使当事人或者其他人的利益遭受重大损失的行为。

3. 执行判决、裁定滥用职权罪的主体是司法工作人员，主要是法院中担负执行职能的工作人员。

4. 执行判决、裁定滥用职权罪的主观方面是故意，即明知其滥用职权的行为会给当事人或其他有关的人造成损失而希望或放任这种结果发生。

（二）执行判决、裁定滥用职权罪的认定

在实践中认定该罪，要特别注意把本罪与执行判决、裁定失职罪区别开来。前者是故意，而后者是过失，二者的主观心理状态有着严格的区别，不可混淆。另外，本罪虽然是故意犯罪，但仍要求造成严重后果才构成。

（三）执行判决、裁定滥用职权罪的刑事责任

经修正后的《刑法》第 339 条规定，构成执行判决、裁定滥用职权罪的，致使当事人或者其他人的利益遭受重大损失的，处 5 年以下有期徒刑或者拘役；致使当事人或者其他人的利益遭受特别重大损失的，处 5 年以上 10 年以下有期徒刑。

五、枉法仲裁罪

枉法仲裁罪是指从事仲裁工作的人员，在仲裁活动中故意违背事实和法律作出枉法仲裁，情节严重的行为。本罪应注意的是其主观上只能是故意，即明知自己的仲裁违背了事实或法律而故意为之。如果是行为人因收受贿赂而作枉法仲裁的，就应按牵连犯的原则处理。

根据《刑法》第 399 条之一规定：犯本罪的，处 3 年以下有期徒刑或者拘役；情节特别严重的，处 3 年以上 7 年以下有期徒刑。

六、私放在押人员罪

（一）私放在押人员罪的概念和特征

私放在押人员罪，是指司法工作人员私放在押的犯罪嫌疑人、被告人或犯罪人的行为。本罪的构成特征如下：

1. 私放在押人员罪的客体是司法机关对依法关押人员的监管秩序。对犯罪嫌疑人、被告人、犯罪人的依法管理，是保证刑事诉讼活动顺利进行，以便确定犯罪嫌疑人、被告人是否有罪并对有罪的犯罪人执行刑罚的基本条件。私放在押人员的行为，将使得刑事诉讼活动及刑罚执行活动缺失基本的前提条件，是对国家依法监管在押人员的职能乃至整个刑事斗争的极大损害。

2. 私放在押人员罪的客观方面，是利用监管在押人员的职务上的便利条件，非法私自释放在押人员的行为。所谓私自释放在押人员，既可能是在抓捕途中或临时羁押的犯罪嫌疑人，也可能是被拘留、逮捕或已经起诉的犯罪嫌疑人或被告，还可以是正在服刑中的罪犯，私自释放的场所既可以是正式羁押场所，如看守所、监狱等，也可以是临时羁押场所或押送途中，如临时借用的房间、押解车等地方。

3. 私放在押人员罪的主体是司法工作人员，既包括公安机关工作人员，也包括因批捕、起诉、审判而临时负责押送看管在押人员的检察、审判机关工作人员，还包括监狱的警卫及管教人员。

4. 私放在押人员的主观方面是故意。

（二）私放在押人员罪的认定

1. 司法工作人员与在押人员相约如期返回狱所而私自将在押人员释放的行为，无

论在押人员是否按期返回，均应构成私放在押人员罪。在押人员确实按期返回的，可作为量刑从轻的情节予以考虑。

2. 正确把握既遂与未遂的标准。本罪应以在押人员是否摆脱司法机关的实际控制为区别既遂与未遂的标准。

（三）私放在押人员罪的刑事责任

根据《刑法》第 400 条的规定，犯私放在押人员罪的，处 5 年以下有期徒刑或者拘役；情节严重的，处 5 年以上 10 年以下有期徒刑；情节特别严重的处 10 年以上有期徒刑。

七、失职致使在押人员脱逃罪

失职致使在押人员脱逃罪，是指司法工作人员由于严重不负责，致使在押的犯罪嫌疑人、被告人或者罪犯逃脱，造成严重后果的行为。本罪是私放在押人员罪的过失形态，两者的主要区别在于主观罪过不同。此外，失职致使在押人员脱逃罪，在客观上要求造成严重后果才构成。所谓严重后果一般是指：造成涉嫌严重罪行的犯罪嫌疑人、被告人脱逃的；造成被判重刑的罪犯脱逃的；造成多名在押人员脱逃的；逃脱的在押人员在逃脱后严重危害社会的，等等。

根据《刑法》第 400 条第 2 款的规定，对犯失职致使在押人员脱逃罪的，如造成严重后果，应处 3 年以下有期徒刑或者拘役；如造成特别严重后果，应处 3 年以上 10 年以下有期徒刑。

八、徇私舞弊减刑、假释、暂予监外执行罪

（一）徇私舞弊减刑、假释、暂予监外执行罪的概念和特征

徇私舞弊减刑、假释、暂予监外执行罪，是指司法工作人员徇私舞弊，对不符合减刑、假释、暂予监外执行条件的罪犯，予以减刑、假释、暂予监外执行的行为。本罪的构成特征如下：

1. 徇私舞弊减刑、假释、暂予监外执行罪的客体是司法机关对正在服刑的犯罪人的正常监管程序。

2. 徇私舞弊减刑、假释、暂予监外执行罪的客观方面是徇私舞弊，违法采用刑罚执行制度和措施的行为。具体包括三种情况：（1）对在服刑期间不具备减刑条件的罪犯予以减刑；（2）对在服刑期间不具备缓刑条件的罪犯予以缓刑；（3）对在服刑期间不具备暂予监外执行条件的予以监外执行。这 3 种情况，都破坏了司法机关对犯罪人的正常监管，损害了国家刑罚执行制度的正常秩序。

3. 徇私舞弊减刑、假释、暂予监外执行罪的主体是司法工作人员，具体包括监狱监管人员和中级以上法院负责裁定减刑、假释的审判人员。

4. 徇私舞弊减刑、假释、暂予监外执行罪的主观方面是故意，即明知所予减刑、假释、暂予监外执行的人员不符合减刑、假释、暂予监外执行的条件而故意为之，并且，在主观上有出于私情、私利的动机。

（二）徇私舞弊减刑、假释、暂予监外执行罪的认定

1. 划清罪与非罪的界限。行为人只要徇私舞弊，对不符合条件的罪犯实施了减刑、

假释、暂予监外执行的任何一种，即构成本罪。实施了两种以上的行为，仍为一罪，不实行并罚。对于因为工作失误或法律专业水平不高而导致的错误决定减刑、假释、暂予监外执行的裁决，不构成本罪。

2. 本罪既遂与未遂的划分标准为徇私舞弊减刑、假释、暂予监外执行裁决是否作出。罪犯是否实际离开监所，不影响犯罪的成立，可作为量情节予以考虑。

（三）徇私舞弊减刑、假释、暂予监外执行罪的刑事责任

根据《刑法》第 401 条的规定，犯徇私舞弊减刑、假释、暂予监外执行罪的，处 3 年以下有期徒刑或者拘役；情节严重的，处 3 年以上 7 年以下有期徒刑。

第四节　特定国家机关工作人员的渎职罪

一、徇私舞弊不移交刑事案件罪

徇私舞弊不移交刑事案件罪，是指行政执法人员徇私舞弊，对已经构成犯罪，依法应当移交司法机关追究刑事责任的案件不移交，情节严重的行为。其主要构成特征是：在客观方面表现为，行为人在行政执法活动中，发现有犯罪事实存在，但隐瞒不报，不将案件移交司法机关处理，而是采取大事化小、小事化了的手段，仅作行政处理甚至不了了之。此外，还要求行为人不移交的行为属情节严重才构成本罪。所谓情节严重，是指所不作移交的案件属重大案件；因其不移交而影响到对有重大犯罪嫌疑的人的查处；多次不移交应当移交的案件；徇私情节严重，等等。在主体上，本罪的犯罪主体是具有执行执法权的国家行政机关工作人员，如海关、工商、税务等机关工作人员。在主观方面，本罪要求是故意，即行为人明知案件已构成刑事案件需要移交司法机关处理而故意不移交，并且要出于徇私的动机。

本罪的认定应注意只能发生在行政执法过程中，以法律规定的法定的移交义务为前提，如果是行政执法工作人员行政执法过程以外发现了犯罪事实或犯罪嫌疑人而不向司法机关报告的，不构成本罪。此外，不是出于徇私舞弊，而是由于工作马虎、执法水平不高而没有将应当移交的案件移交司法机关的，也不构成本罪。

根据《刑法》第 402 条的规定，对徇私舞弊不移交刑事案件罪的，处 3 年以上 7 年以下有期徒刑。

二、滥用管理公司、证券职权罪

滥用管理公司、证券职权罪，是指国家有关主管部门的国家机关工作人员，徇私舞弊滥用职权，对不符合法律规定条件的公司设立、登记申请或者股票、债券发行、上市申请，予以批准或者登记，致使公共财产、国家和人民利益遭受重大损失的行为。本罪的主要特征是：在客观方面，表现为对不符合法律规定条件的公司设立、登记申请予以批准或登记，对不符合法律规定条件的股票、债券发行、上市申请予以批准，并且致使公共财产、国家和人民利益遭受重大损失。在主体上是负责公司登记、批准和股票、债券发行、上市审批的国家机关工作人员及其上级主管部门工作人员。在主

观方面是故意，即明知不符合登记条件予以登记，不符合批准条件予以批准，并且有出于私情、私利的动机。

本罪的认定应当注意分清故意违法审批、登记与因工作马虎、专业水平不高而造成的错登、错批的界限。后者不构成本罪。是否徇私舞弊及是否致使公共财产、国家和人民利益遭受重大损失，是认定本罪的关键。

根据《刑法》第403条的规定，犯滥用管理公司、证券职权罪的，处5年以下有期徒刑或者拘役。

三、徇私舞弊不征、少征税款罪

徇私舞弊不征、少征税款罪，是指税务机关的工作人员徇私舞弊，不征或者少征税款，致使国家税收遭受重大损失的行为。本罪的主要特征是：客观方面表现为不征或者少征税款，致使国家税收遭受严重损失的行为。不征或少征是以应征为前提的。在客观方面还应要求有致使国家税收遭受重大损失的结果出现，如果不征或少征的数额未到达较大的程度，使国家税收的损失不是重大的，也不构成本罪。在主体上，是税务机关工作人员，他们负有税收征管的职权，非税务机关的工作人员不能构成本罪。在主观方面是故意，即明知应征数额而故意不征或者少征，并且有出于私情、私利的动机。

根据《刑法》第404条的规定，犯徇私舞弊不征、少征税款罪的，处5年以下有期徒刑或者拘役；造成特别重大损失的，处5年以上有期徒刑。

四、徇私舞弊发售发票、抵扣税款、出口退税罪

徇私舞弊发售发票、抵扣税款、出口退税罪，是指税务机关的工作人员违反法律、行政法规的规定，在办理发售发票、抵扣税款、出口退税工作中，徇私舞弊，致使国家利益遭受重大损失的行为。本罪的主要特征是：在客观方面表现为，违法办理发售发票、抵扣税款、出口退税三类事项，并因此而致使国家利益遭受重大损失的行为。在主体上，只能是税务机关工作人员。在主观方面是故意，即明知所办理事项违反国家法律、行政法规而予以办理，并且明知所办事项会给国家利益造成重大损害，主观上还有出于私情和私利的动机。

根据《刑法》第405条的规定，犯徇私舞弊发售发票、抵扣税款、出口退税罪的，处5年以下有期徒刑或者拘役；致使国家利益遭受重大损失的，处5年以上有期徒刑。

五、违法提供出口退税凭证罪

违法提供出口退税凭证犯罪，是指税务工作人员以外的其他国家工作人员违反国家规定，在提供出口退税凭证的工作中，徇私舞弊，致使国家利益遭受重大损失的行为。其主要特征是：在客观方面表现为，违反国家规定，在提供出口货物报关单、出口收汇核销单等出口退税凭证工作中弄虚作假，致使国家利益遭受重大损失的行为。所谓致使国家利益遭受重大损失，是指因违法提供出口退税凭证而使国家在出口退税

工作中不应退税而退税，国家税收因而遭受重大损失。在主体上，本罪的主体不是税务机关工作人员，而是税务机关以外的其他国家机关工作人员，如海关、商检等部门的工作人员。在主观上是故意，即明知自己是违法提供出口退税凭证而为之，并且有出于私情、私利的动机。

根据《刑法》第405条第2款的规定，犯违法提供退税凭证罪的，处5年以下有期徒刑或者拘役；致使国家利益遭受特别重大损失的，处5年以上有期徒刑。

六、违法发放林木采伐许可证罪

违法发放林木采伐许可证罪，是指国家林业主管部门的工作人员违反森林法的规定，超过批准的年采伐限额发放林木采伐许可证，或者违反规定滥发林木许可证，情节严重，致使森林遭受严重破坏的行为。其主要特征是：在客观方面表现为，违反森林法规，超过批准的年采伐限量发放林木采伐许可证，或者是违反规定滥发林木采伐许可证，情节严重，致使森林遭受严重破坏的行为。本罪中是否造成森林的严重破坏是客观构成要件的重要内容。在主体上，是国家林业主管机关的工作人员，即有发放林木采伐许可证职权的国家工作人员。在主观方面是故意，即明知自己的批准行为违法或违反规定而为之，法律并没有要求本罪主观上应出于私情、私利的动机。

根据《刑法》第407条的规定，犯违法发放林木采伐许可证罪的，处3年以下有期徒刑或者拘役。

七、环境监管失职罪

环境监管失职罪，是指负有环境保护监督管理职责的国家机关工作人员严重不负责任，导致发生重大环境污染事故，致使公私财产遭受重大损失或者造成人身伤亡的严重后果的行为。本罪的主要构成特征是：在客观方面表现为，在环境监管工作中严重不负责任，通常是疏于监管，导致发生重大环境污染事故，并致使公私财产遭受重大损失或者造成人身伤亡的严重后果。在主体上是负有环境保护监管职责的国家机关工作人员。在主观方面是过失，即对危害结果的发生是应当预见而没有预见，或虽然已经预见，但轻信可以避免危害结果发生的心理态度。

根据《刑法》第408条的规定，犯环境监管失职罪的，处3年以下有期徒刑或者拘役。

八、食品监管渎职罪

食品监管渎职罪，是指负有食品安全监督管理职责的国家机关工作人员，滥用职权或者玩忽职守，导致发生重大食品安全事故或者造成其他严重后果的行为。本罪的主要构成特征是：在客观方面表现为，在食品监管工作中严重不负责任，通常是疏于监管，导致发生重大食品安全事故，并致使公私财产遭受重大损失或者造成人身伤亡的严重后果。在主体上是负有食品监管职责的国家机关工作人员，主要包括国务院设立的食品安全委员会、国务院卫生行政部门、国务院质量监督、工商行政管理、国家食品药品监督管理部门、县级以上地方人民政府食品安全行政主管部门从事食品监督管理等工作的人员。在主观方面是出于过失。

根据《刑法》第408条之一的规定，犯食品监管渎职罪的，处5年以下有期徒刑或者拘役；造成特别严重后果的，处5年以上10年以下有期徒刑。徇私舞弊犯本罪的，从重处罚。

九、传染病防治失职罪

传染病防治失职罪，是指从事传染病防治的政府卫生行政部门的工作人员严重不负责任，导致传染病传播或者流行，情节严重的行为。本罪的主要构成特征是：在客观方面表现为，在传染病防治工作中，严重不负责任，对传染病疫情疏于监督，没有采取或错误采取防止措施等，导致传染病传播或者流行，并且情节严重。情节是否严重主要从疏忽的程度、传染病传播及流行的程度等方面考虑。在主体上是从事传染病防治的政府卫生行政部门的工作人员。在主观方面是过失。

根据《刑法》第409条的规定，犯传染病防治失职罪的，处3年以下有期徒刑或者拘役。

十、非法批准征用、占用土地罪

非法批准征用、占用土地罪，是指国家机关工作人员徇私舞弊，违反土地管理法规，滥用职权，非法批准征用、占用土地，情节严重的行为。本罪的主要构成特征是：在客观方面表现为，违反土地管理法规，滥用职权，非法批准征用、占用土地的行为。在主体上是国家机关工作人员，主要是指国家土地监管行政机关工作人员及有批准征用、占用土地职权的政府工作人员。在主观上是故意，即明知是违反土地管理法规而予以批准，并且有出于私情、私利的动机。

根据《刑法》第410条的规定，犯非法批准征用、占用土地罪的，处3年以下有期徒刑或者拘役；致使国家或者集体利益遭受特别重大损失的，处3年以上7年以下有期徒刑。

十一、非法低价出让国有土地使用权罪

非法低价出让国有土地使用权罪，是指国家机关工作人员徇私舞弊，违反土地管理法规，滥用职权，非法低价出让国有土地使用权，情节严重的行为。本罪的主要构成特征是：在客观方面表现为，在出让国有土地的过程中，违反土地管理法规，滥用职权，以虚假或欺骗的方式，非法低价出让国有土地，情节严重的行为。情节严重主要从所使用的虚假或欺骗手段的程度，低价出让国有土地使用权和价格数量等方面考虑。在主体上是国家机关工作人员，主要指负责土地监管的国家机关工作人员及有批准出让土地使用权的政府工作人员。

根据《刑法》第410条的规定，犯非法低价出让国有土地使用权罪的，处3年以下有期徒刑或者拘役；致使国家或者集体利益遭受特别重大损失的，处3年以上七年以下有期徒刑。

十二、放纵走私罪

放纵走私罪，是指海关工作人员徇私舞弊，放纵走私，情节严重的行为。本罪的主要构成特征是：在客观方面表现为，放弃应当履行的查缉走私物品和追究走私人员的职责，纵容走私物品走私成功和走私人员逃避追究，情节严重的行为。情节是否严重，应从放纵的次数、物品数额、性质及逃避追究的走私分子的罪行大小等方面考虑。在主体上是负有查禁走私职责的海关工作人员。在主观方面是故意，即明知是走私物品或走私人员而予以放纵。

根据《刑法》第 411 条的规定，犯放纵走私罪的，处 5 年以下有期徒刑，情节特别严重的，处 5 年以上有期徒刑。

十三、商检徇私舞弊罪

商检徇私舞弊罪，是指国家商检部门、商检机构的工作人员徇私舞弊，伪造商检结果的行为。本罪的主要构成特征是：在客观方面表现为，对未经检验或检验不合格的商品，出具不真实的检验结论的行为。在主体上是国家商检部门、商检机构的工作人员。在主观上是故意，即明知商品未经检验或检验不合格而故意出具不真实的检验结论，并且有出于私情、私利的动机。

根据《刑法》第 412 条第 1 款的规定，犯商检徇私舞弊罪的，处 5 年以下有期徒刑或拘役；造成严重后果的，处 5 年以上 10 年以下有期徒刑。

十四、商检失职罪

商检失职罪，是指国家商检部门、商检机构的工作人员严重不负责任，对应当检验的物品不检验，或者延误检验出证、错误出证，致使国家利益遭受重大损失的行为。本罪的主要构成特征是：

在客观方面表现为，在商品检验工作中，严重不负责任，对应当检验的物品不检验，或者延误检验出证、错误出证，致使国家利益遭受重大损失的行为。在主体上是国家商检部门、商检机构的工作人员。在主观方面是过失。

根据《刑法》第 412 条第 2 款的规定，犯商检失职罪的，处 3 年以下有期徒刑或者拘役。

十五、动植物检疫徇私舞弊罪

动植物检疫徇私舞弊罪，是指动植物检疫机关的检疫人员徇私舞弊，伪造检疫结果的行为。本罪的主要构成特征是：在客观方面表现为，对未经检验或检验不符合标准的动植物，出具不真实的检验结论的行为。在主体上是动植物检疫机关工作人员。在主观方面是故意，即明知动植物未经检验或检验不符合标准故意出具不真实的检验结论，并且有出于私情、私利的动机。

根据《刑法》第 413 条第 1 款的规定，犯动植物检疫徇私舞弊罪的，处 5 年以下有期徒刑或者拘役；造成严重后果的，处 5 年以上 10 年以下有期徒刑。

十六、动植物检疫失职罪

动植物检疫失职罪，是指动植物检疫机关的工作人员严重不负责任，对应当检疫的动植物不检疫，或者延误检疫出证、错误出证，致使国家利益遭受重大损失的行为。本罪的主要构成特征是：在客观方面表现为，在对动植物的检疫工作中，严重不负责任，疏于履行检疫职责，对应当检疫的检疫物不检疫，或者延误检疫出证、错误出证，致使国家利益遭受重大损失的行为。在主体上是动植物检疫机关的工作人员。在主观上是过失。

根据《刑法》第413条第2款的规定，犯动植物检疫失职罪的，处3年以下有期徒刑或者拘役。

十七、放纵制售伪劣商品犯罪行为罪

放纵制售伪劣商品犯罪行为罪，是指对生产、销售伪劣商品犯罪行为负有追究责任的国家机关工作人员，徇私舞弊不履行法律规定的追究职责，情节严重的行为。本罪的主要构成特征是：在客观方面表现为，在打击制售假冒伪劣商品的工作中，不履行法律规定应当履行的追究责任，放纵制售伪劣商品的行为及行为人的行为。在主体上是对生产、销售伪劣商品犯罪行为负有追究责任的国家机关工作人员。在主观方面是故意，即明知有制售伪劣商品的人或行为，故意不予追究。

根据《刑法》第414条的规定，犯放纵制售伪劣商品犯罪行为罪的，处5年以下有期徒刑或者拘役。

十八、办理偷越国（边）境人员出入境证件罪

办理偷越国（边）境人员出入境证件罪，是指负责办理护照、签证以及其他出入境证件的国家机关工作人员，对明知是企图偷越国（边）境的人员，予以办理出入境证件的行为。本罪的主要构成特征是：在客观方面表现为，对企图偷越国（边）境的人员，予以办理出入境证件的行为。在主体上是负责办理护照、签证以及其他出入境证件的国家机关工作人员。在主观方面是故意，即明知是不符合进出境条件的人员而予以办理进出境证件。

根据《刑法》第415条的规定，犯办理偷越国（边）境人员出入境证件罪的，处3年以下有期徒刑或者拘役；情节严重的，处3以上7年以下有期徒刑。

十九、放行偷越国（边）境人员罪

放行偷越国（边）境人员罪，是指边防、海关等国家机关工作人员，对明知是偷越国（边）境的人员予以放行的行为。本罪的主要构成特征是：在客观方面表现为，对偷越国（边）境人员予以放行的行为。在主体上是边防、海关等国家机关工作人员。在主观方面是故意，即明知是偷越国（边）境的人员而故意放行。

根据《刑法》第415条的规定，犯放行偷越国（边）境人员罪的，处3年以下有期徒刑或者拘役；情节严重的，处3年以上7年以下有期徒刑。

二十、不解救被拐卖、绑架的妇女、儿童罪

不解救被拐卖、绑架的妇女、儿童罪，是指对拐卖、绑架的妇女、儿童负有解救职责的国家机关工作人员，接到被拐卖、绑架的妇女儿童及其家属的解救要求或者接到其他人的举报，而对被拐卖、绑架的妇女、儿童不进行解救，造成严重后果的行为。本罪的主要构成特征是：在客观方面表现为，接到被拐卖、绑架的妇女、儿童或其家属的解救要求，或者接到他人举报，应当进行解救但不进行解救，造成严重后果的行为。严重后果指造成被害人或其家属重伤、死亡、精神失常或者自杀的，造成恶劣社会影响的等。在主体上是负有解救被拐卖、绑架的妇女、儿童的职责的国家机关工作人员。在主观上是故意。

根据《刑法》第 416 条第 1 款的规定，犯不解救被拐卖、绑架的妇女、儿童的，处 5 年以下有期徒刑或者拘役。

二十一、阻碍解救被拐卖、绑架的妇女、儿童罪

阻碍解救被拐卖、绑架妇女、儿童罪，是指负有解救职责的国家机关工作人员，利用职务阻碍解救被拐卖、绑架的妇女、儿童的行为。本罪的主要构成特征是：在客观方面表现为，利用职务阻碍对被拐卖、绑架的妇女、儿童的解救工作，可能是直接阻止解救工作，也可能是给解救工作设置障碍。在主体上是负有解救责任的国家机关工作人员。在主观方面是故意。

根据《刑法》第 416 条第 2 款的规定，犯阻碍解救被拐卖、绑架的妇女、儿童罪的，处 2 年以上 7 年以下有期徒刑；情节较轻的，处 2 年以下有期徒刑或者拘役。

二十二、帮助犯罪分子逃避处罚罪

帮助犯罪分子逃避处罚罪，是指有查禁犯罪活动职责的国家机关工作人员，向犯罪分子通风报信，提供便利帮助犯罪分子逃避处罚的行为。本罪的主要构成特征是：在客观方面表现为，利用职务上的便利条件，向犯罪分子通风报信、提供便利、帮助犯罪分子逃避处罚的行为。在主体上是负有查禁犯罪活动职责的国家机关工作人员。在主观方面是故意。是否利用职务的便利，是本罪与包庇罪区别的关键。

根据《刑法》第 417 条的规定，犯帮助犯罪分子逃避处罚罪的，处 3 年以下有期徒刑或者拘役；情节严重的，处 3 年以上 10 年以下有期徒刑。

二十三、招收公务员、学生徇私舞弊罪

招收公务员、学生徇私舞弊罪，是指国家机关工作人员在招收公务员、学生工作中徇私舞弊，情节严重的行为。本罪的主要构成特征是：在客观方面表现为，在招收公务员、学生的工作中，弄虚作假，招收不合格的公务员、学生，情节严重的行为。情节是否严重，主要从弄虚作假的手段、次数、所造成的社会影响等方面考虑。在主体上是有招收公务员、学生职权的国家机关工作人员。在主观方面是故意，并且出于私情、私利的动机。

根据《刑法》第418条的规定，犯招收公务员、学生徇私舞弊罪的，处3年以下有期徒刑或者拘役。

二十四、失职造成珍贵文物损毁、流失罪

失职造成珍贵文物损毁、流失罪，是指国家机关工作人员严重不负责任，造成珍贵文物损毁、流失，后果严重的行为。本罪的主要构成特征是：在客观方面表现为，在工作中严重不负责，不履行或不正确履行文物保护职责，因而造成珍贵文物损毁、流失，后果严重的行为。后果是否严重，主要从被损或流失文物的珍贵程度及损毁的程度、社会影响等方面考虑。在主体上是负有监管文物职责的国家机关工作人员及上级领导机关工作人员。在主观方面是过失，即对珍贵文物损毁或流失的结果持过失的心理态度。

根据《刑法》第419条的规定，犯失职造成珍贵文物损毁、流失罪的，处3年以下有期徒刑或者拘役。

法律应用

1. 关于渎职罪认定与处罚的一般要求。渎职罪是以国家工作人员为犯罪主体的一种特殊类型的犯罪，在认定上要严格坚持特殊主体标准，对于非国家工作人员的类似行为，应当认定为其他相关犯罪或不构成犯罪。在处罚上，应注意防止轻纵犯罪人的倾向，以免在刑法上出现对社会上的犯罪严厉处罚而对国家机关内出现的犯罪处罚宽松的不公正现象。

2. 关于《刑法》第397条规定的罪名与适用。有学者认为新《刑法》第397条是对原《刑法》中玩忽职守罪的修改，修改后的罪名为“滥用职权或玩忽职守罪”[①]。最高人民法院关于罪名的司法解释中，还是将该条的罪名规定为滥用职权罪和玩忽职守罪两个不同的罪名。两个罪名分别适用于在行使职权过程中故意与过失两种不同犯意下的犯罪形态。滥用职权罪是以一种积极的方式亵渎职权，玩忽职守罪是以一种消极的方式亵渎职权，两个罪名在亵渎职权的内容上和其可能产生的后果上是有一致性的。这也是新刑法将其规定在一个条文里的原因。本书认为，两个罪名的主观方面及行为方式都有明显区别，分别定为不同的罪名，有利于更准确地揭示犯罪的内涵，也便于正确适用刑罚。应当注意的是，这两个主观要件分别为故意和过失的不同的罪名，其法定刑却是相同的，量刑时，通常应只在同一罪名内对不同的犯罪情节进行比较，一般不要用不同的主观要件进行比较。例如，滥用职权造成他人重大经济损失和玩忽职守造成他人重大经济损失，要对两者进行危害性大小的比较可能是很难的。而更可行的办法是在同一罪名内，从行为的内容与方式上、从危害结果的大小上、从主观方面的具体程度上等方面作量刑的比较。最高人民检察院先后于1999年和2001年发布的关于渎职罪的立案标准和重大、特大案件标准，是有权司法解释中可供参考的标准。

---

① 周其华：《新刑法各罪适用研究》，524页，北京，中国法制出版社，1997。

其标准如下：立案标准：(1) 造成死亡1人以上，或者重伤2人以上，或者轻伤3人以上；(2) 造成直接经济损失20万元以上；(3) 造成有关公司、企业等单位停产、严重亏损、破产的；(4) 严重损害国家声誉，或者造成恶劣社会影响的；(5) 其他致使公共财产、国家和人民利益遭受重大损失的情形。重大案件标准：(1) 致使死亡2人以上，或者重伤5人以上，或者轻伤10人以上的；(2) 造成直接经济损失50万元以上的。特大案件标准：(1) 致人死亡5人以上，或者重伤10人以上，或者轻伤20人以上的；(2) 造成直接经济损失100万元以上的。这些标准虽然是检察机关的相关标准，但也可以为法院处理玩忽职守和滥用职权案件的量刑提供参考。

课后复习

1. 渎职罪的构成特征是什么？
2. 滥用职权罪的构成特征是什么？
3. 玩忽职守罪的构成特征是什么？
4. 故意泄露国家秘密罪的构成特征是什么？
5. 徇私枉法罪与枉法裁判罪的区别是什么？
6. 国家机关工作人员签订、履行合同失职罪与玩忽职守罪的区别是什么？

第十一章 军人违反职责罪

十四、盗窃、抢夺武器装备、军用物资罪
十五、非法出卖、转让武器装备罪
十六、遗弃武器装备罪
十七、遗失武器装备罪
十八、擅自出卖、转让军队房地产罪
十九、虐待部属罪
二十、私放俘虏罪
二十一、虐待俘虏

提　要

军队是国家政权的重要组成部分，是阶级统治和专政的柱石。保卫国家安全，维护政权稳定是军队的基本职能，也是一名军人的基本职责。为了规范军人履行职责的活动，世界各国对军人违反职责的犯罪历来都给予刑罚制裁。有的国家专门制定了军事刑法，对各种军人犯罪，特别是军人违反职责犯罪，作出详细的处罚规定；也有的国家在国防法等军事法中，对军人违反职责罪作出专门的处罚规定；还有的国家在统一的刑法典中单设一章，对军人违反职责犯罪作出处罚规定。不论哪种立法形式，都反映了各国对惩治军人违反职责罪的高度重视，也说明了军人违反职责罪是一类对国家危害严重、必须给予刑事制裁的犯罪。我国1979年刑法典中并无军人违反职责罪，1997年修订刑法时把《中华人民共和国惩治军人违反职责罪暂行条例》吸收为现行刑法分则第十章，从而形成了现行刑法中的“军人违反职责罪”专章。本章的结构在1997年刑法分则中具有一定的特殊性，而且内容具有相对独立性。除了有28个定罪处刑的条文外，另有4个条文，分别对军人违反职责罪的定义、本章的适用范围、军人犯罪的特殊缓刑制度和本章的重要概念作出了规定，这是1997年刑法分则其他各章所没有的。

重点问题

1. 军人违反职责罪的概念和共同特征。
2. 战时违抗命令罪的概念和特征。
3. 战时临阵脱逃罪的概念和特征。
4. 武器装备肇事罪的概念和特征。
5. 虐待部属罪的概念和特征。
6. 军人叛逃罪和逃离部队罪的概念和特征。

第一节　军人违反职责罪概述

一、军人违反职责罪的概念和特征

所谓军人违反职责罪是指军人违反职责，危害国家军事利益，依照法律应当受刑罚处罚的行为。军人违反职责罪的共同特征如下：

本类犯罪的客体是国家的军事利益。国家军事利益是指与军事活动有直接关系的国家利益。维护国家军事利益是维护国家主权、领土完整与安全，防备和抵抗武装侵略，制止武装颠覆和分裂，巩固政权的需要。国家军事利益体现在国防和武装力量建设、战争的准备与实施等一系列的军事活动之中，如作战行动、设防部署、战备值勤、演习训练、设施建设、武器装备管理、物资保障、军事科研、军工生产、部门管理等。军人违反职责的行为，必然造成危害国家军事利益的后果。因此，危害国家军事利益是军人违反职责罪的一个重要特征。这种危害既可以表现为已造成了一定的损害结果，如作战失利、武器装备和军事设施毁损、人员伤亡等，也可以表现为足以造成这些损害结果，如违抗命令、谎报军情、临阵脱逃、泄露军事秘密等都可能导致作战失利的结果。

本类犯罪的客观方面是实施了违反军人职责的行为。军人职责是指每一名军人根据国家的法律、法规和军队的条令、条例以及自己的职务所必须担负的责任和应当履行的义务，分为一般职责、具体职责和专业职责。如《中国人民解放军内务条令》规定，军人必须以宣誓的方式对自己肩负的神圣职责和光荣使命作出承诺和保证，誓言包括“保卫社会主义祖国”、“在任何情况下决不背叛祖国”、“服从命令，听从指挥”、“英勇战斗，不怕牺牲”、“执行军队的条令、条例和规章制度”、“爱护武器装备，保守军事秘密”等，这些都属于军人的一般职责，此外还分别规定了士兵、军官、首长和主管人员的具体职责。同时，《内务条令》规定了值班、值勤人员的职责；各种战斗条令规定了参战人员的职责；飞行条令规定了飞行员的职责；舰艇条令规定了舰长的职责，等等。军人违反职责罪在客观方面的行为必须是违反上述军人职责的行为，即违职行为。如果行为人所实施的行为没有违反军人职责，即使对国防利益和军事利益造成危害，也不构成军人违反职责罪。这是军人违反职责与刑法其他犯罪的本质区别。

本类犯罪的主体是军人。根据《刑法》第450条的规定，军人违反职责罪的犯罪主体包括中国人民解放军和中国人民武装警察部队的现役军官（警官）、文职干部、士兵和具有军籍的学员，以及执行军事任务的预备役人员和其他人员。根据《兵役法》第5条的规定，预备役人员是指编入民兵组织或者经过登记服预备役的地方人员。其他人员是指在军队（含武警部队）机关、部队、院校、科研机构、医院、基地、仓库等单位工作的正式职员、工人，临时征用或者受委托执行与军事活动有直接关系的具体工作，如参战、参训、随同部队执行任务、保障部队正常工作等。军人违反职责罪的犯罪主体中有的是正在部队服役的职工，也有的虽是地方人员身份，但是正在执行军事任务，所以他们都负有与军事有关的职责，属于军职人员，简称军人。

本类犯罪的主观方面，多数犯罪出于故意，如战时违抗命令罪，隐瞒、谎报军情罪，拒传、假传军令罪，投降罪等；仅有少数罪出于过失，如武器装备肇事罪、过失泄露军事秘密罪、遗失武器装备罪等。

二、军人违反职责罪的特殊规定

军人违反职责罪相对于一般刑事犯罪而言，具有一定特殊性。因此，刑法对军人违反职责罪作出了一些特殊规定，其具体内容如下：

对军人违反职责罪不适用管制刑。由于军队是具有高度机密性、机动性的武装集团，随时都有可能被调动或者参加战斗，不适宜对判处管制的罪犯进行监督改造。所以，在刑法中对所有军人违反职责罪的法定刑都没有规定管制刑。

对军人违反职责罪规定了特殊的缓刑制度。《刑法》第 449 条规定：“在战时，对判处 3 年以下有期徒刑没有现实危险宣告缓刑的犯罪军人，允许其戴罪立功，确有立功表现时，可以撤销原判刑罚，不以犯罪论处。”《刑法》之所以这样规定，其目的就在于鼓励犯罪军人戴罪立功，以保证战时能够调动一切参战力量，保持部队的战斗力，同时也有利于部队的巩固与团结。

根据军人违反职责罪的性质和特点，对军人违反职责罪在适用刑罚方面，采取了“战时从严”的原则。由于军人违反职责罪危害的是国家军事利益，这种利益在战时直接关系到国家的安危和存亡，这就决定了在战时军人犯同样的罪，其危害性要大于平时。因此，根据罪刑相适应的原则，刑法对军人战时犯罪规定的法定刑要重于平时。例如，根据《刑法》第 435 的规定，平时犯逃离部队罪的，处 3 年以下有期徒刑或者拘役，而在战时则要处 3 年以上 7 年以下有期徒刑。

三、军人违反职责罪的类型

关于军人违反职责罪可以从不同的标准对其进行分类，依据犯罪的时间来划分，可以将军人违反职责罪分为以下两大类：

战时军人违反职责罪。这类犯罪以战时实施为条件，具体包括以下 10 种犯罪：战时违抗命令罪，投降罪，战时临阵脱逃罪，违令作战消极罪，拒不救援友邻部队罪，战时造谣惑众罪，战时自伤罪，遗弃伤病军人罪，战时拒不救治伤病军人罪，战时残害居民、掠夺居民财物罪。

其他军人违反职责罪。这类犯罪是除战时实施的犯罪以外的其他犯罪，具体包括以下 21 种犯罪：隐瞒、谎报军情罪，拒传、假传军令罪，擅离、玩忽军事职守罪，阻碍执行军事职务罪，指使部属违反职责罪，军人叛逃罪，非法获取军事秘密罪，为境外窃取、刺探、收买、非法提供军事秘密罪，故意泄露军事秘密罪，过失泄露军事秘密罪，逃离部队罪，武器装备肇事罪，擅自改变武器装备编配用途罪，盗窃、抢夺武器装备、军用物资罪，非法出卖、转让武器装备罪，遗弃武器装备罪，遗失武器装备罪，擅自出卖、转让军队房地产罪，虐待部属罪，私放俘虏罪，虐待俘虏罪。

第二节 战时军人违反职责罪

一、战时违抗命令罪

(一) 战时违抗命令罪的概念和特征

战时违抗命令罪，是指战时故意违背并抗拒执行上级的命令，对作战造成危害的行为。

其主要特征是：

1. 本罪的客体是作战指挥秩序。我军是高度集中统一的武装集团，一切行动听指挥，坚决执行命令，是我军克敌制胜、完成各项任务的重要保证。在战时违抗命令的行为，破坏战时的作战指挥秩序，妨害部队的统一指挥和行动，将对作战造成严重危害。

2. 本罪的客观方面表现为在战时违背并抗拒执行命令，对作战造成危害的行为。违抗命令的行为必须发生在战时才能构成犯罪。在这里，所谓战时，根据《刑法》第451条规定，是指国家宣布进入战争状态、部队受领作战任务或者遭敌突然袭击时。此外，部队执行戒严任务或者处置突发性暴力事件时，也以战时论。违抗命令是构成本罪的前提，其行为在客观上应该是明示的，即公然抗拒执行命令。违抗命令通常表现为拒不执行命令、违背命令以及拖延或迟缓执行命令等。对作战造成危害是本罪的实质。所谓对作战造成危害，是指由于行为人违抗命令而干扰了作战部署，贻误了战机，影响了作战任务的完成，或者给敌人造成可乘之机，使部队遭受较大的损失。需要指出的是，这里的命令必须是首长在职权范围内向部属提出的要求。如果首长违背自己的职责，滥用权力，向部属提出不正当的要求，部属在按级或者越级提意见的同时，没有按照其要求去做，不应视为违抗命令。

3. 本罪的主体是接受作战命令的部属人员。根据《中国人民解放军内务条令》的规定，首长有权对部属下达命令。因此，在违抗命令的行为人与该命令的发布人之间，行政职务上必须有隶属关系，行为人有职责上的义务执行该命令。

4. 本罪的主观方面是故意。即行为人明知应该执行命令而故意不执行。不执行命令的动机，有的是贪生怕死，畏敌怯战，有的是对上级部署不满，也有的是居功自傲，不服从指挥。不论具体动机如何，都不影响行为人形成抗命令的主观故意。战场情况是复杂多变的，如果军人在执行命令中，发现情况发生变化，或者命令的内容与客观实际不符，原封不动地执行该命令会造成严重后果，而又来不及或者无法请示报告时，以高度负责的精神，从当时当地的实际情况出发，积极主动地机动行事，坚持完成任务，事后迅速向首长报告，这种情况虽然部属没有执行原命令，但不能认定其有违抗命令的主观故意。

(二) 战时违抗命令罪的处罚

根据《刑法》第421条的规定，犯本罪的，处3年以上10年以下有期徒刑；致使战斗、战役遭受重大损失的，处10年以上有期徒刑、无期徒刑或者死刑。

二、投降罪

（一）投降罪的概念和特征

投降罪，是指在战场上，因贪生怕死，自动放下武器，向敌人投降的行为。其主要特征是：

1. 本罪的客体是军人参战秩序和国防安全秩序。

2. 本罪的客观方面表现为在战场上自动放下武器，向敌人投降的行为。“在战场上”限定了本罪只能发生在敌我双方直接交战的场合，实践中较多的是发生在敌众我寡、敌强我弱、被敌人包围或者追击的情况下。自动放下武器是本罪的客观方面的主要行为特征。对此应作广义的理解，即行为人当时能够使用武器杀伤敌人而不使用武器、自行放弃抵抗，不能仅仅理解为武器从手中放下。向敌人投降，主要是指向战争或者武装冲突中的敌对一方投降。

3. 本罪的主体是直接参战的军人，非参战军人不能构成本罪。

4. 本罪的主观方面是故意。即行为人明知自己放弃抵抗、向敌人投降的行为会造成危害作战和国防安全的结果，并且希望或者放任这种结果发生。在战场上敌我双方你死我活，投降敌人往往是迫于敌人的武装压力，为了保全自己的性命，而背弃军人的政治使命，屈服于敌人，所以投降的动机是贪生怕死。

（二）投降罪的处罚

根据《刑法》第423条第1款、第2款的规定，犯本罪的，处3年以上10年以下有期徒刑；情节严重的，处10年以上有期徒刑或者无期徒刑。投降后为敌人效劳的，处10年以上有期徒刑、无期徒刑或者死刑。

三、战时临阵脱逃罪

（一）战时临阵脱逃罪的概念和特征

战时临阵脱逃罪，是指面临战斗任务而脱离岗位、逃避参加战斗的行为。其主要特征是：

1. 本罪的客体是军人参战秩序。英勇战斗，不怕牺牲，是在战场上对每一名参战军人最基本的职责要求。军人临阵脱逃的行为，造成部队减员，军心动摇，斗志涣散，扰乱了军人参战秩序，削弱部队战斗力，对作战将造成严重危害。

2. 本罪的客观方面表现为战时面临战斗任务而脱离战斗岗位，逃避参加战斗的行为。本罪的法定要件是“临阵脱逃”，所谓“临阵”是指在战场上或者在临战或战斗状态下；所谓“脱逃”是指擅自脱离岗位、逃避战斗的行为。具体说来，面临的战斗任务包括两种情况：一种是正在进行战斗，如进攻敌方阵地，坚守我方阵地，与敌机、舰艇正在交战，遭敌突然袭击被迫应战等。另一种是已受领了具体的战斗任务，正在准备实施，如面临进入阵地换防等。不论哪种情况，面临的战斗任务都应该是具体的、明确的。因此，部队奉命战区开进、集结在战区休整待命等，不应视为已面临战斗任务。脱离战斗岗位是逃避参加战斗的具体表现，泛指脱离正在进行战斗的特定区域或者准备参加战斗的部队，包括作为与不作为两种方式。例如，与敌交战中擅自撤出战斗，从遭敌攻击的阵地上退下来；有意不随部队进入阵地等。脱离战斗只是为了逃避参加战斗，并不一定要逃离部队。

3. 本罪的主体是参战的军人。

4. 本罪的主观方面是故意，即行为人明知应该参加战斗而有意逃避参加。临阵脱逃的动机，较多的是贪生怕死、畏惧战斗，也有的是不顾大局消极保存实力。

（二）战时临阵脱逃罪的认定

1. 本罪与投降罪的界限。这两种犯罪一个发生在“临阵”，一个发生在“战场上”，是有区别的。但在具体案件中，便可能发生交叉竞合现象。如果军人在战场脱逃向敌人投降，就会在“脱逃”行为上发生竞合。但由于战时临阵脱逃罪不以投降为要件，而投降罪又必须脱逃后才能投降，因而凡投降的一般应定投降罪。如果投降后虽没有为敌人效劳，但因脱逃致使战斗、战役遭受重大损失的，则应以战时临阵脱逃罪论处。

2. 本罪与战时违抗命令罪的界限。这两种犯罪在客观方面的表现不同，战时违抗命令罪是公然抗拒执行上级的命令，但并不一定脱离战斗岗位，而战时临阵脱逃罪虽然也可能是不执行上级的命令，但必须脱离战斗岗位，逃避参加战斗。如果在具体案件中出现了犯罪竞合现象，如在遭受敌人进攻时抗拒执行上级坚守阵地的命令逃离阵地，应按处理竞合犯的原则，以较重的罪名战时违抗命令罪论处。

（三）战时临阵脱逃罪的处罚

根据《刑法》第424条的规定，犯本罪的，处3年以下有期徒刑；情节严重的，处3年以上10年以下有期徒刑；致使战斗、战役遭受重大损失的，处10年以上有期徒刑、无期徒刑或者死刑。

四、违令作战消极罪

（一）违令作战消极罪的概念和特征

违令作战消极罪，是指指挥人员违抗命令，临阵畏缩，作战消极，造成严重后果的行为。其主要特征是：

1. 本罪的客体是军人参战秩序。在战场上英勇战斗，不怕牺牲，是对每一名参战军人最基本的职责要求。指挥人员临阵畏缩、作战消极的行为，挫伤士气，涣散斗志，破坏军人参战秩序，影响完成作战任务，将给作战造成严重危害，所以修订刑法时增设了本罪。

2. 本罪的客观方面表现为违抗命令，临阵畏缩，作战消极，造成严重后果的行为。本罪只能发生在作战过程中。违抗命令是指违反并拒不执行上级命令。临阵畏缩、作战消极的，如果尚未造成严重后果，应给予批评教育或军纪处分；如果造成了严重后果，则应依法追究刑事责任。严重后果主要是指没有按照上级要求完成任务，或者造成不必要的人员伤亡，武器装备损失，贻误了战机等。如果行为人主观上积极努力，创造条件争取完成任务，但由于客观条件的限制，无法达到预期目的，以致造成严重后果，不能认定行为人有作战消极的行为。

3. 本罪的主体是各级指挥人员，即对部队和部属负有领导、管理职责的军人，属于军人违反职责罪中的特殊主体。

4. 本罪的主观方面是故意。行为人在战场上临阵畏缩、作战消极往往是出于贪生怕死、不顾大局或者对上级不满等动机。

（二）违令作战消极罪的处罚

根据《刑法》第428条的规定，犯本罪的，处5年以下有期徒刑；致使战斗、战役遭受重大损失的，处5年以上有期徒刑。

五、拒不救援友邻部队罪

（一）拒不救援友邻部队罪的概念和特征

拒不救援友邻部队罪，是指指挥人员在战场上明知友邻部队处境危急请求救援，能救援而不救援，致使友邻部队遭受重大损失的行为。其主要特征是：

1. 本罪的客体是我军的作战利益和作战部队在战场上的友邻关系。

2. 本罪的客观方面表现为行为人明知友邻部队处境危急请求救援，自己有条件组织部队前去救援而没有救援，致使友邻部队遭受重大损失的行为。友邻部队是指由于驻地、配置地域或者执行任务而相邻的没有隶属关系的部队及其分队。处境危急是指被敌人包围、追击或者阵地将被攻陷等紧急情况。能救援而不救援是本罪在客观方面的重要特征，其含义是指根据当时自己部队及其分队所处的环境、作战能力及所担负的任务，完全有条件组织支援，却没有组织救援，致使友邻部队遭受重大损失，如阵地失陷、进攻受挫、人员伤亡、装备毁损等。

3. 本罪的主体是部队的各级指挥人员，即对部队和部属负有领导、管理职责的军人，属于军人违反职责罪中的特殊主体。

4. 本罪的主观方面是故意，即行为人明知友邻部队处境危急请求救援，自己有条件组织部队前去救援而拒不救援，如果行为人虽发现友邻部队处境有危险，但友邻部队没有请求救援，行为人此时没有及时组织救援的，不能构成本罪。

（二）拒不救援友邻部队罪的处罚

根据《刑法》第429条的规定，犯本罪的，处5年以下有期徒刑。

六、战时造谣惑众罪

（一）战时造谣惑众罪的概念和特征

战时造谣惑众罪，是指战时造谣惑众、动摇军心的行为。其主要特征是：

1. 本罪的客体是战时宣传舆论秩序。

2. 本罪的客观方面表现为战时造谣惑众、动摇军心的行为。本罪只能发生在战时。造谣惑众、动摇军心，是指编造虚假的情况在部队中散布，煽动怯战、厌战或者恐怖情绪，蛊惑官兵，造成部队情绪恐慌，士气不振，军心涣散。行为人若将道听途说的内容不负责任地又向他人散布，不能认定为造谣。行为人所散布的内容必须是虚假的，而且是与作战有直接关系的，如夸大敌人的兵力和装备优势，虚构敌方的战绩和我方不利的战况等。如果行为人所散布的内容确属实情，即使对我军不利，也不宜认定为造谣，如涉及泄露军事秘密，可依法以故意泄露军事秘密罪论处。动摇军心是对造谣惑众的内容及可能造成的危害后果的限制，而不是必须已造成的实际后果。因此，只要行为人制造并散布的谣言足以动摇军心，不论是否已经产生了动摇军心的实际后果，如引起部队混乱、指挥失控、人员逃亡等，均应属造谣惑众、动摇军心。行为人散布谣言的方式，可以是在公开场合散布，也可以是私下传播，可以是口头传播，也可以通过文字、图像或其他途径散布，只要是将谣言让他人知道，均属散布谣言。

3. 本罪的主体是军人。

4. 本罪的主观方面是故意，即行为人明知自己向他人散布的内容是虚假的，会在部队中造成军心动摇的危害结果，并且希望或者放任这种结果发生。行为人造谣惑众的动机、目的不影响本罪的成立，但如果是勾结敌人造谣惑众的，即直接受敌人指使或暗中与敌人串通，为了配合敌人对我军行动而造谣惑众的，应属于本罪的加重处罚情节。

（二）战时造谣惑众罪的处罚

根据《刑法》第433条第1款、第2款的规定，犯本罪的，处3年以下有期徒刑；情节严重的，处3年以上10年以下有期徒刑。勾结敌人造谣惑众，动摇军心的，处10年以上有期徒刑或者无期徒刑；情节特别严重的，可以判处死刑。

七、战时自伤罪

（一）战时自伤罪的概念和特征

战时自伤罪，是指战时自伤身体，逃避军事义务的行为。其主要特征是：

1. 本罪的客体是军人参战秩序。

2. 本罪的客观方面表现为战时自伤身体的行为。本罪只能发生在战时。自伤身体指有意识地伤害自己的身体，包括加重已有的伤害。对自伤的部位、方法和伤害的程度，应从广义上理解，不论是伤害哪一部位，是造成轻伤还是重伤，是利用枪击、刀砍还是其他方法，是行为人自己伤害自己的身体，还是利用他人的故意或者过失行为伤害自己的身体，均属自伤身体的行为。

3. 本罪的主体是军人，其他人员不能构成本罪的主体。

4. 本罪的主观方面是直接故意。即行为人明知自己的行为将造成伤害自己身体的危害结果，并且希望这种结果的发生。行为人伤害自己的身体必须具有逃避军事义务的目的。如果行为人自伤身体的目的不是为了逃避军事义务，而是为了骗取荣誉或掩盖失误，则不构成战时自伤罪。

（二）战时自伤罪的处罚

根据《刑法》第434条的规定，犯本罪的，处3年以下有期徒刑；情节严重的，处3年以上7年以下有期徒刑。

八、遗弃伤病军人罪

（一）遗弃伤病军人罪的概念和特征

遗弃伤病军人罪，是指直接责任人员在战场上故意将军人遗弃，情节恶劣的行为。其主要特征是：

1. 本罪的客体是战场救护秩序。我军是人民军队，官兵政治上一律平等，彼此应相互关心和爱护，救护伤病军人是这一要求在战场上的具体表现。在战场上遗弃伤病军人的行为，违背战场救护的要求，直接破坏战场救护秩序，伤害广大官兵的感情，影响部队士气，对部队作战将造成严重危害。

2. 本罪的客观方面表现为在战场上将伤病军人遗弃，情节恶劣的行为。遗弃是指对有条件救护的伤病军人弃置不顾，一般表现为不作为的形式。遗弃行为必须发生在战场上，遗弃的对象应是我军因负伤、生病需要他人给予救护的人员，不包括受伤、生病的俘虏。遗弃伤病军人必须是情节恶劣的才能构成犯罪。所谓“情节恶劣”是指：有条件抢救而不抢救的；因贪生怕死，急于逃跑而遗弃伤病军人的；致使伤病军人抢救不及时而死亡的或者被敌人俘获的等。

3. 本罪的主体是军人。本罪规定追究直接责任人员的刑事责任，因此不论行为人是什么身份，只要对遗弃伤病军人负有直接责任，都属于本罪的犯罪主体，包括各级指挥人员、救护人员及其他实施遗弃行为的军人。

4. 本罪的主观方面是故意。即行为人明知自己的行为会造成伤病军人被遗弃的危害，并且希望或者放任这种危害的发生。在紧急情况下，为了执行更重要的作战任务，或者确定无条件带走伤病军人，不得已而放弃的，不应认为有遗弃伤病军人的主观故意。

（二）遗弃伤病军人罪的处罚

根据《刑法》第 444 条的规定，犯本罪的，对直接责任人员，处 5 年以下有期徒刑。

九、战时拒不救治伤病军人罪

（一）战时拒不救治伤病军人罪的概念和特征

战时拒不救治伤病军人罪，是指战时在救护治疗职位上，有条件救治而拒不救治危重伤病军人的行为。基主要特征是：

1. 本罪的客体是战时救护秩序。救治伤病员是医务工作者的神圣使命，战时及时救治伤病军人，是稳定官兵情绪、鼓舞士气、激励部队英勇作战的需要。战时拒不救治伤病军人，违背医务人员的职责，破坏了救护秩序，挫伤士气，削弱我军的战斗力，将给作战带来严重危害，因此刑法设立本罪是非常必要的。

2. 本罪的客观方面表现为战时有条件救治而拒不救治危重伤病军人的行为。本罪限于战时才能构成。拒不救治的对象是我军的危重伤病军人。“危重伤病”，是指伤情、病情危险、紧急、严重，如不及时给予救治，将可能危及生命安全或者造成终生严重残疾。拒不救治表现为拒绝提供必要的抢救、治疗，以控制、缓解伤情、病情，挽救伤病军人的生命，避免造成更大的伤害。拒不救治的行为可以发生在医疗救护的各个环节上，如值班护士拒不接诊，医生拒不检诊和进行抢救，检验人员拒不进行检验等。有条件救治是构成本罪的关键，应根据伤病军人的伤情、病情，结合救护人员的技术水平、医疗单位的医疗条件及当时的客观环境，综合分析认定。

3. 本罪的主体是正在履行救护治疗职责的医务工作人员，属于军人违反职责罪中的特殊主体。如果医务人员正在休假或者从事其他工作，不是正在履行救护治疗职责，则不能成为本罪的犯罪主体。

4. 本罪的主观方面是故意。即在战时对明知是有条件救治的伤病军人而故意不予救治。

（二）战时拒不救治伤病军人罪的处罚

根据《刑法》第 445 条规定，犯本罪的，处 5 年以下有期徒刑或者拘役；造成伤病军人重残、死亡或者有其他严重情节的，处 5 年以上 10 年以下有期徒刑。

十、战时残害居民、掠夺居民财物罪

（一）战时残害居民、掠夺居民财物罪

战时残害居民、掠夺居民财物罪，是指战时在军事行动地区，残害无辜居民，或者掠夺无辜居民财物的行为。其主要特征是：

1. 本罪的客体是战时群众工作秩序。

2. 本罪的客观方面表现为战时在军事行动地区残害无辜居民或者掠夺无辜居民财物的行为。这些行为都只能发生在战时，而且是在军事行动地区，即战区，包括国内战区和境外的战区。因为这一条的立法意旨是惩治在战区对无辜居民滥施暴行的犯罪行为，但军职罪条例第 20 条的规定却表述为“在军事行动地区”，范围过大，甚至包括平时的训练、学习地区，所以修订刑法时增加了“战时”的限制。受侵害的对象都是战区无辜居民，即对我军没有采取武装敌对行动的平民。残害不是一种具体的犯罪行为表现，而是一个集合的犯罪行为概念往往包括一系列违法犯罪行为，如殴打、体罚、虐待、监禁、焚烧、奸淫、杀伤等。掠夺财物也是一个集合的犯罪行为概念，包括抢劫、抢夺、敲诈勒索等。在司法实践中，犯罪分子实施本罪往往既残害无辜居民又掠夺无辜居民财物，所以本罪是选择性罪名，不进行数罪并罚。

3. 本罪的主体仅限于参战的军人，其他人员不能构成本罪的主体。

4. 本罪的主观方面是故意。

（二）战时残害居民、掠夺居民财物罪的处罚

根据《刑法》第 446 条的规定，犯本罪的，处 5 年以下有期徒刑；情节严重的，处 5 年以上 10 年以下有期徒刑；情节特别严重的，处 10 年以上有期徒刑、无期徒刑或者死刑。

第三节　其他军人违反职责罪

一、隐瞒、谎报军情罪

（一）隐瞒、谎报军情罪的概念和特征

隐瞒、谎报军情罪，是指故意将应该向上级报告的军情隐而不报，或者将编造、篡改的军情向上级报告，对作战造成危害的行为。其主要特征是：

1. 本罪的客体是作战指挥秩序。

2. 本罪的客观方面表现为将按规定应该向上级报告的军情隐而不报，掩盖事实真相，或者违背客观事实，将编造或者篡改的军情向上级报告，欺骗上级，对作战造成危害的行为。

3. 本罪的主体是军人。通常是各级指挥人员和情报工作人员，但在特殊情况下，其他军人也可成为本罪的主体。

4. 本罪的主观方面是故意。即明知自己的行为是严重扰乱部队作战秩序的行为，并决意而为之。

（二）隐瞒、谎报军情罪的处罚

根据《刑法》第422条的规定，犯本罪的，处3年以上10年以下有期徒刑；致使战斗、战役遭受重大损失的，处10年以上有期徒刑、无期徒刑或者死刑。

二、拒传、假传军令罪

（一）拒传、假传军令罪的概念和特征

拒传、假传军令罪，是指拒绝传递军令，或者假传军令，对作战造成危害的行为。其主要特征是：

1. 本罪的客体是作战指挥秩序。

2. 本罪的客观方面表现为有条件传递军令而拒绝传递，或者传递虚假的军令，对作战造成危害的行为。

3. 本罪的主体是负有传递军令职责的军人，如通信、机要人员等。假传命令的犯罪主体除了负有传递军令职责的军人外，还包括其他军人。

4. 本罪的主观方面是故意，即行为人明知是应该传递的命令而拒绝传递，或者明知是虚假的军令有意传递。

（二）拒传、假传军令罪的处罚

根据《刑法》第422条的规定，犯本罪的，处3年以上10年以下有期徒刑；致使战斗、战役遭受重大损失的，处10年以上有期徒刑、无期徒刑或死刑。

三、擅离、玩忽军事职守罪

（一）擅离、玩忽军事职守罪的概念和特征

擅离、玩忽军事职守罪，是指指挥人员或者值班、值勤人员，擅离职守或者玩忽职守，造成严重后果的行为。其主要特征是：

1. 本罪的客体是指挥和值班、值勤秩序。

2. 本罪的客观方面表现为擅离职守或者玩忽职守的行为。擅离职守是指行为人擅自离开正在履行职责的岗位，如哨兵擅自离开哨位等。玩忽职守是指行为人在履行职责的岗位上，严重不负责任，不履行或者不正确履行职责，如值班人员酗酒，哨兵睡觉等。

3. 本罪的主体是军队中的指挥人员和值班、值勤人员，属于军人违反职责罪中的特殊主体。

4. 本罪的主观方面是出于过失。

（二）擅离、玩忽军事职守罪的处罚

根据《刑法》第425条第1款、第2款的规定，犯本罪的，处3年以下有期徒刑或者拘役；造成特别严重后果的，处3年以上7年以下有期徒刑。战时犯本罪的，处5年以上有期徒刑。

四、阻碍执行军事职务罪

(一) 阻碍执行军事职务罪的概念和特征

阻碍执行军事职务罪，是指以暴力、威胁方法阻碍指挥人员或者值班、值勤人员执行职务的行为。其主要特征是：

1. 本罪的客体是指挥和值班、值勤秩序。

2. 本罪的客观方面表现为对指挥人员或者值班、值勤人员施以暴力、威胁，阻碍其执行职务的行为。

3. 本罪的主体是军人，其他人员不能构成本罪的主体。

4. 本罪的主观方面是故意。

(二) 阻碍执行军事职务罪的处罚

根据刑法第 426 条的规定，犯本罪的，处 5 年以下有期徒刑或者拘役；情节严重的，处 5 年以上有期徒刑；致人重伤、死亡的，或者有其他特别严重情节的，处无期徒刑或死刑。战时犯本罪的，从重处罚。

五、指使部属违反职责罪

(一) 指使部属违反职责罪的概念和特征

指使部属违反职责罪，是指滥用职权，指使部属进行违反职责的活动，造成严重后果的行为。其主要特征是：

1. 本罪的客体是正当行使指挥权的秩序。

2. 本罪的客观方面表现为滥用职权，指使部属进行违反职责的活动，造成严重后果的行为。滥用职权即指超越职责范围，不正当地运用职务上的权力。指使部属进行违反职责的活动，是指指使部属实施军队条令、条例和国家法律、法规所禁止的行为。从所进行的违反职责活动的严重程度看，包括违纪行为、违法行为和犯罪行为。造成严重后果是构成本罪的必要条件，通常包括：人员伤亡；武器装备或者军事设施毁损及其他责任事故；影响部队完成重要任务；引起严重事端，等等。

3. 本罪的主体是军队中的各级首长和其他有权指挥他人的人员，属于军人违反职责罪中的特殊主体。

4. 本罪的主观方面是故意，即明知自己的行为是滥用职权指使部属进行违反职责的活动，并决意而为之。

(二) 指使部属违反职责罪的处罚

根据《刑法》第 427 条的规定，犯本罪的，处 5 年以下有期徒刑或者拘役；情节特别严重的，处 5 年以上 10 年以下有期徒刑。

六、军人叛逃罪

(一) 军人叛逃罪的概念和特征

军人叛逃罪，是指军人在履行公务期间，擅离岗位，叛逃境外或者在境外叛逃，危害国家军事利益的行为。其主要特征是：

1. 本罪的客体是国防安全秩序。

2. 本罪的客观方面表现为在履行公务期间，擅离岗位，叛逃境外或者在境外叛逃，危害国家军事利益的行为。

3. 本罪的主体是军人。

4. 本罪的主观方面是故意。

（二）军人叛逃罪的认定

1. 本罪中的“叛逃”行为与“出走”行为的界限。本罪的“叛逃”，是指行为人基于某种目的背叛国家而逃往国外、境外不归或滞留国外、境外不归，以及逃往外国驻华使领馆，并有反对我国四项基本原则的言行或者申请“政治避难”的行为。因在国内触犯刑律，而逃往国外、境外逃避法律制裁的，可视为叛逃。而“出走”是指前往国外、境外不归或者滞留国外、境外不归，但没有反对国家和人民利益的言行，不具有“背叛”的性质的，不构成本罪。

2. 本罪与叛逃罪的法规竞合问题。刑法对这两种叛逃罪的规定存在部分法规竞合关系。叛逃罪按规定是指国家机关工作人员的叛逃，军人中的从事公务的人员属于国家机关工作人员的一部分，两者具有部分与整体的关系，但如军人叛逃，应按特殊优于一般的原则，优先适用本罪的规定，以军人叛逃罪论处。

3. 本罪与投敌叛变罪的界限。这两种犯罪都有叛变行为，其区别在于军人叛逃罪是出逃到境外，叛逃后并不一定投靠具体的机构、组织，即使投靠也不一定是投靠敌对的机构、组织；而投敌叛变罪则不一定逃到境外，但必须有具体的投靠对象，而且这些投靠对象是敌对的国家、集团、机构、组织等。

（三）军人叛逃罪的处罚

根据《刑法》第430条第1款、第2款的规定，犯本罪的，处5年以下有期徒刑或者拘役；情节严重的，处5年以上有期徒刑。驾驶航空器、舰艇叛逃的，或者有其他特别严重情节的，处10以上有期徒刑、无期徒刑或者死刑。

七、非法获取军事秘密罪

（一）非法获取军事秘密罪的概念和特征

非法获取军事秘密罪，是指以窃取、刺探、收买方法，非法获取军事秘密的行为。其主要特征是：

1. 本罪的客体是军事秘密的安全。

2. 本罪的客观方面表现为以窃取、刺探、收买的方法非法获取军事秘密的行为。

3. 本罪的主体是军人。

4. 本罪的主观方面是故意，即行为人有意采取非法方法探知军事秘密的内容。

（二）非法获取军事秘密罪的处罚

根据《刑法》第431条第1款的规定，犯本罪的，处5年以下有期徒刑；情节严重的，处5年以上10年以下有期徒刑；情节特别严重的，将非法获取的重要或者大量军事秘密泄露的，非法获取军事秘密造成特别严重后果的等，处10年以上有期徒刑。

八、为境外窃取、刺探、收买、非法提供军事秘密罪

（一）为境外窃取、刺探、收买、非法提供军事秘密罪的概念和特征

为境外窃取、刺探、收买、非法提供军事秘密罪，是指为境外的机构、组织、人员窃取、刺探、收买、非法提供军事秘密的行为。其主要特征是：

1. 本罪的客体是军事秘密的安全和国防安全。

2. 本罪的客观方面表现为为境外的机构、组织、人员窃取、刺探、收买、非法提供军事秘密的行为。

3. 本罪的主体是军人。

4. 本罪的主观方面是故意。

（二）为境外窃取、刺探、收买、非法提供军事秘密罪的处罚

根据《刑法》第431条第2款的规定，犯本罪的，处10年以上有期徒刑、无期徒刑或者死刑。

九、故意泄露军事秘密罪

（一）故意泄露军事秘密罪的概念和特征

故意泄露军事秘密罪，是指违反保守国家秘密法规，故意泄露军事秘密，情节严重的行为。其主要特征是：

1. 本罪的客体是军事保密制度。

2. 本罪的客观方面表现为违反保守国家秘密法规，故意泄露军事秘密的行为。泄露军事秘密的行为与违反保密法规联系在一起，只有违反了保密法规，才可能出现泄露军事秘密的结果。故意泄露军事秘密的行为表现方式是多种多样的，从最简单的口头陈述泄密，到高技术条件下的计算机网络泄密，不论哪种形式，只要能让无关人员知悉军事秘密的内容，均属泄露军事秘密的行为。需要指出的是，故意泄露军事秘密的行为，只有“情节严重”的才构成犯罪。

3. 本罪的主体是军人。

4. 本罪的主观方面是故意。

（二）故意泄露军事秘密罪的认定

1. 本罪与故意泄露国家秘密罪的界限。这两条法律之间有整体与部分之间法条竞合关系，军事秘密是国家秘密中的组成部分，但鉴于秘密的特殊性，故单独设置了泄露军事秘密罪的罪名，两者之间是一般与特殊的关系，在具体适用中应按特殊优于一般的原则处理。也就是说，军人泄露了军事秘密的，应适用本罪；军人泄露了军事秘密之外的国家秘密则应按故意泄露国家秘密罪定罪处罚。

2. 本罪与为境外窃取、刺探、收买、非法提供军事秘密罪中的“非法提供”行为之间的界限。故意泄露军事秘密的方法是多样的，也可能是把手中的军事秘密非法提供给他人，在这种情况下，两罪之间也就存在交叉竞合关系。在处理这种关系时，为境外非法提供军事秘密是特别规定，凡故意非法向境外机构、组织、人员提供军事秘密的，不能以故意泄露军事秘密罪处罚，而应适用为境外非法提供军事秘密罪；为国

内人员非法提供军事秘密的，才以本罪处罚。

（三）故意泄露军事秘密罪的处罚

根据《刑法》第432条第1款、第2款的规定，平时犯本罪的，处5年以下有期徒刑或者拘役；情节特别严重的，处5年以上10年以下有期徒刑。战时犯本罪的，处5年以上10年以下有期徒刑；情节特别严重的，处10年以上有期徒刑或者无期徒刑。

十、过失泄露军事秘密罪

（一）过失泄露军事秘密罪的概念和特征

过失泄露军事秘密罪，是指违反保守国家秘密法规，过失泄露军事秘密，情节严重的行为。其主要特征是：

1. 本罪的客体是军事保密制度。

2. 本罪的客观方面表现为违反保守国家秘密法规，泄露军事秘密的行为。过失泄露军事秘密的行为多种多样，既可以由行为人直接实施，例如因疏忽大意误用明码拍发密码电文，也可以不是由行为人直接实施，而是他人直接实施，例如行为人违反保密法规，将秘密文件带到公共场所丢失或者被盗而导致军事秘密泄露的，仍属于泄露军事秘密的行为。需要指出的是，过失泄露军事秘密的行为，只有"情节严重"的，才构成犯罪。所谓"情节严重"，主要是指因泄密造成严重后果。

3. 本罪的主体是军人。

4. 本罪的主观方面是过失。

（二）过失泄露军事秘密罪的处罚

《刑法》第432条第1款、第2款规定，平时犯本罪的，处5年以下有期徒刑或者拘役；情节特别严重的，处5年以上10年以下有期徒刑。战时犯本罪的，处5年以上10年以下有期徒刑；情节特别严重的，处10年以上有期徒刑或者无期徒刑。

十一、逃离部队罪

（一）逃离部队罪的概念和特征

逃离部队罪，是指违反兵役法规，逃离部队，情节严重的行为。其主要特征是：

1. 本罪的客体是兵役秩序。

2. 本罪的客观方面表现为违反兵役法规，逃离部队的行为。我国宪法和兵役法都规定公民有义务依法服兵役，兵役法还明确规定，现役军人必须遵守军队的条令和条例，忠于职守，随时为保卫祖国而战斗。军人逃离部队的行为违反了上述法律规定。逃离部队，是指为逃避服役而擅自离开部队，其行为方式通常表现为未经批准擅自离队，请假离队后逾期不归，工作调动或者学员分配离开原单位后拒不向新单位报到等。逃离部队的行为，必须是"情节严重"的才构成犯罪。所谓"情节严重"，是指指挥人员、值班、值勤人员逃离的；策动、组织多人逃离的；以及屡教不改、多次逃离的等。

3. 本罪的主体是具有服兵役义务的现役军人，包括现役军官（警官）、文职干部、士兵和具有军籍的学员。

4. 本罪的主观方面是出于故意。

(二) 逃离部队罪的认定

1. 本罪与军人叛逃罪的法规竞合问题。军人叛逃时，必然同时有逃离部队的行为。刑法对这两种犯罪的规定存在完全的法规竞合关系，在适用法律上，应根据重法优先适用的原则，以军人叛逃罪论处，不能再定逃离部队罪进行数罪并罚。

2. 本罪与战时临阵脱逃罪的界限。犯这两种罪可能出于相似的犯罪动机，如害怕打仗，客观上又都可能在一定程度上脱离部队，其区别在于犯罪时是否面临战斗任务。战时临阵脱逃罪必须是面临具体、明确的战斗任务，因此只有发生在战时和战场上；逃离部队罪主要发生在平时，即使发生在战时，也是发生在没有面临具体、明确的战斗任务的场合。

3. 本罪与擅离军事职守罪的界限。这两种犯罪都有擅自离职的表现，其主要区别除了前者是故意犯罪、后者是过失犯罪外，擅离军事职守罪的犯罪主体限定为指挥人员和值班、值勤人员，其行为发生在担任指挥和值班、值勤任务时，所违反的是指挥和值班、值勤人员的职责要求，行为人只需离开特定的岗位，不要求必须离开部队，而且必须已造成严重后果。而逃离部队罪的犯罪主体是一般现役军人，其行为所违反的是现役军人依法服兵役的职责要求，行为人必须已离开部队，客观上并不要求已造成严重后果。

(三) 逃离部队罪的处罚

根据《刑法》第 435 条的规定，犯本罪的，处 3 年以下有期徒刑或者拘役；战时犯本罪的，处 3 年以上 7 年以下有期徒刑。

十二、武器装备肇事罪

(一) 武器装备肇事罪的概念和特征

武器装备肇事罪，是指违反武器装备使用规定，情节严重，因而发生责任事故，致人重伤、死亡或者造成其他严重后果的行为。其主要特征是：

1. 本罪的客体是部队武器装备的使用秩序。

2. 本罪的客观方面表现为违反武器装备使用规定，情节严重，因而发生责任事故，致人重伤、死亡或者造成其他严重后果的行为。

3. 本罪的主体是军人。从司法实践看，主要是武器装备的操作使用人员。

4. 本罪的主观方面是出于过失。

(二) 武器装备肇事罪的认定

1. 本罪与危害公共安全罪中的过失犯罪的界限。危害公共安全罪中的过失犯罪，如失火罪、过失爆炸罪、过失损坏易燃易爆设备罪、过失损坏交通工具罪、交通肇事罪、重大责任事故罪等，与武器装备肇事罪有许多相似之处。其区别除了在犯罪主体和犯罪客体上不同外，主要有以下两点：一是看犯罪对象是否属于武器装备。只有犯罪对象属于武器装备，才能构成武器装备肇事罪；如不属于武器装备，则应根据不同的犯罪构成要件确定相应的罪名。二是看是否因违反了武器装备使用规定而发生责任事故。如果主要是因违反了武器装备使用规定，就应定武器装备肇事罪；如果主要是因违反了其他公共安全的法规和规章制度，应根据不同犯罪构成要件确定相应的罪名。《刑法》对武器装备肇事罪与上述过失犯罪的规定存在的部分法规竞合的关系，如果行为人既违反了武器装备使用规定，又违反了其他维护公共安全的法规和规章制度，应优先适用本章的规定，以武器装备肇事罪论处。

2. 关于武器装备肇事致人重伤、死亡的定性问题。枪支走火致人伤亡是在部队中比较常见的。这种情况从广义上来说，也属于过失致人死亡或者重伤的范畴。由于《刑法》第 233 条和第 235 条对过失致人死亡罪和过失致人重伤罪规定："本法另有规定的，依照规定。"因此，对于武器装备肇事致人重伤、死亡的，应以武器装备肇事罪论处。

（三）武器装备肇事的处罚

根据《刑法》第 436 条的规定，犯本罪的，处 3 年以下有期徒刑或者拘役；后果特别严重的，处 3 年以上 7 年以下有期徒刑。

十三、擅自改变武器装备编配用途罪

（一）擅自改变武器装备编配用途罪的概念和特征

擅自改变武器装备编配用途罪，是指违反武器装备管理规定，擅自改变武器装备编配用途，造成严重后果的行为。其主要特征是：

1. 本罪的客体是部队武器装备的管理秩序。

2. 本罪的客观方面表现为违反武器装备管理规定，擅自改变武器装备编配用途，造成严重后果的行为。

3. 本罪的主体是军人。从司法实践看，主要是各级指挥和武器装备的管理人员。

4. 本罪的主观方面是出于过失。

（二）擅自改变武器装备编配用途罪的处罚

根据《刑法》第 437 条的规定，犯本罪的，处 3 年以下有期徒刑或者拘役；造成特别严重后果的，处 3 年以上 7 年以下有期徒刑。

十四、盗窃、抢夺武器装备、军用物资罪

（一）盗窃、抢夺武器装备、军用物资罪的概念和特征

盗窃、抢夺武器装备、军用物资罪，是指采取秘密窃取或者乘人不备公然夺取的方法，非法占有部队武器装备或者军用物资的行为。其主要特征是：

1. 本罪的客体是部队武器装备、军用物资的所有权。

2. 本罪的客观方面分别表现为盗窃或者抢夺部队武器装备、军用物资的行为。盗窃是指采取秘密窃取的方法非法占有；抢夺是指采取乘人不备、公然夺取的方法非法占有。盗窃、抢夺的对象是部队在编的、正在使用的以及储存备用的武器装备或者军用物资，不包括已确定退役报废的武器装备、军用物资。

3. 本罪的主体是军人，其他人员不能构成本罪的主体。

4. 本罪的主观方面是故意，并具有非法占有武器装备、军用物资的目的。

（二）盗窃、抢夺武器装备、军用物资罪的认定

1. 关于采取破坏性方法盗窃武器装备、军用物资的定性问题。在具体案件中，采取破坏性方法盗窃武器装备、军用物资的，可能出现与《刑法》第 369 条破坏武器装备、军事设施、军事通信罪竞合的现象。因这两种犯罪的法定刑不同，根据刑法理论，

对想象竞合犯的处罚采取从一重处断原则。而盗窃、抢夺武器装备、军用物资罪的法定刑从最低与最高刑看与第369条规定的法定刑是相同的，但从规定的不同档次的法定刑看，本罪的法定刑重，因此，应以盗窃武器装备、军用物资罪论处。

2. 关于军人盗窃、抢夺部队的枪支、弹药、爆炸物的法律适用问题。为了保障公共安全，《刑法》第127条规定了盗窃、抢夺枪支、弹药、爆炸物罪，并对盗窃、抢夺军警人员的枪支、弹药、爆炸物作了加重处罚的规定，规定了比盗窃或者抢夺武器装备、军用物资罪更重的法定刑。部队的武器装备、军用物资种类繁多，其中包括枪支、弹药、爆炸物。所以根据罪责刑相适应的原则，军人盗窃或者抢夺部队的枪支、弹药、爆炸物的，不能再定盗窃、抢夺武器装备、军用物资罪，而应依照《刑法》第127条第2款的规定，以盗窃、抢夺枪支、弹药、爆炸物罪论处。

（三）盗窃、抢夺武器装备、军用物资罪的处罚

根据《刑法》第438条第1款、第2款的规定，犯本罪的，处5年以下有期徒刑或者拘役；情节严重的，处5年以上10年以下有期徒刑；情节特别严重的，处10年以上有期徒刑、无期徒刑或者死刑。盗窃、抢夺枪支、弹药、爆炸物的，依照《刑法》第127条的规定处罚。

十五、非法出卖、转让武器装备罪

（一）非法出卖、转让武器装备罪的概念和特征

非法出卖、转让武器装备罪，是指非法将部队的武器装备出卖或者转让给他人的行为。其主要特征是：

1. 本罪的客体是部队武器装备的管理秩序。

2. 本罪的客观方面表现为非法出卖、转让武器装备的行为。非法出卖、转让是指未经有权机关的批准，擅自将武器装备出售给他人、送给他人或者与他人交换其他物品。非法出卖、转让的对象是部队在编的、使用的以及储存备用的武器装备，不包括已确定退役报废的武器装备。

3. 本罪的主体是军人。

4. 本罪的主观方面是故意。

（二）非法出卖、转让武器装备罪的处罚

根据《刑法》第439条的规定，犯本罪的，处3年以上10年以下有期徒刑；出卖、转让大量武器装备的，或者有其他特别严重情节的，处10年以上有期徒刑、无期徒刑或者死刑。

十六、遗弃武器装备罪

（一）遗弃武器装备罪的概念和特征

遗弃武器装备罪，是指违抗命令，遗弃武器装备的行为。其主要特征是：

1. 本罪的客体是部队武器装备的管理秩序。

2. 本罪的客观方面表现为违抗命令，遗弃武器装备的行为。违抗命令是指违反并拒不执行上级的命令。遗弃是指故意丢掉，弃置不顾。遗弃的场所法律没有限制，一

般是在战场、军事行动地区和野外训练场等。遗弃的对象是行为人依法持有或有权管理的、能够供部队使用的武器装备，包括暂时损坏但能够修复的武器装备。在战场上，行为人自行将战损无法及时修复的武器装备丢弃，不属于遗弃武器装备。将盗窃、抢夺的武器装备又遗弃的，应作为盗窃、抢夺武器装备罪的从重处罚情节。

3. 本罪的主体是军人。

4. 本罪的主观方面是故意。

（二）遗弃武器装备罪的认定

1. 关于遗弃武器装备兼犯其他罪行的定性问题。军人遗弃武器装备如果是在犯战时临阵脱逃等罪时发生的，两种行为存在犯罪竞合关系，应按较重的罪定罪处罚，遗弃武器装备的行为可作为从重处罚的情节，不再实行数罪并罚。军人逃离部队时将配给其使用的武器装备遗弃的，可按遗弃武器装备罪论处，其逃离部队的行为如又单独构成犯罪的，应实行数罪并罚。

2. 本罪与破坏武器装备罪的界限。遗弃武器装备罪与《刑法》第 369 条规定的破坏武器装备罪犯罪对象相同，客观上都可能造成武器装备毁损的后果。其主要区别除了主观故意的内容不同外，在客观方面，遗弃武器装备的行为表现为消极地将武器装备丢弃不管；而破坏武器装备的行为表现为采取各种方法，积极地将武器装备毁坏。如果行为人所采取的遗弃武器装备的方法必然造成武器装备毁坏或者灭失的，如飞行员无重大危险而弃机跳伞，或者故意将武器装备投入深海等，应属破坏武器装备的行为。

（三）遗弃武器装备罪的处罚

根据《刑法》第 440 条的规定，犯本罪的，处 5 年以下有期徒刑或者拘役；遗弃重要或者大量武器装备的，或者有其他严重情节的，处 5 年以上有期徒刑。

十七、遗失武器装备罪

（一）遗失武器装备罪的概念和特征

遗失武器装备罪，是指遗失武器装备，不及时报告或者有其他严重情节的行为。其主要特征是：

1. 本罪的客体是部队武器的管理秩序。

2. 本罪的客观方面表现为遗失武器装备，不及时报告或者有其他严重情节的行为。遗失包括丢失和被盗。不及时报告包括故意隐瞒情况不报告或者没有按规定立即报告。其他严重情节，指的是遗失后编造假情况欺骗组织或者嫁祸于人的，影响部队执行重要任务的，造成其他严重后果的等。

3. 本罪的主体是军人。从司法实践看，主要是操作武器装备的人员。

4. 本罪的主观方面是过失。

（二）遗失武器装备罪的处罚

根据《刑法》第 441 条的规定，犯本罪的，处 3 年以下期徒刑或者拘役。

十八、擅自出卖、转让军队房地产罪

（一）擅自出卖、转让军队房地产罪的概念和特征

擅自出卖、转让军队房地产罪，是指违反军队房地产管理规定，擅自出卖、转让

军队房地产，情节严重的行为。其主要特征是：

1. 本罪的客体是军队房地产的管理秩序。

2. 本罪的客观方面表现为违反军队房地产管理规定，擅自出卖、转让军队房地产，情节严重的行为。

3. 本罪的主体是军队各单位的主管人员和有房地产管理职责的人员，属于军人违反职责罪中的特殊主体。

4. 本罪的主观方面是故意。

（二）擅自出卖、转让军队房地产罪的处罚

根据《刑法》第442条的规定，犯本罪的，对直接责任人员，处3年以下有期徒刑或者拘役；情节特别严重的，处3年以上10年以下有期徒刑。

十九、虐待部属罪

（一）虐待部属罪的概念和特征

虐待部属罪，是指滥用职权，虐待部属，情节恶劣，因致人重伤或者造成其他严重后果的行为。其主要特征是：

1. 本罪的客体是我军官兵一致的上下级关系和部属的人身权利。

2. 本罪的客观方面表现为滥用职权，虐待部属，致人重伤或者造成其他严重后果的行为。滥用职权是指超越职责范围，不正当地使用职权。虐待部属是指对部属进行肉体上和精神上的折磨、摧残。致人重伤或者造成其他严重后果是构成本罪的必要条件，而致人残废则是本罪加重处罚的条件。致人重伤或者残废、死亡既包括因虐待行为直接导致被害人伤亡，如殴打致伤、致死，也包括被害人为躲避虐待而伤亡。其他严重后果是指引起官兵义愤诱发暴力事件的，导致部属多人逃离部队的，部属不堪忍受虐待而自杀的等。

3. 本罪的主体是部队中的各级首长和其他有权指挥他人的人员。

4. 本罪的主观方面是故意。

（二）虐待部属罪的处罚

根据《刑法》第443条的规定，犯本罪的，处5年以下有期徒刑或者拘役；致人死亡的，处5年以上有期徒刑。

二十、私放俘虏罪

（一）私放俘虏罪的概念和特征

私放俘虏罪，是指行为人私自将俘虏放走的行为。其主要特征是：

1. 本罪的客体是俘虏管理秩序。

2. 本罪的客观方面表现为私自放走俘虏的行为。

3. 本罪的主体是军人。

4. 本罪的主观方面是故意。

（二）私放俘虏罪的处罚

根据《刑法》第447条的规定，犯本罪的，处5年以下有期徒刑；私放重要俘虏、私放俘虏多人或者有其他严重情节的，处5的以上有期徒刑。

二十一、虐待俘虏罪

（一）虐待俘虏罪的概念和特征

虐待俘虏罪，是指虐待俘虏，情节恶劣的行为。其主要特征是：

1. 本罪的客体是我军对俘虏的管理秩序。

2. 本罪的客观方面表现为虐待俘虏，情节恶劣的行为。

3. 本罪的主体是军人。

4. 本罪的主观方面是故意。

（二）虐待俘虏罪的处罚

根据《刑法》第448条的规定，犯本罪的，处3年以下有期徒刑。

法律应用

1. 战时临阵脱逃罪的认定。关于本罪的认定在司法实践中主要应注意以下问题：(1) 本罪与投降罪的界限。这两种犯罪一个发生在“临阵”，一个发生在“战场上”，是有区别的，但在具体案件中，便可能发生交叉竞合现象。如果军人在战场脱逃向敌人投降，就会在“脱逃”行为上发生竞合。但由于战时临阵脱逃罪不以投降为要件，而投降罪又必须脱逃后才能投降，因而凡投降的一般应定投降罪。如果投降后虽没有为敌人效劳，但因脱逃致使战斗、战役遭受重大损失的，则应以战时临阵脱逃罪论处。(2) 本罪与战时违抗命令罪的界限。这两种犯罪在客观方面的表现不同，战时违抗命令罪是公然抗拒执行上级的命令，但并不一定脱离战斗岗位，而战时临阵脱逃罪虽然也可能是不执行上级的命令，但必须脱离战斗岗位，逃避参加战斗。如果在具体案件中出现了犯罪竞合现象，如在遭受敌人进攻时抗拒执行上级坚守阵地的命令逃离阵地，应按处理竞合犯的原则，以较重的罪名战时违抗命令罪论处。

2. 武器装备肇事罪的认定。关于本罪的认定在司法实践中应注意以下问题：

(1) 本罪与危害公共安全罪中的过失犯罪的界限。危害公共安全罪中的过失犯罪，如：失火罪、过失爆炸罪、过失损坏易燃易爆设备罪、过失损坏交通工具罪、交通肇事罪、重大责任事故罪等，与武器装备肇事罪有许多相似之处。其区别除了在犯罪主体和犯罪客体上不同外，主要有以下两点：一是看犯罪对象是否属于武器装备。只有犯罪对象属于武器装备，才能构成武器装备肇事罪；如不属于武器装备，则应根据不同的犯罪构成要件确定相应的罪名。二是看是否因违反了武器装备使用规定而发生责任事故。如果主要是因违反了武器装备使用规定，就应定武器装备肇事罪，如果主要是因违反了其他公共安全的法规和规章制度，应根据不同犯罪构成要件确定相应的罪名。刑法对武器装备肇事罪与上述过失犯罪的规定存在的部分法规竞合的关系，如果行为人既违反了武器装备使用规定，又违反了其他维护公共安全的法规和规章制度，应优先适用本章的规定，以武器装备肇事罪论处。(2) 关于武器装备肇事致人重伤、死亡的定性问题。枪支走火致人伤亡是在部队中比较常见的。这种情况从广义上来说，也属于过失致人死亡或者重伤的范畴。由于《刑法》第233条和第235条对过失致人死亡罪和过失致人重伤罪规定："本法另有规定的，依照规定"。因此。对于武器装备肇事致人重伤、死亡的，应以武器装备肇事罪论处。

课后复习

1. 战时违抗命令罪的概念和构成特征是什么？
2. 战时临阵脱逃罪与逃离部队罪、投敌叛变罪有何区别？
3. 军人叛逃罪与国家机关工作人员叛逃罪、投敌叛变罪的区别何在？
4. 什么是故意泄露军事秘密罪？它与故意泄露国家秘密罪有何区别？
5. 武器装备肇事罪与危害公共安全罪中的过失犯罪的界限是什么？
6. 盗窃、抢夺武器装备、军用物资罪与盗窃罪、抢夺罪有何不同？

主要参考书目

1. 高铭暄，马克昌主编．刑法学．4版．北京：北京大学出版社，2007
2. 陈兴良．刑法适用总论．2版．北京：中国人民大学出版社，2006
3. 张明楷．刑法学．下册．3版．北京：法律出版社，2007
4. 杨春洗，杨敦先主编．中国刑法论．北京：北京大学出版社，1998
5. 苏惠渔主编．刑法学．北京：中国政法大学出版社，1994
6. 何秉松主编．刑法教科书．北京：中国法制出版社，1993
7. 陈明华主编．刑法学．北京：中国政法大学出版社，1999
8. 马克昌主编．犯罪通论．武汉：武汉大学出版社，1999
9. 马克昌主编．刑罚通论．武汉：武汉大学出版社，1999
10. ［意］贝卡里亚．论犯罪与刑罚．北京：中国大百科全书出版社，1993

图书在版编目（CIP）数据

刖法（分论）/陈忠林主编. —3 版 .—北京：中国人民大学出版社，2011.7
21 世纪中国高校法学系列教材
ISBN 978-7-300-14040-7

Ⅰ.①刑… Ⅱ.①陈… Ⅲ.①刑法-中国-高等学校-教材 Ⅳ.①D924

中国版本图书馆 CIP 数据核字（2011）第 138099 号

司法部全国法学教材与法学优秀科研成果奖
21 世纪中国高校法学系列教材
刑法（分论）（第三版）
主编　陈忠林
Xingfa Fenlun

出版发行	中国人民大学出版社		
社　址	北京中关村大街 31 号	邮政编码	100080
电　话	010－62511242（总编室）		010－62511398（质管部）
	010－82501766（邮购部）		010－62514148（门市部）
	010－62515195（发行公司）		010－62515275（盗版举报）
网　址	http://www.crup.com.cn		
	http://www.ttrnet.com(人大教研网)		
经　销	新华书店		
印　刷	北京昌联印刷有限公司	版　次	2003 年 10 月第 1 版
规　格	185mm×260 mm　16 开本		2011 年 7 月第 3 版
印　张	25.25	印　次	2011 年 7 月第 1 次印刷
字　数	571 000	定　价	39.80 元